BAOWU 马钢集团

马钢年鉴

MA GANG NIAN JIAN

2021

《马钢年鉴》编辑委员会　编

北　京
冶　金　工　业　出　版　社
2021

1 2020 年 7 月 26 日，安徽省委副书记信长星来马钢考察调研

2 2020 年 9 月 10 日，人力资源和社会保障部副部长游钧一行来马钢考察调研

3 2020 年 4 月 23 日、24 日，中国宝武党委书记、董事长陈德荣一行来马钢集团、欧冶链金、马钢交材调研（图为陈董事长在马钢集团工作汇报会上讲话）

4 2020 年 2 月 15 日，安徽省副省长何树山来马钢督导疫情防控工作

5 2020 年 5 月 12 日、13 日，中国宝武总经理、党委副书记胡望明到马钢集团、欧冶链金、马钢交材调研（图为胡总经理在马钢集团汇报会上讲话）

6 2020 年 12 月 3 日，国务院国有资产监督管理委员会党建工作局局长姚焕一行来马钢调研

① 马钢集团新冠疫情防控防疫物资采购卸货

② 马钢新冠疫情防控防疫用酒精分装

③ 马钢新冠疫情防控防疫物资分装与分发

④ 马钢厂区门禁严格执行测温程序

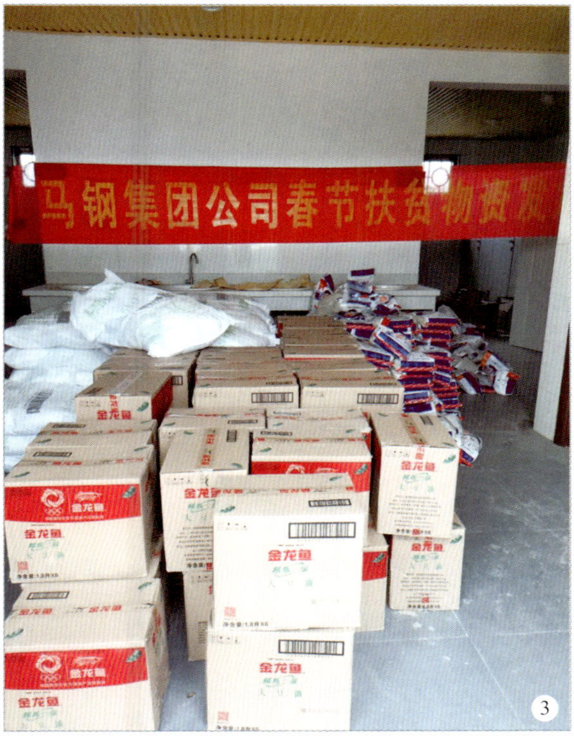

3

1

2

4

1. 2020年，马钢积极响应安徽省和中国宝武号召，通过以购代捐的消费扶贫形式，结合职工福利和防暑降温物品发放、工作餐食材采购等，组织各单位采购贫困地区农产品（图为扶贫产品销售专柜）
2. 2020年，马钢集团向阜南县地城镇李集村捐赠产业扶贫资金，援助村集体实施入股分红项目
3. 2020年春节前夕，马钢集团公司向定点帮扶贫困村送去慰问物资
4. 2020年，中国宝武马钢集团助力定点帮扶贫困村实施“双基”建设，援助马楼村建设文化广场，改善马楼村群众生产生活条件

1 2020年4月28日，马钢重型H型钢生产线热负荷试车一次成功

2 2020年3月20日，马钢空调外机用彩涂板国内首次样机试验成功

3 2020年5月3日，马钢重点环保项目六汾河中水深度处理系统建设顺利开工

4 2020 年 9 月 9 日，安徽马钢矿业举行国家级智慧制造示范矿山建设项目——姑山矿钟九铁矿采选建设工程开工仪式

5 2020 年 9 月 18 日，长三角（合肥）数字科技中心项目奠基暨开工仪式在合肥举行

6 2020 年 4 月 23 日、24 日，中国宝武党委书记、董事长陈德荣一行来马钢集团、欧冶链金、马钢交材调研并参加揭牌仪式

7 2020 年 10 月 29 日，安徽马钢冶金工业技术服务有限责任公司挂牌成立

8

9

⑧ 2020 年，马钢实施“绿色发展·智慧制造”专项工作（图为马钢厂区 3 号门区域全景）

⑨ 2020 年，马钢实施“绿色发展·智慧制造”专项工作（图为马钢厂区 5 号门区域）

⑩ 2020 年，马钢实施“绿色发展·智慧制造”专项工作（图为马钢新建的幸福大道）

10

⑪ 2020 年，马钢实施“绿色发展 · 智慧制造”专项工作（图为马钢智园夜景）

⑫ 2020 年，马钢实施“绿色发展 · 智慧制造”专项工作（图为马钢展示馆）

⑬ 2020 年，马钢实施“绿色发展 · 智慧制造”专项工作，新建一批智控中心（图为马钢冷轧智控中心）

⑭ 2020 年 6 月 18—24 日，马钢召开集团公司十九届一次（股份公司九届一次）职工代表大会，集团公司党委书记、董事长，股份公司党委书记魏尧作重要讲话

⑮ 2020 年 6 月 18—24 日，马钢召开集团公司十九届一次（股份公司九届一次）职工代表大会，集团公司总经理、党委副书记，股份公司董事长、党委副书记丁毅作工作报告

⑯ 2020 年 4 月 10 日，马钢股份与宝武水务水处理业务共同管理备忘签字仪式

⑰ 2020 年 6 月 4 日，马鞍山钢铁股份有限公司、宝武集团环境资源科技有限公司共同管理马钢资源分公司备忘签字仪式

⑱ 2020 年 7 月 13 日，马钢股份与上海宝冶集团签订战略合作协议

⑲ 2020 年 8 月 31 日，马钢股份与宝武装备合作框架协议签约仪式

1 2020 年 7 月 13 日，马钢集团公司党委副书记、总经理，马钢股份公司党委副书记、董事长丁毅一行到慈湖河闸指导防汛工作

2 2020 年 7 月 15 日，马钢股份长材事业部防汛值守人员探查长江大堤渗漏点

3 2020 年 7 月 22 日，受连日暴雨侵袭，慈湖河铁路桥被淹，铁路运输中断，马钢原燃料运输受阻，马钢连续奋战 3 昼夜架设 13 台大功率排水泵进行强排，打通保产生命线（图为慈湖河闸紧急加泵现场）

4 2020 年 7 月 31 日，应马鞍山市防汛指挥部派遣，马钢派出 100 名防汛突击队员紧急赶赴含山县铜闸镇支援

1

2

3

4

1. 2020 年 3 月 6 日上午，因疫情原因，马钢以视频会议形式召开集团党委五届五次全体（扩大）会议暨股份公司党委全体（扩大）会议
2. 2020 年 12 月 2 日，马钢召开全国劳动模范吴保桥载誉归来欢迎座谈会
3. 2020 年 9 月 18 日，中国宝武“钢铁荣耀 · 铸梦百年”宣传教育系列活动“中国宝武大家庭”专题展揭幕仪式在马钢集团举行
4. 马钢深入贯彻落实习近平总书记考察调研马钢集团重要讲话精神，基层单位组织职工参观特钢展厅
5. 2020 年 8 月 5 日，中国宝武第二届职工技能大赛
6. 马钢举行职工捐献造血干细胞欢送仪式
7. 2020 年 10 月，马钢参加马鞍山市“金秋花展”的展品获一等奖

编辑说明

1.《马钢年鉴》坚持以马克思列宁主义、毛泽东思想、邓小平理论、“三个代表”重要思想、科学发展观、习近平新时代中国特色社会主义思想为指导，深入贯彻落实习近平总书记考察调研马钢集团重要讲话精神，坚持辩证唯物主义和历史唯物主义的立场、观点、方法，全面、系统、真实地记载了2020年马钢的生产经营建设、改革发展及精神文明建设等方面的情况，为读者提供了认识、了解马钢的最新信息资料。

2. 本卷《马钢年鉴》设特载、专文、企业大事记、概述、集团公司机关部门、集团公司直属机构、集团公司分（子）公司、集团公司其他分（子）公司、集团公司合资公司、集团公司被托管单位、统计资料、人物和附录共13个类目、46个分目、859个条目、635千字。统计资料栏目中的统计资料数据均为集团公司汇总统计后的数据，并统一称为马钢集团统计资料。

3. 本卷《马钢年鉴》的框架设计采用类目、分目和条目分类法编排。条目标题一律使用黑体字并加【】。企业大事记栏目中的“△”符号表示与前一条大事件为同一日期。

4. 本卷《马钢年鉴》由集团公司职能部门、直属机构、分（子）公司及部分合资公司供稿并经负责人审核，主要数据由统计部门提供，计量单位采用中华人民共和国法定计量单位。

编辑工作人员

编　　辑　李一丹　　姜国强　　王　广

美术编辑　李一丹

摄影编辑　刘正发

图片摄影人员

刘正发　　张　磊　　王　森　　孙国斌　　王　定

目　录

特　载

专　　文

企业大事记

概　　述

集团公司机关部门

集团公司直属机构

集团公司分(子)公司

马钢股份公司

集团公司其他分(子)公司

集团公司合资公司

集团公司被托管单位

宝武集团马钢轨交材料科技有限公司

欧冶链金再生资源有限公司

安徽马钢矿业资源集团公司

宝武重工（马鞍山基地）

集团公司其他被托管单位

统计资料

人　物

附　录

特　载

领导考察、调研

【中国共产党中央委员会总书记、中共中央军事委员会主席、中华人民共和国主席、中华人民共和国中央军事委员会主席习近平到马钢集团考察调研】 2020年8月19日上午，中国共产党中央委员会总书记、中共中央军事委员会主席、中华人民共和国主席、中华人民共和国中央军事委员会主席习近平到安徽省马鞍山市考察调研。他首先来到薛家洼生态园，实地察看长江水势水情、岸线综合整治和生态环境保护修复等情况。随后，习近平总书记来到中国宝武马钢集团，了解企业复工复产和经营情况。习近平总书记走进中国宝武马钢集团优质合金棒材车间，冒着高温察看生产运行情况，并同劳动模范、工人代表亲切交流。习近平总书记说："新冠肺炎疫情肆虐的这一段时间，社会经济都受到了影响，但是马钢比较早的复工复产，实现了产量和营销收入的同比双升，这也能看出我们的国有企业强大的韧性。你们创造了很多辉煌，现在把握自己的优势，顺应当前企业现代化发展的潮流，在现代企业改革发展中，特别是在长三角一体化发展中，把握机遇、顺势而上，为长三角一体化发展作出自己的贡献。"他指出，疫情发生以来，马钢克服困难，率先复工复产，上半年产量和营收同比实现"双升"；要抓住深化国有企业改革和推动长三角一体化发展的重大机遇，加强新材料新技术研发，开发生产更多技术含量高、附加值高的新产品，增强市场竞争力；劳动模范是共和国的功臣，要大力弘扬劳模精神。

（金　翔）

【中国宝武党委书记、董事长陈德荣一行到马钢集团、欧冶链金、马钢交材调研】 2020年4月23日上午，中国宝武党委书记、董事长陈德荣到马钢集团听取了马钢领导关于一季度生产经营、疫情防控、专业化整合融合进展、马钢股份产品产线规划调整、"绿色发展·智慧制造"推进等工作情况的汇报。陈德荣强调，成绩值得肯定、令人欣喜，但更为重要的是如何谋划好、落实好下一阶段工作。2020年以来，放眼全球，各类"黑天鹅"事件频发，中国钢铁工业也面临着全新的压力和挑战，但是危中有机，我们要做到危中抓机，在风险和压力下强身健体、更好发展。展望未来，作为中国宝武的重要组成部分，马钢在做好填平补齐、专业化整合融合、"绿色发展·智慧制造"等重点工作的同时，要积极承担起央企的使命和担当，"跳出马钢看马钢、跳出马钢发展马钢"，将马钢打造成为中国宝武新的钢铁制造平台化公司。要转变发展观念，坚持开放共享，以"三高两化"为发展战略，抢抓发展机遇、优化资源配置，充分发挥马钢在产品结构、技术人才等方面的独特优势，借助宝武的体系能力，积极向外开疆拓土，在整合外部资源、国际化经营等方面积极主动作为，努力为中国宝武做出更大贡献。要积极适应市场环境，聚焦钢铁主业，以对标找差为工具，抓紧落实推进各项重点工作，追求极致高效，跑赢大盘、超越自我。要进一步加大专业化整合融合工作推进力度，在坚持市场化原则基础上，加强协同、对接，加快从联合、整合到融合的步伐，尽快释放极致专业化基础上的规模效应。

23日下午，陈德荣到欧冶链金公司，和中国宝武副总经理郭斌，马钢集团党委书记、董事长魏尧，马钢集团总经理、马钢股份董事长丁毅共同为欧冶链金公司揭牌。陈德荣听取了欧冶链金生产经营、并购重组、产业整合、人力资源、智慧平台等方面的工作汇报。陈德荣指出，中国废钢产业未来大有可为。作为中国宝武钢铁生态圈的重要组成部分，欧冶链金自成立以来在商业模式探索、市场布局、产业培育等方面取得了一定成绩，值得肯定。未来要在发展实践中继续发扬互联网企业精神，日夜兼程、快速出击，重点聚焦商业模式完善、体系能力提升、生态圈建设等工作，一要争取各级政府相关政策支持；二要充分激发混合所有制的优势；三要发挥互联网企业扁平、灵活的机制优势；四要加强集团内部协同；五要做好风险防控体系建设。

24日上午，陈德荣一行首先到马钢重型H型钢生产线调研，现场察看工程项目进展，了解该产线工艺流程、产品应用、热负荷试车等相关情况。随后，陈德荣听取了马钢交材公司一季度经营、马钢瓦顿、轮轴专业化整合推进计划等相关情况的汇报。陈德荣指出，随着经济社会的发展，轨道交通产业将发挥更为重要的作用，有着广阔的发展前景，这为马钢交材的未来发展提供了机遇。清晰的发展战略对于一个新组建的公司来说首当其冲、尤为重要。作为中国宝武综合材料解决方案的重要板块之一，马钢交材要结合自身特点，深入分析、研判市场客户以及未来发展趋势，进一步细化完善战略规划，强化战略定力，坚定不移实施战略规划；要全神贯注、集中精力把车轮、车轴、轮对业务做精做好；要积极争取地方政府支持，把与其他企业合作共建作为重要的战略路径,实现做大做强目标。

中国宝武副总经理郭斌,总部相关部门负责人参加了调研。

(金 翔)

【中国宝武党委书记、董事长陈德荣一行到张庄矿考察调研】 2020年9月12日下午,中国宝武集团党委书记、董事长陈德荣一行到马钢矿业张庄矿考察调研,就张庄矿"绿色发展·智慧制造"建设情况现场实地考察。六安市市长叶露中,市委常委、副市长束学龙,市政协副主席、霍邱县委书记刘胜,市政府秘书长陆纯等陪同;中国宝武副总经理郭斌、中国宝武马鞍山总部总代表、马钢集团党委书记、董事长魏尧,中国宝武资环业中心总经理钱峰,宝钢资源总裁、党委副书记陆克从,宝钢资源高级副总裁、马钢矿业党委书记、总经理张华,张庄矿党委书记、执行董事、总经理吴新义等陪同调研。

在张庄矿,陈德荣一行参观了智能集控中心,详细了解企业生产经营和管理运行情况,现场听取相关负责人介绍,并观看张庄矿"绿色发展·智慧制造"展示专题片,详细了解智慧制造流程。陈德荣指出,智慧矿山是未来矿山发展的必由之路。张庄矿出矿、运输、提升、选矿、充填五大工序全面实现自动化、智能化,并实施集成管控,优化了管理,提升了效率,节约了成本。希望张庄矿准确把握未来矿山发展方向,按照"四个一律"理念,坚持创新驱动,持续加大5G和智慧制造技术应用力度,助推现场管理体系变革、效率效益提升及商业模式创新,成为智慧矿山引领者。

在了解到张庄矿成为国家级绿色工厂并实现了资源全综合利用时,他说,转变资源利用方式,提高矿产资源综合利用水平,是践行"绿水青山就是金山银山"理念的具体行动。张庄矿以全资源综合利用为重点的绿色生态开发,构建了"一高两无"的核心竞争优势,在行业内树立了典范。希望张庄矿继续落实"两于一入"的工作原则和"三治四化"的工作方法,持续开展矿产资源综合利用与绿色开发技术方面的研究与应用,努力打造资源综合利用示范基地,为中国宝武在六安地区矿业资源绿色生态开发提供支撑。

随后,陈德荣与叶露中共同出席了中国宝武与六安市政府合作交流会。叶露中对陈德荣一行的到来表示欢迎并简要介绍了六安市情。他指出,近年来,六安市委、市政府认真贯彻落实中央、省委各项决策部署,践行五大发展理念,落实高质量发展要求,全市经济社会各项事业取得显著成效。中国宝武集团是国内一流央企,也是全球行业领军企业,在钢铁制造业、新材料产业等相关领域具有雄厚实力。希望中国宝武集团能够结合六安市霍邱县丰富的矿产资源优势,进一步加大对老区矿产资源开发利用的支持力度,将六安市矿产资源开发利用产业纳入集团投资布局产业链条,提升产业智能化、自动化水平,带动地方区域高质量发展,为老区脱贫攻坚、全面建成小康社会提供有力保证。六安市也将进一步强化要素保障,加大铁路、码头、高速公路等基础设施建设力度,为中国宝武集团下一步项目建设提供良好服务。

陈德荣指出,六安市具有良好的区位和资源条件,长三角一体化发展战略的扎实推进,为双方合作带来了新机遇。加快霍邱地区铁矿资源整合并实施绿色生态开发,符合中国宝武发展战略,也有利于六安市经济社会高质量发展。中国宝武将发挥好长三角龙头企业作用,充分发挥中国宝武、宝钢资源、马钢矿业的人才技术和品牌效应,建设中国宝武霍邱地区千万吨级铁矿生产基地和资源综合利用示范基地,共同推动中央企业与地方区域经济的高质量协同发展,以实实在在的成果共同落实习近平总书记视察安徽、中国宝武马钢集团的重要讲话精神和重要指示要求。

(曾德运)

【安徽省副省长何树山到马钢督导新型冠状病毒肺炎疫情防控工作】 2020年2月15日下午,安徽省副省长何树山率省第十二督导检查组到马钢督导新型冠状病毒肺炎疫情防控工作。省政府副秘书长汪春明,省经信厅副厅长王厚亮,马鞍山市市长袁方,马钢集团公司党委书记、董事长魏尧参加督导。何树山一行首先来到港务原料总厂自备码头,询问接卸来料情况,查看疫情防控措施落实情况,详细了解外来人员管理工作,并走进临时留观室进行了实地查看。他强调,码头外来人员多,情况比较复杂,务必严格把关,切实做好外来人员信息登记、体温检测等工作。在马钢股份制造部生产管控中心,何树山了解了疫情期间,特别是复工后,马钢在生产组织、采购销售等方面的情况和做法。在四钢轧总厂1580生产线,何树山实地查看了马钢轧线生产运行情况。在督导过程中,魏尧向何树山介绍了马钢在测温上岗、集中隔离、远程办公、分时就餐、错峰上班等方面采取的防疫措施。他表示,疫情发生以来,马钢坚决贯彻落实上级党委、政府,中国宝武相关要求,于1月23日成立疫情防控工作领导小组,启动应急预案,不断强化疫情防控举措。在上级的关心支持以及全体职工的共同努力下,马钢防控形势总体可控，生产经营总体稳定。下一阶段，马钢将以确保职工生命安全和身体健康，确保生产经营稳定为目标，持续做好疫情防控工作。何树山在督导过程中，对马钢坚决贯彻落实上级要求，全面加强疫情防控工作给予了充分肯定。他指出，马钢员工总数大、用工情况复杂、社会接触面广，同时采购、物流等工作受疫情所限，这给当前疫情防控、生产经营带来了诸多困难和挑战。当前是疫情防控的关键阶段，要认真履行疫情防控和安全生产主体责任，在制定疫情防控举措时要考虑到每一个细节、每一个岗位，确保措施落地落细落实，织密织牢疫情防控网络；要以维护职工安全健康为出发点，本着对员工负责、对企业负责、对社会负责的态度，做好宣传、引导工作，进一步提高广大职工的防范意识和防范自觉，把疫情防控有效延伸到8小时工作时间外；要在做好疫情防控的同时，聚焦重点、难点，有序做好生产组织、整合融合等重点工作，坚持“两手抓”，确保“两手硬”。

（金　翔）

【安徽省副省长何树山一行到马钢调研】　2020年5月8日，安徽省副省长何树山率省第十二督导检查组，到马鞍山督导抓项目稳投资增动能和脱贫攻坚工作。在马鞍山市期间，何树山赴马钢港务原料总厂、热电总厂相关项目现场调研，他强调，要以项目为抓手，以技术创新为驱动，坚持绿色发展理念，提升智慧制造水平，实现更高质量发展。省政府副秘书长汪春明，省经信厅副厅长王厚亮，马鞍山市领导张岳峰、袁方、吴劲，马钢领导魏尧、王强民及田俊参加调研。当天上午，何树山一行首先到港务原料总厂中控室，听取5G+工业互联网示范项目在该总厂新建料场大棚的建设和应用情况，通过视频监控查看现场运行情况，并详细询问项目规划、项目进展，解决了哪些问题以及全面建成后的功效。在得知该项目的实施具有信号传输速度快、故障率低、清晰度高等显著优点，实现了集中监控、远程操控，有效优化了人力资源，后续将进一步扩大应用范围时，何树山指出，这个项目是5G+工业互联网颠覆、革新传统生产工艺的典型案例，解决了现场生产的现实难题，极大提高了生产效率。他勉励马钢立足产线和现场特点，加快项目建设步伐和5G技术应用推广，打造更多5G+工业互联网应用典范，全面提升马钢智慧制造水平。当日下午，何树山一行来到马钢节能减排CCPP综合利用发电项目建设现场，查看了项目施工进展情况，详细了解了项目规划以及当前重点难点工作，并仔细询问了马钢相关环保工作开展情况，何树山称赞这是一个好项目，他要求马钢持续对标行业先进企业，坚持绿色发展理念，把各项环保工作做实做细，进一步提升绿色发展水平；要求责任单位以建设精品工程为目标，在确保工程质量和安全的前提下，加快项目建设，早日投产达效。

（崔海涛）

【中国宝武总经理、党委副书记胡望明到马钢集团、欧冶链金、马钢交材调研】　2020年5月12日上午，中国宝武总经理、党委副书记胡望明到马钢集团、欧冶链金、马钢交材调研，赴党建联系点进行座谈交流。中国宝武副总经理张锦刚，马钢领导魏尧、丁毅，总部相关部门负责人参加了调研。胡望明在马钢集团听取了工作情况汇报后，就马钢完成全年目标、推动高质量发展提出四方面要求。一是要抓好常态化疫情防控，稳定生产经营。树立完成全年目标的责任和信心，抢抓市场机遇，优化产品结构，发挥钢铁主业的示范带动和“压舱石”作用；坚持目标导向、问题导向、结果导向，瞄准“短板”、沉下心来，实实在在开展对标找差工作；加强风险管控工作，科学决策，守住不发生重大风险底线。二是要做好项目化推进、专业化整合，发挥协同效应，促进有效融合。聚焦“一基五元”产业布局，提升专业化能力、平台化能力、市场化能力，激发“聚变”效应；以集团利益最大化为目标，发挥专业化协同和区域协同效应，快速释放重组红利。三是要全面深化改革，加强马钢高质量发展。贯彻落实两个“一以贯之”的要求，做到全面加强党的领导和完善公司治理制度的有机融合，相互促进；加快混合所有制改革和员工持股等一系列改革工作步伐；积极贯彻新发展理念，立足马钢自身优势，积极整合外部资源，加快对外发展步伐，为中国宝武成为全球钢铁业引领者做出马钢应有的贡献。四是要大力推进“绿色发展·智慧制造”专项工作。要以中国宝武“绿色发展·智慧制造”大会在马钢召开为契机，以“四个一律”为原则，以智慧化升级为抓手，立足马钢实际，在流程再造、管理变革上出新出彩，助力打造智慧钢铁生态圈。在绿色发展专项工作中，以“两于一入”为目标、“三治四化”为路径，按照各级政府相关环保要求，扎实做好各项工作，切实起到央企的示范带头作用。12日下午，胡望明来到马钢交材，听取了马钢瓦顿生产经营情况、轮轴产业战略规划基本思路、高速车轮批量商业化战略行动方案等方面的工作汇报。胡望明指出，交通强国是重要的国家战略，马钢交材要站在整个集团的高度，优化完善战略规划进程，积极响应国家战略，做好国际化经营,彰显央企的使命担当;在生产经营改善中,牢牢把握好“全面对标找差、创建世界一流”这条主线,一手抓疫情防控,一手抓生产经营,努力为中国宝武实现全年目标做出积极贡献。随后,胡望明来到欧冶链金,听取了并购重组、产业整合、智慧平台、基层党建等方面的工作汇报。胡望明指出,2020 年前 4 个月,欧冶链金取得了不俗的经营业绩,月销量创历史新高。展望未来,欧冶链金要站在中国宝武的高度对战略规划进行优化、细化,进而推动战略落地;要完善与战略规划相匹配的平台化商业模式;要充分发挥企业的能力优势和资源优势,用改革解决发展中的问题;要做好风险防控工作;要进一步强化党的建设。13 日上午,胡望明来到马钢重型 H 型钢生产线调研,现场查看工程项目进展,了解该产线工艺流程、产品应用、热负荷试车等相关情况。随后,胡望明来到党建联系点马钢股份长材事业部与党员代表、职工代表进行了交流。他指出,技术引领是全球钢铁业引领者的重要内涵,作为马钢的标志产品,马钢长材要以精品化、绿色化、智能化为提升路径,力争成为同类产品的全球引领者;要积极发挥党委领导作用、党支部战斗堡垒作用和党员先锋模范作用,全心全意依靠职工办企业,与职工共享企业发展成果。调研期间,胡望明与马钢党外人士进行了一对一谈话。

(崔海涛)

【安徽省委常委、省委统战部部长张西明一行到马钢调研】 2020 年 12 月 9 日,安徽省委常委、省委统战部部长张西明一行到马钢调研。张西明一行参观了马钢展厅、特钢公司优质合金棒材生产线,听取了马钢发展历程、整合融合、生产经营、产品研发等情况介绍。省委统战部常务副部长陈昌虎,马鞍山市领导张岳峰、范奇,马钢集团公司总经理、党委副书记、股份公司董事长丁毅陪同调研。

(崔海涛)

要事记述

【马钢深入学习贯彻习近平总书记考察调研马钢重要讲话精神】 2020 年 8 月 19 日,中国宝武、马钢集团两级党委(扩大)会暨党委理论学习中心组(扩大)学习会召开,第一时间传达学习习近平总书记讲话精神,就学习宣传贯彻落实进行动员部署。会上,马钢集团党委书记、董事长魏尧,马钢集团党委副书记、总经理丁毅回顾了习近平总书记考察调研的场景,传达了习近平总书记重要讲话内容。中国宝武党委书记、董事长陈德荣就全面传达学习宣传贯彻习近平总书记重要讲话精神,结合工作实际作出具体部署,中国宝武领导班子成员分别结合工作谈体会、作表态发言,魏尧、丁毅代表马钢集团党委作表态发言。陈德荣强调,要深入学习领会习近平总书记重要讲话精神,深刻认识新时代国有企业和钢铁行业的使命担当,胸怀“两个大局”,育新机开新局,做好“十四五”规划谋篇布局。充分发挥中国宝武作为骨干央企的中流砥柱作用,自觉践行“两个循环”战略思想,深化供给侧结构性改革,坚定不移拓宽从“老大”到“强大”的发展路径。坚持联合重组,提高市场占有率和市场竞争力,强化技术创新,在新技术、新产品、新材料方面不断取得突破。要积极践行“两山”理论,主动融入长三角一体化发展,加快建设高质量钢铁生态圈。马钢集团要按照优特钢长材平台化公司定位,加快战略规划落实落地。各级党组织要根据中国宝武党委总体部署,结合工作实际尽快制定学习传达、宣传贯彻的有关方案,将传达学习贯彻落实习近平总书记重要讲话精神融入“钢铁荣耀·铸梦百年”宣传教育系列活动。要广泛发动全体干部员工齐心协力、不折不扣落实习近平总书记的谆谆教导和使命要求,以实际行动书写中国宝武高质量建设发展新篇章。

8 月 20 日,马钢集团党委召开全体(扩大)会议,传达学习习近平总书记考察马钢的重要讲话精神。会上,马钢集团党委书记、董事长魏尧,马钢集团党委副书记、总经理丁毅回顾了习近平总书记考察调研的场景。魏尧传达了习近平总书记重要讲话内容,传达了中国宝武、马钢集团两级党委(扩大)会暨党委理论学习中心组(扩大)学习会精神。马钢集团党委常委分别结合工作谈体会,作表态发言。魏尧强调,聆听习近平总书记的讲话,深感责任重大、使命光荣,要在公司上下迅速掀起学习贯彻习近平总书记考察马钢重要讲话精神热潮。要全面加强党的领导,大力弘扬劳模精神,全心全意依靠职工办企业;要贯彻落实习近平生态文明思想,坚持绿色发展,强化技术创新;要持续深化国有企业改革,做强做优做大国有企业,主动融入长三角一体化发展,为长三角一体化发展做出马钢贡献。马钢集团、马钢股份子分公司及二级单位主要负责人参加会议。

8 月 27 日上午,马钢党委召开中心组理论学习会，认真学习习近平总书记视察安徽重要讲话精神和习近平总书记在扎实推进长三角一体化发展座谈会上的重要讲话精神等内容。集团公司党委书记、董事长，股份公司党委书记魏尧主持学习会并讲话。集团公司、股份公司党委中心组成员重点围绕贯彻落实习近平总书记考察调研马钢重要讲话精神，结合自身职责和工作实际在会上发言。马钢党委办公室、党委工作部、纪委机关、管理创新部负责人列席学习会。学习会上，马钢党委中心组成员共同学习了习近平总书记视察安徽重要讲话精神和习近平总书记在扎实推进长三角一体化发展座谈会上的重要讲话精神；学习了《习近平谈治国理政》（第三卷）、2020 年修订发布的《党委（党组）意识形态工作责任制实施办法》、中国宝武党委书记、董事长陈德荣同志在中国宝武党委一届四次全委（扩大）会暨干部大会上的讲话；学习了理论文章《从“百年未有之大变局”中把握机遇》、中国宝武《关于开展全面对标找差、争创世界一流工作的通知》。魏尧在学习会上指出，《习近平谈治国理政》（第三卷）与第一、第二卷一脉相承、有机统一，是全面系统反映习近平新时代中国特色社会主义思想的最新权威著作，是国家政治生活和社会生活的根本指针，是实现中华民族伟大复兴的行动指南，具有十分重要的政治意义、理论意义、实践意义。我们要把学习宣传贯彻《习近平谈治国理政》（第三卷）作为当前和今后一个时期的重大政治任务。魏尧强调，新修订发布的《党委（党组）意识形态工作责任制实施办法》是党中央坚持全面从严治党、落实党管意识形态原则的重要部署，是加强和改进意识形态工作、更好维护改革稳定大局的有力举措，公司各级党委要认真抓好学习贯彻。魏尧指出，面对世界百年未有之大变局，特别是当前全球疫情和世界经济形势仍然严峻复杂，发展面临的挑战前所未有，我们必须始终同以习近平同志为核心的党中央保持高度一致，增强“四个意识”，坚定“四个自信”，做到“两个维护”，认真贯彻落实习近平总书记在企业家座谈会上的重要讲话等精神，保持战略定力，弘扬企业家精神，集中力量办好自己的事，不断推动马钢做强做优做大。魏尧强调，学习中国宝武《关于开展全面对标找差、争创世界一流工作的通知》精神，对我们进一步深化整合融合、全面对标找差，具有重要的现实指导意义，我们要主动应对“势”“道”之变，牢牢抓住中国宝武创建世界一流企业这一机遇，奋力打造大而强的新马钢。魏尧指出，8 月 19 日上午，习近平总书记冒着高温酷暑亲临马钢集团考察调研，这是马钢发展史上具有里程碑意义的一件大事，是马钢的政治荣耀，是对几代马钢人自力更生、艰苦奋斗、拼搏奉献的充分肯定，也是对马钢干部职工的最大关心、最大鼓舞、最大鞭策。习总书记在马钢发表的重要讲话高屋建瓴、内涵丰富、思想深邃、情真意切，是激励我们开创高质量发展新局面的根本遵循和力量源泉，是指导我们做好当前和今后一段时期工作的总纲领。我们要认真学习宣传和贯彻落实习近平总书记考察调研马钢重要讲话精神，把握机遇、顺势而上，以中国宝武“一基五元”战略为引领，依托现有产业基础和优势，统筹推进“1+8”产业布局，打造大而强的新马钢。各单位要认真落实中国宝武党委要求，把学习贯彻总书记重要讲话精神作为当前党建工作第一要务抓紧抓好抓实，把学习贯彻落实总书记重要讲话精神纳入“不忘初心、牢记使命”常态化制度化工作中，结合中国宝武党委部署开展的“学讲话、展后劲、促强大”主题活动，深入开展“四史”学习教育，巩固拓展主题教育成果，筑牢信仰之基、补足精神之钙。魏尧强调，落实好习总书记讲话要求，任务艰巨、责任重大、使命光荣。我们要进一步坚定行业自信、企业自信、职业自信，从深学细悟习总书记重要讲话精神中找到破解发展难题的“金钥匙”，加快打造大而强的新马钢，为助推中国宝武成为全球钢铁业引领者、共建高质量钢铁生态圈，为全面建设现代化五大发展美好安徽、水清岸绿产业优美丽长江经济带做出积极贡献。

9 月 25 日，马钢党委召开理论学习中心组（扩大）学习会，深入学习贯彻习近平总书记考察调研马钢重要讲话精神，进一步学习把握长三角一体化发展国家战略。集团公司党委副书记、总经理，股份公司董事长丁毅主持学习会并讲话。集团公司、股份公司党委中心组成员参加学习会。公司各机关部门、单位负责人参加学习。学习会邀请了复旦大学教授、博士生导师、中国宝武集团顾问唐亚林做专题讲座。唐亚林教授多年来一直从事中国政府与政治、城市治理与区域一体化发展、地方政府与地方治理等方面的深入研究。学习会上，唐亚林教授从长三角一体化发展的曲折历程及其主要经验、百年未有之大变局与世界级城市群的发展使命、长三角一体化新发展格局的内涵及其战略选择、国家战略和世界级企业艰巨的历史使命四个方面做了《构建长三角一体化新发展格局的战略思考》专题讲座。整场讲座有高度、有深度，对马钢加速融入长三角一体化发展具有借鉴意义。丁毅在学习会上指出，马钢融入长三角一体化发展，既是重大机遇，也是光荣使命。推动长三角一体化发展,是习近平总书记亲自谋划、亲自部署、亲自推动的国家战略。我们要深刻领会习近平总书记主持召开扎实推进长三角一体化发展座谈会时的重要讲话精神,深刻认识长三角区域在国家经济社会发展中的重要地位和作用,牢牢把握长三角一体化发展带来的重大战略机遇、政策机遇和市场机遇,强化央企责任担当,带头落实国家战略,争做理念践行者、价值创造者、行业引领者,在长三角打造全国发展强劲活跃增长极、全国高质量发展样板区,率先基本实现现代化引领区、区域一体化发展示范区和新时代改革开放新高地的伟大进程中贡献马钢力量。丁毅强调,马钢融入长三角一体化发展,既要有更高的政治站位,也要有具体的行动方案。长三角一体化发展的关键是紧扣"一体化"和"高质量",核心是以践行"双循环"战略思想推进更高水平的一体化,以贯彻新发展理念推动更高质量发展。我们要深入贯彻总书记考察调研马钢的重要讲话精神,聚焦"大而强"和"新贡献"两大目标,着眼有机结合、嵌入、衔接三大途径,在系统谋划马钢"十四五"规划的基础上,抓紧形成马钢融入长三角一体化发展具体可行的行动方案,既谋划长远,又干在当下,努力育新机开新局。丁毅指出,马钢融入长三角一体化发展,既要顺势而上壮大自己,也要发挥优势做出贡献。马钢既要做长三角一体化的建设者、贡献者,也是长三角一体化发展的受益者。要牢固树立"跳出马钢看马钢,跳出马鞍山发展马钢"的思想,对内强身健体,对外开疆拓土,优化产业布局、空间布局、市场布局,全力打造大而强的新马钢,不断提升服务长三角一体化的能力和水平。具体而言,一要整合要素资源,做到有机结合;二要发挥独特优势,做到有力嵌入;三要强化辐射协同,做到有效衔接。

(陈 扬 杨 成)

【马钢成立新冠肺炎疫情防控工作领导小组部署疫情防控工作】 2020年1月22日,为切实加强新冠肺炎疫情防控工作,切实保护职工生命安全和身体健康,保证公司生产经营秩序稳定,马钢集团快速响应,迅速成立了由集团公司党委书记、董事长魏尧任组长,丁毅、王强民、张晓峰、钱海帆、唐琪明等集团公司领导为副组长,行政事务中心和集团公司机关部门为成员单位的马钢集团新冠肺炎疫情防控工作领导小组。同时,马钢应急办和行政事务中心根据疫情防控工作领导小组的部署,在全公司范围内下发了《关于加强新型冠状病毒感染肺炎防控工作的通知》。为及时传递防控要求,层层落实防控责任,应急办和行政事务中心就做好疫情防控工作提出具体要求并做出周密安排。根据疫情发展情况,于1月23日和24日两次下发紧急通知,在前期防控工作要求基础上,强调"四个一律"制度,明确要求各单位加强自我防控,做好一线职工科学防护工作,确保队伍稳定;加大各项防控工作措施,确保职工生命安全和身体健康;明确要求各单位一律不得组织人员密集的大型会议和聚会活动,最大限度减少人员跨地区流动,同时,对有过敏感区域出差经历人员居家自行隔离也提出了明确要求。根据公司新冠肺炎疫情防控工作领导小组工作部署,公司应急办和行政事务中心制定并启动了应急预案,并根据疫情发展情况进行动态调整。

(崔海涛)

【马钢群策群力坚决打赢疫情防控阻击战】
2020年,面对突如其来的疫情,马钢坚决贯彻落实习近平总书记重要指示精神,党中央、国务院、省市党委、政府的各项工作部署,根据宝武集团《关于加强新型冠状病毒感染肺炎防控工作的通知》《关于切实做好新型冠状病毒感染的肺炎疫情防控工作的紧急通知》等文件精神,结合实际,迅速行动,启动马钢突发公共卫生事件应急机制,全面做好新冠肺炎疫情防控工作。

疫情就是命令,防控就是责任。为切实加强新冠肺炎疫情防控工作,切实保护职工的生命安全和身体健康,保证公司生产经营秩序稳定,1月22日,马钢集团快速响应,迅速成立由集团公司党委书记、董事长魏尧任组长,丁毅、王强民、张晓峰、钱海帆、唐琪明等集团公司领导为副组长,行政事务中心和集团公司机关部门为成员单位的马钢集团新冠肺炎疫情防控工作领导小组。同日,马钢应急办和行政事务中心根据疫情防控工作领导小组的部署,在全公司范围内下发了《关于加强新型冠状病毒感染肺炎防控工作的通知》。为及时传递防控要求,层层落实防控责任,应急办和行政事务中心就做好疫情防控工作提出具体要求并做出周密安排。根据疫情发展情况,于1月23日和24日两次下发紧急通知,在前期防控工作要求的基础上,强调"四个一律"制度,明确要求各单位加强自我防控,做好一线职工科学防护工作,确保队伍稳定;加大各项防控工作措施,确保职工生命安全和身体健康;明确要求各单位一律不得组织人员密集的大型会议和聚会活动,最大限度减少人员跨地区流动,同时,对有过敏感区域出差经历人员居家自行隔离也提出了明确要求。疫情不断发生变化,根据公司新冠肺炎疫情防控工作领导小组工作部署，公司应急办和行政事务中心制定并启动了应急预案，以防控为重点，针对不同场所、不同内容、不同对象明确了具体措施，打造全方位、立体化的疫情防控网络，确保各项措施贯彻落实，并根据疫情发展情况进行动态调整。

加强宣传引导，保障职工身体健康。各单位利用新媒体、宣传栏、电子屏等宣传阵地进行新冠肺炎防控知识宣传，提高职工的自我保护意识和保护他人的意识。在加强工作场所消毒工作的同时，要求各单位尽最大努力筹集口罩和消杀用品，尽量做好防疫物资的及时配备和发放。监控内外情况，建立信息零报告制度。每天及时收集汇总各单位上报的职工送医就诊的疑似和确诊病例、近期疫区往来人员、确诊患者的密切接触者以及自行隔离人员的相关信息，并于16：00点前报公司应急办，由公司应急办报送中国宝武集团。同时，配合市疾控中心做好相关工作。强化卫生保洁，落实重点场所防控。公司加强食品、桶装饮用水及公共场所卫生监管；强化卫生保洁，加大保洁频次，配备必要的消毒用品；组织卫生保洁单位加大厂区环境卫生清扫保洁力度，重点做好生活垃圾清运、垃圾容器及垃圾存放点的消毒工作，消除卫生死角和"四害"滋生地；针对办公楼区域、食堂区域、浴室区域、大学生公寓区域、厂车通勤车内区域都制定了一系列有针对性的举措。严格值班值守，全力确保生产经营顺行。坚持公司领导带班，机关部门负责人24小时轮流值班，行政事务中心安排专门人员值班值守，各单位都建立相应的带班值班制度。

在公司疫情防控工作领导小组的坚强领导和全体马钢职工的共同努力下，马钢疫情防控工作有力有效，现场安全、生产经营总体稳定。

（庞　湃）

【马钢全力确保疫情期间生产稳顺】　面对突如其来的新冠肺炎疫情，马钢职工打破生产常规路径，义无反顾冲上第一线，一手抓防控，一手保生产，顽强拼搏、日夜奋战，打响了一场超常规的钢铁战"疫"，展现了高度负责、勇于担当的精神面貌。

2020年2月初，疫情防控处于胶着对垒状态，到了关键阶段。2月10日、12日，习近平总书记连续两次发表重要讲话、作出重要指示，要求全党全国各族人民更加万众一心、众志成城，坚决把疫情扩散蔓延势头遏制住，坚决打赢疫情防控的人民战争、总体战、阻击战。

在中国宝武统一部署和集团公司坚强领导下，马钢各条战线把疫情防控作为当期最重要的工作抓实抓细，把稳定生产作为体现国企担当的重大责任扛在肩上。

马钢集团党委书记、董事长魏尧高度重视，时刻关注疫情防控和生产经营工作，亲自部署，亲自指挥，并赴港务原料总厂、制造部和四钢轧总厂，实地督查新冠肺炎疫情防控工作，看望慰问节日期间坚守在生产一线的广大干部职工。他要求公司有关部门要在维持基本生产秩序的同时，坚决服从地方党政统一领导，讲政治、顾大局、严防控、保生产，强调要把安全始终放在第一，万不可疏忽。马钢集团公司总经理、马钢股份公司董事长丁毅先后两次在股份公司视频调度会上对做好疫情防控、生产经营各项工作进行安排部署。要求制造系统各单位要按照公司的统一部署，高度重视、认真做好复工以后疫情防控期间生产经营建设各项工作和防控措施的落实，聚焦生产经营防疫、重点区域防疫、员工群体防疫，坚决打赢疫情防控阻击战。

春节长假以来，马钢疫情防控总体受控，生产经营稳定顺行；全面复工以后，全体职工干起来，机器设备转起来，各项工作动起来，以实际行动构筑起抵御疫情的强大防线，用稳定顺行为打赢防控阻击战和发展总体战注入了强大信心。尤其是在17天长假期间，马钢生产经营保持稳定有序，股份公司本部铁平均日产40612吨、钢平均日产44839吨、热轧材平均日产43426吨，创造了近一年来最佳纪录。

通过科学组织、精心部署，铁钢轧生产平稳高效。新冠肺炎疫情发生以来，在马钢统筹谋划和坚强领导下，制造部统一部署，各生产单位根据资源库存情况，及时调整生产计划预排，重点强化铁钢轧平衡、产线中间品平衡、非计划材管理、异常产出检判管理等，确保各关键机组的计划执行、兑现处于受控状态；设备部门第一时间对2月份大中修进行大幅度的调整，要求各单位做好设备点检和维护保养，消除隐患，为生产保驾护航，确保1月份生产圆满收官以及2月份经营目标不出现较大滑坡。安全、环保、采购、销售、技术、市场等各环节各司其职、协同作战，采取系列扎实举措确保改善生产稳定顺行。

1. 生产经营，铁前是根基。炼铁总厂秉承"体检、预警、应对"的管理理念，根据每座高炉"个性"，认真梳理高炉体检模型参数，因地制宜有针对性地分类施策组产，强化生产过程监控，优化高炉技术操作管理，高效指导生产，持续稳定炉况。2月份以来，马钢铁水日产始终保持在4万吨以上的水平。炼焦总厂对安全管理、现场管理、生产工艺、设备设施等方面进行检查,加强重点设备维护,强化系统消缺,提高设备设施的保产能力。港料总厂针对工程复工与生产交叉的特点,以高槽位运行为基础,不断优化生产组织,全面提升保供能力,水运进料一直保持在日产3万吨,外供量日产14万吨以上。

2. 高炉高产为钢轧高效生产增添了底气。一钢轧总厂持续开展设备的巡检和专业点检,每天对设备关键部位重点检查,及时消缺,保证生产正常。四钢轧总厂抓住铁水充足、设备运行良好的有利形势,精心组织、规范操作,优化生产工艺方案,为产量、质量的稳定提升奠定基础。冷轧总厂对短缺库存辅料品种与供应商反复沟通协调,通过向当地政府申请复工、紧急协调物流包车、协调生产计划等方式,确保汽车板等重点品种生产稳定。长材事业部通过网络化、视频化加强生产过程管控,加强设备点检维护,在确保生产稳定高效运行的同时,紧抓重型H型钢建设工期节点,加强项目复工和协力人员管理,安全有序推进建设。特钢公司在严格落实疫情防控各项举措的同时,对生产、检修、库存发货、物料保供等进行全方面梳理,强化生产过程监控,重点产品订单兑现率达到100%。合肥公司则在延迟大修计划的同时,动态调整镀锌、连退等机组生产,通过积极寻求政府帮助,协调店埠河码头提前复工装船、外发成品卷,尽可能地减小公司库存压力。交材公司对于受疫情影响较大的发货订单,与内外贸客户及物流货代公司等保持密切沟通,确保发货正常有序。

3. 公辅系统的高效稳定为钢铁生产提供了坚强的后盾。能控中心加强值班运维巡视,认真落实生产任务日计划管理、"两票三制""三讲一落实"等各项安全生产要求;水电风气等运维人员做好设备巡回检查,确保安全生产稳定。铁运公司围绕制造系统生产作业计划,有序安排运输作业,加强与铁路局的信息沟通与协调,提前掌握货运信息,重点关注可能影响生产顺行的原燃料品种,加快取对排卸,加大卸车、清车力度,压缩局停,保证原燃料到达和产品外发。热电总厂在复工前组织人员对各类设备设施进行一次全面的检查、检测,并对新建CCPP项目复工方案和防疫方案进行全面审查,确保设备设施正常、安全运行,项目建设安全有序。和菱包装合理组织人员24小时现场保产,仓配公司保证物流畅通、实施精准保供、重要物资保供随叫随到,等等。

4. 各矿山针对疫情期间生产特点,采取了不同举措保障生产安全。南山矿复工班组均采用最小化结构生产运转,同时通过网络集控化方式开展工作;姑山矿通过多种形式提高职工安全防护能力;张庄矿集中精力做好人员组织、生产布局、采矿备矿等工作,确保采、选、充等各环节紧密衔接。

各项任务目标不变、重点改革任务不散、工作推进力度不减,马钢各单位以高度的政治意识和责任意识,坚决打赢疫情防控阻击战。

（许　涛）

【马钢全力配合定点帮扶贫困村做好新冠肺炎疫情防控工作】　2020年新冠疫情发生后,马钢驻村工作队克服主要交通工具停运等困难,第一时间返岗参与疫情防控工作,两个村无一例疑似和确诊病例。

驻马楼村工作队协助村两委干部排查中、高风险地区返乡人员,落实隔离措施并跟踪健康状况;通过村广播、宣传单、微信群、村级宣传栏、入户走访等形式,广泛宣传新型冠状病毒疫情防控工作相关要求和知识;带领村两委干部开展"送政策、问需求,送岗位、问就业,送口罩、问健康"活动;帮助有外出务工需求的贫困户尽早返岗,组织就业扶贫车间在疫情期间进行民用口罩生产,缓解防疫物资紧缺问题。驻李集村工作队带领村两委按照地城镇党委政府统一部署,采取分片设卡,严把关卡,对从疫区返家的村民进行重点管控,并利用村广播宣传防疫知识;发动全村进行复工复产,利用村扶贫车间和苗木基地吸收贫困人口实现本地就业,并开展县内企业招工宣传,发放宣传册近500份,先后通过推荐和自招解决就业200余人。

（庞　湃）

【马钢启动实施"绿色发展·智慧制造"工作】　2020年,按照中国宝武"一基五元"产业布局总体要求,马钢实施了"五个一批",即一批创建美化靓化生态厂区的项目、一批整治固定污染源环境治理的项目、一批打造智慧制造的重点项目、一批突破智慧制造的关键技术项目、一批提高劳动生产率的改善项目。在统筹抓好疫情防控和生产经营的同时,专业化整合融合、绿色发展和智慧制造、信息化建设等重点工作高效推进。全面对标对表,全力推进"三治四化""两于一入",强化智慧赋能,认真贯彻"四个一律"要求,以"少人化、集控化、一键化"为目标,精心组织实施马钢首批"绿色发展·智慧制造"项目。

1. 马钢环境。马钢环境品质提升项目,共分为两个区,北厂区与南厂区。2019年12月,在不影响厂区生产情况下开工建设,于2021年1月完成。建筑新建及改造面积约1.8万平方米；景观改造及新建面积约40万平方米；新建道路约2千米，改造道路约6.5千米。北厂区呈现的是生态展园，包括形象展示大道、孟塘湿地、灯泡线、土渣山、绿色发展参观线。在延续现状布局基础上，构建了“一线三园”的功能结构，一线为入口生态展示大道，通过入口景墙、形象大门，形成孟塘生态水园、展示型草坪、背景林等。三园分别为：绿色展园——通过生态停车场、雨水花园、疏林草坪等形成生态绿色展示园；山体展园——利用土渣山现状基底，梳理地形，设置休闲场地及游览路线，打通了土渣山到马鞍山的绿色通廊，完善了山体生态体系；湿地展园——利用现有水体，设置临水栈道，打造生态湿地景观。绿色发展参观线，沿线可参观北厂区大门、形象展示大道、灯泡线、热轧集控中心、炼钢集控中心。南厂区呈现的是特色产品展示园、马钢大道、厂区大门、特色产品参观线沿线的建筑提升和景观环境提升。根据场地现状条件，参观线结构为一园一线，一园是利用3号门周边用地，对绿地、厂房等进行统一化展示性打造，形成特色产品展示园；一线是结合厂区道路打造的景观线。特色产品参观线，沿线可参观入口大门、特色产品展示园、冷轧集控中心、实训基地、工匠基地、冷轧总厂南区、马钢大道、重型H型钢车间、车轮轮箍厂和形象大门。马钢环境品质提升项目的建设，是马钢实现“绿色发展·智慧制造”相关规划的重要落脚点，也是把马钢打造成为助力城市生态文明的花园式绿色工厂示范基地的关键环节。

2. 马钢智园。马钢智园地处原马钢老二铁总厂办公区和修建公司所在地，总建筑面积约为2.7万平方米，景观面积46371平方米，是集智能控制、综合办公、中远程指挥操控、文化展示、配套服务等功能为一体的综合智慧化园区。马钢智园项目，是进一步推动实现宝武成为全球钢铁业引领者，落实共建高质量钢铁生态圈的重点项目。该项目是对办公区域进行功能整合，以促进公司各单元业务技术等方面的交流管理，更加合理地使用与分配多方优秀资源，促使管理向自动化、智能化的方向迈进，利用信息技术更好地服务于物理生产过程。通过“少人化”“集控化”“一键化”的改造，创建马钢特色智慧工厂。马钢智园建设项目于2020年4月正式立项，5月初开工建设，12月竣工。

3. 马钢展示馆。马钢展示馆位于马钢智园，展区面积达3600平方米，由抚今追昔、燃情岁月、砥砺而行、追求卓越、新时代党建和智造强国六大部分组成。整个场馆设计在充分展示马钢发展历程的同时，多处运用了现代化的科技手段，如数字化沙盘、沉浸式体验馆等。经过9个月的施工，于12月圆满建成。

4. 运营管控中心。马钢运营管控中心利用原马钢体育馆进行改造，以马钢股份现有各业务管控系统为数据来源，在原有SAP、IPS、QMS等核心信息化系统基础上，建设一套集“制造、物流、设备、能源、环保、应急、安保综合信息及现场视频”一体的多专业信息集成、多业务协同管理的综合平台，实现从原燃料进厂、生产制造到成品出厂的全流程管控，将与生产运营有关的因素集中到一起，实现多专业多因素的协同。历时1年，完成了马钢运营管控中心的建设。

5. 炼铁智控中心。炼铁智控中心是根据马钢现有炼铁流程特点，对炼铁各工序进行集中管控，实行原料、烧结、炼焦、高炉各工序中相同的流程管理横向融合，减少流程管理维度。通过流程优化，使得炼铁生产流程纵向上以工艺流程为主，提高信息的传递时效性；横向上以功能集中为主，提高操作监控的集中度。通过智慧操控支撑智慧决策，推动现场的智慧作业，提高炼铁生产流程的精细化、一体化管控水平。该项目分为二期建设：第一阶段，2020年—2021年年初；第二阶段，2021年年初—2022年年底。2020年，第一阶段的建设已完成，完成了六座高炉、两个烧结机和料场的智能流程决策、数字化料场和移动机智能操控系统，及部分智慧运维等建设。

6. 炼钢智控中心。炼钢智控中心以炼钢智能工厂为基础，从“一键化”“少人化”“集控化”有效形成整个系统的智能化体系。炼钢智控中心的建成可以实现炼钢调度、预处理操控、转炉炼钢操控、炉外精炼操控、板坯连铸操作、铁钢包物流动态管控、能源监控、安全监控、在线设备监控、质量判控的集中管控。该项目分为三期建设：第一阶段，2020年—2021年年初；第二阶段，2021年年初—2022年年底；第三阶段，2023—2024年。2020年，第一阶段的建设已完成，完成了炼钢集控，构建了铁水预处理、转炉、精炼、连铸集中操控与运行组织新模式等。

7. 热轧智控中心。热轧智控中心以四钢轧总厂的板坯库、2250热轧轧线、磨辊间水处理为主要实施对象，对2250热轧实施产线改造和智能制造项目。该项目分为三期建设：第一阶段（2020—2021年），完成2250热轧集控等；第二阶段（2021—2022年），完成1580轧钢集控、2250与1580热轧精整区域集控等；第三阶段（2023—2024年），完成板坯库和钢卷库的吊车无人化UACS等。2020年，第一阶段的建设已完成，完成了操控中心和协同中心的建设,实现生产过程全方位、全业务、全要素的协同。

8. 冷轧智控中心。冷轧智控中心的建成,可实现全厂一个集控中心,远程实时优化控制和全流程质量管控,以提升产品质量,降低生产成本,提高生产效率,实现每个机组和每条产线实现效率、效益最大化,最终成为国内领先的“CRM ONE MILL”冷轧智慧工厂。冷轧智控中心智慧制造配套项目分三期完成:一期项目,2020年完成10条产线的集控中心建设及配套项目;二期项目,2021年完成剩余产线入驻集控中心及配套项目;三期项目,2022年完成剩余配套项目。2020年已完成一期建设,完成了酸轧、酸洗、热镀锌、连退、脱脂、罩退等10条产线的集控中心及配套项目的建设,并构建了智能工厂平台。

(邹海历)

【国内首条重型热轧H型钢生产线在马钢建成开始试生产】 2020年1月18日,马钢重型热轧H型钢生产线完成首次热负荷试车,轧制出第一支重型H型钢;4月28日,重型H型钢生产线全线贯通,正式投产。

马钢重型热轧H型钢生产线是国内首条重型热轧H型钢生产线,于2017年9月20日正式开工建设,设计年产能80万吨,总投资16.50亿元;产品最大高度1118毫米、宽度476毫米、翼缘厚度115毫米。该生产线采用当今世界先进的近终形异型坯连铸、LF炉及全保护浇铸保证钢水洁净度;万能轧机采用液压AGC、动态轴向调整DAA、小张力控制,以及拥有自主知识产权的轧后超快冷却等工艺技术,确保产品外观尺寸、控制精度和产品性能;产品主打国内不能生产的重型系列、厚壁系列、宽翼缘系列等高附加值H型钢产品,部分补充超大规格角钢、U型钢板桩、铁路车辆用帽型钢等异型钢产品,所有产品能够按照日标、美标、英标、欧标和国标组织生产。

2020年年初,受新冠肺炎疫情影响,重型H型钢工程直接面临交通中断、物流受阻、物资缺乏、施工力量不足等多种冲击。为保证工程按期完工并顺利投产,马钢积极化解各种不利因素,创造条件推进复工复产,实现了生产线顺利投产。2020年10月,重型H型钢完成6.8万吨产量,成功达产;至12月,圆满完成32万吨的全年生产任务。全年共研发重型H型钢产品10个系列25个规格。

(张　磊)

【马钢空调外机用彩涂板国内首次样机试验成功】 2020年3月20日,马钢开发的空调室外机用彩涂板,成功在国内龙头家电空调企业整机加工试验,数据显示该产品整体性能良好,为助推国内家电制造业预涂工艺转型升级迈出了重要一步。

相比传统家电制造业的喷涂工艺,采用彩涂板作为家电外壳,不仅顺应产业绿色发展、节能环保要求,有效减少环境污染,而且可以缩短工艺流程、提高生产效率。特别是近年来国家对家电制造业环保要求不断提高,各类家电制造都在逐步进行由后喷涂工艺向预涂工艺转型的材料升级。马钢彩涂板项目组力争走在行业前端,积极践行EVI服务理念,与用户深度合作,跟进用户需求不断进行新材料研发。预涂工艺对彩涂板技术指标有着极其严格的要求,国内空调外机壳体预涂工艺材料领域仍是空白,除了环保要求、涂层极高柔韧性要求、服役耐久性期限要求较高,难度最大的是加工裸口在服役期的结构安全性。马钢彩涂板研发团队在没有技术标准和技术思路可以借鉴的情况下,积极与上下游开展全产业链深度联合,从外观颜色设计到涂层耐腐蚀性技术突破,从联合上游涂料供应商同下游家电制造商进行三方确认到实验室性能验证,再到产品首次上线试制,经过多年努力,最终顺利完成空调外机壳体整机的材料试制,在用户完成样机制造后,获得用户对产品性能的充分认可。

(施国兰)

【马钢重点环保项目能控中心六汾河中水深度处理系统开工建设】 2020年,马钢重点环保项目能控中心六汾河中水深度处理系统开工建设。2008年,马钢投资1.1亿元建成日处理能力10万吨的六汾河污水处理站,采用法国得利满公司主体工艺及设施,处理后的中水回用于烧结、炼铁、炼钢、轧钢等冷却水处理系统,由于采用一级处理工艺,中水电导率、氯离子等浓度,对输送管道、设备等均产生腐蚀,影响中水回用量。2019年,国家生态环境部督察马钢公司,指出马钢六汾河闸板有废水溢流,直排长江。为此,马钢决定新建六汾河中水深度处理系统工程,该项目由宝武水务公司以BOO模式建设并运营,总投资约1.2亿元。

该项目采用国内较为成熟的双膜法处理工艺,对中水进行脱盐,产生约2600立方米/小时工业新水,全部回用,六汾河废水处理站其余中水回用于对水质要求不高的用户,做到分质回用,最大限度节约能源与水资源。第一级浓缩脱盐系统:主要包括超滤单元和反渗透脱盐单元;浓水预处理及第二级浓缩脱盐系统:主要包括浓水的软化预处理单元和浓水超滤单元和反渗透单元;浓浓水处理系统:包括浓浓水的软化处理单元、臭氧高级氧化、树脂处理单元以及反渗透单元。

马钢六汾河中水深度处理系统工程于2020年3月中旬开工建设,4月10日完成了场地拆迁、三通一平,6月15日完成全部桩基施工。后续开始膜处理厂房、膜产水池、膜浓水池,高密沉淀池、加药间等基础开挖,土建施工,8月31日完成土建主体工程施工。9月开始工艺设备安装,主要包括水泵、管道、超滤及反渗透膜组件,11月20日完成设备安装,具备单体试车条件。12月中旬进行系统带负荷试运行;12月31日,深度处理系统工程正式进入到试运行阶段。前期小时产水约1300立方米/小时,随着三级膜系统陆续达产,2021年3月初已经达到设计产水量。2021年2月上旬,该项目通过省环保现场核查。该项目的建成,一是完成了马钢突出环境问题整改工作;二是确保在正常情况下,六汾河水处理站处理后的水全部回用,实现真正意义上的六汾河闸板零溢流;三是进一步改善了生产水水质,保证了生产单位用水安全;同时,减少了废水排放长江的环境风险,有效保护长江生态环境。

(王　强)

【中国宝武开展“钢铁荣耀·铸梦百年”宁马片区活动】 1. 成功举办“重走钢铁长征路”宁马片区活动。2020年10月26日下午,以“宁马奋进谱新篇”为主题的“重走钢铁长征路”宁马片区活动在马钢特钢公司展厅外广场隆重举行。此次活动由马钢集团牵头,携手本片区中国宝武15家一级子公司的24家单位共同举办,活动分为启动和健步走两部分。中国宝武党委书记、董事长陈德荣,马鞍山市委书记张岳峰出席活动并致辞,马钢集团总经理、党委副书记丁毅致欢迎词。活动在《在那钢花绽放的地方》歌曲中拉开序幕,黄梅戏《唱唱咱们的新马钢》体现了安徽地方特色,讲述重型H型钢故事和机器人引导的重型H型钢产品首发仪式,展现了马钢产品特色和智慧制造元素。《铸梦百年——中国宝武130年简史》首发仪式也在活动现场举行,中国宝武党委书记、董事长陈德荣向马钢青年员工赠书。下午1时50分,现场放飞白鸽,放飞未来,在激昂的南山锣鼓的鼓点声中,健步走队伍在10名旗手的引领下出发,300余名青年沿着习近平总书记考察调研马钢时的足迹,从特钢公司优棒车间出发,向毛主席曾经两次视察过的9号高炉进发。2.8千米的行进路线、5个展示点共同串联成马钢60余年滚动发展、艰苦奋斗的波澜画卷。整个活动进行了网络直播。与此同时,宁马片区“健步走”依托“友爱的宝武”小程序吸引员工线上参与,并对排名前130的员工赠送活动纪念品。

2. 中国宝武宁马片区职工书画和集邮展开幕。2020年10月13日上午,由马钢集团公司主办,集团公司工会、文联承办,马钢离退休中心协办的“钢铁荣耀·铸梦百年”中国宝武宁马片区职工书画和集邮展在马鞍山市展览馆开幕。中国宝武集团工会主席张贺雷宣布开展,马钢集团公司党委副书记刘国旺在仪式上发表致辞,马钢集团公司党委常委、工会主席张晓峰主持开幕式,马鞍山市文联负责人出席并在仪式上致辞。开幕式上,有关嘉宾为宁马片区书画和集邮展“个性化小版张”“纪念封、纪念戳”揭幕。活动自5月份启动后,收到宁马片区职工书画爱好者与集邮爱好者的踊跃投稿。书画作品共收到420幅优秀作品,经专家评选,最终评选出110幅作品展出;邮品展品规模达到80框、1264片。开幕式后,宁马片区300余名职工代表及书画集邮爱好者观看了作品展。

3. 中国宝武宁马片区职工摄影展开展。2020年11月16日,“钢铁荣耀·铸梦百年”宁马片区摄影展在马钢办公楼一楼展出。本次展览共收到宁马片区各单位提交的300余幅作品,经评选,130幅作品入展。这些作品,从不同角度展现中国宝武的良好形象、品牌魅力和文化实力,给人以美的享受,给人以心的力量。同时,至11月30日,“最美马钢人”年度新闻人物共计宣传报道19人,报道在马钢深化整合融合、全面对标找差,推进“绿色发展·智慧制造”,以及疫情防控和复工复产等各项工作中涌现的典型人物和感人事迹,讲好马钢故事。

(肖卫东)

【马钢股份与中国二十冶签署战略合作协议】 2020年6月4日,马钢股份公司与中国二十冶战略合作协议签字仪式在马钢办公楼会议室举行。中国二十冶总经理、党委副书记徐立,副总经理张钢雨,马钢领导丁毅、王强民及伏明、章茂晗出席签字仪式。签字仪式上,徐立对马钢多年来给予二十冶的帮助和支持表示感谢。他说,多年来马钢始终为二十冶的发展提供支撑,双方有着良好的合作基础,此次与马钢签订战略合作协议也是积极响应中国宝武共建共享高质量钢铁生态圈的理念。他希望二十冶与马钢以此次签订战略合作协议为契机,发挥出1加1大于2的协同效应。他表示,二十冶将尽自己所能,为马钢提供最好的服务,把马钢最优的产品推出去。集团公司总经理、股份公司董事长丁毅对徐立一行的到来表示欢迎。丁毅说,长期以来,二十冶参与了马钢一系列重要项目的建设和改造,为马钢的保产提供了重要支撑。丁毅表示,战略合作只是第一步,马钢和二十冶可以在项目建设、产线升级、技术改造等多个方面继续深化合作。他希望,双方能够定期开展高层交流,共同探索新型合作模式,推动战略合作协议落地。

仪式上,股份公司总经理王强民与徐立共同在合作项目书上签字。

(陈　扬)

【马钢股份与上海宝冶签署战略合作协议】 2020年7月13日,马钢股份与上海宝冶战略合作协议签字仪式在马钢办公楼20楼会议室举行。上海宝冶集团党委书记、董事长白小虎,上海宝冶集团总经理陈刚,马钢集团公司总经理、股份公司董事长丁毅,马钢股份公司总经理王强民出席签字仪式。在集团公司总经理、股份公司董事长丁毅,上海宝冶集团党委书记、董事长白小虎的共同见证下,股份公司总经理王强民,上海宝冶集团总经理陈刚分别在战略合作协议上签字。协议的签署,标志着双方合作掀开了崭新的一页。

股份公司副总经理伏明、股份公司总经理助理章茂晗,以及股份公司相关部门和单位负责人参加了签字仪式。

(陈　扬)

【马钢与中国钢研科技集团对接交流会在马钢召开】 2020年11月25日上午,马钢与中国钢研科技集团对接交流会在马钢办公楼413会议室召开。双方围绕马钢未来的发展规划与合作研究方向进行了深入交流。中国钢研科技集团总经理李波,中国钢研科技集团副总经理、钢铁研究总院常务副院长田志凌,钢铁研究总院副院长陈思联,马钢领导丁毅、唐琪明及张文洋、王光亚出席会议。

中国钢研科技集团是中国冶金行业最大的综合性研究开发和高新技术产业化机构。马钢与中国钢研科技集团有着良好的合作传统,自2015年起双方共同承担了一系列国家科技项目,签订"产学研"合同40余项,在齿轮钢、高速重载车轮、热轧H型钢等方面开展了广泛合作,取得了一系列科技成果。

李波在会上表示,近五年来,中国钢研科技集团与马钢的合作全面且深入,双方共同成长,实现了互利共赢。他希望双方人员能以此次交流为契机,凝聚共识,深化合作,对交流中提出的关键技术项目尽快跟进。他提出,未来双方将在优特钢、高铁轮箍等方面继续深入交流合作,让中国钢研科技集团成熟的科技成果尽快在马钢推广应用。

丁毅对李波一行的到来表示欢迎,对多年来中国钢研科技集团给予马钢的技术支撑表示感谢。他表示,一年来马钢发生了诸多变化,马钢的发展定位和发展思路日益清晰。展望未来合作前景,丁毅表示,双方将共同加强新材料、新技术的研发应用;要结合国家发展战略,结合中国宝武对马钢的发展定位,共同打造特色流程,形成常态化交流机制;要共同加强青年人才的培养工作,重点培养相关专业博士等高学历人才,支撑公司的转型发展;要加强国家、地方级创新平台申报工作,更好地打造合作平台,让双方共享合作成果。

唐琪明在会上致欢迎辞;田志凌在会上讲话。会上,中国钢研科技集团与马钢相关人员分别作双方合作概述与合作展望报告。双方相关部门、单位负责人等参会。

(姚　乐)

【中国宝武铁区技术管理推进委员会2020年度工作会议暨"提高利用系数"专题交流研讨会在马钢召开】 2020年12月9日,中国宝武铁区技术管理推进委员会2020年度工作会议暨"提高利用系数"专题交流研讨会在马钢413会议室召开。

会议围绕"亿吨宝武"发展目标以及"全面对标找差,创建世界一流"的工作要求,积极组织开展各生产基地高炉综合竞争力评价工作,通过综合比较评价各基地每座高炉的竞争力,努力形成"比学赶超"良好氛围,全面提升中国宝武高炉单元的技术管理水平。

会上,铁区委员会办公室发布了《高炉综合竞争力评价及对标找差考察交流报告》;马钢在会上就铁前系统规划做交流发言;韶钢,重钢,长钢,宝钢股份宝山基地、青山基地、东山基地在会上就提高高炉利用系数的生产实践作交流发言。

中国宝武铁区委员会、中国宝武中央研究院、马钢、韶钢、鄂钢、德盛、重钢、太钢、长钢股份、宝钢股份宝山基地、宝钢股份梅山基地、宝钢股份东山基地、宝钢股份青山基地相关人员参加会议;八一钢铁以视频形式参加会议。

中国宝武党委常委,宝钢股份党委书记、董事长,中国宝武铁区委员会主任邹继新;马钢集团公司总经理、党委副书记,马钢股份公司董事长丁毅出席会议。

(石天顺)

【轨道交通技术创新平台学术(技术)委员会会议在马钢召开】 2020年12月10日,轨道交通技术创新平台学术(技术)委员会在马钢(集团)控股有限公司组织召开。翁宇庆院士等18位委员，马钢集团公司总经理、党委副书记，马钢股份公司董事长丁毅，集团公司党委常委、副总经理唐琪明，马钢交材公司董事长任天宝，安徽省国家实验室与创新基地建设处处长周晓辉，马鞍山市科技局和发改委相关领导出席会议。马钢集团管理创新部、马钢股份科技管理部、马钢技术中心、马钢特钢公司及马钢交材等单位部门的相关人员参加会议。

会上，委员们认真听取了相关汇报，会后参观了马钢展厅和技术中心轨道交通用钢实验室，委员们充分肯定了马钢轨道交通技术创新平台2020年开展的工作及取得的成果，并针对创新平台的建设和管理、人才培养、共性技术研究与产品研发、下一步规划等提出了建议。后续马钢将落实学术委员会相关建议和技术创新平台的规划，在未来2~3年内争取在一些关键技术上形成突破。同时，基于现有4个技术创新平台力量，梳理国家级技术创新平台的基础条件和标准要求，有针对性地开展软硬条件的积累，争取在未来2~3年内具备申报国家技术创新平台的条件和基础储备。

（金良军）

【马钢矿业举行国家级智慧制造示范矿山建设项目——姑山矿钟九铁矿采选建设工程开工仪式】 2020年9月9日上午，马钢矿业举行国家级智慧制造示范矿山建设项目——姑山矿钟九铁矿采选建设工程开工仪式。马鞍山市委书记张岳峰、市长袁方，中国宝武副总经理郭斌，马钢集团党委书记、董事长魏尧，马鞍山市副市长李强，宝钢资源总裁、党委副书记陆克从，当涂县委书记谢红心，中钢集团马鞍山矿山研究总院股份有限公司党委书记、董事长许传华，当涂县委副书记、县长阙方俊，马鞍山经济技术开发区党工委委员、管委会副主任麻跃华，中煤第五建设有限公司副总经理孙勇，中咨工程管理咨询有限公司副总经理刘刚，金建工程设计有限公司总经理马吉祥出席开工仪式。

中国宝武副总经理郭斌宣布项目开工，并与马鞍山市委书记张岳峰、市长袁方，马钢集团党委书记、董事长魏尧，马鞍山市副市长李强，宝钢资源总裁、党委副书记陆克从共同启动了项目水晶球。

钟九铁矿属于原国家计委、地矿部以计国土〔1991〕166号文批准的全国16个冶金及辅助原料国家规划矿区之一，被列为马钢后备矿山。自2004年取得探矿权以来，经过10多年努力，先后通过了项目核准、安评、环评等所有审批。该矿总资源量6453.68万吨，项目建设投资9.4767亿元，矿山建设规模为200万吨/年，年产品位为66%的铁精矿80万吨。

宝钢资源国际总裁、党委副书记陆克从在开工仪式上致欢迎辞。他表示，2020年8月，习近平总书记到马鞍山和中国宝武马钢集团考察调研，并强调“要在长三角一体化发展中，把握机遇，顺势而上，为长三角一体化发展做出自己的贡献”。这为宝钢资源开创高质量发展新局面提供了根本遵循和力量源泉。我们将深入贯彻落实习近平总书记重要讲话精神，在马鞍山市委市政府和马钢集团的大力支持下，坚持“三高两化”战略路径，深入推进专业化整合融合，持续发挥马鞍山市矿产资源优势，全面谋划推进以马鞍山市内铁矿等资源开发为主体的矿业板块发展，不断完善钢铁生态圈大原料一体化功能体系建设，全力以赴打造世界一流矿产资源综合服务商，为建设大而强的新马钢，为马鞍山市经济高质量发展做出新的更大贡献。

马鞍山市市长袁方向项目开工表示祝贺。他指出，钟九铁矿项目是深入贯彻落实习近平总书记考察安徽特别是考察马鞍山市和中国宝武马钢集团重要讲话精神的实际行动，标志着中国宝武与马鞍山市深度合作迈出了新步伐，结出了新硕果。他表示，希望钟九铁矿能够成为安全、绿色、智慧矿山的典范，也希望中国宝武继续与马鞍山市携手同行、强化对接、通力协作，推动“1+8”产业基地各项目全面落地，构建中国宝武大原料体系建设，加快成为全球钢铁业引领者的步伐。

宝钢资源高级副总裁，马钢矿业党委书记、总经理张华主持开工仪式；中煤矿山建设集团有限责任公司党委副书记、总经理郑玉建致辞，姑山矿负责人介绍项目情况；马鞍山市有关部门负责人，中国宝武资环业中心、马钢集团相关负责人，当涂县有关部门负责人，宝钢资源有关部门负责人，项目设计、监理和施工单位代表，马钢矿业领导班子成员、机关及各下属单位负责人，项目单位的工程技术人员、干部、职工代表等200余人参加了开工仪式。

（张　伟）

【长三角（合肥）数字科技中心项目奠基暨开工仪式在合肥举行】 2020年9月18日，长三角（合肥）数字科技中心项目奠基暨开工仪式在合肥举行。安徽省经信厅总经济师潘峰，安徽省数管局副局长钱海，安徽省国资委副主任杨东坡，合肥市委常委、副市长王文松，肥东县委书记孙良鸿，安徽联通总经理贾志强、副总经理杜鹏，北京电信规划院院长赵一言，安徽电信副总经理郑家升，安徽移动副总经理卢小松，工商银行安徽省分行副行长石海龙,中国银行安徽省分行副行长程祥,建设银行安徽省分行副行长王文兵,中冶赛迪副总经理王波,中国宝武总法律顾问蒋育翔,马钢集团总经理、股份公司董事长丁毅,宝信软件董事长夏雪松等出席了奠基暨开工仪式。

仪式上,安徽联通总经理贾志强在致辞中希望双方紧扣“一体化”和“高质量”两个关键词,在数据中心规划建设、市场开拓、运营维护、能力输出等方面全面开展合作,“精诚合作,携手共赢”。宝信软件董事长夏雪松在致辞中指出,飞马智科在国家长三角区域一体化发展战略、新基建政策指引下,抓住契机建设长三角(合肥)数字科技中心项目,具有非常重要的意义。他希望飞马智科将来能够成为中国宝武在长三角区域信息产业的第二战略基地,长三角(合肥)数字科技中心成为宝之云最重要的支柱节点之一。

马钢集团总经理、股份公司董事长丁毅代表中国宝武和马钢集团对项目奠基开工表示热烈祝贺,并表示将全力支持项目建设。他在致辞中指出,建设长三角(合肥)数字科技中心,既是贯彻落实习近平总书记重要讲话精神,抢抓长三角一体化发展和新基建建设战略机遇的具体行动;也是进一步顺应和促进长三角数字经济与实体经济融合发展的战略实践,有利于进一步丰富和壮大中国宝武“一基五元”业务架构,促进安徽省区域经济社会发展。他要求飞马智科统筹推进服务设计、客户培育、员工培训等各项投用前的准备工作,早日把项目建设成为服务一流、质量一流、管理一流、效益一流的长三角数字科技样板工程。

肥东县委书记孙良鸿表示,肥东县将一如既往地提供更加高效、更加便捷、更加优质的服务,确保项目审批零障碍、建设零阻力、服务零距离,希望项目早日完工、早日运营、早日见效。安徽省国资委副主任杨东坡希望长三角(合肥)数字科技中心项目尽快形成新型基础设施建设的硬件和技术优势、形成新的经济增长点,为融入长三角数字一体化发展做出更大的贡献。安徽省经信厅总经济师潘峰希望马钢集团借助数字化、网络化、智能化更上新台阶,为五大发展美好安徽再立新功。

长三角(合肥)数字科技中心项目占地面积17.67万平方米,规划建设2万机柜高等级数据中心和大数据研发中心,力争2021年年底完成一期项目建设。该项目将打造面向华东、长三角地区的国家A级云计算数据中心,通过构建新一代信息技术基础设施,实现数据中心和存算资源协同布局,在服务安徽数字经济和大数据产业发展的基础上,顺应和促进长三角及中部地区数字经济与实体经济融合发展,为马钢融入长三角一体化迈出坚实的步伐。

(桂宇琛)

【“中国宝武130年系列展”之四“江南一枝花”马钢主题展在中国宝武总部揭幕】 2020年8月3日下午,“中国宝武130年系列展”之四“江南一枝花”马钢主题展在中国宝武总部揭幕。中国宝武党委书记、董事长陈德荣与张桂华、郭平、郭煜一家三代马钢人共同为马钢主题展揭幕。中国宝武总经理、党委副书记胡望明出席揭幕活动。中国宝武党委常委章克勤,党委常委、副总经理侯安贵,集团工会主席,马钢集团管理者代表、员工代表,集团总部以及子公司员工代表等参加揭幕活动,并在《江南一枝花》的优美旋律声中参观了展览。

“中国宝武130年”系列展先后生动演绎了“历史的起点”“火红的年代”“天山赞歌”。马钢从年产20万吨生铁的小炼铁厂,发展成为2000万吨铁钢材配套生产规模的我国特大型钢铁联合企业,历经几代人的艰苦创业、自我积累和滚动发展,马钢在我国钢铁工业发展史上留下了一个又一个光辉足迹,创造了我国钢铁行业的多项第一:第一个车轮轮毂厂、第一套高速线材轧机、中国钢铁第一股(A+H股上市公司)、第一条大H型钢生产线。2019年9月19日,马钢集团正式加入中国宝武大家庭,2020年,按照“一企一业、一业一企”的原则,马钢加快实施专业化整合,发挥重组协同效应,努力打造大而强的新马钢。

马钢集团党委书记、董事长魏尧在致辞时表示,历经百年风雨洗礼的马钢融入了中国宝武,站在了新的平台,追逐着新的梦想,承担着新的使命。牢记“钢铁报国、产业报国”初心使命的马钢人,将紧紧围绕“打造大而强的新马钢”,跳出马钢看马钢,跳出马钢发展马钢,变革发展思路,创新发展模式,全身心投入中国宝武“共建高质量钢铁生态圈”的实践中,为中国宝武铸就“镇国之宝”、成为全球钢铁业引领者做出马钢贡献。

1958年9月20日,毛泽东主席视察马钢时,在现场与年仅18岁的青年员工黄建平亲切握手和交流。在揭幕现场,耄耋之年的黄建平老人带来了珍藏多年的毛主席与他握手的照片,并回顾了当时令人激动的场景——“毛主席来到我们跟前,伸出了大手,我一看,赶快双手握住了毛主席的手。那时,只顾高兴了,连主席的问话都没注意,幸亏后边有人提醒,主席在问你话呢。”他表示，毛主席对马钢发展作出了重要指示，给了我们很大的鼓舞，也鞭策我们在工作中一定要认认真真，一定要听党的话。我相信，在中国宝武的带领下，马钢乃至整个中国钢铁工业的未来，一定会越来越好。

20世纪60年代，因率先在国内全面开展“三清、五不漏、一条线、规格化”的文明生产活动并促进了生产经营，马钢被誉为“江南一枝花”；未来，马钢将进一步强化“超越自我、跑赢大盘、追求卓越”的绩效导向，以改革增动力，以创新促发展，为实现亿吨宝武、打造全球钢铁业引领者、共建高质量钢铁生态圈做出马钢贡献。

（杨　成）

【马钢举行“中国宝武大家庭”专题展揭幕仪式】 2020年9月18日，“中国宝武大家庭”专题展揭幕仪式在马钢办公楼一楼大厅举行。马钢集团党委副书记、总经理丁毅，马钢集团党委副书记刘国旺共同为专题展揭幕。

为了让广大员工更好地了解中国钢铁百年发展历程，马钢专门举办了此次“中国宝武大家庭”专题展。在现场，长达22米的展板囊括了“历史的起点”、上钢“火红的年代”、八钢“天山赞歌”、武钢“百年薪火红钢城”在内的四个篇章，展示了这些企业的历史与辉煌、荣耀与梦想。揭幕仪式后，参加仪式的马钢集团公司领导，各部门、单位负责人，部分员工参观了展览。

12月28日，马钢对“宝武大家庭”专题展内容进行了全面更新完善，长达82米的展板全方位地展示了历史的起点（江南制造局炼钢厂、汉阳铁厂、重钢），上钢、八钢、马钢、武钢、鄂钢、韶钢、梅钢、宝钢（含湛江钢铁）等企业的历史与辉煌、荣耀与梦想，进一步增强马钢广大员工对“同一个宝武”的认同感、归属感和使命感。

（肖卫东）

【炼铁总厂（南区）带式焙烧机球团EPC项目正式奠基开工】 2020年10月9日，炼铁总厂（南区）设计产能400万吨/年的带式焙烧机球团EPC项目正式奠基开工建设。马钢集团总经理、党委副书记，马钢股份董事长丁毅参加奠基仪式。

带式焙烧机项目是马钢产能置换、产线升级改造，实现高效节能环保要求的重点项目之一，也是宝武系第一条带式焙烧机生产线。该工程将以低碳经济、节能减排、清洁生产和资源的高效利用为核心，采用球团生产最新技术成果，运用先进的建设方法和管理方法，建成一条以低消耗、低排放、高效率为特色的球团带式焙烧机生产线，工程计划工期为17个月。项目建成投产后，将实现现场作业无人化、过程控制智能化、管理业务信息化、设备运维远程化。

（石天顺）

【安徽马钢冶金工业技术服务有限责任公司揭牌】 2020年，为顺利推进马钢集团厂办大集体马钢利民企业公司所属14家集体企业改革，妥善安置改革企业职工，保障职工合法权益，结合中国宝武“一基五元”发展战略，根据马钢（集团）控股有限公司厂办大集体改革实施方案，10月16日注册成立了安徽马钢冶金工业技术服务有限责任公司（以下简称“冶金服务公司”）。10月29日上午，冶金服务公司举行揭牌仪式，标志着马钢利民厂办大集体改革工作圆满完成。

冶金服务公司作为马钢集团设立的全资子公司，业务定位是为钢铁冶金和相关企业提供生产协力等配套服务，致力于成为区域内具有综合竞争优势的生产协力服务商。成立冶金服务公司是落实国家厂办大集体改革政策的必然结果，是维护企业和社会稳定的有力举措。冶金服务公司成立后将以维护和保障职工权益为己任，不断做大规模体量，努力提高经营绩效和资产回报率；同时，作为马钢股份公司协力保产单位，冶金服务公司将建设高素质劳务保产队伍，全力打造协力保产和劳务总包品牌。

（汤　莉）

【中国宝武媒体中心马钢记者站揭牌】 2020年11月16日，在中国宝武庆祝第21个记者节座谈会上，中国宝武党委书记、董事长陈德荣，中国宝武党委常委魏尧共同为中国宝武媒体中心马钢记者站揭牌。陈德荣要求，集团宣传新闻系统要顺应互联网时代的发展，积极推进媒体融合，认真探索“一总部多基地”的协同运作模式，发挥体系的力量，为中国宝武的事业发展做出更大的贡献。

为构建大宣传格局，上下联动、发挥体系的力量，共同做好集团公司新闻宣传工作，中国宝武媒体中心设立马钢记者站。通过试运行，不断完善管理运行机制，推广到集团公司其他地区。媒体中心马钢记者站的主要任务包括：捕捉中国宝武在马鞍山地区子公司的新闻线索，采写稿件，深入基层采写鲜活的通讯报道，成为中国宝武马鞍山总部新闻报道的主力军；根据集团媒体中心的统一报道计划抓好落实，及时对重点新闻和重要专题进行采访；协助做好中国宝武融媒体平台马鞍山地区通联网络的建立和完善工作，协助做好《中国宝武报》马鞍山地区发行工作等。

马钢集团党委副书记刘国旺在会上表示，中国宝武媒体中心马钢记者站揭牌，标志着马钢新闻宣传事业进入一个全新阶段。马钢党委将继续深入贯彻落实习近平总书记考察调研中国宝武马钢集团重要讲话精神，把正确政治方向摆在第一位，全力发挥好新闻宣传舆论导向作用，助力整合融合工作再上新台阶。马钢记者站将以这次挂牌为新起点，着力做好与中国宝武媒体中心的深度融合，在体制机制、人力资源、内容创新等方面积极变革，努力成为中国宝武宣传思想战线整合融合的“排头兵”。发挥好中国宝武媒体中心联系马钢的桥梁、纽带作用，履职尽责、主动作为，做好地区总部的新闻报道和通联工作，努力成为中国宝武新闻宣传战线的“桥头堡”。守初心、担使命、走基层、强“四力”，充分挖掘马鞍山区域的丰富新闻资源，采写更多新闻精品，努力打造中国宝武马鞍山区域好新闻“加工厂”，为中国宝武新闻宣传事业做出马钢贡献。

中国宝武党委宣传部、马钢集团党委宣传部负责人，集团公司媒体中心、马钢新闻中心的相关人员参加了揭牌仪式。

（张　泓）

【宝钢资源马钢矿业罗河铁矿一期500万吨/年扩能工程建设项目正式开工】　2020年12月11日上午，宝钢资源马钢矿业举行罗河矿一期500万吨/年扩能工程建设项目开工仪式。中国宝武总经理、党委副书记胡望明，党委常委、副总经理郭斌，合肥市副市长赵明，马钢集团总经理、党委副书记、马钢股份董事长丁毅，中国宝武资环业中心总经理钱峰，宝钢资源国际党委书记、董事长张典波，宝钢资源总裁、党委副书记、马钢矿业董事长陆克从，庐江县委书记许华为，县委副书记、代县长周天斌等领导和嘉宾出席了开工仪式。中国宝武总经理、党委副书记胡望明宣布项目开工，并与郭斌、赵明、丁毅、钱峰、张典波、陆克从、许华为、周天斌共同启动了鎏金装置。

罗河矿成立于2005年，一期300万吨/年工程于2007年开工建设，2015年投产，2017年全面达产。为尽快发挥特大型矿山规模效应，罗河矿于2018年启动了一期500万吨/年扩能工程建设项目筹备工作。2019年1月，经马钢矿业批准立项，2020年又先后通过安徽省相关部门审核及安全审查，于11月13日正式获批。罗河铁矿一期扩能500万吨/年工程是在一期300万吨/年工程项目的基础上，新开拓-620米水平运输系统、-600米水平出矿系统，扩建-540米水平凿岩系统，新建主井提升系统、高压辊磨系统以及配套的产能提升设备设施等17个单项工程，该项目总投资为7.9亿元。项目建成后将年生产品位66.5%的磁铁矿精矿156.30万吨，品位42.0%的硫精矿58.60万吨，具备较强的市场竞争力。罗河铁矿一期扩能工程将给地方政府带来一定的经济效益，成为庐江地区经济发展新的增长点，并带动周边地区的经济发展，社会效益更加显著。

宝钢资源国际党委书记、董事长张典波在开工仪式上致欢迎辞。他表示，罗河矿是宝钢资源发展速度最快、发展质量最好的企业之一。特别是近年来，罗河矿以市场为导向，持续坚持绿色发展、推进智慧制造，充分发挥合资企业的体制机制优势，企业经济运行质量和效率全面提升，经营绩效显著，为地方经济发展和宝钢资源高质量发展做出了重要贡献。希望此次扩能项目紧紧围绕“工期、质量、安全、环保、投资”五大工程建设目标，加强过程控制，细化节点目标，力争达到“起点高、投资省、速度快、效果好”的工程建设总目标，早日实现竣工达产，在巩固和扩大宝钢资源自产矿品牌影响力和市场竞争力方面再立新功。

庐江县委书记许华为向扩能项目开工仪式表示祝贺。他表示，罗河矿自投产以来心系地方，勇担国企责任，累计上交各类税费9.4亿元，解决地方群众就业岗位600余个，为推动庐江经济发展起到了重要作用。本次罗河矿扩能项目是深入贯彻落实习近平总书记考察安徽省和中国宝武马钢集团重要讲话精神的具体行动，希望罗河矿能抓住长三角一体化发展机遇，乘势而上，不断发展壮大，为振兴地方经济做出新的更大的贡献。

宝钢资源高级副总裁，马钢矿业党委书记、总经理张华主持开工仪式；中煤矿山建设集团党委副书记、总经理郑玉建致辞，罗河矿负责人介绍了项目情况；庐江县委县政府、宝钢资源相关部门负责人，项目设计、监理和施工单位代表，马钢矿业领导班子成员、机关及各单位负责人，罗河矿工程技术人员、干部职工代表等共200余人参加了开工仪式。

（张　伟）

【马钢展示馆开馆仪式在马钢智园举行】　2020年12月25日上午，马钢展示馆开馆仪式在马钢智园举行。集团公司党委书记、董事长丁毅，集团公司党委副书记、总经理刘国旺共同为展示馆揭幕。集团公司、股份公司领导出席仪式。仪式由集团公司党委副书记、纪委书记何柏林主持；展示馆展示项目总包方在仪式上致贺词；相关单位及部门负责人、离退休职工代表和青年代表共同参加了开馆仪式。

马钢展示馆展区面积达3600平方米，由“抚今追昔”“燃情岁月”“砥砺而行”“追求卓越”“新时代党建”和“智造强国”六个部分组成。历经9个月的紧张建设，这座设计现代、设施先进、具有马钢特色的现代化建筑的落成，为马钢企业文化建设续写了浓墨重彩的一笔。整个场馆设计在充分展示马钢发展历程的同时，多处运用了现代化的科技手段：数字化沙盘生动展示了马钢以项目为依托滚动发展的进程，沉浸式体验馆通过光、声、影的有机融合让人倍感震撼、备受鼓舞，车轮展示区域的拍照互动新奇有趣。作为重要的历史见证，展示馆是企业传承精神、铭记历史的重要载体和精神象征。

刘国旺在致辞中强调，展示馆的建成使用，是马钢企业文化建设一件大喜事和一个新起点。要发挥好展示馆作用，力求把展示馆打造成传承红色基因的重要基地、传播马钢文化的重要窗口、彰显马钢创新发展科技引领的重要载体；力争达到“让老一代钢铁人热泪盈眶，让新一代马钢人豪情满怀”，进一步凝聚和激励广大员工继承前辈的光荣传统，增强和提升马钢员工对“同一个宝武”的认同感、归属感和幸福感，继续用钢铁意志铸就实现“强国梦”“中国梦”的坚强基础。

仪式结束后，公司领导和职工代表们在解说员的引导下参观了马钢展示馆。参观结束后，参加仪式人员共同观看了马钢职工书画摄影展。丁毅、刘国旺为中国宝武“钢铁荣耀·铸梦百年”宣传教育系列活动宝武总部“马钢员工作品书画展”10位作者颁奖。

（肖卫东）

重要会议

【马钢与中国钢结构协会联合举办“重型热轧H型钢工程建设应用研讨会暨中国钢结构协会专家委员会六届二次会议”】　9月14—16日，马钢携手中国钢结构协会联合举办的“重型热轧H型钢工程建设应用研讨会暨中国钢结构协会专家委员会六届二次会议”在马鞍山市召开，此次会议以“凝聚钢结构英才、引领装配式创新”为主题，旨在搭建更完善的国内钢结构产业链合作平台，共同推动中国H型钢系列产品在钢结构领域的应用发展。中国工程院院士聂建国、张喜刚、岳清瑞出席会议；中国钢结构协会专家、中国建筑金属结构协会专家、长三角钢铁产业链发展联盟委员会领导，马钢股份总经理王强民，来自行业内相关人员共300余人参加会议。会上，聂建国院士、张喜刚院士、岳清瑞院士就当今H型钢发展应用前景分别做了主题为《钢-混凝土组合结构在地下工程中的应用》《关于中国桥梁技术发展的思考》《钢结构与新型城镇化建设》的报告。来自中国钢结构协会的专家及行业教授、学者和马钢高级技术主管对重型热轧H型钢的应用和发展前景进行了介绍，分别做了以《热轧H型钢标准及应用现状和发展》《建筑钢结构用钢及工程实例》《重型热轧H型钢标准及产品开发》等为主题的报告，并探讨与展望钢结构在行业中的广泛应用前景。王强民代表马钢对与会代表的到来表示欢迎。他指出，8月19日，习近平总书记亲临中国宝武马钢集团考察调研，勉励马钢“在长三角一体化发展中把握机遇、顺势而上”。型材是马钢的传统优势产品，也是未来做强做优做大马钢的主攻方向之一。马钢将以新一轮发展规划为牵引，瞄准高科技、高市占、高效率和生态化、国际化战略路径，全面对标找差，争创世界一流，更好地为我国钢结构产业持续健康发展贡献马钢力量。

（张从周）

【马鞍山市与马钢融合发展工作对接会】　1月22日，马鞍山市与马钢融合发展工作对接会在马钢办公楼会议室召开。会议由市长袁方主持。市领导张岳峰、从辉、钱沙泉、何志中、吴劲、李强，马钢集团公司领导魏尧、丁毅、王强民、张晓峰、钱海帆、唐琪明、马道局及张乾春、王文潇出席会议。政府秘书长，市委、市政府有关副秘书长，马钢集团机关部门、直属机构主要负责人，马钢股份机关部门主要负责人，相关县区、园区负责同志，市有关部门和单位负责同志参加会议。马钢集团公司党委书记、董事长，马钢股份公司党委书记魏尧在讲话中首先代表马钢领导班子和全体干部职工，对市委市政府一以贯之的重视和关心表示衷心感谢，并就深化融合发展工作谈了三点意见。第一，聚焦初心使命强担当，努力走在高质量发展前列。魏尧表示，在60多年的发展历程中，无论是市委市政府，还是马鞍山市普通老百姓一直对马钢怀着深厚感情，一直对马钢关心支持，一直对马钢寄予殷切期望。马钢融入中国宝武大系统后，推进高质量发展有了更加广阔的空间和平台，我们将不负市委市政府和全市人民的殷切期望，牢固树立“钢城一体、融合发展”理念，努力提升马钢职工收入，努力提升马钢在行业内的影响力、竞争力,为全面开创新时代马鞍山市现代化建设新局面做出更大贡献。第二,聚焦效率效益强产业,坚定不移做强做优做大。魏尧指出,2020年马鞍山市提出了“产业升级突破年”,这与马钢下一步发展定位高度契合。未来马钢将进一步强化效率、效益双引擎,更加突出“高科技、高市占、高效率、生态化、国际化”发展路径,超越自我、跑赢大盘、追求卓越,坚定不移做强做优做大。一方面,夯实钢铁基础地位;另一方面,大力培育多元头部企业。第三,聚焦绿色智慧强融合,携手共建生态福地智造名城。魏尧表示,作为城市钢厂、沿江钢厂,马钢加快实施“绿色发展·智慧制造”专项工作,与此同时,马鞍山市正在全力打造“生态福地、智造名城”,市与马钢在“绿色发展·智慧制造”上合作潜力巨大,马钢将全力以赴,为打造“生态福地、智造名城”贡献马钢力量。市委书记张岳峰在会上讲话,他首先代表市委、市政府,向马钢全体干部职工致以新春祝福和节日问候,随后对推进市与马钢融合发展进行了总结、分析和展望。第一,在分享收获中彰显兄弟情谊。张岳峰指出,刚刚过去的2019年,是马鞍山发展史上非同寻常的一年,更是马钢历史上具有里程碑意义的一年,市与马钢兄弟同心、携手奋进,迎难而上、攻坚克难,都交出了靓丽的成绩单,这些成绩的取得,是市与马钢相互支持、融合发展的结果,是市与马钢之间深厚兄弟情谊的真实写照。一方面,市委、市政府把马钢的事当作自己的事,尽最大努力帮助马钢排忧解难;另一方面,马钢仍是马鞍山的镇市之企,在多个方面给予了大力支持,充分体现了央企的政治站位,彰显了央企的责任担当,履行了央企的社会责任。第二,在用好红利中抢占发展先机。结合新的形势发展,用创新的思维分析,张岳峰认为当前马鞍山和马钢共同面对着战略红利、政策红利、区位红利、产业红利等“四大红利”。只要共同发挥自身优势,用足用好这些红利,就一定能够趋利避害、化危为机,抢占新一轮发展先机。第三,在深度融合中共创美好未来。张岳峰强调,当前,马鞍山与马钢融合发展站在了新的历史起点上,希望双方能携手同行、密切合作,共创美好未来。一是共同推进产业升级;二是共同守护生态环境;三是共同补齐民生短板。张岳峰说,支持马钢发展,怎么支持都不为过,支持马钢就是支持马鞍山自己。他要求,市相关部门要制定任务分解清单,明确牵头领导、责任单位、完成时限,定期督查推进落实,共同把马钢提请市里解决的问题支持好、办理好,以更加坚定的态度、更加有效的措施来支持和服务马钢做大做强做优,共同谱写市与马钢融合发展的崭新篇章。袁方在总结讲话中就做好下一阶段融合发展工作提出五个方面的要求:第一,要共同提升“钢城一体”水平,实现融合发展;第二,要共同加快产业升级突破,实现创新发展;第三,共同做好联合招商,实现开放发展;第四,要共同推进现场会筹备,实现绿色发展;第五,要共同完善对接机制,实现协同发展。

(陈　扬)

【中国宝武钢铁集团有限公司一届三次职工代表大会召开】 中国宝武钢铁集团有限公司一届三次职工代表大会于2020年1月8—17日召开,其间:1月8—14日为预备会议,1月17日上午召开正式会议。中国宝武第一届职代会中马钢集团14名代表出席会议。

大会听取和审议了中国宝武钢铁集团有限公司总经理胡望明所作的题为《勇担新时代使命 奋进高质量发展》的工作报告;中国宝武钢铁集团有限公司工会主席傅连春所作的《集团公司一届三次职代会预备会议讨论审议情况报告》。听取和审议《集团公司2019年安全生产管理情况及2020年工作计划报告》《集团公司2019年能源环保工作情况及2020年工作计划报告》。中国宝武党委书记、董事长陈德荣发表了题为《全面对标找差 创建世界一流 践行钢铁使命 铸就镇国之宝》的重要讲话。

大会期间,代表们审议了《集团公司2019年企业年金运作和管理情况报告》《集团公司2019年职工教育经费使用情况及2020年培训计划报告》《集团公司2019年职工需求与关注点信息管理情况报告》《集团公司2019年厂务公开民主管理工作综合报告》。大会审议通过了《集团公司一届三次职代会决议》《集团公司一届三次职代会主席团成员名单》。

(江　宁)

【马钢召开党委中心组学习会暨新冠肺炎疫情防控工作领导小组会议】 2月28日下午,马钢党委中心组学习会暨新冠肺炎疫情防控工作领导小组会议召开。马钢集团公司党委书记、董事长魏尧主持学习会并讲话。马钢领导丁毅、王强民、张晓峰、钱海帆在会上围绕学习内容先后做讲话、发言。马钢集团、马钢股份党委中心组成员,新冠肺炎疫情防控领导小组成员,党委办公室、党委工作部、纪委机关、管理创新部、行政事务中心、保卫部主要负责同志参加会议。会议学习了习近平总书记2月23日在统筹推进新冠肺炎疫情防控和经济社会发展工作部署会议上的重要讲话精神，学习了陈德荣党委书记、董事长在中国宝武一届三次职代会上的讲话精神。疫情防控办公室汇报了马钢当期新冠肺炎疫情防控工作情况。

魏尧在会上指出，习近平总书记的重要讲话全面总结了疫情防控工作，科学分析了当前疫情形势和对经济社会发展影响，明确提出统筹推进疫情防控和经济社会发展工作的重点任务、重大举措，为马钢做好下一步工作指明了方向、提供了遵循。他要求马钢各级党组织和广大党员干部把学习贯彻习近平总书记重要讲话精神作为重大政治任务，一手抓疫情防控，一手抓生产经营，做到“两手抓、两手硬”，确保打赢疫情防控阻击战，确保生产经营平稳、顺畅、有序、高效运行。他提出几点要求：一要强化底线思维，坚决打赢疫情防控阻击战。魏尧指出，当前总体的疫情形势已出现了积极向好的趋势，大部分单位已复工复产，但疫情防控依然处于吃紧期，各项工作不能有丝毫松懈，要进一步强化意识、提高认识、严防死守，万万不可马虎大意、懈怠松劲。要认真贯彻落实安徽省、马鞍山市和中国宝武关于切实做好复工复产期间安全生产和疫情防控、应急处置工作的有关要求，按照“谁用工、谁管理、谁负责”和“织牢防控网、阻断传播链”以及“五个必须”的要求，切实履行疫情防控主体责任，严格落实综合防控措施，切实把控制传染源、切断传播途径落到实处。要严格执行远程办公制度和值班制度，把握好疫情防控和正常开展工作的平衡点，确保安全生产平稳有序。要突出抓好当前安全生产工作，强化重点环节安全管控，重点检查复工复产方案及安全管控措施落实情况，重点加强外地来（返）马人员管理，真正做到思想认识到位、组织领导到位、工作措施到位，全力保障员工生命安全和身体健康。二要聚焦全年目标，努力抓好当期生产经营。魏尧强调，要坚定信心、化危为机，认真落实分区分级精准复工复产要求，坚持问题导向，打通堵点痛点，确保生产经营平稳、顺畅、有序、高效运行，为努力实现全年目标任务奠定坚实基础。要认真贯彻落实陈德荣董事长讲话精神，聚焦年度重点工作任务，继续推进专业化整合融合百日行动计划和第二轮专业化整合方案落地工作；要加快落实“绿色发展·智慧制造”专项工作方案，针对重点难点问题加强统筹策划和沟通协调，抓紧推进项目可研审查、工程计划编制、拆迁等项工作，做到成熟一个，实施一个，确保总体进度安排有序实施。三要加强党的领导，奋力夺取“双胜利”。魏尧指出，打好、打赢这场疫情防控阻击战，是对各级党组织和党员、干部的重大考验。马钢各级党组织和广大党员要坚持坚决用习近平总书记的重要指示精神统一思想和行动，继续在疫情防控和生产经营中充分发挥政治引领作用和先锋模范作用。各级党员干部特别是党员领导干部要增强必胜之心、责任之心、仁爱之心、谨慎之心，一手抓疫情防控不松劲，一手抓生产经营用足劲，确保全面打赢疫情防控阻击战，努力实现公司全年目标任务。要关心关爱坚守在生产经营一线的员工，帮助解决实际困难，解除后顾之忧，稳定员工队伍，切实做好各类防护用品、设施设备的采购、发放和使用工作，激励广大员工众志成城、共克时艰。公司宣传系统要继续做好舆论引导，稳定情绪、增强信心，为打赢疫情防控阻击战和保证生产经营稳定运行提供良好的舆论氛围。

集团公司党委副书记、总经理丁毅围绕学习贯彻陈德荣党委书记、董事长讲话精神做了讲话。丁毅指出，陈德荣董事长的讲话立意高远、脉络清晰，体现了居安思危的忧患意识、舍我其谁的进取精神以及央企的责任担当，目标明确、催人奋进。结合马钢全年生产经营目标，我们要以全面对标找差为突破、以抓好当期重点工作为关键，确保公司生产经营高效稳定，为中国宝武完成全年目标任务做出马钢应有的贡献。

马钢集团领导王强民、张晓峰、钱海帆在会上围绕学习贯彻习近平总书记重要讲话精神做了讨论发言。

（杨　成）

【马钢（集团）控股有限公司十九届一次（股份公司九届一次）职工代表大会】　马钢（集团）控股有限公司十九届一次（股份公司九届一次）职工代表大会于6月18—24日召开，其间：6月18—22日为预备会议，6月24日上午召开正式会议。大会应到代表385名（其中：马钢集团代表385名，马钢股份代表333名），因事因病请假10名，实到马钢集团代表375名、马钢股份代表324名。

大会听取和审议了马钢集团总经理、马钢股份董事长丁毅所作的题为《深化整合融合　全面对标找差　凝心聚力打造大而强的新马钢》的工作报告；集团公司党委常委、工会主席，马钢股份党委委员、监事会主席、工会主席张晓峰所作的《马钢集团公司十九届一次（股份公司九届一次）职代会预备会议讨论审议情况报告》；马钢集团管理创新部（安全管理部）部长张吾胜所作的《2019年马钢集团公司安全生产管理情况及2020年工作计划报告（含股份公司）》《2019年马钢集团公司能源环保工作情况及2020年工作计划报告（含股份公司）》。马钢集团党委书记、董事长，马钢股份党委书记魏尧发表题为《坚定信心　迎难而上　真抓实干　为打造大而强的新马钢不懈奋斗》的重要讲话。

大会期间，代表们审议了《2019年马钢集团公司职工社会保险、企业年金、住房公积金的缴纳和管理情况报告（含股份公司）》《2019年马钢集团公司职工教育经费使用情况及2020年马钢集团公司职工教育培训计划报告》《2019年马钢集团公司职工福利费使用情况和2020年使用方案》《2019年马钢集团公司业务招待费使用情况报告》《2019年马钢股份公司职工福利费使用情况和2020年使用方案》《2019年马钢股份公司业务招待费使用情况报告》《马钢集团公司十八届一次（股份公司八届一次）职工代表大会以来厂务公开民主管理工作综合报告》《关于马钢集团公司十九届一次（股份公司九届一次）职工代表大会筹备工作及代表资格审查情况的报告》。大会审议通过了《马钢集团公司十九届一次（股份公司九届一次）职工代表大会关于丁毅同志工作报告的决议》《关于建立马钢集团荣誉激励项目计划体系的实施意见》《马钢集团公司第十九届（股份公司第九届）职代会表决办法》《马钢集团公司职工代表大会实施办法》《马钢集团公司职工代表大会综合民主管理委员会工作细则》《马钢集团公司十九届一次（股份公司九届一次）职工代表大会主席团成员名单》《马钢集团公司十九届一次（股份公司九届一次）职工代表大会综合民主管理委员会委员及提案办理工作小组成员名单》。大会确认了《关于马钢集团公司十八届三次（股份公司八届三次）职工代表大会以来联席会议通过有关事项的报告》。

（江　宁）

【马钢集团公司党委五届五次全体（扩大）会议暨股份公司党委全体（扩大）会议】　3月6日，马钢集团公司党委五届五次全体（扩大）会议暨股份公司党委全体（扩大）会议以视频会议的形式召开，马钢集团公司党委书记、董事长，马钢股份公司党委书记魏尧主持会议并作重要讲话。马钢集团公司党委委员、纪委委员，非党委委员、纪委委员的马钢集团公司、马钢股份公司领导；马钢集团机关部门主要负责人、直属机构党政主要负责人、副书记、纪委书记、工会主席；马钢股份机关部门主要负责人及下属二级单位党政主要负责人、副书记、纪委书记、工会主席；物流公司及下属子公司、财务公司、资产经营公司、投资公司党政主要负责人、副书记、纪委书记、工会主席；合肥公司、长钢股份、和菱实业公司、埃斯科特钢、康泰公司、利民公司党政主要负责人、纪委书记参加会议。会议深入贯彻中央统筹推进新冠肺炎疫情防控和经济社会发展工作部署会议精神，认真落实中国宝武党委一届三次全委（扩大）会议和一届三次职代会要求，总结2019年工作，研究部署2020年重点工作。魏尧在讲话中指出，2019年是新中国成立70周年，也是马钢高质量发展的关键之年。一年来，我们坚持以习近平新时代中国特色社会主义思想为指导，以庆祝新中国成立70周年为推动，以开展“不忘初心、牢记使命”主题教育为契机，全面贯彻落实新发展理念，坚持稳中求进工作总基调，坚决贯彻落实安徽省委省政府、中国宝武党委决策部署要求，强化效率、效益双引擎，聚焦变革突破，聚力价值创造，企业整体创新力和竞争力持续提升。全年生产铁矿石743万吨、生铁1809万吨、粗钢1983万吨、钢材1877万吨，实现营业收入991亿元、利润总额36.8亿元，EVA 12.3亿元，上缴税金54亿元。魏尧指出，2019年9月19日，中国宝武与马钢集团联合重组实施协议正式签订，马钢成为中国宝武控股子公司，这是马钢发展史上具有里程碑意义的大事件。联合重组工作启动以来，在安徽省委省政府的主导推动下，马钢积极配合安徽省国资委、中国宝武，确保联合重组推进快、过程稳、效果好。在中国宝武的坚强领导下，我们对打造“大而强的新马钢”充满信心。在抓好联合整合融合工作的同时，公司生产经营和改革管理各项工作有序开展、成效显著。主要体现在“五个坚定不移”：一是坚定不移推改革，发展活力持续激发；二是坚定不移促发展，运营质量不断提升；三是坚定不移抓攻坚，采取的措施有力有效；四是坚定不移强创新，发展动能不断集聚；五是坚定不移抓党建，进一步促进高质量发展。魏尧强调，2020年是全面建成小康社会和“十三五”规划收官之年，是马钢全面融入中国宝武的第一年，也是深化整合融合、打造“大而强的新马钢”的关键之年。我们要按照习近平总书记的要求，以胸怀“两个大局”为基本出发点谋划好全年工作。中国宝武在批复马钢2020年度商业计划书时，要求马钢“持续对标找差，努力实现经营业绩超越自我、跑赢大盘”。我们必须提高站位，融入大局，勇于承担“大国重器”责任，为中国宝武成为具有全球竞争力的世界一流企业做出马钢贡献。2020年马钢总体工作思路是：以习近平新时代中国特色社会主义思想为指导，全面贯彻党的十九大和十九届二中、三中、四中全会精神，贯彻落实中央经济工作会议和中国宝武一届三次全委(扩大)会议、一届三次职代会精神,坚持稳中求进工作总基调,坚决贯彻新发展理念,进一步强化"超越自我、跑赢大盘、追求卓越"绩效导向,以"三高两化"为实施路径,以改革为动力,以创新促发展,深化整合融合,全面对标找差,确保钢产量首次突破2000万吨、营业收入首次超过千亿元,打造"大而强的新马钢",奋力开创马钢高质量发展新局面。要重点做好以下十个方面的工作:第一,聚焦整合融合着力发挥协同效应;第二,持续深化体制机制改革;第三,着力提升钢铁产业运营质量;第四,全面对标找差提质增效;第五,优化人力资源提升人事效率;第六,纵深推进"绿色发展·智慧制造";第七,深入实施科技创新战略;第八,坚决打赢疫情防控阻击战和重点领域攻坚战;第九,推动企业文化全面融入中国宝武;第十,巩固深化党的建设。魏尧在讲话的最后强调,面对当前疫情防控和生产经营这场"特殊大考",我们必须做到疫情防控和生产经营两手抓、两手硬、两不误,以"咬定青山不放松"的韧劲、"不破楼兰终不还"的拼劲,把各项工作抓实、抓细、抓落地,坚决打赢疫情防控阻击战,努力完成全年各项目标任务,为实现亿吨宝武、共建高质量钢铁生态圈,为加快建设现代化五大发展美好安徽做出马钢贡献。

(陈　扬)

【马钢召开党委五届六次全体(扩大)会】　9月29日,马钢集团公司党委五届六次全体(扩大)会议召开,传达学习中国宝武、安徽省委关于深入学习贯彻习近平总书记重要讲话指示精神的部署和要求,对马钢全面落实《马钢集团党委关于深入学习贯彻习近平总书记考察调研中国宝武马钢集团重要讲话精神的行动方案》(以下简称《行动方案》)进行动员和部署。马钢集团公司党委副书记、总经理丁毅在会上传达上级精神并作落实《行动方案》动员讲话。马钢集团公司、马钢股份公司党委副书记刘国旺主持会议。马钢集团党委委员,马钢股份党委委员,公司纪委委员,非党委委员、纪委委员的公司领导出席会议。为贯彻《中国宝武党委关于学习贯彻习近平总书记考察调研中国宝武重要讲话精神的实施意见》要求,深入谋划学习贯彻落实习近平总书记重要讲话精神的务实举措,马钢制定了《关于深入学习贯彻习近平总书记考察调研中国宝武马钢集团重要讲话精神的行动方案》,报经中国宝武党委审议批准后于9月14日下发。丁毅首先在会上传达中国宝武党委一届四次全委(扩大)会暨干部大会、安徽省委召开十届十一次全体会议精神。就深入学习贯彻习近平总书记考察调研中国宝武马钢集团重要讲话精神,全面落实《行动方案》,全力打造大而强的新马钢,奋力开创高质量发展新局面,丁毅在动员讲话中提出三个方面的要求。第一,提高站位抓落实,勇于担当中流砥柱使命责任。丁毅指出,习近平总书记的重要讲话高屋建瓴、内涵丰富、思想深邃、情真意切,是激励我们开创高质量发展新局面的根本遵循和力量源泉,我们要切实增强贯彻落实的思想自觉和行动自觉。一要提升政治站位,二要拓展全局视野,三要坚持战略考量。第二,突出重点抓落实,加快推动实现大而强、高质量。丁毅强调,贯彻落实习近平总书记重要讲话精神,既要统筹兼顾、有序推进,又要突出重点、一马当先,最根本的是在打造大而强的新马钢、开创高质量发展新局面上谋实招、干实事、求实效。一要以战略调整构建新发展格局;二要以转型升级打造新竞争优势;三要以科技创新催生新发展动能;四要以深化改革激发新发展动力;五要以夯实党建汇聚新发展合力。丁毅强调,贯彻落实习近平总书记重要讲话精神,既要着眼长远,又要干在当下,瞄准年度商业计划书各项目标要求,牢牢把握四季度这一重要关口,奋力冲刺全年目标,要重点落实好八项任务:一要为亿吨宝武做贡献,二要提升指标刷新率和进步率,三要加快智慧制造项目建设,四要大力实施环境整治项目,五要稳妥有序推进管理变革,六要配合做好专业化整合,七要抓好规划项目实施,八要认真谋划明年工作。第三,强化责任抓落实,确保《行动方案》全面落地见效。一要压实工作责任,二要坚持以上率下,三要建立长效机制。丁毅强调,国庆中秋两节期间,各部门、单位要严格执行领导值班制度,加强信息沟通与联系,确保及时响应。要认真落实安全生产责任制,明确安全责任主体,加强现场安全巡查,强化重大危险源(点)管控和重点工程项目安全监管,把安全工作做细做实,确保安全生产态势平稳,保持公司生产经营大局稳定。丁毅在总结讲话时强调,各单位要以深入学习贯彻习近平总书记重要讲话精神为强大动力,把握机遇、顺势而上、锐意进取、后劲十足、大而图强,为奋力开创马钢高质量发展新局面而不懈努力,为助力中国宝武成为全球钢铁业引领者和具有全球竞争力的世界一流企业,为建设美好安徽做出新的更大贡献。刘国旺就贯彻落实此次会议精神提出三点意见。一是迅速传达学习。要通过多种形式全面传达此次会议精神,把思想和行动统一到公司党委的总体部署上来,切实增强贯彻落实的思想自觉和行动自觉。二是主动对标对表。要认真对照公司《行动方案》及重点工作任务分解表,自我加压,主动作为,细化分解各项工作任务,抓紧制定贯彻落实的具体方案和措施。三是务求工作实效。要把落实《行动方案》与推动当期生产经营建设和改革发展重点工作有机结合,全面对标找差,争创一流业绩,以一马当先的紧迫感、舍我其谁的真勇气、攻坚克难的大智慧、后劲十足的新发展,为全面完成全年各项目标任务、加快建设大而强的新马钢提供有力支撑。马钢集团机关部门、直属机构中层以上管理人员,马钢股份机关部门中层以上管理人员及下属二级单位厂长(经理)、书记、副书记、纪委书记,资产经营公司、投资公司和合肥公司、长钢股份、和菱实业公司、康泰公司、利民公司主要负责人参加会议。

(张　轩)

【中国宝武入驻马钢环保督察启动会在马钢召开】　7月21日,中国宝武入驻马钢环保督察启动会在马钢办公楼召开。中国宝武入驻马钢环保督察组组长王平、副组长戴坚及督察组成员,马钢领导魏尧、丁毅、王强民、唐琪明、何柏林及田俊,马钢集团和股份相关部门、二级单位、长钢股份负责人参加了启动会。会议由马钢集团公司党委书记、董事长,股份公司党委书记魏尧主持。会上,王平、戴坚介绍了中国宝武环保督察意义并提出了具体要求。此次中国宝武入驻马钢环保督察,目的是为贯彻落实习近平生态文明思想和党的十九大关于践行绿色发展理念,完善环境保护监管体系,针对现状,推动马钢打好污染防治攻坚战。希望马钢接受督察的单位统一思想,正确认识开展环保工作的重要意义,积极配合,对发现的问题不隐瞒、不袒护;做好督察保障引导,提供相关材料,确保督察工作顺利进行。马钢集团公司总经理、股份公司董事长丁毅在发言时表示,此次督察组进驻马钢,对马钢环保工作开展专项督察,充分体现了中国宝武对环保督察工作的高度重视,对于马钢补短板、堵漏洞、强弱项,提升环境管理体系能力和管理水平具有非常重要的意义,并表态,马钢将认真学习领会,坚决贯彻落实。一是提高政治站位,全力配合环保督察有序开展;二是坚持问题导向,全面落实环保督察工作要求;三是强化责任担当,持续提升马钢绿色发展绩效。就配合做好环保督察工作,魏尧提出三点要求:一是高度重视,深刻领会环保督察工作的重要意义。督察组来马钢开展环保督察,是对马钢环保工作的一次“健康体检”和“把脉会诊”,有助于我们及时发现问题,找到差距,加快整改落实,促进马钢绿色发展水平快速提升。各单位要从讲政治、负责任的高度充分认识、深刻领会环保督察工作的重要意义,深入贯彻中国宝武有关精神和督察组各项要求,持续推进“三治四化”,有效控制环保风险,提升企业本质化环保水平。二是端正态度,积极配合督察组开展工作。督察组各位领导都是环保领域的专家,此次来马钢帮助我们查找不足、发现问题,对我们来说是难得的机遇。各单位要全力配合和支持督察组工作,切实把问题找得更准,把体系建得更好,把工作做到极致。在督察工作过程中,相关部门和单位要为督察组开展工作提供必要便利条件,积极主动做好各项服务工作。三是自觉主动,认真抓好问题整改落实。对于督察组在督察过程中发现的问题,我们要深刻剖析和查找原因,按照督察组提出的意见和建议,认真研究制定整改方案,明确工作责任,逐项逐件抓好整改落实。要举一反三,注重完善工作流程,抓好建章立制,形成持续改进环保工作的长效机制。整改落实工作情况要及时反馈督察组,确保督察组各项意见建议有着落、有结果、有回音。当日,中国宝武入驻马钢环保督察启动会结束后,马钢集团召开环保督察汇报会。中国宝武入驻马钢环保督察组一行,马钢集团公司党委常委、副总经理唐琪明,股份公司副总经理田俊,以及马钢相关单位、部门负责人参加会议。会议听取了马钢股份公司、长钢股份环保情况汇报,与会人员就进一步促进马钢绿色发展水平快速提升进行了深入沟通交流。

(张　轩)

【马钢集团公司股东会、二届一次董事会、二届一次监事会会议】　7月20日,马钢集团公司股东会、二届一次董事会、二届一次监事会会议召开,审议通过《马钢(集团)控股有限公司章程》,选举产生马钢集团公司第二届董事会董事、马钢集团公司董事长、马钢集团公司副董事长,马钢集团公司第二届监事会监事、马钢集团公司监事会主席;会议聘任马钢集团公司总经理、副总经理,聘任马钢集团公司董事会秘书,审议相关议案。根据中国宝武与安徽省人民政府战略合作框架协议精神,依据中国宝武与安徽省国资委签订的《关于重组马钢集团相关事宜的实施协议》,股东双方经过充分沟通,形成了《马钢(集团)控股有限公司章程》。会上,股东一致审议通过《马钢(集团)控股有限公司章程》。中国宝武股东(授权)代表、中国宝武马鞍山总部总代表魏尧,安徽省国资委股东(授权)代表、省国资委副主任杨东坡分别代表中国宝武和安徽省国资委签字。会议选举魏尧、黄林沐、张锦刚、丁毅、刘国旺、钱海帆、吴东鹰、方泰峰、王鹏飞、张守华为马钢集团公司第二届董事会董事；选举魏尧为马钢集团公司董事长；选举黄林沐为马钢集团公司副董事长；选举马道局为马钢集团公司监事会主席。会议聘任丁毅为马钢集团公司总经理，聘任钱海帆为马钢集团公司副总经理（常务），聘任唐琪明为马钢集团公司副总经理，聘任邓宋高为马钢集团公司董事会秘书。会议审议通过《马钢（集团）控股有限公司章程》《关于选举马钢（集团）控股有限公司第二届董事会董事的议案》《关于选举马钢（集团）控股有限公司第二届监事会监事的议案》《关于推选马钢（集团）控股有限公司第二届董事会第一次会议召集人的议案》《关于推选马钢（集团）控股有限公司第二届监事会第一次会议召集人的议案》及马钢（集团）控股有限公司第二届监事会主席薪酬标准，审议通过《关于选举公司董事长的议案》《关于选举公司副董事长的议案》《关于聘任公司总经理的议案》《关于聘任公司副总经理的议案》《关于聘任公司董事会秘书的议案》。马钢集团公司职工董事张吾胜、职工监事毛文明，有关部门负责人参加会议。

（崔海涛）

【马钢集团召开干部大会】　12 月 16 日，马钢召开干部大会，宣布中国宝武党委关于马钢有关干部职务调整决定。中国宝武党委决定：推荐、任命丁毅同志为马钢集团董事长人选，马钢集团党委书记；推荐刘国旺同志为马钢集团总经理人选；同时宣布领导班子其他相关成员职务调整情况。中国宝武党委常委魏尧出席会议并讲话。中国宝武党委组织部部长汪震宣布中国宝武党委决定。丁毅主持会议并发言。丁毅、刘国旺在会上作表态发言。马钢集团公司助理级以上领导人员；马钢股份公司助理级以上领导人员；马钢集团机关部门主要负责人，直属机构及分属子分公司党政主要负责人；马钢股份机关部门主要负责人，所属二级单位（子分公司）党政主要负责人参加会议。刘国旺发言表示，坚决拥护组织决定，服从组织安排，并衷心感谢组织的信任和培养，也感谢一年来马钢领导班子成员和广大干部员工对他的支持和帮助。新的工作安排不仅是岗位变化，更是沉甸甸的责任和莫大的鞭策与考验，深感责任重大、使命光荣，努力从以下几个方面做好工作：一是加强学习、提高素质；二是履职尽责、担当作为；三是维护团结、服务基层；四是严于律己、廉洁从业。刘国旺表示，使命召唤、奋斗未来，深知幸福都是奋斗出来的。中国宝武愿景的实现、大而强的新马钢的建设需要只争朝夕的奋斗与努力，“三有目标”的实现需要领导干部以“三无”为前提，即无借口、无推诿、无惰怠。只有不留退路才能找到出路，干劲十足才能后劲十足，将以高昂的工作热情、实干的工作作风、扎实的工作成效做出自己应有的贡献。丁毅发言表示，坚决拥护和服从组织决定，衷心感谢组织的培养和厚爱，感谢广大干部员工的支持和信任。并表示，近年来面对行业格局复杂变化和新冠疫情等一系列严峻考验，在安徽省委省政府、中国宝武党委的坚强领导下，在以魏尧同志为班长的公司党委的带领下，马钢实现快速健康发展，企业面貌发生了巨大变化。特别是魏尧同志担任马钢集团党委书记、董事长三年来，以改革创新的奋进精神，开放发展的广阔视野，围绕建设“大而强”的新马钢，牵头谋划了一系列重大战略部署，组织实施了一系列重大变革举措，团结带领全体干部员工，将马钢推上高质量发展新平台。我们对魏尧同志的辛勤付出和重要贡献，表示由衷的敬佩和衷心的感谢。他表示，调整的是岗位，不变的是使命，将以饱满的工作热情和脚踏实地的工作作风，在新的岗位上履职尽责，勇于担当，扎实做好各项工作，决不辜负组织的高度信任和广大干部员工的殷切期望：一是聚焦主责守初心；二是干事创业担使命；三是改变作风聚合力；四是清正廉洁做表率。丁毅指出，当前马钢在新平台上面临新的发展机遇、肩负新的光荣使命，打造后劲十足大而强的新马钢，需要我们付出加倍的努力。在中国宝武党委的坚强领导下，只要我们始终团结一心、奋发有为，一定能够顺利实现马钢新一轮发展的美好蓝图，为中国宝武成为全球钢铁业引领者做出新的贡献。魏尧讲话表示，根据中国宝武党委的安排，不再担任马钢相关职务。在马钢工作的三年时间里，是中国钢铁行业总体形势不错的三年，能够和大家一起完成中国宝武和马钢的联合重组，以及后续的一系列专业化整合，共同见证马钢的变化和发展，感到很幸运。习近平总书记 8 月 19 日亲临马钢考察调研，并作重要讲话，也是全体马钢人的无上光荣。在此，他向马钢广大干部员工表示由衷的感谢，也向马钢的老领导老同志在推进重大改革、企业发展过程中给予的全力支持表示由衷的感谢。魏尧指出，在推进联合重组、整合融合过程中，中国宝武对马钢的各项工作给予充分肯定和积极评价，在这里他代表中国宝武，向马钢干部职工的辛勤努力和付出表示感谢。魏尧在讲话中对马钢广大干部员工提出三点要求。第一，切实提高政治站位，筑牢对党忠诚的政治品格。要以党的政治建设为统领，牢固树立“四个意识”，不断增强“四个自信”，坚决做到“两个维护”,筑牢对党忠诚的政治品格,聚焦学懂、弄懂、做实习近平新时代中国特色社会主义思想,按照“四个到位”要求,深入开展好“不忘初心、牢记使命”主题教育;要认真贯彻党的十九大及十九届二中、三中、四中、五中全会精神和党中央各项决策部署,坚持党的全面领导,持续加强党委领导班子建设和基层党组织建设,确保中国宝武党委各项工作部署和具体工作要求在马钢落实落地。第二,要成为全球钢铁业引领者,推进马钢高质量发展。要深入学习贯彻中国宝武第一次党代会精神,不忘钢铁产业报国的初心和全力以赴打造全球钢铁业引领者的使命,为推动钢铁生态圈高质量发展,开创国有资本投资公司建设发展新局面恪尽职守、率先垂范。要深刻认识新时代国有企业中流砥柱的使命作用,按照集团公司党委工作部署和发展要求,结合自身实践,明确工作举措,持续提升企业核心竞争力,坚持把国有企业做优做大做强,以实际行动践行“对党忠诚、勇于创新、治企有方、兴企有为、清正廉洁”这二十字标准,做忠诚干净担当、德才兼备、智勇双全、志同道合、干事创业的好干部。第三,要坚定不移地推动全面从严治党向纵深发展。要全面贯彻落实新时代党的建设总要求和新时代组织路线,以组织体系建设为重点,以标准化、规范化为抓手,突出政治统领,全面推进党的政治建设、思想建设、组织建设、作风建设和纪律建设,把制度建设贯彻其中,提升组织力,提高党的建设工作质量。要旗帜鲜明地树立正确的选人用人导向,努力建设一支忠诚干净担当的高素质专业化干部队伍,大力推进优秀年轻员工工作。要坚定不移深入推进全面从严治党,严格落实中央各项规定精神,持续改进工作作风,认真落实好党风廉政建设责任制。要大力弘扬和践行社会主义核心价值观,坚持加强企业文化和精神文明建设。马钢新领导班子要带头学习、认真贯彻习近平新时代中国特色社会主义思想和习近平总书记考察调研中国宝武马钢集团重要讲话精神,密切配合、团结协作,带好队伍、担当作为,大力弘扬国有企业家精神,努力做到有情怀、有办法、有担当。魏尧强调,全体马钢干部职工要以更加积极的姿态,在新领导班子带领下,持续提升企业核心竞争力,在中国宝武成为全球钢铁业引领者中发挥马钢的优特长材优势,努力打造大而强的新马钢,为中国宝武成为全球钢铁引领者,共建高质量钢铁生态圈贡献力量。

（金　翔）

【中国宝武马鞍山区域调研座谈会】 9月28日,中国宝武马鞍山区域调研座谈会在马钢集团召开,围绕“总结马钢提升公司专业化整合能力,推进治理体系和能力现代化”课题,总结马钢集团、相关业务中心和各项目组专业化整合工作推进落实情况。中国宝武总经理、党委副书记胡望明对下阶段工作提出要求。中国宝武党委常委、副总经理郭斌主持会议。中国宝武党委常委魏尧出席会议。中国宝武钢铁业中心、新材业中心、智慧业中心、资环业中心、战略规划部、公司治理部、办公室(马钢办),马钢集团、马钢股份,各项目组负责人等参加会议。近一年来,马钢贯彻“一企一业、一业一企”要求,全面推进“四统一”工作,积极配合做好第一批、第二批专业化整合工作,建立完善推进机制,强化理念文化融合,推进业务和要素协同,加速信息化覆盖,构建产业协同发展新格局。马钢认真贯彻落实中国宝武各项工作要求,一手抓疫情防控,一手抓生产经营,实现疫情防控有力有效、产量和营销收入同比双升。下阶段,马钢将围绕打造“大而强的新马钢”,践行“三高两化”“跳出马钢看马钢、跳出马钢发展马钢”,对内加快产能填平补齐、结构调整,对外推进资源整合、联合重组,打造优特长材领域引领者,坚定不移做强做优做大,努力超越自我、跑赢大盘、追求卓越。对于近一年来的马钢专业化整合工作,胡望明指出,中国宝武和马钢集团联合重组是深化落实长三角一体化发展国家战略、加强区域经济协同发展的务实举措,有利于进一步推进国有经济布局调整,推动强强联合、优势互补。从中国宝武到马钢集团和相关子公司,大家都铆足了劲,刻不容缓推进马钢专业化整合,真正体现了上下同欲。截至会议当日,马钢专业化整合工作基本完成,取得阶段性成果,主要体现在四个方面:一是各方协同攻坚克难;二是整合进展稳步有序;三是整合成效初步显现;四是整合能力不断提升。中国宝武还将通过大调研发布等方式,开展马钢专业化整合总结评估,发布《中国宝武专业化整合工作指导手册》。中国宝武在专业化整合上的积极探索和生动实践,充分证明专业化整合是贯彻落实习近平总书记重要讲话精神、做强做优做大国有资本的必备路径;充分证明专业化整合是中国宝武国有资本投资公司核心能力的重要体现;充分证明专业化整合是打造专业化、平台化、市场化、公众化的资产经营层公司的首要环节。对下一阶段工作,胡望明提出要求:全力以赴持续做好马钢专业化整合后续工作;全力以赴打造“一总部多基地”的平台化运营模式;全力以赴围绕“共建高质量钢铁生态圈”开展生态化协同;全力以赴加快各自细分领域的市场化发展；充分发挥好区域总部功能，协调好专业化与属地化的关系。胡望明希望大家继续努力，深入推进专业化整合，不断提升能力，推进中国宝武公司治理体系和能力现代化建设，推动中国宝武高质量发展，成为全球钢铁业引领者。马钢集团总经理、党委副书记，马钢股份董事长丁毅代表马钢集团在会上作《建设大而强的新马钢》专题报告，化工项目组、工程智维重工项目组、信息技术项目组、原燃料项目组作阶段性总结报告，中国宝武相关业务中心作研讨交流。

（陈　扬）

【马钢召开2020年度安全生产管理评价启动会】 2020年11月30日，马钢召开2020年度安全生产管理评价启动会。宝武集团安监部评价组成员，马钢集团公司、马钢股份公司党委副书记刘国旺，马钢集团公司党委常委、副总经理唐琪明，总经理助理王文潇，马钢股份公司经营层出席会议；马钢集团和股份安委会成员单位主要负责人，各生产经营单位、控股公司党政主要负责人，分管安全负责人，安全管理部门负责人参加了会议。根据宝武安监部的安排，宝武集团安监部组织的评价组于11月30日—12月2日对马钢集团开展年度安全评价工作。会上，宝武集团安监部评价组介绍了本次年度安全生产管理评价内容及总体安排。评价组表示此次对马钢年度安全生产管理评价，目的就是发现、分析安全管理中存在的问题和薄弱环节，以问题为导向，从根本上消除安全隐患，夯实安全生产根基。评价组希望马钢认真对待此次评价，不回避问题，确保评价结果实事求是、客观公正。启动会上，马钢股份公司安管部负责人介绍了马钢生产工艺及装备情况、年度安全情况。就做好本次安全生产管理评价工作，刘国旺提出三点要求。一是各单位要坚决按照宝武集团安监部评价组相关要求，全力支持、配合此次评价工作，确保评价组在马钢工作期间全公开、全透明、全落实。二是要具有强烈的危机意识和高度的责任心，要举一反三，深刻汲取事故教训，确保安全生产稳定。三是希望通过评价推动马钢安全工作再上一个新台阶。唐琪明表示此次评价是对马钢安全工作的一次全面体检，希望各单位积极配合评价组开展工作，认真学习、端正态度，虚心接受评价组的意见，对发现的问题及时整改并落实。

（张　轩）

【马钢召开退休人员社会化管理工作专题会】 为深入贯彻中共中央办公厅、国务院办公厅《关于国有企业退休人员社会化管理的指导意见》，国务院国资委《关于抓紧做好中央企业退休人员社会化管理有关工作的函》等文件精神，认真落实中国宝武的决策部署，确保退休人员社会化管理工作顺利完成，2020年4月7日上午，马钢召开退休人员社会化管理工作专题会。会议由马钢集团公司党委书记、董事长、马钢退休人员社会化管理工作领导小组组长魏尧主持，马钢集团党委常委、工会主席、马钢退休人员社会化管理工作领导小组副组长张晓峰及党委工作部、离退休中心等相关单位负责人参加了会议。

会议传达了中国宝武退休人员社会化管理领导小组会议和《关于进一步推进中国宝武退休人员社会化管理工作的实施方案》文件精神，听取了离退休中心负责人相关工作汇报。自2019年10月，马钢持续推进退休人员社会化管理工作，对退休人员人数、类型、相关管理政策等情况进行系统梳理、核准，启动退休人员人事档案整理工作，与市政府签订了移交协议，与市国资委初步商定了具体移交时间，整个工作进展呈现出积极稳妥向前推进的良好态势。专题会上魏尧强调，退休人员社会化管理工作事关改革发展稳定和国家长治久安大局，是深化国有企业改革工作的重要组成部分，是推进国家治理体系和治理能力现代化的重要社会实践，做好这项工作是国有企业特别是中央企业义不容辞的政治责任和社会责任。我们要统一思想，充分认识做好这项工作的重大现实意义和深远影响。

会上，魏尧对退休人员社会化管理的前期准备工作予以了充分肯定，并就下一阶段的工作提出四方面要求：一要提高政治站位，深化责任意识，加强对推进退休人员社会化管理工作的组织领导；二要把握政策要求，突出横向联动，加强对推进退休人员社会化管理工作的统筹协调；三要细化工作措施，关注过程实施，加强对推进退休人员社会化管理工作的精准落地；四要加强政策宣传和舆论引导，确保退休人员和退休服务管理人员队伍的稳定。

（彭新华）

【马钢召开厂办大集体改革实施启动会】 2020年7月23日上午，“马钢集团厂办大集体改革实施启动会”在马钢办公楼413会议室召开，会议对厂办大集体改革工作进行全面部署动员。马钢领导魏尧、刘国旺、张晓峰、唐琪明及王文潇出席会议。马钢集团相关部门主要领导，矿业资源集团、南山矿、姑山矿分管领导及南山矿、姑山矿集体企业党政负责人，利民公司领导班子成员及14家集体企业党政负责人参加会议。

此次改革的目标是,马钢集团厂办大集体的集体所有制产权基本消除,企业职工得到妥善安置,职工合法权益得到切实保障,企业和社会稳定得到切实维护,确保2020年年底基本完成厂办大集体改革主体任务。结合厂办大集体实际情况,拟分别通过设立两家服务公司、产权转让、进入宝武专业平台和注销关闭等方式推进改革工作。根据有关政策精神,此次集体企业改革人员安置,在职工自愿前提下,以岗位安置为主;同时,开通若干人员退出通道,让有工作意愿、符合条件的职工有岗位,让有退出意愿的职工有退出通道,切实维护职工的合法权益。

马钢自2019年年底启动厂办大集体改革前期准备工作,并按照《中国宝武2020年重点任务分解》要求,紧锣密鼓推进相关工作。2020年3月6日,马钢成立大集体改革领导小组,由马钢集团公司党委书记、董事长魏尧担任领导小组组长。在宝武集团改革办指导下,马钢领导高度重视,经过各部门和单位通力协作,形成《马钢集团厂办大集体改革实施方案》(以下简称《实施方案》),并于2020年7月14日上报宝武集团预审。2020年7月21日,宝武集团改革办下发预审结果复函,原则同意《实施方案》。

此次会议标志着马钢集团厂办大集体改革正式实施启动。马钢集团以2020年9月1日为基准日,加快推进实施。相关工作按照三条主线展开:一是做好宣贯工作,开展各类人员的安置;二是做好业务策划,成立两家新的企业;三是清查清理资产,设计法人注销路径,推进法人注销工作。

截至2020年年底,马钢集团各类人员安置率达到99%,基本完成目标。

(袁中平)

【马钢召开"五一"劳模座谈会】　4月28日下午,马钢集团"五一"劳模座谈会在办公楼413-2会议室召开。马钢集团领导丁毅、刘国旺、王强民、张晓峰,18名各类劳模代表,马钢集团公司党委办公室、党委工作部、纪委、工会等部门负责人参加会议。会议由马钢集团党委常委、工会主席张晓峰主持。

马钢集团公司党委书记、董事长魏尧在会上向马钢各级劳模、先进人物、广大员工致以衷心的感谢、节日的祝福、崇高的敬意。他强调,站在新的起点上,要大力弘扬劳模精神和工匠精神,凝聚全员奋进力量,全力打造大而强的新马钢。

马钢集团公司党委书记、董事长魏尧,集团公司总经理、股份公司董事长丁毅分别向每一名参会的劳模代表献花,向他们致以节日的问候和祝福。会上,6名劳模代表先后发言,他们结合各自工作岗位回顾自己的成长历程,感谢公司对于他们的培养和关心,围绕公司发展谈了想法和建议,表示今后将继续立足岗位、率先垂范,为打造大而强的新马钢做出自己应有的贡献。

(王　舜)

【马钢召开"全国劳模吴保桥载誉归来"座谈会】　12月2日上午,"全国劳模吴保桥载誉归来"欢迎座谈会在马钢办公楼19层会议室举行。马钢集团总经理、党委副书记,马钢股份董事长丁毅向"全国劳动模范"吴保桥献花并致以衷心祝贺。马钢集团公司、马钢股份公司党委副书记刘国旺出席座谈会。会议由马钢集团公司党委常委、工会主席张晓峰主持。

会上,吴保桥围绕参加全国劳动模范和先进工作者表彰大会的情况发表个人感想。他回顾了个人工作经历,感谢公司对于自己的培养和关心,并围绕公司发展谈了想法和建议,表示今后将继续立足岗位、率先垂范,为打造大而强的新马钢做出自己应有的贡献。

丁毅在会上代表公司向劳模致以崇高敬意,向为公司做出突出贡献的各级劳模表示衷心感谢。他强调,劳模先进群体作为广大员工学习的楷模,不仅要在本职岗位上不断创造新的业绩,更应做好"传帮带",发挥榜样和带动作用;各级相关部门要关心关爱劳模,为劳模心无旁骛钻研工作、全面发展、持续成长创造良好条件。

4名马钢各级劳模代表参加座谈并作交流发言,马钢集团公司党委办公室、党委工作部、工会等部门负责人参会。

(陈　琴)

【马钢"十四五"基建技改工程启动宣贯会】　10月21日,马钢召开"十四五"基建技改工程启动宣贯会,马钢集团公司总经理、党委副书记、马钢股份公司董事长丁毅,马钢集团公司、马钢股份公司党委副书记刘国旺出席会议并讲话;马钢集团领导、马钢股份经营层参加会议,马钢股份总经理王强民主持会议。马钢集团机关部门、直属机构主要负责人,马钢股份机关部门主要负责人,马钢股份各二级单位党政主要负责人,各项目部经理、副经理及联络员;技术中心特钢所、型钢所正副所长;营销中心相关部门负责人;铁前及炼钢、长材单位高级技术主管、设备和能源分管领导、科室负责人及马钢集团设计院、马建集团、宝武重工、宝武智维、飞马智科等相关参建单位主要负责人参加会议。随着

"亿吨宝武"目标实现,马钢进一步拓宽视野、拓展思路,出台了"十四五"基建技改工程规划,着力建设大而强的新马钢。规划包括北区填平补齐项目群、南区产品产线结构调整项目群及宝武协同项目群。为促进规划落地落实,马钢成立"十四五"基建技改领导小组及"十四五"基建技改指挥部。截至2020年9月底,马钢股份在建项目135项(含集团代管1项),计划资金132亿元。其中:环保重点项目(四星、五星)48项,"绿色发展·智慧制造"重点项目10项,技改工程类重点项目(计划投资额1.5亿元以上)11项,重点项目数占比51.1%。2020年,完成项目24项。丁毅在讲话中指出,此次会议是通过宣传使大家对公司下一步规划有总体把握,对工程建设进行组织动员,激起昂扬斗志,全员投入高效的项目建设。他强调,马钢"十四五"基建技改工程既承接了中国宝武对建设"大而强的新马钢"的要求,也体现了中国宝武的布局和机制协同,马钢上下要聚焦"大而强"和"新贡献"两大目标,着眼有机结合、嵌入、衔接三大途径,在系统谋划马钢"十四五"规划的基础上,既谋划长远,又干在当下,努力育新机开新局。为此,丁毅提出五点要求:一是坚定信心,迎难而上。马钢"十四五"基建技改工程既是自我选择,也是发展需要,要铆足劲地集合全公司力量与智慧,刻不容缓地推进工程顺利推进,真正体现上下同欲。二是抢抓机遇,只争朝夕。要深刻领会习近平总书记考察调研中国宝武马钢集团重要讲话精神,牢牢把握重大战略机遇、政策机遇和市场机遇,强化央企责任担当,带头落实国家战略,争做理念践行者、价值创造者、行业引领者。三是精心谋划,精细落地。要本着"投资省、起点高、达产快"的原则,整合要素资源,做到有机结合。在系统谋划马钢"十四五"规划的基础上,抓紧形成马钢融入长三角一体化发展具体可行的行动方案。四是组织得力,激发斗志。要打造一支舍我其谁,有活力、有担当的团队,清晰明确目标任务,尽快到岗、厘清任务、分配到位,以饱满的激情投入工程建设。五是优化布局,内外协同。要牢固树立"跳出马钢看马钢,跳出马鞍山发展马钢"的思想,对内强身健体,对外开疆拓土,优化产业布局、空间布局、市场布局,全力打造大而强的新马钢,不断提升服务长三角一体化发展的能力和水平。刘国旺在会上就马钢"十四五"基建技改工程有序推进提出四点具体要求。第一,充分认识,长远谋划。既要充分认识重大战略布局规划的意义,更要细化马钢未来发展的实施举措。第二,高度重视,攻坚克难。工程建设既是攻坚战,也是持久战。要坚定实施"十四五"基建技改工程的信心,协同各相关职能部门和生产一线,全力配合、有序推进。第三,党建引领,争先创优。各级党组织要深刻认识规划发展的意义,鼓舞并带动全员投身其中。马钢各职能部门要为各单位提供强有力的支持和保障。第四,企业转型,队伍升级。企业发展与每一位员工息息相关,规划的实施过程中要注重职工队伍的建设,尤其是职工能力的提升与意志的磨炼,为企业未来发展目标的实现奠定基础。王强民围绕产品产线升级、职工业务能力提升及工程建设效果等方面提出具体要求。马钢股份副总经理伏明宣布"十四五"基建技改工程领导小组、指挥部和各项目部组成情况;炼铁总厂、能控中心、特钢公司作为重点项目部代表发言。

(张　轩)

【马钢股份"全面对标找差"工作启动会】　5月19日,马钢股份公司召开"全面对标找差"工作启动会。马钢领导丁毅、王强民及田俊、张文洋、伏明、陈健、章茂晗、王光亚出席会议。会议由马钢集团公司党委常委、马钢股份公司总经理王强民主持。马钢股份各部门和二级单位相关负责人参加会议。会议指出,2019年,马钢股份在参与对标的企业中,除规模排名靠前,其他主要经营指标处于行业中等水平;2020年一季度,马钢股份在行业排名有所进步,但盈利能力仍有待提升。2020年,马钢将完善全面对标找差体系,以超越自我、跑赢大盘、追求卓越为指导思想,以规模能力、盈利能力、周转效率、偿债能力和成本竞争力为对标维度,与自身最好水平比,与目标比,与行业领先企业比,不断缩小与标杆企业的差距,力争公司竞争力在中国宝武集团内位居前列,在全国重点钢铁企业中晋升到第一梯队,不断增强抗风险能力和可持续发展能力。马钢集团公司总经理、马钢股份公司董事长丁毅在会上讲话指出,对标找差工作十分重要,是企业管理的永恒主题,此次会议既是"全面对标找差"工作的启动会也是动员会。长期以来,马钢生产经营受两头市场影响较大,这与马钢产品结构、炉机配置等现实情况密切相关,我们要充分认识到股份公司经营竞争力的现状,并根据现状对经营方略进行再定位,找准马钢在中国宝武成为全球钢铁业引领者中扮演的角色。丁毅强调,"全面对标找差"本质上是经营理念、经营方略的对标,是管理、技术、流程和组织机构的对标,也是技术经济指标和资源配置的对标,更是效率和能力的对标,做好"全面对标找差"要聚焦专业化,追求极致高效。马钢要在融入宝武中谋变革,勇于突破自我,变革创新;要围绕效率,快速推进信息化建设,加速管理变革和流程再造;要优化生产制造流程,提升效率;要完善经营管理体系,按照自我挑战、跑赢大盘、追求卓越的指导思想,确保今年商业计划书的完成,必须牢牢把握以下几个重点环节:一要提升产能利用率,这是核心效益指标和能力指标,要提升系统效率,追求简单、极致、高效;二要聚焦重点,提升经济技术指标;三要做好各方联动协同,降低铁水成本,实现显著进步;四要以盈利为根本,优化各类资源配置;五从长远、高效、规范、可持续竞争力打造的角度出发,严格管控各类费用。王强民总结指出,召开"全面对标找差"工作启动会代表马钢正式启动这项工作,进一步明确按照中国宝武"全面对标找差,创建世界一流"的管理主题,不断提升马钢股份竞争力。中国宝武提出"全面对标找差,创建世界一流"管理主题,是从世界一流企业建设角度,以自身具备条件和自身追求出发,切合马钢发展需要,"全面对标找差"既是理念也是工作方法,作为理念,我们要宣贯和实践;作为工作方法我们要长期坚持并不断完善。各参会单位和部门要组织好对此次会议精神的学习和贯彻,统一思想认识,按照公司部署和要求,进一步细化工作计划和方案,营造"全面对标找差"工作氛围。会上,计财部、制造部和炼铁总厂分别做了汇报。

(陈　扬)

【马钢股份职能、业务部门管理变革和流程再造宣贯暨动员大会】　6月15日,马钢股份公司职能、业务部门管理变革和流程再造宣贯暨动员大会在马钢办公楼会议室召开。此次会议旨在落实公司管理变革和流程再造的统一决策部署,深入动员,统一思想,明确任务,严明纪律,确保相关工作稳妥有序实施、按期完成。马钢集团党委书记、董事长,马钢股份党委书记魏尧在会上讲话;马钢集团总经理、马钢股份董事长丁毅主持会议。马钢集团领导、马钢股份领导出席会议;马钢集团部门及单位主要负责人,马钢股份部门及相关单位的原公司中层管理人员,马钢股份相关单位主要负责人参加会议。魏尧在讲话时指出,此次会议既是凝聚管理变革共识的一次宣贯会,也是全面启动股份机构改革的一次动员会,主要目的是深入贯彻党的十九届四中全会精神,落实新时代"宝武之治"的总体部署和要求,适应专业化整合融合的新形势新变化,以改革为动力,加快管理变革、组织变革,系统推进公司治理体系和治理能力建设,更好地激发各方面的积极性和创造性,为打造大而强的新马钢奠定更加坚实的基础。为确保改革平稳实施、有序推进、达成目标,魏尧提出三个方面的要求。第一,立足新平台,抢抓新机遇,凝聚管理变革的重要共识。管理变革的实质是练内功。应对外部各种复杂挑战和风险,必须凝神聚力首先办好自己的事。近年来,马钢坚持问题导向,聚焦变革突破,持续深化机构改革,有力促进了运营和管理效率的提升。应当看到,改革不会一蹴而就,改革由问题倒逼而产生,又在不断解决问题中得以深化。在新的环境条件下,唯有深化改革、推动创新,才能为企业长治久安、行稳致远提供强劲动力。此次管理变革,是公司准确识变、科学应变、主动求变的一项重要决策部署,希望大家深刻认识到实施管理变革是贯彻新时代"宝武之治"的内在要求,实施管理变革是深化整合融合、全面对标找差的必然选择,实施管理变革是承接宝武运营共享系统覆盖的迫切需要,要进一步统一思想认识、凝聚改革共识。第二,聚焦关键环节,提升体系能力,强化管理变革的效率效果。此次改革后股份公司职能部门由12个精减到10个,部门科室数量由89个精减到78个,涉及11个方面管理职能的调整,涉及面较大,过程较为复杂。管理变革是一项系统工程,必须增强改革的系统性、整体性、协同性,依托中国宝武强大的体系平台,以持续对标找差为重要抓手,聚焦关键环节,补短板、强弱项,着力提升专业化能力,支撑企业高质量发展。要围绕做强大脑,突出能力建设;围绕配套改革,注重有机结合;围绕改革红利,强化协同创效。第三,注重统筹协调,强化过程管理,确保管理变革和生产经营两不误、两促进。今年股份公司生产经营、项目建设任务艰巨繁重,要统筹兼顾,周密安排,积极稳妥地处理好管理变革与当期生产经营的关系,把各种因素考虑充分一些,把各项工作做得细致一些,高标准、高质量地完成机构改革工作,确保两不误、两促进。一要强化组织领导,二要加强思想引导,三要严明工作纪律。魏尧强调,推进管理变革是一项事关全局的大事要事,希望大家认真贯彻落实公司管理变革的统一部署和要求,以高度的政治责任感,坚定信心、紧密协作、扎实工作,全面完成此次管理变革各项任务,为深化整合融合、全面对标找差、提升公司治理效能,为助推新时代"宝武之治"、打造大而强的新马钢奠定坚实基础。丁毅在总结会议时提出四个方面的要求。第一,提高站位、统一思想,认真贯彻落实会议精神。各单位主要负责人要在思想上高度统一,态度上高度重视,行动上精心组织,提升马钢治理能力和体系能力,为打造大而强的新马钢夯实基础。第二,加强领导、精心组织,确保管理变革工作的落实。职能、业务部门管理变革能否顺利完成,直接影响下阶段基层管理变革,在过渡阶段,要努力确保公司安全生产稳定、员工队伍稳定,妥善安排好后续工作。第三,严明纪律、统筹安排,严格按照统一规定执行。各单位在落实公司机构变化、干部任免、人员编制调整等工作中,要按照公司决策内容和相关规定严格执行。第四,齐心协力、凝心聚力,营造良好氛围和环境。各级领导要以身作则,充分激发各方积极性,做好氛围营造、舆论引导工作,将管理变革与公司的愿景、员工的发展相结合,凝心聚力,为管理变革打下良好的群众基础。会上,马钢集团公司、马钢股份公司党委副书记刘国旺宣读了相关管理人员的任免决定。马钢集团公司党委常委、马钢股份公司总经理王强民做关于《马钢股份公司职能、业务部门管理变革和流程再造方案》的宣贯。

（陈　扬）

【马钢股份公司2020年度管理研讨会】 3月25日,马钢股份公司召开以"深化整合融合、全面对标找差、实现全年目标"为主题的2020年度管理研讨会。马钢领导魏尧、丁毅、刘国旺、钱海帆、王强民、张晓峰、唐琪明、马道局及田俊、张文洋、伏明、陈健、张乾春、王文潇、章茂晗、王光亚出席会议。马钢交材杜松林和欧治链金、宝武重工等单位负责人应邀参加了会议。马钢集团相关部门和直属机构主要负责人;马钢股份机关部门主要负责人及有关负责同志;马钢股份公司下属分(子)公司和二级单位厂长(经理)、书记,采购中心、销售公司有关负责同志;合肥公司、长钢股份、和菱实业公司、埃斯科特钢主要负责人参加会议。会议由股份公司党委副书记、总经理王强民主持。会上发布了5个专题管理报告,并围绕主题开展分组讨论。马钢集团公司、马钢股份党委副书记、纪委书记刘国旺作股份公司人力资源管理报告,马钢股份副总经理田俊作股份公司环保管理报告,马钢股份副总经理张文洋作股份公司制造管理报告,马钢股份总经理助理章茂晗作股份公司营销管理报告,计财部负责人做股份公司经营管理报告。在分组讨论中,大家围绕"深化整合融合、全面对标找差、实现全年目标"这一主题以及发布的5个管理报告分4组进行了讨论。马钢集团总经理、马钢股份董事长丁毅在会上讲话。他强调,召开管理研讨会是为了贯彻落实中国宝武发展战略,同时也是统一语言、统一规则、统一平台、统一文化的具体体现。随着整合融合的深入推进,马钢要在管控模式、管理模式、评价体系、系统能力等方面与宝武深入对接,后续对于管理研讨会这一很好的形式还要进一步坚持和完善。丁毅表示,会上发布的几个管理报告内容翔实、数据丰富,通过全面对标,为2020年马钢股份生产经营目标、途径、方法、评价体系的确定奠定了基础,对商业计划书的落地落细提供了有力的抓手。马钢股份、各二级单位要在进一步明确自身定位的基础上,围绕提高营业收入、强化成本管控、优化存量资产、优化人力资源、优化资本结构这5个维度做好年度重点工作。第一,要以战略规划为引领,对现有资产进行配置优化,推动规划落地,发挥系统效应。第二,要在确保规模和产量的基础上,进一步推动产品结构优化,为打造亿吨宝武作出马钢贡献。第三,要以"四个一律""两于一入"为原则,以承办好"绿色发展·智慧制造"大会为契机,重点聚焦、加速推进"绿色发展·智慧制造"重点工作。第四,要抢抓技术管理支撑项目这一有利契机,进一步发挥协同效应,释放重组红利。第五,通过覆盖、移植、改造、共享信息化系统的构建来实现管理整合。第六,要探索建立股权激励机制。马钢集团公司党委书记、董事长,马钢股份公司党委书记魏尧在讲话时指出,管理研讨会的召开非常重要,很有意义,是我们学习中国宝武先进管理经验的具体实践,是对马钢股份一次系统管理诊断,也是我们找问题、找差距、找短板的良好契机。管理研讨会主题是"深化整合融合、全面对标找差、实现全年目标",既符合中国宝武管理工作主题,又与公司中心工作高度契合。从联合到整合融合,是一个不断深化的过程,对标找差的标也不仅仅是某一个具体的目标,而是具有丰富内涵,包括管理理念、企业文化、制度体系等内容。会上几位同志的报告,对当前面临的形势任务、经营方针、管理举措有着非常清晰的认识,也提出了具体举措。通过深入研讨,有利于我们进一步统一思想、凝聚共识,使大家心往一处想、劲往一处使,更好地为实现全年各项目标任务而不懈奋斗。魏尧强调,2020年是马钢全面融入中国宝武的第一年。"首战"即"决战",实现2020年生产经营目标任务,非常重要,这既关系到亿吨宝武目标的实现,也关系到联合重组的效果,集团总部、安徽省委省政府以及方方面面关注度都很高。我们要坚决贯彻新发展理念,以"三高两化"为基本战略、实施路径,以改革为动力,以创新促发展,进一步强化"超越自我、跑赢大盘、追求卓越"绩效导向,抓实抓细公司各项决策部署,确保钢产量首次突破2000万吨、营业收入首次超过千亿元,努力交出一份合格答卷。就进一步抓好会议精神落实,努力完成全年目标,魏尧提出三个方面的要求。第一,要强化思想自觉,全面融入中国宝武管理文化。魏尧指出,中国宝武将“全面对标找差、创建世界一流”作为未来3~5年的管理主题。进入中国宝武体系后,我们学习标杆就有了“近水楼台先得月”的优势,更要坚定对标对表的思想自觉,坚决贯彻落实中国宝武管理主题,全面加强管理对接和文化融合,做到统一语言、统一规则、统一平台、统一文化。思想是行动的先导,整合融合、全面融入中国宝武,首先是思想上融入、态度上融入。在联合整合中必须高度重视文化融合,大力推进文化融合,以“文化+制度”推进企业管理,加快实现从联合到整合到融合的飞跃。第二,要强化行动自觉,全力提升管理体系能力。魏尧强调,中国宝武管理体系能力是其竞争实力强大的重要组成部分。我们要强化行动自觉,坚持用中国宝武管理理念引领马钢管理实践,建立健全符合马钢实际的管理体系,全面提升企业竞争力、创新力、控制力、影响力、抗风险能力。要以积极推进管理体系重构,大力推进组织变革,持续提升运营绩效,加快实施“绿色发展·智慧制造”项目为重点,努力完成全年各项目标任务,为推动马钢高质量发展提供坚实保障。第三,要强化组织保障,充分发挥协同效应。魏尧指出,正如陈德荣董事长所言,“中国宝武每一个钢铁子公司来自不同的历史方位,但拥有一个共同的未来”。亿吨宝武的宏伟蓝图需要包括我们马钢在内的每一位同志携手共进、共同描绘。今天研讨会专门邀请了宝武直管的10家专业化公司,同在中国宝武的旗帜下,希望大家树牢“一盘棋”意识,强化协同协作,携手共建高质量钢铁生态圈。各级党员领导干部要以更高的站位、更大的格局去看待我们肩负的使命,带头拥抱变革、担当作为,身先士卒、以上率下,充分发挥“关键少数”示范带动作用。魏尧强调,疫情形势依然复杂,疫情防控对生产经营带来了一系列影响,要进一步加强市场分析研判,及时采取对应措施,增强抵御各方面风险的能力。越是形势复杂、任务艰巨,越要保持头脑清醒,采取超常规举措,加快重点工作措施的落实,奋力夺取疫情防控、生产经营、项目建设各条战线的新胜利。王强民在会上做分组讨论情况总结时说,分组讨论中大家普遍认为此次会议主题明确,提出了一系列新理念、新目标、新体系、新要求,大家表示将认真吸收、结合实际,将会议精神落实在全年的具体工作中。就贯彻落实会议精神,他提出三个方面的要求。第一,各单位要组织班子成员,召开专题会,认真学习消化,把会议要求转化为具体行动,公司领导将分别参加对口联系单位的专题会,对新理念、方法、要求进行宣贯。第二,各单位在学习讨论基础上,对本单位新年重点工作、主要目标再梳理、再部署、再动员,进一步细化各项举措,为全年目标完成奠定坚实基础。第三,外部形势复杂,内部任务艰巨,广大干部职工要强化担当、主动作为,推动各项工作快速高质量落地,确保全年目标顺利实现。

(张　轩)

【马钢股份绿色城市钢厂指标体系及智慧制造“四个一律”指数宣贯大会】 4月22日,马钢股份绿色城市钢厂指标体系及智慧制造“四个一律”指数宣贯大会在马钢办公楼视频会议室召开。马钢集团总经理、马钢股份董事长丁毅出席会议并讲话。马钢股份总经理王强民主持会议。马钢股份领导张文洋、伏明、陈健、章茂晗、王光亚,宝武集团科技创新部、能环部专家,马钢集团管理创新部、行政事务中心负责人,马钢股份办公室、党委工作部、运营改善部、人力资源部、能环部、计财部、市场部、销售公司、采购中心负责人在主会场参会,相关单位负责人在分会场以视频形式参会。丁毅代表公司对专家们在马钢股份推动绿色城市钢厂指标体系及智慧制造“四个一律”指数过程中给予的指导和帮助表示感谢。丁毅指出,这是贯彻落实宝武集团“三治四化”“两于一入”和“四个一律”的要求,加快“绿色发展·智慧制造”的关键时刻召开的一次十分重要的会议。就做好下阶段工作,丁毅提出四点要求。一要承办好“马钢‘绿色发展·智慧制造’现场会”,以此为契机,全面推进“绿色发展·智慧制造”各项工作再上新台阶。二要树立信心,坚定决心,借鉴中国宝武优良机制,瞄准国内智慧制造建设的标杆与排头兵,系统谋划,多措并举,强势推进。三要量化指标,补齐短板,将绿色发展、信息化建设和智慧制造工作与管理变革、流程再造紧密结合起来,以最快速度提升马钢各项工作的效率,为马钢争光,为宝武添彩。四要统一思想、统一部署、统一推进,在会后认真领会、消化,创造性地展开工作,通过持续的实践加深认识与理解,并切实取得实效。王强民在讲话中指出,此次会议既是一次培训会,更是一次动员会。希望各单位高度重视,认清形势与要求,强化对绿色城市钢厂指标体系及智慧制造“四个一律”指数的理解,充分认识“绿色发展·智慧制造”指数量化评价的紧迫性和重要性,通过数字化地对标找差,按照“超越自我、跑赢大盘、追求卓越”的要求,把马钢打造成为绿色、精品、智慧的城市钢厂。

(张　轩)

【马钢股份整合融合信息化建设启动会】　3月31日，马钢股份召开整合融合信息化建设启动会，会议由马钢股份副总经理陈健主持。马钢集团总经理、马钢股份董事长丁毅，马钢股份总经理王强民，宝信软件党委书记、董事长夏雪松，宝武集团智数办副主任杨建夏，马钢股份领导田俊、张文洋、伏明、陈健、章茂晗、王光亚出席会议。宝武集团智数办、财务部、运营共享中心，马钢股份部门及单位，宝信软件相关人员参加会议。会上，丁毅首先对宝武智数办、运营共享中心和宝信软件在前期调研诊断及方案实施、推进做出的详细安排表示肯定及感谢。丁毅指出，马钢融入宝武要以信息化建设为抓手，从管理模式、管控模式、运营体系、指标体系、体系能力等方面进行全面对接，真正融入宝武体系；马钢在信息化建设方面有一定基础，但存在基础设施落后、系统更新迭代不够等问题，与宝武差距明显，加入中国宝武大家庭为马钢信息化建设迈上新台阶提供了有利契机，同时要认识到信息化建设是对标找差、全面融入的有力抓手，也是贯彻落实宝武发展战略的重要举措。就做好整合融合信息化建设工作，丁毅提出五点要求：一要进一步统一思想、提高认识，高度重视信息化建设工作，一把手要亲自挂帅；二要按照中国宝武总部要求，坚持问题导向、责任导向、目标导向，加强组织领导，以项目管理模式有序推进这项工作；三要建立有效工作机制，加强沟通协调，确保推进工作的效果和质量；四要把工作推进和业务培训相结合，加强信息化工作的宣贯和信息化人才的培养；五要进一步明确目标节点、优化资源配置，同步做好远景目标和阶段性目标的实现。宝武集团相关部门领导、宝信软件领导先后在会上讲话。宝武集团智数办介绍集团信息化管控推进要求；马钢股份运营改善部汇报整合融合信息化建设推进方案；宝信软件汇报整体项目建设概况；马钢股份计财部、制造部作为项目牵头单位发言。
（张　轩）

【马钢股份召开基层管理变革宣贯暨动员大会】11月6日，马钢股份公司基层管理变革宣贯暨动员大会召开。马钢领导丁毅、刘国旺、王强民、张晓峰及田俊、张文洋、伏明、陈健、章茂晗、王光亚出席会议。马钢集团公司党委常委、马钢股份公司总经理王强民主持会议。为适应马钢作为中国宝武优特长材平台化公司和优特钢精品基地的战略定位需要，持续提升企业管理水平，激发企业改革活力，在借鉴宝钢股份先进经验的基础上，公司决定组织实施基层管理变革。经三个月的深入调研和审慎研究，在各职能、业务部门、生产厂部大力配合下，最终形成《马钢股份基层管理变革推进实施方案》，经公司书记办公会、股份党委会、股份总经理办公会审议一致通过。此次基层管理变革内容包括生产厂部整合、生产厂部下设结构优化、作业区规范设置以及厂管作业区试点，旨在实现基层组织的精干高效、生产运营的极致效率，充分发挥员工个人价值创造能力。此次基层管理变革定于12月试运行，2021年1月按照新模式正式运行。马钢集团公司、马钢股份公司党委副书记刘国旺在讲话中提出四个方面意见。第一，变革是必须的。基层管理变革是马钢立足当前形势，打造“大而强的新马钢”，用新办法解决新问题的以变应变、主动出招。第二，变革是有信心的。实施方案是在全面调研的基础上，立足于马钢的历史、现状、发展需要系统谋划、统筹谋划，基于广大干部员工拥抱变革的积极态度而制定，有很强的操作性。第三，变革是为职工的。面对未来发展，我们必须建立更富有效率的运行方式，调动广大职工的积极主动性，让发展成果更好惠及广大员工。第四，变革是需要付出的。各单位要本着高度重视、高度负责的态度，根据具体情况细化操作方案，营造良好的工作氛围。马钢集团公司总经理、党委副书记，马钢股份公司董事长丁毅在会上讲话指出：此次会议旨在对基层管理变革的内容进行宣贯，推动各项目标任务落实落细落地，凝聚改革共识，形成推进合力，全面落实基层管理变革的工作要求。马钢股份公司基层管理变革的实施既有一定现实难度，同时也具备很强的可操作性，希望大家高度重视、奋勇担当，营造良好的改革氛围，共同把这项工作做好。就做好马钢股份公司基层管理变革，丁毅提出三方面意见。第一，为什么要实施基层管理变革。丁毅指出，2020年至会议召开时，马钢在生产运行效率方面取得了系统、全方位的可喜进步，同时也要看到，当前马钢人均产钢和吨材利润水平仍有较大进步空间。马钢股份公司开展基层管理变革，是按照中国宝武总部要求，根据四个统一原则，实现管控模式统一的需要，是追求极致效率的需要，同时也是推进信息化建设和智能制造的需要，是打造“大而强的新马钢”的需要。第二，如何做好基层管理变革。在管理变革推进过程中，重点要做到三个聚焦、两个加强。首先，要聚焦专业化和流程的特点，精简生产厂部。其次，聚焦扁平化和管理效率，精简基层机构。最后，聚焦精干化和能力建设，精简管理人员。两个加强，一是强化晋升通道的建设，让管理、技术、操维三支队伍都有清晰通畅的晋升通道；二是强化激励机制，让广大职工更有获得感、幸福感。第三,在管理变革推进中要处理好五个关系。一是要处理好改革和稳定的关系。要把风险点识别好,关注点也识别好,政策制定好。二是要处理好精简管理与提效的关系。要以强化作业长岗位职责和能力建设为突破口,提升基层自我决策、自我了断的能力。三是要处理好自上而下和自下而上的关系。各相关单位要层层宣贯,工作做细,公司部门要做好服务保障工作。四是要处理好刚性落实和有情操作的关系。五是要处理好管理变革和职能调整、流程优化、制度修订的关系。王强民就贯彻落实会议部署,提出四方面要求。一是提高站位、统一思想,认真贯彻落实会议精神。二是加强领导、精心组织,确保基层管理变革平稳有序完成。三是严明纪律、刚性落实,保障改革过程规范透明。四是强化宣传、凝心聚力,营造人人拥护变革、人人参与变革的良好氛围。会上,运营改善部对《马钢股份基层管理变革方案》进行宣贯;人力资源部发布《管理变革有关人员岗位聘用等相关事宜方案》。股份公司职能、业务部门及生产厂部的中层管理人员,子公司主要负责人参加会议。

(金　翔)

专　文

精益高效　奋勇争先
实现马钢“十四五”高质量发展良好开局
——在马钢(集团)控股有限公司十九届二次(马鞍山钢铁股份有限公司九届二次)职工代表大会上的报告

刘国旺

各位代表,同志们:

我代表公司向大会作工作报告,请予审议。

第一部分　2020年工作回顾

2020年是马钢发展史上具有重要里程碑意义的一年。8月19日,习近平总书记亲临中国宝武马钢集团考察调研并发表重要讲话,充分肯定马钢发展历程和当期生产经营,高度评价中国宝武联合重组马钢集团,勉励马钢把握机遇、顺势而上、扬长补短,在长三角中壮大自己,通过壮大自己为长三角一体化发展做出自己的贡献!习近平总书记的亲切关怀和殷切嘱托,给我们以巨大鼓舞和强力鞭策,为我们加快打造后劲十足大而强的新马钢指明了前进方向、增添了强劲动力。

在中国宝武的坚强领导下,我们深入学习贯彻习近平总书记考察中国宝武马钢集团重要讲话精神,以“一年当作三年干、三年并为一年干”的奋进姿态,紧紧围绕“深化整合融合、全面对标找差”,努力克服新冠疫情、汛期暴雨和市场变化等不利因素影响,砥砺前行,加速奔跑,推动马钢高质量发展取得一系列标志性成果,为“亿吨宝武”的实现做出了马钢人的积极贡献。概括起来,体现为“四突破四转变两提升”。

四突破彰显当期绩效。经营绩效取得突破,钢产量首次突破2000万吨,达到2097万吨,同比增长5.7%;营业收入首次突破1000亿元,达到1178亿元,同比增长19.5%;利润总额55亿元,同比增长52%。基层变革取得突破,生产厂部精简21%,厂部管理机构精简45%,分厂精简50%,作业区精简52%,科级人员精减35%,作业长精减49%。人事效率取得突破,人均产钢首次突破1000吨,达到1010吨;职工收入同步增长,同比提升19%。关键指标取得突破,主要技术经济指标进步率73.76%、刷新率25.83%。

四转变引领未来发展。理念之变,促进文化认同、身份认同、情感认同;定位之变,促进企业发展由“大而全”转向“大而优、大而强”;体系之变,促进体系管理更系统、更完备,过程管控更专业、更量化,结果衡量可评价、可追溯;模式之变,促进产业化发展、平台化运作,专业化整合、生态化协同。

两提升赋能转型升级。绿色发展和智慧制造水平快速提升。探索了传统企业绿色发展智慧升级新模式,绿色发展和“四个一律”指数进步速度居宝武前列,马钢智园、幸福大道等成为马钢靓丽的名片。

具体来说,主要体现在以下八个方面:

一、战“疫”取得重大胜利。面对突如其来的新冠肺炎疫情,坚决贯彻落实习近平总书记一系列重要讲话和指示批示精神,认真贯彻落实省市和中国宝武一系列决策部署,迅速行动,积极应对,经受住了严峻考验,交出了合格答卷。疫情防控有序有力。坚持把职工生命安全和身体健康放在第一位,迅速启动应急预案,千方百计筹措防控物资,严密落实疫情防控措施,强化落实联防联控、群防群控机制,坚决打赢疫情阻击战。复工复产卓有成效。认真落实“看好自己的门、管好自己的人”要求,较早地推动复工复产,加强统筹调度,打通堵点痛点,努力把疫情影响降到最低,确保了生产经营平稳顺畅、有序高效运行。常态化防控落实落细。有效落实“外防输入、内防反弹”防控策略,抓实抓细常态化疫情防控工作,持续巩固来之不易的防控成果,“实现了产量和营销收入的同比双升”。习近平总书记对马钢疫情防控和复工复产工作给予了充分肯定。

二、对标找差系统开展。坚持以极致的“简单、高效、低成本、高质量”为目标,对外对标,对内优化,系统推进对标工作。对标体系逐步完善。构建了公司层、专业管理层、制造单元层分层分类对标体系,覆盖规模能力、盈利能力、周转效率等财务经营指标和生产、设备、能环等技术经济指标332项。过程评价及时高效。强化对标信息反馈,推进经验交流分享,形成了“月简报-季专报-年总结”过程跟踪评价机制。对标进步成效明显。铁水成本指标跻身行业第一梯队,铁钢比破9见8,合同完成率、新产品毛利等指标进步明显,全年降本较上年进步7.2亿元。

三、整合融合快速推进。贯彻“统一语言、统一规则、统一平台、统一文化”要求,落实“专业化整合、平台化运营、生态化协同、市场化发展”任务,快速推进整合融合各项工作。规划有效承接。马钢规划被纳入中国宝武规划体系,明确了马钢作为中国宝武优特长材专业化平台公司的新定位,编制了新一轮产品产线规划。管理全面对接。完成了14个专业领域59项对接任务,制修订350余项管理制度,马钢“制度树”体系基本形成。文化深度衔接。大力宣贯中国宝武文化理念,扎实推进“钢铁荣耀·铸梦百年”宣传教育系列活动,“同一个宝武、同一个声音”深入人心;提炼形成新的企业愿景、使命。产业专业化整合高效落地。坚持应整全整、应接全接、能快则快,12个产业、8项业务资源专业化整合项目如期完成,管理关系、资产、人员和业务模式调整平稳有序,实现了顺利联合、快速整合、深度融合。

四、运行效率大幅提升。聚焦钢铁主责主业,快速提升专业化能力,追求极致效率,经济运行质量不断提升。精益采购安全高效。积极有效应对两头市场急剧变化,加强系统联动,推行经营性库存,强化聚量采购、协同采购、智慧采购,确保生产用料保供及时安全、优质高效。精益营销持续深化。优化营销体系,组建营销中心,实现了营销业务专业化聚焦整合。完善客户服务模式,推行主导产品“售前、售中、售后”全环节、全流程、全周期客户服务,提升客户服务水平。创新营销模式,依托欧冶电商平台,开展产能预售和远期订单业务。精益制造深入推进。优化配煤、配矿结构,完善高炉体检和风险预警机制,优化产线分工,降低铁钢比,加强产销研衔接,装备产能进一步释放;强化设备状态把控,推行设备定(年)修模型,检修负荷明显降低,设备系统保障能力显著提升;深化系统能源经济运行,强化技术节能、结构节能、管理节能,主要能耗指标持续进步,全年吨钢综合能耗554.4千克标准煤/吨,煤炭消耗总量同比下降19万吨,吨钢二氧化碳下降15千克。

五、创新驱动深入实施。认真落实“制造业我们始终要拿在手里”重要指示,坚持技术引领,强化新技术、新材料、新产品攻关,企业核心竞争力不断提升。协同创新能力提升。深度融入中国宝武科技创新体系,中央研究院马钢技术中心挂牌运行,建立研发协同策划机制,开展精品化挂图作战和重大专项策划。技术创新力度加大。研发投入率比上年增加0.72个百分点,开发新产品77万吨,自主研发的635MPa级高强抗震钢筋填补国内空白,大型转炉洁净钢高效绿色冶炼关键技术成果获冶金科学技术特等奖,铁道车辆用耐大气腐蚀热轧H型钢产品和铁路快速客车辗钢整体车轮产品获中钢协2020年度冶金产品实物质量“金杯特优产品”。人才强企加快实施。“1+2+4”科技领军人才培养工程深入推进,大力培养型钢、工业线材、棒材专业人才团队。转型升级项目有序推进。国内首条重型H型钢生产线建成并实现月达产,新一轮产品产线规划重点项目加快实施。

六、改革管理纵深推进。深入贯彻落实国企改革三年行动要求,着力在重要领域和关键环节取得重大进展。公司治理体系逐步完善。召开了马钢集团公司首次股东会,审议通过新的《公司章程》,选举产生了新一届董事会、监事会;落实监管要求,建立了“三重一大”决策和运行监管系统,实现决策信息常态化报送。组织变革大刀阔斧。以信息化倒逼管理模式整合和流程再造,股份公司机关职能和人员调整到位,基层管理变革全面实施,促进了基层组织扁平化和人员精干高效。人事效率大幅提升。通过专业化整合、政策解合、智慧制造、共享用工等多种渠道,马鞍山基地全年优化人员3414人。改革改制深入推进。法人压减7户、参股公司瘦身7户,退休人员移交街道社区属地管理,公车市场化社会化改革全面完成,厂办大集体改革启动实施,人员安置基本完成,股权激励方案获国务院国资委批复。安全生产态势总体平稳。贯彻落实“违章就是犯罪”安全管理理念,深化源头治理、系统治理和综合治理,持续提升安全管理体系能力,安全绩效总体受控。

七、绿色智慧赋能加速。深入贯彻落实“两于一入”“三治四化”“四个一律”要求,紧紧围绕“打造花园式滨江生态都市钢厂和智慧制造示范基地”目标,组建推进机构,加强系统谋划,加快项目实施,推动“绿色发展·智慧制造”取得阶段性成效。坚持生态优先、绿色发展,按期完成长江大保护111项环境问题整改任务，投入30亿元实施61项“三治”项目，有效建立环保动态管控智慧平台，大力推进拆旧利旧、土地整治等“四化”工程，绿色发展指数达到宝武集团平均水平。围绕全流程、全工序、全要素、全集成，运营管控中心和炼铁、炼钢、热轧、冷轧智控中心等智慧制造一期项目全面建成投用，2020年年末与2019年相比，集中化指数提升28.3个百分点，达到67.7%；无人化指数提升10.3个百分点，达到47.6%；远程化指数提升12个百分点，达到12%；服务上线指数提升65个百分点，达到98.3%。

八、以人为本深入落实。坚持以职工为本，突出岗位价值创造、多劳多得，不断满足职工对“三有”美好生活的向往，实现职工与企业共同成长。先进典型选树大张旗鼓。大力弘扬劳模精神、劳动精神、工匠精神，聚焦疫情防控、复工复产一线典型人物，大力宣传“最美马钢人·创新融合”年度人物等先进典型，全年荣获全国劳动模范1人，中国宝武“金牛奖”2人、“银牛奖”7人、“最美宝武人”1人、宝武优秀员工34人，组织评选马钢“金牛奖”20人、“银牛奖”40人。职工岗位创新创效深入开展。全面推进“我为企业‘对标找差创一流’献一计”活动，职工献计数达2.5万条；组织开展“对标找差争一流、指标提升创效益”等各类劳动竞赛233项，营造了比学赶帮超良好氛围。精准帮扶走深做实。持续开展互助帮困、金秋助学等精准帮扶活动，发放慰问款、互助帮困、大病救助金等1300多万元；制定下发《关于开展职工“三最”实事项目的实施意见》，实施职工“三最”实事项目148个。脱贫攻坚善作善成。把脱贫任务作为重大政治任务，投入扶贫专项资金2087万元，深入实施产业扶贫、教育扶贫、消费扶贫、就业扶贫，确保脱贫攻坚圆满收官。

各位代表，同志们，2020年我们共同经历了一段精彩难忘、激情燃烧的奋斗历程，共同实现了一个又一个令人瞩目的骄人业绩，这些成绩的取得来之不易，凝聚着全体职工的辛勤汗水，蕴藏着广大职工的智慧结晶。在此，我谨代表公司，向大家，并通过你们向全体干部职工及其家属，表示衷心的感谢和崇高的敬意！

各位代表，同志们！思危方能居安，知忧才能克难。在充分肯定成绩的同时，也要清醒地认识到马钢发展面临的突出矛盾和问题，主要表现在：一是部分产线效率偏低。高炉利用系数与集团公司的要求、与标杆企业相比差距较大；重点产线产能利用率普遍不高。二是吨材利润低于行业平均水平。特别是本部盈利能力亟待提升，与钢铁规模不相匹配；长钢与永锋等民营钢企相比盈利能力也存在一定差距。三是优势产品市场占有率不高。优特长材产品远没有达到头部企业应有的市占水平，H型钢全国市占11.4%，优特钢市占2.98%，市场话语权和规模效应无法充分发挥。四是技术创新支撑不够有力。适应企业转型发展需要的基础性、前瞻性研究不够，技术创新资源配置、人才支撑体系和激励机制亟须完善、补齐短板。五是绿色发展任重道远。尚停留在“两于一入”“三治四化”的浅表层面，面临着碳达峰、碳中和带来的生存挑战。六是重点领域改革有待深化。市场化经营机制和激励约束机制没有完全建立，责权利相统一的机制有待进一步完善；人事效率仍需进一步挖潜。七是基层管理仍需加强。传统基层管理模式惯性依然存在，责任链条长、管理效能较低的问题相对突出；“一总部、多基地”管控模式有待加速构建。八是“创先争优”氛围不够浓厚。特别是少数领导干部的精神状态与干事创业的要求仍不相匹配，使命担当意识和责任感还不够强。这些矛盾和问题，归结起来，就是“精益高效不够、奋勇争先不足”。我们务必高度重视，采取措施加快解决。

第二部分　2021年工作总体要求和主要目标

2021年是伟大的中国共产党成立100周年，是马钢“十四五”规划的开局之年。中国宝武党委一届五次全委（扩大）会和一届四次职工代表大会对面临的形势作了全面分析，我们要胸怀“两个大局”，既要深刻认识到百年未有之大变局加速演变带来的新矛盾新挑战，牢牢把握“东升西降”新趋势新机遇，积极有效应对消费和制造业等经济内生动能恢复偏慢、铁矿石价格高企直接影响产品利润率等外部复杂环境，又要深刻认识到当前和今后一个时期国内钢铁业虽竞争激烈但总体保持稳定的发展态势，牢牢把握扩大内需这个战略基点，还要深刻认识到碳达峰碳中和带来的严峻挑战，牢牢把握绿色低碳发展这个战略任务，提高政治站位，保持战略定力，锻长板、补短板、固底板，育新机、开新局，以更好的经营改革成效服务构建新发展格局。

2021年马钢经营管理工作的总体要求是：坚持以习近平新时代中国特色社会主义思想为指导，全面贯彻党的十九大和十九届历次全会精神，深入贯彻落实习近平总书记考察调研中国宝武马钢集团重要讲话精神，认真贯彻落实中央经济工作会议、中央企业负责人会议精神，中国宝武党委一届五次全委（扩大）会、一届四次职代会和马钢集团党委五届七次全委(扩大)会决策部署,贯彻新发展理念,勇担使命责任,服务国家战略,围绕"成为全球钢铁业优特长材引领者"开展经营活动,聚焦做强技术、做优效益、做大规模、全球引领,把握机遇、顺势而上,精益高效、奋勇争先,确保马钢"十四五"高质量发展开好局、起好步,以优异成绩向建党100周年献礼!

2021年战略任务是:一是全力推进规划落地,统筹推进北区填平补齐、南区长材产品产线规划、四钢轧效能提升技术改造项目建设,确保新特钢项目4月份开工建设,重点项目节点符合率≥90%;二是全力推进极致效率,按照高炉大修减铁不减钢的要求,全面提升制造能力,充分释放铁钢产能,确保钢产量2100万吨;三是全力推进精益运营,深化全面对标找差,实现公司管理水平和竞争力的持续提升,对标指标进步率达到80%;四是全力推进绿色低碳,深入实施"三治四化",创建绿色城市钢厂,基本实现废气超低排、废水零排放、固废不出厂;五是全力推进信息化建设,整合融合信息化项目高质量落地,项目上线率100%;六是全力推进管控模式优化,适应优特长材专业化平台公司定位,加快推进资源整合和联合重组工作,探索实践"一总部、多基地"治理体系和管控模式。

围绕贯彻总体要求、落实战略任务,我们必须立足"三新"转变观念。准确把握新发展阶段,深入贯彻新发展理念,加快构建新发展格局,大力践行"以价值创造为纲、以奋斗者为本"的理念。"以价值创造为纲",就是一切工作,都要围绕价值创造来展开。"以奋斗者为本",就是鼓励所有单元奋勇争先、比学赶超,创造价值、共享成果。我们必须紧盯"三化"转型升级。贯彻"生态化协同"要求,聚焦钢铁主责主业,与宝武系内兄弟企业、上下游产业链协同发展、共享发展;加快"智慧化升级"步伐,从工业化思维转向数字化思维,加速数字化、智能化发展,以信息化倒逼组织变革、流程再造,追求极致效率,追求全员价值创造;推动"网络化发展"进程,增强"跳出马钢看马钢、跳出马鞍山发展马钢"观念,积极对外开疆拓土,加快构建"一总部、多基地"发展格局。我们必须聚焦"两场"经营创效。聚焦市场,"以为客户创造价值为中心",培育壮大战略客户群。聚焦现场,追求极致的高效率、极致的低成本、极致的专业化。我们必须践行"三有"共享发展。坚持"发展为了职工、发展依靠职工、发展成果由职工共享",持续提高"三有"指数,增进职工获得感、幸福感、安全感,提升职工满意度、认同度、忠诚度。

2021年主要生产经营目标:粗钢产量2100万吨,营业收入1400亿元,利润总额63亿元。

安全生产目标:重大生产安全事故隐患100%整改,区域内所有事故管理改善措施100%落实;区域内不发生较大及以上生产安全事故;不发生直接经济损失大于等于500万元的火灾事故;宝武年度安全综合评价达到"优秀"。

能源环保目标:重大环境污染事故为零,环境行政处罚为零;吨钢综合能耗低于540千克标煤/吨;超低排100%改造完成,绿色发展指数得分80分以上;宝武年度环保管理评价达到"优秀"。

第三部分　2021年重点工作

具体来说,重点抓好八个方面的工作:

一、追求极致效率,全面提升制造能力。市场竞争的关键是效率,聚焦生产现场,做长长板,使长板更长、优势更优,以极致的效率提升竞争力。

1. 充分释放铁钢产能。完善运营管控中心"五部合一"运行控制模式,充分发挥智能化集中一贯运行控制中心功能。坚持体检制度,完善高炉预警机制,优化配煤配矿和炉料结构,降低燃料比,提升煤比,持续提升高炉利用系数,保持铁前系统高水平稳定顺行。持续降低铁钢比,力争月度达到0.8。强化供产销各环节系统联动、高效协同,通过优化资源配置、调坯轧材和现场难题攻关等方式,显著提升热装热送率、轧机作业率等关键指标水平,充分释放产线装备能力,支撑公司吨材利润、净资产收益率跑赢大盘。特别是在A号高炉大修的情况下,努力做到"减铁不减钢",确保全年钢产量2100万吨、北区炼钢和热轧年产量双双冲刺1000万吨。

2. 深化精益工厂创建。借鉴阿米巴经营思想,积极探索、大胆实践,努力在基础管理上走出具体化、标准化、精细化的新路子,赋予"江南一枝花"新的内涵。开展与宝钢股份"金牛作业区创建"的对标找差、取长补短,加快建立完善公司、生产厂部两个层面的定期评价和考核机制。持续推进现场6S、TnPM、两源治理,提升基础管理水平。

3. 强化设备能源系统保供。依托设备管理信息化系统(EQMS)、智能化运维平台,深化设备功能精度管理,优化检修模型,实现"运行有效、保障有力、系统优化、节能降耗"目标。依托能源智慧平台,强化能源动态管控,深化技术节能、结构节能、管理节能,持续提高能源高效利用水平。

4. 大力提升人事效率。从管理变革、智慧制造、优化岗位、辅助业务外包、专业化整合等多维度挖掘人力资源潜力，打通“操检维调”岗位界面，完善离岗政策，推行共享用工，全面提升管理、技术、技能三支队伍配置效率，全员劳动生产率增速不低于8%。

二、狠抓效益引领，提高资产运营质量。以对标世界一流管理提升行动为推动，强化与宝武标杆基地、国内优秀民营钢企的对标找差，全方位提高资产效率效益。

5. 深化指标提升创效。正视在净资产收益率、吨钢利润、存货周转效率、土地利用效率等方面的差距，常态化推进关键指标的对标找差创效活动，对标指标进步率力争达到80%以上，以高效率谋取高效益。

6. 大力提升经营创效。贯彻低库存安全保供战略，强化产供联动，提高市场研判的准确性，推进多基地全流程协同，确保高效稳定安全保供，持续降低采购成本。改善营销服务体系，强化“以为客户创造价值为中心”观念，聚焦服务质量提升，满足客户个性化需求。加强营销集中一贯制管理，持续创新营销模式，巩固板带直供销售模式，推行长材直供服务模式，拓展型钢销售客户群，进一步扩大产能预售规模。

7. 着力提升资金效率。坚持“现金为王”，强化“两金”占用管理，提高资产周转效率。强化投资管控，优先保障安全环保、产品产线规划项目和智慧制造、信息化项目资金需求，严格执行项目投资后评价。统筹直接融资和间接融资，实现融资多元化、结构合理化、资金低成本。

8. 深入推进“瘦身健体”。清理退出不具备优势的非主营业务和低效无效资产，常态化推进法人压减和参股瘦身，加快推进“处僵治困”工作，提升资产质量和回报水平。

三、坚持规模引领，着力谋求市占率话语权。贯彻落实“既有钢铁基地要大幅增产提效”要求，对内挖潜提存量，对外联合谋增量，全力谋求高市占率。

9. 加快“十四五”规划基建技改项目落地。强化重点工程项目过程管控，继续推行“红黄绿灯”通报机制，确保新特钢项目4月份开工，A号高炉大修改造、焦炉大修、一钢轧改造等项目快速实施。

10. 提升优势产品市场话语权。以提高吨材利润为中心，把握市场趋势，优化产品结构，创新营销模式，进一步提升优特钢、H型钢、冷系列汽车板、建筑线棒材等重点产品市场占有率。

11. 加快对外开疆拓土步伐。发挥优特长材专业化平台公司优势，大胆探索、快速推进与包括民营企业在内的各种所有制企业的联合重组。

四、强化技术引领，厚植绿色精品智慧优势。把创新主动权、发展主动权牢牢掌握在自己手中，强化科技创新，加快绿色智慧由“盆景”向“风景”转变，走好绿色、精品、智慧发展道路。

12. 积极推进绿色低碳发展。主动落实碳达峰、碳中和要求，深度推进“三治四化”，加大南区厂容环境整治力度，探索应用高炉前沿低碳冶金技术、全氧高炉工艺，创新城市固废处理与冶金炉窑综合利用技术运用，加快从满足绿色感知向追求低碳可持续的更高水平迈进，持续打造花园式滨江生态都市钢厂。

13. 加速推进绿色钢铁精品制造。强化高强耐蚀等产品研发生产，展现高性能产品全生命周期绿色低成本优势，以高质量供给满足高品质生活。加快攻克H型钢、优特钢等关键领域“卡脖子”难题，占据技术制高点。强化与宝武各基地的技术交流和协同，借鉴成熟经验，加快解决汽车板等高端板材产品技术难题。

14. 持续推进智慧制造升级。深入推进“四个一律”，推动全流程智慧钢厂建设向优特长材领域延伸，实施长钢股份、合肥板材智慧制造同步升级，加快智慧制造1.0基础版向2.0版提升，打造智慧制造示范基地。

15. 大力提升创新能力。加速融入宝武研发体系，深化研发整合协同，建立数字化研发平台，提升研发水平和效率。加大科研投入，研发生产更多新产品。加强创新平台建设，积极策划和组织申报国家级技术创新中心。

五、坚持协同发展，共建高质量生态圈。建设钢铁生态圈是中国宝武践行新发展理念，基于大格局、大视野下提出的使命担当。必须坚持开放合作、共建共享理念，建设高质量命运共同体。

16. 持续做好整合融合工作。全面落实中国宝武整合融合工作部署和要求，做好整合融合后续工作，持续推进相关资产及股权整合，使公司资源更加聚焦钢铁主责主业。加快推进标准财务系统、采购管理、工程管理、决策支持、设备系统、能环管理、产销一体化等整合融合信息化项目落地，6月底前全部上线。

17. 加大生态化协同力度。积极参与中国宝武高质量钢铁生态圈共享平台建设，依托原料采购中心、欧冶工业品、宝信软件、宝武智维、欧冶云商等钢铁生态圈核心平台，强化生态化协同，进一步构建安全、稳定、高效、可持续和有竞争力的产业链供应链。

18. 切实履行央企责任担当。认真贯彻落实中国宝武党委统一部署和安排，坚持"四个不摘"，做好巩固拓展脱贫攻坚成果同乡村振兴有效衔接，实现产业发展和乡村振兴的互促共进。

六、深化改革攻坚，激发企业发展活力。改革是发展的根本动力，以落实国企改革三年行动要求为契机，推动改革发展深度融合、高效联动，不断激发企业内生活力。

19. 完善治理体系和治理能力。健全重大事项决策体系，充分发挥企业党委把方向、管大局、保落实，董事会定战略、作决策、防风险，经理层谋经营、抓落实、强管理的作用。强化合规意识，严格落实"三重一大"决策程序，规范和加强重大事项法律审核工作，提高依法决策、科学决策、民主决策水平。

20. 构建"一总部、多基地"管控模式。深化"集中一贯制"管理理念，按照"经营向总部集中、制造向基地下沉"的思路，完善"一总部、多基地"管理体系，提高管控能力，加大协同力度，提升整体竞争力。

21. 深化混合所有制改革。按照"宜混尽混""已混深混""员工参混"的原则，积极推进混合所有制改革项目实施。开展市值管理，提升上市公司资本效率。

22. 健全薪酬分配和激励机制。强化"以岗位付薪、以能力付薪、以业绩付薪"的按劳分配原则和按效激励理念，加大资本、管理、技术要素参与分配力度，凸显以价值创造为纲、以奋斗者为本的分配导向。借鉴永锋钢铁等优秀民营企业的激励机制，在炼铁总厂、长材事业部等单位试点新的工资总额核定模式。继续探索推进中长期激励，分类推进超额利润分享和任期激励。

七、坚守底线思维，全面提升安全环保水平。安全环保是企业核心竞争力的重要组成部分。必须坚守底线思维，持续打造本质安全型、本质环保型企业，不断夯实企业高质量发展的基础。

23. 着力提升生态环境水准。严守环保合规底线及生态红线，深入落实"两于一入"要求，深入推进"三治四化"，强化能源环保合规管理，严格执行排污许可证制度，加大环保督察问题整改工作力度，力争提前实现"废气超低排、废水零排放、固废不出厂"，持续提升绿色发展指数。

24. 全力提高安全运行能力。践行"违章就是犯罪"的安全管理理念，坚持"党政同责、一岗双责、齐抓共管、失职追责"原则，落实安全生产主体责任，健全各级管理者安全履职清单，实施穿透式监督检查，切实提升安全管理体系运行的有效性。完善"一总部、多基地"矩阵式安全监管模式，提升专业化整合融合过程安全管理效能。推进智慧安全建设，减少"3D"岗位。紧盯高温熔融金属、冶金煤气、危险化学品等重大安全风险，持续深入推进安全风险分级管控和隐患排查治理双重预防机制。强化对重点建设项目、检修项目的全过程安全管理。持续推进协力管理改革，坚决清退插入式协力，培育平等协作关系的高质量协力供应商队伍。

八、坚持以人为本，充分激发职工队伍活力。企业是由人构成的，企业管理的要义在于激发人。必须构建合理的评价机制和给予丰厚的回报，激发职工的使命感、责任感、荣誉感，实现与企业共同发展。

25. 加强三支队伍建设。围绕管理、技术、技能三支队伍，系统策划，分类管理，精准实施体系化人才培养工程。通过专题研修、挂职锻炼等，重点提升管理人员"协同作战"意识、"领兵打仗"本领；大力选拔培养优秀年轻干部，储备"战略预备队"。通过"请进来、送出去"培养、现场实战化选拔、外部成熟人才靶向引进等方式，加强技术领军人才和专业技术人才培养。通过线上线下联动、师徒带教互动、培训实践结合等方式，培育更多扎根现场的"技能大师"。

26. 搭建职工岗位成长平台。大力培育学习型组织，适应智慧化升级，强化岗位培训的针对性和实效性，营造"比学赶帮超"浓厚氛围。拓宽职工创新创效渠道，开展"马钢工匠(工人发明家)"评选，深化职工"献一计"活动，激发职工干事创业的热情和干劲。加强职工能力素质评价，引导职工及时补短板、强弱项。

27. 持续增进职工获得感。推进"四室两堂一所"、职工福利保障、困难职工帮扶等"三最"实事项目实施，继续稳步提高职工收入，全面提升职工"三有"生活水平。健全帮困送温暖长效机制，做优精准帮扶品牌服务项目。

各位代表，同志们！征程万里风正劲，重任千钧再扬鞭。站在新征程的起点，我们初心不改、使命不忘。让我们坚定信心、树立决心、保持恒心，以梦为马，不负韶华，加快建设后劲十足大而强的新马钢，为助力中国宝武成为全球钢铁业引领者做出新的更大贡献，以优异成绩向建党100周年献礼！

企业大事记

企业大事记

1月

7日　集团公司党委书记、董事长魏尧在公司办公楼会见来访的淮北矿业集团党委书记、董事长方良才一行。马钢领导丁毅、王强民，淮北矿业股份公司领导邵华、孟德军参加交流活动。

10日　马钢召开中国宝武集团一届三次职工代表大会分团讨论审议会。会议由集团公司党委书记、董事长，股份公司党委书记魏尧主持。中国宝武第一届职工代表大会马钢集团代表参加会议。按照会议议程，与会代表确认了本次代表团团长、副团长人选；审议通过了《中国宝武集团公司一届三次职代会议程（草案）》《集团公司一届三次职代会主席团成员名单（草案）》；并审议了《集团公司一届三次职代会总经理工作报告》等7项工作报告审议稿。

△　马钢党委理论学习中心组（扩大）学习会暨2020年安全生产和能源环保工作会议召开。集团公司党委书记、董事长，股份公司党委书记魏尧主持会议并讲话。集团公司领导、股份公司领导出席会议；集团公司各部室、直属机构主要负责人，股份公司各部门负责人，股份公司各单位、控股子公司主要负责人及安全生产和能源环保分管负责人，工程技术集团、物流公司、康泰公司、资产经营公司主要负责人及安全生产和能源环保分管负责人参加会议。会上宣布关于调整集团公司、股份公司安全生产、防火委员会、能源环保管理委员会成员的通知，并举行2020年安全生产目标责任书签字仪式。

△　国资委规划发展局副局长孟华强、国家开发银行企业局副局长李洪振一行来马钢调研。集团公司党委常委、常务副总经理钱海帆，中国宝武战略规划部负责人，与孟华强一行在公司办公楼会议室进行了座谈交流。座谈前，孟华强、李洪振一行先后参观了马钢车轮生产线、马钢大H型钢生产线。

19—22日　马钢领导分8组看望慰问困难职工、困难党员、困难劳模和扶贫干部，为他们送上慰问金和慰问品，祝愿他们度过一个温暖祥和的春节。19日上午，集团公司党委书记、董事长，股份公司党委书记魏尧一行看望技术中心、铁运公司困难职工家庭。公司其他领导也分别看望慰问了部分困难职工和困难党员。

22日　马鞍山市与马钢融合发展工作对接会在马钢公司办公楼会议室召开。

△　为切实加强新冠肺炎疫情防控工作，马钢集团快速响应，迅速成立了由集团公司党委书记、董事长魏尧任组长，由丁毅、王强民、张晓峰、钱海帆、唐琪明等集团公司领导为副组长，行政事务中心和集团公司机关部门为成员单位的马钢集团新冠肺炎疫情防控工作领导小组。

本月　2019年国家级高技能人才培训基地项目单位名单公布，安徽马钢技师学院申报的轨道交通装备制造项目荣获国家建设项目。

本月　马钢申报的“重载车轴钢冶金技术研发创新及产品开发”获2019年冶金科学技术奖一等奖。

本月　股份公司获中冶检测认证有限公司颁发的绿色产品认证证书，型钢产品获评二星级绿色产品。

2月

2日　集团公司党委书记、董事长魏尧赴港务原料总厂、制造部和四钢轧总厂督查检查新冠肺炎疫情防控工作，看望慰问节日期间坚守在生产一线的广大干部职工。集团公司办公室、行政事务中心主要负责人陪同督查。

3日　集团公司总经理、股份公司董事长丁毅在股份公司视频调度会上对做好下一阶段疫情防控、生产经营各项工作进行安排部署。

10日　集团公司总经理、股份公司董事长丁毅在股份公司视频调度会上对全面落实复工防控举措、全力确保生产经营顺利进行安排部署。

14日　集团公司党委书记、董事长、集团公司疫情防控领导小组组长魏尧在马钢办公楼会议室主持召开了集团公司疫情防控领导小组会议。领导小组副组长丁毅、王强民、张晓峰、钱海帆、唐琪明出席会议。田俊、张文洋、伏明、张乾春以及领导小组成员单位负责人参加了会议。

15日　副省长何树山率省第十二督导检查组来马钢督导新型冠状病毒肺炎疫情防控工作。

26日　宝钢股份对马钢股份管理技术支撑工作启动会通过视频会的形式召开。宝钢股份总经理侯安贵、马钢股份总经理王强民、宝钢股份总经理助理周学东、马钢股份副总经理张文洋出席会议,宝武钢铁业发展中心、宝钢股份、马钢股份相关部门、单位负责人参加会议。此次会议召开标志着宝钢股份对马钢股份管理、技术支撑工作全面启动。

28日　马钢党委中心组学习会暨新冠肺炎疫情防控工作领导小组会议召开。集团公司党委书记、董事长魏尧主持学习会并讲话。集团公司领导丁毅、王强民、张晓峰、钱海帆在会上围绕学习内容先后做讲话、发言。会议学习了习近平总书记2月23日在统筹推进新冠肺炎疫情防控和经济社会发展工作部署会议上的重要讲话精神;学习了陈德荣党委书记、董事长在中国宝武一届三次职代会上的讲话精神;会议听取了疫情防控办公室关于公司近期新冠肺炎疫情防控工作情况的汇报。

3月

6日　马钢集团公司党委五届五次全体(扩大)会议暨股份公司党委全体(扩大)会议以视频会议的形式召开。

△　马钢党风廉政建设和反腐败工作会议以视频会议的形式召开。集团公司党委书记、董事长,股份公司党委书记魏尧在会上讲话,并代表集团公司、股份公司领导班子做集体承诺。集团公司党委副书记、总经理,股份公司董事长丁毅主持会议。集团公司党委副书记、纪委书记刘国旺代表公司党委作年度党风廉政建设和反腐败工作报告。公司党委委员,公司纪委委员,非党委委员、纪委委员的集团公司、股份公司领导;集团公司机关部门主要负责人;集团公司直属机构党政主要负责人、副书记、纪委书记、工会主席;股份公司机关部门主要负责人及下属二级单位党政主要负责人、副书记、纪委书记、工会主席;物流公司及下属子公司、财务公司、资产经营公司、投资公司党政主要负责人、副书记、纪委书记、工会主席;合肥公司、长钢股份、和菱实业公司、埃斯科特钢、康泰公司、利民公司党政主要负责人、纪委书记参加会议。

△　马鞍山钢铁股份有限公司通过省市场监督局“AAAAA(以下简称5A)”级标准化良好行为确认,成为全省第一批、马鞍山市首家通过标准化良好行为5A级确认的企业。

25日　马钢股份公司召开以“深化整合融合、全面对标找差、实现全年目标”为主题的2020年度管理研讨会。

31日　马钢股份召开整合融合信息化建设启动会。

本月　以马钢技术中心为主体单位申报的“轨道交通关键零部件安徽省技术创新中心”经省委、省政府同意,正式批准建设,成为落户马鞍山市的首个省技术创新中心。

4月

2日　集团公司总经理、股份公司董事长丁毅在马钢办公楼会议厅接待了来访的西安陕鼓动力股份有限公司副董事长、总经理陈党民一行。股份公司副总经理田俊及双方相关部门负责人参加座谈。丁毅对陕鼓长期以来给予马钢设备的强有力支撑表示衷心感谢。

3日　马钢党委召开中心组理论学习会,认真学习《中国共产党国有企业基层组织工作条例(试行)》等内容。集团公司党委书记、董事长魏尧主持学习会并讲话。马钢党委办公室、党委工作部、纪委机关、管理创新部负责人列席学习会。

7日　集团公司召开了退休人员社会化管理工作专题会议。会议由集团公司党委书记、董事长、马钢退休人员社会化管理工作领导小组组长魏尧主持。集团公司党委常委、工会主席、退休人员社会化管理工作领导小组副组长张晓峰及党委工作部、离退休中心等相关部门和单位负责人参加会议。

8日　集团公司党委书记、董事长魏尧赴炼铁总厂调研,在工程项目现场检查安全环保基础管理工作,与党员代表、职工代表进行座谈交流。

△　集团公司(股份公司)二季度安委会防火委能环委会议召开。会议总结一季度安全生产、能源环保工作,安排部署下阶段重点工作。集团公司党委书记、董事长,股份公司党委书记魏尧主持会议并讲话。集团公司总经理、股份公司董事长丁毅在会上提出工作要求。集团公司领导、股份公司领导出席会议。与会公司领导结合各自分管工作先后在会上讲话,提出了具体要求。

13日　集团公司党委副书记、总经理,股份公司董事长丁毅赴四钢轧总厂调研,在生产现场检查工作,与党员代表、职工代表进行座谈交流。在座谈交流中,四钢轧总厂主要负责人汇报了该总厂今年以来生产运行情况以及近期生产经营重点工作。与会的该总厂党员代表、职工代表结合本职岗位、工作实际先后发言，在职工浴室使用、人力资源优化、安全消防、收入分配等方面提出了诸多亟待解决的问题以及意见建议。座谈中，丁毅认真聆听，并和代表们进行了沟通交流。

15日　根据中国宝武党委关于认真学习贯彻《中国共产党国有企业基层组织工作条例（试行）》工作方案要求，集团公司办公室党支部召开党员大会组织支部全体党员集中学习。会上，集团公司党委书记、董事长魏尧领学宣贯了《中国共产党国有企业基层组织工作条例（试行）》。

16日　马钢集团公司总经理、股份公司董事长丁毅在马钢办公楼接待江苏诚德钢管集团董事长张怀德一行，双方相关部门、单位负责人参加座谈。

22日　马钢股份绿色城市钢厂指标体系及智慧制造“四个一律”指数宣贯大会在马钢办公大楼视频会议室召开。

△　中国宝武集团公司党委常委、纪委书记、国家监委驻中国宝武监察专员章克勤一行来马钢调研指导纪检工作，并主持召开调研座谈会。马钢集团党委书记、董事长魏尧，宝武纪委副书记朱汉铭及相关室负责人，马钢集团党委副书记刘国旺，马钢集团、股份纪委纪检人员参加了座谈。

23日、24日　中国宝武党委书记、董事长陈德荣在马钢集团、欧冶链金、马钢交材调研。

26日　马钢集团公司团委十届（股份公司四届）三次全体（扩大）会议召开。集团公司、股份公司党委副书记刘国旺出席会议并讲话。会上传达学习了共青团十八届四中全会精神、共青团中国宝武集团团委一届六次全体（扩大）会议精神，总结回顾了2019年共青团工作，研究部署2020年工作任务。在团干部座谈会上，集团公司团委委员、直属团组织负责人就如何进一步做好共青团工作和当前存在的问题进行了座谈。

27日　股份公司一季度经营绩效对话会在马钢办公楼会议室召开。集团公司总经理、股份公司董事长丁毅出席会议并讲话。股份公司总经理王强民主持会议。股份公司领导田俊、张文洋、伏明、章茂晗、王光亚，股份公司相关部门、制造单元、事业部负责人，各子公司负责人参加会议。会上，计财部、市场部、制造部、运改部分别从一季度财务经营、市场分析、生产制造、运营改善等方面做了PPT报告。相关单位做了发言，介绍了对标情况。

△　马钢2019年度基层党组织书记抓党建述职评议考核会以视频会议的形式召开。刘国旺主持会议，马钢领导魏尧、丁毅、刘国旺、钱海帆、王强民、张晓峰、唐琪明、何柏林及田俊、张文洋、伏明，三家单位述职人员在主会场参加会议。会上，保卫部、一钢轧总厂、热电总厂述职人员先后进行现场述职，集团公司党委副书记、总经理丁毅，集团、股份公司党委副书记刘国旺，股份公司党委副书记、总经理王强民先后进行了点评。除3家单位进行现场述职外，另外33家单位的党组织负责同志做了书面述职。集团、股份公司机关党群部门负责人，现场述职单位的党政负责人、专职党委副书记、纪委书记，部分基层“两代表一委员”、党组织书记、党员和职工代表；集团、股份公司其他二级单位党委书记、专职党委副书记在分会场参加会议。

28日　国内首条重型热轧H型钢生产线在马钢建成开始试生产。

△　马钢股份公司八届三次职工代表大会第四次联席会在马钢办公楼会议室召开。马钢领导刘国旺、张晓峰、唐琪明及伏明出席会议。会议由集团公司党委常委、工会主席张晓峰主持。股份公司职代会主席团成员；股份公司职工代表团团长（或副团长），股份公司职代会专门工作委员会主任、副主任，股份公司下属多家单位合并的代表团工会主席，股份公司职工监事，股份公司人力资源部负责人及相关工作人员参加会议。会议听取了《关于〈下发员工与企业协商一致解除劳动合同、离岗休息和自主创业等离岗政策的通知（草案）〉的情况说明》；审议通过了《关于下发员工与企业协商一致解除劳动合同、离岗休息和自主创业等离岗政策的通知（草案）》。

△　马钢集团“五一”劳模座谈会在马钢办公楼会议室举行。会议由集团公司党委常委、工会主席张晓峰主持。集团公司党委书记、董事长魏尧在会上向马钢各级劳模、先进人物、广大员工致以衷心的感谢、节日的祝福、崇高的敬意。马钢领导丁毅、刘国旺、王强民、张晓峰，18名劳模代表，集团公司党委办公室、党委工作部、纪委、工会等部门负责人参加会议。会议开始前，集团公司党委书记、董事长魏尧，集团公司总经理、股份公司董事长丁毅分别向每一名参会的劳模代表献花，向他们致以节日的问候和祝福。会上，6名劳模代表先后发言。

29日　马钢党委理论学习中心组（扩大）学习会召开，专题学习、深入研讨中国宝武党委书记、董事长陈德荣在马钢调研时讲话精神。集团公司党委书记、董事长魏尧主持会议并讲话。集团公司、股份公司党委中心组成员结合各自工作职责，围绕贯彻落实陈德荣董事长讲话精神做发言、交流。相关部门和单位主要负责人参加会议。

5 月

3 日　马钢公司重点环保项目能控中心六汾河中水深度处理系统建设顺利开工。

8 日　安徽省副省长何树山率省第十二督导检查组,来马鞍山督导抓项目稳投资增动能和脱贫攻坚工作。

△　集团公司党委常委、股份公司总经理王强民,集团公司党委常委、工会主席张晓峰前往炼铁总厂、长材事业部和特钢公司,为在"同舟共济战新冠　争分夺秒创效益"百日专项立功竞赛第一阶段活动中获得优胜奖的三家单位送去锦旗。

9 日　"钢铁荣耀 · 铸梦百年"宣传教育系列活动宁马片区启动会召开。集团公司、股份公司党委副书记刘国旺在会上做动员讲话,集团公司党委常委、工会主席张晓峰出席会议。按照中国宝武专题会议要求,经马钢集团党委审议,报中国宝武企业文化部同意,宁马片区活动方案正式实施。宁马片区一级子公司及各项目牵头单位、承办单位负责人以及具体工作人员在主会场参会。宁马片区其他相关公司通过视频参会。

12 日、13 日　中国宝武总经理、党委副书记胡望明到马钢集团、欧冶链金、马钢交材调研,赴党建联系点进行座谈交流。

19 日　马钢股份公司召开"全面对标找差"工作启动会。

27 日　安徽省商务厅副厅长朱丹一行来马钢调研。集团公司总经理、股份公司董事长丁毅在公司大楼会议室与朱丹一行进行座谈。市商务局、公司相关部门和单位负责人参加座谈。

29 日　2020 年度集团公司党委保密委员会暨信访工作领导小组会议在马钢办公楼会议室召开,集团公司党委副书记刘国旺出席会议并讲话,公司党委保密委员会、信访工作领导小组成员单位相关负责人参加会议。刘国旺对马钢 2019 年保密、信访工作给予充分肯定,就做好 2020 年保密工作和信访工作提出要求。

6 月

3—12 日　集团公司党委书记、董事长,股份公司党委书记魏尧,深入四钢轧总厂、特钢公司轧钢分厂、合肥公司,开展基层党建工作专题调研,并在马钢办公楼主持召开基层党建工作调研座谈会。

4 日　马钢股份公司与中国二十冶战略合作协议签字仪式在马钢办公楼会议室举行。

15 日　股份公司职能、业务部门管理变革和流程再造宣贯暨动员大会在公司办公楼会议室召开。集团公司党委书记、董事长,股份公司党委书记魏尧在会上讲话;集团公司总经理、股份公司董事长丁毅主持会议,集团公司领导、股份公司领导出席会议;集团公司部门及单位主要负责人,股份公司部门及相关单位的原公司中层管理人员,股份公司相关单位主要负责人参加会议。

17 日　"钢铁荣耀 · 铸梦百年"宣传教育系列活动宁马片区专题推进会在马钢办公楼召开,会议研究部署下一步工作,进一步推动宁马片区活动实施方案落地落实落细。集团公司、股份公司党委副书记刘国旺,集团公司党委常委、工会主席张晓峰出席会议。马钢集团、宁马片区一级子公司及各项目牵头单位、承办单位负责人以及具体工作人员在主会场参加会议,宁马片区其他相关公司在各分会场通过视频参会。

18—24 日　马钢集团公司十九届一次(股份公司九届一次)职代会召开。18 日,集团公司十九届一次(股份公司九届一次)职代会预备会第一次团长会议在公司办公楼会议室召开。19 日马钢领导魏尧、丁毅、刘国旺等与近 400 名职工代表分为 9 个团组按照既定议题开展分团集中讨论。22 日,马钢集团公司十九届一次(股份公司九届一次)职代会预备会第二次团长会议在公司办公楼会议室召开。24 日,马钢集团公司十九届一次(股份公司九届一次)职工代表大会全体会议在公司办公楼会堂举行。集团公司党委书记、董事长,股份公司党委书记魏尧作重要讲话;集团公司总经理、党委副书记,股份公司董事长、党委副书记丁毅作工作报告;集团公司、股份公司党委副书记刘国旺主持会议。丁毅代表公司向大会作了题为《深化整合融合,全面对标找差,凝心聚力打造大而强的新马钢》的工作报告。魏尧在会上作了题为《坚定信心、迎难而上、真抓实干,为打造大而强的新马钢不懈奋斗》的讲话。职工代表还审议了 2019 年马钢集团公司职工社会保险、企业年金、住房公积金的缴纳和管理情况报告(含股份公司)(书面),2019 年马钢集团公司职工教育经费使用情况(含股份公司)及 2020 年马钢集团公司职工教育培训计划报告(书面),2019 年马钢集团公司职工福利费使用情况和 2020 年使用方案(书面),2019 年马钢集团公司业务招待费使用情况报告(书面),2019 年马钢股份公司职工福利费使用情况和 2020 年使用方案(书面),2019 年马钢股份公司业务招待费使用情况报告(书面),马钢集团公司十八届一次(股份公司八届一次)职工代表大会以来厂务公开民主管理工作综合报告(书面),马钢集团公司十九届一次(股份公司九届一次)职代会筹备工作及代表资格审查情况的报告(书面)。

29 日　马钢集团公司十九届一次(股份公司九届一次)职代会第一次联席会在马钢办公楼会议室召开。会议分为两个阶段召开。第一阶段,全体职工代表讨论、审议通过了《落实"违章就是犯罪"理念强化现场安全管控的实施细则(草案)》。在第二阶段的会议上,股份公司职工代表以无记名投票方式选举产生股份公司职工监事。

29 日、30 日　中国共产党成立 99 周年之际,集团公司党委书记、董事长,股份公司党委书记魏尧;集团公司党委副书记、总经理,股份公司党委副书记、董事长丁毅;集团公司、股份公司党委副书记刘国旺分别看望慰问困难党员,为他们带去组织的关怀,送上慰问金和真挚的问候。

6 月 29 日—7 月 1 日　集团公司党委书记、董事长,股份公司党委书记魏尧;集团公司党委副书记、总经理,股份公司党委副书记、董事长丁毅;集团公司、股份公司党委副书记刘国旺;集团公司领导钱海帆、王强民、张晓峰、唐琪明、何柏林带队分 8 个组先后前往各基层单位,为受表彰的公司党内先进集体和个人进行颁奖,为基层党员上党课、开展形势政策教育。集团公司职能部门负责人陪同送奖。受表彰的基层党组织负责人、优秀党员和优秀党务工作者代表,公司领导基层联系点单位党委负责人和党群工作室负责人,送奖所在单位的部分党员参加活动。受表彰的基层党组织负责人和个人代表作表态性发言。

30 日　中国宝武中央研究院马钢技术中心正式揭牌,标志着马钢技术中心正式加入以宝武中央研究院为核心的宝武研发体系。中国宝武党委常委、副总经理侯安贵,马钢集团党委书记、董事长魏尧,马钢集团总经理、马钢股份董事长丁毅,马钢股份总经理王强民,中国宝武中央研究院院长、宝钢股份总经理助理吴军,马钢股份副总经理张文洋出席揭牌仪式。中国宝武钢铁业中心、中国宝武中央研究院、马钢相关部门,马钢交材公司有关负责人参加了揭牌仪式。仪式上,中央研究院党委组织部宣布了任命决定。中国宝武中央研究院院长、宝钢股份总经理助理吴军,中国宝武中央研究院副院长、马钢技术中心负责人在会上发言。

7 月

7 日　"钢铁荣耀·铸梦百年"系列活动之"宁马片区摄影展开拍仪式"在欧冶链金举行。中国宝武宣传部部长钱建兴,集团公司、股份公司党委副书记刘国旺,集团公司党委常委、工会主席张晓峰,梅钢党委副书记、纪委书记张勇,宝地南京党委副书记、纪委书记、工会主席曹建新,欧冶链金党委书记、董事长陈昭启,欧冶链金董事、总裁严鸽群,欧冶链金党委副书记、纪委书记胡志强出席仪式。马钢、梅钢、宝地南京摄影家协会部分会员和摄影爱好者参加开拍仪式。

13 日　马钢党委常委(扩大)会暨防汛排涝专题会在公司办公楼会议室召开。集团公司党委书记、董事长,股份公司党委书记魏尧主持会议并讲话。马钢领导丁毅、王强民、张晓峰、唐琪明、何柏林、马道局及田俊、张文洋、伏明、陈健、张乾春、王文潇、章茂晗、王光亚出席会议。集团公司职能部门、直属机构、子(分)公司主要负责人,股份公司职能部门、二级单位、子(分)公司主要负责人参加会议。集团公司总经理、股份公司董事长丁毅在会上作了工作部署。集团公司党委常委、工会主席张晓峰,股份公司副总经理田俊分别结合分管工作,就防汛排涝具体工作提出要求;保卫部、设备部、康泰公司负责人在会上作了发言。

△　马钢股份与上海宝冶战略合作协议签字仪式在马钢办公楼 20 楼会议室举行。在集团公司总经理、股份公司董事长丁毅,上海宝冶集团党委书记、董事长白小虎的共同见证下,股份公司总经理王强民、上海宝冶集团总经理陈刚分别在战略合作协议上签字。股份公司副总经理伏明、股份公司总经理助理章茂晗、股份公司相关部门和单位负责人参加了签字仪式。

13 日、14 日　集团公司党委书记、董事长魏尧,集团公司总经理、股份公司董事长丁毅来到长江马钢防护堤段、六汾河桥头、能控中心 4 号泵房等区域检查指导防汛工作,并向奋战在防汛一线的广大干部职工表示慰问。集团公司党委常委、工会主席张晓峰,股份公司副总经理田俊,股份公司总经理助理王光亚及公司有关部门、单位负责人陪同检查。

14 日　马钢"绿色发展·智慧制造"领导小组会议在公司办公楼会议室召开。集团公司党委书记、董事长,股份公司党委书记魏尧主持会议并讲话,集团公司总经理、股份公司董事长丁毅就项目推进作动员讲话。马钢领导王强民、张晓峰、唐琪明、何柏林、马道局及田俊、张文洋、伏明、陈健、张乾春、王文潇、章茂晗出席会议。公司相关部门及项目部成员,项目设计、建设有关单位负责人等参会。

16日　马钢承担的省科技重大专项“减振降噪车轮研究开发及产业化”顺利通过验收。

20日　中国宝武党委常委、副总经理张锦刚赴瑞泰马钢调研,来到基层联系点马钢股份能环部(能控中心)和员工座谈交流。集团公司党委书记、董事长魏尧,中国宝武总法律顾问、瑞泰马钢董事长蒋育翔陪同调研。

△　马钢集团公司股东会、二届一次董事会、二届一次监事会召开,审议通过《马钢(集团)控股有限公司章程》,选举产生马钢集团公司第二届董事会董事、马钢集团公司董事长、马钢集团公司副董事长,马钢集团公司第二届监事会监事、马钢集团公司监事会主席;会议聘任马钢集团公司总经理、副总经理,聘任马钢集团公司董事会秘书,审议相关议案。

△　安徽省国资委党委委员、副主任杨东坡来马钢重型H型钢生产线和马钢交材车轮二分厂生产线参观调研,股份公司副总经理张文洋陪同参观。

21日　中国宝武入驻马钢环保督察启动会在马钢办公楼召开。中国宝武入驻马钢环保督察组组长王平、副组长戴坚及督察组成员,马钢领导魏尧、丁毅、王强民、唐琪明、何柏林及田俊,马钢集团和股份相关部门、二级单位、长钢股份负责人参加了启动会。会议由集团公司党委书记、董事长,股份公司党委书记魏尧主持。

21、22日　集团公司党委书记、董事长魏尧,集团公司总经理、股份公司董事长丁毅,集团公司、股份公司党委副书记刘国旺来到公司防汛关键区域检查指导防汛工作,并向奋战在防汛一线的广大干部职工表示慰问。集团公司党委常委、工会主席张晓峰,公司有关部门、单位负责人陪同检查慰问。

22日　股份公司二季度及上半年经营绩效对话会在公司办公楼会议室召开。集团公司总经理、股份公司董事长丁毅出席会议并讲话;股份公司总经理王强民主持会议;股份公司领导田俊、张文洋、伏明、陈健、章茂晗、王光亚,股份公司相关部门、制造单元、事业部负责人,各子公司负责人参加会议。会上,经营财务部、营销中心、制造部、运改部分别从一季度财务经营、市场分析、生产制造、运营改善等方面做了PPT报告;长钢公司作了生产经营报告;相关单位做了发言,介绍了经营绩效情况。

23日　集团公司党委书记、董事长魏尧在马钢办公楼会议室接待了来访的重庆钢铁党委副书记、总经理刘建荣一行。双方进行了深入友好交流。集团公司总经理、股份公司董事长丁毅,股份公司总经理王强民,重庆钢铁副总经理邹安,股份公司总经理助理王光亚,双方相关单位、部门负责人参加了座谈。

△　马钢集团厂办大集体改革实施启动会在马钢办公楼会议室召开,对厂办大集体改革工作进行全面部署动员。马钢领导魏尧、刘国旺、张晓峰、唐琪明及王文潇出席会议。集团公司副总经理、马钢大集体改革领导小组副组长唐琪明主持会议。集团公司相关部门主要领导,矿业资源集团、南山矿、姑山矿分管领导及南山矿、姑山矿集体企业党政负责人,利民公司领导班子成员及14家集体企业党政负责人参加会议。

24日　马钢集团2020年上半年度工作总结会召开,会议总结上半年生产经营、改革发展和党建主要工作开展情况,部署安排下半年重点工作任务。集团公司党委书记、董事长魏尧主持会议并讲话。集团公司总经理、股份公司董事长丁毅通报公司上半年经济运行情况。集团公司、股份公司党委副书记刘国旺通报公司上半年党建工作情况。集团公司领导,股份公司领导出席会议。马钢集团各部门、各直属机构、股份公司各部门主要负责人,马钢集团、股份公司各单位主要负责人、分管安全、能环负责人及安全、能环管理部门负责人,利民公司主要负责人参加会议。

△　马钢三季度安委会、防火委、能环委会议召开,总结二季度相关工作,安排部署安全、防火、能环三季度重点工作。集团公司党委书记、董事长,股份公司党委书记魏尧主持会议并讲话。集团公司总经理、股份公司董事长丁毅,集团公司、股份公司党委副书记刘国旺,集团公司领导、股份公司领导出席会议。集团公司党委常委、股份公司总经理王强民宣布关于调整股份公司安全生产、防火委员会成员的通知。集团公司党委常委、副总经理唐琪明同志传达全省推进生态环境突出问题整改电视电话会议、中国宝武安全例会和市安委会会议精神。会上,针对“4.12”火灾事故,对冷轧总厂进行约谈。马钢集团各部门、各直属机构、股份公司各部门主要负责人,马钢集团、股份公司各单位主要负责人,分管安全、能环负责人及安全、能环管理部门负责人,利民公司主要负责人参加会议。

本月　马钢汽运公司、铁运公司、南山矿、港料总厂、热电总厂、马钢交材、长材事业部、离退休中心、财务公司和康泰公司十家单位获省文明单位称号。

8月

3日 “中国宝武130年系列展”之四“江南一枝花”马钢主题展在中国宝武总部揭幕。中国宝武党委书记、董事长陈德荣与张桂华、郭平、郭煜一家三代马钢人共同为马钢主题展揭幕。中国宝武总经理、党委副书记胡望明出席揭幕活动,马钢集团党委书记、董事长魏尧致辞。

19日 正在安徽考察调研的习近平总书记走进中国宝武马钢集团优质合金棒材车间,冒着高温察看生产运行情况,并同劳动模范、工人代表亲切交流。

△ 中国宝武、马钢集团两级党委(扩大)会暨党委理论学习中心组(扩大)学习会召开,第一时间传达学习习近平总书记讲话精神,就学习宣传贯彻落实进行动员部署。

20日 马钢集团党委召开全体(扩大)会议,传达学习习近平总书记考察马钢的重要讲话精神。

△ 中国宝武总经理、党委副书记胡望明来到宝钢资源马钢矿业南山矿和尚桥铁矿,调研一线生产经营情况,看望慰问高温坚守岗位的一线员工。中国宝武副总经理郭斌,马钢集团总经理、马钢股份董事长丁毅,宝钢资源总裁、党委副书记陆克从参加调研慰问。

24日 中国宝武党委一届四次全委(扩大)会暨干部大会在宝武大厦举行。会议传达学习了习近平总书记考察调研中国宝武时的重要讲话精神和重要指示要求,对全集团学习宣传和贯彻落实习近平总书记重要讲话精神和重要指示要求进行动员和部署。中国宝武党委书记、董事长陈德荣在会上作动员部署,中国宝武总经理、党委副书记胡望明主持会议。会上,马钢集团党委书记、董事长魏尧传达了习近平总书记考察调研马钢集团时的重要讲话精神。邹继新、朱永红、郭斌、张锦刚、章克勤、侯安贵等集团公司助理及以上领导,总部部门负责人及总监、处长,各一级子公司班子成员,以及部分党代会代表参加会议。大会除主会场外,沪外设24个视频分会场。

27日 马钢党委召开中心组理论学习会,认真学习习近平总书记视察安徽重要讲话精神和习近平总书记在扎实推进长三角一体化发展座谈会上的重要讲话精神等内容。集团公司党委书记、董事长,股份公司党委书记魏尧主持学习会并讲话。马钢党委办公室、党委工作部、纪委机关、管理创新部负责人列席学习会。

31日 集团公司党委书记、董事长、股份公司党委书记魏尧,集团公司党委常委、工会主席张晓峰一行,先后来到一钢轧总厂重异形连铸机生产线、长材事业部重型H型钢生产线等单位,为一线单位送上慰问金和防暑降温用品。

△ 集团公司党委副书记、总经理丁毅一行来到炼铁总厂B炉休息室和炼焦总厂2号焦炉,慰问高温生产的职工。

△ 马钢股份与宝武智维四钢轧总厂热轧设备智能运维合作框架协议签约仪式在马钢办公楼会议室举行。马钢集团总经理、马钢股份董事长丁毅,马钢集团党委常委、马钢股份总经理王强民,宝武智维党委书记、董事长李麒,宝武智维总经理、党委副书记王剑虎,马钢股份副总经理田俊出席签约仪式。仪式上,王强民与王剑虎代表双方签署了《四钢轧热轧设备智能运维合作框架协议》。马钢、宝武智维相关单位及部门负责人参加了签约仪式。

△ 集团公司总经理、股份公司董事长丁毅在马钢办公楼接待了中冶南方党委书记、董事长项明武一行。双方就深化合作、实现共赢展开深入交流。马钢股份公司总经理王强民,股份公司副总经理伏明,股份公司相关部门、二级单位负责人参加了座谈。

本月 马钢(合肥)板材公司入选安徽省“绿色工厂”名录。

9月

3日 集团公司、股份公司党委副书记刘国旺率队赴阜南县,来到马钢定点帮扶的地城镇李集村和王堰镇马楼村走访调研,代表马钢向马楼村捐赠50万元产业扶贫资金。股份公司经理助理王光亚陪同调研,公司有关部门和单位的主要负责人参加了调研。

8日 股份公司年中人力资源工作会议在公司办公楼会议室召开,对前一阶段工作进行总结,分析面临形势,对凝心聚力完成2020年工作目标进行安排部署。马钢领导丁毅、刘国旺、王强民及王光亚出席会议。会议由集团公司、股份公司党委副书记刘国旺主持并讲话。股份公司总经理王强民、股份公司总经理助理王光亚在会上就开展人力资源对标工作、加强职工技能培训等提出了具体要求。会上,股份公司人力资源部汇报了2020年以来人力资源工作情况及下一步打算,集团公司人力资源部、长钢股份、四钢轧总厂、冷轧总厂、炼铁总厂相关负责人在会上作发言。公司相关单位及部门负责人参加会议。

△ 全省推进5G示范应用现场会在马鞍山市召开。当天上午,省政府副秘书长汪春明、省经信厅厅长

牛骛韬分别带领与会人员实地参观调研了港料总厂5G智慧料场示范项目、南山矿和尚桥铁矿5G无人驾驶矿车示范项目和薛家洼长江东岸整治工程。马鞍山市市领导张岳峰、袁方、李强、阚青鹤,股份公司副总经理田俊陪同调研。

9日　马钢矿业举行国家级智慧制造示范矿山建设项目——姑山矿钟九铁矿采选建设工程开工仪式。中国宝武副总经理郭斌宣布工程开工,并与马鞍山市委书记张岳峰、市长袁方,马钢集团党委书记、董事长魏尧,马鞍山市副市长李强,宝钢资源总裁、党委副书记陆克从共同启动了项目水晶球。马鞍山市有关部门负责同志,中国宝武资环业中心、马钢集团相关负责人,当涂县有关部门负责人,宝钢资源有关部门负责人,项目设计、监理和施工单位的代表,马钢矿业领导班子成员、机关及各下属单位负责人,项目单位的工程技术人员、干部、职工代表等200余人参加了开工仪式。本次仪式还采用线上直播的方式同步举行,共有6000余人次参与了直播互动。

10日　股份公司召开风险管理和内部控制咨询项目启动会,对相关咨询项目整体推进计划作了详细介绍,并对风险管理和内部控制基础知识进行宣贯。马钢领导丁毅、王强民及张文洋出席会议。会议由股份公司总经理王强民主持。股份公司各部门、二级单位主要负责人,合肥板材、长钢股份、和菱公司、埃斯科特钢、宏飞电力等单位主要负责人参加会议。

11日　马钢集团公司十九届一次职代会第三次(股份公司九届一次职代会第二次)联席会议在公司办公楼会议室召开。马钢领导刘国旺、张晓峰、何柏林、马道局出席会议。会议由集团公司党委常委、工会主席张晓峰主持。

12日　中国宝武党委书记、董事长陈德荣赴张庄矿调研,并与安徽省六安市委副书记、市长叶露中座谈交流。中国宝武副总经理郭斌,中国宝武马鞍山总部总代表、马钢集团党委书记、董事长魏尧,中国宝武资环业中心总经理钱峰,宝钢资源总裁、党委副书记陆克从,马钢矿业、六安市政府有关部门、霍邱县委县政府有关领导参加了调研交流。

14—16日　马钢携手中国钢结构协会联合举办的"重型热轧H型钢工程建设应用研讨会暨中国钢结构协会专家委员会六届二次会议"在马鞍山市召开,会议以"凝聚钢结构英才、引领装配式创新"为主题,旨在搭建更完善的国内钢结构产业链合作平台,共同推动中国H型钢系列产品在钢结构领域的应用发展。中国工程院院士聂建国、张喜刚、岳清瑞出席会议。中国钢结构协会专家、中国建筑金属结构协会专家、长三角钢铁产业链发展联盟委员会领导,马钢股份总经理王强民,来自行业内相关人员共300余人参加会议。

18日　长三角(合肥)数字科技中心项目奠基暨开工仪式在合肥举行。省国资委副主任杨东坡,合肥市委常委、副市长王文松,马钢集团总经理、股份公司董事长丁毅,中国宝武总法律顾问蒋育翔,宝信软件党委书记、董事长夏雪松出席开工仪式。仪式上,夏雪松、项目合作单位、肥东县领导、省经信厅领导分别致辞,王文松宣布项目奠基开工,领导嘉宾共同为项目奠基培土。

△　"中国宝武大家庭"专题展揭幕仪式在马钢办公楼一楼大厅隆重举行。马钢集团党委副书记、总经理,马钢股份董事长丁毅,马钢集团、马钢股份党委副书记刘国旺共同为专题展揭幕。马钢领导王强民、张晓峰及张乾春、王文潇出席仪式。丁毅在仪式上致辞。揭幕仪式后,参加仪式的马钢集团公司领导,各部门、单位负责人,部分员工在讲解员的介绍下饶有兴致地参观了展览。

21日　集团公司总经理、党委副书记,股份公司董事长丁毅在办公大楼接待了工商银行安徽省分行党委书记、行长胡伟谊一行,双方就努力促进银企互惠互利、共进共赢进行了深入交流。副市长郑琇煦、集团公司副总会计师张乾春,股份公司相关部门负责人参加座谈。

24日　宁马片区"重走钢铁长征路"启动仪式暨健步走活动专题推进会在公司办公楼召开。

△　马钢集团公司总经理、党委副书记丁毅在马钢办公楼接待了中钢协党委副书记姜维一行。双方围绕钢铁业发展形势、人才队伍培养等方面展开深入交流。集团公司党委副书记刘国旺、集团公司副总会计师张乾春、集团公司相关部门负责人参加了座谈。

25日　马钢党委召开理论学习中心组(扩大)学习会,深入学习贯彻习近平总书记考察调研马钢重要讲话精神,进一步学习把握长三角一体化发展国家战略。集团公司党委副书记、总经理,股份公司董事长丁毅主持学习会并讲话。集团公司、股份公司党委中心组成员参加学习会。公司各机关部门、单位负责人参加学习。学习会邀请了复旦大学教授、博士生导师、中国宝武集团顾问唐亚林做专题讲座。

27日　集团公司总经理、股份公司董事长丁毅在公司办公楼国际厅接待了来访的安徽上市公司协会副会长袁宏生一行，并接受了同行的上海证券报记者的采访。

△ 奥克斯集团董事长郑坚江在马鞍山市人民政府副市长亷青鹤的陪同下来访马钢。集团公司总经理、股份公司董事长丁毅在公司办公楼接待了郑坚江一行。

28日 中国宝武马鞍山区域调研座谈会在马钢集团召开，围绕“总结马钢提升公司专业化整合能力，推进治理体系和能力现代化”课题，总结马钢集团、相关业务中心和各项目组专业化整合工作推进落实情况。中国宝武总经理、党委副书记胡望明对下阶段工作提出要求。中国宝武党委常委、副总经理郭斌主持会议。中国宝武党委常委魏尧出席会议。中国宝武钢铁业中心、新材业中心、智慧业中心、资环业中心、战略规划部、公司治理部、办公室（马钢办），马钢集团、马钢股份，各项目组负责人等参加会议。马钢集团总经理、党委副书记，马钢股份董事长丁毅代表马钢集团在会上作《建设大而强的新马钢》专题报告，化工项目组、工程智维重工项目组、信息技术项目组、原燃料项目组作阶段性总结报告，中国宝武相关业务中心作研讨交流。

29日 集团公司党委五届六次全体（扩大）会议召开，传达学习中国宝武、安徽省委关于深入学习贯彻习近平总书记重要讲话指示精神的部署和要求，对全公司全面落实《马钢集团党委关于深入学习贯彻习近平总书记考察调研中国宝武马钢集团重要讲话精神的行动方案》（以下简称《行动方案》）进行动员和部署。集团公司党委副书记、总经理丁毅在会上传达上级精神并作落实《行动方案》动员讲话。集团公司、股份公司党委副书记刘国旺主持会议。集团公司党委委员、股份公司党委委员，公司纪委委员；非党委委员、纪委委员的公司领导出席会议。集团公司机关部门、直属机构中层以上管理人员，股份公司机关部门中层以上管理人员及下属二级单位厂长（经理）、书记、副书记、纪委书记，资产经营公司、投资公司和合肥公司、长钢股份、和菱实业公司、康泰公司、利民公司主要负责人参加会议。

本月 瑞泰马钢新材料科技有限公司获评安徽省“绿色工厂”。

本月 马钢汽运公司第四分公司装载机班QC小组《研制一种装载机驾驶员上下车电动扶梯》课题以总分第一获得安徽省质量管理小组一等质量技术成果并推荐晋级国优。

10月

9日 集团公司总经理、股份公司董事长丁毅宣布炼铁总厂（南区）带式焙烧机球团EPC项目正式奠基开工。股份公司总经理王强民出席开工仪式并致辞。中钢集团副总经理陆鹏程，股份公司副总经理田俊、张文洋、伏明，马钢相关部门和单位负责人以及项目总包、施工单位负责人参加开工仪式。伏明主持开工仪式。仪式上，陆鹏程作为项目总包方代表致辞，炼铁总厂负责人介绍了项目情况。参加仪式的领导嘉宾共同为项目奠基培土。

13日 由马钢集团公司主办，集团公司工会、文联承办，马钢离退休中心协办的“钢铁荣耀·铸梦百年”中国宝武宁马片区职工书画和集邮展在市展览馆拉开帷幕。中国宝武集团工会主席张贺雷宣布开展，马钢集团公司党委副书记刘国旺在仪式上致辞，马钢集团公司党委常委、工会主席张晓峰主持开幕式，市文联负责人出席并在仪式上致辞。本次书画、集邮展是“钢铁荣耀·铸梦百年”宣传教育系列活动之一，是中国宝武党委“不忘初心、牢记使命”主题教育向纵深推进的重要举措。活动自5月启动以来，收到宁马片区职工书画爱好者与集邮爱好者的踊跃投稿。书画作品以中国钢铁130年发展历史、展现新时代钢铁企业发展新成就为主题，共收到420幅优秀作品，经专家评选，最终评选出110幅作品展出。开幕式上，有关嘉宾为宁马片区书画和集邮展“个性化小版张”“纪念封、纪念戳”揭幕。开幕式后，宁马片区300多名职工代表及书画集邮爱好者观看了作品展。

19日 集团公司总经理、党委副书记，股份公司董事长丁毅带领集团公司办公室、管理创新部，股份公司运营改善部、技术改造部、技术中心相关负责人赴特钢公司开展“坚持规划引领，融入长三角一体化发展，建设大而强的新马钢”课题调研，聚焦成为宝武优特长材平台化公司战略定位召开专题座谈会，听取相关部门和单位对特钢未来发展的意见和建议。为深入学习贯彻习近平总书记考察调研马钢集团重要讲话精神，公司决定于2020年9月底至11月开展2020年深化整合融合、全面对标找差大调研工作。由集团公司和股份公司领导牵头，与分管条线内的集团公司、股份公司相关部门和单位组成课题调研组，分别围绕17个调研课题，开展调查研究。根据每位领导各自课题调研内容，采取“走出去”考察交流和“沉下去”基层调研相结合的方式，认真深入开展调研。调研结束后，将结合走访调研、座谈交流征集的相关材料,形成调研报告,进行成果发布,在全公司应用推广和固化,促进对标指标、经营绩效、竞争能力"提上去"。

21 日　马钢"十四五"基建技改工程启动宣贯会在马钢办公楼会议室召开。集团公司总经理、党委副书记、股份公司董事长丁毅,集团公司、股份公司党委副书记刘国旺出席会议并讲话。集团公司领导、股份公司经营层参加会议。股份公司总经理王强民主持会议。集团公司机关部门、直属机构主要负责人、股份公司机关部门主要负责人、股份公司各二级单位党政主要负责人、各项目部经理、副经理及联络员;技术中心特钢所、型钢所正副所长,营销中心相关部门负责人,铁前及炼钢、长材单位高级技术主管、设备和能源分管领导、科室负责人及马钢集团设计院、马建集团、宝武重工、宝武智维、飞马智科等相关参建单位主要负责人参加会议。王强民围绕产品产线升级、职工业务能力提升及工程建设效果等方面提出具体要求。股份公司副总经理伏明宣布"十四五"基建技改工程领导小组、指挥部和各项目部组成情况;炼铁总厂、能控中心、特钢公司作为重点项目部代表发言。

23 日　股份公司在马钢办公楼会议室召开整合融合信息化建设工作第三次领导小组会议暨测试动员大会。股份公司总经理王强民,股份公司领导张文洋、陈健出席会议。各项目组主要领导及相关人员参加了会议。会上,股份公司副总经理张文洋就落实会议精神提出了具体要求。运改部负责人介绍了整合融合信息化建设工作整体推进情况;宝信软件汇报了整体项目进展及项目测试总体计划;产销一体化管理项目组(营销中心)汇报了工贸一体化、客服管理系统推进情况及测试计划安排;设备管理部汇报了设备管理系统推进情况及测试计划安排。

△　股份公司三季度经营绩效对话会在公司办公楼会议室召开,总结分析三季度生产经营情况、安排部署四季度重点工作。会议由股份公司总经理王强民主持。股份公司领导张文洋、陈健及章茂晗、王光亚,股份公司相关职能及业务部门,二级单位及合资公司负责人等参会。会上,经营财务部、营销中心、制造管理部、运改部分别从三季度财务经营、市场分析、生产制造、运营改善等方面做了 PPT 报告。

29 日　市委副书记、市政府常务副市长吴劲,马钢集团公司党委副书记、总经理、股份公司董事长丁毅,共同为安徽马钢冶金工业技术服务有限责任公司(以下简称"马钢冶金服务公司")揭牌。集团公司党委常委、副总经理唐琪明,雨山区委负责同志,中国宝武深改办有关负责人出席揭牌仪式并致辞。市相关单位及马钢集团、马钢股份相关部门和单位负责人参加揭牌仪式。

△　马钢召开四季度安委会、防火委、能环委会议,对四季度安全、环保工作进行再部署、再强调,进一步强化安全红线意识、环保底线思维,夯实安全环保基础管理,防范化解安全风险、环境风险。集团公司党委副书记、总经理、股份公司董事长丁毅出席会议并讲话。集团公司、股份公司党委副书记刘国旺,集团公司领导、股份公司领导出席会议。会议由股份公司总经理王强民主持。集团公司、股份公司安委会、能环委领导,安委会、能环委成员单位主要负责人,各生产经营单位、控股公司党政主要负责人,分管安全、能环负责人,安全、能环管理部门负责人参加会议。

△　集团公司党委副书记、总经理、股份公司董事长丁毅在办公楼接待了来访的淮北矿业集团公司党委书记、董事长方良才一行,双方共话合作发展,表示将进一步加强往来,相互支持、密切合作,实现互利共赢。股份公司总经理王强民,股份公司副总经理伏明,集团公司办公室、股份公司采购中心负责人,相关单位和部门负责人参加会谈。

30 日　马钢党委召开中心组理论学习会,认真学习《习近平谈治国理政》第三卷中的《改革越到深处越要担当作为》等内容。集团公司党委副书记、总经理丁毅主持学习会并讲话。集团公司、股份公司党委中心组成员参加学习会。根据安排,唐琪明及田俊在会上作学习发言。马钢党委办公室、党委工作部、纪委机关、管理创新部负责人列席学习会。

本月　马钢参加 2019 年"全国重点大型耗能钢铁生产设备节能降耗对标竞赛"的五座大型钢铁生产设备全部获奖。

11 月

2 日　股份公司以视频会议形式召开了管理制度宣贯会。集团公司党委常委、股份公司总经理王强民,股份公司领导张文洋、伏明、陈健,相关职能、业务部门,二级单位及合资公司分别在公司办公楼 625 会议室及各单位视频会议室参会。会上,运营改善部、经营财务部、人力资源部分别作《战略规划管理办法》《对标管理办法》《岗位聘用管理办法》宣贯。

3 日　集团公司总经理、党委副书记,股份公司董事长丁毅率公司相关部门、单位负责人来到"绿色发展·智慧制造”专项工作各项目现场,现场听取汇报、查看项目进展,就安全高效推进专项工作提出要求。

4日　股份公司三季度产销研一体化推进研修会在马钢办公楼会议室举行。股份公司领导王强民、张文洋、章茂晗、王光亚出席会议。会议由股份公司总经理助理章茂晗主持。营销中心通报了2020年三季度产销研工作推进情况。与会领导结合各自分管工作提出了具体要求。各产品产销研推进小组组长,股份公司相关部门、单位主要负责人,各产品产销研推进小组支撑领导,各产品产销研推进小组所辖SBU小组组长参加会议。

△　集团公司党委副书记、总经理,股份公司董事长丁毅赴四钢轧总厂专题调研,与党员代表、职工代表座谈交流,并为热轧一分厂党支部党员上党课。集团公司相关职能部门负责人参加调研。

6日　股份公司基层管理变革宣贯暨动员大会召开。马钢领导丁毅、刘国旺、王强民、张晓峰及田俊、张文洋、伏明、陈健、章茂晗、王光亚出席会议。集团公司党委常委、股份公司总经理王强民主持会议。股份公司职能、业务部门及生产厂部的中层管理人员,子公司主要负责人参加会议。

16日　在中国宝武庆祝第21个记者节座谈会上,中国宝武党委书记、董事长陈德荣,中国宝武党委常委魏尧共同为中国宝武媒体中心马钢记者站揭牌。中国宝武党委宣传部、马钢集团党委宣传部的负责同志,集团公司媒体中心、马钢新闻中心的相关人员参加了揭牌仪式。

18日　集团公司总经理、党委副书记,股份公司董事长丁毅宣布四钢轧总厂炼钢智控中心、热轧智控中心正式建成投用,并与集团公司党委常委、副总经理唐琪明,股份公司领导陈健共同按下水晶球。以此为标志,四钢轧总厂炼钢、热轧智控中心进入热负荷试车。宝信软件、北京科技大学、宝武智维、宝钢工程、集团设计院相关负责人,集团公司、股份公司相关部门、单位负责人参加仪式。

19日　马钢记者站挂牌仪式暨记者节座谈会在马钢新闻中心召开。集团公司、股份公司党委副书记刘国旺在座谈会上传达中国宝武党委书记、董事长陈德荣在中国宝武庆祝第21个记者节座谈会上的讲话精神,与马钢全体新闻工作者面对面交流并提出工作要求。11月16日,中国宝武媒体中心马钢记者站揭牌,马钢记者站的成立标志着中国宝武新闻宣传开启协同新时代。会上,刘国旺为新闻中心获奖采编人员颁奖。党委工作部、新闻中心负责人和采编人员代表在会上发言。与会人员共同观看了新闻中心自制的记者节视频。

24日　市委书记张岳峰来马钢各重点项目建设现场考察调研项目建设情况,协调解决相关问题,集团公司总经理、党委副书记,股份公司董事长丁毅;集团公司党委常委、工会主席张晓峰,集团公司党委常委、副总经理唐琪明参加调研。市与马钢相关部门、单位负责人陪同调研。

25日　马钢与中国钢研科技集团(以下简称“中国钢研”)对接交流会在公司办公楼会议室召开。中国钢研总经理李波,中国钢研副总经理、钢铁研究总院常务副院长田志凌,钢铁研究总院副院长陈思联,马钢领导丁毅、唐琪明及张文洋、王光亚出席会议。双方相关部门、单位负责人等参会。

△　集团公司总经理、股份公司董事长丁毅在办公楼会议厅接待了来访的晋西工业集团公司董事、晋西车轴股份公司总经理、党委书记孔炯刚一行。双方就进一步开展合作交流进行了广泛而深入地沟通。马钢交材党委书记、董事长任天宝,晋西车轴股份公司总经理助理薛太忠及两家单位有关人员参加会见。

26日　马钢党委召开理论学习中心组学习会,认真学习解读《中共中央关于制定国民经济和社会发展第十四个五年规划和二〇三五年远景目标的建议》等内容。集团公司党委副书记、总经理丁毅主持学习会并讲话。集团公司、股份公司党委中心组成员参加学习会。

30日　马钢召开2020年度安全生产管理评价启动会。宝武集团安监部评价组成员,集团公司、股份公司党委副书记刘国旺,集团公司党委常委、副总经理唐琪明,集团公司总经理助理王文潇,股份公司经营层出席会议。集团公司、股份公司安委会成员单位主要负责人,各生产经营单位、控股公司党政主要负责人,分管安全负责人,安全管理部门负责人参加了会议。

本月　马钢交材“绿色发展·智慧制造”项目顺利通过2020年安徽省建设资金拟支持项目公示,获批安徽省智能工厂。

本月　在全国第二十四届发明展览会上,马钢集团首次参会并斩获金奖2项、银奖4项、铜奖5项。

12月

2日　“全国劳模吴保桥载誉归来”欢迎座谈会在公司办公楼会议室举行。集团公司总经理、党委副书记,股份公司董事长丁毅向“全国劳动模范”吴保桥献花并致以衷心祝福。4名马钢各级劳模代表参加座谈并作交流发言,集团公司党委办公室、党委工作部、工会等部门负责人参会。

△ 马钢年度安全评价末次会在马钢办公楼会议室召开。宝武集团安监部评价组成员,马钢领导丁毅、唐琪明及田俊、张文洋、王文潇、章茂晗、王光亚出席会议。集团公司、股份公司安委会成员单位主要负责人,各生产经营单位、控股公司党政主要负责人,分管安全、安全管理部门负责人参加了会议。

9日 省委常委、省委统战部部长张西明一行来到马钢展厅和特钢公司优质合金棒材车间调研,参观展厅、产线,听取了马钢发展历程、整合融合、生产经营、产品研发等情况介绍。省委统战部常务副部长陈昌虎,市领导张岳峰、范奇,集团公司总经理、党委副书记,股份公司董事长丁毅陪同调研。

△ 宝钢铁区技术管理推进委员会2020年度工作会议暨"提高利用系数"专题交流研讨会在马钢会议室召开。会议发布2020年中国宝武高炉综合竞争力情况,就进一步发挥好铁区委员会功能、全面提升各高炉利用系数作出安排部署。中国宝武党委常委,宝钢股份党委书记、董事长,宝钢铁区委员会主任邹继新;马钢集团总经理、党委副书记,马钢股份董事长丁毅;宝钢铁区委员会副主任朱仁良;马钢股份副总经理伏明;韶钢高级副总裁陆隆文出席会议。宝钢铁区委员会、中国宝武中央研究院、马钢、韶钢、鄂钢、德盛、重钢、太钢、长钢股份、宝钢股份宝山基地、宝钢股份梅山基地、宝钢股份东山基地、宝钢股份青山基地相关人员参加会议;八钢以视频的形式参加会议。

10日 轨道交通技术创新平台学术(技术)委员会会议在马钢公司大楼会议室召开。中国工程院院士翁宇庆;集团公司总经理、党委副书记,股份公司董事长丁毅;集团公司党委常委、副总经理唐琪明;马钢交材董事长任天宝出席会议。委员会委员、专家,省、市相关单位领导,马钢、马钢交材相关部门、单位负责人参加会议。当天下午,委员会委员、专家开展了学术交流。交流会后,委员会委员、专家共同参观了马钢展厅和技术中心轨道交通用钢实验室。

11日 宝钢资源马钢矿业罗河矿一期500万吨/年扩能工程建设项目正式开工。中国宝武总经理、党委副书记胡望明,党委常委、副总经理郭斌,合肥市人民政府副市长赵明,马钢集团公司党委副书记、总经理、股份公司董事长丁毅参加开工仪式。

14日 马钢集团公司党委副书记、总经理,股份公司董事长丁毅在公司办公楼接待了上海宝冶集团党委书记、董事长高武久一行。双方就深化合作、实现共赢展开深入交流。上海宝冶集团党委副书记、总经理陈刚,副总经理王黔,股份公司副总经理伏明,股份公司总经理助理章茂晗,双方相关单位负责人参加会谈。

15日 马钢集团公司总经理、党委副书记,股份公司董事长丁毅在马钢智园宣布炼铁智控中心、运营管控中心正式投运。集团公司、股份公司党委副书记刘国旺,宝信软件党委书记、董事长夏雪松,中冶赛迪副总经理王波,马钢领导张晓峰、唐琪明、何柏林及张文洋、伏明、陈健、章茂晗、王光亚出席仪式。集团公司党委常委、副总经理唐琪明代表公司在仪式上致辞。当天上午,丁毅率公司相关部门、单位负责人,来到马钢3号门、5号门、景观大道、四钢轧总厂热轧智控中心等马钢"绿色发展·智慧制造"工程项目现场,对各项目进展情况进行了专项检查。

16日 马钢集团召开干部大会,宣布中国宝武党委关于马钢有关干部职务调整决定。

25日 马钢展示馆开馆仪式在马钢智园举行。集团公司党委书记、董事长丁毅,集团公司党委副书记、总经理刘国旺共同为展示馆揭幕。集团公司、股份公司领导出席仪式。仪式由集团公司党委副书记、纪委书记何柏林主持。刘国旺在仪式上发表致辞。参加仪式人员共同观看了马钢职工书画摄影展。丁毅、刘国旺为中国宝武"钢铁荣耀·铸梦百年"宣传教育系列活动宝武总部"马钢员工作品书画展"10位作者颁奖。展示馆展示项目总包方在仪式上致贺词。相关单位及部门负责人、离退休职工代表和青年代表共同参加了开馆仪式。

27日 马钢(集团)控股有限公司荣获"中国工业大奖提名奖"。

28日 集团公司党委书记、董事长,股份公司党委书记丁毅率队赴阜南县,来到马钢定点帮扶的地城镇李集村和王堰镇马楼村走访调研,代表马钢捐赠扶贫资金,慰问贫困户和马钢驻村扶贫干部。股份公司副总经理田俊参加调研。

(杨定国 张 轩)

概 述

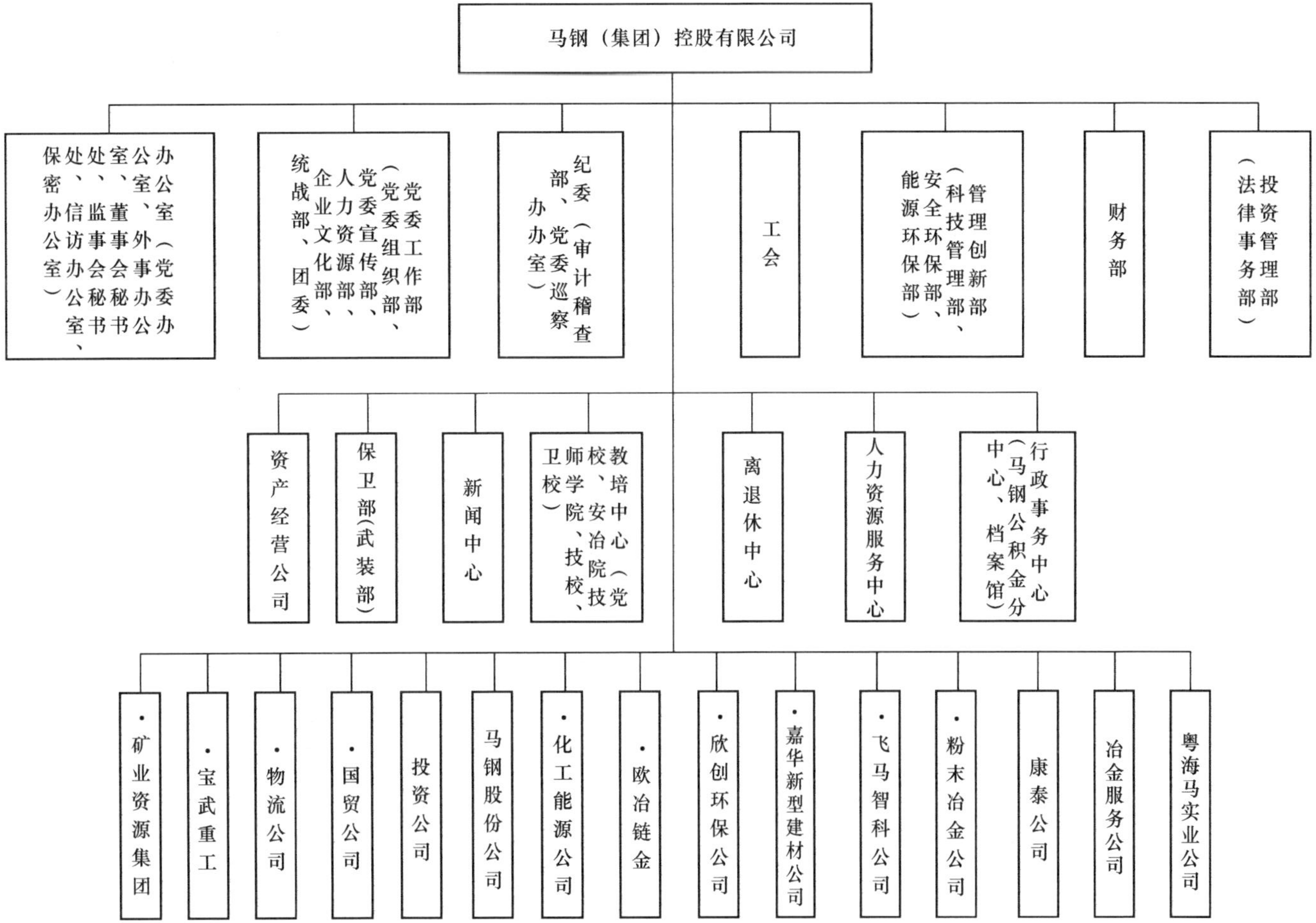

注：·为被托管企业。

图1　2020年马钢集团公司组织机构图

（袁中平）

企业概况

【基本情况】 马钢(集团)控股有限公司是中国宝武钢铁集团有限公司控股子公司,拥有 A+H 股上市公司 1 家、新三板上市公司 2 家,具备 2000 万吨钢配套生产规模, 在册员工 26308 人,在岗员工 25384 人。2020 年,马钢集团生产铁矿石 746 万吨、生铁 1855 万吨、粗钢 2097 万吨、钢材 1983 万吨,实现营业收入 1178 亿元,利润总额 55 亿元,上缴税金 62 亿元。

马钢的前身是成立于 1953 年的马鞍山铁厂;1958 年马鞍山钢铁公司成立;1993 年成功实施股份制改制,分立为马钢总公司和马鞍山钢铁股份有限公司;1998 年马钢总公司依法改制为马钢(集团)控股有限公司;2019 年 9 月 19 日,安徽省国资委和中国宝武签订了《关于重组马钢集团相关事宜的实施协议》,中国宝武持股 51%,安徽省国资委持股 49%,马钢集团成为中国宝武控股子公司。在 60 多年艰苦创业、自我积累和滚动发展的历程中,马钢创造了我国钢铁行业的诸多第一:我国第一个车轮轮箍厂、第一套高速线材轧机、“中国钢铁第一股”(A+H 股上市公司)、第一条大 H 型钢生产线、第一条重型 H 型钢生产线先后诞生在这里。

联合重组以来,马钢围绕贯彻落实安徽省委书记李锦斌提出的“打造大而强的新马钢”要求,以中国宝武“一基五元”战略为引领,以中国宝武把马钢作为安徽区域马鞍山总部为契机,按照中国宝武“一企一业、一业一企”决策部署,有序推进专业化整合,着力构建“1+8”产业布局[“1”是钢铁制造产业,“8”是轨道交通材料及装备、金属资源回收加工综合利用、冶金装备(备件)制造、设备远程运维、特种冶金材料、装配式建筑、矿产资源、长三角数据中心 8 个产业],持续提升马钢综合竞争力,显著提升马钢对安徽省经济社会的贡献度。

当前,马钢正处于加快转型升级、迈向高质量发展的关键时期。面对钢铁行业发展大势,马钢将坚持以习近平新时代中国特色社会主义思想为指导,深入学习贯彻习近平总书记考察调研中国宝武马钢集团重要讲话精神,践行新发展理念,融入长三角一体化发展,围绕中国宝武优特长材专业化平台公司定位,进一步强化“超越自我、跑赢大盘、追求卓越、全球引领”绩效导向,以“三高两化”为实施路径,深化整合融合,全面对标找差,打造后劲十足大而强的新马钢,为助推中国宝武成为全球钢铁业引领者、共建高质量钢铁生态圈、加快建设新阶段现代化美好安徽做出积极贡献。

(崔海涛)

2020 年马钢集团主要工作综述

【概况】 2020 年是马钢发展史上具有重要里程碑意义的一年。8 月 19 日,习近平总书记亲临中国宝武马钢集团考察调研并发表重要讲话,充分肯定马钢发展历程和当期生产经营,高度评价中国宝武联合重组马钢集团,勉励马钢把握机遇、顺势而上、扬长补短,在长三角中壮大自己,通过壮大自己为长三角一体化发展做出自己的贡献。习近平总书记的亲切关怀和殷切嘱托,给马钢以巨大鼓舞和强力鞭策,为加快打造后劲十足大而强的新马钢指明了前进方向、增添了强劲动力。在中国宝武的坚强领导下,马钢深入学习贯彻习近平总书记考察中国宝武马钢集团重要讲话精神,以“一年当作三年干、三年并为一年干”的奋进姿态,紧紧围绕“深化整合融合、全面对标找差”,努力克服新冠疫情、汛期暴雨和市场变化等不利因素影响,砥砺前行,加速奔跑,推动马钢高质量发展取得一系列标志性成果,为“亿吨宝武”的实现做出了马钢人的积极贡献。概括起来,体现为“四突破四转变两提升”。四突破彰显当期绩效。经营绩效取得突破,钢产量首次突破 2000 万吨,达到 2097 万吨,比上年增长 5.7%;营业收入首次突破 1000 亿元,达到 1178 亿元,比上年增长 19.5%;利润总额 55 亿元,比上年增长 52%。基层变革取得突破,生产厂部精简 21%,厂部管理机构精简 45%,分厂精简 50%,作业区精简 52%,科级人员精减 35%,作业长精减 49%。人事效率取得突破,人均产钢首次突破 1000 吨,达到 1010 吨;职工收入同步增长,比上年提升 19%。关键指标取得突破,主要技术经济指标进步率 73.76%、刷新率 25.83%。四转变引领未来发展。理念之变,促进文化认同、身份认同、情感认同;定位之变,促进企业发展由“大而全”转向“大而优、大而强”;体系之变,促进体系管理更系统、更完备,过程管控更专业、更量化,结果衡量可评价、可追溯;模式之变,促进产业化发展、平台化运作、专业化整合、生态化协同。两提升赋能转型升级。绿色发展和智慧制造水平快速提升。探索了传统企业绿色发展智慧升级新模式,绿色发展和“四个一律”指数进步速度居宝武前列,马钢智园、幸福大道等成为马钢靓丽的名片。

【战“疫”取得重大胜利】 面对突如其来的新冠肺炎疫情,坚决贯彻落实习近平总书记一系列重要讲话和指示批示精神,认真贯彻落实省市和中国宝武一系列决策部署,迅速行动,积极应对,经受住了严峻考验,交出了合格答卷。疫情防控有序有力。坚持把职工生命安全和身体健康放在第一位,迅速启动应急预案,千方百计筹措防控物资,严密落实疫情防控措施,强化落实联防联控、群防群控机制,坚决打赢疫情阻击战。复工复产卓有成效。认真落实“看好自己的门、管好自己的人”要求,较早地推动复工复产,加强统筹调度,打通堵点痛点,努力把疫情影响降到最低,确保了生产经营平稳顺畅、有序高效运行。常态化防控落实落细。有效落实“外防输入、内防反弹”防控策略,抓实抓细常态化疫情防控工作,持续巩固来之不易的防控成果,“实现了产量和营销收入的同比双升”。习近平总书记对马钢疫情防控和复工复产工作给予了充分肯定。

【对标找差系统开展】 坚持以极致的“简单、高效、低成本、高质量”为目标,对外对标、对内优化,系统推进对标工作。对标体系逐步完善。构建了公司层、专业管理层、制造单元层分层分类对标体系,覆盖规模能力、盈利能力、周转效率等财务经营指标和生产、设备、能环等技术经济指标332项。过程评价及时高效。强化对标信息反馈,推进经验交流分享,形成了“月简报—季专报—年总结”过程跟踪评价机制。对标进步成效明显。铁水成本指标跻身行业第一梯队,铁钢比破9见8,合同完成率、新产品毛利等指标进步明显,全年降本较上年进步7.2亿元。

【整合融合快速推进】 贯彻“统一语言、统一规则、统一平台、统一文化”要求,落实“专业化整合、平台化运营、生态化协同、市场化发展”任务,快速推进整合融合各项工作。规划有效承接。马钢规划被纳入中国宝武规划体系,明确了马钢作为中国宝武优特长材专业化平台公司的新定位,编制了新一轮产品产线规划。管理全面对接。完成了14个专业领域59项对接任务,制修订350余项管理制度,马钢“制度树”体系基本形成。文化深度衔接。大力宣贯中国宝武文化理念,扎实推进“钢铁荣耀·铸梦百年”宣传教育系列活动,“同一个宝武、同一个声音”深入人心;提炼形成新的企业愿景、使命。产业专业化整合高效落地。坚持应整全整、应接全接、能快则快,12个产业、8项业务资源专业化整合项目如期完成,管理关系、资产、人员和业务模式调整平稳有序,实现了顺利联合、快速整合、深度融合。

【运行效率大幅提升】 聚焦钢铁主责主业,快速提升专业化能力,追求极致效率,经济运行质量不断提升。精益采购安全高效。积极有效应对两头市场急剧变化,加强系统联动,推行经营性库存,强化聚量采购、协同采购、智慧采购,确保生产用料保供及时安全、优质高效。精益营销持续深化。优化营销体系,组建营销中心,实现了营销业务专业化聚焦整合。完善客户服务模式,推行主导产品“售前、售中、售后”全环节、全流程、全周期客户服务,提升客户服务水平。创新营销模式,依托欧冶电商平台,开展产能预售和远期订单业务。精益制造深入推进。优化配煤、配矿结构,完善高炉体检和风险预警机制,优化产线分工,降低铁钢比,加强产销研衔接,装备产能进一步释放;强化设备状态把控,推行设备定(年)修模型,检修负荷明显降低,设备系统保障能力显著提升;深化系统能源经济运行,强化技术节能、结构节能、管理节能,主要能耗指标持续进步,全年吨钢综合能耗554.4千克标煤/吨,煤炭消耗总量比上年下降19万吨,吨钢二氧化碳下降15千克。

【创新驱动深入实施】 认真落实“制造业我们始终要拿在手里”重要指示,坚持技术引领,强化新技术、新材料、新产品攻关,企业核心竞争力不断提升。协同创新能力提升。深度融入中国宝武科技创新体系,中央研究院马钢技术中心挂牌运行,建立研发协同策划机制,开展精品化挂图作战和重大专项策划。技术创新力度加大。研发投入率比上年增加0.72个百分点,开发新产品77万吨,自主研发的635兆帕级高强抗震钢筋填补国内空白,大型转炉洁净钢高效绿色冶炼关键技术成果获冶金科学技术特等奖,铁道车辆用耐大气腐蚀热轧H型钢产品和铁路快速客车辗钢整体车轮产品获中钢协2020年度冶金产品实物质量“金杯特优产品”。人才强企加快实施。“1+2+4”科技领军人才培养工程深入推进,大力培养型钢、工业线材、棒材专业人才团队。转型升级项目有序推进。国内首条重型H型钢生产线建成并实现月达产,新一轮产品产线规划重点项目加快实施。

【改革管理纵深推进】 深入贯彻落实国企改革

三年行动要求,着力在重要领域和关键环节取得重大进展。公司治理体系逐步完善。召开了马钢集团公司首次股东会,审议通过新的《公司章程》,选举产生新一届董事会、监事会;落实监管要求,建立“三重一大”决策和运行监管系统,实现决策信息常态化报送。组织变革大刀阔斧。以信息化倒逼管理模式整合和流程再造,股份公司机关职能和人员调整到位,基层管理变革全面实施,促进了基层组织扁平化和人员精干高效。人事效率大幅提升。通过专业化整合、政策解合、智慧制造、共享用工等多种渠道,马鞍山基地全年优化人员3414人。改革改制深入推进。法人压减7户、参股公司瘦身7户,退休人员移交街道社区属地管理,公车市场化社会化改革全面完成,厂办大集体改革启动实施、人员安置基本完成,股权激励方案获国务院国资委批复。安全生产态势总体平稳。贯彻落实“违章就是犯罪”安全管理理念,深化源头治理、系统治理和综合治理,持续提升安全管理体系能力,安全绩效总体受控。

【绿色智慧赋能加速】 深入贯彻落实“两于一入”“三治四化”“四个一律”要求,紧紧围绕“打造花园式滨江生态都市钢厂和智慧制造示范基地”目标,组建推进机构,加强系统谋划,加快项目实施,推动“绿色发展·智慧制造”取得阶段性成效。坚持生态优先、绿色发展,按期完成长江大保护111项环境问题整改任务,投入30亿元实施61项“三治”项目,有效建立环保动态管控智慧平台,大力推进拆旧利旧、土地整治等“四化”工程,绿色发展指数达到宝武集团平均水平。围绕全流程、全工序、全要素、全集成,运营管控中心和炼铁、炼钢、热轧、冷轧智控中心等智慧制造一期项目全面建成投用,2020年末与2019年相比,集中化指数提升28.3个百分点,达到67.7%;无人化指数提升10.3个百分点,达到47.6%;远程化指数提升12个百分点,达到12%;服务上线指数提升65个百分点,达到98.3%。

【以人为本深入落实】 坚持以职工为本,突出岗位价值创造、多劳多得,不断满足职工对“三有”美好生活的向往,实现职工与企业共同成长。先进典型选树大张旗鼓。大力弘扬劳模精神、劳动精神、工匠精神,聚焦疫情防控、复工复产一线典型人物,大力宣传“最美马钢人·创新融合”年度人物等先进典型,全年荣获全国劳动模范1人,中国宝武“金牛奖”2人、“银牛奖”7人、“最美宝武人”1人、宝武优秀员工34人,组织评选马钢“金牛奖”20人、“银牛奖”40人。职工岗位创新创效深入开展。全面推进“我为企业‘对标找差创一流’献一计”活动,职工献计数达2.5万条;组织开展“对标找差争一流、指标提升创效益”等各类劳动竞赛233项,营造了比学赶帮超良好氛围。精准帮扶走深做实。持续开展互助帮困、金秋助学等精准帮扶活动,发放慰问款、互助帮困、大病救助金等1300余万元;制定下发《关于开展职工“三最”实事项目的实施意见》,实施职工“三最”实事项目148个。脱贫攻坚善作善成。把脱贫任务作为重大政治任务,投入扶贫专项资金2087万元,深入实施产业扶贫、教育扶贫、消费扶贫、就业扶贫,确保脱贫攻坚圆满收官。

(崔海涛)

股东会

【股东会工作】 2020年,马钢(集团)控股有限公司召开股东会2次(其中以书面表决方式召开会议1次),审议议题9项,下发决议2份。主要审议内容:

1. 2020年第一次股东会。2020年7月20日,马钢集团召开首次股东会议,审议《马钢(集团)控股有限公司章程》《关于选举马钢(集团)控股有限公司第二届董事会董事的议案》《关于选举马钢(集团)控股有限公司第二届监事会监事的议案》《关于推选马钢(集团)控股有限公司第二届董事会第一次会议召集人的议案》《关于推选马钢(集团)控股有限公司第二届监事会第一次会议召集人的议案》《关于确定马钢(集团)控股有限公司第二届监事会主席薪酬标准的议案》。

2. 2020年第一次临时股东会。2020年9月30日,马钢集团以书面表决方式召开2020年第一次临时股东会议,审议《关于马钢集团2019年度财务决算有关事项的议案》《关于马钢集团2019年度利润分配方案的议案》《关于马钢集团2020年度财务预算的议案》。

(崔海涛)

董事会

【董事会工作】 2020年,马钢(集团)控股有限公司依据《中华人民共和国公司法》和《公司章程》,以及国家有关法律法规，认真履行职责，高效规范运作，全年召开董事会6次（其中以书面通信方式召开会议1次），审议议题54项，下发决定事项6份、决议3份。主要会议审议内容：

1. 第一届董事会第九十五次会议。2020年2月18日，马钢集团召开第一届董事会第九十五次会议，审议《关于马钢第二批专业化整合发展的议案》《关于聘请2019年度财务决算审计会计师事务所及其费用的议案》《关于马钢集团2020年度商业计划书的议案》《关于马钢集团2020年度财务预算的议案》《关于马钢220千伏输变电工程——CCPP公辅电力配套工程的议案》。

2. 第一届董事会第九十六次会议。2020年7月2日，马钢集团召开第一届董事会第九十六次会议，审议《关于马钢集团公司2019年度利润分配方案的议案》《关于马钢（集团）控股有限公司2019年度财务决算有关事项的议案》《关于炼铁总厂（南区）带式焙烧机工程项目立项的议案》《关于股份公司2号E型焦煤筒仓工程立项的议案》《关于欧冶链金再生资源有限公司增资的议案》《关于欧冶链金增资并购上海马钢国贸公司的议案》《关于马钢集团参与组建宝武原料供应有限公司的议案》《关于股份公司常州市抵债房产处置的议案》《关于拨付花山区、雨山区政府及康泰公司2015—2018年物业维修改造省财政补助资金的议案》《关于马鞍山市主城区马钢棚户区改造项目立项的议案》。

3. 第二届董事会第一次会议。2020年7月20日，马钢集团召开第二届董事会第一次会议，审议《关于选举马钢（集团）控股有限公司第二届董事会董事长的议案》《关于选举马钢（集团）控股有限公司第二届董事会副董事长的议案》《关于聘任马钢（集团）控股有限公司总经理的议案》《关于聘任马钢（集团）控股有限公司副总经理的议案》《关于聘任马钢（集团）控股有限公司董事会秘书的议案》。

4. 第二届董事会第二次会议。2020年7月30日，马钢集团以通信方式召开第二届董事会第二会议，审议《关于马钢集团公司作为意向投资人报名参与收购江苏申特的议案》。

5. 第二届董事会第三次会议。2020年9月17日，马钢集团召开第二届董事会第三次会议，审议《关于马钢化工收购马钢股份持有的马钢奥瑟亚股权的议案》《关于马钢集团参与安徽电力交易中心有限公司股份制改造的议案》《关于马钢股份设立宝武马钢气体有限公司的议案》《关于马钢股份参股设立欧冶工业品股份有限公司的议案》《关于设立安徽马钢冶金工业服务有限责任公司的议案》《关于设立安徽马钢矿业资源集团矿山服务有限公司的议案》《关于马钢投资公司收购马钢租赁两家小股东所持股权的议案》《关于投资入股宝武水务的议案》《关于向马钢投资公司增资的议案》《关于马建集团30.09%股权无偿划转的议案》《关于马钢投资公司将持有的江苏共昌3.9%股权无偿划转宝武重工的议案》《关于博力监理100%股权无偿划转的议案》《关于解散清算安徽马钢创享财务咨询有限公司的议案》《关于出售南山矿职工集资建房配套建设商业用房有关事项的议案》。

6. 第二届董事会第四次会议。2020年12月17日，马钢集团召开第二届董事会第四次会议，审议《关于选举公司董事长的议案》《关于聘任公司总经理的议案》《关于宝武物产增资入股马钢物流的议案》《关于欧冶保理吸收合并马钢保理相关事项的议案》《关于以马钢招标100%股权增资入股华宝招标的议案》《关于批准安徽马钢创享咨询有限公司清算报告的议案》《关于转让欣创环保股权的议案》《关于马钢瓦顿公司股权转让的议案》《关于马钢集团和马钢投资公司以持有的飞马智科股权认购宝信软件定向发行股份的议案》《关于批准安徽马钢耐火材料有限公司清算报告的议案》《关于华宝租赁吸收合并马钢租赁相关事项的议案》《关于马钢集团现金增资宝武炭材的议案》《关于马钢交材收购马钢国贸持有的江南质检公司100%股权的议案》《关于冶金服务公司收购利民星火100%股权及利民冶金固废60%股权的议案》《关于马钢集团向马钢矿业无偿划转所持嘉华混凝土70%股权的议案》《关于马钢炼铁总厂A高炉大修工程立项的议案》《关于将马钢大锻件分厂土地使用权无偿划转至马钢重机的议案》《关于将马钢联合钢轧土地使用权等资产无偿划转至宝武重工的议案》《关于将三宗土地使用权无偿划转至马钢汽运的议案》。

（崔海涛）

集团公司机关部门

办公室(党委办公室、外事办公室、董事会办公室、信访办公室、保密办公室)

【完成习近平总书记考察调研中国宝武马钢集团各项服务保障任务,落实习近平总书记重要讲话和指示批示】 高标准、高质量完成习近平总书记考察调研中国宝武马钢集团各项服务保障任务,受到安徽省委办公厅的充分肯定和高度评价。认真贯彻习近平总书记重要讲话和指示批示,制订《马钢集团党委贯彻落实习近平总书记重要讲话和指示批示常态化工作机制》并下发各单位,建立学习台账,加强督查督办。起草下发《关于深入学习贯彻习近平总书记考察调研中国宝武马钢集团重要讲话精神的行动方案》,并制定《行动方案任务分解表》,明确了5大类15小类51项主要工作任务。建立了月度跟踪台账,定期跟踪落实情况。定期向中国宝武党委报告学习贯彻落实情况。

【疫情防控与防汛工作】 自2020年1月23日起,启动24小时办公模式,及时传递疫情防控要求,畅通信息报送渠道,协调防疫物资落实,起草下发《关于进一步加强疫情防控工作的通知》等32个防疫相关文件,推动疫情防控各项举措落到实处。疫情期间,应急办会同公司防控办多渠道筹措防疫物品,满足公司复工复产需求。针对长江水位不断突破历史极值的严峻形势,多次到长江大堤调研,全力做好信息报送、物资协调等工作,确保马钢承担的长江段安全度汛。

【"绿色发展·智慧制造"马钢现场会】 每周召开例会,深入现场50余次,制定接待、会务相关方案,根据大会分工,承担主题报告PPT制作和脚本起草任务,在开展现场调研、专家座谈的基础上,历经48天、6轮整体性修改、20余次修改完善,宝武总部职能部门对主题报告内容充分肯定。现场会期间,周密部署、统筹谋划、精心安排,成立了6个工作小组,做好接送站、餐饮、住宿、会场布置、现场应急处理等工作,圆满完成各项会务接待工作。

【发挥参谋助手作用】 一是高质量完成重要文稿起草工作。以较高质量完成公司全委会、职代会等重要会议,以及公司年度工作总结、向上级领导汇报材料等综合文稿的起草工作。起草完成习近平总书记考察调研中国宝武马钢集团汇报材料,向中国宝武陈德荣、胡望明等领导汇报材料等综合性文稿310篇,100余万字。二是规范"三重一大"决策会议程序,规范党委会等公司重要会议记录、纪要。贯彻中国宝武"三重一大"决策系统全覆盖工作要求,建立集团"三重一大"决策系统,按时填报。落实"三重一大"决策实施办法。履行公司党委在公司重大决策中的决定权、把关权、监督权,2020年召开书记办公会28次、党委常委会29次、全委会2次,研究讨论公司"三重一大"决策事项176项。全年集团公司召开董事会6次,审议议题54项,下发决定事项6份、决议3份。全年召开集团公司总经理办公会议27次,研究讨论公司"三重一大"决策事项148项。三是统筹协调开展大调研。根据公司安排,协调组织开展调研,跟踪推进调研过程,努力形成有价值的调研成果。起草下发了《关于开展2020年深化整合融合全面对标找差大调研工作的实施方案》;跟踪17项公司级重点调研课题进展情况;参与公司领导开展的基层党建、战略规划、区域总部、大数据中心建设等课题调研;组织开展"绿色发展·智慧制造"专项调研。四是及时高效向省委省政府、中国宝武、马鞍山市委市政府、中钢协等报送重要工作信息。承担中国宝武安徽区域马鞍山总部信息报送工作,报送信息70篇;建立了区域总部信息报送网络体系和工作机制。全年编发《信息编报》31期、马钢信息专报97期、一周动态31期,更新办公室网站信息670条。马钢集团被评为中钢协信息工作先进单位。五是认真做好中国宝武马鞍山总部建设工作。组织编写《马鞍山总部管理对接工作体系表》;草拟《马鞍山总部总代表例会制度》《马鞍山总部办公室工作例会制度》;组织召开首次宝武马鞍山总部办公室系统主任联席会和中国宝武马鞍山总部调研座谈会。全年为马鞍山区域公司向地方政府上报各类公文20余份,向马鞍山区域各单位发送地方政府公文及行业信息300余份。

【提高办文办会质量】 承担公司智慧工作平台信息管理和视频会议的综合管理工作。会同管理创新部和宝信软件牵头完成马钢集团宝武智慧平台的整体上线工作,完成公司全部新用户注册和宝武邮箱开通,开展了宝武智慧平台培训,共计6场600余人次。高效完成公文处理工作,全年共处理9618条公文,其中党委文件783条、行政文件5000条、办公室内部公文1671条、联络函2164条、秘密件206条。认真完成视频会议的综合管理工作,承担公司各类与宝武对接视频会议共计275场。

牵头组织公司党建管理制度的修订评审工作,认真贯彻落实《中国共产党国有企业基层组织工作条例》,在全公司组织开展了党内制度修订工作,各分(子)公司修订完善党建制度210余条。制订和完善办公室承担的各类公司相关制度。完成《马钢集团公司章程》《马钢集团二级党组织党建工作责任制考核评价实施办法》《马钢集团公司党委巡察工作实施办法》等23项党建基本制度修订印发;完成由办公室承担制订的《马钢集团所出资企业负责人履职待遇、业务支出管理办法》《马钢集团督办工作管理办法》《公文管理办法》《商业秘密及内部事项保密管理办法》等31项制度的修订编写和评审工作,完成率100%。并在全公司对履职待遇、信访、保密等管理制度开展了解读宣贯工作。

参与安排集团领导碰头会,党委书记专题会,党委常委会、党委全委会,集团总经理办公会,股份公司总经理办公会,产销研一体化推进研修会(季度),推进股份公司基层管理机构变革,推进股份公司"绿色发展·智慧制造"项目,推进股份公司信息化项目,推进股份公司南北区规划,推进股份公司"十四五"项目规划等公司级会议300余次,安排集团公司、股份公司各类专题会议1500余次。

2020年,重点做好习近平总书记来马钢考察调研的接待准备工作、中国宝武"钢铁荣耀·筑梦百年"宁马片区活动接待工作、中国宝武"绿色发展·智慧制造"马钢现场会的接待准备工作。外部接待方面,承担了人社部、生态环境部、中央文明办、新华社等国家机关部委机构;河南省人大、省委宣传部、省政协等省市机关;中国农业银行、中国建材集团、国开行安徽分行、中行安徽省分行、攀钢集团矾钛资源、淮北矿业、永峰钢铁、广佛地铁等企业领导到访的接待工作。

【保密、外事、信访等专项管理】　召开马钢2020年度保密委员会工作会议。建立健全保密组织机构,及时调整保密委员会组成人员。修订下发《马钢商业秘密及内部事项保密管理办法》,首次编制马钢集团商业秘密管理细目,在全公司开展了2次保密自查,对涉密的4000余台计算机进行了自查,为公司商业秘密的保护提供制度保障。全年未发生一起失泄密事件。经外交部、安徽省外办及宝武集团外办同意,保留马钢集团外事审批权。疫情期间为境外机构协调两批次防疫物资,督促各驻外机构完善境外疫情常态化防控措施,境外机构疫情防控稳定,马钢驻外机构中方员工未确诊一起病例。邀请入境外国专家。全年累计为5家二级单位完成13批次邀请函审批报批工作,累计发放邀请函30批61人次,实际入境外国专家38人次。疫情期间未发生一起境外输入案例。

信访工作方面:积极发挥区域总部功能,形成与宝武集团、省、市等信访部门的沟通协调顺畅,与宝武集团直属子公司及托管单位指导承接良好的工作局面。全年共协调办理直属子公司及托管单位信访事项11件15批27人次,协调处理市长热线193件,均得到妥善解决和回复。全年信访总量76件129批1053人次,与上年相比,件次下降32%、批次下降34%、人次上升29%。办理市长热线565件,比上年下降21%,及时回复率100%。

【党组织建设】　坚持落实"三会一课"制度。突出学习《习近平谈治国理政》等新时代中国特色社会主义思想著作,切实加强党的十九届五中全会精神和"四史"的学习教育。全年共进行"三会一课"19次,其中支委会7次,全体党员大会(组织生活会)7次,公司领导和办公室中层管理人员上党课5次,观看《战"疫"一线党旗红》等影像资料7次。开展了一次"主题党日"活动。

加强"一岗双责",认真贯彻落实宝武纪委和公司纪委关于党风廉政建设的部署和要求,加强对员工的警示教育,引导全体党员增强拒腐防变的意识。组织全体员工填写了《违规经商办企业专项治理情况表》。全年共进行4次专题廉政教育,组织党员学习每期宝武纪委下发的《纪检监察工作交流》和公司纪委下发《纪委〈审计稽查部〉简报》。

切实加强作风建设,牢固树立服务基层、服务职工的理念,进一步提高工作效率,在安排会务、审核文件切实把好关口。改进办事流程,充分运用信息技术,减少基层负担,能办的事立即办,不能马上办的应立即回复,杜绝拖拉作风。广泛征集基层单位的意见和建议,并制订整改措施和整改目标,并以此作为办公室加强作风建设的基础。全年服务投诉率为零。

(杨定国)

党委工作部(党委组织部、党委宣传部、人力资源部、企业文化部、统战部、团委)

【理论武装】　深入学习贯彻习近平新时代中国特

色社会主义思想。把党和国家重大会议精神、习近平总书记重要讲话精神，特别是习近平总书记考察调研马钢集团重要讲话精神作为公司党委理论中心组集中学习的重要内容，2020年，马钢党委中心组成员参加集中学习15次，学习习近平总书记重要讲话和文章等内容20项。扎实开展党的十九届四中、五中全会精神的集中轮训、宣讲、调研和征文等工作，推动党的理论进车间、到班组。

【政治建设】 坚持把学习贯彻习近平总书记重要讲话和指示批示精神作为公司党委常委会"第一议题"，持续深入学习贯彻习近平总书记考察调研马钢集团重要讲话精神和党的十九届四中、五中全会精神，切实增强"四个意识"，坚定"四个自信"，做到"两个维护"。认真落实《巩固深化中国宝武"不忘初心、牢记使命"主题教育成果的方案》，扎实开展"四史"教育。

【意识形态】 认真学习贯彻习近平总书记关于意识形态工作的重要论述及加强对新修订的中国宝武《党委意识形态工作责任制管理办法》的学习领会。召开马钢意识形态工作领导小组会议和意识形态工作专题会，总结经验，研究部署工作。妥善应对疫情防控，化工能源等安全事故、人力资源优化和《中国经营报》报道等网上舆情，先后处置回应国务院"互联网+督查"、省市等疫情防控舆情。

【党组织建设】 在改革中注重强化党建工作，落实"四同步、四对接"不放松，新成立2家、撤销2家直属党委。协助中国宝武制定专业化托管单位党群工作对接方案，完成马钢交材、欧冶链金等7家单位党组织的隶属关系调整。开展"三基建设"对标自查，分组进行基层党建经验交流验证，认真落实党支部工作条例，深入推进基层党支部品牌建设。大力推进党建信息化建设，与中国宝武"党建云"实施数据、业务和流程对接。完成1.3万余名退休党员组织关系社会化转接。在疫情防控和复工复产中强调发挥党组织和党员作用。落实中国宝武党委学习贯彻《中国共产党国有企业基层组织工作条例（试行）》及落实"中央企业党建巩固深化年"要求等工作方案部署，制定贯彻落实任务清单，明确各级责任，加强学习培训，开展对标自查，促进整改提升。

【统一战线】 建立集中统一的统战工作领导机制，配齐配强各民主党派基层组织的领导班子。完善统战工作基础台账，共有7个民主党派成员39人，副高级以上党外知识分子151人、无党派人士5人、各级人大代表1人、侨眷48人、台胞台属12人。落实马钢领导人员与党外代表人士联谊交友活动；开展中国宝武马鞍山地区党外人士调研活动，网上问卷调查215份、征求意见座谈会两场和个别访谈会两场，并向宝武统战部报送征求意见报告。建立了一支由32名全日制大学本科及以上学历党外知识分子组成的党外代表人士队伍；从"九支队伍"中将62名具有较大社会影响和一定代表性的党外人士信息输入马鞍山市党外代表人士数据库。

【干部管理】 完成182名马钢直管干部岗位及人员的层级转换。对照宝武干部管理制度体系，形成完善干部管理制度体系工作报告，拟定《马钢集团管理岗位与干部层级体系管理办法》《马钢管理人员选拔任用管理办法》等5个管理制度初稿。修订完善《马钢集团直管干部任职谈话及宣布会有关规则》，进一步规范干部任前谈话及任职宣布等工作程序。严格遵守整合融合期间工作纪律，落实干部人事任免等重要事项报告制度。围绕马钢股份职能、业务部门管理变革和流程再造，完成干部调整共68人。严格执行管理人员到龄改非，4人改任调研员或助理调研员。配合中组部、中国宝武完成相关干部考核选配等工作，选派1人赴西藏矿业公司挂职。与宝武集团组织部就被委托管理单位有关干部调整工作规范与相关单位沟通一致，规范托管单位干部调整工作程序，配合委托管理单位调整45人，出具相应材料150余份。全面梳理集团公司各子公司董监高信息，完善公司直管干部兼职情况统计表。举办公司直管干部、生产经营骨干、组工干部培训班，推荐4名马钢领导，选派19名管理人员参加宝武集团举办的各类培训班。对310名原马钢中层管理人员、中层改非及委派人员的档案进行全面审核认定，转出干部档案60份；落实中国宝武人力资源管理系统智慧化升级改造要求，配合e-HR数据治理，对直管干部任免审批表按照新要求进行补充和修改并更新系统信息。落实干部监督会议精神，完成马钢领导个人有关事项的填报工作，严格办理因公出国（境）人员备案和因私出国（境）审批，集中保管马钢直管人员因私出国（境）证件等。

【舆论宣传】 深入宣传贯彻习近平总书记考察调研马钢集团重要讲话精神，《人民日报》、新华社、央视等记者多批次来马钢采访。组织撰写《光明日报》约稿，马钢两次登上央视《新闻联播》节目，中央媒体报道马钢稿件30余篇。着力落实意识形态工作责任制，妥善应对网上舆情近60起，制定并实施舆情处置方案，全年编发《网络舆情快报》2期、《马钢宣传与舆情分析半月报》21期。着力强化正面宣传,组织开展马钢股份管理研讨会和职代会精神专题宣传解读,强化马钢股份基层管理变革宣传,组织“最美马钢人”年度人物宣传评比。组织实施“钢铁荣耀·铸梦百年”宣传教育系列活动宁马片区“1+2+3”方案,举办宁马片区启动仪式,并全程进行网络直播。着力提升企业形象,马钢复工复产新闻作品10次荣登《人民日报》,4次登上头版;新华网vlog视频140万人次观看,《求是》刊发马钢文字配图。全年接待省级以上媒体23批次,中央媒体及省主流媒体和重要版面累计发稿100余篇。先后组织接待“皖美智造”大型融媒体采访团及“潮涌长三角·共建进行时”主题网络传播活动,新华网、人民网、澎湃新闻等中央及省直网媒等38家来马钢集中采访拍摄,其中新华网进行了网络直播,在线收看42.57万人次。着力推动疫情防控决策落实。制定下发宣传和舆论引导工作方案,集中开展宣贯,营造社会氛围;组织开展疫情防控和复工复产“随手拍”摄影赛及微视频大赛,马钢各类媒体累计刊发各类消息1500余条。

【企业文化】　深入推进文化整合融合。大力宣贯中国宝武企业文化理念,组织基层专兼职人员参加宝武大学企业文化培训,利用党支部书记培训等各类自办班,持续开展宣贯教育;动员参加宝武司歌征集;严格规范宝武品牌和LOGO应用,在重要位置升挂宝武司旗、布设宝武LOGO;开展系统运用研讨,加强宝武视觉识别系统(VI)的规范管理;制定马钢新文化理念提炼方案,开展调查研究,8394人参与调研。精心策划文化展示推介。集中全力按时完成马钢特钢展厅、参观线布展和文化布设;高速优质节俭完成马钢展示馆布展一期项目,努力打造精品工程;承接“中国宝武130年系列展”,在宝武大厦展出以“江南一枝花”为主题的马钢展板;在马钢办公楼举办“中国宝武大家庭”系列展;积极参与“绿色发展·智慧制造”大会,完成专题宣传片、大会场景布置、配合做好景观提升、文化布设和规范应用。积极承接品牌管理职能。完成品牌管理职能交接,加强沟通交流,开展内部研讨,深入探讨品牌建设工作思路;修订制作并发布马钢集团、马钢股份企业形象片,制定发布马钢集团、马钢股份的PPT标准规范;积极组织开展品牌传播活动,在第八届全国品牌故事大赛国家、省市各级比赛中,获得包括最佳组织奖、征文一等奖在内的26个奖项;配合策划参加了上海国际紧固件展。持续开展文明创建活动。组织开展学习贯彻《新时代公民道德建设实施纲要》《新时代爱国主义教育实施纲要》活动;马钢10家单位被评为省第十二届文明单位,25家单位被评为市第十八届文明单位;配合开展全国文明城市创建迎检工作;组织开展“我们的节日”活动;开展思想政治工作调研,征集基层93篇调研论文,评选出19篇予以表彰;选送6篇论文参加中国冶金行业思想政治工作调研论文评比,分获一、三等奖和优秀奖。

【员工培训与薪酬管理】　充分考虑疫情影响及公司生产经营变化等因素,关注重点人群和关键人才,采取线上直播、视频会议等多种途径实施各类培训项目。以提高生产经营骨干履职能力为关键,开展生产经营骨干研修,支撑打造优特长材平台化公司战略落地。深化薪酬分配制度改革,根据岗位体系建设,建立“以效率效益为导向、以岗位为基础、以绩效为中心”的薪酬分配体系。梳理薪酬发放项目,规范薪酬管理,抓好专项奖励设置发放,初步制定薪酬制度和薪酬切换方案。完善员工福利管理体系,摸排梳理管理现状,对标找差,提出改进建议。

【规划配置与员工管理】　明确人事效率提升目标及实施路径,优化完善对标体系,推进专业化整合融合,顺利完成马钢集团原所属各级子分公司34家、9941名在岗员工的劳动合同优化。稳妥推进马钢集团厂办大集体改革工作,完成基本情况调研和梳理,按照方案推进各项工作。支撑人力资源服务中心打造内外部劳动用工信息、转岗转型集中服务和技能提升三个平台,提供内外部多渠道转型发展机会。推进马钢集团e-HR系统覆盖,完成组织机构、人员基本信息、扩展信息、岗位信息、人岗匹配信息、社会保险、薪酬信息的收集,系统按期上线。

【青年工作】　积极投身疫情防控、复工复产、防汛救灾。在青年技术人员中开设雏鹰计划——青年科技人员培训班,为更高一级的人才培养计划提供优质储备。完成《关于全面深化马钢共青团工作的指导意见》《马钢集团团委对属地单位团组织协调服务办法》等制度拟定。

(杨　成)

纪委(审计稽查部、党委巡察办公室、监事管理)

【纪检监察】　强化协助和监督职责,修订马钢

《关于落实党风廉政建设责任制的实施细则》。推进落实主体责任，召开党风廉政建设和反腐败工作会议，统筹部署相关工作。强化纪委监督责任，严格先进集体、个人评选和拟提任人员的廉政审核，实行党风廉政建设"一票否决"，出具审核意见39份，涉及425人次或单位，否决干部选拔任用3人次，对1家基层单位提出年度党建工作责任制考核评价否决性意见，对先进评选提出否定性意见3人次。继续深化和推进"靠企吃企"、违规经商办企业专项治理和重要制度执行情况等监督检查，组织对所有自主填报的经商办企业信息进行核查，督促52个违规经商办企业问题全部完成整改，给予党内严重警告1人，诫勉1人，行政警告1人，调整工作岗位1人，免去作业长职务1人。落实禁入管理规定，筛查被列入中国宝武"禁入名单"或符合禁入情形的企业，全部执行禁入；印发马钢集团第一批禁入名单，禁入35家企业，强化廉洁风险防控，初步建立起生产厂和招标公司、具有合同签订权单位、财务监管部门和支付机构组成的三道禁入管理立体防线。编发廉洁风险防控简报1期、典型案例简报2期，汇总2020年监督执纪、巡察发现和查处的5起违规违纪案例，编发1期典型案例剖析通报，用身边的事教育身边的人；协调组织党章党规党纪和警示案例教育273场次，教育约8250人次。组织修订纪检、巡察、审计等监督方面制度20项。

加强执纪监督，全年受理信访件158件，召开问题线索集体研判会19次，研判为问题线索49件，全部办结；集中处置属地移交遗留的问题线索，减少问题存量，办结信访件和问题线索439件。立案审查和审结案件30件，查处33人(其中宝武系统立案13件，涉及16人；安徽省案管系统立案17件，涉及17人)，办结率100%，给予党纪处分28人，其中党内警告12人、党内严重警告6人、撤销党内职务1人、留党察看一年1人、开除党籍8人；给予政纪处分11人，其中警告2人、记过2人、撤职5人、解除劳动合同2人；给予党纪政纪双重处分6人。按照干部管理权限向地方纪委监委和宝武其他一级子公司移交信访举报材料30件。全年运用"四种形态"处置210人次。同时，对4名受党纪处分人员进行了回访教育。加大对违反中央八项规定精神和"四风"问题的查处力度，在处置遗留问题线索中，对违规收受礼品礼金等4名基层人员，分别给予党内警告、严重警告及免职等处理。抓好漠视侵害群众利益问题整治，对下属单位分厂厂长虚列项目嘉奖套取截留职工奖金挪作他用的行为，给予严肃处理。

加强重点工程建设项目专项监督，对26个重点工程项目进行审计调查，揭示部分项目初步设计中财务评价部分选取的折旧年限、人工成本与公司现行会计政策不一致和部分项目进度滞后、公开招标比例较低等问题。配合宝武审计部完成马钢集团资产负债、不动产(房产)租赁、劳动效率管理等专项审计，持续推进违规经营投资追责工作；配合专业化整合，对股权划转、增资出资等产权变动实施净资产审计44项，实施三供一业资产划转等专项审计3项，完成马钢审计复核、宝武审计审核确认审计工作底稿106份。

【内部审计】　全年完成审计项目13项，其中：马钢集团审计稽查部完成3项，财务公司原董事陈昭启经济责任审计、康泰公司总经理林俊任中经济责任审计、马钢集团内控评价；马钢股份审计稽查部完成10项，其中经营审计1项、管理审计6项、投资审计3项，达到年度审计工作计划的要求。包括：2019年内控评价、资源分公司北区渣处理项目工程审计、特钢公司财务收支审计、港务原料总厂适应性改造项目审计、长材事业部销售管理审计、重点工程项目审计调查、物资采购管理专项审计、存货及应收账款减值风险专项审计、2020年内控评价、商业计划书完成情况审计。审计共发现问题122个，提出管理建议累计98条，发现内控一般缺陷65个，审减工程造价557.53万元，审计发现并制止康泰公司铁矿石融资性贸易业务，收回马建矿贸货款回笼占用资金3836.06万元。完成净资产审计项目数量51个，主要类型有大集体改革、股权处置、清算注销等，涉及净资产223232.65万元，调增净资产47361.5万元、调减净资产32617.84万元，净调增净资产14743.66万元。除马钢集团已委托管理单位外，马钢集团上年内部审计问题整改完成率为97.6%，审计发现问题84项，1项部分整改，1项未整改。

【监事会秘书处】　一是加强日常监督。监事会成员列席公司重要会议，及时掌握了解公司重大经营决策过程、生产经营等情况，围绕规范管理、防范风险、国有资产保值增值等方面，提出意见和建议。完善制度机制。制定发布《马钢(集团)控股有限公司监事会议事规则》，完善监事会会议制度，进一步规范监事会的议事方式和表决程序，促使监事和监事会有效履行监督职责。推动健全完善派出子公司监事管理，指导子公司进一步加强监事会制度建设，推动加强派出监事的选派等工作。着手监事会监督工作体系建设，组成临时办公室，建立临时的办公室例会制度。二是开展专项调研。初步梳理出子公司监事会及监事运行履职过程中有待进一步提高的方向。以问题和风险为导向,聚焦中心任务、重大事项、关键环节以及可能存在的问题和风险源点,组织开展专项督查,督促不动产审计问题整改。加强与纪检、审计、巡察的内部交流,对发现的相关子公司存在经营效益、利润分配、资产保值增值及资产运营等情况等方面问题进行梳理和关注。三是充分发挥专职监事管理作用。做好外派监事人选的推荐、审核等工作,协调督促下属单位落实专职监事待遇和工作,规范指导专职监事开展工作。指导督促专职监事通过收集了解子公司财务报表和生产经营改革情况,参加子公司监事会会议,列席董事会、生产经营例会、职代会以及专题会等相关会议,开展现场工作调研,以及督促巡察、审计问题整改落实等形式,加强对子公司规范运营情况的监督。

【党委巡察】　2020年,完成对和菱实业公司、慈湖加工中心、长材事业部、人力资源服务中心、行政事务中心、埃斯科特钢公司、资产经营公司、合肥加工中心、芜湖加工中心(延伸巡察常州公司)等9家单位党组织的驻点巡察任务,发现问题139个。针对巡察发现的问题,坚持政治定位,梳理重点问题,形成巡察工作报告、专项报告、综合报告,并认真贯彻公司党委五届109次常委会决议,加强巡察整改督办,强化巡察成果运用和责任追究,推动巡察巡查上下联动。严格落实责任追究,公司纪委和9家被巡察单位,以及营销中心(销售公司)对巡察发现的问题进行倒查,严格追究相关人员责任:诫勉谈话6人,调离岗位1人,通报批评25人次,提醒谈话70人次,退赔15.4万元,经济考核3.13万元。对巡察组移交的两件问题线索,公司纪委优先研判处置。

重点对长江大保护、扶贫工作、基层党建工作、党风廉政建设等重大部署落实情况进行监督检查,发现“三基”建设方面问题39个,党风廉政建设方面问题27个,扶贫方面问题4个,长江生态环境整治及其他生产经营发展和管理方面问题73个。

【股份公司审计稽查】　2020年完成审计项目10项,达到年度审计工作要求。全年计划安排物资采购管理审计、长材销售管理审计、商业计划书执行情况审计、重点工程项目审计调查、内控评价等10项审计项目。实际完成10项审计项目,其中经营审计1项、管理审计6项、投资审计3项。开展股权变动净资产审计,马钢股份子公司注销和股权转让净资产审计7项。开展奥瑟亚股权转让、埃斯科股权转让净资产审计,武汉销售公司、考克利尔公司、迈特冶金公司注销净资产审计,组建气体公司净资产审计。

建立总经理领导下的审计发现问题整改工作机制,促进审计成果运用和转化;依托内部审计信息管理系统,建章立制、实施审计整改全覆盖。逐步统筹政府审计、社会审计、内部审计发现问题的整改工作,实现审计整改工作全覆盖。依托内部审计信息管理系统,对审计问题实行“整改销号”管理。

组织内控评价工作。公司董事会授权审计稽查部负责公司内部控制评价的具体组织实施工作。为推进公司内控整体评价工作,督促各部门和子公司以规范流程、消除盲区、有效运行为重点,对内控体系的有效性进行全面自评,客观、真实、准确揭示经营管理中存在的内控缺陷、风险和合规问题,形成自评报告,并经董事会或类似决策机构批准后按规定报送上级单位。

(鲁世宣　陈恩芸　刘　瑾　江　勇)

工　会

【职工思想教育】　动员部署工会系统学习贯彻习近平总书记考察调研马钢集团重要讲话精神。认真组织策划并成功举办中国宝武“钢铁荣耀·铸梦百年”宁马片区职工书画展和集邮展、职工文艺会演和主题文艺晚会,参与中国宝武130年马钢主题展、“宝武大家庭”巡回展揭幕式及“重走钢铁长征路”宁马片区启动仪式。组织召开“五一”劳模交流座谈会,开展职工大讲堂工匠基地专场网络直播,组织评选马钢“金牛奖”“银牛奖”“最美马钢人”“优秀员工”。技术中心吴保桥被评为全国劳动模范。

【疫情防控】　组织500万元专项经费,多方采购3万只口罩、5277千克消毒液等防疫物资支援基层一线。联合组建“阻击疫情”志愿服务队伍,深入基层与一线职工共同抗击疫情。完善帮困送温暖长效机制,将“因疫致困”职工纳入工会困难职工帮扶体系。加强疫情防控的典型事迹宣传和舆论引导,与党委工作部、新闻中心联合开展“抗击疫情、马钢在行动”随手拍活动,协同文联、体协组织开展“众志成城、防控疫情”“齐心协力、共抗疫情”等主题书画摄影作品征集活动。

【劳动竞赛】　主动对接中国宝武劳动竞赛体系,聚焦重点难点,全面开展“补短板强体系、全面对标找差、创建世界一流”劳动竞赛,组织开展“同舟共济战新冠、争分夺秒创效益”百日专项立功竞赛、“对标找差争一流、指标提升创效益”等专项劳动竞赛。深入开展“安康杯”竞赛和创建安全“1000”作业区(班组)专项竞赛,与安全管理部门、团委联合开展“安全找碴随手拍”活动,征集发布作业区(班组)安全自主管理案例,不断提升基层安全生产质效。组织参加中国宝武第二届职工技能大赛和马鞍山市机械冶金化工行业第三届职业技能竞赛,承办中国宝武第二届职工技能大赛内燃机车司机、高炉炼铁工竞赛,取得较好成绩。

【岗位创新创效】 加强工匠基地、职工创新工作室运行管理,开展2019年度评审定级,创建了一批中国宝武智能制造技术应用攻关工作室、示范创新工作室。组织职工岗位创新沙龙,举办“融合创新、共建共享”职工创新研修班,与宝钢股份、梅钢公司开展创新工作室结对共建活动,组织基层创新骨干到宝钢股份、韶关钢铁开展学习交流。开展职工岗位创新创效成果奖申报和先进操作法评选,20项岗位创新创效成果推荐获奖,推荐命名8项先进操作法。深入推进“我为企业‘对标找差创一流’献一计”活动,职工献计数达25702条。马钢集团工会被宝武集团工会评为优秀组织奖。

【关心关爱员工】 结合马钢集团“一企一业”专业化管理工作,明晰本部与属地单位扶贫帮困工作职责与体系。持续深化“四季送”品牌工作。全年发放帮扶资金615万元,慰问各类困难职工7116人次。金秋助学慰问22名困难职工子女,发放助学款9.5万元。完成年度职工互助帮困会费收缴工作,发放救助金63万元。职工互助保障计划理赔733人、195万元。根据中国宝武部署要求,积极开展消费扶贫行动,超额完成消费扶贫目标。针对夏季特大洪涝灾害,下拨防汛专项资金62万元。组织开展高温慰问活动,公司领导带队分头前往17家单位慰问一线职工,各级工会发放防暑降温经费397万元。有序推进职工“三最”实事项目,牵头起草、制定下发《关于开展职工“三最”实事项目的实施意见》,实施职工“三最”实事项目148个。

【和谐劳动关系】 筹备召开马钢集团公司十九届一次(股份公司九届一次)职工代表大会,制修订职工代表大会实施办法和综合民主管理委员会工作细则。召开职代会联席会议,分别审议通过集团职工董事职工监事、股份公司离岗政策、《劳动合同管理办法》等议案,审议集团公司优化劳动合同订立工作总体实施方案。指导利民公司等5家单位规范召开职代会,审议通过《厂办大集体改革职工安置方案》。开展职代会提案工作,共征集提案48项,其中重点立案16项。组织职工代表参加中国宝武2019年度民主评议工作,完成率达98.4%。贯彻落实《安徽省工会劳动法律监督条例》,成立马钢工会劳动法律监督委员会。启动集体合同续签工作,与行政方开展平等协商。开展职工队伍稳定风险排查调研,为构建和谐劳动关系提供有力依据。

【工会基础建设】 受宝武集团工会委托,在广泛调研的基础上牵头起草《马钢集团工会对属地单位工会协调服务办法(试行)》,经“中国宝武马鞍山区域工会工作调研座谈会”充分讨论,形成会议纪要下发。加强工会财务资产管理,及时对专业化整合单位的工会经费收缴渠道和会计业务核算进行调整,稳步开展年度财务互审检查和经费审查工作。加强智慧工会建设,打造全天候服务职工的网上职工之家。《基于“互联网+”的智慧工会服务平台建设》获马钢股份管理创新成果一等奖、宝武集团管理创新成果三等奖、第十六届安徽省企业管理现代化创新成果二等奖。智慧工会建设和工匠基地建设分获中国宝武2019年度工会工作最佳实践案例。

【女职工工作】 开展马钢股份女职工队伍状况调研。组织开展“对标找差创一流、巾帼岗位展风采”主题实践活动、“阅读强素质、奋斗建新功”读书交流分享活动等。“三八”前夕,表彰2019年度女职工工作先进集体和个人。推进职工家庭文化建设,评选表彰2019年马钢职工文明家庭50户。推荐参加宝武玫瑰实践奖评选,港务原料总厂工会女职委获得2019年度中国宝武玫瑰实践奖。落实安徽省疾控中心关于疫情期孕产期女职工劳动保护工作,维护女职工合法权益和特殊利益。

(汪少云)

管理创新部(科技管理部、安全管理部、能源环保部)

【战略规划管理】 以“十四五”末销售收入突破2000亿元、形成4000万吨钢配套生产规模为目标,立足打造“中国宝武优特钢精品基地和优特长材专业化平台公司”战略定位,深入落实“专业化整合、产业化拓展、平台化运营、生态化协同和多元化混改”理念，全面对标找差，详细调研和系统评估马钢发展现状，对照国内外经验做法和新定位新目标，总结分析公司产业发展现状、存在问题和面临的国内国际竞争环境，明确以中国宝武“一基五元”战略和安徽经济发展战略为引领，研究提出公司“十四五”总体目标、方向路径、目标任务、路径举措和资源配置建议，做强做优做大钢铁产业，培育百亿级营收的轨道交通材料和装备制造产业、千亿级营收的金属资源回收加工综合利用产业，建设设备远程运维基地、特种冶金材料基地和装配式建筑产业基地，发展壮大矿山资源、节能环保、智慧服务等相关多元产业的总体思路，统筹推进以钢铁产业为基础，轨道交通、金属资源回收加工综合利用、冶金装备制造、设备远程运维、特种冶金材料、装配式建筑、矿产资源、信息技术协同发展的“1+8”产业布局，打造“大而强新马钢”，在服务好长三角一体化发展战略中壮大自己，助力中国宝武成为全球钢铁业引领者和具有全球竞争力的世界一流企业，以此为基础，于2020年12月形成《马钢集团“十四五”发展规划》，以明确方向、凝聚共识，引领各项工作顺利开展。

【大集体改革】 梳理马钢大集体企业经营业务、人员结构、资产财务、债权债务等情况，成立专班，拟订推进计划，实行周例会制度，上半年完成总体思路及实施方案的制订和决策，形成《马钢集团厂办大集体企业改革实施方案》《厂办大集体企业员工安置办法》《马钢集团厂办大集体改革事项社会稳定风险评估报告》《马钢大集体改革维稳应急工作预案》等系列改制文件。2020年8月，马钢厂办大集体改革实施方案获得宝武集团批复后，经组织决策，清理集体企业资产，开展审计评估，注销原企业，新成立冶金工业服务公司和矿山科技服务公司，安置人员，承接大集体企业相关业务。至2020年12月底，相关工作已基本完成。

【组织绩效】 根据集团公司与16家一级子公司签订的《2019年经营目标责任书》，年初完成对各家子公司经营团队绩效评价工作；2019年9月19日，中国宝武重组马钢，经中国宝武与安徽省国资委沟通协商，明确马钢集团2019年经营业绩评价由中国宝武负责，2017—2019年任期经营业绩评价仍由安徽省国资委负责，为此，2020年3月牵头组织相关部门，完成马钢集团2019年经营业绩自评，录入中国宝武“子公司绩效数据填报系统”；6月中旬完成《马钢(集团)控股有限公司企业负责人2017—2019年任期经营业绩考核总结报告》，上报省国资委；组织《马钢集团2020年组织绩效任务书》，上报宝武集团公司治理部获批下发，按此标准，7月完成2020年上半年度绩效评价数据模拟测算工作。

【绿色发展·智慧制造】 根据马钢集团领导小组会议决策，马钢“绿色发展·智慧制造”14个项目获立项，总投资17.08亿元，其中2020年投入13.9亿元。履行领导小组办公室职能。牵头建立“绿色发展·智慧制造”周例会机制，确认项目推进工期节点，协调解决难点问题，统筹组织各项目可行性研究报告及设计评审，监督并协调项目推进进度。履行“2021年1月4日宝武集团‘绿色发展·智慧制造’会议”筹备领导小组办公室职责，负责牵头策划制定会议方案，总体协调会议筹备日常事务，保证了现场会在马钢按期顺利召开。

【厂区整治】 2020年9月完成《马钢南区厂容整治规划初步方案》，10月对方案做进一步修改、补充、完善。按此方案要求，全面推进马钢全版图厂区整治，牵头整体策划，协调各专项工作组与中冶赛迪公司对接。根据马钢南区厂容整治规划，按期完成马钢南厂区3号门区域、新4号门(原5号门)区域及天门大道界面景观实施方案编制和整治工作。

【信息共享系统覆盖】 2019年9月中国宝武重组马钢后，按照“统一语言、统一标准、统一平台、统一文化”的建设原则，确认马钢需覆盖推进的基础应用、信息系统共24个。截至2020年9月底，三重一大、外事事务、内部审计、纪委监察、安全监督、能环管理、投资计划、信息化项目管理等系统已完成覆盖，通过授权，马钢集团相关人员，通过系统已能正常报送信息。宝武智慧工作平台：2020年1月完成马钢集团总部单元全覆盖，6月完成全马钢集团上线；宝武党建云：马钢集团党委下属党组织架构全部建立，相关人员信息全部录入系统，“三会一课”记录功能开通，相关活动材料已能正常上传、学习、查询；人力资源系统：人岗匹配信息模板收集导入、薪酬模板信息收集及定制、相关信息审核、操作培训等，6月底完成标准功能全覆盖；标准财务系统：马钢架构梳理，授权、联合经营单位信息收集，开展权限、配置、初始化、网络、登录验证，前端无业务系统的部分单位于2020年6月30日上线，有业务集成单位于2020年12月31日上线。

【网络安全核查整改】 按照中国宝武统一部署，牵头组织马钢“2020年度网络攻防演练”工作。完成“宝武统一认证平台”主要信息资产填报，查清互联网信息资产;对马钢官网、马钢企业邮箱、马钢协同办公平台、马钢宣网、马钢住房公积金等管理系统进行检测,分别出具安全评估报告,提出风险等级和安全建议。对演练过程中暴露的问题,落实整改,强化基础安全自查,落实安全加固与策略优化工作。加强关键设备、重要系统、互联网网站的安全防护,组织实施网络安全监测、主机防护、诱捕等技术装备设施部署,落实安全技术防护措施,检测互联网系统网站中危以上漏洞,关闭风险较大的互联网出口端口,做好内部账号安全审计。

【专业化整合融合】 在宝武集团整体专业化整合融合基础上,积极参与马钢承担的相关工作,参与相关方案讨论,组织做好委托协议的审核及决策程序,组织完成委托管理协议的签署工作。在马钢专业化整合融合启动会召开后,积极协调第一批专业化整合12个项目的推进工作;协调推进第二批专业化整合4个项目的推进工作;跟踪第一、二批专业化整合项目推进情况,做好中期评价,并报告马钢集团。其间完成运营共享中心马鞍山分中心及马钢财务公司的委托管理方案及协议工作;参与宝武集团马鞍山总部设计工作,参与总部运行机制的讨论工作。

【安全管理】 细化落实《中国宝武子公司领导人员安全管理履职清单》相关要求,制定发布《马钢集团公司领导人员安全管理履职清单实施方案》,督促各单位制定落实全员岗位安全责任清单;根据中国宝武下发的《关于落实"违章就是犯罪"的理念进一步强化违章人员责任追究的实施意见》,制定下发《落实"违章就是犯罪"理念强化现场安全管控的实施细则》。深入开展针对各类管理、作业活动过程中不履行安全责任,违反安全规定行为的专项整治,清退严重违章相关方人员91人,全年对一般习惯性违章共考核2614478元。以危险化学品、冶金生产、建设和检修施工、能源介质、交通运输、消防以及相关方安全为重点,持续开展安全生产整治行动。11月30日—12月2日接受了中国宝武组织开展的"2020年度安全生产管理评价",评价结果为"良好"。

【能源环保】 组织制定《马钢集团公司2020年能源环保重点工作安排》,确定6大项25条重点措施,对重点任务进行责任分解。环境风险总体受控,完成"2019年长江经济带生态环境警示片披露问题"整改并通过验收,环保合规性管理水平总体提升;持续开展固废资源攻关、节能项目,固废危废100%安全处置不出厂;项目化推进超低排放改造,未发生重大投诉及环保舆情,未发生环境污染事故,总体完成中国宝武集团签订《节能环保目标责任书》和《商业计划书》中明确的能源环保约束性目标和重点任务,保持节能环保绩效历史最好水平。2020年,长江钢铁股份有限成功获得"国家级绿色工厂"荣誉称号;合肥板材公司获"安徽省绿色工厂"称号;马钢股份热电总厂污泥掺烧改造等4项获得"中国宝武2019年度环境经营优秀案例"称号。

【长江经济带大保护】 编制《长江生态保护环境治理规划》,全年安排72项环境治理等"三治"项目,资金38亿元,其中废水零排放2020—2022年预计投入8.5亿元,实施12个重点项目,已立项9个项目,确定计划投资4.65亿元。2020年投资7.5亿元,实施六汾河废水深度处理、南区雨污分流等一批节水、治水等废水零排放重点改造项目。六汾河废水深度处理按计划推进,11月基本建成,南区雨污分流及排口优化项目2020年底基本建成,实现年度工业废水同比削减13%以上,超额完成年度10%目标。

【科技管理】 "轨道交通关键零部件安徽省技术创新中心"获安徽省委批准建设并授牌,"安徽省轨道交通轮轴工程研究中心"在2020年度评估为优秀,马钢集团承担的省科技重大专项"煤基气制环氧丙烷产业化及系统集成关键技术研究"顺利通过结题验收;依托马钢集团,联合马钢股份和马钢交材组织申报2020年度安徽省科技重大专项"3万吨级及以上重载列车用轮对产品研发及产业化"通过省科技厅评审并立项;马钢集团参与的"面向多品规高精度轧制的CSP过程控制系统关键技术"获冶金科学技术奖一等奖,另有3个项目获二、三等奖(其中矿业公司1项二等奖、马钢股份和飞马智科各1项三等奖)。做好马钢集团760件专利的维护,组织矿业公司、马钢交材公司等单位专利转让;工业和信息化部科技司正式批复(工科函〔2020〕15号)同意成立钢铁行业资源综合利用标准化工作组,马钢集团为副主任委员单位。马钢集团与中国标准化研究院合作的国家标准《企业能耗在线监测标准化研究》发布实施。2020年10项行业标准获批准立项,在研行业标准16项,主要聚焦节能环保和智慧制造方向。组织参加安徽省质量管理小组成果发布会,马钢汽运公司第四分公司装载机班QC小组《研制一种装载机驾驶员上下车电动扶梯》课题,以总分第一名获安徽省质量管理小组质量技术成果一等奖并晋级国优。

(胡善林)

投资管理部(法律事务部)

【专业化资产整合】　根据中国宝武专业化整合方案,全面开展12个整合项目。一是完成欣创环保整合项目。完成马钢集团现金增资宝武水务、宝武水务收购马钢系持有的欣创环保股权。二是推进瑞泰马钢股权整合项目。形成以现金和持有的瑞泰马钢股权认购瑞泰科技增发股份方案,提请马钢集团党委常委会、总经理办公会研究同意并获中国宝武批复。根据上市公司资产重组有关政策要求,组织提供相关资料。三是完成物流公司整合项目。宝武物产增资马钢物流公司,整合方案履行马钢集团党委常委会、总经理办公会、董事会决策程序。四是推进信息技术整合项目。宝信软件定向发行股份收购马钢集团和投资公司持有的飞马智科,股权事项履行马钢集团党委常委会、总经理办公会、董事会决策程序。根据上市公司资产重组有关政策要求,组织提供相关资料。五是完成工程智维重工整合项目。完成博力监理、马建集团、江苏共昌股权无偿划转工作。完成宝武重工新设上海子公司、资质转移工作。完成马钢集团以马钢招标100%股权增资入股宝华招标。六是完成保理整合项目。欧冶保理吸收合并马钢保理,方案履行马钢集团党委常委会、总经理办公会、董事会决策程序。七是推进化工资源整合项目。完成马钢化工收购马钢股份持有的马钢奥瑟亚化工40%股权。完成马钢集团现金增资宝武炭材项目。推进马钢化工股权整合工作。八是推进清洁能源整合项目。完成马钢股份设立安徽马钢气体科技有限公司,推进马钢集团气体业务整合。九是推进固废资源综合利用整合项目。与宝武环科共同形成了《马钢固废资源综合利用业务聚焦整合实施方案》。十是推进原燃料整合项目。完成马钢集团向矿业资源集团无偿划转所持嘉华混凝土70%股权。马钢国贸向马钢集团无偿划转欧冶金源32.61%股权事项,履行马钢集团党委常委会、总经理办公会、董事会决策程序。宝钢资源整合马钢国贸、中联海运股权、马钢股份石灰石业务事项,提请马钢集团党委常委会、总经理办公会研究同意。十一是完成废钢整合项目。完成马钢集团对欧冶链金增资、欧冶链金增资并购欧冶金源。十二是完成融资租赁整合项目。完成马钢投资收购马钢租赁小股权事项。完成华宝租赁吸收合并马钢租赁。

【退资工作】　牵头制订《马钢集团退资工作推进计划》,扎实推进各项工作。一是推进法人压减。完成全年7户目标任务:安徽马钢耐火材料有限公司、马钢(上海)工贸有限公司、马鞍山马钢欧邦彩板科技有限公司、马钢(武汉)钢材销售有限公司、马鞍山迈特冶金动力科技有限公司、(杭州)投资管理有限公司、安徽马钢创享财务咨询有限公司完成清算注销。二是推进管理层级压缩。完成全年6户目标任务:1户杭州投资公司已注销;5户五级公司(即马钢(合肥)板材有限责任公司、安徽省江北钢铁材料质量监督检验有限公司、安徽长江钢铁贸易合肥有限公司、马鞍山长钢金属贸易有限公司、安徽长江钢铁贸易南京有限公司)完成管理层级提升至四级。三是推进参股瘦身。完成全年7户目标任务:完成6户(即马鞍山马钢考克利尔国际培训中心有限公司、上海大宗钢铁电子交易中心有限公司、马鞍山中日资源再生工程技术有限公司、马鞍山市中心医院有限公司、江苏共昌轧辊股份有限公司、申万宏源集团股份有限公司)清算注销;推进1户(马鞍山市泉涌锦池洗浴有限公司)股权转让。

【其他股权投资和变动项目】　一是根据中国宝武和马钢集团关于马钢大集体企业改制工作要求,完成设立安徽马钢冶金工业服务有限责任公司和推进冶金服务公司收购利民星火100%股权及利民冶金固废60%股权相关工作。二是按照安徽省能源局要求,完成马钢集团参与安徽电力交易中心有限公司股份制改造。三是按照中国宝武原燃料和工业品集中采购要求,完成马钢集团参与组建宝武原料供应有限公司和马钢股份参股设立欧冶工业品股份有限公司相关工作。四是完成马钢集团对投资公司和欧冶链金公司增资工作。

【法务事务】　全年办理14项授权委托,出具9份法律意见书,协助矿业资源等子公司办理工商登记变更;牵头审核10余家马钢集团下属公司董事会、股东会议案;配合宝武集团发行债券、瑞泰科技重组、宝信软件收购飞马智科等项目尽职调查,牵头提供尽职调查材料;办理马钢集团股东变更相关事项(安徽省国资委变更为安徽省投资集团);办理马钢集团调整注册资本、修改公司章程事项。

(陶　颖)

财务部

【预算管理】　一是分解落实年度预算目标。组织各子公司完成2020年度财务预算和投资计划的编制和下发执行；组织资产口径单位进行2021年度财务预算编制；组织管理口径单位进行2021年度商业计划书和投资计划的编制。二是做好经济活动分析。定期进行预算执行情况分析，形成生产经营简报、子公司扭亏增盈情况表、重点工程进展情况表等分析材料并报宝武集团相关部门。三是加强投资管理。完成2019年度投资完成情况报告；马钢首次纳入宝武投资管理系统后，组织进行节点和人员权限配置、年度投资计划录入、中期调整，督促月度投资完成情况的填报；下达集团本部投资计划并按进度付款；对子公司投资项目进行程序审核并按授权额度组织上报。四是加强利润分配管理，保证国有资本收益。完成2019年度马钢集团公司利润分配方案并分别报宝武集团和省国资委，经股东会审议后实施。完成2020年度利润分配方案。五是组织或配合完成各项数据填报。参与制定战略规划报告，2019年度子公司经营业绩数据，2020半年度及年度的绩效评价数据、省属企业负责人2019年度和2017—2019年任期经营业绩填报，组织进行2020年度经营目标测算，完成2021年国有资本经营预算，填报省委国企改革发展反映问题整改落实责任清单落实情况等。

【资金管理】　一是规范资金管理，提高资金使用效率。宝武集团于2019年底向马钢集团注入100亿元资金，在优先偿付部分高利率融资及子公司借款后，合理统筹安排本部账面70多亿元资金，坚持资金计划管理制度，坚持资金支付的多重审批制，按月填报资金使用情况表，定期向宝武集团汇报资金使用和结余情况。年中，对马钢集团本部（含直属机构）银行账户管理情况进行梳理，对分公司存量资金情况进行摸排，上收分公司冗余资金，归集至马钢集团总部统筹使用。二是合理调整融资结构。整合后有多个投资项目需筹备资金，但因2021年起马钢股份与矿业公司之间不再通过集团结算，在无贸易背景的情况下马钢集团本部在银行的新增融资甚至是存量融资的续贷可能出现困难，抓住年初受疫情及国家政策影响银行端融资成本呈下行趋势、授信额度相对宽松的时机，进行融资计划布局，逐步将短期融资置换成中长期贷款。三是强化两金管控。按月向宝武集团总部报送管理口径财务管控指标表，并根据管理口径对各子公司指标完成情况予以提示。管理口径的“两金”（应收账款和存货）实际增幅为-5.93%，营业收入增幅2.87%，完成宝武集团对马钢集团要求的“两金”增幅不得高于营业收入增幅的资金管理指标，经营实得现金流占应得现金流106%、超额完成不得小于90%的管控指标。

【会计与统计管理】　一是完成年报审计和财务决算报告。精心组织并密切关注各单位年报审计和国资委年报软件编报进展情况，积极与宝武总部和年报事务所沟通协调，处理年报审计中发现的问题，对事务所提出的各单位管理建议书进行汇总、整理，按时完成年报审计和合并范围全级次的2019年度财务决算报告。此外，组织完成中钢协年度财务决算报告的编报。二是配合进行专项审计工作。对接宝武总部审计和自查要求，配合完成公司业务招待费专项自查、资产负债专项审计、内控自评自查等相关工作。配合审计署上海特派办派出审计组对宝武集团2020年贯彻落实国家重大政策措施情况的跟踪审计并提供资料。三是完成统计报告。协同财务共享中心统计核算，完成2019年统计年报编报，并牵头组织专项统计工作，完成各类统计报表、统计信息的编报。四是完成其他各类报表。组织完成财务快报月度快报、月度合并报表、企业年度工作报告等。

【税务管理】　一是完成国家疫情期间税费减免工作。为有效应对疫情后各地企业复工复产，国家部委及地方政府纷纷出台相关扶持政策，其中社保减免政策马钢集团及包含托管单位在内的下属子公司均有涉及。配合人力部门做好相关减免、抵免工作。2—6月各项社保共减免1.6亿元，全年减免1.9亿元。二是完成个人所得税汇算清缴。2019年个人所得税新政策实施后，2020年6月底前需进行个税汇算清缴。为应对在与人力部门联合进行多次宣传辅导后仍有数千职工临近汇算清缴期结束前未能完成汇算清缴及补退税款的问题，通过市税务局协助，在网上平台进行集体补退税登记操作，在申报期内完成了剩余约2000职工补退税申报。三是加强保险集中管理。牵头同保险公司进行多番协商讨论，顺利完成续保。会同医疗保险办公室多次同保险公司就条款细节进行讨论并作出补充修订。在车险、财产险、货物运输险等险种上通过续标、费率商谈的方式续保。马钢集团公司下属托管子公司及合资公司本着“自愿参加，费用自理”的原则，按马钢保险集中招标的费率进行各项险种的投保。四是做好增值税留抵退税工作。根据国家税务总局和财政部联合发布的《财政部　税务总局关于明确部分先进制造业增值税期末留抵退税政策的公告》等文件，2020年度马钢集团公司母公司申请增值税留抵退税1854万元。五是经安徽省税务局向国家税务总局请示,涉及改制重组单位仍在原省份进行申报管理。组织全部子公司,完成2019年度财务数据采集申报工作。

【资产管理】 一是加强国有资产监管,防止资产流失。按照对资产评估机构严格选聘的制度规定,委托招标公司或成立相应的专家组对评估机构的资质、业绩、人员配备等方面进行严格审查。组织对资产评估报告进行内部审查,并出具相应的审查意见。完成欣创环保股权转让、市中心医院股权转让、奥瑟亚公司股权转入、马钢集团集体企业改革、马钢股份公司相关资产转让、招标公司股权转让等评估工作。审核办理12项资产评估报告的内审、公示、备案等,完成14项各级子公司新增、变动产权的登记、上报审核。二是做好对外投资财务管理工作。重视对投资项目的事前监管,积极参与集团公司对外投资项目的可行性研究、项目效益测算等投资项目立项前期的调研分析,并提出财务意见。参与马钢集团增资宝武炭材,马钢集团出资申购安徽电力交易中心股权,欧冶链金设立湖北、上海、辽宁等保供基地的可研评审;参加耐火公司清算、创享公司清算、马钢大集体改革等工作,协调处理涉及财务相关事宜。三是做好产权管理工作。规范产权管理工作程序,强化子公司的主体责任。子公司托管后,产权关系依旧隶属于马钢集团,要求矿业公司、宝武重工、投资公司、国贸公司、物流公司对产权登记系统落实到位,实行专人管理,有效避免了被托管后容易造成管理真空的问题。四是关注股权投资变动情况,更新维护股权信息。组织完成省国资委产权管理系统的变更登记、数据完善、审核上报。办理冶金科技技术服务公司、投资公司、欧邦彩板公司、考克利尔公司、瓦顿公司、马钢(上海)融资租赁、矿业公司、马钢(杭州)投资管理公司等单位的产权新增、变更、注销登记手续,并在国资委产权登记系统中及时进行维护。五是做好产权登记信息核对,完善系统信息资料。完成马钢集团2019年度产权登记信息汇编工作,通过对比财务决算等资料,结合实际核实产权登记信息,确保产权登记信息准确、完整。

【风险管理】 一是防范资金管理风险。严格执行《安徽省省属企业担保管理暂行办法》、宝武集团《担保管理办法》和《委托贷款管理办法》,以及马钢集团《担保管理办法》和《委托贷款管理办法》,履行马钢集团内部单位的担保和委托贷款的审查备案、上会审批流程,按月清查担保情况和委托贷款情况明细和汇总统计报送。根据中国人民银行推动市场报价利率要求,联合法务部协助华塑股份签订银团保证补充协议,严格审核并签订相关合同补充担保协议。二是清理部分长期挂账应收款项。对部分因历史原因形成的长期挂账的应收款项进行梳理,经与对方协商,核对往来账,清理了部分长期挂账应收款项,收回房改办及钢渣公司长期挂账欠款1284余万元。三是对资金管理问题进行自查。针对宝武集团财务部在开展资金管理问题自查事项中提到"马钢集团票据贴现融资规模超过实际交易规模"的问题,通过对2019年全年及2020年上半年票据融资问题作全面梳理,及时发现存在的问题,完成自查报告并进行整改。四是做好审计中发现问题的整改落实。对马钢本部年报审计发现问题进行了梳理和任务分解,按公司外部审计成果应用及管理工作要求,按时上报整改要求汇总表,持续跟进整改。五是做好安徽省委巡视组巡视反馈意见整改落实(办结销号)工作。根据马钢党委巡视整改工作领导小组工作部署,在上一阶段整改台账的基础上进行补充,报送整改台账,并将整改项的支撑材料收集整理,填写问题整改销号申请表(两大类)。六是做好民企清欠收尾工作。继续跟进民企清欠工作,参与保障农民工工资支付专题会议,督促子公司积极解决有争议欠款,做到应付尽付。

【重点工作】 一是推进运营共享,完成标财系统上线。2020年,马钢集团运营共享系统覆盖项目纳入中国宝武重点任务。集团经营财务部作为相关项目实施和配合单位,牵头组织标准财务系统覆盖相关事宜。6月底,马钢集团本部、欣创环保公司、物流公司、飞马智科公司等首批38家公司的标财系统顺利上线运营,年底前欧冶链金、宝武重工、矿业公司等81家单位标财系统顺利上线,实现了马钢集团项下分(子)公司标财系统全覆盖的阶段性目标。二是配合推进厂办大集体改革。全程参与马钢厂办大集体改革每周工作例会;办理借款1.2亿元公司内部审批流程,并筹集2.7亿元用于大集体改革;制定《厂办大集体改革资金管理办法》和《厂办大集体改革资产处置实施办法》,并履行上会审批流程;负责厂办大集体资产评估相关工作;协助办理转让资产包认定以及债权债务清理。三是配合推进"绿色发展 · 智慧制造"项目。按照公司要求,集控中心的智园项目由马钢集团出资建设,再出租给马钢股份使用,同时承担场地的拆迁费用,财务部根据项目进展情况,及时筹集3亿多元资金,保证了工程项目进展顺利。四是配合推进棚户区改造项目。会同资产经营公司、康泰公司等单位对项目投资进行测算，报批列入年度固定资产投资计划，按项目工程进度筹集资金并支付。五是对接宝武集团财务管理，确保平稳衔接。秉承制度先行的原则，一方面，对管理思路成熟的制度继续进行修订，包括《厂办大集体改革资金管理办法》，参与修订《马钢大学生职工帮扶贷款管理办法》等，制定并下发《马钢集团总部差旅费、调遣费及探亲费管理细则》；另一方面，学习研究宝武总部新发布的制度，通过向子公司下发通知等形式对宝武的管理要求进行深度宣贯，如涉及资金支付、委贷、担保等制度，对照 2021 新准则实施节点，实现各项对接。

（李志林）

集团公司直属机构

行政事务中心(马钢公积金分中心、档案馆)

【公益支持管理】 助推脱贫攻坚收官。组织落实马钢集团领导分批次深入帮扶贫困村调研走访。组织开展“打赢脱贫攻坚战”专项劳动竞赛。组织调研组对村集体申报的入股分红项目进行可行性调研,投入资金入股援助贫困村产业,为村集体获得稳定的分红收入。协助省国资委援助阜南县三和民族村30万元用于农家乐项目建设。围绕“助学金”长效助扶机制,组织对贫困户和困难边缘户子女上学人数进行摸底,2020年为120名贫困户子女发放助学金共计24万元。通过马钢技师学院实施校企合作项目在阜南县招生8人,其中建档立卡分困户2人。援助60万元建设资金支持贫困村建设群众文化活动和公共服务设施。以购代捐,先后组织各单位采购中国宝武集团对口帮扶地区和阜南县农产品,累计采购农产品1820万元。继续开展干部包户结对帮扶入村进户走访。安排驻村干部及时返村复岗复工,参与疫情防控,助力抗洪防汛。全年帮扶贫困户人居环境改善18户,落实产业扶贫政策36户、发放产业奖补13.6万元,落实幼儿园资助、教育助学、学杂费减免和雨露计划等政策88人次,帮助150户孤寡、残疾、低保等困难群众实施社会兜底政策,健康扶贫实现全覆盖。履行公益支持社会责任。配合市中心血站发动2102名职工义务献血,献血量598600毫升,2名职工成功捐献造血干细胞,马钢(行政事务中心)荣获市造血干细胞捐献工作突出贡献单位;组织参加第29届市金秋花展布展。

【疫情防控】 2020年1月21日,马钢启动《突发公共卫生安全事件应急预案》;1月23日,马钢成立新型冠状病毒感染肺炎疫情防控工作领导小组和领导小组办公室。马钢防控办组建马钢疫情防控工作网络,建立24小时应急值班制度,制定并落实各项防控措施。在2020年春节假期和复工复产期间印发、转发疫情防控相关文件53份,下发重点区域防控函7份、工作提示4份。严格自主隔离、信息报送和环境消杀等防控措施落实。多渠道组织防控物资采购并及时分发,累计筹措口罩114.3万只、84消毒液4750千克、酒精2857.5千克、测温枪612支(自行采购102只,政府支援510支)、红外测温门2套、防护手套2000副、护目镜150副、各类喷壶45000只。结合秋冬季可能出现的疫情反弹情况,提前做好物资储备,采购100万只一次性防护口罩和200支测温枪。由于组织得力、行动迅速、措施有效,马钢新冠病毒疫情总体可控,职工队伍稳定,生产经营秩序稳定。

【绿化管理】 承接实施马钢“绿色发展·智慧制造”绿色景观优化项目。研究制定《马钢“绿色发展·智慧制造”(绿化美化靓化)工作方案》《绿色发展厂区景观提升规划》,结合工程现场情况及时协调设计单位进行设计变更处理,督促现场施工。讨论确定智园生产服务中心楼内功能布局方案及内装风格,及时完成选材,并跟踪监管施工进度;完成智园项目部分建筑内部办公家具、厨具等设施设备的采购,并督促确保及时进场施工与安装。“绿色发展·智慧制造”项目完成绿化新建面积40万平方米,绿化提升面积15.5万平方米,绿化覆盖率达到30.7%,实现提升3%以上,投资金额共计6273万元,完成马钢年度绿色钢厂指标提升任务。严格绿地占用审批流程,2020年审核绿地占用申请表284件。建立绿化养护管理档案,形成管理制度,为绿化养护的科学管理奠定基础。

【厂容环境卫生管理】 对新建智园5号楼食堂、特钢公司轧钢食堂进行平面布局设计及施工过程检查。对南区食堂进行科学规划、合理布局设计,食堂由18个整合为10个,拆除11个、保留7个、新建3个。疫情防控期间,重点加强厂区公共区域消毒,强化垃圾收集点卫生管理,增设废旧口罩处置点;配合对现场48个施工区域进行防疫措施落实检查。防汛期间,现场巡查马钢长江段绿植,做好应急预案,对倒伏树木及时处理。围绕总书记视察马钢、省环保督察、宝武“钢铁荣耀·铸梦百年”健步走活动等重点工作开展厂区环境专项整治,对标宝武厂容管理,提高马钢管理标准,加大厂区清扫保洁力度,建立并实施重点任务全天日巡查制度,加大厂区环境监管力度。强化提升保洁质量,制定《厂容环境卫生及绿化养护管理考核细则》,对保洁单位服务协议情况实施季度考核。对标中国宝武,现场调研马钢“四室两堂一所”状况,制定整合优化方案,深入开展“四室”整合优化工作,2020年,马钢共有“四室”1936个[其中股份公司1696个,集团及其他分(子)公司240个],2020年底实施整合优化后,较年初减少了256个,减少11.67%。实施“三级巡查”覆盖“四室”监督检查。完成18家厂矿的2029个“四室”检查,对126个“四室”进行整改验收,按季开展“四室”卫生检查结果通报。落实马鞍山市数字城管各项任务,2020年,共收到案件248件,处理199件,回退49件;信访件6件;马钢本部案件办结率达100%,返工率和反复立案率控制在3%以下。

【爱国卫生管理】 组织对《爱国卫生管理办法》《突发公共卫生事件应急预案》等公司级管理制度进一步修订,对《食品及桶装饮用水安全监管流程》等6项业务流程进行修订完善。开展第三十二个"爱国卫生月"和第十一个"爱国卫生法制宣传周"专项活动;组织2家省级、7家市级卫生先进单位和2家无烟单位开展申报和复审工作;有效开展病媒生物防制,2020年共完成病虫害消杀面积约90万平方米;定期开展食堂及桶装饮用水安全检查,检查覆盖率为100%;组织对食品原料进行专项检查,确保检验合格。邀请市中心医院呼吸科专家到四钢轧总厂进行健康宣讲,提高职工的防病、控病意识。

【史志管理】 落实"中国宝武'钢铁荣耀·铸梦百年'宣传教育系列活动"总体部署,完成《宝武简史》《宝武画册》马钢有关历史资料的收集、起草、整理和编辑工作。组织《宝武年鉴》《中国工业史(钢铁卷)》《马鞍山年鉴》《马鞍山大事图文》等马钢集团相关稿件起草及整理上报。借鉴《宝武年鉴》结构模式,结合马钢集团机构调整实际,完成2020年版《马钢年鉴》的编辑工作;根据公司机构调整和人员变动情况,调整公司《马钢志(2001—2019年)》编纂委员会成员,4月30日以视频会议形式召开编纂工作启动会,筹备组建编纂队伍。

【后勤服务管理】 结合疫情防控形势,统筹制定体检计划,采取网上预约及出示安康码的参检流程,有序组织各单位职工体检工作的开展。2020年共计完成体检职工28843人,体检满意度达95%以上。推进马钢工作餐改革,组织对职工工作餐运营模式进行专题调研,提出将餐费与服务费合并、在试点食堂将定额份餐制改革为自助选餐制建议供马钢决策。调整企业补充医疗保险管理委员会,召开委员会议审议企业补充医疗保险管理办法修订意见,研究宝武集团在马其他单位参保及退休人员医疗待遇等问题;组织32家宝武集团在马单位签订企业补充医疗保险参保协议书;举办企业补充医疗保险培训班,协助宝武资源集团桃冲矿等单位开展医疗保险、职工家属医疗保险费报销等业务培训;协调处理"7·17煤气中毒"救治费用结算问题、企业补充医疗保险费用支付问题、职工家属参保费报销问题以及刑庭文等工伤人员的医疗待遇问题;认真落实企业补充医疗保险各项政策,全年共审核、审批企业补充医疗保险各项费用5902.26万元。与马钢相关部门密切配合,完成2020年度职工人身商业险招标、协议文本修订及协议签订。2020年4—12月职工商业险累计索赔1891人次1368.29万元,协调处理理赔纠纷近20起。

【档案管理】 根据马钢专业化整合实际,及时梳理档案管理与服务网络。针对部分被托管单位实际需求,组织开展现场调研,沟通明确托管关系、托管范围及其托管方案,督办并协助档案库房整治。积极探索开展档案数字化、深度开发利用增值业务服务。对接宝武集团档案标准体系,修订完善马钢《档案工作规范》等5个公司级管理文件;编制《档案馆突发事件应急预案》。推进数字档案馆二、三期项目工程,建立网络资源采集接口,实现企业内部网络及互联网站中重要资源采集,搭建智能档案库房管控系统,经项目组审定,二、三期项目基本具备验收条件。对马钢股份铁运公司、炼铁总厂4号炉工程项目档案资源整合,对炼焦总厂与化工能源工程项目档案拆分以及系统内数据清理;为炼焦总厂等13家单位开通网上借阅账户,实现电子档案远程利用;完成长材事业部(053、065、068)等5个全宗工程项目档案数字化备份工作;利用专业的ROSE备份软件,通过移动硬盘外接祥云服务器的方式开展2019年数字档案数据异地备份。

【公积金管理】 有序实施住房公积金贷款自主核算,完成8家合作银行的公积金贷款数据迁移和贷款模式转换,全部实现公积金贷款冲还贷模式。完成职工公积金缴存基数调整,调整后,人均月缴存额增加184元。启动"对照电子稽查报告,提升数据质量和业务水平"行动计划,逐月核实和整改电子稽查揭示的问题并接受省公积金监管处对分中心三季度公积金电子稽查报告核查情况的现场评估。2020年住房公积金归集额为9.60亿元,本年办理贷款发放1976户,金额5.87亿元;办理公积金个人提取8574人次,4.21亿元;办理销户8613户,6.57亿元;共核查异地购房99户,提取1313.1万元;完成28家房地产项目的贷前审查;办理开发公司公积金贷款保证金清退39笔、54.72万元;审核公积金汇缴468254人次、封存账户9796人、销户7081人、新增开户457人,办理公积金转移3506人。升级房改管理系统,开发了住房补贴管理、公有住房管理、公共租赁住房管理等功能。组织公租房区域内公共设施、设备安全隐患排查;按照"绿色发展·智慧制造"项目建设需要,完成415户拆迁对象住房情况审核;与市产权登记部门沟通协调历年遗留职工住房产权办理问题。年内为职工办理房改房权属人姓名更正103户、房屋权属问题核查54户；配合市征管部门协查马钢职工及配偶享受住房待遇情况512户；受理审核职工住房补贴申请674人计1066万元；受理和安置单身大学生职工、低收入职工家庭、人才型职工家庭的公租房安置申请。

【文体分中心管理】 提升职工文体场馆环境，开展环境整治，对馆外照明系统和监控系统进行优化，对游泳馆内部地坪、排水系统和排风系统进行了改造，更换羽毛球馆浴室热水箱和管道系统，对羽毛球馆东侧的荒废花坛和泳池东面的建筑垃圾堆放区进行了垃圾清理、黄土回填和绿化改造。加强内部管理，对原有规章制度进行梳理和修订，对《文体中心突发公共事件应急预案》等各场馆通用管理制度进行修订。将网球馆和乒乓球馆班组合并统一管理，提升人员利用效率50%。在羽毛球馆和网球馆开办马钢职工子女球类培训班，努力提升场馆服务质量和水平。2020年共办理会员卡1382人，日均服务约1200人，年度服务约30万人次；实现营业收入总额182万元，较上年增长127%。

【办公楼综合管理】 认真开展固定资产维修，重点实施办公楼玻璃幕墙维保、一层大厅LED屏更新、净水系统加装、移动5G改造、马钢宾馆改造等工程。结合马钢机关机构调整实际，及时调整办公楼义务管理员、义务消防员、义务突击队员，按月汇总设备设施隐患排查情况。协调解决办公楼各单位设备设施报修问题182项；组织开展办公楼消防设施检查，督促设备维检单位对消防喷淋系统进行大修，更换300条即将过期的消防水带，对各楼层消防疏散指示牌进行检查、更换。组织对办公楼重点防火部位档案馆进行消防演练。全年共检查发现和联系维修设备设施故障、卫生保洁缺陷、需修复整改的土建维修项目851项。强化卫生保洁质量，督促、检查保洁人员做好消毒、洗洁用品配置，加大办公楼消毒、保洁、空调滤网清洗消毒力度。对物业管理新增的运营共享中心、纪委谈话室加强卫生保洁和安保管理。积极配合做好马钢疫情防控物资的接收、分类、统计和发放。2020年大宗物品核销金额463179.80元；零星办公用品核销费用15110.02元、复印纸核销费用64964.15元。严格机关劳保物品发放程序，规范管理库房；办公楼更换管理人员办公家具11套、员工柜40组、卡位40组、会议椅260把。2020年会务分中心服务会议2284场次、38642人次；其中300人会堂场次82场、11617人次；800人会堂场次18场、人数2200人。服务视频会议252场、2161人次；顺利完成公司职代会、宝武宁马片文艺会演等重要会议服务工作。

【党建工作】 认真贯彻落实习近平总书记考察调研中国宝武马钢集团重要讲话精神，制定具体落实行动方案，以多种形式组织学习，层层宣传贯彻。培养了一支义务讲解员队伍，积极做好总书记参观的展厅的学习宣传与讲解服务工作。将主题教育与主题党日、红色寻访、“党课开讲啦”等活动相结合，通过中心班子成员深入基层党支部党开展党的十九届四中全会精神和“四史”教育宣讲，组织党员学习《习近平谈治国理政》第三卷，参加专题征文活动，举办学习分享会等，不断丰富主题教育形式和内容。制定发布《行政事务中心党风廉政建设“一岗双责”工作实施办法》《行政事务中心“三重一大”决策实施办法(试行)》，对现有党建工作制度进行全面梳理，制定和修订制度15项；组织员工重新识别岗位风险，针对性制定了防控措施。结合重点工作，充分发挥党建助推业务工作作用，全面推进实施疫情防控，有序推进“四室两堂一所”建设，不断提升医保、公积金、档案、文体等后勤服务质量和水平；聚焦“全面对标找差、争创世界一流”管理主题，落实行动方案，组织开展合理化建议，激发职工活力；强化内部管理，落实马钢巡察反馈问题，强抓内部巡查、整改。

(李一丹)

人力资源服务中心

【人才招聘】 一是积极实施人才招聘。根据马钢集团各子公司、部门及中国宝武专业化整合公司用工实际需求，坚持公开、公平、公正原则，克服疫情带来的不利影响，精心设计招聘实施方案，细化招聘流程环节，依托马钢内外网、高校招聘网等网络平台优势，提供招聘代理服务。组织完成了马钢股份、欧冶链金、飞马智科公司、矿业公司等多家单位共52场内外部招聘，接收报名4257份(其中1933人经资格审核合格)，经严格的笔试、面试、体检，录用352人，基本满足用人单位需求。二是扩大招聘服务内容。为相关单位选人用人提供服务平台，先后参与了和菱公司、姑山矿业公司等单位相关管理、技术业务岗人员竞聘组织工作。三是扎实推进共享用工。积极挖掘外部岗位信息，向员工提供有效匹配岗位,构建新型共享用工模式,助推员工转型发展。走访调研相关单位和企业,了解和对接外部岗位用工需求。共收集43家规上企业用工需求1926人。11月,根据马钢《共享用工管理办法》及国家有关指导意见,草拟《马钢共享用工合作三方协议》并征求相关部门意见;深入对接单位,组织召开共享用工对接会12场,全年共有12名员工签署三方协议,走上共享用工岗位。四是有序办理人员流动。梳理完善流动人员线上线下办理流程,加强与宝武总部等有关部门联络,及时办理指令性、协商性、成建制等子公司内部、跨子分公司及宝武在马鞍山专业化公司1697人流动手续。

【业务培训】　一是积极落实技能培训政策。加强与市人力资源和社会保障部门沟通协作,协助长江钢铁公司、利民公司、飞马智科公司等企业,积极申报技能人才评价基地、新型师徒建设等项目,落实有关优惠政策,促进有关企业技能人才队伍建设。二是精心组织技术职称评审。完成了2019年工程序列职称评审工作,共报名263人,初审合格259人,经评委会评审合格247人。组织完成工程序列正高级职称评审工作,共收集9人申报材料,初审合格5人。按中国宝武要求,组织正高级政工师申报以及职称申报继续教育报名等工作。完成了2020年政工序列职称评审工作,共申报37人,初审合格32人,经评委会评审合格29人。完成了2020年工程序列职称评审工作,共报名268人,初审合格262人,经评委会评审合格252人。组织安徽工业大学学生生产实习,接待实习学生40余个专业、172批次、15477人次,以及21名青年教师在马钢社会工程实践。三是开展业务交流培训。针对新冠疫情,联合有关机构组织推送了多场次线上员工劳动合同、薪酬福利等人力资源管理实务培训。

【薪酬发放】　一是稳步推进薪酬发放。配合宝武运营共享中心及宝信软件完成了宝武EHR系统覆盖马钢集团工作,集团本部和股份公司已全面实现通过新的宝武EHR信息系统完成薪酬发放的相关业务,基本做到平稳有序、及时准确。全年完成72家单位、22万余人次的薪酬发放。配合宝武运营共享中心马鞍山分中心完成标财系统薪酬相关支付模块的梳理上线。完成集团本部的直连互通,马钢股份工资直连工作有序推进。二是稳步实施个税代缴。配合财务相关部门个税代缴法人化的变革,做好业务对接,保证职工附加专项扣除信息的及时准确,同时配合各财务部门做好个税对账工作,保证薪酬发放系统与国家个税系统信息一致。协同财务及税务完成2019年职工个人所得税汇算清缴相关工作。三是及时办理公积金支取。做好马钢集团、马钢股份机关人员公积金支取以及房贴补差业务办理,共办理公积金支取228人次,房贴补差19人次。四是完成薪酬调查工作。根据马钢集团要求,组织完成省国资委2019年薪酬调查相关工作。每月完成宝武人事月报薪酬部分的收集汇总及上报工作。完成幼教中心工资补发相关工作,参与信访接待等相关事宜。

【社保征缴】　一是做好社保征缴。按月审核54家单位社会保险缴费,全年马钢实际缴纳各项社会保险费共计8.38亿元,其中养老保险5.52亿元、失业保险0.25亿元、医疗保险2.38亿元、大病救助险0.02亿元、工伤保险0.15亿元、生育保险0.06亿元。二是做好系统维护。全年线上办理保险新增和续保244人,停保3732人(含2019年12月停保、1月减员2757人);公司SAPHR系统,录入新增员工193人相关信息,办理保险补缴43人、转移保险关系36人、减员(含解除合同、退休、在职死亡、退休死亡)5887人。三是做好社保缴费管理。完成在职参军51人缴费情况梳理,对参军前未建账的18人,完成缴费基数建账补缴。下发《关于开展职工养老、失业和医疗保险欠费催缴工作的通知》,统计员工社保历年欠费数据,组织在职人员社保欠费催缴工作。启动2020年度社保基数调整准备工作,制作基数调整模板供各单位使用。与市人力资源和社会保障局沟通、协调,处理好73人缴费数据相关问题。梳理宝武e-HR系统社保、年金模块操作流程,帮助各单位及时解决系统核对数据出现的问题。做好2020年社会保险费缴费基数调整准备工作。

【年金事务】　一是做好年金征缴。按月审核67家单位(含7家合资单位)年金缴费,及时与财务对账、汇总报年金受托人。每月导出系统年金模块缴费数据,并提交年金受托人国寿进行数据变更、核对。全年马钢企业年金缴费共计1.88亿元,其中合资企业缴费0.07亿元。二是做好年金支付。按月汇总传递员工年金支付、转移信息,登记台账,全年核对2399人企业年金支付、6人转移相关信息。三是做好年金管理。参加马钢年金受托人召开的2020年国寿养老安徽分公司企业年金管理研讨会和年金投资管理人华夏基金召开的2021年企业年金投资策略研讨会,并协助下发完善企业年金待遇支付业务受理材料有关通知。

【政府奖补】　一是做好社保费率降低工作。按照省市政策规定,失业保险费费率和工伤保险费费率分别继续降低 0.5%和 0.65%，实施期限延长至 2021 年 4 月 30 日；养老保险费费率自 2019 年 5 月起由 19%降至 16%。全年少缴 9600 多万元。二是做好失业保险返还工作。按照省市政策规定，马钢 2019 年协商解除劳动合同 5492 人，超过失业保险返还申报条件。经与市人力资源和社会保障局沟通协调，争取公司 19 家中小微企业失业保险返还政策，经梳理、统计相关数据，就符合返还条件的 8 家单位进行了申报，返还金额已打入单位账户。三是取消退休职工单位每月缴纳 4 元医疗救助基金。按照马医保发〔2020〕4 号《关于调整参保单位退休职工医疗救助基金筹资政策的通知》要求，自 2020 年 2 月起，取消退休职工单位 4 元医疗救助基金，在职人员仍按现行政策规定缴纳。每月免缴 18 万左右，全年少缴约 198 万元。四是做好疫情期间社保减免工作。根据省市疫情期间对企业阶段性社保减免政策，五项社会保险费减半征收 5 个月、金额 15456 万元；公司除享受大型企业减半征收政策外，还争取 19 家中小微企业实行免征养老、失业、工伤三项保险 11 个月的政策，已落实 2—6 月金额约 856 万元（7—12 月免征约 2000 万元预计 2021 年初兑现）。召开公司 19 家中小微企业有关阶段性减免社保政策沟通会，梳理、统计各单位 2—6 月社会保险费减免相关数据提供公司财务部门，做好减免退还配合工作。

【员工服务】 一是做好退休审核工作。按月对各单位报送的员工退休档案材料进行初审、申报市人力资源和社会保障局进行退休审批，全年经市人力资源和社会保障局审批退休 1786 人。协同马钢工会办理了 5 人漏报劳模退休待遇的审批补发手续。按照省人力资源和社会保障厅有关特殊工种提前退休管理工作规定，梳理公司特殊工种退休相关信息，填报特殊工种企业信息登记汇总表。配合市人力资源和社会保障局做好省厅和国家分别抽查 2019 年度一条（二）项 40 名和 62 名退休人员审批情况，并下发有关市人社局审批一条（二）项退休相关要求的通报，做好国家规定一条二项退休工种目录梳理工作。按月审核离退休中心和矿山系统离退休人员养老金统筹外项目发放以及退休人员年终一次性生活补贴。组织填报 152 人职教幼教退休人员落实相关待遇个人审批表以及计算待遇补差花名册。对利民公司大集体改革涉及有关协商解除劳动合同政策给予相关指导，处理内退人员社保接续等事宜。二是做好政策办理工作。根据 2020 年离岗政策有关规定，下发了离岗政策办理相关手续代电话通知，配合马钢股份人力资源部参与 3 场次离岗政策解读。根据集团公司要求，下发中心离岗政策通知，召开机关和直属机构相关人员政策解读会。协助宝武重工、矿业公司、嘉华新型建材、利民公司大集体改革有关协商一致解除劳动合同政策解答。截至 12 月底，办理协商解除合同 728 人、自主创业 7 人、离岗休息 57 人、编外管理 19 人。办理了 169 人劳动合同续签手续、350 人入职、104 人离职、73 人返岗等手续。劳动能力鉴定，收集、申报 233 人，安排 210 人参加鉴定，取回鉴定结论 227 人，其中完全丧失劳动能力 176、大部分 27 人。按照马钢集团统一部署，完成了矿业公司、马钢交材、欧冶链金、宝武重工、物流公司等单位员工劳动合同换签补充协议办理手续，开展宝武集团专业整合各子公司用工登记、开户参保相关工作。做好马钢股份专业化整合 300 多人劳动合同换签手续办理。三是做好工伤待遇审核工作。审核 3 人老工伤职工一次性伤残补助金、4 人工伤丧葬费补差，审核 359 名工伤人员协商解除合同一次性就业补助金。完成了 2019 年工伤协商解合人员一次性伤残补助金补差审核及马钢自行鉴定的 50 名工伤退休人员生活护理费调整审核工作，完成了内部退养人员工资调整的补发审核工作。四是做好政策解答。本着依法合规、让员工满意的原则，根据国家、公司有关政策，热情接待、解答职工有关协商解合、退休待遇、年金支付以及工伤待遇等来信来访。认真处理退休人员涉及出生年月、一条（二）项工龄折算以及工伤待遇相关具体事宜。参加马钢集团优化劳动合同订立实施方案、提高人事效率指导意见以及马钢股份离岗政策制订讨论，并联系市人力资源和社会保障局就有关法律法规进行沟通对接并进行培训。

【信息共享】 一是协助宝武集团运营共享中心及宝信完成中国宝武 e-HR 覆盖马钢集团项目，组织 7 次专题培训，完成机构、人员、岗位等系统基本功能模块建设，为其他宝武专业化公司提供业务和数据上支撑，确保项目进度。完成管理岗、技术业务岗、操维岗人员的数据治理工作，纠正错误数据 28951 条。二是每月及时完成市统计局、中钢协、国资委等上级年报，为公司相关部门定期或不定时提供各类报表和数据。提供马钢集团 2019 年职代会报告涉及的社会保险和年金缴费情况，马钢股份 2019 年社会责任报告涉及的社会保险和年金缴费情况，2019 年人力资源年报涉及的离退休人数等重要 HR 数据。全年完成月报表 156 张、季报表 6 张、年报表 7 张、不定期报表 60 余张。三是做好集团 SAPHR 系统机构、兼职、人员信息等日常维护运行和相关业务信息处理。融入中国宝武人力资源管理报表体系,组织2次宝武集团报表专题培训,每月及时上报人事报表及有关数据。加强信息共享和业务交流,通过各模块工作群,及时进行日常信息交流、业务沟通。人力资源服务中心网站和微信公众号正式上线运行,定期进行信息更新发布。

【业务交流】　一是积极开展服务调研咨询活动,加强沟通交流。赴马钢交材、欣创公司、港务原料总厂、宝武重工、物流公司等单位调研,了解服务需求,提供优质高效服务。二是充分发挥人力资源共享服务平台优势,积极开展人力资源服务共享活动。连续举办6期"人力资源服务大讲堂"、2期"人力资源服务流动大讲堂"、1期"马钢HR沙龙"等。开展e-HR操作、数据治理、劳动合同、劳动法、用工登记等业务培训,提高业务水平。

【综合服务】　一是重点开展了"人力资源服务提升年"活动,覆盖23个项目,先后与表面技术公司、马钢交材、物流公司、康泰公司、嘉华建材公司等7家单位签订了人力资源综合服务协议,提供优质高效的服务。二是启动了长钢第二轮人力资源综合服务项目,协助开展新电炉定员编制、人员招聘,申请获批了两个市级技能大师工作室,开展马钢工匠大师走进长钢系列讲座活动。积极支撑欧冶链金业务快速发展对人才需求,组织多场次多批量的人才招聘。三是完成机关人事档案审核工作。审核认定786人"三龄二历"材料,收集、整理机关人事档案进档资料1850份,提供档案资料40人次,协助集团、股份机关办理档案转接75人次。

【团队建设】

1. 每月坚持组织政治理论及专业知识学习,加强业务培训和能力建设。开展了1期团队拓展训练、7期学习培训分享会。选送业务骨干10多人次参加各类论坛、讲座、年会、培训等。

2. 坚持开展"季度服务之星""明星员工"和优秀团队评选。与前程无忧、智联招聘、淘才企管等专业机构建立了良好的战略合作关系,加强交流学习,进一步锤炼员工才干,提升员工素质。

(孙　歆)

离退休中心

【老干部工作】　截至2020年12月31日,马钢离休干部157人,其中副厅级以上9人(含享受);退休干部598人。2020年,认真贯彻中组部〔2016〕3号文件和安徽省委〔2016〕51号文件精神,精准服务老干部,全面落实政治和生活待遇,全年提供老干部出车服务520车次,行程14450千米,走访慰问离退休干部1000余人次,看望住院离退休干部300余人次,看望慰问老领导70余人,审核发放离休干部一次性生活补贴204万元。精心安排好老干部的健康体检工作,组织老领导深入学习贯彻习近平总书记考察调研马钢重要讲话精神,参观中国宝武马钢特钢公司。在中国人民志愿军抗美援朝出国作战70周年之际,全面排查、细致审核、及时上报出国作战人员信息,并前往抗美援朝出国作战老战士家中、医院、敬老院,将中共中央、国务院、中央军委颁发的抗美援朝70周年纪念章送到191名老战士手中。积极为老干部搭建平台,利用多种途径开展形式多样的活动。

【社会化管理工作】　按照中国宝武和公司退休人员社会化管理工作领导小组的部署要求,认真贯彻落实中办、国办印发的《关于国有企业退休人员社会化管理的指导意见》等文件精神,周密组织、稳妥施策,实现马钢退休人员人事档案、党组织关系、服务管理全面交接,完成马钢(含三个矿山)49799名退休人员社会化管理工作。一是依据国家、省、市相关文件内容,编写了《国有企业退休人员社会化管理政策问答》,开展相关政策宣传工作。二是完成全公司退休人员人事档案的规范化整理工作,于2020年7月移交至市人力资源与社会保障局集中管理,成为中国宝武首家完成档案移交的一级子公司。三是积极与本市各街道社区对接,通过全国党员信息系统和介绍信的接转方式,完成13251名退休党员的组织关系接转工作。四是与马鞍山市花山区、雨山区和经济开发区等街道乡镇签订了管理服务协议,将马钢退休人员的党建工作和文体活动等服务功能移交社区,由街道社区平稳承接退休人员的相关服务职能。

【退休(内退)职工服务管理】　截至2020年12月31日,马钢离退休职工共计39445人。2020年共接收新退休职工1614人,协助处理丧事822件,按时审核发放离退休职工企补、物补1.1亿元,办理退休职工家属居民医疗参保费审核报销3321人,发放报销费用41万元。慰问特殊困难退休职工3272人,送去慰问金120万元;大病救助3518人,发放救助金200万元。慰问困难党员379人,发放慰问金18万元。接待查档调阅资料2500余人次,接待处理日常服务咨询和涉及工伤待遇、养老金发放、工龄、医保等个性化问题的来电、来访、来信5万余人次，处理解决各级信访件20余件。

【基础管理】 针对马钢巡察工作中发现的问题，认真落实各项整改措施，全面开展保密、履职待遇及业务支出自查工作，完善修订了《固定资产管理办法》《物资采购管理办法》《业务招待费使用管理办法》《老干部专用车辆管理办法》《离退休职工特殊人群管理办法》等管理标准，督促老年大学抓住疫情停课空档期，以问题为导向，全面对标找差，补短板强体系。加强宝武智慧工作平台的公文处理、财务报支等新系统的规范使用和e-HR系统的维护和管理，确保了新老系统平稳过渡和正常运行。根据退休人员社会化管理工作完成后，活动场所移交和服务职能变化等新情况，优化机构设置，合理调配人员，将原有7个站点压缩至5个服务站，并按行政区划对应各自街道，重新划分服务区域。撤销各服务站党总支及退休支部，成立4个离休支部，与5个站在职党员支部合一，为退休人员的社会化管理职能及活动场所移交后各项工作的有序开展做好准备。

【工作调研】 深入走访调研，了解掌握重病、高龄、失能、失独、空巢、独居、家庭困难等离退休职工实际情况及帮困诉求，精准帮扶；在春节、"五一"、重阳节期间分别组织开展走访慰问90岁以上离退休职工和特殊人群等活动。认真组织开展职工思想政治工作暨第十一届职工道德论坛征文和工会工作调研征文活动，三篇征文分获公司一、二、三等奖。积极做好省、市老干部调研及信息上报工作，信息采用59篇。

【宣教活动】 认真做好宣传报道工作，《马钢日报》、马钢家园、马钢宣网发稿100余篇，中心网站推送发布各类稿件150余篇。广泛开展技能培训、网上学习、退休人员社会化管理系列劳动竞赛、"服务之星"评选和"我为企业对标找差创一流献一计"等活动。规范做好厂务公开各项工作，严格落实职代会制度和职工代表巡视制度，对职工代表提案做到件件有着落，事事有回音。主动参与、融入中国宝武"钢铁荣耀·铸梦百年"宣传教育系列活动，成功承办了中国宝武130周年"钢铁荣耀·铸梦百年"宁马片区书画摄影、集邮展等系列活动。在"钢铁荣耀·铸梦百年"宁马片区文艺会演比赛中荣获优秀组织奖。

【马钢新四军历史研究会工作】 做好新四军历史研究优秀成果的挖掘整理：对电视专题片《云岭慰忠魂》《战地黄花分外香》《重温铁军足迹》，马钢老战士抗战回忆录《铁军岁月》《铁军足迹》，画册书籍《铁血》《铁军颂》《新四军军部的变迁》《新四军传说故事汇》和《新四军诗词文选》进行了整理分类归档；对1999—2020年组织老战士参加各类活动的数千张图片整理成册《铁军精神耀马钢》（上下册）；对2014—2016年连续三年荣获安徽省新四军历史研究会"集中抢救征集新四军老战士史料工作"先进单位和2017年、2020年分别荣获安徽省委组织部、省委老干部局"全省离退休干部正能量活动优秀团队""全省离退休干部先进集体"等荣誉奖牌上墙展示。做好"纪念抗日战争胜利75周年"和"纪念中国人民志愿军抗美援朝出国作战70周年"走访慰问工作。着力抓好"弘扬铁军精神，决胜脱贫攻坚，助力乡村振兴"工作。

【马钢关工委工作】 对大学生公寓的体育活动场所和生活设施进行改造，向大学生公寓阅览室赠书。协同相关部门，联合举办了职工道德论坛、《中华人民共和国国家安全法》、抗美援朝主题论文活动。关心中小学生成长，对困难退休职工的孙辈们帮扶，把关爱工作落到实处。深入马钢扶贫点，看望驻村扶贫干部，慰问特殊贫困户。

【马钢老年大学工作】 2020年，面对疫情影响，依托省老年远程教育网、自制《空中课堂》节目视频及市老年教育网三种形式的网上教学，做到停课不停学。在全国第十四次教育理论研讨会中，10篇论文分获省二、三等奖和优秀奖，四篇论文获得市优秀奖。校合唱、舞蹈及独唱等节目在宝武集团130周年"钢铁荣耀·铸梦百年"庆祝会演中获好评。在"江南之花"文艺会演中，歌伴舞《春天的芭蕾》获一等奖，舞蹈《映山红》获二等奖。在市"老龄杯"文艺才能展示中，选送的书画及摄影作品获一等奖与三等奖的好成绩。

【荣誉】 2020年，荣获"安徽省第十二届文明单位""全省离退休干部先进集体""马鞍山市十八届文明单位""马钢宣传工作先进单位""马钢新闻报道工作先进单位"等荣誉。

（彭新华）

教育培训中心

【概况】 马钢教育培训中心成立于2009年8月，中心以安徽冶金科技职业学院、安徽马钢技师学院的人员及资产为基础，保留原"安徽冶金科技职业学院"

“安徽马钢技师学院”“马钢党校”“马钢高级技校”“马钢卫校”的牌子。2019 年 9 月,中国宝武集团正式重组马钢并成立了宝武大学,中心作为宝武大学的重要组成部分,定位为新生人才培养基地、岗位赋能培训基地、产教融合创新基地,负责中国宝武技术技能人才教育培训的一体化管理。中心已成为冶金行业中高职学历教育基地、中国宝武-马钢工程技术人员继续教育基地、国家高技能人才培训基地、安徽省中高职教师企业实践基地(国家级)、安徽省创新方法推广应用基地。

【疫情防控】 严格按照中国宝武、省市教育主管部门的要求,成立疫情防控工作领导小组,强化值班值守,及时做好各类信息汇总上报;制定相关制度,有序开展常态化疫情防控与复学工作。加大宣传培训,提高师生健康素养,做好师生心理咨询与疏导工作;做好防控物资的准备,保障防控工作顺利进行;加强校园管理,强化校园环境卫生整治等。

【培训工作】 2020 年,完成马钢各类人员培训 299 个项目、17475 人次,新开发培训项目及课程 10 项;开展线上培训项目 45 个,培训 39287 人次;承办各类职业技能竞赛 30 场次、1822 人次,其中社会化竞赛 2 场、442 人次。积极配合相关厂矿开展厂级技能竞赛,参赛人员 3523 人次。培训选拔 6 个项目代表安徽省参加 2020 年中国创新方法大赛,获得了 3 个二等奖、2 个三等奖的优异成绩。中心开展职业技能等级认定试点工作,完成了目录内职业(工种)的增补备案工作,向国家人力资源和社会保障部、冶金工业职业技能鉴定指导中心提供备案材料;完成了马钢技师学院作为第三方社会评价机构,面向在校生、面向社会的技能等级认定备案工作;全年共完成各类等级及资质评价 6012 人次。

【产教融合】 继 2019 年进入全国先期重点建设培育产教融合型企业名单后,2020 年中心又获批作为安徽省第二批产教融合型企业建设培育单位。中心牵头制定了《马钢建设产教融合型企业三年规划(2020—2022 年)》,通过了马钢集团层面的论证会,11 月发布《关于印发〈马钢(集团)控股有限公司建设产教融合型企业三年规划〉(2020—2022 年)的通知》(马钢集〔2020〕115 号)。中心对该规划各项指标进行细化落实,制定了《马钢产教融合实训基地建设年度计划安排》,报请宝武大学审核批复。

【学历教育】 截至 2020 年 12 月底,共有全日制在校生 3722 人,非全日制在校生 2034 人。全年,安徽冶金科技职业学院招生 927 人,高职在校生 2090 人,完成国务院教育督导办公室反馈的在校生不足 2000 人的整改工作;马钢技师学院共招生 2355 人,其中学历招生 773 人,新型学徒制招生 1582 人,受到安徽省人力资源和社会保障厅的肯定和好评;马钢卫校招生 113 人。面对疫情,切实做到“停课不停教、停课不停学”,学院持续推进线上线下混合式教学。学院详细制定了线上线下教学衔接方案,适时调整授课计划安排,确保中高职、社会扩招、业余教育等班级的教学顺行与稳定。学院加强特色校区、特色专业建设,着力打造以轨道交通装备制造专业为重点的智慧制造专业群,以智慧冶金技术专业为重点的冶金技术专业群,以矿山和再制造技术专业为重点的生态资源专业群,以护理和烹饪专业为重点的现代服务专业群。深入推进“1+X”证书制度,积极开展青苗实验班试点工作。

【师资队伍建设】 截至 2020 年 12 月底,共有教职工 231 人,校内专任教师 145 人,科级管理人员 33 人。学院设有市级“技能大师工作室”1 个,“百骏”工程骨干教师 64 人,“双十”计划教学名师、主任培训师 10 人,享受公司技术技能津贴人员 10 人。中心高度重视师资队伍建设,一是加强专任教师的培养、使用和考核,制订《“百骏”工程、“双十”计划遴选及考核办法》《技术技能津贴评审办法》等激励政策;二是建立健全兼职教师队伍,完善《马钢兼职教师管理办法》等制度;三是突出职业教育特点,培养一批特色骨干教师。1 名教师参加安徽省众创空间从业人员培训合格,5 名教师参加安徽省 SYB 创业培训师资基础班培训取得助理讲师资格,组建了一支由国企高管、技能专家、创业先进、优秀校友等组成的校内外创新创业师资队伍,为中心全面实施匠心培养工程,开展职业素养培养和创新创业教育奠定了基础。

【基础设施】 加大基础设施建设力度,改善办学条件。加大对基本建设、教学实训设施的投入,持续实施校园绿化美化升级改造,推进美丽校园建设。2020 年实施 1 号、2 号教学楼广场绿化改造升级,实施校园学生生活区域道路、地下管网和绿化改造项目,实施轨道交通装备制造国家高技能人才培训基地建设项目,实施智慧校园建设项目,实施智慧制造实训室建设项目,实施学生宿舍空调安装项目,实施翻修学生宿舍项目,拟投资 2450 万元新建高技能人才培育综合实训教学楼。

【荣誉】 2020 年,在各类技能大赛中,学生获得省级 A 类一等奖 2 人次,获省级 A 类二等奖 9 人次,获省级 A 类三等奖 4 人次，获市级 A 类三等奖 2 人次。在 2020 中国大学生计算机设计大赛安徽省比赛中，安徽冶金科技职业学院学生荣获一等奖；在第四届全国大学生创新方法大赛总决赛中，学生和教师创新团队两个参赛项目均获二等奖。“共建高质量钢铁生态圈”微课作品荣获“铸匠心、提技能”中国宝武第二届职工技能大赛微课大赛一等奖；《基于微信公众号的钢铁企业培训机构品牌传播策略研究》获“第九届冶金行业征文大赛”二等奖；《厚植工匠文化，培育江淮英才——马钢实施匠心培育工程的探索与实践》作为精品案例入编《中国企业培训蓝皮书Ⅻ》，并获得“第十六届中国企业培训创新成果金奖”；中心荣获安徽省首届“江淮名匠”最佳组织奖。

【科研成果】 本学年学院共取得九项省级质量工程项目，其中 4 名教师获省级“教坛新秀”称号、一个省级“教学成果奖”，立项一个省级“技术技能型大师工作室”、立项 3 个省级“教学研究”项目，结项一个省级“创新发展行动计划”项目，在研省级质量工程项目 7 个。新申报省级“优秀拔尖人才”项目一项，在研省级“优秀拔尖人才”项目 4 项。学院本年度新立项院级“教学做”一体化项目一项、院级教研项目 12 项、省“高校科研项目”4 项。

【校园文化】 结合校园环境整治和绿化升级改造，在校园中心大道新增校园文化石，在教学楼门头增加宣传标牌，大力宣扬“崇德、尚能、笃学、践行”校训精神。发挥企业办学优势，校企共建匠心培育基地，建立健全健全德技并修、工学结合的育人机制，组织“钢铁是这样炼成的”“技能大师进校园”等主题活动，开展大学生人文素质教育、职业生涯规划设计比赛、创新创业教育、学生社团等活动。

（王　丽）

新闻中心

【企业管理】 以绩效为核心，从经营管理、项目服务、营销成果三个维度实行立体考核。完善了采编责任制、“三审三校”制，形成了新闻业务工作周汇报、月分析、半年总结、持续改进的良性循环。优化管理业务流程，建立了媒体采编人员轮岗制度。每周召开采编业务分析会。开展导师带徒活动。部门主任与记者结对，共同采访，共同参与策划，合作撰写稿件，相互交流提升。加大视频制作和新媒体业务培训力度。

【专题策划】 疫情防控期间，在做好各单位战疫情常态化宣传报道的同时，采写出三篇系列报道，被多家外部媒体转载转发。《马钢日报》头版开设“疫线看状态”栏目，刊发记者走基层报道 20 篇；二、三版连续推出“坚持两手抓　夺取双胜利”之“战疫保产”“众志成城”专版。在抗洪抢险期间，《马钢日报》开设“防汛保产”专栏；推出了四个“抗洪抢险”专版；撰写了长篇通讯《激战 3 天气，我们守住了生命线》。在高温期间，采编人员深入九家单位，用图文、影像多形式、全方位、多角度报道典型人物、关键岗位和单位站高温全景。总书记考察调研马钢，部分采编人员全程参与准备，承担了大量文本撰写和审定工作；考察结束之后，迅速推出《非同寻常的钢铁征程》专版，组织骨干力量撰写了《习近平总书记考察马钢引发干部职工热烈反响》8000 字长篇通讯，《马钢日报》头版开设《学习贯彻总书记重要讲话精神》《牢记总书记嘱托　推动高质量发展》专栏，学习贯彻总书记重要讲话精神。集中力量，圆满完成了“重走钢铁长征路”宁马片区活动宣传报道。配合《中国宝武报》记者采访，完成健步走活动侧记、文艺汇演侧记和 8 个人物专访的采写，推出了一期报纸专刊。职代会报道、最美马钢人、战疫先锋等宣传也取得了良好效果。

围绕马钢生产经营、整合融合、对标找差、机构改革、整合一周年等重点工作、重大改革、重要节点，以创新的理念开展新闻策划。年初，连续推出《新马钢　新作为》之《新亮点》《绿景点》《智看点》等九篇报道，全面回顾 2019 年马钢生产经营取得的成就。职代会宣传，首次推出了职代会精神解读系列，便于职工学习领会。《高温下的马钢人》策划，以 2020 年一线“最”行动为主题，设立最真全景、最美风景和最火场景三个版块，并首次将视频二维码登上报纸。9 月 19 日中国宝武重组马钢一周年，组织业务骨干精心撰写了《重组周年看马钢》四篇连续报道。

【新媒体】 集中媒体采编力量，主攻“马钢家园”微信公众号，按照工作、学习、生活等内容，增设绿色发展、智慧制作、我读您听、一本好书等多个专题栏目，并覆盖了周末内容。马钢新闻中心微信关注人数超过 40000 人，比上年有较大提升。明确重点，把握导向，利用新媒体平台的优势，圆满完成了马钢各项宣传工作。如深入学习贯彻党的十九届四中全会精神、对标找差在行动、中国宝武 130 年系列宣传活动、中国宝武第二届技能大赛、安全月、质量月等都取得较好反响。

全年共编发推送各类防疫新闻图片报道130篇,制作短视频作品5部,其中《马钢战“疫”vlog丨探访马钢4号门》等两部作品获准在宝武总部及马钢内部宣传大屏上播放。在习近平总书记考察马钢时参观调研的马钢特钢公司展厅,拍摄制作了《跟着总书记看马钢展厅》和《跟着总书记看马钢产线》视频作品,获“友爱的宝武”微信平台第一时间转发。创新开拓,探索新的信息表现形式。马钢职代会召开后,新媒体第一时间对报告进行了解读,将内容整理后,以图片的形式加以展示,分3期进行了发布。勤于策划,挖掘基层“暖新闻”。在父亲节、“八一”建军节、高考等重要时点,做了相应的主题策划,讲述马钢职工的情感故事,获得了基层职工的肯定。马钢内部、外部网站按照宝武网站及信息化管理要求,进一步完善了《新闻中心网站管理方法》,指定专人负责网站信息编辑发布,积极参与宝武2020年网络攻防演练,及时更新系统漏洞,加强了网站的安全防护能力。根据机构职能的变化以及公司对网站宣传的新要求,网站栏目进一步优化,增设了学习贯彻习近平总书记重要讲话精神、宝武之声、“钢铁荣耀·铸梦百年”、中国宝武130年以及“对标找差在行动”等7个专题宣传栏目,组织开展了“抗击疫情马钢在行动”随手拍、炼焦杯“高温下的感动”摄影赛等丰富的网络活动。

(江　霞　许　涛)

保卫部(武装部)

【基本情况】 2020年,保卫部全面贯彻落实中国宝武与马钢联合重组战略部署,推动保卫工作高质量发展,为马钢稳产顺行和大局稳定提供了有力保障。全年,共计抓获违法违规人员2861人次,其中移交公安机关622人次(刑事强制措施109人、行政拘留79人、行政罚款2人、教育放行432人),缴获各类物资145.19吨。配合有关部门处置上访事件83起(群访16起)、突发事件29起。

【疫情防控】 保卫部按照“疫情就是命令,防疫就是责任”的总要求,统筹兼顾疫情防控和治安防控,迅速落实防控措施,压实防控责任,严格按照“一个不漏、两个不进”(即进厂人员检查测温一个不漏,体温异常人员和无卡人员一律不让进)的要求,领导干部下沉门岗,机关人员支援执勤,对马钢门禁实施全方位有效管控。同时积极对接市“数字疫控”平台,不间断做好各类推送件的办理,建立完善外来人员车辆追踪体系,减少了输入风险,保障了厂区安全,为马钢全面复工复产,夺取产量和营业收入的双提升提供了有力支撑。2020年,保卫部获得宝武集团“打赢疫情防控阻击战”专项劳动竞赛(第一阶段)优秀团队,交管大队党支部被宝武集团党委评为“防疫先锋党组织”。

【防汛工作】 2020年入汛后,受长江中下游地区强降雨以及三峡大坝泄洪影响,长江水位急剧上升,马钢防汛形势十分严峻。保卫部迅速落实防汛应急响应要求,组织24小时值班值守、巡堤查险排险以及防汛督导督查工作,树牢底线思维,压实各方责任。加强统筹协调,积极做好慈湖河闸泄洪工作,保护了马钢原料运输通道,确保了马钢6309米防守堤段平安度汛。在7月底、8月初防汛关键时期,根据市防汛指挥部统一部署,保卫部坚持两线作战,组织马钢基干民兵和防汛突击队百余人,两次驰援含山遂行防汛抢险任务,受到了市防汛指挥部的通报表扬和地方政府的感谢。

【维稳安保】 一是全力以赴、团结协作,以强烈的荣誉感和使命感,高标准、高质量完成了习总书记考察调研马钢、中国宝武智慧制造马钢现场会期间的安保任务。二是关注涉稳动态,做好矛盾化解、监测预警和应急处突工作。先后完成了单位改制、马钢股份基层管理变革、智慧制造现场会等敏感时期和马钢重大活动的维稳工作。三是把服务生产经营建设作为落脚点,按照“底数清、情况明”的工作要求,主动对接业主单位,“面对面”解决工程安保问题,有力保障了重型H型钢项目、新建筒仓项目、热电CCPP项目、核桃山场平项目、新特钢项目、智园和品质提升项目等公司重点工程建设的顺利推进。

【治安管理】 快侦快破各类案件。做好案情线索的摸排,联合楚江分局深挖细查各类侵财性案件,对犯罪团伙实施有力打击。先后打掉犯罪团伙19个,破获“2020.1.1”长材事业部北区轧辊被盗案、“2020.8.26”伪造马钢印章合同案等一系列重大案件。持续强化治安巡防。利用携犬徒步、机动车定点、警灯闪烁三种巡逻模式,高密度、多频次、广点位、常态化开展治安巡防工作,减少了可防性案件的发案率,增强了职工的安全感。深入推进门禁规范化建设。以门禁岗位绩效量化评比为抓手,强化勤务管理,严格查验措施,有效堵塞资源流失漏洞。结合厂区及周边交通状况,适时调整门禁功能,加强交通疏导,保障职工出行和物流畅通。升级门禁系统,整合监控资源,完成新门禁系统整体上线。

【综治反恐】 压实综治责任,严格综治审核。在党建工作责任制考核评价中,对一家单位给予“一票否决”;综治审核协解离职员工 591 人次。落实考核评价,深化以案促防,下发《在职职工、外协工违法违规情况通报》5 份;督导 9 家重点发案单位落实整改,督促有关单位对 6 名违法违规职工作出处理。开展“七五”普法工作,公司法宣办获得安徽省“七五”普法中期先进集体。做好易制毒化学品管控,开展禁毒宣传活动和禁种铲毒工作,4 月铲除非法种植罂粟 177 株。加强反恐重要部位管理和检查监督,对 3 家市级反恐重点目标单位、18 家单位 55 个治安保卫重要部位开展日常巡查 300 余次、联合检查 2 次。组织反恐暨突发事件处置实战应急防范演练 1 次。开展了以“反恐防暴,人人有责”为主题的反恐宣传月活动,反恐普法专题学习 70 余次,制作悬挂宣传横幅 8 条,分发宣传册 700 余份。

【交通管理】 以预防道路交通事故为重点,以确保厂区道路安全畅通为目标,全年共查验各类交通违章车辆 8800 余辆次;开展交通专项整治 6 次;办理占道施工证 526 起、“超长、超宽”运输许可证 724 起;处置突发事件 14 起,完成临时交通管控勤务 42 次,共出动警力 389 人次。厂区共发生简易事故 575 起,伤人事故 1 起、死亡事故 1 起。

【武装工作】 完成了年度民兵整组工作;配合省军区完成全省退役报废武器在马钢的销毁工作;完成了一钢轧总厂武器库高射机枪及各类配件移交;协同马鞍山军分区战建处完成了省军区司令员来马钢检查调研事宜。做好人防工事维护和改造;配合市人防办做好马钢防空警报器的更新维护工作,完成了“9·18”警报试鸣任务。根据市人防办的部署和要求,组建马钢跨区支援专业队伍,多次完成应急拉练任务。

(吴　雄)

资产经营公司

【主要经营指标】 2020 年,资产经营公司实现营业收入 8408 万元,利润 4050 万元(其中包括剔除承担拆除资产净值 194 万元),超额完成集团公司下达的经营目标。全年争取省政策资金 1.20 亿元(累计争取 43631.75 万元)已到账。收回资金(现金)1.5749 亿元。全年未发生安全、消防责任事故。

【资产经营】 一是处置马钢股份常州抵债房产。落实马钢集团“抓紧处置,卖个好价”的要求,牵头组织梳理房产处置流程,成立处置工作项目组,制定处置工作方案和计划,并委托北京产权交易所积极做好资产市场推广、处置方式、税收筹划等工作。根据国务院国资委和中国宝武相关要求,撤销了马钢在北京、上海办事处,对两地办事处房产进行对外招租以提升不动产经营收益。二是做好土地、房产租赁。实行资产有偿使用。按“谁使用、谁付费和市场化”的原则,确保集团公司资产保值增值。全年土地租金收入 3159 万元,房产租金收入 4528 万元,全年收缴不动产租金 7687 万元。三是做好疫情期间中小微企业租金减免工作。根据中国宝武《关于做好“支持中小微企业和个体工商户发展积极减免经营用房租金”工作的通知》和《安徽省人民政府办公厅关于印发应对新型冠状病毒肺炎疫情若干政策措施的通知》精神,对 300 家服务业小微企业和个体工商户租户进行了租金减免,合计减免租金 514.46 万元。

【安全管理】 加强疫情防控常态化条件下的安全生产工作,以“安全生产专项整治三年行动”为重点,落实“违章就是犯罪”理念,结合自身特点,深入排查安全风险隐患,扎实推进问题整改,增强全员安全意识,组织做好马钢办公楼消防管理工作,实现了直管、托管资产“零”事故的工作目标。

【“三供一业”分离移交】 2020 年,资产经营公司负责组织马钢“三供一业”分离移交工作。马钢集团职工家属区“三供一业”分离移交涉及服务对象 91225 户,其中供电 16187 户、供水 10911 户、供气 3456 户、物业 60671 户,经维修改造后移交,费用 67515.29 万元,积极争取省市补助资金 46074.75 万元。马钢“三供一业”维修改造和分离移交全面完成,马钢不再承担上述水、电、气及物业管理职能和相关费用。预计每年可节省费用 9000 万元。

【工程管理】 全年组织实施工程项目 106 项,其中维修工程 71 项,费用 2210 万元;固定资产投资工程 8 项,费用 23311 万元。全年实现安全质量零事故。

【项目管理】 一是参与马钢智园项目建设。马钢智园项目建筑面积 2.7 万平方米,总投资 22582 万元,搬迁拆迁费用 5973 万元。资产经营公司作为马钢智园的项目单位,负责该项目投资管控、资金支付和搬迁拆迁等工作。完成该项目用地 13 栋楼房 350 户的搬迁安置、原有建构筑物的拆迁和补偿工作;完成该项目的报规报批以及与市、区政府的协调事项；完成该项目建设涉及的合同签订和费用控制工作。2020年底，马钢智园项目建成，实现了炼铁远程智控和“五部合一”管控模式，践行了宝武“四个一律”智慧制造理念和“高于标准、优于城区、融入城市”的绿色发展理念。二是完成马钢重组融入宝武集团专业化整合涉及资产划转工作。主动对接宝武集团职能部门，按程序、重流程、促结果，以资产产权为纽带，开展资产的划转和转让。对马钢联合轧辊、马钢大锻件土地、汽运公司租用的土地等资产，进行核查、评估，按流程履行报批后，已划转至宝武重工和马钢物流公司，涉及资产7739.90万元，其中土地13.98万平方米。完成马钢比亚西二期预留地块闲置低效利用土地整改；处理利民公司厂办大集体改革过程中涉及土地相关问题。三是组织实施马钢棚户区改造项目。始建于20世纪60年代的马钢厂区内部或边缘地带马钢权属平房棚户区800余户房屋(现均为危房)，存在严重的安全和消防隐患，严重影响了马钢厂区环境和城市的整体形象，为实现马钢“绿色发展·智慧制造”的目标，积极与市政府对接协商，争取国家、省、市对马钢棚改的支持，主动对接宝武集团职能部门，做好项目前期方案论证和费用测算。完成马钢棚户区改造项目立项，项目投资3.4亿元，其中马钢出资7500万元。完成建设用地的招拍挂、棚改建设方案、施工图的报规报批，实施了老旧棚户区的逐项搬迁拆迁，完成新建小区的房屋桩基础施工。实现安全事故和上访事件为零。四是根据马钢“绿色发展·智慧制造”总体规划和建设需要，完成了13幢中转楼、单身楼及沿街门面房的搬迁安置，征迁安置住户165户，平移安置住户185户，拆除建筑面积21000平方米，费用5973万元；提前25天完成集团公司部署的马钢智园区域内原住户的搬迁工作。完成马钢盆山28万平方米土地、旧车交易市场1.59万平方米土地移交及1.4亿元尾款收回工作；正式收回凤凰城置地有限公司租用的盆山67.20万平方米土地，为盆山土地的后期开发处置创造了条件。对江南化工租赁土地收益评估结果提出异议，为马钢每年节省费用13.6万元。收回市经济开发区退还马钢棚改项目8.87万平方米土地报批费用865.81万元；收回雨山区政府雨山区八三大院征迁欠款883.16万元。完成马钢技校实习工厂征收补偿项目收尾工作，与花山区土地和房屋征收安置事务管理中心签署2472.20万元的征收补偿协议。

(高　亮)

集团公司分(子)公司

马钢股份公司

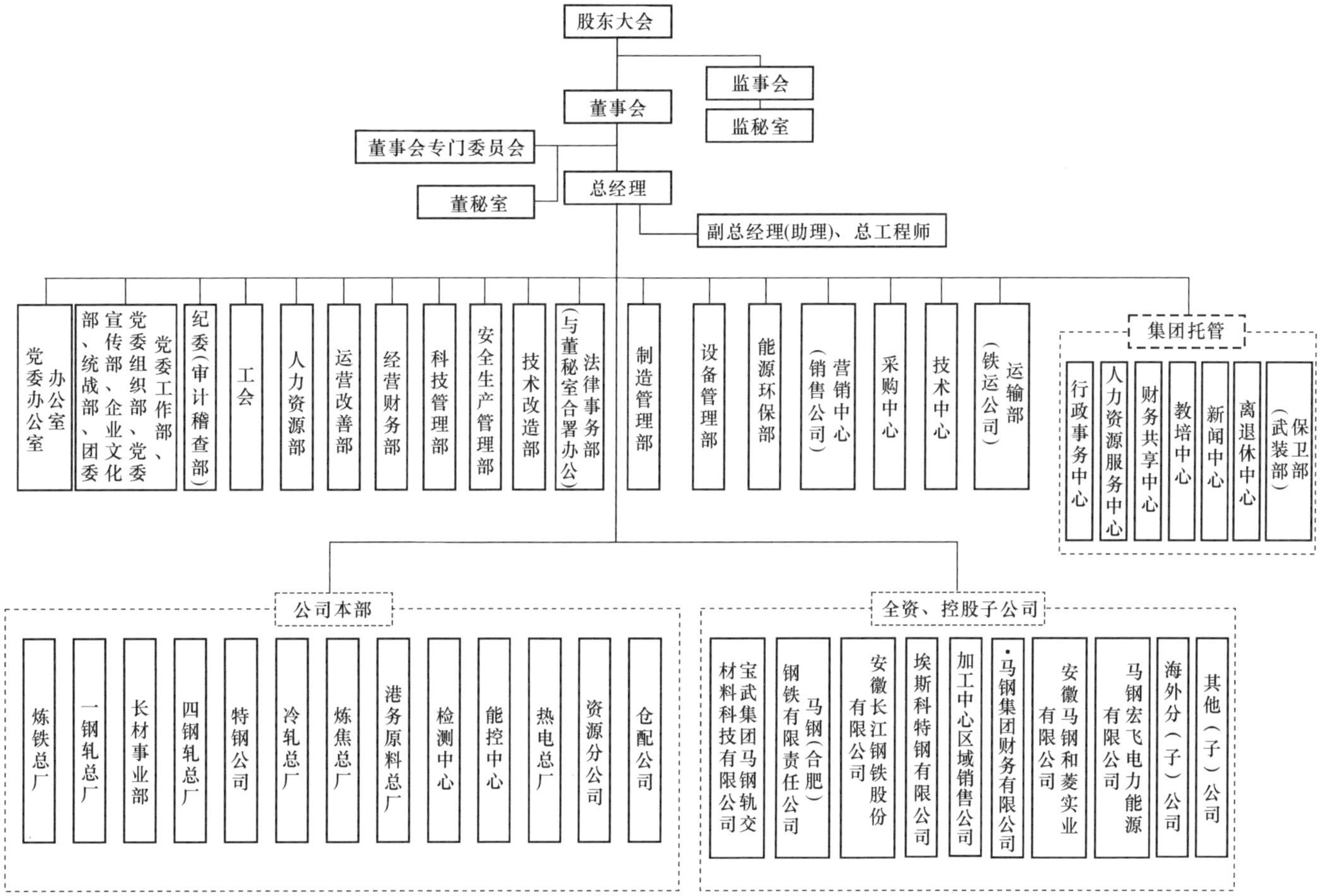

注:·为被托管企业。

图2 马鞍山钢铁股份有限公司组织机构图

(迟志涛)

董事会

【股东大会】　2020年,马钢股份公司召开两次股东大会,即2020年第一次临时股东大会及2019年度股东大会。

一、2020年第一次临时股东大会

2020年3月5日,在安徽省马鞍山市九华西路8号马钢办公楼以现场方式召开2020年第一次临时股东大会。会议议题是增选王强民先生为公司第九届董事会董事。

该议题获得大会批准,没有出现否决或修改议案的情况。

大华会计师事务所(特殊普通合伙)高山先生被委任为该次股东大会的点票监察员。北京大成(南京)律师事务所律师张承东律师、袁新宇律师出席该次股东大会,并出具法律意见书。

上述内容刊登在2020年3月6日《上海证券报》及上海证券交易所网站、香港联合交易所网站。

二、2019年年度股东大会

2020年6月29日,在安徽省马鞍山市九华西路8号马钢办公楼以现场方式召开2019年度股东大会。会议议题是:

(一)审议及批准董事会2019年度工作报告;

(二)审议及批准监事会2019年度工作报告;

(三)审议及批准2019年度经审计财务报告;

(四)审议及批准聘任安永华明会计师事务所(特殊普通合伙)为公司2020年度审计师并授权董事会在2019年基础上决定其酬金的方案;

(五)审议及批准2019年度利润分配方案;

(六)审议及批准公司董事、监事及高级管理人员2019年度薪酬;

(七)审议及批准公司与中国宝武钢铁集团有限公司《日常关联交易补充协议》,以更新本公司与其于2019年12月30日签署的2020年《日常关联交易协议》项下2020年及新定2021年之建议交易上限;

(八)审议及批准公司与马钢(集团)控股有限公司《持续关联交易补充协议》,以更新本公司与其于2018年8月15日签署的2019—2021年《持续关联交易协议》项下部分交易2020年及2021年之建议交易上限;

(九)审议及批准公司与欧冶链金再生资源有限公司《持续关联交易补充协议》,以更新本公司与其于2018年8月15日签署的2019—2021年《持续关联交易协议》项下部分交易2020年及2021年之建议交易上限。

上述议题均获得大会批准,没有否决或修改议案的情况。

此外,会议还听取了公司独立董事2019年度述职报告。

大华会计师事务所(特殊普通合伙)韩海燕女士被委任为该次股东大会的点票监察员。北京大成(南京)律师事务所律师张承东律师、袁新宇律师出席该次股东大会,并出具法律意见书。

上述内容刊登在2020年6月30日《上海证券报》及上海证券交易所网站、香港联合交易所网站。

(徐亚彦)

【董事会日常工作】

一、2020年董事会共召开13次董事会议。会议的主要内容是:

1. 批准关于马钢(合肥)钢材加工有限公司合资合同和章程修改的议案;

2. 听取公司2019年度战略执行情况评估报告;

3. 批准公司产品、产线发展规划(2020—2022年);

4. 批准公司2020年商业计划书;

5. 批准公司2020年生产经营计划;

6. 批准公司2020年资金计划;

7. 批准公司2020年投资方案;

8. 批准2020年股份公司领导班子经营业绩评价标准;

9. 批准炼铁总厂南区1号、2号烧结机机尾及成品电除尘器改造工程项目立项及投资概算;

10. 批准炼铁总厂南区1号烧结机脱硫脱硝及超低排放改造工程项目立项及投资概算;

11. 批准炼铁总厂南区2号烧结机脱硫脱硝及超低排放改造工程项目立项及投资概算;

12. 批准四钢轧总厂1580热轧生产线新增铁路外发线项目立项及投资概算;

13. 批准公司2019年套期保值总结及2020年套保计划;

14. 批准财务公司2020年理财产品投资业务经营计划;

15. 听取公司智慧制造发展纲要汇报;

16. 听取公司绿色城市钢厂指标提升及“三治”行动方案汇报；

17. 批准公司 2019 年安全生产工作总结及 2020 年计划；

18. 批准关于调整宝武集团马钢轨道交通材料科技有限公司部分委派人员的议案；

19. 批准关于解散清算马钢(武汉)钢材销售有限公司的议案；

20. 批准能控中心 4 号高炉备用风机技改工程项目立项及投资概算；

21. 批准检测中心制样房迁移还建暨智能制样升级改造工程项目立项及投资概算；

22. 批准冷轧总厂南区新建重卷检查线工程项目立项及投资概算；

23. 批准炼焦总厂 5 号焦炉烟气脱硝工程项目立项及投资概算；

24. 学习新修订的《中华人民共和国证券法》；

25. 学习证券监管机构相关通知、通报；

26. 听取审核委员会对会计师年度审计工作的总结报告；

27. 批准关于 2019 年四季度存货跌价准备及坏账准备变动的议案；

28. 通过 2019 年经审计财务报告；

29. 同意关于 2019 年末期利润分配方案的建议；

30. 同意董事会 2019 年工作报告；

31. 听取总经理关于 2019 年度生产经营情况的汇报；

32. 批准 2019 年关联交易情况；

33. 同意关于 2019 年审计师酬金及聘任 2020 年度审计师的建议；

34. 批准关于有关执行董事、高管 2019 年经营业绩考核情况的议案；

35. 批准 2019 年度公司董事、监事及高级管理人员薪酬；

36. 批准 2019 年度报告及摘要；

37. 批准 2019 年精准扶贫工作汇报及 2020 年工作计划；

38. 听取 2019 年内控情况汇报；

39. 听取 2019 年内部审计工作总结及 2020 年工作计划；

40. 批准 2019 年度内控评价报告；

41. 听取 2019 年度反舞弊工作情况汇报；

42. 听取 2019 年风险监督评价报告；

43. 批准 2019 年度社会责任报告；

44. 听取战略发展委员会、审核委员会、提名委员会、薪酬委员会 2019 年履职情况报告；

45. 批准 2019 年运营改善情况及 2020 年工作方案；

46. 批准炼铁总厂 A/B 烧结机烟气脱硫脱硝工程项目立项及投资概算；

47. 批准南区雨污分流及排口优化工程项目立项及投资概算；

48. 听取 2019 年金融衍生品套期保值业务风险管理报告；

49. 批准关于成立独立董事委员会的建议(提高关联交易上限)；

50. 批准关于聘请中介机构的建议(提高关联交易上限)；

51. 批准关于炼铁总厂(南区)高炉煤气脱盐洗涤塔浓水集中处理项目立项及投资概算的议案；

52. 批准关于仓配公司合金库异地搬迁改造项目立项及投资概算的议案；

53. 批准关于运营管控中心项目立项及投资概算的议案；

54. 批准关于部分子公司委派人员调整的议案(委派赵志强先生担任马钢(芜湖)材料技术有限公司董事等),批准关于财务公司 2019 年度为集团公司提供信贷资金的风险评估报告；

55. 批准 2020 年一季度未经审计财务报告；

56. 听取 2020 年第一季度管理报告；

57. 批准 2020 年一季度报告；

58. 听取关于 2020 年一季度关联交易情况的汇报；

59. 批准 2020 年一季度内控和全面风险管理报告；

60. 批准关于炼铁总厂 1 号高炉热风炉大修改造项目立项及投资概算的议案；

61. 批准关于炼铁集控项目立项及投资概算的议案；

62. 批准关于四钢轧炼钢连铸集控项目立项及投资概算的议案；

63. 批准关于四钢轧热轧集控项目立项及投资概算的议案；

64. 批准关于冷轧集控项目立项及投资概算的议案；

65. 批准关于基础网络升级改造项目立项及投资

概算的议案;

66. 批准关于马钢智慧制造-环境品质提升项目立项及投资概算的议案;

67. 听取关于2019年度重点工程情况汇报;

68. 批准新修订的《关联交易内部控制管理办法》;

69. 同意公司与中国宝武《日常关联交易补充协议》;

70. 同意公司与马钢集团《持续关联交易补充协议》;

71. 同意公司与欧冶链金《持续关联交易补充协议》;

72. 批准公司2019年年度股东大会议程;

73. 听取公司2019年度工程项目后评价汇报;

74. 批准关于四钢轧总厂智能制造配套改造项目2250热轧L1、L2升级改造项目立项及投资概算的议案;

75. 批准关于炼焦总厂1号、2号焦炉脱硫脱硝项目立项及投资概算的议案;

76. 批准关于资源分公司石灰系统环境综合整治改造工程项目立项及投资概算的议案;

77. 批准关于热电总厂老区煤场封闭改造工程项目立项及投资概算的议案;

78. 批准关于炼铁总厂(北区)A、B炉矿槽区域环境综合治理工程项目立项及投资概算的议案;

79. 批准关于炼铁总厂(北区)烧结区域皮带通廊以及厂房粉料池封闭工程项目立项及投资概算的议案;

80. 批准关于炼铁总厂(南区)高炉及烧结皮带通廊转运站全封闭工程项目立项及投资概算的议案;

81. 批准关于长材事业部转炉烟气一次除尘提标改造工程项目立项及投资概算的议案;

82. 批准关于四钢轧总厂炼钢布袋除尘系统提标改造工程项目立项及投资概算的议案;

83. 批准关于成立独立董事委员会的议案(关联交易);

84. 批准关于任天宝先生辞去董事会薪酬委员会委员职务的议案;

85. 批准公司总经理工作细则修改方案;

86. 批准公司职能部门、业务部门及单元管理变革方案;

87. 批准关于向汽运公司出售彩涂板西区土地的议案;

88. 批准关于向马钢集团出售二厂区铁运工电段土地的议案;

89. 批准015料场环保升级改造项目立项及投资概算;

90. 批准落地堆场环保升级改造项目立项及投资概算;

91. 批准北区小料场改造项目立项及投资概算;

92. 批准关于委派临涣焦化监事的议案;

93. 批准关于港务原料总厂2号E型焦煤筒仓工程项目立项及投资概算的议案;

94. 批准关于炼铁总厂(南区)带式焙烧机工程项目立项及投资概算的议案;

95. 批准关于公司2020年上半年资产报废处置的议案;

96. 批准关于放弃对欧冶链金再生资源公司增资的议案;

97. 批准关于转让炼焦总厂部分资产事项的议案;

98. 批准关于2020年中期存货跌价准备变动、坏账准备变动的议案;

99. 批准未经审计的2020年半年度财务报告;

100. 听取总经理关于公司2020年半年度生产经营情况的汇报;

101. 听取公司2020年上半年关联交易情况汇报;

102. 听取公司2020年上半年内部控制和全面风险管理报告;

103. 批准2020年半年度报告全文及摘要;

104. 听取公司2020年上半年期货套期保值工作情况汇报;

105. 听取公司2020年上半年安全生产工作情况汇报;

106. 批准关于向马钢集团物流有限公司出售土地及相关地面资产的议案;

107. 批准关于迈特冶金公司解散清算的议案;

108. 批准关于部分子公司委派人员调整的议案(委派张永翔先生担任马钢(金华)钢材加工有限公司董事等);

109. 听取马钢瓦顿关于2020年上半年经营情况的汇报;

110. 学习中国证监会有关领导讲话;

111. 批准关于拟向化工公司转让奥瑟亚公司股权的议案;

112. 批准关于公司参股设立欧冶工业品公司的

议案；

113. 批准关于公司投资设立气体公司的议案；

114. 批准关于欧邦公司、考克利尔公司清算报告的议案；

115. 批准关于香港公司放弃马钢租赁公司股权优先购买权的议案；

116. 批准2020年三季度未经审计财务报告；

117. 批准2020年第三季度报告；

118. 听取关于2020年三季度关联交易情况的汇报；

119. 听取2020年三季度内部控制和全面风险管理报告；

120. 批准关于公司能源系统组织机构调整的议案；

121. 批准关于炼铁总厂A高炉大修工程项目申请立项及审批概算的议案；

122. 批准关于马钢武汉公司清算报告的议案；

123. 批准关于华宝租赁吸收合并马钢租赁的议案；

124. 批准2020年公益捐赠计划；

125. 批准公司战略规划管理办法；

126. 批准公司投资者关系管理制度修订案；

127. 批准公司内幕信息知情人登记制度修订案；

128. 学习国务院《关于进一步提高上市公司质量的意见》、安徽证监局《关于认真学习贯彻落实〈关于进一步提高上市公司质量的意见〉的通知》；

129. 学习香港证监会《有关董事在企业交易估值方面的责任指引》《在考虑企业收购或出售项目时的操守及责任的声明》；

130. 批准关于聘任张文洋先生为公司总经理的议案；

131. 批准关于聘任章茂晗先生为公司副总经理的议案；

132. 批准关于2020年下半年度资产报废处置的议案；

133. 批准关于马钢集团财务有限公司2021年度理财产品投资业务经营计划的报告；

134. 批准关于撤销对马钢瓦顿公司融资担保的议案；

135. 批准马鞍山迈特冶金动力科技有限公司清算报告。

二、2020年董事会专门委员会工作情况

(一)战略发展委员会

战略发展委员会共召开4次会议，会议主要内容是：

1. 同意公司战略规划2019年执行情况，并提交公司董事会审议；

2. 同意公司产品产线发展规划，并提交公司董事会审议；

3. 同意公司2020年投资方案，并提交公司董事会审议；

4. 同意关于炼铁总厂南区1号、2号烧结机机尾及成品电除尘器改造工程项目立项及投资概算的议案，并提交公司董事会审议；

5. 同意关于炼铁总厂南区1号烧结机烟气脱硫脱硝及超低排放改造工程项目立项及投资概算的议案，并提交公司董事会审议；

6. 同意关于炼铁总厂南区2号烧结机烟气脱硫脱硝及超低排放改造工程项目立项及投资概算的议案，并提交公司董事会审议；

7. 同意关于申请四钢轧总厂1580热轧生产线新增铁路外发线项目立项及投资概算的议案，并提交公司董事会审议；

8. 同意公司智慧制造发展纲要，并提交公司董事会审议；

9. 同意公司绿色城市钢厂指标提升及“三治”行动方案，并提交公司董事会审议；

10. 批准董事会战略发展委员会2019年履职情况报告；

11. 同意公司职能部门、业务部门及单元管理变革方案，并提交公司董事会审议。

(二)审核(审计)委员会

审核(审计)委员会共召开5次会议，会议主要内容是：

1. 同意将公司2019年度未经审计财务报表提交外聘会计师事务所审计；

2. 同意公司2019年内部审计工作总结，并提交公司董事会审议；

3. 同意公司2020年内部审计工作计划，并提交公司董事会审议；

4. 审阅公司2019年经审计财务报告；

5. 同意公司2019年度末期利润分配预案；

6. 经审议，2019年公司所有关联交易均根据相关协议进行，符合本公司及股东的整体利益，交易总金额均未超过相关协议上限；

7. 确认于2019年12月31日，公司为马钢瓦顿提供担保4200万欧元，折合人民币约3.28亿元；为马钢

香港提供贸易融资授信担保人民币30亿元;长江钢铁为其全资子公司提供担保合计人民币1.5亿元;

8. 通过公司2019年度内部控制评价报告;

9. 通过外聘会计师事务所2019年度公司审计工作总结;

10. 同意支付安永华明会计师事务所(特殊普通合伙)2019年度报酬共计人民币538.5万元(不含税)。按照惯例,审计人员在公司工作期间的食宿费全部由公司承担;

11. 同意续聘安永华明会计师事务所(特殊普通合伙)为本公司2020年度审计师;

12. 批准董事会审核(审计)委员会2019年履职情况报告;

13. 听取运营改善部关于公司2019年内部控制情况的汇报;

14. 审阅安永华明会计师事务所(特殊普通合伙)出具的2019年内部控制审计报告;

15. 审阅公司2020年一季度未经审计的财务报告;

16. 通过公司2020年一季度内部控制和全面风险管理报告,并同意提交公司董事会审议;

17. 审阅公司2020年半年度未经审计的财务报告;

18. 听取运营改善部关于2020年上半年内部控制和全面风险管理报告,同意上报董事会;

19. 审阅公司2020年第三季度未经审计的财务报告。

(三)提名委员会

提名委员会共召开2次会议,会议主要内容是:

1. 同意关于董事会适宜人数和构成的汇报;

2. 批准董事会提名委员会2019年履职情况报告;

3. 建议董事会聘任张文洋先生为公司总经理;

4. 建议董事会聘任章茂晗先生为公司副总经理。

(四)薪酬委员会

薪酬委员会共召开3次会议,会议主要内容是:

1. 同意2020年公司领导班子经营业绩评价标准,并提交董事会审议;

2. 同意关于公司有关执行董事、高级管理人员2019年经营业绩考核情况的议案,并提交董事会审议;

3. 同意2019年度公司董事、监事及高级管理人员薪酬,并提交董事会审议;

4. 批准薪酬委员会2019年履职情况报告;

5. 同意公司2020年A股限制性股票激励计划(草案)及其摘要,并提交董事会审议;

6. 同意2020年A股限制性股票激励计划业绩考核办法,并提交董事会审议;

7. 同意公司《股权激励管理办法》,并提交董事会审议。

三、董事会对股东大会决议的执行情况

1. 根据股东大会授权,决定了安永华明会计师事务所(特殊普通合伙)进行2019年度财务报告审计、财务报告相关内部控制审计及执行中期商定程序的酬金;

2. 按照股东大会决议,完成了2019年末期利润分配工作;

3. 公司运作遵守相关国家法律、法规、规章及规范性文件,决策规范、合理,生产经营正常运营。

【董事会秘书室工作】

1. 股东大会、董事会及其专门委员会工作。全年筹办2次股东大会、13次董事会会议、4次董事会战略发展委员会会议、5次董事会审核委员会会议、2次董事会提名委员会会议、3次董事会薪酬委员会会议。做好会前准备、会场安排、会议通知、会议资料、签字文件,协调安排独立董事和独立监事行程、接待及调研,负责会议记录;在相关部门的配合下,对董事、监事及律师的问题、意见及建议进行回答处理;起草并在交易所网站发布会议相关公告等披露文件,同时在公司网站发布;跟踪董事会决策事项落实情况,及时发布董事会决定事项抄告。完成31份董事会决议、13份董事会决定事项、12份董事会下设委员会决议、3份董事会关注事项抄告。

2. 上市公司信息披露工作。就公司董事会决议、监事会决议及临时重大事项,起草及或发布A股公告50份,起草或发布H股公告54份,校审H股通函2份,对董事会决议、监事会决议、关联交易、马钢集团增持A股等事项及时进行披露。编制并披露2019年报、2020年半年度报告,2020年两份季度报告和2019年度社会责任报告。公司2019—2020年度信息披露及投资者关系相关综合工作,第二次获上交所"A"级评价。

3. 推进公司治理相关制度体系建设。为进一步提高公司经营决策效率,进一步夯实公司投资者关系工作的制度基础,修订《总经理工作细则》《公司投资者关系管理制度》《内幕信息知情人登记制度》三项基本管理制度。

4. 关联交易工作。一是提高持续性关联交易年度上限工作。拟定时间表、路线图,聘请中介机构、组织相关部门提供资料;克服疫情影响,督促香港中介机构按进度完成通函、独立财务顾问报告,并获得联交所的特别支持,通函、独立财务顾问报告在显著短于预期及常规时间内获得联交所审核通过;把握机会,与国际投资者服务机构增强沟通,获其支持,为关联交易提高上限工作获得非关联股东的支持创造有利条件。二是其他关联交易工作。参与欧冶链金《增资协议》、物流公司《国有土地使用权转让协议》及《七里甸料场部分宗地地面资产所有权转让协议》、投资设立欧冶工业品公司、向化工公司转让奥瑟亚40%股权、华宝租赁吸收合并马钢租赁等关联交易事项,对独立董事提出的意见、建议、问题,及时进行回答反馈及跟进;起草相关的关联交易公告、独立董事意见并予披露;组织独立董事讨论欣创环保股权转让事项,持续跟进独立董事意见或建议。

5. 配合投资公司增持A股工作。根据A股、H股市场的监管要求,测算增持数量、比例,积极配合投资公司控制增持进度。与沪港交易所、境内外律师沟通,适时向香港证监会申请豁免,确保增持工作顺利进行及合法合规。根据增持进度,发布A股市场公告7份,H股市场公告5份,协助投资公司在联交所系统申报信息2次。投资公司累计增持A股约1.58亿股,累计增持金额约4.1亿元。为增持承诺的有效及合规履行创造了有利条件,提供了可靠保障。

6. 股息派发工作。合理统筹安排股息派发工作进度,分别向中登公司、香港登记结算公司提交现金红利派发业务申请,确认沪港通、深港通红利派发额、派发时间等。根据公司股东地区分布,提供地区扣税率。结合香港登记结算公司、中国银行(香港)信托有限公司数据,确定H股分红数据、纳税金额、汇款时间。起草H股红利扣税报告并督促经营财务部办理H股部分股利完税手续。每股派发0.08元(含税),派息总额6.16亿元。

7. 加强与投资者的沟通交流。受疫情影响,针对年报发布后不能开展境外路演,及时通过电话、邮件、微信等多种形式,积极主动地加强与境内外机构投资者的沟通。全年,参加电话或视频会议共22次,与17家机构、百余人次进行了沟通。通过沟通和交流,较好地增进了投资者对公司的了解,获得了投资者对公司的认可与支持。

8. 精心维护股东关系。主动多渠道多方式联系股东,与股东深入交流公司经营情况,回复股东关注热点问题,积极做好释疑解惑,增强股东投资黏性,在3月份股东大会上,H股股东积极参与、主动投票,投票率提升到60.13%;在6月份股东大会上,三项关联交易协议均获非关联股东大力支持,以约达99.72%的赞成率高票通过,为公司进一步整合融合工作开拓了交易空间。

9. 加强与监管机构的沟通。针对公司遇到的难题、监管关注的事项,如公司治理、关联交易、信息披露等,与安徽证监局、沪港交易所积极沟通,并获理解、支持和指导,为公司整合融合工作拓展了空间。

10. 加强与协会互动。9月成功承办安徽上市公司协会副会长袁宏生、上海证券报总监胡心宇一行到马钢进行"董事长专访"活动,相关专访内容见报后,获得市场关注。

11. 其他相关工作。完成安徽证券志修编、反馈宝武收购持续督导3期材料、上市公司再融资、"一路一带"、相关业务税收政策及需求建议等调研问卷,处理绿色发展联盟函件、证监局关于安徽辖区上市公司复工情况统计表、联交所关于疫情影响的若干问询跟进,填报近1000条关联人信息,填报近500条内幕信息知情人信息,与社会公众组织公众环境研究中心和绿满江南、绿满江淮就钢铁行业上市公司环保信息特别是环保罚款信息披露进行沟通等30多项专题工作,积极做好相关方关系维护。

12. 董事培训学习。对公司董事开展新《中华人民共和国证券法》、国务院颁布的《关于进一步提高上市公司质量的意见》和香港证监会发布的《有关董事在企业交易估值方面的责任指引》《在考虑企业收购或出售项目是的操守及责任的声明》等证券监管相关法律法规规章及规范性文件的学习培训;组织董事长、总经理参加中国上市公司协会组织的履职能力专题培训;组织审核委员会主席、总经理参加安徽上市公司协会组织的履职能力专题培训。

13. 编制证券资讯。每月编制一期证券资讯,内容在原有基础上增加证券对标分析和政策解读专题,发放范围扩大到所有公司高层;开展华菱钢铁对标分析,提出建议。

(徐亚彦　黄龙炎)

监事会

【监事会工作】 2020年,监事会在各位股东的大力支持下,以维护和保障股东利益为己任,认真履行《中华人民共和国公司法》和《公司章程》所赋予的监督职能,为公司的规范运作和健康发展发挥了应有的推动作用。

一、监事会议情况

(一)2020年,公司监事会共召开了11次会议,列席了公司2次股东大会、13次董事会议,在及时全面了解公司生产经营情况和财务状况的基础上,参与了定期报告、财务报告、内部控制、资产处置、关联交易、对外投资等23项重大议案审议的过程与监督。审议的所有事项均符合《中华人民共和国公司法》及《公司章程》的有关规定,审议程序合法合规。

(二)监事会的相关公告信息披露于《上海证券报》及上海证券交易所网站、香港联合交易所网站。

二、依法履职,切实发挥监督作用

一是关注公司经营运作。报告期内,通过参加党委常委(扩大)会及与公司营运相关的专项会议等,关注公司治理的规范有效,了解公司重大生产经营决策的执行情况,及时提示公司在生产经营、财务管理及内部控制中可能出现的风险与问题,按照管理职责提出建设性意见和建议,增强对公司依法经营的监督;针对股东大会决议的执行情况和董事会决议事项、关注事项的落实情况,如若发现存在涉及公司财务、董事、总经理和其他高级管理人员的问题及时反馈公司董事会,并督促其做出解释或按期整改;对公司董事和经理层执行职务时的合法合规情况予以重点关注、检查,促进公司经营管理的规范化。

监事会认为:2020年,公司重大决策程序依法、合规、有效,董事会运作规范、决策科学,认真执行股东大会的各项决议;公司董事、总经理及其他高级管理人员恪尽职守、勤勉尽责,未发现有违反法律、法规、《公司章程》或损害公司及股东利益的行为。

二是检查公司财务及资金运作。对接中国宝武,结合公司实际,通过听取经营财务部、运改部、能环部等相关部门的专项汇报,了解公司战略执行情况、重大投资方案、生产经营计划、智慧制造纲要、绿色钢厂行动方案、精准扶贫工作报告等,督促公司积极落实国家及中国宝武战略部署;保持与公司内部审计、法律、投资和内部控制风险管理部门及外聘会计师事务所的协调与沟通,督促公司运营持续依法合规;定期审阅公司财务报告、内部控制汇报、风险监督管理评价报告、反舞弊工作汇报,了解公司的财务状况、内部控制和风险管理,重点关注资产的安全完整、重大经营风险的揭示以及损益的真实性等情况。

监事会认为:2020年,公司能够严格按照国家有关法律、法规及《公司章程》的要求,依法经营、规范运作;财务、会计内控制度健全且执行有效,资产处置合理;外聘会计师事务所安永华明就公司年度财务报表及相关内部控制出具的标准无保留意见审计报告,真实地反映了公司的财务状况、经营成果;公司已按照企业内部控制规范体系和相关规定的要求,建立了较为完善的内控制度,在所有重大方面保持了有效的财务报告内部控制,并能得到有效执行。

三是督查公司重大事项。报告期内,对公司重大投资、资产处置、关联交易等10项事项进行了监督核查,及时发现、揭示危及公司资产安全的重大问题及隐患,并提出具有可操作性的建议,增强公司管控的执行力。监事会未发现公司实施的重大经营事项存在违反法定审批程序、交易定价不合理等情况,符合公司战略发展需要,决策程序合法合规,无损害公司与股东利益的行为。

四是检查信息披露情况。报告期内,定期检查公司内幕信息知情人档案,对重大事项信息披露情况进行监督。监事会认为:公司严格按照内幕信息管理制度的要求,做好内幕信息管理以及内幕信息知情人登记、报备工作,能够如实、完整地记录内幕信息在公开前的报告、传递、编制、审核、披露等各环节内幕信息知情人名单,未发现有内幕信息知情人利用内幕信息进行股票交易的情况,未发生监管部门要求查处、整改的情况。

2021年,公司监事会将谨遵诚信原则,继续以维护和保障股东及职工合法权益为己任,加强对重大投资、资产处置、关联交易等重大事项的监督和信息披露的关注,加强对公司董事和高级管理人员勤勉尽责的监督,努力为服务中国宝武战略和马钢改革发展发挥应有的推动作用。

【监事会秘书室工作】 2020年,根据监事会工作部署,为公司监事能更好地履行工作职责做好相关的服务工作。

1. 监事会会务工作。共筹备召开11次监事会议,准备相关会议资料,做好会议记录和纪要的整理归档,并为会议决定事项拟文、行文。

2. 协助做好信息披露和股东大会、董事会及监事会各项决议执行情况的督办工作。

3. 为方便监事更好地履职尽责,在相关部门的配合下,及时向独立监事提供公司生产经营情况,汇报监管机构最新监管要求,为其履职提供便利。

4. 组织协调工作。一是做好监事会与证监会、国资委、上交所、联交所以及公司有关部门的沟通协调工作,建立信息渠道,发挥桥梁纽带作用。二是受理公司股东的来信来访,及时向监事会汇报。

5. 调查研究工作。调查监事会各项计划的执行情况,对监事会提出的相关专题进行调研,并提出相应的调研报告,供监事会和公司领导决策参考。

6. 关注和了解公司治理方面的问题,及时向监事会反馈情况,协助监事会加强监督。

(沐韵琴)

·股份公司机关部门·

人力资源部

【规划配置】 1. 人事效率提升。一是开展对标找差工作,从管理变革、流程再造、智慧制造、精简机构、岗位优化等方面,寻找本质化人员优化。召开管理研讨会,深度分析公司人力资源基本情况,明确人力资源管理工作方向和2020年度重点工作及措施,提出2020年马鞍山基地人均产钢1000吨的目标。根据各单位的对标潜力,按照逐步缩小差距的思路,确定和下达各单位年度优化指标、科级管理岗和作业长职数,以及季度考核指标。分析历年离岗政策和研究宝山基地、梅山基地的离岗政策,抓住主要矛盾,有针对性制订和印发员工新的离岗政策,即《关于印发员工与企业协商一致解除劳动合同离岗休息和自主创业等离岗政策的通知》,组织政策宣讲。修订工资总额管理办法,在工资总额中设立人效提升奖励政策。通过对标和工作量写实等方式,核定新项目定员。跟进各家单位优化进度,建立台账和进度表,每季度对各单位完成情况进行考核,与单位组织绩效和领导年薪挂钩。召开年中人力资源工作会议,指出工作中存在的问题和分析原因,要求各单位将人效提升作为持之以恒的、全体系的重要任务,充分利用公司政策,主动加压,刚性完成各单位2020年人事效率指标。加大配套措施力度,推出岗位聘用管理办法、待聘人员管理办法和共享用工政策。二是参与基层管理变革工作。参加基层管理变革方案制定,结合对标情况,制订各单位基层管理人员职数及相关配套政策方案,印发基层管理变革有关人员岗位聘用相关事宜方案,指导和推动各单位岗位聘用等相关工作。本次基层管理变革,科级管理人员减少155人,优化比例32.4%;作业长减少291人,优化比例47.2%。

2020年,马钢股份实现净减员3618人,优化比例13.6%;马鞍山基地实现净减员3428人,优化比例14.2%,实现人均产钢超过1000吨的内控目标,达到1010吨。截至2020年底,马钢集团在册职工26308人、在岗职工25384人(含马钢集团本部、马钢股份、投资公司、康泰公司、冶金服务公司)。

2. 岗位体系优化。利用宝钢管理项目支撑的契机,编制人力资源管理优化书,完成岗位体系优化设计。分析宝武集团的分岗位目录,梳理马钢的分岗位目录,设计岗位层级,规范岗位名称,对操作维护岗进行岗位评价,设计技术业务岗和操作维护岗的职业发展通道,设计岗位层级标准,制定高层级岗位职数初步方案,分步建立任职资格体系及各岗位层级、岗位序列的任职资格标准,修订下发《岗位说明书管理办法》。新的岗位体系在基层管理变革中得以采用,首批人员聘用至高级主任师、高级操作等岗位。编制了职能部门岗位体系切换方案。

【员工管理】 1. 员工招聘配置。与安徽冶金科技职业学院、马钢技师学院联合开展2020年应届毕业生专项招聘工作,共招聘136人。此外,政策性安置4人,已全部补充至生产一线及新增产线项目中。制定并发布《员工内部流动管理办法》,统筹需求单位,通过协商调动、外部招聘、借调试用等形式,安排126人流动至需求岗位。积极参与和落实宝武生态圈专业化整合工作,完成水系统278人、司乘人员96人、脱硫脱硝业务20人、检修业务233人、石灰业务109人、特种检验业务16人的划转工作,并完成劳动合同变更。

2. 劳动关系规范管理。制定发布《劳动合同管理办法》,对公司(含子公司)25500余份劳动合同进行全面梳理审查,对劳动合同中各类违规情况开展专项治理工作,并建立马钢股份劳动合同管理台账,动态管理员工劳动合同。制定并发布《岗位聘用管理制度》《待聘人员管理办法》《共享用工管理办法》。自2020年5月1日起,共完成在册员工协商解除合同547人(其中,在岗员工协商解除合同490人)、离岗休息51人、自主创业4人、共享用工18人等离岗手续审批,并将新审批人员劳动关系移交人力资源服务中心集中管理。

3. 人力资源信息化管理工作。2020年2月20日启动宝武集团人力资源信息化管理系统覆盖工作。建立马钢股份人力资源信息化管理治理联络机制,积极指导并协助各单位梳理、校验、核准组织机构、岗位及人员基本信息、扩展信息,完成薪酬福利测算等工作,至6月30日,基本完成马钢股份人力资源信息化覆盖工作,达到验收上线要求。8月,根据宝武总部及马钢集团关于信息化治理相关要求,持续开展马钢股份信息化治理专项工作,10月底按要求分批次完成马钢股份24000余人信息化专项治理工作。

4. 员工满意度调查。根据《员工满意度管理办法》相关要求,2020年10月,组织企业文化部、运营改善部、安全生产管理部等职能、业务部门共同研讨员工关注焦点,结合2020年马钢发展变革,形成2020年度员工满意度调查问卷,组织公司内部26家单位管理岗、技术业务岗、操作维护岗共9000余名员工参加满意度测评。经统计,2020年马钢股份员工满意度为89.54%,较2019年提升约0.15个百分点,持续6年稳定在87%以上。

5. 作业长队伍素质提升。为规范作业长任职资格管理,完善后备作业长队伍建设,2020年度共举办4期作业长任职资格培训,183人参加培训,164人通过考核取得作业长任职资格证书。为支撑公司基层管理变革,扩大作业区管理幅度,提升基层管理能力,梳理现有作业长人员信息,分析当前作业长队伍素质,策划了2021年作业长素质提升工作方案、新聘作业长任职资格培训方案、作业长在职研修及作业长岗位见习交流方案。

6. 高层次人才培养。立足马钢优特长材精品基地的规划发展方向,根据技术技能人才队伍建设2020年工作计划,组织开展了高级技术主管、首席技师多次专题研修培训,调整优化"1+2+4"科技领军人才培养工程发展方向,全年举办6期"1+2+4"科技领军人才团队专题研修,持续推进特钢、型钢及工业线材领域核心技术人才培养。

7. 员工培训。围绕公司战略发展规划和年度重点工作,精准识别培训需求,制定2020年度培训工作计划。培训计划分类分层实施,从师资、课程设计、实施过程、效果评价等多方面进行项目跟踪,实施各类人员岗位能力提升培训,加强培训过程监控和培训有效性评价管理,切实提升员工技能。全年完成培训90项,在岗员工培训覆盖率100%,培训计划完成率91.8%,人均培训80.49学时。

【薪酬福利】 1. 薪酬体系优化。借鉴中国宝武薪酬管理体系,结合马钢股份管理现状,在岗位体系重构方案的基础上,优化薪酬结构,清晰激励导向,凸显岗位价值,设计不同岗位序列和族群薪资体系,依据国家及地方相关法律法规,拟写马钢岗位绩效工资制管理程序及实施细则、岗位绩效年薪制管理办法及相应标准。

2. 工资总额管理。围绕马钢战略及人效指标,制定2020年工资总额包干方案。在马钢集团核定的工资总额基础上,与马钢效益挂钩浮动,各单位在马钢确定的工资总额控制指标范围内,统筹规划、合理安排。工资总额与各单位经营目标、人效指标等关键指标挂钩,包干周期内"增人不增奖,减人不减奖"。子公司工资总额按"整体预算、月度监控、季度盘点、年度清算"进行动态管理。

3. 规范薪酬管理流程。2020年下发《关于严肃薪酬纪律 规范薪酬管理的通知》,规范专项奖励管理,坚持按需设奖、事前设奖,合理控制专项奖励规模,规范分配导向。完善转移支付、结余申请等流程,减少新增结余,全过程管控薪酬发放,规范薪酬管理。

【协力管理】 一是完善协力管理体系。统筹推进各协力业务归口部门建章立制,编写了《协力供应商通用管理手册》等共计23项制度(含待发布)。二是规范协力用工。开展生产协力安全专项整治,整改隐患422项。开展清理混岗(插入式)协力工作,多次赴基层宣贯、督导。全面梳理各协力供应商中的马钢离岗职工,共计清退41人。组织各项目单位审查协力岗位作业指导书、安全操作规程等,规范协力岗位作业标准。三是加强协力供应商管理。统筹推进各协力业务归口部门开展对生产类、运输类、能源环保类共13家协力供应商开展资质评审,确定10家为合格供应商、3家为待改进供应商,至2020年底减少两家生产协力供应商。四是提升协力劳动效率。灭失3项生产协力合同,优化两项生产协力合同,合计减少协力员工181人,减少费用1013.75万元。2021年生产协力预算费用较2020年同口径下降5117万元,下降比例为7.08%。整合归并同类型生产协力合同,减少合同61个,优化比例54%,为后期合同内费用、人数挖潜做好支撑。

(孙皖峰)

运营改善部

【战略规划】 1. 产品产线规划。完成了马钢集团马钢股份总体发展规划的制定,确定了成为“宝武集团优特长材平台化公司”的最新战略定位,努力在“十四五”规划期内成为4000万吨级规模的钢铁制造平台化公司。8月,宝武集团同意马钢发展定位。南区将成为宝武极致专业化的优特长材基地,“做强做优做大”优特钢和H型钢;北区铁前系统按方案二(在北区对两座4000立方米高炉进行技术改造、提高设备水平、提升环境绩效,将南区1号、2号焦炉异地大修至北区,建设产能为100万吨/年的2×50孔7米焦炉,新建1座年产量为320万吨的烧结机)实施;同意南区产品产线规划按方案一(新建专业化优特钢项目,将马钢优特钢产能规模由170万吨级提升至400万吨级;实施CSP产线改造,将马钢型钢炼钢、连铸部分集中至一钢轧区域,将马钢型钢产能规模由350万吨级提升至410万吨级)实施,在提高新炼钢生产能力的同时降低电炉钢在优特钢中的占比,实现优特钢生产成本的降低;未来外部资源的整合,由宝武集团牵头,马钢配合。

2. 宝钢股份对马钢股份协同支撑项目实施。运营改善部与宝钢股份运营改善部、规划与科技部确定了管理对标项目10项、技术支撑项目5项,确定了6名挂职人员和11名项目总监人选。结合马钢股份需求,由支撑项目导出赴宝钢股份开展科技业务与知识管理、铁前生产技术与质量管控、炼钢、热轧、冷轧生产技术与质量管控等15项学习计划。制定了各项目组周小结会、月度例会制度,公司组织月度及季度推进会。截至2020年10月,宝钢股份累计支撑马钢2269人,马钢股份赴宝钢学习累计1899人。在制造管理、能源环保、冷轧产品质量提升、热轧质量改进、棒线材产品质量提升等项目取得较大进展,在供应链协同、能源环保、生产制造控制等方面协同效益显著,累计实现协同效益9.56亿元。

【组织管理】 1. 管控模式优化。加快管理变革和流程再造系统性工作的推进,适应马钢成为中国宝武钢铁制造平台化公司和优特钢精品基地的战略定位需要,在借鉴宝武先进基层管理经验的基础上,上半年和下半年分别完成了职能部门、业务部门和基层生产厂部的管理变革,对部门的整合实现了管理模式统一,将多种模式并存向“集中一贯”转变,厘清了职能、业务部门功能定位,职能部门从12个净减少到10个,涉及的部门科室从89个净减少到78个;修订《组织机构及职责分工管理程序》,厘清专业管理,调整主要职责40余项;下半年基层变革,优化了生产厂部及下设机构,部门、分厂、作业区精简比例超过30%。对检测中心进行“厂管作业区”管理模式试点。立足新的功能定位,结合宝武共建高质量钢铁生态圈的需求,充分考虑未来产线布局调整的可能性,合理优化和设置基层管理组织架构,适应马钢未来发展需要。通过对标先进、结合现状,按照专业化产线分工与协作,优化生产厂部设置。将基层管理标准和流程固化进信息系统,发挥集控中心功能,提升基层作业效率。压减管理层级,简化管理流程,扩大基层管理幅度,提升管理效能,作业区管理幅度提升到约40人。

2. 整合融合。牵头逐步开展了固废资源、水处理、仓储配送、工业品、气体、特种设备检测、石灰、检修八类马钢内部专业化业务整合工作。固废资源业务于9月18日完成管理补充协议签订,明确了双方管理责任主体及管理界面;将水系统业务及人员划拨至宝武水务马鞍山分公司,并开展水系统业务的外包服务;编制工业品业务《马钢股份资产备件采购、仓储配送业务整合方案》,明确了整合路径,并与欧冶工业品公司(筹建)进行对接交流,明确下一步整合工作;气体业务按照整合方案,明确了四个阶段推进,相关决策流程已完成;特种设备检测业务及共同管理备忘获得马钢党委书记办公会、党委会、总经理办公会审议通过,8月6日已完成共同管理备忘的签署;石灰业务按照马钢统一部署,编制了整合方案并与马钢矿业就具体整合路径进行协商;检修业务明确了四钢轧总厂和铁运公司相关业务及人员纳入整合范围,相关方案获得马钢审议通过。10月底前完成了人员成建制划转,并签订相关业务合同。

3. 组织绩效。围绕马钢发展战略和年度经营目标,对标宝钢股份,建立了“1+3+7”绩效评价体系,即1个评价体系(进一步修订、完善《生产经营绩效管理办法》,从战略落地、目标承接等,全方位对各单位生产绩效进行评价)、3个评价方面(关键业绩指标KPI、专业管理关键行为指标KBI、关键领域重点工作项目进度,全系统实施绩效评价)、7个专业管理优劣评价(安全生产、生产制造、科技管理、设备管理、能源环保、人力资源、技术改造7个专业,遵循“完善体系、重视过程、关注结果”理念,编制制度,实施季、年度专业管理绩效优劣排名评价,提升专业体系能力)。按季度召开4次公司绩效对话会,组织各部门深入分析形势,查找问题,提出对策,安排部署阶段任务。

4. 组织绩效信息化管理平台建设。完成管理平台搭建、组织架构设置、绩效管理人员配置、月度/季度各单位绩效表单设计,完成系统首轮测试工作,开展相关绩效管理的人员演练、培训工作;通过对标宝钢股份、武钢有限公司、湛江钢铁公司,在绩效平台实现“KPI(关键绩效指标)+KBI(合规性评价)+PMO(重点工作项目管理)”评价三合一的系统集成,同时,保障绩效指标的记录、跟踪在信息化系统里实现的基础上,新开发绩效指标评价、评分等功能,完全实现组织绩效评价线上运行的目标。

5. 公司治理。落实党委研究讨论作为董事会、经理层决策重大事项的前置程序要求。6 月 17 日,马钢股份发布《关于关于马钢股份公司职能、业务部门管理变革和流程再造的决定》后,根据马钢党委要求,系统梳理各治理主体的权责关系,依据马钢股份党委会、董事会、总经理办公会、股东大会的议事规则,制定了《马鞍山钢铁股份有限公司“三重一大”决策实施办法(试行)》(马钢股发〔2020〕17 号)。

6. 管理创新。2020 年,马钢股份 27 个单位参与申报管理创新成果,共征集 81 项,评选推荐获奖成果一等奖 9 项、二等奖 13 项、三等奖 19 项。其中,《以效率效益为引擎,构筑以两头市场为导向的铁钢比动态预测模型》《基于精益工厂建设下的企业核心竞争力提升探索与实践》《大力开展外转供电综合治理,降本增效》《动态规划调控平衡,实现低库存高效资金管理》4 项成果获宝武集团 2020 年管理创新成果三等奖,并推荐该 4 项成果申报中钢协管理创新成果评选。

7. PMO 管理。建立了基于战略为导向的重点工作项目管理模式。承接公司战略规划,分解落实公司商业计划书及年度经营目标。完成了《重点工作项目管理办法》的编制并正式发布;下发了《2020 年公司重点工作项目计划》及 30 项重点工作项目。月度跟踪进展情况,每季度进行差异化评价,并与组织绩效联动,年终对完成情况较好的项目给予考评激励。

【运行管理】 1. 综合管理体系建设。选择北京世纪拓普管理顾问有限公司,以咨询项目形式,对马钢股份认证准备进行辅导,按项目化运作,制定了换版实施方案;通过新旧标准条款与要求的差异分析,将标准新要求的承接融入上述两个管理体系相关制度制(修)订。组织了多场分层次培训。8 月,“职业健康安全管理体系”和“能源管理体系”管理体系按新版标准要求试运行;9 月,经内部审核,职业健康安全、能源管理体系基本满足相应管理体系新版标准要求。

2. 制度建设。多次与宝钢股份运营改善部、制造管理部等部门通过视频会议、现场交流,围绕综合及专业管理体系运行管控、制度建设等内容开展对标找差,为马钢股份职能/业务部门管理变革后相应管理制度的补充与完善做好了铺垫。

7 月,根据公司组织体制、运行机制和流程变革的输出,以及到期制度的评估结果,发布了《关于进一步规范管理标准制(修)订工作的通知》,从系统梳理与识别宝钢股份与马钢股份制度差异、保证马钢股份管理标准体系的完整性和适宜性以及规范标准修订流程等三个方面提出了要求,以期避免制度对标过程中可能发生管理标准出台的随意性。建立制度编制计划的滚动清单和跟踪管理机制,采用集中评审、定期通报的方式把好文件制修订的质量和进度。

3. 风险管理。一是梳理识别,建立风险预警模型。2020 年 2 月 29 日—3 月 8 日,在马钢股份范围以管理、技术业务岗为主要调查对象组织开展了风险识别问卷调查,涉及 49 个风险项目,共有 7932 人参加了调查。二是细化要求,提升合规经营能力。一季度,将内部控制 18 个控制流程梳理对应到公司 138 个日常管理活动,确定 679 项管控风险点,其中组织架构、战略规划、人力资源、社会责任和企业文化等 5 个公司层面共涉及 233 个风险点,13 个业务层面共有 446 个风险,编制形成《内部控制管理表》。三是筑牢防线,持续优化和改进风险管理。按季度开展全面风险排查,通过完善制度,开展过程控制,促进内控体系能力快速提升。通过招标聘请德勤华永会计师事务所实施了“风险管理和内部控制咨询服务”项目,9 月 10 日召开了项目启动会,进行了风险管理和内部控制基本概念的培训。

4. 运营改善。一是持续推进精益六西格玛项目,促进现场问题改善与效率提升。发布了《马钢股份 2020 年精益六西格玛实施方案》,完善和丰富适合马钢实际的六西格玛+精益运营持续改进模式,项目目标均达到一档目标,其中制造部、四钢轧总厂和特钢公司的四个项目组接近要求更高的二档目标。经财务确认,取得年化效益 6303.39 万元。二是坚持试点先行、全面跟进,持续推进精益工厂创建工作。对冷轧总厂、四钢轧总厂、炼铁总厂、特钢公司 4 家试点单位和 15 家跟进单位的现场辅导,关注“效率、质量、成本、交货期、安全、士气、环境、智能化”8 要素,制定了可视化标准、创建知识手册(口袋书)标准,为实现各项管理目标提供了有益支撑。三是通过完善机制,推动协力管理改善与优化。以完善协力管理体系、培育战略供应商为出发点,通过深入细致的调查研究和对标找差,编制了马钢股份协力管理改善方案,对协力管理制度体系建设提出明确的计划安排和实施路径。通过对现有协力供应商进行全面梳理,梳理核心业务与非核心业务,厘清协力用工业务范围,为清退不合格协力供应商、大幅压缩协力供应商数量、提升协力供应商集中度、培育和引进优质协力供应商,从而提升人事效率做好支撑。四是实施事故/事件督查,助推公司应急预案体系。持续开展事故/事件督查,加强事故“四不放过”管理,提高马钢股份各单位事故管理责任意识、防范意识,从而防止和减少各类事故的发生。通过对“6.15暴雨影响生产事件”的深层次分析,挖掘管理上的原因,对标宝钢股份应急管理体系建设经验,对应急管理业务体系的关键过程进行识别分解。7月,编制了应急预案管理体系推进方案,制造管理部按实施计划积极推进。五是坚持社会化、市场化方向,推进公务用车制度改革。配合马钢集团,推进公车市场化、社会化改革工作。涉及马钢集团和马钢股份共17家单位114名职工,以及25家单位193台车辆,按照时间节点稳妥有序完成了114人报到、岗前培训、业务安排和193台车辆的接收工作,77%的人得到稳妥安置。

【智慧制造】 1. 信息化组织管理。下发《关于成立马钢股份网络安全和信息化委员会的通知》(马钢股〔2020〕85号),将信息化和网络安全领导小组调整为网络安全和信息化委员会,强化网络安全和信息化保障工作。

2. 信息化管理标准。对标宝钢股份信息化和网络安全专业管理流程,编制《智慧化和大数据项目管理办法》《网络与信息安全管理办法》《网络与信息安全应急预案》等管理标准。组织2020年底上线的系统(安全管理系统、设备管理系统、客户服务系统、工贸一体化系统、科技管理系统、知识管理系统、组织绩效系统、体系管理系统)项目责任单位编制相关信息系统管理办法,纳入马钢股份管理办法评审计划。

3. 智慧制造。按照宝武集团“四个一律”指数定量化评价工作要求,组织开展“四个一律”指数季度定量化评价和推进工作,形成《马钢股份“四个一律”指数定量化评价工作汇报》《马钢股份“四个一律”指数报告(2020年上半年)》等材料,按季度发布马钢股份4A指数。截至三季度末,集中化指数为51.4%,较一季度提升12%;无人化指数为43.1%,较一季度提升5.8%;服务上线指数为71.6%,较一季度提升38.3%。2020年底,设备远程运维平台在宝之云马鞍山基地部署投运,冷轧总厂、四钢轧总厂3条产线共1055个关键设备接入该平台,远程化指数实现“零”的突破,达到8.3%。以无人化、集控化、一键化、可视化为目标,以区域集中管控、现场工业机器人的应用、无人化的作业场景等为重点,实施炼铁集控、四钢轧总厂炼钢连铸集控、热轧集控、冷轧集控、基础网络改造、特钢高线成品库、冷轧总厂工业机器人应用等智慧制造重点项目。

4. 整合融合信息化建设。基于“基础平台统一、技术平台统一、通信架构统一、网络互联统一”的基础设施平台,构建马钢股份整合融合信息化系统,融入中国宝武“一朵云、一张网、一颗芯”的总体架构。充分发挥系统的协同效益,提升马钢股份生产经营管控能力。

5. 网络安全。印发《马钢股份2020年网络与信息安全工作方案》,召开马钢股份2020年网络安全专题工作会议;通过微信工作群、部门网站、协同办公系统等多种方式,开展网络与信息安全信息通报。积极做好节假日、重大活动期间的网络安全保障工作,下发《关于做好2020年全国“两会”期间网络安全保障工作的通知》;结合国家网络安全宣传周,通过网站信息发布、网课等形式,开展网络安全知识宣贯培训活动;组织开展2020年网络安全模拟应急/攻防演练。

6. 两化融合管理体系。马钢股份两化融合管理体系已完成三年有效期内的监督审核,依据《工业企业信息化和工业化融合评估规范》(GB/T 23020—2013)要求,组织开展两化融合自评估,马钢股份两化融合成熟度得分79.35分,整体得分较上年提高1.02分,高于全国93.77%的企业和97%的同行业企业。

(赵小冬)

经营财务部

【成本管理】 一是科学设计成本消减指标、打造成本精益管控能力。采取工序产线对标降本的手段,对马钢股份所有产线,区别不同实际情况,分别选取自身历史最好水平、行业平均水平、行业标杆水平作为参考依据,以缩小关键经济技术指标差距为突破口,科学设计了2020年各单位成本消减指标,使马钢股份成本精益管控能力进一步提升。二是完善和深化效益评估,实现资源效益最大化。根据原料预测采购价格以及钢材销售价格,利用信息化管理系统和投入产出模型,准确评估物料成本以及细分到工厂、产品大类、钢种、物料层次的钢材边际利润,为马钢股份的销售接单、排产、资源平衡以及优化品种结构提供依据。三是做好商业计划书及经营计划编制、跟踪分析。组织编制马钢股份详细经营计划,并开展商业计划书和月度经营计划完成情况跟踪和分析工作,从盈利情况、库存情况、工序成本、运行特点等多视角,从与预算比较、与上年实际比较、与对标对象比较等多维度,从固定成本、变动成本、能源成本等多因素进行全方位、全流程的细致分析,发现亮点、查找问题、提出建议,为马钢股份生产经营提供有力支撑。

【资金管理】 一是严格资金控制,提高资金使用效率。按照"量入为出、以收定支"的原则,将采购资金的总额与销售收入挂钩,控制存货资金占用以保证经营净现金流入。二是针对生产经营情况变化,提出资金支付政策应对预案。2020 年,受疫情影响,马钢股份一季度经营性净现金流为负,资金压力大。为了确保生产经营现金流的安全,经营财务部向马钢股份公司报送《关于制订资金支付政策调整预案的请示》,就资金支付策略提出了"调整支付账期,降低采购支付中的现款比例,允许票据背书"三项建议并获马钢股份批准执行,降低了马钢股份的资产负债率,减少了票据风险,同时降低了财务费用 5330 万元。三是加强"两金"管控,提高资金使用效率。制订"两金"管控方案,严控授信管理,根据相关单位的业务情况,编制了 2020 年度相关单位授信额度并下发执行,以控制应收账款规模;起草《关于下发马钢股份"两金"管理计划的通知》并下发各相关单位执行,以控制存货规模。四是采用多种融资手段,降低资金成本。为了保证马钢股份生产经营和各项投资所需资金的正常运转、各项融资能够按期还本付息和降低财务费用,及时调整融资方向,密切关注汇率和利率市场行情,及时调整美元资产和负债的配比结构,有效规避汇率风险;密切关注资金市场变化,适时调整融资品种,努力开展低成本融资业务。

【会计管理】 一是加强会计基础管理。全面对标宝钢股份管理制度体系,梳理本部门所有管理制度并制定修订计划,参加马钢股份各项管理制度的评审会并提出修改意见;加强对外投资财务监管与风险防控,进一步加强对外投资的日常财务管理。二是加强内部控制管理和风险评估管理。根据马钢股份《关于开展 2020 年内控自评工作的通知》要求,对马钢股份财务方面的内控制度进行了梳理,对发现的问题进行研究并加以修订,认真开展风险评估工作,并按要求汇总上报风险评估结果及改进情况。三是协调相关审计事项。协助安永会计师事务所做好香港联交所、上交所 2019 年年报及 2020 年季度报告、半年度报告的披露及期后审核说明工作;根据安永会计师事务所出具的《2019 年度管理建议书》,组织各单位进行整改。

【税务管理】 一是争取财税优惠政策,合理减轻税负。应用出口退税政策,对符合退税条件的出口产品,积极向税务机关办理出口退税申请,2020 年,为马钢股份获得免、抵、退税 35857 万元;积极争取各项财政优惠政策,减免了残疾人保障金 1850 万元、水利基金节税 2734 万元、去产能调结构土地使用税减免 163 万元等;积极利用疫情期间税务优惠政策,阶段性减免企业社会保险费 7000 万元;提高部分产品出口退税率,降本 3000 万元。二是完善慈湖水厂取水口移建费用工作。多次与马鞍山市税务局、马鞍山市住建委、江东控股集团等单位沟通协调,由慈湖水厂取水口移建项目中标单位,即项目的施工、设计等承建单位开具增值税发票给马钢股份,作为税前扣除凭证;同时,相关各方签订"马钢股份承担慈湖水厂取水口移建部分资金协议书",并按照工程进度开具发票,依法合规处理慈湖水厂移建费用问题,规范财务核算,避免涉税风险。

【资产管理】 一是加强资产管理。完成马钢股份与宝武集团各类整合重组中涉及资产评估、备案、审批等工作;根据马钢集团整合方案,牵头完成各板块整合涉及资产评估、备案等工作;对马钢股份到达报废年限以及因改造等原因需要报废的资产逐项审核汇总,全年报废资产原值 14.60 亿元,净值 3 亿元。对 2018 年关停产线继续挂牌,成交 1000 余万元;对其中价值较大的中板生产线继续开展评估、挂牌工作。二是加强股权投资管理。重新修订《对外投资管理办法》;按照宝武整合融合工作部署,完成参股投资、股权重组整合工作;深度参与法人压减、参股瘦身工作。

【重点工作】 一是牵头全面对标找差工作。围绕"全面对标找差,创建世界一流"的管理主题,牵头制定了《马钢股份 2020 年全面对标找差工作实施方案》,完善了全面对标找差体系,建立健全了对标联络体系和对标交流机制,完善了对标工作信息反馈机制和对标评价机制。按月报送月度对标简报、季度专题报告、年度总结报告。对标成效反映在财务经营指标上:盈利能力有所进步,2020 年 1—11 月吨钢利润 151 元,比上年上升 35 元/吨,在宝武集团内部排名第五;铁水成本进步显著,1—11 月吨铁成本 2235 元,在宝武集团排名第四,比上年进步三位;吨钢成本费用和部分区域加工成本进步明显。二是全力参与信息系统覆盖工作。承担了标准财务、成本核算、成本绩效、成本考核、新产品成本设计、计划值、全流程等十几个信息系统建设的牵头任务,同时承担老系统的成本核算、分析任务,按项目推进计划开展工作,全程与各业务部门及宝武集团管理部门、宝信软件一起参加各系统的可研评审、规格设计、信息设计、系统开发、代码规则编制、案例测试,提出改进方案。马钢股份所属子公司标准财务系统已具备上线条件;马钢股份本部标财系统已完成总账、应付、费报相关模块规则代码编制及导入,完成各种报支场景的测试,完成标财下发管理信息化系统凭证的测试,完成管理信息化系统回传标财科目余额测试,年底费用报支与财务报表出具已具备上线条件。成本核算系统、成本管理系统及决策支持系统已完成详细设计,并通过评审,进行代码、规则编制和系统开发工作。

(胡　芳)

科技管理部

【科技创新体系建设】 编制、修订发布《科研与技术攻关项目管理办法》《新产品开发管理办法》等14项管理文件,保障科技创新管理体系有序推进。2020年6月,中国宝武中央研究院马钢技术中心挂牌成立,标志着马钢技术中心正式融入宝武科技创新体系。2020年9月,马钢技术中心与欣创节能环保科技股份有限公司、宝武水务科技有限公司马鞍山分公司在“宝武水务—中央研究院联合研发中心”框架下成立了“宝武水务—中央研究院联合研发中心(马鞍山)”。积极响应安徽省委省政府关于建设安徽省实验室、安徽省技术创新中心工作部署,参与创建“一室一中心”。2020年,“轨道交通关键零部件安徽省技术创新中心”获批建设。积极开展国家及省级各类科技项目申报,2020年马钢在研政府科技项目13项。2020年科技政策利用额14745万元,其中加计扣除减免税1.17亿元。

【国家、行业标准研制】 2020年,马钢主持制定了15项行业标准项目(其中绿色产品评价标准2项、能耗标准6项、检验方法标准3项),已通过全国标准化技术委员会专家审定;5项标准项目(国家标准2项、行业标准2项、团体标准1项)获批立项。AAAAA级标准化良好行为企业通过认定。完成《重型H型钢》行业标准和《热轧H型钢单位产品能源消耗限额》等4项能耗标准的起草并获批发布,《绿色设计产品评价技术规范　铁道车辆用车轮》等2项绿色产品评价标准完成报批。提交3项智能制造行业标准申请材料,其中工信部立项公示1项。

【知识产权管理】 2020年,按照中国宝武“统一语言、统一标准、统一平台、统一文化”的原则和“整体规划、分步实施”的思路,通过系统的技术知识管理规划、技术知识管理组织体系和管理制度构建、技术知识管理平台建设,建立了统一的、集中管理的马钢技术知识管理体系和信息系统,分类沉淀各领域的经验、知识,实现知识的积累、传承。制定或修订了《专利管理办法》《技术秘密管理办法》《商标管理办法》《计算机软件登记管理办法》《科技成果管理办法》以及《知识产权奖励标准》和《科技成果奖励标准》。将知识产权与公司产业结构调整、技术开发、市场营销紧密结合,积极构建多个专利池。

2020年,马钢股份本部申请国家知识产权局的专利420件(其中发明专利265件),授权专利299件(其中发明专利98件)。境外专利授权3项:《一种低成本精节生产的轨道交通用贝氏体钢车轮及其制造方法》获澳大利亚专利授权,《一种高强度、高韧性、抗热裂轨道交通用贝氏体钢车轮及其制造方法》获澳大利亚、欧洲、日本专利授权,《高靭性鉄道輸送用ベイナイト鋼車輪及びその製造方法》获日本专利授权。截至2020年12月31日,马钢有效专利1677件,其中发明723件,获国家、省专利奖6项,获美、日、欧授权4项。

【科研项目管理】 2020年,围绕制约市场和现场的技术难题,组织实施各类科研与技术攻关项目192项(政府项目13项、科研项目96项、技术攻关项目83项)。其中承担、参与国家重点研发计划课题6项(3项承担、3项参与),承担工信部工业强基项目1项,承担、参与省科技重大专项6项(4项承担、2项参与),承担1项中国工程院院地合作项目课题。7月,安徽省科技重大专项“减振降噪车轮研究开发及产业化”通过省科技厅组织的验收评审。以“专业化整合、平台化支撑、生态化协同、市场化运作”为指导,推进宝钢股份科研成果在马钢的转移和实施,5项宝钢股份技术协同支撑项目已取得阶段性成效,全年科研直接新增效益2.66亿元。

【新产品开发】 2020年,马钢股份累计开发新产品76.70万吨、销售新产品77.34万吨,创造销售利润2.76亿元。B356×406×634规格S355J0重型H型钢、458×417×30×50规格Q355B重型H型钢、高韧性热成形钢M1500LW+AS、高强抗震钢筋HRB635E等4项新产品实现首发,DX53D+AS耐高温家电用铝硅镀层产品、FM8T高疲劳性能汽车变速箱用齿轮钢、M65-P耐腐蚀油井管用钢、S500MC钛微合金化汽车用钢、XZ01高磁感电动自行车用硅钢等5项产品被认定为省级新产品;页岩气开采套管用高强度热轧圆钢、厚度方向性能H型钢、翼厚0—80毫米重型H型钢、950兆帕级热轧超高强钢、铝硅家电涂层板等一批高附加值、高技术含量的新产品已实现批量稳定供货。

【科协和外部社会组织管理】 组织开展全国科技活动周活动及技术讲座、学术交流、科普宣传等科技创新活动。2020年,马钢股份4个项目在全国创新方法大赛中获奖(3个二等奖,1个三等奖),在宝武科协"宝武创新争先奖"优秀团队和优秀工作者评选活动中马钢1人获优秀工作者,1个团队获优秀科技创新团队。2020年,马钢股份成立了铁区、炼钢、热轧、冷轧、节能环保、长材等六个技术管理推进委员会,以提高决策水平,降低决策风险,加快新技术和新产品在公司的移植和应用,整体提升制造水平和技术引领能力。制定了《参加外部社会组织管理办法》,规范各单位参加外部社会组织的申请、审批、付费等业务管理流程。

【科技成果管理】 2020年,细化了马钢股份科技成果管理流程和奖励标准,以强化科技成果培育与管理,进一步完善"科研攻关到知识产权到科技成果"的培育孵化机制。遵照宝武集团技术创新重大奖评审规则,组织开展了2019年度技术创新成果奖申报和评审工作,对11家单位申报的44项技术创新成果进行几轮评审,最终授奖11项,其中二等奖4奖、三等奖7项。组织马钢股份技术创新成果进行宝武科技成果登记,推荐登记17项,成功登记11项。马钢股份第一年参与中国宝武技术创新重大成果奖,2个项目均获三等奖。组织中国金属学会专家对马钢技术创新成果进行技术评价,2个项目均被鉴定为国际先进水平。组织参与冶金科技奖、政府科技奖的申报评审工作,2020年共有6个项目获科技奖,其中:冶金科学技术奖特等奖1项、三等奖1项;安徽省科学技术奖二等奖3项、三等奖1项。

(黄　曼)

技术改造部

【重点项目】 2020年,马钢股份新建及续建项目共计178项(含集团公司代管1项),计划投资费用185.41亿元;建成投运项目89项。重点建设管控项目(智慧制造、四五星环保和投资大于1.5亿元)共69项,重点环保项目48项,智慧制造、品质提升类10项。2020年完成固定资产投资49.25亿元。

重型H型钢轧钢生产线项目:该项目是马钢"十三五"期间结构调整、转型升级的重大技改项目,项目总投资16.50亿元,项目主体工程于2018年11月30日开工建设,2020年1月主轧线完成热试,2020年4月底全线完成热负荷试车转试生产,9月7日,第一支超宽翼缘热轧H型钢在马钢诞生。

特钢公司新建大方坯连铸机及配套改造工程:该项目总投资4.20亿元,2019年3月开工建设,2020年4月完成热负荷试车转试生产。

冷轧总厂1720酸轧线设备能力提升改造工程:该项目投资4.29亿元,受疫情影响,8月30日开始停产改造,计划施工工期74天,11月13日提前一天完成热试,11月26日举行投产仪式。

节能减排燃气蒸汽联合循环发电机组综合利用发电工程:项目计划投资10.25亿元,工程主体厂房及辅助建筑物已施工完成,辅助系统设备除盐水系统调试结束,进行润滑油、控制油循环。主机部分汽轮机扣缸前质监工作结束,进行转子找正。

煤焦化公司新建筒仓项目:项目计划投资4.20亿元,一期项目10个筒仓已经投用,二期项目正在实施,筒仓主体进度正常,筒仓本体已全部封顶并陆续开展仓顶通廊作业。

冷轧总厂1号镀锌线设备能力提升改造工程:项目投资2.86亿元,2020年9月15日进行全线穿带冷负荷试车,11月23日完成热试,11月26日举行投产仪式。

炼焦总厂8号焦炉烟气脱硫脱硝工程:该项目是马钢重点环保项目,合同金额6048万元,2020年4月10日开工建设,虽受到疫情、雨季和设备供货周期长等不良因素影响,10月30日进行热负荷试车,较合同工期提前40日完成,2020年11月12日正式投入使用。

马钢炼焦总厂1号、2号焦炉烟气脱硫脱硝工程：项目计划投资9385万元,项目施工初期受到疫情和雨季等因素影响,施工过程中存在滞后的情况,通过优化施工资源、合理安排施工工序、协调施工条件等方式方法抢抓进度,2020年11月底,项目整体安装完成,12月15日进行热负荷试车。

马钢合肥公司环保搬迁项目——焦炉系统工程：项目计划投资12.50亿元,计划2021年7月第一座焦炉建成投产,2021年10月第二座焦炉建成投产。焦炉本体施工进度正常。

马钢南区新建燃气蒸汽联合循环发电机组公辅燃气、热力配套工程:项目计划投资2.91亿元,主要建设内容为新建2座15万立方米煤气柜以及相应管道系统,主要分为煤气柜本体、西线管道、东线管道三大部分,西线管道于2020年11月26日预验收合格;1号气柜柜顶提升完成;东线管道基础已完工,组织管架和管道吊装。

马钢南区雨污分流及排口优化改造工程:项目计划投资1.50亿元,2020年12月21日主管网正式贯通,成功送水到六汾河处理站集水池,项目运行正常,各支管网已接入大半,个别区域消缺整改,基本实现南区雨污分流功能。

其他重点工程:炼铁总厂(北区)A号、B号烧结机烟气脱硫脱硝超低排放改造工程:项目计划投资3.30亿元,为公司重点环保销号项目,2020年12月底项目安装完成,进入试生产和消缺阶段。马钢220千伏输变电-燃气蒸汽联合循环发电机组公辅电力配套工程:项目计划投资3.74亿元,主要建设内容为新建3个220千伏输变电工程以及110千伏配套线路工程,利用燃气蒸汽联合循环发电机组缓解马钢电网供电能力不足问题。其中,110千伏工程于12月23日已充电完成,完成两路送电;220千伏工程预计2021年3月31日前具备输变电条件。炼铁总厂南区带式焙烧机工程:项目计划投资9.92亿元,2020年9月开始施工,进度正常,组织主线焙烧室和造球室土建、钢结构施工。炼铁总厂A高炉大修工程:项目计划投资13.90亿元。总体进度正常,完成A高炉大修工程动土会签,新炉壳组装区域地基进场施工。马钢高端汽车和轨道交通零部件线棒材深加工项目(线材二期、棒材一期工程):项目计划投资2.68亿元。棒材一期辊底炉已安装完成,已试运行;砂带抛机组、无心磨床已投入生产。线材二期罩式炉、拉拔机完成安装调试,已试运行。棒材精整探伤线设备已安装结束。港务原料总厂供二铁原料通廊安全和环保综合治理技术改造工程:项目计划投资8720万元,主体工程于2020年10月完成,后续根据生产和运行情况进行消缺整改,12月中旬交付投运。

【项目管理】 1. 完善体制建设。2020年,对基建技改涉及所有管理制度及流程进行了全面梳理,共梳理对标、完成修订管理办法25个、管理标准46个。开展工程项目管理支撑信息化对接项目,推进工程项目管理共享平台覆盖马钢股份项目的实施。以宝钢股份工程项目管理系统(BPMS)为载体,以功能需求书、操作手册、功能讲解等多种方式,对接宝钢投资管理部,以视频、专题会、培训等多种方式,梳理管理界面、业务流程、角色分配,熟悉系统功能,同时开展基础性工作,为后期马钢股份工程项目管理系统的上线做准备。

2. 强化项目前期管理。一是固定资产投资立项工作。2020年组织召开近百次审查会,下达104个项目投资计划,立项总金额67.80亿元。规范子公司固定资产投资管理,完成向省市转报长钢产能置换-450高炉拆除验收、电炉工程工期延期等重大事项,各子公司固投均控制在年度计划以内。二是积极推进项目核准备案及政府政策利用。三是完成技术规定修编。为推进马钢各项工程建设工作与宝武集团全面对接,马钢股份启动并发布了马钢《工程设计统一技术规定》,在全面总结过去工程建设经验的基础上,对接宝武集团对工程建设工作的要求,借鉴宝武集团内相关单位修编经验,为马钢新一轮的工程建设设计工作提供新的标准。四是逐步深入工程项目前期工作,不断强化工程设计管理。

3. 保障"十四五"基建技改项目顺利"开局"。推进统筹拟定"十四五"基建技改规划建设项目工期安排,策划项目分工界面,组织推进北区填平补齐、南区规划调整、新特钢等项目的前期可研工作,为工程做好设计前期准备工作。

4. 强化质量、安全监督职能。一是落实季度重点工程综合检查、专项检查和日常巡检,组织完成三个季度的重点工程综合大检查及相关工作;完成炼铁总厂(北区)A号、B号烧结机脱硫脱硝超低排放改造、马钢原料场环保升级及智能化改造工程、炼焦总厂新建焦炉工程、节能减排燃气蒸汽联合循环发电机组综合利用发电工程、炼焦总厂8号焦炉烟气脱硫脱硝工程等15个项目的32次专项检查。组织五次施工质量巡检督查工作,组织开展质量月活动以及土建、钢结构等专项检查。二是强化工程质量监督管理。审查工程项目建设参与各方(建设、勘察设计、施工、监理、商品混凝土供应商、工程检测单位,以下同)的质量标准体系;根据工程的特点,指派项目监督工程师;根据各工程特点,制定针对性的项目监督计划并及时通知项目的相关实施单位。特别是地基基础和主体结构工程、机电设备安装、钢结构安装、工业管道安装的关键部位和工序,监督站要进行重点监督检查;在施工前对编制的施工方案、特殊部位的质量检测手段、监理规划细则等方面实施有效监督。项目自始至终严格规范监督验收程序、验评标准、质量等级核定。

【主要业务工作】 1. 工程合同管理。不断优化、完善合同文本,在确保合同双方公平公正前提下,不断降低合同风险;强化过程管理,优化工程资金支付排定,为工程施工资金及时性提供保障。2020年办理工程款支付共计49.25亿元。

2. 造价管理。完成建安工程标底(控制价)编制205项,编制金额为133672.74万元;完成建安工程标底(控制价)编制205项,编制金额为133672.74万元;完成工程项目建安费用估(概)算费用审核32项;完成招标项目168个,中标金额374108.26万元。其中公开招标项目75个,中标金额361231.12万元,金额占比为96.56%;邀请招标项目93个,中标金额12877.14万元,金额占比为3.44%。

3. 其他费用管理。办理勘察、设计、监理等各类委托175项,完成其他费用的核定共206项(含总包其他费和招标控制价),合计8942万元。

4. 工程图纸档案管理。共接收各类施工图共计37496份,发放建安施工、设备制造、安装各类图纸8750份;转发各类电子文件97份;发放设备、建安招标图纸463份;库存图纸3581份。

5. 总图土地管理。一是利用国家政策争取公司利益,确保土地相关资金回笼和费用减免工作。推进市财政局尽快报告市政府与马钢股份公司签署"十一五"后期用地补充协议工作,尽快清算2008年协议和2010年协议遗留问题;积极推进土地使用税的减免工作,公司充分利用国家相关铁路、市政道路及水系、绿地土地使用税减免政策,充分测算使用土地中部分被道路、水系占用相关面积,积极与市相关部门、区政府沟通,促使协助公司办理土地使用税减免工作。二是积极协调,推进建设项目总图选址、规划办理及相关业务政府协调工作。完成2020年新上炼铁总厂(北区)AB炉矿槽区域环境综合治理工程,C号高炉、四钢轧总厂热轧智慧工厂项目,能控中心1号、2号、3号烧结机烟气脱硫脱硝及新建400万吨年带焙机项目公辅配套工程等60余个项目可研、初步设计的总图审查工作;积极参与公司绿色工厂、智慧制造建设工作,配合进行智园项目规划报批;积极参与厂区环境整治改造工作,完成南区交通规划审查,提出南区区域生活设施整合总图方案,协助厂区3号门、5号门改造选址。三是继续推进建设用地购置及土地等不动产处置相关业务。完成出售给马钢集团智园项目2.49万平方米土地、汽运公司彩涂西区土地2.59万平方米、物流公司七里甸料场地块4的1.71万平方米土地的土地评估、审查、备案、报批等工作;完成对出售给物流集装箱七里甸料场地块5的2.59万平方米土地向宝武集团审批工作。积极组织已办证房产与土地合一测绘、不动产分割换证工作。土地房产厂区测量工作已完成,已请示市自然资源和规划局进行土地分割;为优化利用公司土地资源,保留公司优质产线,协助调研宝特新基地选址三台路两侧和258钢管选址一厂区东部情况,及时提出选址区域内土地情况及可研工作,及时与市、区相关部门联系相关需协助工作,为选址确定做好基础工作;及时协调市政府相关业务部门,办理核桃山林地报批及土方平整等其他工作,为新特钢项目用地出让、开工建设做好准备工作。

(黄远顺)

法律事务部

【合同管理】 1. 法人压减、参股瘦身。2020年,根据商业计划书的要求,主要完成了4家法人(3家控股法人和1家参股法人)的解散清算工作:马鞍山迈特冶金动力科技有限公司、马钢(武汉)钢材销售有限公司、马鞍山马钢欧邦彩板科技有限公司、马鞍山马钢考克利尔国际培训中心有限公司均已完成了工商注销手续。

2. 制度建设。2020年起草了《重大事项法律审核管理办法》《法律纠纷案件管理办法》,并修订了《合同管理办法》。

3. 重大事项审查。审查欧冶链金再生资源有限公司增资、欧冶保理吸收合并马钢保理、化工能源公司2020年股东会上会议案、组建马钢冶金工业技术服务公司等重大事项及办公会议议案共计15项,出具法律意见合计94条。审查马钢矿业资源集团修改章程事项、马钢集团原北京办事处所属房屋产证变更事项等其他事项共计4件,出具意见21条。牵头处理埃斯科股权收购工作,针对法国Asco破产后一直缺席埃斯科董事会,无法形成有效决策,通过CMS律所与破产管理人进行多轮沟通,排除S&B对相关股份处置流程不予配合产生的影响,聘请境内外中介开展审计、评估。识别并发布宝武集团项下364家关联方企业。

4. 合同审查。为马钢各相关单位审查合同、协议等共计106份,累计提出法律意见517条,重新拟定合同或章程6份。审查《对外投资管理办法》《钢材产品贴牌管理办法》《环境保护管理办法》《员工加班管理办法》《劳动纪律管理办法》等管理制度12项,出具法律意见77条。审查马钢集团与利民公司《借款合同》、能源环保部《环保设施托管运营合同》等重大合同共计4份,出具意见17条。为马钢集团的"绿色发展·智慧制造"中转楼拆迁项目、马钢集团员工劳动合同优化项目、马钢集团公车市场化改革项目等出具并审查相关法律文书,保障项目合规开展。

5. 授权委托。办理马钢股份临时授权委托书52份,办理马钢集团临时授权委托书29份。为马钢股份73人办理签署相关业务合同的常年授权,注销采购中心2人的常年授权。

6. 合同专用章。根据马钢股份职能、业务管理变革和流程再造及部分单位以马钢股份名义对外签署合同需要,新刻销售合同、能源环保业务合同等专用章13枚;及时将6枚合同专用章按"章随职能走"原则进行管理权移交。

7. 委托代理人考试。协助中国宝武法务部、管理学院为185人办理委托代理人考试相关报名、答疑。

【诉讼管理】 1. 诉讼、仲裁事务。受理诉讼及仲裁案件28起,涉及劳动争议、买卖合同纠纷、建设工程合同纠纷、人身损害赔偿、财产损害赔偿纠纷、行政诉讼等,涉及金额8850万余元和1.2万吨钢材权属及厦门天鹭大厦5套房产权属争议。结案14起,挽回或减少直接经济损失1800万元。共处理劳动争议11起,涉案金额862万元,结案9起,挽回经济损失850万元,挽损率98.6%。处理合同纠纷9起,结案4起,涉案金额1665万元,挽回经济损失1614万元,挽损率96.9%。继续推进凤凰城集团诉马钢集团案、上海工贸诉马钢金华和销售公司案、金华绿色生态服务中心诉马钢环境侵权责任纠纷案和马钢对深圳粤海马钢28套房产权属争议案。

2. 非诉法律事务。办理2起破产债权申报,其中一笔破产债权已分配到账。办理非诉案件9起,涉及行政处罚听证、合同纠纷、人身损害赔偿、知识产权侵权纠纷、债务清欠等。办理执行案件1起,申请执行30万元。办理职工个人协助执行案件25起,公司类协助执行/司法调查8起,妥善处理协助法院执行案件,维护企业和职工权益。参加配合处理职工信访事宜2起。

3. 反垄断、反倾销等调查应诉。组织泰国镀锌反倾销调查、韩国H型钢日落复审调查、南非型钢保障措施调查三起应诉调查工作。

4. 法律顾问选聘。针对环保处罚力度和频次增加、安全及合规运营应急风险和市场监督部门的行政处罚,选聘熟知政府部门执法流程、核心内容的专业人员,识别公司违规风险点,控制经营风险。

(陶　晟)

制造管理部

【概况】 在"超越自我、跑赢大盘、追求卓越"指导下,围绕马钢股份经营目标计划和年度重点工作项目,以宝钢协同支撑项目为抓手,以科技创新为支撑,全面对标找差,实现合同交付能力和产品盈利水平的跨越式提升。马钢股份各级别高炉保持炉况整体顺行,铁水产量显著提升;持续推进降低铁钢比,全力提升炼钢产能。推进质量管理体系整合、优化,提升质量管理体系保障能力,并通过宝武技术支撑项目,在冶金缺陷研究及改进、热轧质量改进与高校稳定轧制、冷轧与镀锌高强钢产品质量稳定性管控能力提升、镀锌汽车板、彩涂板质量控制水平提升、特钢棒材产品质量提升方面取得较大进步。此外,以提升绿色城市钢厂指标得分为目标,从资源能源、工艺装备、固废不出厂、产品与供应链方面,聚焦生产过程控制,全面提升9项三级指标,固废返生产利用率由15.86%提升至25.12%。

【主要经济指标】 2020年,马钢股份累计产铁1855万吨,其中长江钢铁396万吨;产钢2097万吨,其中长江钢铁461万吨;成品材1983万吨,其中长江钢铁465万吨,铁钢材产量分别较2019年增长2.51%、5.71%、5.78%。

【生产组织】 在2座大型高炉炉役后期采取护炉保产情况下,实现平均日产39708.5吨/天,比上年增加389.5吨/天。四钢轧总厂、长材事业部、特钢公司月产钢和年产钢均创历史最好水平。其中,四钢轧总厂日产钢稳定在2.60万吨,长材事业部日产钢稳定在1.30万吨,分别较上年增加6.5%、4.8%。通过提升板坯热装,加快轧制节奏,增加平均卷重等,2250热轧日产稳定在1.65万吨,较2019年增加13.8%;2130酸轧高效组产实现大踏步地突破,9月产量达20万吨;新建产线重异、重H快速投产、达产。创新鱼雷罐加盖加废钢、增设合金预热装置,粒子钢压块热送,加大发热剂和生铁块使用等制造工艺。9月,马钢股份综合铁钢比首次实现0.850,长材事业部铁钢比破"8"进"7";四钢轧总厂铁钢比破"9"见"8",各转炉炼钢单元铁钢比均创新纪录,全年仅铁钢比一项,较年计划增产钢25万吨。与2019年实际相比,增加效益8317万元。持续深化、细化产销对接力度和维度,4月板带合同完成率达93.12%,创历史新高,合同累计完成率91.46%,较上年同期增长3.13%,各产线均超过2019年累计水平。全面启动现货发生率指标对标,大力推进"余材转用充当工作",通过优化合同投料规则、异钢种套改余材充当、价格杠杆、推荐与寻源销售等产销联动措施,降低现货发生各项措施落地,现货发生率稳定在10%以内,累计完成10.36%,比上年降低2.58%,是历年来最好水平;废次降发生率4.90%,比上年下降0.71%。通过边部质量改进、切边能力提升、切边模式转换原则系统固化,扩充2130酸轧机组不切边品种范围,建立和完善标准并固化系统,2020年不切边率月均67.59%,最高达75.29%水平,比2019年均值62.2%提高5.39%,有力释放酸轧产能,小时合格品产量284.54吨/小时,较2019年提高5%,同时显著提高成品边部质量、宽度精度,并结合切边量优化提高冷轧产品综合成材率水平。

【产品与工序质量】　紧盯下工序和用户端质量问题,持续优化和改进产品质量,针对合肥常茂QStE650TM产品,东贝压缩机用钢SPHC-DB1酸洗板产品,艾默生压缩机用SPHD-EM1产品,硅钢M50W600、M50W470A产品,冷轧汽车外板纵向条纹等用户端反映问题,通过差异化细分产品、优化热轧板型和温度控制,开展工艺改进,完善检判标准,使用户端反映问题得到有效改善。以问题为导向开展成分及过程设计优化,提升马钢板材产品质量,面对小夹杂缺陷这种挑战性缺陷,狠抓过程控制,从源头遏制小夹杂产生;探索铝镇静钢增氮控制工艺,改善钢水有效钛控制精度,提升产品性能稳定性。依托转炉良好的底吹效果,将部分精炼脱氧和合金化工艺转移到转炉出钢过程中完成,减少精炼准备和处理时间。优化成分设计,减少铸坯清理,提升热装热送率。突破酸洗汽车板超极限规格高强钢生产安全、设备能力、工艺技术、产品质量、物流运输等方面的难题。扎实推进硅钢高效生产,提升钢区硅钢拉速,优化辊型优化和切边量,提升产品成材率,探索硅钢翘皮的影响因素。通过产品成分、工艺、性能大数据分析及六西格玛工具应用等举措,冷轧产品性能大幅提升。镀锌汽车外板制造水平上台阶,合格率稳步提升达83.38%。新品开发取得成效,依托宝武技术支撑,棒线材产品质量提升显著,棒材低温、高强钢筋均覆盖多个规格,产品性能均满足客户要求。重型H型钢自5月投产以来,成功开发460MPa级高强H型钢新产品Q460C;欧标厚重规格B356×406系列,最厚规格生产到77毫米;首次试制宽翼缘H500×500系列并交付订单,此规格为重型极限系列规格,国内首创。B356×406系列、H900×300系列、H1000×300系列、H500×500系列新产品稳定供货。大H型钢产线共计生产Q355B-HW、Q355M-Q和Q390D-Q等新产品7031吨,并打开桥梁市场,为秘鲁大跨度桥梁项目提供新产品A572(Gr65)-Q1、400×400非标系列热轧H型钢。小H型钢产线共计生产Q345B-ST、MG470D-AK等新产品1436吨。其中供深中通道用剖分T型钢新产品Q355B-ST1,规格302×90×10×10、302×90×12×12和308×90×15×15已经生产,产品质量稳定。

【质量管理体系运行】　深度融入宝武集团,推进协同支撑项目《提升质量管理体系能力》开展,完成质量管理运行现状诊断及质量一贯制培训宣贯。结合职能调整、对标差异分析及各信息化系统整合融合,制定《质量管理体系优化行动方案》,完成《IATF 16949质量手册》及相关管理制度的修订和发布。通过2020年IATF 16949质量管理体系换证审核,完成欧盟CE等产品认证13次;接受神龙、本田等顾客二方审核5次,资质调查3次;开展供应商资质准入二方审核19次,现场二方审核8次;组织对25家单位开展质量管理体系内审,完成23家重点顾客100个产品的产品审核,审核通过率100%;组织开展股份公司汽车用钢产品过程审核。连铸火焰清理等3个QC小组课题成果荣获2020年安徽省质量管理小组成果交流会二等奖,硅钢分厂奋进等2个QC小组课题成果荣获三等奖。检测中心等3家单位获QC故事大赛分赛区演讲比赛二等奖。铁道车辆用耐大气腐蚀钢(Q450NQR1)等4类产品获得冶金产品实物质量品牌培育“金杯优质产品”,海洋石油平台用热轧H型钢(SM490YB)获“金杯特优产品”。《多元集成的质量策略在高速重载车轴钢开发中的创新应用》获得中国质量协会质量技术优秀奖。

【智慧制造】 全力推进产销一体化项目建设。严格按马钢股份信息化整合融合节点,全力推进产销一体化项目集群,基于全流程产品全生命周期的一贯质量管控,构建多维度、数图结合、实时交互的数据化质量管理平台。完成销售、成本核算、板钢、条钢、资源、物流等9个模块的差异分析和可研工作;铁区、物流、计量、检化验管理等模块已完成代码设计和编写;销售模块已完成代码规则和代码设计的编写;制造管理模块完成质量设计代码集(代码规则与代码明细)编制。“智慧料场”项目在2020年“5G+工业互联网”高峰论坛上获得“5G+工业互联网十大创新应用”。1号B棚实现棚内大型堆取料机无人驾驶,码头实现对水运区桥机状态信号的采集和桥机系统的健康状态监测。外供区A矿槽移动小车实现远程操控。完成运营管控、炼铁智控、炼钢连铸智控、热轧智控、冷轧智控中心5个项目建设,实现一体化操控和智能化决策;机器换人,助力人事效率提升。A、B、1号高炉水渣无人自动抓渣系统应用取样、焊标、贴标等工业机器人84台;实施冷轧北区轧后库、特钢高线成品库、合肥板材轧后库等库区无人化改造项目等。

(卢学蕾)

设备管理部

【概况】 2020年,设备系统落实中国宝武“四个统一”要求,按照“运行有效、保障有力、系统优化、节能降耗”工作方针,克服疫情、汛期、酷热等多种因素不利影响,保功能、提精度,强化设备状态把控能力,提升检修高效经济性,全力支撑马钢“绿色发展·智慧制造”项目实施。

【绩效指标】 2020年,主作业线故障停机率1.83‰,低于马钢控制目标2.5‰,比上年下降0.03‰,创历史最高水平;设备综合效率OEE整体实绩77.07%,高于目标值6.15%,比上年提高6.38%;吨钢维修费151.30元/吨,低于马钢控制目标152.33元,比上年下降8.3%;重点难点设备功能精度进步率83.33%,高于目标值3.33%;备件周转率2.49,处于优质水平。

【组织变革】 对标宝钢,梳理设备管理过程,对164项管理过程细化明确到部领导、责任科室,形成《设备管理部部长和科室职责分工》,实现平稳过渡。成立运行管理室,强化设备状态管理和绩效,设备运行管理重心转向事前预防、事中控制。

【体系建设】 以设备信息化系统建设投运为契机,稳步推进设备管理标准化、数字化、精细化体系建设。结合马钢机关机构改革、业务分工调整,对设备系统管理制度进行梳理完善,组织完成42个管理文件修订与编制,识别70台套主要、重要、瓶颈作业线并分类管控;创新设备专业绩效评价管理模式,从5个维度42项117个评分点,通过厂部自评、现场复评、隐患专项检查,完善绩效指标评价体系;完成马钢通用设备技术标准编制,发布《通用设备点检标准》64项及《通用设备维修技术标准》45项,总计40余万字,结束了马钢没有通用设备点检和维修技术标准的历史;完成宝钢协同支持“优化设备管理业务,提升设备管理能力”设备子项目,全年接待宝钢股份来马钢股份现场支撑专家43位,累计142人日,开展专项培训17场,受训人数500余人,出具诊断报告18篇,直接建议97条;马钢股份到宝钢股份(含青山基地)现场学习51人,累计227人日,形成交流备忘17篇,团队学习总结50篇。

【检修管理】 发布《设备定(年)修模型与计划管理办法》,编制《2020年定修模型与年度计划设定表》,牵头成立检修模型和计划管理团队。积极应对疫情给产线检修及备件保供带来的冲击,优化调整年修计划,延长检修周期并顺利完成重点检修项目80项,定修1806项,时间17882小时,有效提升设备运行效率。优化马钢定修模型并协同创新,推行检修模型为主导的计划值管理,通过检修优化协同,减少定修时间726.75小时,增加铁水19.0975万吨、钢水21.9602万吨,创效5147.5万元。

【精度提升】 充分调研马钢精度管理现状,对标宝钢,大力开展设备状态监测、空间检测、检测技术,建立马钢细化精度周期的管理模式。完成马钢设备精度管理体系升级建设,优化主要产线CP点282项。签订轧机精度功能检测年度合同,完成部分产线功能精度月度计划检测。减少冷轧镀锌线露铁、锌灰缺陷,2130连退线炉内压痕、挫伤等9项公司级攻关项目见成效。

【管理创效】 优化库存、盘活资产、扩大无库存备件品种,完成无库存备件协议14项,新增额度4600

万元,比上年增长30%,减少当期库存资金约5000万元。完成马钢股份对欧冶工业品公司实物注册资本的清理核算,备件类实物2.56亿元,实现降库3.79亿元,完成增效50.97万元;年终机电备件库存资金4.47亿元,较期初下降2250万元。直购电增效2.43亿元。通过功能精度提升,使废品次品降级改判率降至4.88%,创效1658万元。

【重点工程】 克服新冠疫情、雨季连续特大暴雨等重重困难,顺利完成马钢智园建设、景观品质提升、基础网络升级改造3个重点项目。马钢智园建设和景观提升项目在有限的工作日内,完成了项目建设区域内各类房所拆除12.33万平方米,钢结构1.49万吨,清除灯泡线违建建筑占地面积220亩,如期建成单体建筑共9栋,景观改造及新建面积共约40.7万平方米,道路新建、改建9.6千米,为宝武集团智慧制造大会的顺利召开奠定了基础。基础网络完成分布式光纤网(FDDI)网络重建,支撑马钢未来10—15年智慧发展;5个核心节点和17个汇聚节点保证网络冗余性和联通可靠性。

【信息化建设】 设备信息化(EQMS)项目启动晚、时间紧、覆盖广、数据多,为实现年度目标,倒排进度,需求分析、系统设计、数据采集、系统测试、操作培训各环节有序推进,最终完成了近80万条数据的编制及录入工作,累计培训6300人次,培训合格率达到99.6%,系统于12月31日成功上线投运,创造了宝武信息化建设史上新纪录。系统建设过程中创新性提出"以讲代训"做法也被马钢股份在其他信息化系统建设中广泛推广。

【智慧制造】 建成马钢产线误工管理系统,打造主重作业线全时间管控,开创大钢企先例。110条作业线实时在线,全时间、全环节管控,根据误差分析,优化停机逻辑,提升轧机等连续性产线匹配度。搭建远程运维平台并结合热轧、冷轧等板带产线设备智能运维项目的实施,优化设备状态管控模式,提高运行状态的掌控能力及人员工作效率,实现设备全生命周期"三化"管理(管理数字化、决策智慧化、现场智能化)。

【计量管理】 通过技术升级改造,保障产线工艺要求,四钢轧1580、2250产线新配置红外扫描式温度测量系统、连铸中间包新增连续测温系统,四钢轧运输线新增钢卷边部检测系统;对冷轧3号镀锌线出口测宽仪、粗糙度仪软件进行升级。梳理马钢股份重要测量过程,识别涉及重要测量过程251项,其中167项进行了测量不确定度评定。79项MSA计划、11项分析需求计划全部列入测量系统分析计划项目,按月执行。

(杨　程)

能源环保部

【概况】 能源环保部是马钢股份业务管理部门,主要承担马钢股份能源管理、环保管理职责;具体负责马钢股份范围内污染源排放、污染物处置的现场监督、检查、处理和现场环境绩效监察,负责环保设施日常运维的指导、督查和考核,负责污染源在线监测设施运行管理、过程合规性监督及检查评价,负责人工监测及视频监控管理;负责可利用资源销售、处置管理;负责环保设施托管管理,以及水质运营托管管理等。

2020年11月,马钢股份优化机构设置,将热电总厂和能控中心并入能源环保部,能源环保部业务管理范围扩大至负责马钢股份动力管理及全区域水、电、风、气(汽)等各种能源介质的生产、回收、储存、输配、调控任务,负责马钢股份相关气体产品的销售、燃气盲板抽堵防护、气体检化验等任务。能源环保部下设能源技术室、环保技术室、综合管理室(党群工作部、安全管理室)、设备保障室、发电管理室、市场经营部6个管理机构,能电项目组一个临时机构,能源中心、供电分厂、制氧分厂、燃气分厂、热力分厂、发电一分厂、发电二分厂、运行保障分厂8个分厂。2020年底,在册员工1506人,在岗员工1425人。

【主要技术经济指标】 2020年供电量87.42亿千瓦时,自发电1197.6万千瓦时;供应工业原水1.567亿吨、工业净水0.927亿吨、循环水1.052亿吨、生活水0.207亿吨、软化水1801.6千吨;年产冷风159.64亿立方米、压缩空气29.67亿立方米;供应蒸汽878.92万吉焦;加工输送高炉、焦炉、转炉煤气1.26亿吉焦,氢气0.14亿立方米;供应氧气14.15亿立方米,氮气18.96亿立方米,氩气0.42亿立方米;吨钢综合能耗565.33千克标煤/吨。

【安全保供】 制定科学的经济运行举措,分析介质成本构成要素,梳理36项关键参数。开展日通报、月分析评价工作,加强生产及检修信息的对接与沟通,加强介质用能特点分析,满足不同用户用能需求,实现产线与检修组合最优化、介质平衡调控最优化。坚持工艺纪律检查,规范操作行为,确保能源介质保供实现生产稳定、安全顺行。全年操作无事故,其中电力系统操作19259次,日常动火1044次,停送气作业177次,抽堵盲板994块;全年风机无事故。主要技术经济指标达标率75.12%(计划60%),刷新率12.73%(计划10%)。五项能源指标对标中,进步项数2项,进步率40%;达标项数3项,达标率60%。

【降本增效】 加强成本管控,坚持月度变动成本和经济技术指标测算及分析,开展主要工序、重点产线能耗对标。深化节能降耗,大力推进十一空干燥机无损化、制氧新增氮压机等一批节能改造项目。1—12月计划每月降本836万元,实际每月降本962.47万元,超年度降本增效目标指标1517.64万元。吨钢能源加工成本160.18元/吨钢(计划161.42元/吨钢)。气体产品市场开拓成绩斐然,截至12月24日气体外销实现税后销售收入8708.9万元,其中医用氧销售首次突破15000吨,实现销售额1484.34万元,提前完成医用氧销售超15000万吨的目标。签订各类技术输出合同98项,合同总费用250万元。

【设备保障】 夯实设备基础管理,深化全面规范化生产维护设备维护,推进重点产线设备生命周期管理,10个重点房所设备综合效率指标稳中有升。推进设备系统信息化,完成设备管理系统(EQMS)近20万条基准数据库、状态管理、物资管理等模块的数据采集与编制。加强点检员队伍建设,组织开展点检员技能竞赛,从181名参赛职工中选拔出32名优胜点检员。持续推进设备重点隐患整治,实施能源系统消缺升级改造,完成北区空压机及干燥机设备性能下降等20项重点隐患整治和20吨锅炉房等4个拆除项目。采用3D构筑完桁架模型等新技术成功消除新老区联通管以及桁架重大隐患。全年设备可开动率100%、主要生产设备功能精度100%。常规计划检修3872项,完成3660项,完成率94.5%。全年马钢股份通报设备事故2起,比上年降低70%,保持逐年递减趋势。

【安全管理】 贯彻落实宝武安全1000和"违章就是犯罪"理念,将新安全理念融入日常的监管及考核之中。落实对"两票三制"安全措施日常监督,习惯性违章总量由2019年的366项降为2020年的243项。全年组织开展危险化学品、煤气、有限空间等10项专项整治工作,排查出191项"硬件"隐患,基本做到整改销案。强化自主管理,持续组织开展"保绿牌,争金牌"安全生产竞赛。顺利完成危险化学品安全生产许可证注册登记和换证。全年工亡、重伤、轻伤、属地事故为零。在马钢股份安全绩效评价中,能源环保管理二季度获得第一名,三季度名列前茅。51号集控站获得马钢股份上半年安全建设评比第一名,推荐的供电系统微视频安全短片获马鞍山市一等奖。

【重点工程建设】 2020年在建技术改造项目14大基建工程,实施项目负责人制度,坚持项目例会制,实行层层把关,强化过程控制、确保项目质量和安全。南区新建燃气蒸汽联合循环发电机组公辅燃气、热力及电力配套工程,4号高炉备用风机技改项目,六汾河废水处理站深度处理工程,南区雨污分流及排扣优化工程等项目建设按计划节点扎实推进。

【践行"三治四化"】 强力推进污染攻坚,针对突出环境问题、"三治"及绿色城市钢厂提升等,制定发布《马钢"三治"行动方案》《马钢超低排放行动方案(2020—2022年)》及突出环境问题整改方案等,成立组织机构,建立机制予以推进。17家单位签订环保目标责任书,分解落实目标责任。编发评价办法和考核细则,定期进行环保绩效评价。针对突出环保问题对相关单位严格问责、约谈和通报机制,共处理5起环保事件,实施经济处罚20万元,对环保攻坚专项奖励58.34万元。贯彻落实长江生态环境保护国家战略,积极落实钢铁超低排放改造和宝武集团"三治"工作要求,编制发布相关方案。全年部署63项环境治理项目,计划安排资金35.9亿元。系统策划长江大保护,承接宝武集团长江生态保护规划要求,编制《马钢长江生态保护环境治理规划》,启动实施六汾河废水深度处理、南区雨污分流等20个废水零排放改造项目,完成16个,其中国务院长江经济带披露问题整改项目——六汾河废水深度处理按计划推进,12月底试运行;南区雨污分流及排口优化项目年底基本建成,上述项目的完成,将实现年度工业废水比上年削减13.4%,超额完成年度10%目标。大力推进废气治理,按照生态环境部年度目标任务要求并适度超前,在2018年累计实施50个超低排放项目的基础上,再推进实施51个超低排放项目。完成立项实施焦炉等项目48项。年内可完成4座焦炉的脱硫脱硝、6台干熄焦放散气脱硫、4台烧结机脱硫脱硝等有组织除尘提标以及无组织控制项目,完成超低排70%以上改造任务。基本实现固废不出厂,马钢股份石灰石泥饼全部由欣创环保返回脱硫设备生产利用;含铁尘泥绝大部分返生产利用,剩余部分按产品化销售;废耐材2020年完成企业标准产品化销售。固体废物综合利用率99.78%;返生产利用率24.93%;14个品种产品化销售534万吨,产品化率72.93%;填埋量0吨。截至2020年年底固废不出厂率为98.00%。危险废物综合处置率

99.56%,比上年上升4.51%;内部处置率92.33%,比上年上升1.49%;危废储存0吨。注重开展环保形势政策学习及法律法规标准业务培训,2020年马钢股份人均培训学时数由2019年的0.07学时提升至5.59学时;6月3日马钢股份首次尝试性开展“厂区环境公众开放”活动,以资源分公司南渣山为开放点,邀请部分市民代表40余人座谈和现场参观,以点带面让厂区周边市民深入了解马钢环保工作 。

【环境经营绩效】 扎实推进环境问题整改,针对96项长江经济带生态环境警示片披露问题,成立马钢股份专项整治小组,定期召开调度会,政企联动。全年接受各类各级督查迎检共计93次,完成全部问题整改并通过市环保局预验收。完善突发环境事件风险管控应急预案,启动2次空气重污染应急响应,期间通过减产、限产、适时调整检修计划等措施,取得较好应急减排效果,得到政府肯定。不断提升绿色城市钢厂水平,对照宝武集团绿色发展指标体系,将80项指标分解落实并分析研判,制定提升方案,协同推进。全年“固废返生产利用率”“固废产品化率”“吨钢废钢消耗”等多项指标取得突破,绿色城市钢厂指数由2019年的48分提升到73分,增加25分,为宝武系增幅最大。马钢股份热电总厂污泥掺烧改造等4项获得“中国宝武2019年度环境经营优秀案例”称号。强化污染物达标排放,重点针对大气污染物执行特别排放限值后带来的焦炉、燃气锅炉超标排放问题,果断采取达标控制措施,确保在线日均值达标。通过7号焦炉脱硫脱硝正式运行等一系列环保设施的运行、改造和陆续投运,主要污染物排放量明显减少,颗粒物、SO_2、NO_x、COD、氨氮各项因子排放总量均完成目标值,较2019年降幅均在10%以上,达到历史最好水平。

【能源管理】 全年吨钢综合能耗累计完成565.3千克标煤/吨,比年度目标计划低5.7千克标煤/吨,比上年下降7.6千克标煤/吨;吨钢耗新水完成2.93立方米/吨,比年度目标低0.07立方米/吨,比上年下降0.06立方米/吨。主要工序产线能耗指标进步率达64%。特钢电炉烟气余热回收、长材大H型钢加热炉智能烧钢、1号、3号、4号高炉热风炉智能燃烧、冷轧两区罩式炉尾气回收再利用、四钢轧和特钢分布式光伏发电、十一号空压站零气损干燥机改造等项目建成投运,冷轧3号4号镀锌线余热回收、四钢轧2250加热炉自动烧钢升级改造等项目稳步推进。全年节能项目完成14项,年节能效益5000余万元。对标先进企业、围绕重点能源回收增效、重点耗能设备、降低“三气”放散等重要环节深入开展节能对标竞赛活动,针对差距较大的吨钢余能回收、烧结余热回收等指标开展专题对标,持续改进。通过努力,对标指标进步率达70%。在“全国重点大型耗能钢铁生产设备节能降耗对标竞赛”中,炼铁总厂A烧结机、B高炉及四钢轧2号转炉被评为“优胜炉”;炼铁总厂1号高炉和4号高炉被评为“创先炉”。

【智慧能源建设】 遵照“四个一律”原则,以“三流一态”理念为导向,实现马钢能源管理的集中化、一体化、综合化、精细化和智慧化。完成北区EMS系统整体升级改造,马钢股份AQ项目道路沿线煤气管廊CO报警监测进入工程实施阶段。北区制氢站、三气柜无人值守改造完成,实现燃气系统站所全部无人化改造。氧气危化品平台完成氧气系统生产主要数据和画面实时上传省危化品监管平台。深入推进能源管理信息化,开展项目功能需求分析及动力介质三、四级计量需求调研等基础性工作。7—8月,分别完成马钢股份能源管理信息化项目功能需求规格书的编制内审、预审及公司评审。新建集生产厂区环境监视、污染物排放、环保设施运作状态、环保综合业务管理等于一体的环保管理系统,实现重点工序环保管理从末端治理向过程管控转变,提升处理环保事件的快速响应能力。完成物料代码清单、库区代码清单和资源物流清单整理和编码编制工作,进入程序编制阶段。

【全面对标找差】 围绕“全面对标找差,创建世界一流”管理主题建立能源环保指标体系,积极开展技术对标,确立27个对标指标、7个改善项目(3个快赢、4个长效),每月进行对标指标评价和分析,找短板、寻差距、定措施、挖潜力。全年能环技术指标达标率78%;19项指标提升,进步率70%。7个对标改善项目实现效益63226.7万元,效益完成率(年化)231%。积极推进专利申报工作,共申报专利17件、包括发明8件,申报软著1件,技术秘密2件。本年度获得专利授权14项(实用新型)。

【深化改革】 贯彻宝武专业化整合发展战略,对标先进企业,分析管理差距,优化机构设置。6月,马钢股份机关机构调整,对标宝钢股份,能环部环保管理室与综合利用室合并为环保技术室,下设4个组协同开展环保管理工作。积极落实宝武关于水、气等业务专业化整合的指示精神,完成划拨宝武水务249人,划拨汽运公司在岗7人,划拨检测中心在岗27人。积极宣贯离岗政策,截至12月月底办理在岗员工离岗77人,超额完成马钢股份下达的优化指标。根据宝武

“四个统一”总体思想梳理管理体系标准，编制《能环部(能控中心)2020年综合管理体系工作计划》，梳理评审现有文件179个，覆盖面100%，对93个体系标准文件进行修订。坚持开展体系运行自我评价，问题整改闭环率100%。

(程伟春)

营销中心

【概况】 马鞍山钢铁股份有限公司营销中心(销售公司)，简称营销中心，成立于2020年7月1日，截至2020年年底，共有员工307名，营销中心下设营销管理室、市场营销室、合同物流部、热轧部、冷轧部、涂镀部、汽车板部、线棒部、型材部、综合管理部(审计部)、分(子)公司管理部、客服管理室、技术经理室、客户代表室14个科室；其中营销管理室和市场营销室共同组成营销管理部，客服管理室、技术经理室和客户代表室共同组成客户服务中心，同时负责马钢16家驻外分(子)公司和6个海外公司及办事处的销售业务管理。

【主要经济指标】 2020年，销售钢材1564.7万吨(不含车轮)，实现税前销售收入579.4亿元，其中销售板带材933.5万吨(不含供合肥热轧基料)、型材241.1万吨、线棒276.6万吨、出口57.7万吨(不含车轮)。通过欧冶平台线上销售钢材97.6万吨，销售收入40亿元。营销中心分(子)公司全年销售钢材611.37万吨，销售收入245.35亿元，通过剪切加工配送服务实现净利润1.18亿元。

【基础管理】 1. 应对疫情，保产顺行。牵头多部门制定疫情期间销售物流保产方案，采取提高水运运力、临时增加周边仓库、变更物流方式等有效措施，保证公司生产稳定顺行。国内疫情缓解后，加快资金回笼，利用线上、线下销售模式，“双线”合力降库存。主动到用户现场，准确识别用户需求，解决用户问题，开发一批新用户，争取一批订单。

2. 营销整合，体系优化。按照宝武“四个统一”管理要求，全面对标宝钢营销体系，整合营销资源，组建马钢营销中心(销售公司)，集中营销管理和业务管控，推动营销单元从产品销售向产品经营转变，7月1日正式运作。按照马钢股份战略发展目标和年度任务，重新定位各部门、各分(子)公司职责和任务目标；加强过程管控，完善管理文件和制度修订，打牢公司运行之基，换版修订22个公司级管理文件，发布25个二级管理文件，保证营销体系平稳过渡并实现高效运作。

3. 市场导向，精品战略。不断优化销售渠道，汽车板加快主机厂认证，着力产品和客户结构调整，注重主机厂定点材料向实际订单转换。2020年主机厂销售约79.8万吨，占比31.3%，比上年提升3%。新开发东风本田、长安福特、沃尔沃等6家主机厂，主机厂保有数达到47家。硅钢产品历时3年，完成联合汽车电子认证，实现马钢硅钢在乘用车驱动电机领域零的突破。螺纹钢成功开发HRB635新产品，获得新产品专利和推广证书。型钢产品借助马钢“EVI”服务模式和平台，布局新能源行业，重型H型钢成功推向市场，填补国内空白。持续调整品种结构，彩涂板销售20万吨，比上年增长20%；热轧加大销售取向硅钢基料，销售9.2万吨，比上年增长75%；家电涂层板持续增量，销售3.7万吨，比上年增长30%；高档家电面板销量4.5万吨，比上年增长21%；W400及以上硅钢销售9万吨，比上年增长18%；H型钢造车材产品实现销售总量7.8万吨，比上年增长180%，保持国内市场占有率第一。强化重点工程对接力度，低温钢筋销售0.7万吨，比上年增长75%，供应到中海油唐山LNG项目等重点工程项目。

4. 统一平台，系统提升。创新多元数字化生态，加快推动营销中心信息化建设，完成“一体化销售”“销售物流管控”“客户服务管理”“客户自助”“工贸一体化”五个系统可行性研究、需求分析和详细设计。其中“客户服务管理平台”一期和覆盖16家分(子)公司的“工贸一体化系统”2020年底上线。通过数据化渗透，打破传统供应链条存在的模块分割和数据孤岛，实现信息流、物流、资金流、数据流四流合一，为全流程数据应用与决策效率创造有利条件。

5. 高效协同、创造价值。深化整合融合，开展宝钢-马钢供应链协同、销售协同工作。按项目节点和总体要求推进营销系统信息化建设工作，确保完成16家分(子)公司工贸一体化与客户服务平台一期在2020年底上线目标；实施区域协同保供，开展汽车板代加工业务，探索加工中心之间协同销售；开展镀铝锌、热轧基料等钢铁中间品互供料合作；借助宝武平台，参与中石油、中核集团等重点工程项目投标；利用双方特色产品，陆续开展多品种配套销售服务；全年实现协同效益4.7亿元。

6. 深度融合，创新模式。开展产能预售销售新模式，依托欧冶电商平台，实行全流程线上订货，降低期货订货门槛,缓解产销矛盾。探索远期订单业务,实现N+2以上滚动接单,为未来期货定价提供参考依据,为生产系统组织备料提供依据。马钢H型钢旗舰店在欧冶平台成功上线,改变了终端客户采购模式。完成马钢SAP、CJK、百望开票系统与欧冶智慧物流平台的对接,提升物流管控能力。

7. 创新驱动,服务优先。坚持集中统一管理,守住用户输入+输出两端,主导产品"售前、售中、售后"全环节、全流程、全周期客户服务,建立客户回访制度。建立技术服务管理体系,聚焦客户需求,以解决用户问题为导向,着力提升客户服务水平,提升客户感知度和满意度。重新梳理各业务环节工作流程,加强内部协作,重点解决"生产稳定、工艺正常、原因待查"类的原因分析和问题反馈。整体策划并推进技术服务方案、EVI等工作,通过有效识别客户特殊需求,协助完成产品设计和过程设计,提供满足用户个性化需求的产品。

【安全管理】 制定年度工作计划及《安全目标责任书》,并通过安委会分解计划层层落实责任。全年共召开安委会9次,安全员月度例会11次。全年营销中心无人身伤亡事故、无险肇事故、无重大财产损失事故,安全生产总体可控。积极开展"1+2+N"的隐患排查专项治理行动,对检查中发现的安全隐患限期整改,确保形成闭环。建立应急预案体系,所有加工中心就防暑降温、防汛排涝、节假日安全生产工作制定应急预案并按要求演练。着重加强三级安全管理网络建设,各级安全管理人员全部持证上岗,所有加工中心安全三级教育培训覆盖率保持100%。

【分(子)公司经营】 加强分(子)公司经营管理,发挥分(子)公司作为围绕客户营销桥头堡作用,开始布局长材、特钢产品销售。提高运营能力,强化经营风险、安全风险、廉政风险等风险建设。2020年分(子)公司销售钢材611.37万吨,主营业务收入245.35亿元,实现净利润1.18亿元。有效管控仓储库存,优化库存结构,坚持低库存运营,克服疫情因素影响,全年月均库存45万吨,较2019年月平均库存上升了5.3万吨,下半年库存和应收账款持续下降,有效控制两金水平,提高了资金利用率。

(荀　著)

采购中心

【概况】 马钢股份采购中心主要承担马钢股份原燃辅料、设备、备件、资材及工程配套件的采购供应。2020年6月,根据马钢股份管理变革和流程再造决定,原市场部采购综合管理、采购规划与计划、采购价格管理、供应商管理、原燃辅料招标管理和原技术改造部工程备件采购管理调整至采购中心。为进一步适应整合融合发展要求,提升采购协同效率,采购中心对内部机构进行调整优化,撤销一体化管理部、体系管理部和远洋物流部,设立了采购管理部、采购物流部和工程项目部。机构调整优化后,采购中心下设经营管理部、采购管理部、综合管理部、矿石资源部、燃料资源部、合金资源部、耐辅资源部、金属机电部、石油化工部、通用备件部、非标备件部、工程项目部、采购物流部13个部门。2020年采购中心采购到货总量4200万吨。其中进口矿1758万吨,自产矿465万吨,国产矿145万吨,煤焦1185万吨,合金有色29万吨,废钢235万吨,各类辅料354万吨。全年采购结算总金额486亿元。采购协同降本实际完成6.27亿元,超计划109%。成本削减绩效目标值100%,实际完成值110.47%。全年采购计划综合兑现率100.62%;到货质量综合合格率目标值92%,实际完成95.23%;采购上网率目标值80%,实际完成82.9%。年底在册员工139人,在岗员工139人。

【资源保供】 采购中心严格落实省市、宝武及公司舆情防控各项要求及措施,及时制定应急保供方案和编发《采购保供情况简报》,克服新冠肺炎疫情给资源保供、物流运输带来的影响,密切跟踪库存消耗,及时跟踪矿石、煤焦、合金、辅料等资源生产和发运情况,协调物流运输装卸,确保生产所需各类资源稳定有序供应。同时,千方百计寻求防疫物资资源渠道,及时组织医用口罩、防尘口罩、额温枪、酒精等疫情物资供应。2020年受环保管控、安全督查、特大洪水等影响,给资源保供带来严峻挑战。采购中心积极应对,在汛情期间,强化系统联动,提高物流效率,提升场内进口矿库存,启动炼焦煤紧缺品种水运采购,耐辅资源提前备库,实行"以船代库"抢抓资源到达,密切关注计划兑现、合同履约情况,加强到货进度跟踪,想方设法快速提高库存,实现安全、优质、高效保供。

【对标找差】 与宝钢股份采购系统全方位对标,以采购协同项目为引领,快赢项目为抓手,坚持信息化系统再造,规范采购业务流程,进一步降低采购成本。3月,组织实施采购协同降本项目,与宝钢股份对标找差,建立快赢项目59个,快速拉直采购渠道及采购价格,获取降本空间,2020年采购降本6.27亿元,大大超过年计划3亿元的目标。与宝钢股份各基地全方位对标,从管理制度、业务流程、定价模式、采购策略、采购标准等采购全要素开展比对,实现制度对标62个,并对《供应商认证管理办法》等采购核心文件进行修订,实现准入标准的一致性。5月,与欧冶采购平台对接,完成1498家马钢合格供应商平台注册,组织开展业务人员系统角色配置和培训,将采购定价业务从原来的线下全部移至欧冶采购平台进行操作,定价全过程在系统平台上实现,减少了人为干预的可能性,大大提高透明度,网上采购率从年初月度60%提升至12月份的99%。

【整合融合】 根据宝武集团采购集中管理要求,组织推进宝武原料和欧冶工业品公司采购业务集中整合,在保证业务运行和人员队伍稳定前提下,实现长协矿统采统签和工业品业务共管协议签订,力争按期完成业务、人员关系的切换。对标宝钢股份,在资材备件、大宗原燃料和工程设备板块分别引入采购供应链共享平台系统、原料采购物流管控系统和工程项目管理共享平台系统,克服工作量大、人员不足困难,如期完成系统可研评审、物料代码编制、需求评审等工作,推进实现“四个统一”。

【供应链合作】 严格供应商准入标准,继续依托招标平台向社会公开征集供应商,全年召开供应商准入小组会81次,引进合格供应商40家,引进备用供应商146家,引进临时供应商12家,取消资格供应商26家,拒绝供应商16家。完成2019年度以及2020年年中A类供应商评价,根据评价结果发布供应商名录。经评价从合格供应商中产生62家战略供应商,2020年战略供应商采购资金比例达73%。

【基础管理】 稳步推进体系管理,开展IATF16949认证、环境、测量、能源、两化融合等体系相关工作,配合马钢接受各类产品认证审核。全年参加股份公司综合体系内审、外审等共24次,未出现严重不符合项。加强内控管理,组织两场专项自评,按上级部门完成内控自评。承接原制造部二方审核工作职能,修订《二方审核管理办法》,对10家供应商开展现场验证二方审核,组织供应商准入二方审核19家。组织编制10项采购应急预案。与制造部和生产单元密切协同,在承接需求、分析市场、平衡库存的基础上,评审与制定月度原燃料采购计划,不断优化计划管理,及时跟踪计划执行。根据季节及市场情况,确定原燃料库存目标,月度动态控制管理,原料平均库存资金占用27.26亿元,有效降低资金占用成本。坚持每月开展市场分析研究及临时专题调研工作,通过参加相关板块会议交流、网站咨询信息的及时掌握、与行业标杆钢厂的对标交流等为马钢决策提供有价值的市场分析报告和参考建议。与宝钢股份原料采购中心建立信息共享机制,分析大宗原燃料市场走势,为马钢股份月度经营决策提供依据。在合同授权、签订、履行、变更、担保等方面不断改进,严格合同条款管理,重点针对系统外合同,严格把关条款设置,控制风险。严控合同变更,采用与合同签订完全一致的审批流程。按照马钢股份下达的人力资源优化目标,广泛宣传政策,组织开展内部人员岗位调整和优化,2020年共优化人员14人,超出公司优化目标5人。

(唐　军)

技术中心

【概况】 2020年6月30日,中国宝武中央研究院马钢技术中心正式挂牌(简称马钢技术中心),马钢技术中心进入新的发展时期。马钢股份技术中心(新产品开发中心)初期为马鞍山铁厂试验室,1958年10月成立马钢公司中心试验室,1966年10月更名为马钢钢铁研究所,2001年1月重组为马钢技术中心,2001年11月被认定为国家级企业技术中心。2020年马钢技术中心下设4个管理部门:综合管理室、党群工作室、技术管理部、条件安全保障部;14个研究所:炼铁工艺研究所、炼钢工艺研究所、车轮研究所、长材研究所、型钢研究所、硅钢研究所、汽车板研究所、家电板研究所、热轧结构钢研究所(轧钢工艺研究所)、综合利用研究所、检验技术研究所、科技信息研究所、中试基地、咨询分公司,承担铁前、钢轧、检验、综合利用、信息情报方面的技术研究,轮轴、板带、长材、型钢、特钢五大类产品的新产品研发,用户应用技术和EVI技术服务,以及科研和新产品开发的中间试验和科研成果产业化等职责。截至2020年底,马钢技术中心在册员工302人,在岗员工294人。

【科研工作】 组织实施各类科研项目162项,其中政府项目11项、马钢项目75项,实现科技创效8178万元;申报发明专利198项,获授权专利79项,其中发明专利38项、PCT专利3项;制定发布国家标准1项,主持在研国家标准3项、行业标准15项,制修订企业标准18项;科研项目获安徽省科技进步奖二等奖1

项、三等奖2项,宝武技术创新重大成果奖三等奖2项,中国质量协会质量技术优秀奖1项,马钢股份技术创新成果奖二等奖3项、三等奖3项。

【新产品开发】 积极推进产销研工作,着力提升产品盈利能力,新产品销量78.6万吨,比上年增长43%;累计毛利4.07亿元,比上年增长145%,实现产量效益双突破。

车轮:开发北美第二代装车考核用车轮、俄标T材质车轮和抗剥离车轮;实现世界最大轴重45吨重载车轮全球首发,大批量出口澳洲;通过瓦顿时速250千米动车组车轮60万千米考核,获CRCC证书;完成中国工程院咨询项目,为高速车轮国产化提供助力。

线棒材:开发铁路货车用60Si2CrVAT、城轨地铁用51CrV4弹簧钢,应用于中车齐厂、贵阳等用户;开发2000兆帕以上级汽车悬架簧用54SiCrV6、54SiCr6弹簧钢,通过辽阳蒂森克虏伯应用于奥迪Q5和沃尔沃等合资品牌;合金冷镦钢获中车、一汽等高端用户认可;打通一钢方坯"一火材"合金冷镦钢工艺路线,扩大市场份额;国内最高强度建筑钢筋HRB635E实现首发。

特钢:城轨车轴钢通过株机、BVV、浦镇等主机厂认证,高铁、城轨及机车用齿轮钢实现装车考核;汽车及工程机械用钢通过博世、小松等品牌认证;能源用钢通过西门子、南高齿等8家国际一流品牌认证,销售超25万吨,毛利超1亿元。

型钢:完成重型H型钢和中型材产线CE认证,开发重型H型钢新产品15个牌号、25个规格11.97万吨,超厚和超宽规格国内首发;中型材极限规格H型钢、极限规格角钢实现新突破;新编出版《热轧H型钢应用手册》,支撑了重型H型钢市场开拓。

热轧结构钢:Q350EWR1高耐蚀钢国内首批应用于时速160千米动力集中式列车;超高强连续油管钢M140-P国内首发;新增Q350EWRQ、M1200HS等9项新产品,吨钢效益显著。1200兆帕级超高强钢M1200HS实现自卸车示范应用,车厢结构减重36%;耐酸钢Q345NS支撑马钢CCPP公辅燃气、热力配套新建工程。

硅钢:薄规格高牌号M30W230、M50NW270系列、M35V1900分别在格力、新发水电、博世-联电通过认证和应用,在新领域、新用途实现零的突破;50W400以上战略产品、取向硅钢销量再创新高。

家电板:镀铝硅产品表面质量攻关取得突破,通过欧盟LFGB食品认证及系列用户认可,0.35mm薄涂层镀铝硅产品国内首发,实现销售3万吨;索尼电视机背板及格力自润滑热镀锌产品批量供货,功能型产品开拓取得突破;高耐蚀性冷轧耐候钢Q350EWL1国内首发,应用于中车唐山。

彩涂板:高耐久畜牧业专用彩涂板TS350GD-TS2等新产品在细分领域市场取得突破,量价齐升,增效明显;空调外机彩涂新产品实现首发;彩涂板总销量达20.8万吨,创历史新高。

汽车板:无机自润滑镀锌外板新产品成功应用于长安汽车;1800MPa级热成形钢和空心稳定杆用26MnB5、34MnB5等新产品取得突破,26MnB5产品批量供货;通过福特汽车、上汽大众等主机厂84个牌号的认证,其中合资品牌34个;开展新型铝硅镀层热成形钢专利技术合作,开发出高冷弯薄铝硅镀层热成形钢,支撑培育了马钢热成形钢差异化竞争优势。

【EVI推进】 坚持"融入市场、服务用户"理念,持续推进与重点、高端用户合作。实施应用技术能力提升计划,新增应用技术服务能力14项,完成搪瓷钢等3个应用技术实验室建设;承担实施公司和中心EVI项目19项,新增订单13.5万吨,销售利润5200万元;成功举办2020年特钢、硅钢、汽车板、家电板产品技术服务年会,进一步提升了马钢EVI品牌形象。

【技术服务】 建立"重点工艺研究项目"平台,加大现场关键工艺攻关力度,推出14个项目,创效510万元,有效支撑了生产工艺顺行、质量提升、指标进步和降本增效。炼铁工艺方面,开展带式焙烧球团技术研究,协同推广烧结产能提升技术;聚焦绿色炼铁开展高炉综合喷吹实验研究,拓展高炉关键工艺测绘数据应用,提升对高炉操作的支撑能力;进一步优化配矿技术方案,合理应用非主流矿,助推低成本炼铁。炼钢工艺方面,在高Cr高强耐候钢稳定批量生产的研究取得突破,连浇炉数提高到5炉以上;高牌号无取向硅钢有害残余元素进一步降低;发布《重异铸坯质量分级标准》,实现对铸坯质量的量化评级;采用氧化铝微粉替代萤石,实现KR脱硫绿色和低成本。轧钢工艺方面,完成M950JJ降强度优化及板形改善研究,达到屈服强度不大于800兆帕、开平板形合格率95%的目标;实现铁素体工艺轧制SPHC3基料横向硬度差由25HRB降至15HRB;开展"提升冷轧镀锌及退火板产品表面涂油质量"攻关,冷轧锈蚀质量异议减少65.9%。综合利用和节能环保方面,支撑公司内部处置固危废4.01万吨,为公司节约外委费用、降本增效8703.4万元;成立宝武水务-中央研究院联合研发中心(马鞍山);自主研发的"基于在线煤气成分分析机理的轧钢加热炉燃烧控制系统”“加热炉分段燃烧监测技术”成功推广应用,效果显著。情报调研方面,跟踪重点研发需求,组织马钢型钢和长材创新发展战略、轨道交通用钢等多项调研,建立信息情报和实验委托信息化平台。对外经营方面,完成技术咨询服务销售收入 394.49 万元,按全成本核算实现利润 169.59 万元,完成计划的 242%;江南公司/安徽省钢铁材料质量监督检验一站创收 358.2 万元,完成计划的 108.55%。

【科研检验】 优化岗位配置,实行大岗位制,强化能力建设,实现检验产值 1460 万元。完成新产品开发和 EVI 临时任务 28 项,质量异议、失效分析 16 起;强化检验技术研究,建立新方法 12 项;积极参与国家和省重点科技计划项目,牵头或参与研制国家和行业标准,发布国家标准《硼铁硫含量的测定红外线吸收法》,提升了行业话语权;首创的材料超低温拉伸检测技术,支撑重点工程 LNG 用低温钢筋研发、客户认证及推广应用,成为国内唯一具有资质的检测机构。

【创新平台】 “安徽省轨道交通轮轴工程研究中心”获评优秀,“轨道交通关键零部件安徽省技术创新中心”获省委、省政府批准建设。

【企业管理】 围绕疫情防控,强化组织领导,贯彻上级部署,建立常态机制,落实物资储备与发放。持续加强风险地区人员往来管控,以及技术交流、差旅、会议等过程中的防范,“外防输入、内防反弹”措施有力、有序、有效,确保“两手抓、两不误”。围绕安全管理,牢固树立“安全 1000”“违章就是犯罪”理念,认真落实安全生产责任制,建立完善安全管理信息平台;推进各类专项整治,坚持开展反习惯性违章和隐患整改,实现各类安全事故为零目标。围绕环保管理,强化合规性和现场环境风险绩效管控能力;落实污染防治攻坚战和长江生态保护,提升绿色制造水平,各类污染事故为零。围绕管理提升,开展专题研讨,组织全面对标,实施交叉任职,推进挂职培训,深化研发协同,落实提升行动。围绕绩效评价,建立向科研攻关一线倾斜的激励机制,实施优秀青年科技人员津贴、评优等多维度精准激励,落实专业技术领域、重点技术攻关和特殊贡献人员的专项激励。围绕队伍建设,推进人力资源优化,落实特检专业化整合;开展型钢、工业线材、轨交等多专业“1+2+4”科技领域团队培养,举办高级研修、岗位技能等培训,促进人才成长。

【党群工作】 紧密围绕中心全年目标任务,开展党的十九届四中、五中全会精神宣讲,深入学习习近平总书记考察调研马钢重要讲话精神,制定贯彻落实行动方案,开展专题调研。强化和落实党委“两个责任”,组织支部换届,扎实推进“三基”建设。以品牌创建为抓手,开展 13 项用户党建、项目党建、与总部支部共建等创建活动,发挥了党建引领作用。加强党风廉政建设,组织违规经商办企业专项治理和重点岗位廉政教育。升级中心网站,策划特色新闻报道。群团工作紧贴研发实际,开展“我为企业‘对标找差创一流’献一计”活动,征集建议 300 项。组织 EVI、“我为工艺支撑做贡献”劳动竞赛及“宝武岗位建功”、青年“五小”等活动,激发了创新活力。中心荣获“第十八届马鞍山市文明单位”,中心党委获“马钢先进基层党委”;吴保桥当选“全国劳模”,张建获“中国宝武优秀共产党员标兵”,张晓萍获“中国宝武优秀共产党员”;沈昶、汪开忠分获“第 24 届全国发明展”金奖和银奖,多人获宝武“金牛奖”“十大杰出青年”等荣誉。

(金良军)

运输部(铁运公司)

【主要技术经济指标】 2020 年,运输部完成铁路运输总运量 4032 万吨,劳动生产率 3.16 万吨/(人·年);局车返厂率 0.27%;厂车周转 0.66 天。主要设备检修:完成内燃机车大中修 3 台,完成普通车辆大修 62 辆,混铁水车年修 36 辆。主要指标:总成本 3.54 亿元,总收入 3.46 亿元;全年实现降本增效 820 万元,超计划 160 万元;安全生产实现工亡、重大行车事故、重大设备事故、重大火灾爆炸事故为零,一般行车事故得到有效控制,万吨事故率 0.0020,实现连续安全运行 8686 天。

【运输管理】 根据马钢股份公司职能、业务部门管理变革和流程再造,结合“运输部”管理职能和机构设置调整实际,完成相应管理文件的修订、路企联办职能恢复、产销一体化中物流信息化模块建设等工作;修订发布《厂内物流管理办法》,涵盖水运、铁运、汽运、直供等全部物流方式,进一步规范厂内物流管理;牵头组织评审各类可研、设计文档;编写原料水运、铁路运输、汽车运输、商务成本和综合管理各类代码约 30 种。根据马钢股份“填平补齐项目物流方案”要求,完善第一阶段相关物流保产方案;参与厂容整治和道路物流规划方案设计,对生产物流车辆的运行线路进行规范化管理;全面推进马钢南区整治工作,配合完成项目初步规划,梳理全厂区道路总体布局、道路名称等信息,制定物流线路规划等建议方案。

【运输保产】 结合疫情期间外部资源条件及马钢股份生产检修计划的变化情况,适时调整运输组织重点工作;7月,受汛期持续降雨影响,姑溪河铁路桥停运,马鞍山站芜湖方向连续中断运输21天,造成公司原燃料库存持续下降,运输部保持与铁路局密切沟通,及时反馈上海局调度所密切关注的慈湖河桥排涝情况,力争慈湖河桥及时通车,并按紧张程度提供桥梁通车后的列车开行顺序。配合采购中心,协调铁路局,做好马钢原燃料在途移动。8月下旬起,克服工作流程增加、机车作业率提升和现场环境复杂等困难,先后启动南北区混铁车空罐加废钢作业,总体运行稳定。做好设备检修、技改建设以及隐患整治期间的运输保产,在4个钢轧总厂14次炉役检修、铁厂南区竖炉的集中检修、炼焦总厂南区筒仓建设等期间,制定各类临时保产方案29个,较好地满足了保产要求;配合完成市政雨山河改造涉及的原料站铁路桥改建和码头铁路下方管涵施工,一厂大渡线段改造施工,安全运输较为稳定。此外,配合能控各类管道改造、厂区综合治理等隐患施工,做到隐患整治与保产秩序两不误。

【安全管理】 先后开展安全教育培训班4期,培训247人次,相关方安全培训800余人次,覆盖马钢股份全体科级管理、安全管理、作业长和协力单位人员;持续开展反习惯性违章活动,制订下发《运输部(铁运公司)贯彻"违章就是犯罪"理念强化现场安全管控实施细则》,习惯性违章现象大幅下降。严格执行"三必须"原则,对汽运单位进行上门走访,宣贯安全要求,审核资质,检查管理制度和抽检车辆。加强双重预防机制建设,开展安全风险和危险因素辨识及过程管控,组织安全管理人员、技术人员、一线员工对马钢股份范围内危险因素进行重新辨识、梳理,并按照LEC评价法开展评审,形成辨识台账,确保危险源处于受控状态;坚持全员隐患排查治理,2020年共排查5238条各类隐患,完成整改5231条,限期整改7条。做好马南线局部封闭推进,全年完成2千米线路两侧封闭施工。加强对重点项目施工安全监督管理,严格执行《相关方及人员安全消防管理办法》。组织开展"四个能力""四懂四会"等消防安全知识及消防器材使用教育培训与应急预案演练。试点推行"指唱确认制"标准操作法,开展标准化示范班组创建;配合开展"反违章、查隐患、找差距、促提升创建安全'1000'作业区"专项竞赛活动。修订《厂区道路安全管理办法》,明确道路安全管理职责和流程,全年安全形势平稳,铁路行车事故绩效创历史最好水平。

【设备管理】 持续开展混铁车辅修工作,热轴故障显著下降,车辆运行安全性得到提高;牵头完成混铁车测温实验,制作4个钢结构保温盖,制定空罐离线保温作业流程;完成1720智慧改造26辆、75吨彩涂卷板车改造11辆;完成机车安控系统通信模块升级。完成焦化铁路信号微机联锁大修改造,渣线信号楼并入与高炉调度室。做好设备信息化改造,对生产性和非生产性设备台账进行全面梳理,并进行4/6/9/12码的编写,采集设备检修标准9506条,工序工时标准124425条。整理固定资产台账,对原值净值进行重新分配,达到账物一致的目标。做好检修划拨,编写《铁运公司检修协力管理协议》《铁运公司铁道车辆工序外委管理办法》《检修系统划转技术协议》确保业务划转后生产稳定顺行。

【技术进步】 完成重型H型钢成品线信号、道口信号、电气等施工及1580配套铁路项目、智慧制造、景观大道、铁前集控中心等各类技改工作。先后参与北区高炉大修、新建C烧结机、7米焦炉、2E筒仓、北区小料场环保改造等项目的设计评审。2020年专利计划6项,其中发明专利2项,实用新型专利4项。完成实用新型专利申报3项、发明专利1项、发明+实用新型专利4项,超额完成全年计划。

【环保工作】 完成"长江经济带生态环境警示片披露4-1问题"整改销号;按照马钢股份雨污分流项目推进计划,完成铁运公司15处雨污分流改造。对马南线鸣笛及运输扬尘抛洒现象进行持续性、常态化管控,每月定期抽查,对市民投诉认真沟通、核实并回复。要求装卸车单位加强南山精矿空重车辆清扫,对严重不合要求的退回厂家二次清理,对存在少量矿粉堆积的自行清理,实现马南线有效投诉为零。严格执行固体废物分类收集流程,按规定做好危险废物的回收、暂存、转运、处置,固废规范化管理合格率100%。

【企业管理】 认真落实马钢疫情防控工作部署,从严抓好工作布置、措施落实、过程督查、效果评价等各个环节,确保安全运输、职工队伍稳定。落实管理变革工作部署。运输部成立后,及时承担马钢股份厂区生产物流业务管理、运输协力管理、厂区道路管理等职能,对标宝钢股份,梳理管理职责和流程,编制《厂内物流管理办法》等6项制度。下半年按照基层管理变革实施要求,进行机构整合与管理人员选聘,缩编部门5个、管理人员9名。实施2台铁水机车调乘制,进一步优化人力资源;全年在岗协商解除劳动合同职工46人,立足实际,积极做好内部调整优化;劳动生产率由上年度的2.49万吨/人提升至3.16万吨/人;充分发挥机考中心作用,开展职工岗位应知应会、安全知识、技能网络竞赛和乘务员理论培训。2020年,运输部(铁运公司)获第十二届安徽省文明单位。

(阮　健)

·股份公司二级单位·

炼铁总厂

【主要技术经济指标】　2020年,炼铁总厂生产合格生铁1458.64万吨、烧结矿1857.35万吨、球团矿491.6万吨,分别比上年增产53.64万吨、60.44万吨、17.06万吨;高炉利用系数2.317吨/(米^3·天),烧结机利用系数1.265吨/(米^2·小时),球团竖炉利用系数7.462吨/(米^2·小时);自发电7.37亿度;全年降低成本18.08亿元。

【生产组织】　针对原燃料质量波动、环保管控要求高、疫情防控、AB高炉炉役后期护炉保产等复杂多变不利因素,建立高炉预警机制,加强炉役后期护炉保产,发挥专家团队作用,创新生产组织和操作模式,加强计划值管理,及时科学地调整组产思路,生产取得新进步。6座高炉保持高效运行,尤其是2号、3号高炉取得了长足进步,全年生产铁水1458.64万吨,超马钢股份计划18.64万吨,比2019年高53万吨,创历史最好水平。

【设备保障】　对标宝钢设备管理。按照"同一语言、同一标准、同一平台、同一文化"要求,开展设备管理信息系统改造,修订完善设备管理制度,梳理制定设备管理流程,设备管理更加系统规范。持续优化设备检修管理。科学制定"铁烧球"定(年)检修模型,推行工时工单实名制管理,强化检修过程管控,严格检修评价考核,设备专业化检修水平大幅提升。强化在线设备管理。以设备趋势化管理抓手,强化设备四大规程及点巡检落地,严格非计划检修与设备事故考核,设备保障能力全面提升。"铁烧球"作业率(扣除大中修)分别达到99.53%、98.04%、96.66%的好水平。

【技改攻关】　全面承接宝武集团的马钢2020—2022年发展规划"产品产能填平补齐"和把马钢"做大做优做强"的发展战略。快速启动智慧制造、AB高炉大修、烧结C机、带焙、物流筒仓及超净排放共6大板块工程项目,成立机构,落实责任,奋力推进,球团带式焙烧机已经开工建设,C号烧结机、AB高炉大修、1号高炉热风炉在线改造、物流筒仓、长江大保护整改和超净排放等项目全部按计划节点紧锣密鼓推进。聚焦"绿色发展·智慧制造",积极调动技术力量,精心筹划、科学组织、攻坚克难,全力以赴推进铁前智控中心建设,仅用10个多月时间,就完成了智控中心一期工程建设;与此同时,周密制定了产线进入智控切换预案,编制了岗位操作规程,全面开展职工培训,消化吸收先进工艺技术,实现智控建设与生产运行相互协同、有效衔接。

【降本增效】　紧紧围绕公司下达的吨铁成本削减目标任务,深入开展对标挖潜。坚持把"对标挖潜"作为降本管理主体,尤其是2020年全面贯彻落实宝武集团、股份公司"全面对标找差"工作主旋律,建立健全了总厂对标找差指标体系与行动计划,对标先进,寻找差距,深入开展对标挖潜,降本增效再创新成绩,2020年铁水完全成本比行业平均水平低61.15元/吨铁,实现了公司提出的吨铁完全成本低于行业平均水平的目标,全年降本18.07亿元,比2019年多降本3.47亿元。

【节能减排】　积极开展长江大保护,对照环境突出问题整改通知,"先行、优先"开展治理,完成14大项、35小项环境问题整改,全部通过市环保局销号复核验收。加快绿色发展,全面落实公司蓝天碧水净土保卫战三年行动实施方案,以"三治四化"为抓手,瞄准环境"短板",组织技改攻关,3号烧结机脱硝、1号烧结机脱硫脱硝、AB烧结机脱硫脱硝、2号高炉炉前除尘(顶吸)提标、北区烧结皮带通廊与厂房封闭等环保项目先后建成投入运行,绿色城市钢厂建设稳步推进。强化在线环保设施运行管理,全厂环保设施同步作业率达到99.9%以上,实现环境污染事故为零,危废处置率100%。开展自发电攻关,全年自发电7.37亿度,比上年多发电0.69亿度,创历史最好水平。

【企业管理】　持续提升人事效率,精准施策,通过政策选择推动人力资源优化,着力产线对标、机构整合、专业化整合等,分厂由原来的13个合并为7个,机关部门由10个整合为4个,总厂在岗人数由1月的2311人减少到12月的1935人,人事效率大幅提升。围绕精益"八要素"进行持续改善提升,并对所有工作PDCA循环管理,总厂管理工作的针对性和实效性全面增强。深入开展管理创新活动。2020 年有 3 项管理创新成果分别获得公司管理创新成果一、二、三等奖,其中“精益工厂创建”获宝武管理创新成果三等奖。同时,加快综合管理体系建设与精益工厂创建,创新员工培训管理工作。

【党群工作】 深入学习贯彻习近平总书记考察调研马钢重要讲话精神,制定了宣贯和行动方案,教育和引导广大党员、干部、员工提高政治站位,时刻铭记总书记的嘱托和殷切期望,践行钢铁报国使命。持续推进党建工作标准化,全面对接宝武党建要求,修订完善党建工作制度,运用体系化思维,系统构建党建目标管理,推动党建工作标准化、流程化、规范化、体系化运行。群团组织桥梁纽带作用充分发挥,圆满完成了总厂首届职工技能大赛等活动;积极开展形式多样的劳动竞赛、安全“1000”作业区创建、隐患排查整改等活动。2020 年,总厂党委荣获中国宝武“先进基层党组织”称号。

(*石天顺*)

一钢轧总厂

【主要技术经济指标】 2020 年,一钢轧总厂产钢 263.5 万吨、钢材 113.2 万吨。钢铁料消耗 1074.67 千克/吨,钢坯合格率 100%,热轧薄板合格率 99.95%,热轧薄板成材率 98.15%。

【生产组织】 摸索优化三炉对四机组产模式,CSP 生产线紧盯计划执行率指标,方坯、重异型坯连铸机以品种开发、产能释放为中心,采取有效措施确保了生产安全平稳有序。全年 CSP 计划执行率累计 98.58%,较计划值提高 0.38 个百分点。CSP 系统铸机漏钢、轧机堆钢次数大幅降低,生产稳定性明显提高。推进方坯生产稳定性、优化工艺、提高拉速、长寿命中包使用,产量不断提升,全年超计划 26 万吨。重异型坯连铸机生产克服困难,逐步完成了 BB5、BB6、BB7 和 BL3 四个断面的调试生产,产量不断攀升,10 月生产 7.4 万吨,完成月达产目标,超额完成全年计划。全年产钢 263.5 万吨,超计划 18.5 万吨;CSP 机组材 113.2 万吨,超计划 0.2 万吨。

【品种质量】 以细化过程管理、提升产品质量为工作重点,围绕总厂 KPI 指标,对各条生产线的降本增效、计划执行和质量成本等关键绩效指标进行层层分解,监控实施过程和结果评价,开展了 26 项技术攻关工作和 29 个 QC 小组课题。全年冷轧表面质量追溯比 2019 年下降 1237 吨,其中,线状夹杂、短条夹杂、孔洞分别比 2019 年月均下降 55 吨、27 吨、21 吨。全年平均吨材损失 3.88 元,比 2019 年下降 0.14 元。全面对标找差稳步推进,与韶钢、长钢对标方坯产线,与武钢对标 CSP 生产线,分别制定了总厂级 17 项、分厂 38 项对标指标。总厂 17 项对标指标中,有 8 项达到年度目标值,与 2019 年相比进步率为 100%。开展专项劳动竞赛,建立铁钢比日跟踪、周分析、周例会制度。通过精确设计调整入炉冷料结构、方坯连铸机提拉速、长寿中包使用、降低出钢温度、转炉大流量底吹改造等措施,下半年铁钢比持续降低,12 月已达 0.850 以下,全年铁钢比累计 0.904,较 2019 年下降 0.020。CSP 生产线开发新产品 MG420,方坯生产线开发 CH35A-M、MFT9-SY、45ZY 等新钢种 8 个,重异型坯连铸机生产线开发耐候钢 Q420NQR1、桥梁钢 Q345qE 等新钢种 26 个。

【设备管理】 坚持“运行有效、保障有力、系统优化、节能降耗”设备工作方针,抓好设备基础管理。完善设备管理标准,持续推进设备四大标准修订,按要求对标准及时评审、发布、修改、换版。持续开展设备隐患整治,建立健全隐患管理台账,实现闭环规范管理。加强点检管理,优化点检标准、编写事故预案,避免故障重复发生。全年设备故障率、故障次数和时间较往年都大幅降低。顺利完成了 1、2 号转炉大中修,六机六流方坯年修和 CSP 年修等设备改造项目,提升了关键设备运行能力。对长江经济带生态环境警示片等问题,制定整改方案并加快推进,按期完成消号 5 项 10 条。加强环保设施运行管理,落实环境自行监测要求,确保污染物达标排放。炼钢厂房顶无组织排放次数与 2019 年相比下降 55%,烟尘无组织排放总量得到有效控制。2020 年环保设施同步运行率、完好率 100%;在线监测废气小时均值、废水日均值达标率为 100%。稳步推进“绿色发展 · 智慧制造”工作,完成转炉主厂房封闭、炼钢地下溶剂料仓封闭项目,改善了厂区周边环境卫生和空气质量。推进现有二次除尘器超低排放提标改造项目,铁水倒罐除尘、铁水脱硫除尘、1 号转炉二次除尘、2 号转炉二次除尘全部完成提标改造,均已达到超低排放标准。

【降本增效】 认真开展降低钢铁料消耗工作,1—12 月钢铁料消耗 1074.67 千克/吨,受降低铁钢比影响,较 2019 年同期增量 0.23 千克/吨。以合理用能和节约用能为宗旨,制定、实施阶段性生产和待料热备用情况下的设备开停机及运行管理办法,全年能源降本6200万元。积极推进降低备件库存资金措施,全年备件库存降低8.74%,机旁备件库存降低44.06%。加大回收备件自修和修旧利废工作力度,全年备件自修节约费用为1010.24万元,外委修复备件1897.2万元,超额完成公司下达的任务。全年吨钢降本累计值113.63元/吨,成本削减完成比例116.17%,共降本2.99亿元。

【企业管理】 强化安全生产风险管控管理,将职业健康安全管理GB 28001标准和冶金企业较大危险因素辨识与防范指南手册相结合。进一步发挥总厂隐患排查治理流程及时发现、随时治理的作用,启动整改流程457项。对长江经济带生态环境警示片等问题,制定整改方案并加快推进,按期完成消号5项10条。针对在建工程,成立"三治及突出环境问题整治"项目部,加强属地危险作业监护能力。加强相关方管理,落实"同上班、同考勤、同开会、同作业、同责任、同考核"管理制度,并不定期进行专项检查。全年工亡、重伤、重大生产事故、重大火灾事故、重大爆炸事故、重大设备事故均为"零",轻伤1人,年千人负伤率0.8‰。认真宣贯《马钢股份基层管理变革推进实施方案》,统一思想认识,及时化解矛盾,按照公开、公平、公正的原则,按期完成了机构优化、管理人员选聘上岗,并逐一深入到每个分厂、部门,做好思想政治工作,确保了当期生产经营安全平稳。牢固树立"各单位责任人是第一负责人"的理念,把精益管理工作与生产经营同计划、同部署、同安排、同检查、同考核。持续全面推进和夯实6S基础管理,4月开始各分厂办公室按"办公室十九条"标准进行打造,全厂已验收68间办公室。开展"精益回头看",通过红牌作战的方式对全区域6S死角深度清理。

【新冠肺炎疫情防控】 认真落实新冠肺炎疫情防控各项工作部署,建立总厂防控网络,构筑起群防群治严密防线。先后建立信息报送"零报告"制度、疫情防控领导人员包保机制等10个规章制度,提高疫情防控刚性约束力。全方位无死角落实公共场所消毒、测温等防控措施,做好职工、外协以及项目建设、设备年修外来人员的防控工作,对职工家属在境外旅居情况进行排查和跟踪。全力保障防疫物资配备,为职工及外协人员配备防护口罩、酒精、消毒水等防疫物品。强化防控常态化工作的督查,坚持做到疫情防控不麻痹、不懈怠、不松劲。

【防汛抗洪】 7月12日,根据马鞍山市、马钢防汛指挥部指示,迅速在长江大堤责任区730米长的月牙堤搭建起了值班房,并于当日开始24小时值班制,4班轮流运转,每班25人,共有120名职工投入到长江大堤防汛中,落实防汛责任,各部门明确分工,各司其职,确保了防汛期间的物资配备与供给、安全培训、后勤保障等,防汛投入共计56.6万元,有力保障了防汛工作的顺利进行。

【党建工作】 及时传达、组织学习习近平总书记考察调研中国宝武马钢集团重要讲话精神,组织全体职工收看收听中央媒体关于习近平总书记考察调研安徽的新闻报道。把"不忘初心、牢记使命"长效机制落实日常工作中,在新冠肺炎疫情防控、长江月牙堤防汛堤段防汛以及指标改善劳动竞赛等重难险急工作中深化主题教育,取得了显著成效。充分利用宝武党建云,加强对各党支部"三基建设"推进情况的进行验证指导,进一步规范基层党组织工作。持续推进"两学一做"学习教育常态化制度化,不断增强各级党组织自我净化、自我完善、自我革新、自我提高的能力,先后开展长江生态环境保护督察、重异型坯连铸机工程建设督查,找问题查不足,严格问责问效,确保环保整治项目、工程建设按节点要求有序推进。

【精神文明建设】 继续开展"最美一钢轧人"评选宣传活动,10名职工受到表彰。围绕总厂生产重点工序指标及关键点开展了11项劳动竞赛活动。积极开展"我为企业'对标找差创一流'献一计"活动,通过e工汇平台收到基层单位"献一计"建议1185条。开展职工岗位创新创效成果、先进操作法申报工作,全厂共申报岗位创新创效项目20项、先进操作法17条。王勇的《出钢口工艺优化》、裴令明的《上夹送棍导向板结构与控制方式优化》两项合理化建议获安徽省重大合理化建议奖。建立送温暖活动长效机制,开展日常困难职工家庭走访慰问活动,共走访职工家庭134人次,送去5.7万元慰问金和慰问品。春节期间,为113名困难职工发放慰问款共计22.80万元。开展金秋助学活动,为考上大学和高中的职工子女发放助学金和物质奖励3.27万元。音诗舞《钢铁情缘》在"钢铁荣耀·铸梦百年"中国宝武宁马片职工文艺调演中荣获第一名。

(张　荣)

长材事业部

【主要技术经济指标】 2020年,长材事业部产钢

402.47万吨、材496.86万吨,其中重型H型钢32.40万吨、大H型钢101.11万吨、小H型钢63.58万吨、中型材46.84万吨、大棒124.65万吨、线材63.60万吨、小棒64.71万吨。全年钢铁料消耗1047.21千克/吨,铁钢比0.849。综合成材率:重型H型钢92.03%、大H型钢97.10%、小H型钢97.15%、中型材97.6%、大棒100.85%、线材98.73%、小棒102.03%。全年吨钢降本120.5元,相比BOM降本4.85亿元。全年销售收入169.4亿元,毛利润9.98亿元。

【人力资源优化】 实施岗位优化,做好人力资源优化工作,提升人事效率。根据股份公司《关于印发员工与企业协商一致解除劳动合同、离岗休息和自主创业等离岗政策的通知》[马钢股〔2020〕47号]文件精神,认真做好宣贯解释工作,让每位员工全面知晓和充分了解公司相关政策。2020年共减员479人,减员比14.79%。2020年7月,中型材分厂通过操检合一、岗位归并等劳动组织优化方式,将设备四班维护工作自行承担下来,精减协力保产员工28人,节省协力保产费280万元/年,提高了劳动生产率。

【队伍建设】 强化人才培养,进一步加强三支队伍建设。打造事业部高层次专业技术后备人才队伍,推荐了6名专业技术成熟人才和13名专业技术后备人才加入“1+2+4”专业人才团队,培养出一支专业齐全、年龄结构合理、人才逐次递进的高层次技术团队。加强作业长队伍及后备人才建设,23名员工取得公司后备作业长岗位任职资格合格证书。汪昌平领衔的技能大师工作室被评为2020年安徽省级技能大师工作室;圣立芜领衔的技能大师工作室被评为2020年马鞍山市级技能大师工作室。加强技能人才建设,事业部组织269名员工参加公司举办的17个工种技能等级取证培训,其中参加初级技能等级培训105人、中级技能等级培训24人、高级技能等级培训82人、技师培训58人。

【技术攻关】 围绕重型H型钢产品开发和持续提升型钢、螺纹钢产品质量的工作思路,通过全面对标找差,开展各项技术质量攻关工作。全年开发新品种新规格46个、完成技术攻关52个。重型H型钢成功开发了最大翼缘厚度(翼缘达77毫米)、最大宽度(宽度达475毫米)、最大高度(高度达1008毫米)的热轧H型钢。小棒产线完成精轧机组后各段穿水冷却水箱的部分水嘴结构及水冷供水能力系统改造。棒材通过细分规格设计化学成分、稳定控制轧制参数、收窄负偏差和T_3温度范围,改善了HRB635生产中的主要问题。中型材通过优化槽钢、角钢的矫直工艺、固化矫直辊装配标准,回矫待处理时间减少,提升了生产效率。H型钢通过优化加热制度、调整控温钢比例和提高控温温度,缩短了道次间等待时间;优化轧制规程提高产能;优化原料坯型尺寸,减少轧制道次。紧紧围绕降低铁钢比技术经济指标开展了一系列对标赶超工作,铁钢比从年初的0.890降到年底的0.767,成功实现“破八”,取得了显著成效。

【品牌建设】 积极开展品牌在身边工程项目活动,落实品牌绩效指标,树立“把本职工作做到极致就是品牌”的理念。热轧H型钢通过欧盟CE认证、新加坡BC1认证及马来西亚SIRIM认证监督审核。热轧H型钢和中型材产品通过欧盟质量体系认证复审;热轧H型钢、热轧带肋钢筋通过冶金产品(MC)认证换证审核。重型H型钢首次通过欧盟CE认证、新加坡BC1认证和欧盟质量体系审核。铁道车辆用耐大气腐蚀热轧H型钢产品通过“金杯奖”“特优质量奖”复评。《液压多缸同步控制新方法及其应用技术研究》获2020年冶金科学技术三等奖。2020年品牌故事演讲作品《高精尖让“李鬼”翻不了身》荣获第二届马鞍山市品牌故事大赛二等奖,第八届全国品牌故事大赛(合肥赛区)暨第四届安徽质量品牌故事大赛总决赛优秀奖。

【基建技改】 重型H型钢生产线顺利投产并达产:1月18日重型H型钢生产线首次热负荷试车,轧制出第一支重型H型钢。4月28日重型H型钢生产线全线贯通,正式投产。产线总投资16.5亿元,10月完成6.8万吨,实现月达产目标。全年完成当年32.4万吨产量。

重要设备的大中修:1月先后完成大棒生产线中修;6—7月3号连铸机中修、1号转炉中修、大H生产线中修;7—8月小棒生产线中修;9月中型材生产线小修、4号连铸机中修、3号转炉中修、小H生产线中修等设备年修工作。

工程项目:厂区雨污分流项目基础设施、设备安装以及调试工作已全部结束,各区域雨污分流点均已正常投入工作;厂房房顶光伏发电项目已在重型H型钢、中型材以及大棒区域完成线路并网;原型一、型二轧线设备及厂房拆除工作顺利完成;型钢区域厂房彩瓦更换完成;北区线棒厂房防腐施工有序推进。

设备升级改造:截至12月底先后完成了小棒粗中轧及精整区域部分传动设备升级改造、大棒14架轧机改造及其配套传动改造、大棒辅传动和直流传动改造、现场远程柜改造、大H加热炉智能燃烧项目上线等一系列设备更新改造，解决了老旧设备备件申报难、备件急缺的运行隐患，提升了产线运行效率。

【智慧制造】　按照“四个一律”要求，遵循“ONE MILL”理念，针对公司信息化整合融合目标，对事业部各产线基础自动化系统实施适应性改造。完善各产线的生产过程跟踪，为MES系统提供真实、可靠的基础数据，为后续产线的智慧制造升级夯实基础。以构建智能装备、智能工厂和智能运营于一体的智慧制造体系为导向，借助先进的数据可视化分析系统，以成本控制和利润分析为抓手，构建长材事业部生产经营分析系统，为生产、经营、管理提供有力支撑。

【基础管理】　贯彻公司安全生产工作精神和部署，全面对标宝武安全管理制度，通过全员、全方位、全过程、全天候的监督和齐抓共管，扎实开展安全工作，确保安全形势平稳可控。实现了重大人身伤害事故(含属地)、重大生产事故、重大火灾事故、爆炸事故、重大交通事故、重大设备事故为零，职业病为零，以及年度千人负伤率为零的目标。“新、改、扩”建设项目安全、职业卫生“三同时”合规率100%。特种设备检验、检测均合格。在岗员工(含相关方人员)接受安全教育率100%。三项岗位人员(特种作业、特种设备操作、安全管理)持证上岗率100%。荣获公司“2020年度安全生产金牌单位”称号。

积极践行“两山理论”，扎实推进“三治四化”。结合长江大保护问题整改，按照超低排放要求，通过上料地坑封闭、二次除尘出灰仓封闭、危险废物存放各处置改善、转炉一次除尘提标改造、二次除尘超净排改造、转炉厂房封闭、南区雨污分流项目、H型钢区域噪声治理等事业部“三治”项目的建设和治理，现场环境绩效得到较大提升，绿色工厂创建等工作取得显著成效。2020年公司监测烟气排放达标率100%，废水排放达标率100%。

强化疫情防控，推动复工复产。长材事业部先后下发21项防控通知和工作程序，强化疫情防控，推动复工复产为事业部扎实开展疫情防控工作提供了标准和规范。全天候服务，筹集发放140千克酒精、250千克消毒液、10.6万个口罩，2500余升消毒洗手液、1.65万包消毒湿纸巾、12把额温枪等用品，确保防疫物资不断供。每天对本单位职工及外来劳务人员本人及家属24小时活动行踪进行全方位、全覆盖、地毯式摸排登记并按时上报公司。通过共同努力、有效防控，确保了疫情防控期间生产经营和职工队伍的稳定。

弘扬抗洪精神，落实防汛责任。针对承担马和轮渡至三水厂500米长江大堤防汛任务，认真贯彻落实中央、省、市关于加强防汛工作的指示精神，组织召开党委会、科级干部动员会，明确防汛工作责任，确保防汛各项措施落实到位、万无一失。全体防汛队员44天日夜坚守大堤，坚持风雨无阻、无间断、不留死角巡堤排险，圆满完成了防汛重任。

积极组织职工参加无偿献血活动，社会责任担勇挑，无偿献血爱心聚。十年来，长材事业部员工累计参加马鞍山市无偿献血活动超过3500人次，献血量超100万毫升，连续5年被马鞍山市政府授予“无偿献血先进单位”。2020年12月长材事业部荣获“2018—2019年度全国无偿献血促进奖”称号，成为安徽省获此殊荣的12家单位之一，也是宝武马钢唯一摘此殊荣的单位。

【党建工作】　强化理论武装，加强党员干部党性教育。深学悟透笃行习近平新时代中国特色社会主义思想，建立领导带头学、干部跟进学、员工广泛学的学习机制，围绕习近平总书记考察调研马钢重要讲话精神、“四史”学习教育和《习近平谈治国理政》第三卷等内容，推动学习宣传全参与、全覆盖，巩固深化“不忘初心、牢记使命”主题教育成果。开展事业部党委中心组开展集中学习12次，举办科干读书班，集中学习4次。

巩固深化基层党建工作，持续推进“三基”建设。一是深入学习贯彻落实《中国共产党国有企业基层组织工作条例(试行)》，严格执行组织程序，20个党支部完成了换届选举；持续推进党支部标准建设和“一支部一品牌”创建工作。二是认真做好全国党员信息系统和“宝武党建云”平台双系统运行，加强党组织和党员信息管理，党员转出230名、转入6名；按程序发展预备党员9名，预备党员转正18名。组织全体党员赴滁州红色教育基地开展革命传统教育和爱国主义教育。开展党员安全“两无”、季度“党员先锋岗”和“七一”评先进，认真进行“党性体检”。三是开展干部档案审核，修订完善干部选拔任用、交流轮岗等制度；强化党风廉政建设责任制。

认真履行意识形态工作责任制；同时，强化意识形态阵地管理，做好“一人一事”思想政治工作，定期召开党委会了解、分析和研判意识形态工作，做好风险防范和化解。坚持正面宣传、全面鼓劲，复工复产的报道在《人民日报》头版和经济版分别刊登。广泛开展宝武文化宣传，积极参加“钢铁荣耀·铸梦百年”宣传教育系列活动。荣获“第十二届安徽省文明单位”称号。

推进“三不”体制机制建设,认真抓好巡察整改。开展“违规经商办企业”专项治理、禁入管理自查自纠、长江大保护环保整治督查等工作。全面落实公司党委巡察工作要求,聚焦巡察反馈的七个方面21个问题和意见,明确了68项整改任务,并完成落实整改。

2020年7月,事业部党委获“2019年度中国宝武先进基层党组织标杆”称号。

(薛　敏)

四钢轧总厂

【主要技术经济指标】　2020年,四钢轧总厂累计生产钢873万吨、热轧材853万吨,同比均增加3.7%;钢、材产量再创历史新高;全年降本8.709亿元,吨钢降本99.29元,完成公司考核指标。

【运营改善】　通过开展与宝钢股份及国内其他兄弟企业的交流、瞄准影响工序精细化的具体指标全面开展对标找差,设立对标指标33项,达标17项,指标进步率88%,指标刷新率52%。通过降低钢区加工成本、降低工序成本等措施,全力聚焦成本控制;通过技术改造、强化管理等多重手段深化节能降耗。总厂2020年比2019年多降本2.3亿元。全年完成铁钢比0.938,比2019年降低22千克。

【高效生产】　立足把“计划执行率”有效转化为“计划兑现率”,钢区优化炉机生产周期和组产顺序,开展管理创新,产能进一步释放。全年炼钢创下日产93炉、月产79万吨新纪录。通过提高轧线日历作业率、提高热装率、优化加热工艺、提升轧制节奏、增加平均卷重,促进了轧区高效生产。2250生产线创下日产20018吨、月产50.16万吨、年产501万吨新纪录。1580生产线创下日产725卷、15199吨新纪录。

【品种质量】　通过严格控制钢水残余元素、提升铸坯内外部质量、提高热卷产品质量等质量改善工作,打造热轧高强钢、高档酸洗板、高牌号硅钢、高档冷轧基料等四大类特色品牌产品;高牌号硅钢和取向硅钢成分合格率均达到93%以上。针对影响产品实物质量的夹杂、边裂、翘皮、板型等质量顽疾,加强攻关和引智策划。成立大梁、管线、车轮、耐候等热轧高强钢产品工作组,对内做好生产控制过程技术支持,对外实现客户工作对接,形成生产—客服一体化体系。全年总厂内外部总质量损失5.69元/吨,完成公司6.18元/吨的绩效目标。连铸火焰清理QC小组《提升点火坑合格率》获2020年安徽省质量管理小组二等奖;《热轧板带材表面氧化行为研究及关键控制技术》获安徽省科学技术三等奖;《大型转炉洁净钢高效绿色冶炼关键技术》被中钢协、中国金属学会授予2020年冶金科学技术唯一特等奖。充分利用公司QMS系统大数据平台,建立钢轧各重点工序的生产过程控制点(SPC),通过对过程控制的实时展示,为一线操作人员提供操作过程控制优化的有效工具,提升产品过程控制的有效性和稳定性。重点产品一次合格率92.2%,高于83%的目标。

【设备管理】　全年设备运行稳定。设备保障、检修管理等持续改进,首次完成转炉19天、2250轧线15天的年修,并穿插大量技改和智慧制造项目。故障停机率、OEE指标均优于2019年。OEE指标1580轧线从77.28%提升到77.88%,2250轧线从76.24%提升到80.49%。圆满完成19项长江大保护环境问题专项治理整改任务项目建设,各环保项目均按节点通过公司和市验收,全年无环保事件。

【基础管理】　一是打造本质安全型企业。完善全员岗位安全责任清单,持续开展反违章专项治理和各类隐患排查;围绕熔融金属冶炼、煤气、有限空间等危险作业,大力开展“安全整治年”活动;加强安全文化建设和“安全家书进家庭”活动,坚持不懈推进“我的安全我负责,他人安全我有责,单位安全我尽责”,总厂全年未发生重大人身伤害事故。二是深化精益工厂创建。按照环境管理网格化、管理责任者可视化、支部共建协同化的思想,建立了“横向到边、纵向到底、责任到人”的一体化工作体系;强化专业管理,完善基础管理检查标准,通过互相检查、互相借鉴、互相促进,推动精益工厂创建规范化、长效化。三是强化体系管理。以“持续改进、追求卓越”为目标,持续优化和完善综合管理体系和运行过程管理;完善风险管理,细化对管理过程中重要风险的识别、防范和应对机制,提升内控体系能力;强化经济运行分析,完善月度工作简报制度,逐步建立和完善覆盖经营管理全过程的对标指标体系。

【变革创新】　完成基层管理变革,部门、分厂优化41.2%、作业区压缩52%、在岗总人数减少15.9%,3D(脏、累、险)岗位削减25人。设备运维人员成功划转到宝武智维马钢检修公司,实施了专业化整合,积极推进宝武集团钢铁生态圈“一企一业”“一业一企”的发展。以项目为依托,通过QC、合理化建议、仿真培训及其开发、技能比武、PPSR(问题解决报告)、OPL(单点课)、微创新等多种创新活动形式,推动全员创新创效。连铸火焰清理QC小组《提升点火坑合格率》获2020年安徽省质量管理小组二等质量技术成果。

【绿色发展·智慧制造】 一是坚持绿色发展。坚持生态优先、绿色发展,持续推进"三治四化",高质量实施超低排放项目,高标准落实《关于推进钢铁行业超低排放实施的意见》,有效控制环境风险。完善环保设备故障快速响应机制,严格执行工艺纪律,严格控制无组织排放,规范危险废弃物储存、处置流程。二是创建特色智慧工厂。以"少人化""集控化""一键化"为目标,构建集智能装备、智能工厂、智能运营于一体的智慧制造体系,炼钢智控中心、热轧智控中心于2020年11月18日投入使用。炼钢智控中心,从铁水进厂到钢坯出库首创炼钢全工序远程操控,实现KPI实时评价,助力精准决策与智能管控。热轧智控中心推进双线双智控模式,将两条主线原有的15个岗位整合为"1+2+1"的新岗位模式。

【党群工作】 牢固树立"把抓好党建作为最大的政绩"理念,落实"一岗双责",将党建目标和生产经营目标相统一,坚持在落实生产工作的同时,布置落实党建工作。坚持党组织与行政机构同步设置、同步优化,党支部由原来13个优化至9个。组织召开了党委工作暨党风廉政建设工作会议,进一步压紧压实总厂党风廉政建设党委主体责任。认真开展"三个以案"专题警示教育,深入推进禁入管理、违规经商办企业专项治理工作,签订不违规经商办企业承诺书,对13个重点建设工程开展自查自纠。加强网络舆情队伍建设,密切关注职工思想动态,做好舆情问题解释。对总厂140余个微信、QQ工作群进行了备案登记,对QQ群、微信群、宣传橱窗等宣传阵地进行了集中清理整顿。坚持开展典型宣传,聚焦一线典型人物,组织开展"杰出工匠"等年度新闻人物宣传报道。全年总厂内网共刊登稿件1121篇。

(郭元友)

特钢公司

【主要技术经济指标】 2020年,特钢公司钢产量97.4万吨,比2019年增长11.3%,炼钢月产最高达8.89万吨,电炉炉龄创下726炉新高;圆坯连铸机实现连续稳定浇铸91炉。全年销售收入54.71亿元,较2019年增长4亿元;外销量134.96万吨,比2019年增长7.85%。

【产品销售】 充分发挥产销研工作组优势,克服疫情带来的不利因素,抢抓市场机遇,全年特钢、线材销量和营收实现了双增长。抓住风电风机需求机遇,风电轴承圈、齿轮及法兰用钢突破20万吨,成功进入远景能源、西门子等高端客户;全年开发新客户75家,与南京高速齿轮制造有限公司签订了战略合作协议。

【新产品开发】 紧紧围绕特钢四大产品板块结构调整升级、市场开拓和提升特钢品牌总目标,四大产品板块用钢产品族系进一步扩充,全年开发163个新钢种(累计1518个)。350千米高铁车轮车轴坯获得国内高铁批量市场化供货准入资格,重载机车齿轮钢已装车安全运行1年,地铁车轴钢通过德国波鸿交通技术集团和法国铁路公司认证。风电齿轮钢通过美国通用电气公司体系认证,通过南京高速齿轮制造有限公司认证实现批量供货;风电轴承钢通过远景能源认证实现批量供货;成功开发高性能深海采油树锻件用钢F22。曲轴、连杆用非调质钢通过了蒂森克虏伯、丹东五一八集团公司、西仪集团有限责任公司连杆材料评价,部分产品进入小批量验证;供陕西法士特汽车传动集团有限公司商用车变速箱用齿轮钢实现了外围厂批量供货。供高周波热炼(中国)轴承有限公司回转支承用钢完成样件试制并实现装机考核,制管芯棒用H13热轧圆钢通过常宝钢管试用。

【技术攻关】 全年累计开展各类技术攻关60余项、岗位创新20余项。通过持续优化真空精炼炉系统,真空过程铝损合格率提升15.85%;车轴和风电轴承单颗粒球状夹杂物控制技术取得突破,较好满足用户需求;弹簧钢线材表面质量大幅改善,表面缺陷点数减少26.15%;棒材表面因轧线所致划伤问题降低80%以上。全年获得"省科学技术奖"等公司级以上奖励8项,"技术创新成果奖"等公司级奖励6项,两个产品获得"冶金产品实物质量金杯奖",累计申报专利16项,其中发明专利11项,超额完成公司年度计划目标。

【对标找差】 紧紧围绕中国宝武"全面对标找差,创建世界一流"的管理主题,全方位开展与自身历史最好水平、标杆企业、行业领先企业对标找差活动,弥补短板和不足。从效率、成本、质量三个维度全面组织对标317项,按可比性和少而精原则确定27项长效和快赢项目,对标指标与自身对比进步率88.89%,达到对标企业比例44.44%,指标进步明显,有力支撑公司经营目标实现。

【体系建设】 不断创新改进质量管理体系,持续导入风险思维、过程方法等管理理念,全面梳理修订完善质量体系文件26个。进一步完善质量过程风险识别、过程质量评价体系、产品可追溯性管理,确保出厂产品质量,降低质量风险。常态化开展覆盖全工序、全班组的标准化作业检查和整改,总体符合率98.89%。全年累计接受重要审核16次,其中内部审核及专项审核3次、二方审核12次、三方审核1次,整改率100%。

【生产组织】 围绕订单交付建立了销售、技术、生产的全面协同管理模式,构建以客户为中心的精益运行、极致高效的生产体系,合同兑现率和客户满意度有效提升。实施"一炉两机"生产组织模式,释放电炉产能;两条棒材线集中组织高产拉练,作业率和小时产能显著提升。高线区域推行操检合一作业方式,生产稳定性和效率持续稳定提升,日计划兑现率达到98.5%,年产量实现新突破。

【降本增效】 通过外部遴选优质废钢、洞悉物料市场价格变动,内部优化炉料结构,钢铁料消耗稳定在行业先进水平。与类似钢厂的钢轧系统全方位、多维度进行对标,全年生产类降本116.4元/吨,累计开展12项工艺降本,实现吨钢降本31.90元/吨,持续推进连铸圆坯提拉速工作,圆坯生产效率得到提升。电炉烟气余热回收系统全量回收,年降成本1000万元以上。

【安全和环保】 积极宣贯"违章就是犯罪""隐患就是事故"的安全理念,重点围绕安全标准化一级企业创建和宝武安全督导检查、评价等工作,依据特钢公司《安全生产专项整治三年行动实施方案》的要求,开展了专项整治;严格规范大方坯及余热锅炉新建项目运行作业管理,确保了项目安全顺利投产。扎实推进"三治四化",对电弧炉烟气余热回收利用系统进行改造,实现全量回收;通过厂房屋面光伏发电的改造,年发电500万度。特钢公司获得股份公司"安全金牌"三连冠和节能环保先进单位。

【精益工厂】 不留盲区、不留"死角",全方位推动现场整改工作。以作业区为单位开展TnPM活动,进一步规范了设备的维护和管理;遵循"车等门"的原则,细化了人车分流工作,划定物流车辆停车位,对人行道道进行整改和亮化,保障人行、物流通道安全、有序、美观。每周对各单位进行打分评价,对相关方统一要求、统一管理,为创建精益工厂补齐短板。积极开展办公室"6S"管理,发挥辐射效应,每周以专项和自查相结合的方式组织现场检查,整改完成率超过90%,TnPM小组每周组织设备清扫、复原等活动一次以上,参与率100%。

【工程建设】 打造中国宝武优特钢精品基地战略规划正式落户马钢,为确保项目高效高质量落地,新特钢项目部统筹谋划,从特钢及公司范围内抽调50多名管理和技术骨干组建了一支高效精干的项目团队;按照"绿色、智慧、精品、高效、低成本"建设总要求,围绕打造中国宝武优特钢精品基地总体目标全力推进项目有序开展,已完成项目可行性研究报告,"三通一平"拆除工程正在紧锣密鼓展开。

【管理变革】 将原7个部门合并成5个部门、将原8个分厂合并成4个分厂,作业区压减60%;将科级管理人员由36名减少至21名。通过智慧制造等举措,全年减少员工163人,实现公司人事效率提升目标。受股份公司委托,管理埃斯科特钢公司,实现市场共拓、技术延伸、资源共享,新聘用15名年轻作业长。

【党群工作】 沿着习近平总书记考察调研马钢的足迹,共接待参观优质合金棒材产线2000人次以上。宣传疫情防控和复工复产的马钢特钢新闻图片刊登上《人民日报》。层层宣贯基层管理变革,让全员知晓变革的必要性和紧迫性。开展"最美马钢人·创新融合"年度新闻人物、"金牛奖"和"银牛奖"的推荐工作。不断改善职工的工作和生活条件,在生产和办公区域增设12台品牌净水器,解决职工关注的饮水健康问题;投资20多万元对现场卫生间进行了改造和修缮。

(罗继胜)

冷轧总厂

【主要技术经济指标】 2020年,冷轧总厂生产成品板带421.25万吨,其中汽车板175.66万吨、家电板67.68万吨、建筑板73.66万吨、硅钢41.34万吨、彩涂板21万吨、其他用板材62.91万吨;MGW300及以上高牌号硅钢共7.74万吨。全年多条机组、产线创历史新高,全年降本24166万元。

【生产组织】 以计划执行率和计划兑现率指标为中心组织生产,及时掌握各类订单信息,将工艺、设备、质量、计划情况与生产实际有效结合,按照生产效率最大化组织生产。切实做好生产前的各项准备工作,针对汽车板、高端家电板等成材率低的产品成立技术攻关小组,做好重点产品生产与质量损失的过程跟踪与把控。同时对标先进钢企成功经验,制定重点产线成材率、重点产品成材率、酸轧产线轧辊消耗率、废次降等17项指标作为重点改善项目,加强内部过程管控。

【品牌建设】 围绕公司和总厂的重点、难点、关键问题,开展系列技术创新、技术攻关、QC小组活动。总厂承接公司级技术攻关项目10项,申报专利42件,其中实用新型专利12件、发明专利30件。2020年,总厂共申报35项QC课题,其中硅钢分厂奋进QC小组发布的《降低硅钢乳化液斑迹封闭率》在2020年安徽省质量管理小组成果交流会中荣获三等奖。总厂选送的作品《参加QC,遇见更好的自己》在第四届全国QC小组故事演讲比赛吉林赛区中荣获二等奖;《衣食住行——马钢制造》在第二届马鞍山市品牌故事大赛决赛和第八届全国品牌故事大赛(合肥赛区)暨第四届安徽质量品牌故事大赛中荣获一等奖。

【精益工厂】 完善精益管理推进机制,创新精益管理工作方式,持续推进PQCDSMEI要素的改善提升。以员工"微创新"为推手引导和鼓励员工立足自身岗位,查找发现身边现场存在的问题,积极寻求问题改善的方式方法。全年,来自基层员工自主改善亮点1866件,申报的"微创新"改善提案247项。总厂在"微创新"成果中选取优秀改善案例进行汇编,推出《2019冷轧总厂精益改善成果集锦》微创新专版,供员工学习、借鉴和交流。

【设备管理】 按照"运行有效、保障有力、系统优化、节能降耗"的总体要求,依托设备管理信息化平台建设,持续开展设备精益管理、设备运行管理劳动竞赛等工作,提升设备稳定运行水平,推进科学高效灵活检修,提高系统功能保障能力。设备运行指标稳中有升,设备故障停机率2.4‰,完成公司指标2.5‰,为实现年度生产经营目标提供坚实的支撑和保障。以质量和产量为出发点,瞄准关键产线,实施重点关注、重点改进、重点突破。在设备运行、质量损失、自动化率、费用成本、能源环保等方面对标宝武标杆产线,根据实际情况制定了68个对标项目,其中50项超出年平均水平,24项达目标值。深入对标优化检修模型,推进高质高效检修。技改项目与大中修相结合,全年完成21次产线年修工作。围绕"设备降本、合理优化库存、备件材料经济保供"的目标,严格执行备件材料三级评审制度。创新优化开展备件采购、生产消耗件管理模式,有效降低了生产成本。通过费用精细化管理,提高了备材经济保供能力,全年备材费用做到基本可控。

【技术改造】 全年总厂技术改造共95项,其中公司重点项目4项。分别是:1号镀锌线设备能力提升改造、1720酸轧机组提质增效改造、马钢智慧制造—冷轧智控中心建设、南区新建重卷检查线工程。同步完成了3号镀锌线退火炉二级模型系统改造、智能机器人的研发与应用、北区轧后库无人行车智能库区改造、南区1720酸轧原料库智能库区改造、智能绿色照明节能改造等。2130连退余热回收项目、北区成品库光伏发电项目已投入运行;南区罩式炉尾气回收项目已完成设备安装与调试工作,进入试运行阶段;北区3号、4号镀锌线烟气余热回收攻关项目正在进行安装阶段;彩涂现有的焚烧炉及固化炉实施技改项目按计划实施推进。

【智慧制造】 冷轧智控中心基于"四个一律"的理念分两期推进实施,同时,选取17条典型产线进驻,形成冷轧、涂镀、硅钢三大制造单元进行集中操控,年冷轧成品制造能力500万吨。2020年建设的一期总投资16784万元,10月20日首条机组1680酸洗进行正式切换,进入并行运行,实现了远程操控;10月21日,冷轧总厂智控中心建成投用暨首条机组1680酸洗进驻。已竣工的智控中心大楼及基础建设为全球集中度最高,两区五地超10千米远程集控;17条机组同处一室管理,现场51处操作室合为一层,智控中心按工序、流程进行整合,实现多线一室;1680酸洗、1720酸轧、2130酸轧、1号镀锌、2号镀锌、3号镀锌、4号镀锌、脱脂、罩退、2130连退10条机组全部进驻。冷轧总厂通过大胆创新,突破一系列智慧制造关键技术,在精准感知、精准控制、智能管控、智能装备及智慧车间等方面研发和实施一批关键、共性技术。

【企业管理】 完善岗位绩效考核评价机制,严格按照考核评价标准对各单位进行考核、测评,对每月各单位绩效分、人均绩效奖等项目进行趋势分析;承接宝武EHR系统持续做好薪酬发放工作,检查监督各单位薪酬发放过程。以体系审核为契机,全面对标宝武体系,不断健全总厂质量管理体系标准,完善标准化作业,加强质量监控管理,确保质量管理体系有效运行。2020年先后通过PED检查审核、重庆长安飞行检查、联合电子供应商审核,以及杭州汉德质量认证服务有限公司对汽车用钢产品IATF16949:2016质量管理体系换证审核,通过北京国金衡信管理体系认证有限公司对总厂五标一体化的监督审核。进一步推动基层管理机构更精简、人员更精干、管理更高效、流程更优化。管理部门由5个优化整合为3个,分厂由13个优化整合为4个,作业区由81个优化整合为41个。通过开展与先进钢企整体对标、产线对标、局部对标、工序对标等方式,结合总厂实际情况制定出人力资源优化目标。截至2020年年底,离岗72人,其中居家休养39人、编外30人、工伤离岗3人。协商一致解除劳动合同53人,辞职5人,离岗休息4人。保留劳动关系人员协议到期6人返岗。率先在行业内实施生产操作“一线一岗”新型作业模式,针对“一线一岗”高端操作人员组织了相关培训。全面落实各项防疫措施,全力抓好疫情防控和复工复产工作,总厂职工和相关方人员总计3400多人,没有发生一起确诊或疑似病例。

【能源环保】 对标宝武,持续加强能源环保管理工作。以能源系统高效运行为基础理念,强化过程管控,持续提高能源经济运行水平。根据现场问题,开展攻关活动,确保完成公司下达的能源目标指标,全面推进总厂的能源精益化运营。2020年总厂持续完善环保排口长制体系,将总厂75个环保排口长名单进行更新,责任到人,齐抓共管。各级排口长签订目标责任书,确保排口达标排放。总厂实施环保能力提升,践行本质环保理念,不断实施环保项目升级改造。继2019年1720酸再生环保改造之后,总厂2020年投入1400万元,完成对2130酸再生的环保升级改造,是总厂第二个实现超低排放“灭白”项目。目前项目已组织竣工验收,平稳运行,检测指标达到设计要求,超低排放指标HCL小于10毫克/立方米,颗粒物小于10毫克/立方米,实现了酸雾净化“灭白”,成为酸再生酸雾净化“灭白”的又一典型示范。

【安全管理】 强化安全管理体系,大力推进安全标准化整改及隐患排查。贯彻落实“违章就是犯罪”管理理念,进一步加强对作业现场安全管控,遏制各类违章行为。按照“违章就是犯罪”实施细则对生产现场、施工现场进行全面排查,对严重安全违章人员落实考核处罚。持续推进安全标准化一级企业达标创建和安全标准化示范班组建设。做好基建技改、外委项目、年修、大修期间的现场安全巡查和安全监管。坚持“谁主管、谁负责”“谁主办、谁落实”“谁失职,谁受罚”,切实将消防安全责任落到实处。强化项目安全管理和相关方安全管理,全力推进落实安全主体责任。先后组织开展了“安全生产月”活动、危险源辨识、应急预案修订和培训演练,积极开展安全“1000”作业区(班组)创建工作。

【党群工作】 深入学习贯彻党的十九届三中、四中、五中全会精神,党的最新理论成果,党章党规和习近平总书记考察调研中国宝武马钢集团重要讲话精神,认真开展“四史”学习教育,宣传思想政治工作持续深化,舆论载体不断创新。建立和完善激励领导班子“超越自我、跑赢大盘、追求卓越”、各级管理人员“自我驱动、自我提拔、自我突破”的新机制。全面落实管理岗位和人员层级管理,合理调整管理权限,促进管人与管事的有机统一。强化“一岗双责”,落实廉洁谈话制度。针对违规经商办企业、中国宝武《禁入名单》、形式主义官僚主义及各类重点工程建设项目进行排查梳理,及时整改存在问题,筑牢各级管理人员及工程项目负责人廉洁思想防线,确保各工程项目廉洁高效。组织开展“钢铁荣耀·铸梦百年”宝武130周年等形式多样的文体活动。组织各类技能大赛,提升员工技能素质。坚持完善厂务公开制度,全力做好职工生活保障工作。

(孙　琦)

炼焦总厂

【主要技术经济指标】 2020年,煤焦总厂生产焦炭430.47万吨,完成率101.08%;发电5.28亿千瓦时;降本3.28亿元,提升率116.77%。全年围绕“抓机遇转观念,强责任提效率”工作主题,完成了以“焦炭保供”为主的各项目标任务。

【生产组织】 以保供高炉稳定顺行为中心,做好筒仓建设、焦炉系统工程建设期间的来煤卸车、南北区焦炭调运组织和生产保供,与公司制造、物流部门协调沟通,做好疫情防控期间和汛期的煤炭保供和生产组织;开展煤焦质量全流程管控,加强配煤精准管理、焦炉热工优化、干熄焦高效组产,三个系统焦炭质量合格率分别达到99.89%、99.85%、93.10%。

【设备保障】 强化设备状态把控,设备故障率同比降低。2020年设备故障率较2019年同期减少11.11%,增强了重点产线设备保供能力。积极推进重大设备检修项目,顺利完成6号焦炉的炉体特护、3号干熄焦的中修和35吨锅炉退役等几十项大中修和改造任务。借助公司设备信息化PSCS系统推进工作的开展,提升设备日修兑现率,加强设备智能化管理,为稳定高效生产保驾护航。

【安全管理】 深入贯彻“违章就是犯罪”安全理念,强化制度执行力,制定了《炼焦总厂安全绩效管理办法》,修订并发布了《炼焦总厂职业健康安全管理制度汇编》《炼焦总厂安全生产专业考核办法》等管理制度,完善了管理体系;组织全体职工参与“安全管理知识”等网上专题学习,全厂在岗员工接受安全教育率100%,特种作业人员持证上岗率100%;梳理归纳习惯性违章类型,扎实推进隐患排查治理体系建设和安全信息化管理;按“四统一”原则对相关方人员进行管理,建立了刚性、标准化的外来单位全过程监管机制。

【节能环保】 全年排污申报率、工业固废综合利用率、危险废弃物安全处置率和基建技改项目环评执行率均为100%,未发生环境污染事故;“三治”项目全力推进,干熄焦放散气脱硫、焦炉机车封闭、厂区雨污分流等项目按照节点完成。总厂国控平台在线检测点位14个,13个点位日均达标率100%,内控在线检测点位14个,10个点位日均达标率100%;全年环保项目新立项11项,实施18项项目建设,到2020年年底基本完成总厂有组织排放治理工作。

【降本增效】 按照股份公司下达的降本指标,积极与行业先进企业进行工序、产线对标,每月将责任成本下达到职能部室,考核成本落实到各分厂,构建全员参与的对标降本管理体系。采取配煤结构优化攻关、提高吨焦发电量、降低动力介质消耗等关键措施,合理管控备件、材料、检修等费用,着力推进系统经济运行工作,较计划降本任务多完成16.77%。

【基建技改】 深入贯彻“绿色发展·智慧制造”理念,南区新建筒仓工程二期全部完成筒仓滑模,正在进行仓顶结构和转运站施工,计划2021年5月系统调试;8号焦炉烟气脱硫脱硝工程联调试运行,后续开展功能考核和验收工作;1号、2号、5号焦炉烟气脱硫脱硝工程陆续投产;南区焦炉系统工程焦炉基础、脱硫脱硝、干熄焦等标段同步施工中,工程建成后,可年产全焦110万吨;北区焦炉大修改造项目已完成可研审查,计划2021年3月开工。其他在线除尘设备改造等项目正在有序推进中。

【技术创新】 总厂申报公司级科研项目《煤炭粒度优化对装炉煤质量和焦炭性质影响的研究》等4项获得立项;申报马钢科技进步奖3项,安徽省、冶金行业、宝武科技进步奖各1项,其中《炼焦工序安全高效除尘及其自动操作关键技术开发与集成》已获省科学技术进步奖三等奖;全年通过审查专利21项,获授权专利21项,通过评审国家软件知识产权4项;《提高焦炉机车无人化率》获得2020年中国创新方法大赛总决赛二等奖。

【人力资源优化】 稳步推进总厂基层管理变革、人力资源优化和全员岗位绩效考评工作,充分发挥员工个人价值创造能力,比2019年年末在岗减少229人,全面完成公司下达的减员指标。顺利完成e-HR系统组织机构和人员信息的收集工作,人力资源SAP系统向e-HR系统平稳过渡;规范人事档案管理工作,对总厂管理人员和技术业务岗人事档案进行专项审核;梳理协力业务界面,规范协力岗位管理,降低总厂协力用工风险;完成本年度员工劳动合同变更及续订等管理工作。

【基层管理变革】 有序完成总厂基层组织结构变革及人员调整工作。职能部室由5个并为3个,分厂由7个调整为3个,中层管理人员由27人压缩至22人;作业区由47个精简至18个(含3个临时)。组织结构精简进一步推动了总厂高效发展。

【员工培训】 进一步提高员工岗位技能水平,适应人力资源优化要求,全年职工培训工作计划兑现率100%,培训人数2058人次,增加培训项目16项;技能鉴定考评培训、新型学徒制、干熄焦岗位技能竞赛成果显著,进一步提高了员工业务素质和文化水平。

【党群工作】 深入贯彻党的十九届四中全会精神和习近平总书记考察调研马钢集团重要讲话精神,聚焦“五大行动”,不断加强党员教育。发展党员12名,7名预备党员转为正式党员,强化党建云系统信息维护,推行基层党支部工作线上、线下同步开展;不断深化党风廉政建设,与9个党支部、5个部室负责人签订党风建设和反腐倡廉工作责任书;开展各类基建项目建设、部门采购等工作的效能监察和“杜绝餐饮浪费”落实性效能监察;健全完善廉洁风险防控信息库,深化廉洁风险防控管理工作。充分发挥工会组织优势,征集18项职工代表建议,评审认定136条合理化建议,申报岗位创新创效成果14项,4个创新工作室完成技术攻关7项;拨出20.15万元专款为职工“送清凉”;对154名困难职工下发慰问金8万元;征集工运理论研讨论文19篇,其中2篇论文在公司工会评选中获二等奖。组织团员青年参与“青年大学习”网上主题团课,确保学习覆盖率;组织54名团员青年募捐款1302.54元用于爱心扶贫助学;持续开展“青安杯”“双五小”活动,持续加强团干部理论学习,开展基层团组织建设及整顿工作。

(张增贵)

港务原料总厂

【主要技术经济指标】 自备码头卸船量1068万吨,同比提升43万吨;陆运卸车量105万吨;生产混匀矿1549万吨,同比提升33万吨;外供总量5285万吨,同比提升213万吨。烘干筛分块矿外供286万吨,同比增加30万吨。除尘灰回收量21.6万吨,较2019年增加2.2万吨。混匀矿一级品率100%。全年设备可开动率99.35%,设备事故故障停机率0.13‰。

【安全生产】 全面承接宝武安全管理模式,强化体系融合,推进安全管理智慧化建设,落实"安全整治年"各项举措,通过安全生产专项整治行动、"安全生产月"、"119消防宣传月"等活动,不断夯实安全管理基础,确保安全工作的稳定顺行。疫情防控期间,落实复产复工安全生产和疫情防控主体责任,切实保障疫情防控期间安全生产工作。总厂克服料场智能化改造工程建设、疫情等因素对生产的多重影响,创新受料渠道,应对疫情和汛期来船节点不稳、原料供应不足等困难,优化生产组织,确保精确操作和最优流程,积极配合工程建设,做好生产组织应对,针对北区、南区小料场逐步退出生产序列的状况,优化料场配置,同时,新建的大型移动机远程智能化操控系统,提升了总厂应对新形势新工艺的操作和调度能力,提高了生产管控水平,系统保产保供稳定高效。

【工程建设】 2020年,料场重大项目不断增量扩容,根据马钢融入宝武后,推出产品产线(2020—2022年)规划,总厂项目部于6月2日升级为马钢港务原料总厂技术升级改造工程项目部。新增"北区填平补齐"、2号E型焦煤筒仓、混匀系统与外供系统改造、码头能力提升及环保智能化改造项目,同步实施A、B烧结机大修和陆续增加的环保"三治"项目工程。项目部克服疫情影响,做好工程规划调整,围绕"工期、质量、安全、投资、环保、廉政"六大目标,全力打造优质、环保、精品、安全、廉洁工程。马钢原料场环保升级及智能化项目大部分项目已经完工,其他项目正与各标段同步推进。项目部按照《工程质量控制管理办法》,建立健全质量控制体系,确保工程质量,加强施工协调与安全监管,协调处理好生产与工程建设的关系,及时调整生产组织满足施工节点要求,确保了工程按节点顺利推进。

【环保工作】 根据股份公司《2019年长江大保护警示片披露问题》对涉及我厂的突出环境问题任务进行分解,层层落实。积极梳理我厂"三治"项目,查漏补缺,并成立项目部,按步骤实施推进。长江大保护警示片披露问题涉及总厂的突出环境问题均得到妥善解决。针对3号高炉矿槽未密闭问题,新建了一座除尘设施已投入运行,排放稳定达标;初期雨水收集系统完工;料场区域结合生产工艺情况对料堆最大化苫盖;新建南北两侧挡墙,对料场进行封闭围挡,取料机、皮带运输机上料、出料部分已采用防尘防雨罩封闭。汽运卸料点防尘隔墙已完成,皮带通廊封闭及干雾抑尘装置完工。通过全力整治突出环境问题,提升了现场环境绩效。

【企业管理】 对照中国宝武四化(洁化、绿化、美化、文化)的环保工作方法,逐步整治现场环境,对照中国宝武"四个一律"原则,对总厂四个一律指数进行测评,组织参加马钢股份《绿色城市钢厂指标体系及智慧制造"四个一律"指数》宣贯,全面梳理总厂智慧制造"四个一律"指数情况,每季度根据生产现场变化情况对总厂的"四个一律"指数进行定量化评价。落实公司基层管理变革要求,对总厂机构设置进行调整,机构优化为综合管理室(党群工作部)、生产技术室(安全管理室)、设备管理室(能源环保室)3个管理机构,港料项目组1个临时机构及港口分厂、原料分厂、供料一分厂、供料二分厂4个分厂。落实公司人力资源优化的方案,稳步推进人力资源优化工作,对政策性文件宣传到位。结合公司培训指标,举办各类适应性培训。

【技术进步】 混匀一系统外供混匀矿46堆,混匀二系统外供混匀矿40堆,合格率均达100%,居于行业领先水平。完成了《胶带机火灾预防技术攻关》《冶金尘泥生产工艺改进技术攻关》项目结题,推进实施《料场环保智能化改造2C建设期间的混匀矿保质保产技术攻关》,申报了《无人值守大型移动机械设备异常在线智能监测与诊断》《电机群运行状态监测及综合运行效率评价系统研发》《低压配电系统电能质量监测与综合治理》三项技术攻关项目;积极开展专利的收集和申报工作,授权专利5项,新申报专利5项,其中发明专利2项。

【党群工作】 开展学习贯彻党的十九届四中、五中全会精神宣讲,深入学习贯彻习近平总书记考察调研中国宝武马钢集团重要讲话精神,开展"四史"学习教育等活动。各党支部成立党员突击队积极投身疫情防控工作,开展党员自愿捐款,全厂党员捐款44960元。深入实施“互联网+党建”工程,打造“智慧党建”,探索新时代党建工作信息化、智能化方式方法,并深度融合总厂中心工作。加强对意识形态阵地的管理,切实维护网络意识形态安全,健全了网上舆情监测预警、分析研判和应急处置机制,做好“两会”期间的维稳工作。继续开展党员“一带一”“党建+(生产、安全、环保)”特色活动。积极宣传形势任务和典型人物,进行了“最美马钢人”等评选活动。纪检工作着力拓宽监督渠道,畅通信息来源,在工程建设、环境整治、纠正“四风”等环节切实履行监督监察职能。工会组织全面落实《马钢集团公司推进新时代产业工人队伍建设改革行动方案》,积极开展群众性经济技术创新、合理化建议、技术比武等活动。团的工作围绕总厂中心工作,动员和激发青年职工的担当和主人翁意识,引导青年积极投身新一轮建设。总厂党委荣获中国宝武先进基层党组织荣誉;总厂荣获安徽省第十二届文明单位,至此已蝉联七届安徽省文明单位。

(胡静波)

检测中心

【机构改革】 检测中心根据公司检验资源整合优化推进要求,7月,整体划出驾驶员岗位人员10人;9月,炼焦总厂检验人员54人及相关业务整体划拨至检测中心;10月,能控中心26人及相关业务整体划拨至检测中心,相关交接工作顺利有序。11月13日,马钢股份下发《关于马钢股份公司基层管理变革的决定》,对检测中心的管理机构、下设机构等进行调整,撤销分厂机构建制,实践“厂管作业区”管理模式,并相应调整下设机构。将党群工作室与综合管理室合并为综合管理室(党群工作部),将生产技术安全室(除信息化职责)、检验技术室、物资量管理室合并为生产检验技术室(安全管理室),按照“一个机构,两块牌子”的方式运作;将生产技术安全室信息化职责并入设备管理室。撤销质量督查室;撤销检化验一站、检化验二站、检化验三站、物理站、钢轧站、原料取样站、原料制样站、标准站、物量站、维检站分厂级机构建制。调整后,检测中心下设综合管理室(党群工作部)、生产检验技术室(安全管理室)、设备管理室3个管理机构和检测项目组1个临时机构,设17个作业区,分别是运维点检作业区、铁前原料作业区、钢后原料作业区、制样中心(管控)作业区、水运作业区、原料化学作业区、原料物性作业区、快分一作业区、快分二作业区、快分三作业区、成品检验一作业区、成品检验二作业区、成品检验三作业区、成品检验四作业区、钢轧综判作业区、物量作业区、校准作业区。

【智慧检测建设】 一是建成原料“取制检”全自动检测线,实现了三铁烧结矿从取制样到分析的一体化自动化检测。二是智能化制样中心已进入设备安装阶段,该制样中心将除水运物料外的公司所有外购物料制样工序集中管理,制样和物理指标测定智能化、备样智能存储,通过风动装置快速送达分析,实现试样流、信息流的全程无人干预,智能化水平全国领先。三是江边水运智能化检测项目,结合公司物流、环保改造规划,开展水运进口矿、熔剂、工序产品混匀矿以及铁运煤炭等原燃辅料自动检测项目建设,已完成工艺设备的招标和部分厂房建设。四是建成马钢首台套炼钢炉台快速分析自动线,初步实现炉台钢样无人化分析,实验室各项参数远程控制。五是完成检化验信息系统的开发,升级原辅料智能信息化系统,实现原辅料条形码管理、在线异常信息管控,保障检测工作的科学公正。六是对物理检验全流程进行升级改造,新建汽车板粗糙度自动化检测项目,完成低倍酸洗新系统、硅钢自动线硬度检测的升级改造,建成全自动冲击加工中心、特钢试样热处理项目等。通过对物理检验的一系列的优化改造,马钢成品物料检验水平达到国内一流行列。

【生产检测】 原燃辅料方面,一是加强异常数据预警管理工作,共发出预警46批,预警机制实施率100%,及时向生产厂提供预警质量异常来料信息。二是强化检验时限和检验加急管理,承接加急检验任务53批,检验效率平均提升168.44%,对生产急需品种及时提供数据指导生产,有效缓解铁前、钢后生产用料紧张等问题。三是开展原辅料检验规范操作专项整治工作,强化岗位工艺纪律检查,跟踪检验过程50批次,抽查样品80批次。四是推进工序产品和进口矿检测流程的优化整合,充分发挥烧结矿自动分析系统作用,全面提高烧结矿检测作业效率,工序制样进一步集中。五是做好公司铁前工序产品、高炉稳定顺行的保障工作,采取抽样备样验证、不同检测点数据比对、上下工序产品数据关联性分析等多种措施,保障铁前工序产品检测工作质量。六是开展汛期进口矿检验保供,加强信息管控,优化检测组批,增加送样频次,保证进口矿检测数据及时准确。汛期进口矿加急检验耗时由原来的48小时缩减至12小时。2020年外购原燃辅料共检验15442批1742.99万吨(不含进口铁矿),质量扣减款2892.75万元,同比增加1019万元。理化检验方面,积极协调应对理化检验新需求,进一步加强检测能力建设。新具备ϕ600mm以上低倍样品和Z向拉伸试样加工能力,形成MPQT管线钢、2Cr13、BT45Cr9Si3等新钢种的检测能力,新增锌铝镁液及镀层、碱液中铁和油等检测能力;开展"我为智慧制造献一计,我为智慧制造立一功"活动,新建薄板全自动加工和冷轧工序溶液浓度的自动检测两个理化检验项目,着手进行实验室升级改造建设;检测质量控制活动覆盖所有技术能力;制定智慧制造三年行动计划。2020年质量异议总起数较2019年下降30%;生产检验、计划外检验、科研检验收费合计2.3亿元,超年初概算7%。钢轧综判方面,通过加强基础管理,提升质量体系运行的有效性。坚持岗位练兵,开展技术改进及运行改善,提高业务能力;做好特钢连铸矩形坯新生产线上线、长材事业部重型H型钢投产的判钢工作;完善驻外贴牌管理办法,支撑公司扩大贴牌生产量。2020年长材和特钢钢坯检验合格量499.15万吨,长材和特钢钢材检验合格量576.65万吨;全年贴牌量28.2万吨,创效846万元。物资计量方面,开展三级审核工作,本年度物资计量过磅率、物资计量数据准确率均为100%;按时完成商贸秤强检,确保标准器具受检率100%;所辖汽车衡、轨道衡以及公司强检类商贸秤均保证在有效期内;加快推进"马钢股份整合融合信息化项目——计量系统"建设,与宝信及公司相关单位交流计量系统与相关系统的接口分工界面;及时做好计量异议的现场处置。2020年,全年计量净重12616万吨(含水运5331万吨);股份公司内部计量转账收费5718万元,非股份公司外部转账收费50万,磅点现金收入21万元。

【企业管理】 体系管理方面,实验室认可体系顺利通过实验室认可复评审,获得12个技术能力的扩项,新增2名授权签字人。开展两次实验室内审,修订程序文件3个、管理制度1个,新标准技术验证47项。全年共参加13项能力验证活动,30个参数获满意结果。质量体系接受体系认证、产品认证、二方审核等24次,开展2次自我评价,每月坚持工艺纪律检查;新制订体系文件1个、修订6个;推进25项QC活动,在全国QC小组故事演讲比赛中,中心QC故事获吉林赛区二等奖。测量体系重新梳理测量设备管理台账,确保实物、台账、证书一一对应;完成全年测量设备1727台溯源计划;通过了体系认证中心(安徽分中心)的测量管理体系年度监督审核、CNAS复评审,均无不合格项。能环体系建立废弃物的处置渠道,完成13台荧光光谱仪中的11台辐射豁免。安全管理方面,通过相关安全知识、消防知识、危险源辨识和职业卫生教育培训,提高职工安全素质;推进安全整治年各项工作,开展危险化学品专项整治,进一步规范危化品精益管理;防控各类安全隐患,检查发现并整改隐患170余条;推进安全生产标准化建设,开展以"反违章、查隐患、找差距、促提升"为主题的"安全1000"作业区(班组)创建专项劳动竞赛活动;完善消防设施设备管理,加大室内外消火栓测压频次;加强外来人员安全管理,确保现场施工安全。技术创新方面,2020年在研公司科研项目4个,中心技术攻关立项18个;申请12项专利(其中发明专利3项),授权3项;有11篇论文申请公开发表;每季度开展岗位技术创新评审,74个岗位技术创新成果获奖。技术标准化工作扎实推进,完成3项行业标准的编制,主持制订修订的8项企业标准已发布实施。人力资源管理方面,着力提升人事效率,提前完成全年净优化159人的优化指标;注重绩效引导和激励作用,根据实验室升级达标竞赛结果有针对性地挂钩考核。开展"宝武微学院"等网上培训53个项目12708人次,积极开展新型导师带徒培训工作。精益工厂创建方面,坚持开展6S自我改善活动和精益现场检查,自查整改2967项;开展消耗类物资管理专项改善工作,规范危化品的使用和安全要求,加强检化验各类气瓶的管理;结合疫情防控开展爱国卫生活动及"病媒生物防制和周末大扫除"活动,积极做好"四室"管理,为职工营造良好的工作休息环境。

【党群工作】 宣传贯彻习近平总书记考察调研中国宝武马钢集团重要讲话精神,召开2020年中心党委工作会议,开展年度支部书记述职评议。推进宝武党建云支部全覆盖,坚持支部书记向分管领导季度报告工作制度,加强节日期间执纪监督,拍摄廉洁公益广告片《shou的选择》获得公司精品奖。成功承办第二届中国宝武职工技能大赛(物理性能检验工)马钢选拔赛;组织"智慧制造生产力水平提升""融合创新协同共建高质量钢铁生态圈""对标找差创一流,巾帼岗位展风采"等劳动竞赛。以巾帼创新工作室等9个创新工作室为依托,搭建技术攻关创新和高技能人才培养基地,检化验一站获市级"巾帼文明岗"称号。对每位职工发放生日礼物,春节期间为122名困难职工发放送温暖慰问金,上门慰问5名公司级困难职工。针对中心女职工多的特点,为中心女职工购买了 271 份女职工特殊疾病保险,“三八节”期间举办以女职工抗击疫情为主题的美篇大赛、读书活动,评比表彰了 40 名先进女工;母亲节期间开展“时光和你都很美”老照片展。举办“五一”年度先进集体和先进个人评选表彰活动;开展“七一”党内各类先进的表彰、党员安全“两无”活动评优工作。评选中心“最美奋斗者”13 名;开展“岗位进步之星”评比、青安杯创建工作,1 个青安岗活动获评公司“生产安全月”优秀案例,检化验一站青年工作组获评马鞍山市“青年文明号”标兵。参加“钢铁荣耀·铸梦百年”宁马片区职工文艺调演,获声乐专场二等奖。

(杨 彬)

能源管控中心

【主要技术经济指标】 2020 年,能源管控中心主要产品产量:完成供电量 87.42 亿千瓦时,自发电 1197.6 万千瓦时;供应工业原水 1.567 亿吨、工业净水 0.927 亿吨、循环水 1.052 亿吨、生活水 0.207 亿吨、软化水 1801.6 千吨;年产冷风 159.64 亿立方米、压缩空气 29.67 亿立方米;供应蒸汽 878.92 万吉焦;加工输送高炉、焦炉、转炉煤气 1.26 亿吉焦,氢气 0.14 亿立方米;供应氧气 14.15 亿立方米,氮气 18.96 亿立方米,氩气 0.42 亿立方米。吨钢综合能耗 565.33 千克标煤/吨。

【安全保供】 制定科学的经济运行举措,分析介质成本构成要素,梳理了 36 项关键参数,层层落实。开展日通报、月分析评价工作,加强生产及检修信息的对接与沟通,加强介质用能特点分析,满足不同用户用能需求,实现产线与检修组合最优化、介质平衡调控最优化。坚持工艺纪律检查,规范操作行为,确保能源介质保供实现生产稳定、安全顺行。全年操作无事故,其中电力系统操作次数 19259 次,日常动火 1044 次,停送气作业 177 次,抽堵盲板 994 块。全年风机无事故。主要技术经济指标达标率 75.12%(计划 60%),刷新率 12.73%(计划 10%)。五项能源指标对标中,进步项数 2 项,进步率 40%;达标项数 3 项,达标率 60%。

【降本增效】 加强成本管控,推进能源精益管理。坚持月度变动成本和经济技术指标测算及分析,开展主要工序、重点产线能耗对标。深化节能降耗措施,大力推进十一号空压站干燥机无损化、制氧新增氮压机等一批节能改造项目。1—12 月计划每月降本 836 万元,实际每月降本 962.47 万元,超年度降本增效目标指标 1517.64 万元。吨钢能源加工成本 160.18 元/吨钢(计划 161.42 元/吨钢)。气体产品市场开拓成绩斐然,截止到 12 月 24 日气体外销实现税后销售收入 8708.9 万元,其中医用氧销售首次突破 15000 吨,实现销售额 1484.34 万元,提前完成医用氧销售超 15000 万吨的目标。另外签订各类技术输出合同 98 项,合同总费用 250 万元。

【设备保障】 夯实设备基础管理,深化全面规范化生产维护(TnPM)设备维护,推进重点产线设备生命周期管理,10 个重点房所设备综合效率指标稳中有升。推进设备系统信息化,完成马钢设备管理系统近 20 万条基准数据库、状态管理、物资管理等模块的数据采集与编制。加强点检员队伍建设,组织开展点检员技能竞赛活动,从 181 名参赛职工中选拔出 20 余名优胜点检员。持续推进设备重点隐患整治工作,着力实施能源系统的消缺升级改造,完成北区空压机及干燥机设备性能下降等 20 项重点隐患整治及 20 吨锅炉房等 4 个拆除项目。采用 3D 构筑完桁架模型等新技术成功消除新老区联通管以及桁架重大隐患。全年设备可开动率 100%,主要生产设备功能精度 100%。常规计划检修 3872 项,完成 3660 项,完成率 94.5%。全年公司通报设备事故 2 起,同比 2019 年降低 70%,保持了逐年递减趋势。

【安全管理】 将新安全理念融入日常的监管及考核之中,落实对“两票三制”安全措施日常监督,习惯性违章总量由 2019 年的 366 项降为 2020 年的 243 项。全年组织开展了危险化学品、煤气、有限空间等 10 项专项整治工作。排查出 191 项“硬件”隐患,基本做到整改销案。强化自主管理,持续组织开展“保绿牌,争金牌”安全生产竞赛工作。顺利完成危险化学品安全生产许可证注册登记和换证工作。全年工亡、重伤、轻伤、属地事故为零。在公司进行的安全绩效评价中,二季度获得第一名,三季度名列前茅。51 号集控站获得公司上半年安全建设评比第一名,推荐的供电系统微视频安全短片获全市一等奖。

【重点工程建设】 2020 年全年在建技术改造项目 14 大基建工程,实施项目负责人制度,坚持项目例会制,实行层层把关,强化过程控制、确保项目质量和安全。南区新建燃气蒸汽联合循环发电机组公辅燃气、热力及电力配套工程,4 号高炉备用风机技改项目,六汾河废水处理站深度处理工程,南区雨污分流及排扣优化工程等等项目建设按计划节点扎实推进,为公司生产建设转型升级、提质增效提供强有力的能源保障。

【智慧能源建设】　遵照“四个一律”原则,以“三流一态”理念为导向,实现马钢能源管理的集中化、一体化、综合化、精细化和智慧化。完成北区马钢设备管理系统整体升级改造,公司安全项目道路沿线煤气管廊一氧化碳(CO)报警监测进入工程实施阶段。北区制氢站、三气柜无人值守改造完成,实现了燃气系统站所全部无人化改造。氧气危化品平台完成氧气系统生产主要数据和画面实时上传省危化品监管平台。深入推进能源管理信息化,开展了项目功能需求分析及动力介质三、四级计量需求调研等基础性工作。7—8月,分别完成公司能源管理信息化项目功能需求规格书的编制内审、预审及公司评审。新建集生产厂区环境监视、污染物排放、环保设施运作状态、环保综合业务管理等于一体的环保管理系统,实现重点工序环保管理从末端治理向过程管控转变,提升了处理环保事件的快速响应能力。完成物料代码清单、库区代码清单和资源物流清单整理和编码编制工作,进入程序编制阶段。

【深化改革】　贯彻宝武专业化整合发展战略,深化整合融合,提升人事效率。对标先进企业,分析人力资源管理差距,不断优化机构设置。在6月公司机关机构调整中,对标宝钢股份,能环部环保管理室与综合利用室合并为环保技术室,下设4个组协同开展环保管理工作。积极落实宝武关于水、气等业务专业化整合的指示精神,完成划拨宝武水务249人,划拨汽运公司在岗7人,划拨检测中心在岗27人。积极宣贯股份公司离岗政策,截至12月底办理在岗员工离岗77人,超额完成公司下达的优化指标,完成人事效率提升目标。根据宝武“四个统一”总体思想,梳理对标管理体系标准,编制了《能环部(能控中心)2020年综合管理体系工作计划》,梳理评审现有179个文件,覆盖面达到100%,对93个体系标准文件进行了修订。坚持开展体系运行自我评价,开展率100%,问题整改闭环率100%。

【党群工作】　以学习贯彻党的十九届四中全会精神和习近平总书记考察调研中国宝武马钢集团重要讲话精神为统领,切实加强党建工作。坚持开展主题教育,建立“不忘初心、牢记使命”长效机制。加强“三基建设”,贯彻落实基层党组织工作条例。持续加强基层党建标准化,修订完善党群类标准、制度52个。以党建云系统为抓手,规范基层党支部基础工作。积极开展党员学习教育活动,共计开展主题党日活动40次,讲党课11次。深入开展“一支部一品牌”创建工作,充分发挥党支部战斗堡垒和党员先锋模范作用,在疫情期间成立党员突击队,539名党员自愿捐款支持疫情防控,捐款额59200元。强化意识形态工作,坚持正面舆论引导,一批重点稿件在《中国冶金报》、中国冶金新闻网及《马钢日报》头版头条上登载,被评为2019年度公司宣传报道先进单位。严格按照从严治党决策部署,推动“一岗双责”责任落实。坚持党委前置、民主决策。加强作风建设,强化业务监控,规范权力运作。积极组织开展廉政公益广告作品征集工作,获得公司纪委评定“推荐精品一部”及优秀组织单位奖。推动职工创新创效工作,征集“献一计”合理化建议1169条;9条操作法命名为中心先进操作法,袁军芳创新工作室获2020年全国机械冶金建材行业示范性创新工作室。“创新故障切除方式、提高连续供电能力”项目获全国钢铁行业职工技术创新成果奖。组织开展了“同舟共济战新冠　争分夺秒创效益”等专项竞赛。选拔出8名职工推荐参加宝武“金牛奖”“银牛奖”等评选活动。开展女职工提素建功行动,促进职工家庭文化建设,质检站制氧化验室获得马鞍山市“巾帼文明岗”称号,中心工会女职委被评为公司“女工工作先进单位”。

(程伟春)

热电总厂

【主要技术经济指标】　2020年,热电总厂累计发电42.51亿千瓦时,完成全年计划值的101.69%,完成全年目标值的100.73%;实际万度电降本300.57元,完成全年计划值的100.19%,圆满完成公司下达的生产经营任务。南区和北区11号、12号、13号机组发电标煤耗分别为399.13克/千瓦时、289.59克/千瓦时、318.54克/千瓦时、390.24克/千瓦时。南区、北区厂用电率分别为9.33%、5.89%。

【安全管理】　推进本质安全型企业建设,牢固树立“安全1000”理念。以“管业务必须管安全”为原则,推进节能减排燃气蒸汽联合循环发电机组综合利用发电工程、南区煤场封闭改造、南北区脱硫废水治理等重点项目安全“三同时”,落实检修及工程现场安全评审监督。全面提升应急管理体系水平,编制发布《热电总厂应急准备与响应管理办法》,开展生产制粉系统爆炸应急演练、煤气中毒应急演练等多项工作。在公司两项消防技能竞赛中,总厂获得一项竞赛第一。强化外来单位安全管理,深入推进反习惯性违章督查,共办理外来人员安全协议130余份。开展煤气和消防安全检查,对危险区域进行辨识,完成南区煤气区域门岗移位整改工作,购置消防重点部位微型消防站3台,消防及煤气安全隐患及时整改。

【疫情防控】 开展新冠疫情严防严控工作。成立总厂疫情防控领导小组,先后发布总厂《复工后严防严控工作方案》《外来单位人员疫情防控工作方案》,明确各项防控机制。根据公司有关要求,严格落实居家办公、疫情防控报送、复产复工严防严控等一系列防范措施。全力保障防疫物资,累计发放口罩2.8万副、消毒液350升、湿纸巾600包、酒精143升、测温仪器28支、各类宣传画册100余幅。完成了多次疫情信息摸排报送,及时安排风险人员居家隔离,有序推进新冠疫情常态化防控,无防控风险事件发生。在协助外部抗疫方面,总厂党员志愿者两次肩负起护送马鞍山市援鄂血液近6万毫升运送任务。

【设备保障】 全年设备运行指标明显优于2019年同期。对标宝武设备管理体系,完成了设备信息采集编制信息化工作。先后完成点检管理、检修管理、计量管理及特种设备等相关模块信息采集工作。优化设备检修模型,完成2021年主设备年度检修模型及5年滚动检修模型。“逢停必检”保设备、抢修及时保产能,设备检修能力提升。加大设备隐患预防和处置投入,顺利完成2号炉及2号机大修,4号机、11号机组大修等工作。加强检修工程管理,完成外委工程计划申报与合同签订工作,日常外委计划106项,大修、专项等外委计划75项,协力维保16项。

【生产管理】 克服疫情期间物流阻隔等影响,实行“弹性组产”模式。提升调度管理能力,加强信息内外部协调,优化资源分配使用,无缝衔接安排消缺及检修工作。加强能源管理,细化能源指标,优化运行方式,完成了全年既定目标。强化“两票三制”管理,定期开展工艺纪律检查,严格落实整改,基础管理水平进一步提高。重新修订了部分节能运行专业考核内容,完成经济技术指标达标率和刷新率的目标。完善运行管理,新增了4项能源经济运行考核内容。执行合同能源管理项目共计6个。完成2号机、2号炉大修后的热效率测试和4项技术改造提效工作,顺利完成能源计量体系外审。应对多变因素,加强组织调控,实现全年生产保供的持续稳定。

【精益现场】 全面提升精益6S管理水平,推进精益现场建设扎实开展。专项推进可视化管理、定置管理、仓库管理,重点开展现场可视化工作,完成南北区的生产现场的参观通道及路线划定,增设安全警示牌、参观引导标识等现场定置标牌。共开展自查问题1385个,整改完成率100%,红牌作战3次。摸排各样板区基础设施状况查,查出急需解决问题53项,督促整改解决。推进“四室”整治,营造共创氛围,精益创建通讯报道12篇,1篇发表于《马钢日报》。加强检修现场安全标准化管理,制定设备卫生“五定”管理,制定《关于工作时间手机使用的通知》,消除习惯性违章隐患。在公司组织的三次现场定置管理检查中均获得95分的成绩,综合排名片区第一名。

【环保工作】 积极贯彻宝武“两于一入”环保工作理念,建设“三治”类环保工程项目共计5项。顺利完成南北区脱硫废水处理项目建设,成功解决公司脱硫废水处理难题。全年实现环保监督常态化。开展“现场检查”和“三级巡查”,严格监督检修现场、相关方运营及环保建设项目施工,实现闭环管理。全年共下发各单位整改单6份,整改完成率100%。强化环境管控应急处置能力,应对2019年年末煤气炉环保指标特别限排要求,总厂通过技术攻关,临时增设喷氨设施协助公司解决难题。全面跟踪项目现场环境管控,共办理环保协议163份。加大固危废处置,严格控制污染物排放,全年污染物排放总量达标。

【新机组建设】 2020年年初,节能减排CCPP综合利用发电项目建设兼顾“疫情防控”与“复产复工”两手抓,利用网络会议与日方供应商建立联络通道,解决现场技术问题。先后完成项目基岛平台施工、马钢历史上超大件主设备线路排障入场等重要节点,进入设备全面安装阶段,预计2021年年初全面建成。项目建成后,将成为国内首台180兆瓦等级高炉煤气燃气蒸汽联合循环发电机组,明显提高总厂发电产量,为公司进一步实现煤气零放散,大幅提高自发电比例发挥显著经济、社会效益。

【党建工作】 深入学习贯彻习近平总书记考察调研马钢重要讲话精神。对接宝武党建系统,举办“宝武党建云系统操作”培训,全年共发展1名党员,预备党员转正8名。加强党风廉政建设,完成年度廉洁风险防控测试。共涉及岗位97个、人员150人,梳理风险点260个,制定防控措施266条。组织全厂160余人次参与长江恒兴北段447米江堤防汛工作,实现安全度汛。加强宣传报道,建成热电总厂宣传网站,编发稿件410余篇,2篇稿件被“友爱的宝武”录用,3篇稿件被《中国冶金报》相关版块采用。首获公司宣传工作先进单位,蝉联公司宣传报道先进单位。开展“我为企业‘对标找差创一流’献一计”活动,共征集总厂职工合理化建议633条。完成“金秋助学”奖励发放31人,累计金额13200元。总厂党委荣获宝武先进基层党组织荣誉,总厂获得安徽省第十二届文明单位称号。

(邹　超)

资源分公司

【主要技术经济指标】　2020年,资源分公司生产冶金石灰110万吨,回收处理固废220万吨,销售冶金固废产品765万吨(含高炉水渣),实现销售收入14.2亿元。全年设备开动率大于95%;重大人身伤害事故、重大生产事故、重大火灾事故、爆炸事故、重大交通事故、重大设备事故为零。

【石灰生产保供】　为有效应对疫情对原料保供的影响,制定石灰生产保供应急预案,动态调整生产平衡,开辟石灰原料供应新渠道,试用桃冲矿灰片,加强源头管控,总体保供有力。为稳定窑况、优化保供平衡和提升石灰质量,以用户为中心,实施“一厂一策”,建立“窑长制”,落实“水化残渣”每日检测制度,确保供生产厂石灰合格率达到99%。围绕石灰均衡保供,以用户需求为导向,结合煤气保障、库存条件及窑况,科学组织生产,优化资源配置,有效协调管控;持续推行石灰窑体检制度和预警机制,合理安排石灰窑大中修,实施经济组产模式。围绕石灰质量提升,制定专项行动方案,成立行动领导小组和推进工作组,建立窑长负责制和周例会制度,强化原料跟踪把关,狠抓过程分析管控,每周走访用户,根据用户评价意见及时改进。优化工艺结构,在保供前提下,根据安全质量成本及窑况,对部分工艺落后的焦炭窑实施保护性停产。全年长材区、四钢轧区、三铁区石灰质量同比均有较大提升。

【钢渣处理保产】　克服钢厂来罐来渣、热闷坑渗水、热泼线环保等一系列隐患和满负荷生产压力,通过精心组织,2020年全年共处理南区各钢厂钢渣3.3万罐、71.3万吨,最高日处理量达130罐、3200多吨。北区钢渣工程克服原选址、设计等先天缺陷,边改造边生产,特别是克服四钢轧大包破碎率低等突出困难,全年共处理钢渣约112万吨,其中脱硫渣12.3万吨,大中包铸余切割31.2万吨,返四钢轧各类重废16.5万吨,促进了四钢轧钢铁料消耗降低。

【鱼雷罐加废钢业务】　按照公司部署和要求,资源分公司承接了鱼雷罐加废钢业务。自8月7日接到公司指令后,会同公司有关部门立即开展业务选址、项目规划、工程施工、设备组织等工作。8月24日和8月31日,南区和北区鱼雷罐加废钢点分别建成投料。业务投运后,9月实现鱼雷罐加废钢8107吨,吨铁加入量6.65千克;10月加废钢9647吨,吨铁加入量7.83千克;11月加废钢4532吨,吨铁加入量3.75千克;12月加废钢1.29万吨,吨铁加入量10.2千克。在公司正常生产运营情况下,可实现公司铁钢比吨钢下降10千克以上。

【自循环废钢加工业务】　长材北区改造成自循环废钢一期加工基地后,对各单位产生的废钢进行集中加工切割供料,确保公司废钢资源不流失、再利用。2020年,自循环废钢一期加工基地共加工并返钢厂各类废钢7.28万吨。公司全年自产废钢量约50万吨,自循环废钢二期加工基地建成后将可全部消化处理。该项目可行性研究和设计已基本完成,但因没有场地的问题而无法施工建设。目前公司一部分自产废钢委托欧冶链金加工,一部分仍在各钢厂加工。

【转底炉生产】　从5月1日起,承接炼铁总厂转底炉业务,加大投入改造,全力推进设备消缺、隐患整改和智慧制造,共实施改造项目20多项,现场解决问题50多个,极大提升了设备性能,改善了作业环境,安全环保基本可控。转底炉全年共处理瓦斯灰3.2万吨、除尘灰9.2万吨、电炉灰2545吨,共生产金属化球团4.9万吨、粗锌粉990吨。

【回收保产】　按照股份公司要求和各生产厂保产需要,做好公司日常性生产保产回收和各项大中修、技术改造及临时性保产项目中的固废回收,回收品种主要包括股份公司工业垃圾、铁前干渣、瓦斯泥、污泥水、废旧耐火材料、大中修固废等。全年共回收各类物料70万吨。

【危废处置】　共承担公司电炉灰、酸碱污泥、废脱硫剂、含铬污泥、滤饼、乳化液、小危废桶废油桶等22个危废品种的协调处置工作,全年共协调处置公司各类危废5.4万吨。一方面,配合能环部等部门,积极推进公司内部消化处置,开展了酸碱污泥、电炉灰等使用试验,全年内部处置2.2万吨;另一方面,依法合规抓好危废外委处置,2020年与8家具备合法资质的企业签订了危废处置合同,涉及16个危废品种,全年外委处置3.2万吨。

【产品销售】 疫情期间,调整销售策略,与终端客户签订长期协议,采取续标、独家议标等方式,加大销售出库力度,并把疫情对销售单价的影响降到最低。扩大销售渠道,通过欧冶电商平台,实现含杂氧化铁皮、精锌粉、含锌除尘灰、转底炉球团、氧化铁红等品种线上销售。

【工序外委】 为协助公司保产,资源分公司承担了公司各二级单位加工序委托、加工承揽合同的签订管理,全年共签订合同项目35项,涉及金额1.5亿元。合同履行规范高效,未发生一起纠纷。在集团公司和股份公司人力资源部的支持下,妥善处理了利民钢渣保产历史遗留问题,优化提升了保产工作,从事保产人数从原来的783人降至717人。适应业务整合需要,石灰业务外委合同全部转至马钢矿业。

【安全生产】 坚持"安全第一、预防为主、综合治理"的方针,抓好本质安全。按照体系管理需要,建立了内部员工安全管理档案和外部协力管理台账。树立"违章就是犯罪"理念,建立了全员反习惯性违章排查整改长效机制,组织开展了"反违章、查隐患、找差距、促提升"活动和"推进3D智慧制造、创建安全1000作业区"专项竞赛,扎实开展了危险化学品使用、特种设备、有(受)限空间、煤气系统等安全专项整治,贯彻"六个是否"抓好工程安全管理。积极筹备宝武环科安全管理现场会,认真学习借鉴先进单位安全管理经验。

【环保工作】 建立全方位全过程严防严控机制,纵深推进。按照中国宝武"三治四化"和"绿色发展·智慧制造"要求,策划了一批工作方案和项目,圆满完成涉及长江大保护、"三治"突出环境问题11个大项23个小项问题的整改销号任务。抓好新固废法宣贯落实,加强客户环保管控,提高客户环保准入门槛,在销售合同中增加针对性的环保约束条款,严格执行固废跨省转移申报制度。6月2日成功承办首次马钢厂区环境"公众开放日"活动。

【固废不出厂和产业化工作】 会同马钢股份和宝武环科,完成"固废不出厂"三年行动计划,开展了固(危)废取制样检测、客户端现场调研、公司内部固(危)全生命周期管理等工作。加快推进固废产品化,实现高炉水渣、转底炉球团、氧化铁红、粗锌粉、部分钢渣品种等按国家或行业标准产品化销售,完成《还原铁粉用氧化铁皮》《马钢用后废耐材》两项企业标准拟定。积极推进综合利用产业化,以新特钢转炉钢渣处理、马钢南区钢渣处理综合利用升级改造、PC铁质校正料、含铁尘泥粗颗粒压球等项目为支撑的固废综合利用产业园处于紧张谋划和设计中,选址工作正在开展。为实现危废不出厂,高起点高标准设计了危废储存库及其综合利用项目。

【整合融合】 根据聚焦融合方案和计划安排,完成内部业务、资产和人员梳理切分等前期工作。5月1日起,划入转底炉业务,与炼铁总厂共同管理。6月1日起,马钢股份和宝武环科对资源分公司共同管理。9月11日,环科马鞍山公司注册成立;9月18日,马钢股份同宝武环科签订补充协议,马钢股份委托宝武环科对资源分公司业务及人员进行管理(职工劳动合同仍在马钢股份)。与此同时,石灰业务整合提速前进,业务及相关人员于12月1日起转至宝钢资源马钢矿业。

【工程建设】 重点围绕安全生产、突出环境问题整改销号、石灰系统环境提标、"三治四化"、智慧制造、综合利用产业化等目标,全年立项和推进技改工程50多项,挂牌作战,明确目标,责任到人。截至12月底,绝大部分都已完工,新增规划项目正在会同设计院进行优化。马钢北区钢渣处理综合利用工程顺利通过股份公司审计并完成整改。此外,积极申报国补扶持项目,会同市发改委及相关单位完成《马鞍山市大宗固体废弃物综合利用基地建设实施方案》修订。

【体系和品牌建设】 对质量、环境、职业健康安全、能源五大体系的管理和技术标准进行了全面梳理优化,新增和修订管理标准28项、技术标准6项。组织开展了管理体系运行自我评价,举办了管理体系基础及审核知识培训,完成股份公司内部审核。完成品牌专员岗位工作标准编制,制定了年度品牌建设工作计划并切实落地,资源分公司固废处理、危废处置、循环水等业务品牌受到行业内高度评价。

【技术创新】 围绕固危废协同处置、技术工艺改进、智慧制造、技改新建项目设计优化等,立项实施11个科技创新项目,全年完成创新效益1000万元。加强科研和技术协同,与技术中心等单位联合申报5项科研与技术攻关项目,其中1项通过科技管理部验收。全年向股份公司申报4项专利,通过马钢知识产权管理系统提交2项"发明+实用新型"专利申请,向国家知识产权局申请2项发明专利和1项实用新型专利,其中2项专利通过国家知识产权局实质性审查。积极参与相关行业标准编制,1项标准由国家工信部发布备案,1项标准通过全国钢标准化技术委员会评审。

【人力资源优化】 聚焦专业化整合融合,完成固废资源综合利用业务和石灰业务人员的梳理切分工作。按照马钢股份转底炉业务共同管理实施方案,完成转底炉业务人员成建制划转工作。认真宣贯股份公司新一轮离岗策划,并严格抓好执行落实,全年办理离岗25人。积极推进智慧制造,实施了炼铁总厂和四钢轧总厂石灰作业区操控集中、远程监控,由此优化岗位人员8人;对石灰一分厂操控室移地远程监控。开展轮岗交流,推行AB岗制度和一岗多能,全年岗位交流16人次,涉及业务职能调整25项。针对废钢切割加工、鱼雷罐加废钢等新增业务,通过劳务替代和内部分流,实现业务增而人员不增。

【党建工作】 深入学习贯彻习近平新时代中国特色社会主义思想,巩固提升"不忘初心、牢记使命"主题教育成果。深入学习贯彻国有企业基层党组织工作条例,积极策划特色活动。组织开展了"共抓大保护·党员齐行动"主题党日活动。组织全体党员开展了"绿色渣山行"主题教育活动。为深入学习贯彻习近平总书记考察调研中国宝武马钢集团重要讲话精神,组织开展了"跟着总书记看马钢"主题党日活动。

(周功烈)

仓配公司

【主要技术经济指标】 2020年,仓配公司完成各类炉料出入库总量2237.33万吨,物资出入库总金额71.97亿元,废旧物资回收销售总金额1.09亿元,外部经营收入42.25万元。实现全年炉料、物资保供安全运行无事故。

【炉料保供】 在铁前生产保供中,年初受疫情影响,原燃料采购困难,物流不便,造成各类原燃料库存紧张,积极与公司相关部门沟通协调用料计划,保障了各类炉料的生产供应。针对6月、7月较长汛期,铁运进料受阻,码头无法靠船,改用水转汽倒运,做好低库存预警,保证了厂矿生产平稳。重点完成了焦炉限产后的焦炭增卸任务、高炉放产后的进口块矿保供。对原燃料采购到厂业务流程进行梳理,做好产销一体化物流、信息、决策等项目系统的梳理讨论工作。在钢后生产保供中,针对钢厂用料计划变化问题和部分外购炉料节假日到货收料问题,加强与钢厂、采购部门的走访沟通协调工作,在时间和信息传递上规范统一流程,满足生产需求。在合金库异地搬迁前后,提前做好各项协调工作,联系钢厂提前领用当月计划以减少倒运量;联系采购中心合理安排进料时间。做好了新老合金库同时出料的协调工作,顺利完成了新老库的移库工作。8月10日,合金库正式启用新库。

【物资保供】 在材料供应中,加强对月末仓库代保管物资的标识管理,重点要求账、物、卡相符,做到全面覆盖,发现问题现场提出整改要求。做好合钢板材物资计划和协调工作,按时完成配送库房材料、钢材、油脂。在与宝武整合融合过程中,积极参与各项对接工作,及时提供各类数据,特别在股份公司出资工业品公司资产的复盘过程中,积极配合有效地完成了阶段性工作。在备件供应中,严格执行公司各项备件出入库管理规定,优化业务流程和库区设置,持续做好无库存备件、协议制总包备件的入库验收管理,加强零库存及零库存转协议制备件的过程控制。全面对接宝武采购、仓储流程,开启备件采购进入欧冶云商第一单,通过主动对接采购各管理单元,时刻关注管理流程变化,多方协调配送过程中的问题,顺利完成了电脑的接收、入库、发放工作。

【综合回收】 紧跟公司各项改造、大修项目步伐,始终把服务生产一线,及时处置现场物资回收工作放在首位,绝不影响现场工程、大修进度。同时紧盯和研判市场,重点关注有色金属、废钢市场行情变化,争取在行情高位时多销售,提升销售业绩。不断挖掘市场信息,6月中旬,当获悉江苏某企业对废橡胶类皮带条、橡胶垫等有需求,而此类废旧物资生产厂积压多年卖不掉时,及时上报股份公司主管部门,并协助进行销售,共处置废皮带条、废橡胶垫247.26吨,获得销售收入4.24万元。

【安全管理】 修订完善职业健康安全管理体系各类文件,完成职业健康安全体系换版和新体系内审迎检工作。切实加强疫情防控期间安全生产工作,开展复工复产教育培训和安全检查。贯彻"违章就是犯罪"理念,强化现场安全管控,组建现场监管小组,执行"旁站式"安全监管,确保了合金辅料站异地搬迁等工程项目现场安全管控。编制发布了《仓配公司习惯性违章手册》,该手册汇集习惯性违章五大类150项。积极开展"安全生产月"活动,在安全展板竞赛中荣获股份公司三等奖,选送的安全论文、安全微视频在“马鞍山市2020年安全生产主题活动”中分别荣获三等奖。

【设备管理】 设备运行维护、保障顺应生产所需,把有限的资金用在实处,如更换焦炭库通廊走道板、安全防护栏,起重设备大中修,安装叉车空调等。加强协力队伍管理,推行公开透明分层管理,让全员参与设备管理,极大地提高了设备维护效率。根据马钢“绿色发展·智慧制造”项目建设需要,新合金库还建项目历时3个月,顺利按公司节点完成还建及原合金库拆除工作。对标宝钢设备管理模式,成立信息化领导小组,完成仓配公司全部生产性12位设备编码、非常性6位固定资产码的编写工作以及仓配公司中国宝武采购供应链系统采购码C码的转换工作。

【科技创新】 积极开展专利申报工作,提报3项专利,超额完成股份公司下达的年度挑战值,完成科技创新效益592.8万元。策划仓配公司智慧制造三年规划项目,提报“备件中心6号库智能仓储项目”“配送中心智能仓储项目”“智能扫码系统项目”三个策划书。以提升仓储、保供质量管理为宗旨,锁定生产现场的实际问题,组织开展质量控制(QC)活动,有16项课题完成了预期目标并形成成果,涉及原燃料、物资的仓储、保供等方面。

【人力资源优化】 按规定时间节点,完成10名驾驶员整体划拨给汽运公司工作;根据股份公司协解政策,鼓励员工自主创业,同时遵循平等自愿、协商一致的原则,及时做好协解工作。全年协解劳动合同30人(其中在岗人员28人、不在岗人员2人),办理离岗休息2人,编外1人。

【专业化整合】 9月底,欧冶工业品股份有限公司成立,仓配公司被列入整合对象,除原料、焦炭外的合金、资材、备件等将成建制划入欧冶工业品。仓配公司积极配合欧冶工业品股份有限公司和马钢股份公司,提供相关人员及资产状况资料,通过多次开会研讨,力求设计出最合理的整合方案,同时负责拟定适用马钢的仓储物流服务合同。截止到12月底完成了马钢股份出资部分的资产交割手续。

【党群工作】 一是注重思想建设,强化理论武装。组织开展党的十九届四中全会精神集中宣讲、“四史”主题教育和深入学习贯彻习近平总书记考察调研马钢重要讲话精神,结合“加速整合融合,全面对标找差”以及“钢铁荣耀·铸梦百年”等活动开展形势任务教育。二是强化基层组织建设,提升党支部战斗力。严格落实党建工作责任制,把“三基建设”作为加强基层党建的重要抓手,开展基层联系点活动。全面推进党建云系统运用,以专题党课、党员主题演讲、参观红色教育基地等形式组织255名党员开展“四史”主题党日活动。三是坚持正风肃纪,推进全面从严治党。围绕合金库异地搬迁,以安全为重点设立效能监察项目。完善党风廉政建设责任书内容,形成治理常态化,持续深化违规经商办企业、禁入管理专项治理工作。四是围绕生产经营,开展群众性经济技术创新活动。积极参加“同舟共济战新冠、争分夺秒创效益”百日专项劳动竞赛,引导职工把复工复产一线作为建功立业主战场,防控、生产两手抓。积极开展“我为企业‘对标找差创一流’献一计”活动,共征集各类建议528条。五是推进民主管理,维护职工合法权益。贯彻落实宝武《关于工会服务职工的指导意见》,完善以精准帮扶为重点的服务职工工作体系。开展困难职工帮扶救助和送温暖活动,上报市级、公司级困难职工2人,核定仓配公司困难职工45人,发放慰问金6.23万元;做细做好“春送慰问、夏送清凉、金秋助学、冬送温暖”工作,累计发放19.35万元慰问品。

(许书萍)

·股份公司全资、控股子公司·

马钢(合肥)钢铁有限公司(合肥板材公司)

【主要技术经济指标】 2020年,合肥公司合并营业收入52.3亿元,利润总额76061.30万元。其中合肥公司累计收入791.12万元,利润总额70960.26万元(冶炼区域停产期间费用补偿13086.74万元,冶炼区域资产处置收益57425.33万元)。合肥板材公司实现销售收入51.89亿元,同比增加5.54亿元,增幅11.94%;实现盈利3284.09万元。工业供水公司供水量1762万吨,收入4160.13万元,利润总额1614.42万元。江北公司收入448.45万元,利润总额43万元。

合肥板材公司全年成品材产量119.77万吨,同比增产9.41万吨,增幅8.53%,其中冷轧产量92.73万吨、镀锌产品27.04万吨。酸轧、连退工序吨钢固定费用较上年下降7.62元、17.66元,镀锌上升19.49元。全年成材率97.7%,比上年提高0.33%,损失下降

7.06元/吨。全年实现重伤及以上事故为零。

【生产经营】 一季度产量32.6万吨,利润412.32万元,较上年同期实现了双增长。二季度产品价格下滑,订单萎缩,产能利用率一度降至50%,公司精心策划,科学安排生产与设备检修任务,提前完成设备年修。三季度起公司订单饱和,产能充分释放,生产持续攀高。继9月冷硬卷、成品卷产量双双刷新历史纪录之后,此后月产、日产和班产不断刷新纪录,经营业绩大幅攀升。同时公司高度重视技术创新和新产品开发,推进产品认证,优化工艺参数,稳定产品性能。全年组织完成20个技术攻关立项,申报专利14项。为完成全年目标任务,合肥板材启动了全面对标找差工作,确立了四大类共34项指标,以宝钢股份1730、马钢冷轧总厂等机组的先进指标及公司历史最好水平和行业平均水平指标作为标杆。全年对标指标中达标28项。同时,抓住生产经营"瓶颈"环节,灵活组织劳动竞赛,推动全面对标找差在基层岗位落实。8月,合肥板材连退综合成材率达到了94.08%,完成了集团公司专项劳动竞赛的一档目标;镀锌综合成材率达到了94.04%,完成了专项劳动竞赛的三档目标。9月,酸轧产量达到13.22万吨,超过了2019年12月的12.9万吨历史纪录,再创历史新高。

【企业改革】 实施了公司层级调整方案。根据中国宝武的成熟经验,在马钢股份公司统一领导下,按照"一套班子、两块牌子"模式,对公司所属各子公司实施管理全覆盖。完成机构整合及人力资源优化工作。落实中国宝武和马钢集团要求,实施改革发展和对标找差,提高工作和人事效率。5月启动了机构整合人力资源优化工作,将原二级单位从12个整合为7个,专业管理层岗位从28个缩减到19个,作业管理层由39人缩减为11人,技术业务人员由125人增加为140人,操维岗由611人缩减为521人,顺利实现了全员竞聘上岗。未获聘的29人除选择离岗政策外均经转岗培训,重新竞聘上岗和实行外协劳务回归安置。

【企业管理】 持续完善体系建设。组织开展公司运行的9个管理体系各项制度的修订工作,修订了IATF16949质量管理手册1套、程序文件31个、管理标准76个、综合管理体系管理标准169个。组织开展环境、职业健康安全体系和两化融合管理体系评审会2次,按计划开展体系监督,并实行了6次内部审核。对江阴润源机械有限公司等4家供应商开展二方审核工作。组织完成了沃尔沃汽车(亚太)研发中心到合肥板材开展材料认证技术交流与产线考察。扎实开展基础管理工作。修订完善绩效考核方案,提高职工积极性。通过夯实设备基础管理,坚持以持续提升设备过程绩效为目标,分析查找不足,系统制定和落实改进措施,实现了设备高效稳定经济运行。实行点检员与区工充分融合,推进设备点检及隐患管理;强化检修管理,有效组织两次年修及改造;加强事故管理、减少设备故障;合理降低设备综合维修费用及备件库存占用。安全及能源环保工作以反习惯性违章为抓手,深入贯彻"违章就是犯罪"理念,查处各类习惯性违章行为。深入开展安全及消防隐患排查治理和专项检查,开展多种形式安全培训和宣传教育工作。继续做好员工培训和取证工作,提高员工素质,全年共举办各类培训班50期,岗位职工线上培训参训率达到90.5%,线下培训员工1736人次,合计20684课时,全员培训率达97.8%。外培特种作业人员取证、复证106人次。积极贯彻落实相关政策,争取各级政府奖励补贴资金项目14项,获得政策资金支持343余万元。积极协调供电部门,争取直供电优惠1466.17万元。

【技术进步】 按照中国宝武和马钢集团"绿色发展·智慧制造"专项工作主题要求立项了包括智能轧后库在内的10个智慧制造项目,计划投资约1亿元。钢卷拆捆带机器人、锌锅清渣机器人、取样机器人、钢卷全自动打捆机器人、自动贴标签机器人、搭接焊和激光焊机、智能磨床、智能库区和智能司磅等一系列高效作业机器人陆续投入各产线,不断填补国内行业智能设备的技术空白。自主产品、备件、运维服务等的全面应用,3D岗位实现机器人设备高覆盖,使现场安全风险降低、劳动强度减小、生产效率提高,为公司先进制造增添新的动能。紧扣重点工作目标及打通生产经营"瓶颈"限制两大主题,确定了20个公司级攻关项目,由技术主管、技能主管领衔攻关。推进群众性岗位创新创效工作,职工共开发出炉辊清理工具、减速机油污清理工具、高空管道清理工具201件,申报硒鼓再利用等微创新216项。选派了5个工种15名选手参加中国宝武技能大赛马钢选拔赛,5名选手进入复赛,其中1名选手进入马钢集团冷轧薄板工决赛,2名选手进入中国宝武智慧制造决赛并取得第三名优异成绩。通过积极参训,提高了职工理论和实操水平,提高了职工学理论学技术的积极性,发挥了以赛促学的作用。

【冶炼资产处置】 完成冶炼资产处置并落实全部补偿款。在合肥市政府和集团公司的领导和支持下,公司顺利完成冶炼区域资产处置工作。全年完成了冶炼区域地质调查数据扰动加密性验证、土地占用情况调查、暂缓拆除资产补偿协议补充协议签订、土地收储补充协议签订及资金到位等工作。2020年11月9日公司与土地储备中心签订了土地收储《补充协议》。11月24日,公司与土储中心、合肥东部新中心建设管理办公室签订了《土地管护移交协议》,协议明确:协议生效的同时即视为完成土地移交工作。2020年公司落实了土地补偿款、工业遗产资产补偿款3.21亿元,剩余资产补偿款385万元。至12月底,公司累计落实冶炼区域资产处置全部补偿款70482.78万元。

【应急管理】 2020年1月26日,合肥公司发生1例新冠肺炎确诊病例后,在中国宝武、马钢集团党委和属地党委政府的坚强领导下,合肥公司党委坚持疫情防控和生产经营两手抓、两手硬,迅速采取果断措施,迅速投入激烈的疫情防控阻击战。全方位的疫情防控工作取得了实实在在的效果,此后公司未发生一例确诊病例和疑似病例。2020年汛期,按照马钢集团要求,严格落实防汛措施和应急预案,备足防汛物资,组建防汛抗洪抢险突击队,积极开展防汛工作,为合肥市夺取防汛抗洪的胜利做出了积极贡献。

【精神文明建设】 为所有职工每年一次健康体检,特殊岗位员工一年一次职业健康体检;女工每年免费提供一次乳腺病、妇科病检查;公司为全体员工购买了意外伤害商业保险;办理了女工特殊疾病保险,发放12.26万元的卫生用品,加强女工"四期"保护。公司工会持续开展慰问和帮扶工作,全年慰问94人,发放慰问金60400元;大病救助39人,发放住院互助帮困金137799元;新婚慰问13人,发放新婚慰问金7800元。积极响应消费扶贫,全年购置393475元农产品。

【荣誉】 2020年,公司荣获2020年"合肥市和谐劳动关系企业"荣誉称号、合肥市企业联合会"2020合肥制造业企业30强"、"2020合肥企业50强"、合肥循环经济示范园管委会"2019年度新增规上企业奖"、"2019年度产值贡献奖"、"防汛抢险工作先进单位"称号,公司水处理作业区质量控制(QC)小组循环水系统旁滤装置研究课题获"2020年合肥市质量管理小组交流三等技术成果"奖,公司分布式屋顶光伏发电站项目获评"中国宝武2019年度环境经营优秀案例",公司合同能源管理项目列入"合肥市2019年绿色生态发展示范项目"。

(王本静)

长江钢铁股份有限公司

【主要经营指标】 2020年,长钢股份生产铁396万吨、钢461万吨、材465万吨,实现销售收入158.32亿元、利润总额10.29亿元、上缴税金6.9亿元。

【生产经营】 公司围绕全年任务目标,克服疫情、汛情防控和边生产边建设的多重压力,牢固树立"一盘棋"思想,以高炉为中心,持续推进"高炉稳产,转炉放产"组产模式,全力释放产能。加强产销衔接,优化产线分工,积极做好全工序协同,实现了效益和产量的双提升,钢产量首次突破460万吨,创历史新高。精准研判两头市场,强化压力传导,坚持生产和市场联动,密切关注两头变化,克服疫情下高库存等不利影响,灵活调整采购、销售策略,打造规范、稳定、高效、市场化供应链,支撑市场经营创效。拓宽渠道建设,引进合规、稳定的合作伙伴。资源向效益高地区倾斜,厂商共同筑牢协同增效防线,有力提升"荣恒"品牌影响力,真正实现共赢。全年销售钢材464万吨,产销率100%。采购克服疫情影响,通过多种措施和渠道,千方百计保证生产供应。提高在线化、数字化的采购方式,全面推进绿色采购管理,全年绿色采购金额占比达3%。多渠道开发新供应商,持续推进供应商准入及后评价管理和采购质量监督,进一步降低采购成本、提高采购质量、保证货源稳定。

【系统降本】 持续对标找差,瞄准行业一流,补短板、强弱项,不断提升改善。以主要生产工序以及经营为主线,制定了21项考核指标,铁前以高炉为中心,紧扣长周期稳定顺行,优化关键经济技术指标;钢后以工序挖潜为重点,不断做低铁钢比,释放产能;全流程坚持系统降本,提质增效。积极"走出去",先后与"石普方"及韶钢、鄂钢、永锋钢铁等企业开展交流对标,高炉煤比、焦比、高炉利用系数、炼钢铁钢比、转炉平均冶炼周期、综合成材率等关键指标均有明显提升,全年实现系统降本30692万元。

【安全生产】 全面贯彻中国宝武"安全1000"的理念,逐级压实安全生产责任制。构建安全双重预防体系,以风险管控"六项机制"建设为抓手,不断优化风险查找、研判和预警方法,实现隐患排查全覆盖。扎实开展专项行动及反习惯性违章和"百日安全无事故活动"系列活动,加大安全生产投入,对隐患设施进行整改,提升本质安全。强化安全教育培训,全员安全意识不断提升。突出安全管理重点,紧盯生产、检修、项目“三个现场”,倒逼相关方落实安全生产主体责任,安全形势平稳可控。

【节能环保】 坚持生态优化,加快绿色发展、低碳发展,为实现“三治四化”、达到“两于一入”奠定基础。贯彻长江大保护战略刚性落地,制订实施《绿色发展行动计划》,持续深化绿色城市钢厂建设,严格执行环保“三同时”。烧结机脱硫脱硝、综合料场环保改造等超低排放改造项目全面加速,厂区环境面貌显著改善,被评为“国家绿色工厂”“省环保诚信企业”。全年吨钢综合能耗515.49千克标煤/吨,较2019年下降24.66千克标煤/吨;新水消耗1.45立方米/吨,创历史新低;完成省发改委下达“十三五”“能源双控”及降碳目标,主要污染物排放总量满足政府要求。

【项目建设】 克服一边生产一边建设的困难,加快推进各项目建设进度,确保施工安全和项目质量。有序实施了140吨电炉炼钢、220千伏电炉变电站、料场环保升级改造,3台烧结机脱硫脱硝改造以及钢渣处理改造等项目并部分投产。

【科技研发】 全年投入研发费用2.55亿元,占收入1.6%,70项专利被国家知识产权局受理。借助产学研合作,紧密围绕生产现场,解决技术难题及降本增效,先后完成《炼钢渣料模型》《长钢新区炼钢区域生产过程智能管控模型开发研究》等课题。与安徽工业大学开展校企合作项目《转炉能量高效利用与低碳排放技术集成与创新》,获“安徽省科学技术二等奖”,多项QC成果荣获省、市表彰。

【荣誉】 2020年,被评为“省环保诚信企业”“安徽省和谐劳动关系示范企业”。入选工业和信息化部《第五批绿色制造》名单。

(韩　远)

安徽马钢和菱实业有限公司

【概况】 安徽马钢和菱实业有限公司(以下简称“和菱实业公司”)是马鞍山钢铁股份有限公司与马钢(香港)有限公司共同投资的一家中外合资企业,2003年12月2日办理企业工商登记注册,投资总额为6000万元人民币,注册资本为3000万元人民币,其中,马钢方出资2130万元人民币,占注册资本的71%;香港方出资等值于870万元人民币的港币,占注册资本的29%。和菱实业公司本部位于马鞍山经济技术开发区(占地70.65亩),包装分公司位于慈湖高新区(占地65.54亩),总占地面积90000平方米,总建筑面积56780平方米。和菱实业公司现有员工164人,另有马钢股份委派干部3人。

和菱实业公司经理层,下设综合管理部、安全生产部、技术质量部、计划财务部4个职能部门,以及包装一部、包装二部、捆带部、车桥部4个业务部门。生产经营范围包括:1. 提供钢材及其他产品的包装材料,金属、塑料、化工原料(除危险化学品及易制毒品)、纸木制品的生产、销售、代理;提供设计咨询、设备制造、运输和现场包装服务;2. 汽车零部件研发、制造和销售;3. 光机电一体化产品的研发、制造和销售;4. 高分子复合材料的研发、生产和销售;5. 金属的回收、加工和销售、仓储服务和装卸搬运服务;6. 通用设备修理,电气设备修理,特种设备安装改造修理;7. 信息系统运行维护服务;8. 劳务服务(不含劳务派遣)。

【主要经营指标】 2020年累计营业收入39945万元,累计实现利润总额5308万元,超额完成马钢股份考核指标。

【生产经营】 一是以协同保产机制推进与包装紧密相关联业务落实落细落地,生产经营取得新突破,完成板卷包装1471万吨;开平1399吨,仓储17843吨。包装服务“走出去”初见成效,先后新增并承揽一钢轧CSP和四钢轧2250、1580在线取样、描号、堆钢处理、协助调运业务,冷轧总厂酸轧乳化液站行车操作业务,特钢新增叉车业务和长材事业部重型H型钢成品库总包业务;新增业务产能水平持续提升,四钢轧总厂热轧横切业务通过实施标准化作业,优化劳动组织,开展岗位技能培训、劳动竞赛,产能稳增并创历史新高,由承揽前的月产量不足2万吨提升并稳定在3.5万吨水平;长材事业部重型H型钢成品库业务,围绕“急难重”问题和流程进行攻关,月产能提升至7万吨,全面满足保产和发货目标落实;热轧打捆机通过规范日常例检、计划检修,操作维护技能稳步提高,2250毫米薄板和1580毫米薄板人工在线打捆故障率分别降至4%和2%以下,实现包装、打捆机维护高效运营;全面推进行车全员生产维护工作成效凸显,包装一、二部自全面承揽冷轧总厂114台行车操维业务以来,通过全面推进行车TPM工作,严格落实维护保全清扫整理计划,大大提高作业效率,21台行车获得冷轧总厂精益化工厂创建TPM活动“银牛”和“铜牛”奖；主动参与力争融入马钢股份智慧制造，冷轧总厂北区2号半自动包装线试运行和轧后库智能库区系统日常操作全面接手，力争在冷轧总厂南区全自动化包装线、酸轧1720和原料智能库区等项目上再有突破。二是市场开拓满足客户需要，使“马钢和菱实业优质客户营销策略”全面落地。捆带业务在实现产品高、中、低、宽、窄、厚、薄规格全覆盖的基础上，开发出带宽为31.75毫米/19毫米等厚薄系列、热镀锌系列捆带产品，向系列化、品牌化、绿色化深度进军。紧盯钢铁、石油套管、铝材、玻璃、有色金属、钢绞线等一系列新销售领域，与柳钢、本钢、梅钢、华菱安赛乐、铜陵有色金属、紫金矿业等一系列大型钢铁、有色金属企业建立实质性战略合作关系，提供并完善仓储功能，为区域客户提供更好服务。加大与信息产业、大数据、互联网的合作融合，创新服务方式和提升服务水平，实现研产销有机统一和系统联动。开发“互联网+”销售模式和江海联运等运输方式，低成本辐射中部和西南新兴市场，提升市场占有率。全年生产捆带11500吨，其中，对外销售捆带9248吨。车桥业务满足客户需求，稳定现有客户；与河北魏县3家企业签订战略合作协议，共同开发和拓展全盘式制动车桥市场。实施“桥轴并行”销售政策，全年销售车桥9066根。

【安全管理】　营造本质安全环境友好新生态，维护职工安全健康。以安全“1000”“零事故”为目标，认真落实安全生产主体和岗位责任，完善“安全生产标准化体系、隐患排查治理体系、应急救援体系”三大体系运行质量，牢固树立“违章就是犯罪”的理念，持续开展“反习惯性违章”工作，强化安全隐患排查与治理，以精益运营的思想持续推进安全生产标准体系运行和安全文化建设工作。坚持“预防预知、严控严守”安全理念，全面改善整体运营能力，提升安全生产管理水平和事故预防及控制能力，改善安全生产绩效，提升劳动保护水平，保护职工的安全与职业健康。全年各项安全大检查22次，排查各类隐患637项，整改率100%；组织安全知识培训22次，参培人员572人，组织接触职业危害因素的员工87人进行职业健康体检，无职业病病例，并建立“一人一档”职业卫生台账；3级及以上风险因素控制率100%，危险化学品控制率100%，“三证”人员100%持证上岗，没有职业病发生，安全事故为零。荣获马钢股份2020年度安全生产金牌单位。包装一部获得冷轧总厂隐患排查银牌2项、铜牌4项。贯彻绿色发展理念，将国内彩涂卷立式包装钢托架改为木托盘，避免焊接烟尘对员工和相关方的影响，减少环境风险；将C级纱管纸提升为B级纱管纸，有效解决生产时粉尘和气味等环境问题；针对“三废”、噪声、固体废物等污染均采取可靠的防治措施治理，均能实现达标排放；加强对各作业区的固废、危废管理，执行环保刚性要求，基本实现各作业现场在生产中固体废物100%分类收集。

【科技创新】　开展“绿色发展”技术创新，助推智能制造转型升级。坚持科学方法和思想的指导，围绕“绿色发展·智能制造”开展“四新”科技创新工作和“包装、防锈和车桥”三个研发中心建设，奠定企业发展后劲。2019年共有6项四新课题，2020年均按计划进行。RD108包材制作设备自动化智能化提升，年内完成设备的安装调试并投入使用。采用供应商分别提供滚圆机设备和生产线设计及制作的形式，开发纸护角滚圆机生产线，已完成安装投入使用。适应环保新要求，通过内部实验、供应商研等方式制定新的纱管纸、立式托架、喉箍、锁扣垫片等产品技术要求，顺利实施产品更新及替代。大力开展专利申报，参与国家标准修订，提高企业知名度，依靠科技进步提高产品价值。全年申报专利12项，其中发明专利7项、授权专利2项；组织负责起草国家标准《包装用钢质锁扣及护角》(GB/T 39040—2020)并于7月21日发布。与设备厂家联合开发，包装现场根据实际需要配置钢捆带剪切锁扣安装一体机、防锈纸自动裁剪机和内芯纸自动裁剪机，实现辅助工序全面自动化，降低人工成本，提高劳动生产率。全力跟进马钢股份智能制造相关项目，深度参与冷轧南区全自动包装线，冷轧北区运卷小车、半自动包装线，库区无人化改造建设等项目，为后期操维打下良好基础。

【品牌创建】　以精细管理推进品牌建设，提升运营管理质量。结合企业发展特点，推进“六化一提升”管理，运用“七大计划”联动，保持有序运营；实施精细化管理，推动品牌建设，提升运营质量。体系建设不断完善，在新冠疫情影响下，通过电话、网络、远程提交和现场审核，顺利通过质量、环境体系监督审核，车桥IATF16949质量体系持续运行正常。包材制作产品平均一次检验合格率100%，包装产品平均一次检验合格率99.81%，车桥产品平均一次检验合格率99.93%，捆带产品平均一次检验合格率99.98%，均超计划目标；未发生重大质量事件，也未发生顾客投诉事件。

【企业管理】　根据马钢股份组织架构调整、战略定位、战略举措及2020年战略目标分解编制《和菱实业公司2020年度商业计划书》,结合马钢股份关键绩效指标编制发布《2020年度和菱实业经营绩效管理方案》《一体化部门经营目标责任书》;召开年度管理研讨会,发布基于人力资源、包装及生产管理、设备设施、运营、市场营销分析的5项管理报告,助推商业计划书和战略规划目标任务完成。参与宝武标财系统与金蝶K3系统对接需求分析,方案设计和借口开发等具体实施工作;参与马钢生产制造系统改造,制定技术方案协同实施;参与宝武人力资源信息管理系统项目和薪资系统的建设及数据校验;完成当年薪资数据的收集和每月进行人力资源信息管理系统薪资系统薪酬数据与K3系统薪酬数据的核对检查。委托马钢人力资源服务中心组织公开选聘1名部门经理。

（杨　健）

埃斯科特钢有限公司

【概况】 埃斯科特钢有限公司(以下简称“埃斯科特钢”)是由马鞍山钢铁股份有限公司、马鞍山市雨山区城市发展投资集团有限责任公司和法国著名特钢公司——阿斯科工业公司(简称ASCO)在马鞍山市设立的一家中外合资企业。2016年3月4日,埃斯科特钢有限公司正式成立,中文注册名为“埃斯科特钢有限公司”,英文注册名为“MASCOMETAL Co., Ltd.”,注册资本3200万欧元。经营范围:开发、制造、贸易和进出口用于汽车和轨道交通行业的线棒材精加工产品;为用户提供个性化销售及售后服务及相关技术支撑。

在汽车和轨道交通零部件用钢领域,作为合资方之一的法国ASCO产品已通过宝马、奥迪、大众、丰田、标致、德铁、法铁、庞巴迪等高端客户认证。埃斯科特钢将ASCO在汽车和轨道交通零部件用齿轮钢、合金结构钢、非调质钢、弹簧钢、轴承钢等领域的技术专长、市场品牌优势,与马钢在高速线、棒材领域的生产经验、制造成本优势,以及马鞍山雨山区招商引资的区域优势相结合,针对中国高等级乘用车及轨道交通零部件制造过程中尚需进口的部分高端材料,开发和生产专用系列银亮材产品,逐步进入全球市场。

埃斯科特钢主要产品为弹簧及稳定杆用钢、轴承用钢(滚动体、轴承圈)、齿轮用钢、冷镦钢用光圆、变速箱零部件用钢,产品规格为$\phi 2\sim25$毫米精线、$\phi 16\sim90$毫米精棒。

【组织架构及人员】 埃斯科特钢下设5个管理部门:综合管理部、制造管理部、市场营销部、财务部;2个分厂:加工一分厂、加工二分厂。截至2020年12月,在册员工131人,在岗员工131人。

【主要技术经济指标】 2020年生产入库共计33590吨,比2019年增加15044吨。南区全年生产11160吨,比上年(6179吨)增加4981吨,增幅近1.8倍;北区全年生产22430吨,比上年(12367吨)增加10063吨,增幅达1.8倍以上。南区线到棒银亮材生产线(ICB)、棒到棒银亮材生产线(L35/50)以及北区罩式炉、1号拉拔机等产线生产效率均已达到产线设计产能。其中,线到棒银亮材生产线(ICB)月产量稳定在450吨,棒到棒银亮材生产线(L35/50)剥皮机从月产量480吨提升至678吨,生产效率提升20%;罩式炉月最高入炉104炉,月产量最高达3164吨,拉拔机2020年12月生产量提升至3502吨,生产效率提升70%,酸洗月度生产量最高已达4980吨。

【销售业绩】 全年销售总量47603吨,超额完成全年销售目标,较上年增长79.8%。全年销售收入19347.16万元,超全年销售收入目标2419万元,较上年增长52.8%。全年利润总额负1458万元,较预算目标负1609万元减亏151万元。全年销售费用总额278853元,较预算目标430000元降低151147元。

【新品开发】 新开发线材涉及5个客户12个钢种的102个新规格产品,包含宝钢特钢长材有限公司、浦项世亚线材(南通)有限公司等高端客户。精制棒材完成5个牌号22个规格的新产品,其中:完成疫情期间负压救护车用热绕弹簧用银亮棒材的开发与制造。供蒂森克虏伯富奥辽阳弹簧有限公司54SiCrV6代加工的银亮棒材稳定供货,产品质量得到客户认可。获得法国索格菲(苏州)汽车部件有限公司54SiCr6批量订单;供应芜湖中瑞弹簧有限公司55Cr3稳定杆银亮材,并成功切换为一火材。上海中国弹簧制造有限公司55SiCr、55Cr3银亮材获得批量订单。开发供诸暨市裕荣弹簧有限公司51CrV4磨光银亮材。实现了浙江迪特高强度紧固件制造有限公司42CrMo粗磨材、银亮材批量供货和芜湖中瑞弹簧有限公司55SiCrV银亮材一火材的供样。

【技术攻关】 全年相继开展了4项技术攻关,从提高产品质量和提高生产效率方面进行攻关。通过优化棒材的加工余量,减少加工过程剔废,对过程废品进行改制,提高棒材产品的成材率,经过工艺优化后的热轧棒材到银亮棒材的成材率提高至91.4%。通过优化罩式炉装炉方式、合理缩短工艺时间,大幅度提高了罩式炉生产效率,3 台罩式炉最高产量达到 1961 吨/月,超设计产能。全年共计申报专利 5 项(发明专利 2 项)。

【体系建设】 公司内部围绕体系文件的要求,按照年初的策划,完成内审、过程审核、产品审核工作。2020 年顺利完成 IATF16949 体系换证审核,完成新光凯乐汽车冷成型件有限公司、湖南中航紧固系统有限公司、富奥汽车部件有限公司紧固件公司、福特汽车(索格菲)、宝钢特钢长材有限公司的二方审核并按照要求完成整改,完成芜湖中瑞弹簧有限公司、鲜一瑞科配件(天津)有限公司的自审和整改工作。

【生产组织】 全年生产围绕增产增效,在生产与销售衔接、销售与产线品种规格对接的基础上,采取了建议销售优化接单组成、提高大规格产品比例、提高来料加工与双经销订单量、提前备原料等多项举措,同时组织生产与技术人员两轮跟班生产,发现并解决生产过程中瓶颈问题、设备点检人员 24 小时保产机制,并实施整体制定月度生产计划,及时修正周计划日计划,减少因设备故障及原料到厂不及时等原因造成设备待料时间,优化组产模式,兼顾生产组织的计划性和灵活性;通过释放工序产能、强化生产拉练、操作技能练兵等措施,全年产量实现了历史性突破。

【降本增效】 加强内部精细化管理,通过调整接单结构、优化生产工艺、减少剥皮量等手段有效提高成材率;通过提高装炉量和减少磷化工艺时间,提高生产效率。2020 年北区能源介质消耗降本明显,但是南区辊底炉调试、生产量不足导致南区能耗成本略有上升。南区能耗吨钢成本从 145 元上升至 197 元,如不含辊底炉能耗吨钢成本下降至 130 元。北区能耗吨钢成本从 335 元下降至 261 元。通过进口备件国产化和物资采购成本比价招标,备件和辅料生产成本持续下降,南区消耗吨钢成本从 353 元下降至 218 元,北区消耗吨钢成本基本保持在 140 元。

【安全和环保】 以安全第一,以实现违章为零、隐患为零、事故为零目标的"安全 1000"理念为指导,有效落实各级安全环保管理方针。全年按照股份公司及公司领导要求开展各项安全专项整治行动,全体员工的安全意识得到显著增强,安全生产形势持续稳定,完成了年初制定的安全生产目标。本年度共开展安全、环保培训共计 45 次,参加人次 1117 人次,对作业人员开展安全操作规程、应急预案、法律法规培训等和考试。每年开展"安全生产月""消防日"等多项活动,不断提高员工安全意识,防范安全生产事故发生;全年组织安全检查共 25 次,查出隐患 37 项,开具安全罚款单 51 份,累计罚款金额 21750 元。全年各类危废处置率达 100%,无大事故发生。全年环保设施正常投用;固废回收利用率 100%;废气治理达标排放,各类污染事故、投诉为零。

【精益工厂】 以现场管理为抓手,划分重点整治区域,加强督促、整改和落实。对照先进企业的现场管理办法,开展定置管理、看板作业、各工作功能区域划分及"四室"环境整治。全年开展各类现场管理检查 43 次,落实各类整改 215 项,为生产稳定有序、产品质量控制、环境整洁美观提供了保证,受到客户好评,向外展示了企业的形象。

【工程建设】 以"安全、质量、投资、进度"为目标,通过精心策划、倒排工期,奋力攻克各类安装调试难关,南区配套项目 1 条无心磨床联合生产线(包括 4 台磨床机组)于 2020 年 1 月 15 日开始一次灌浆,因受疫情影响,6 月底开始投入使用;2 条辊底式多功能加热炉线分别于 6 月 25 日及 7 月 25 日完成烘炉,进入试生产,8 月顺利投产。北区配套项目新增 3 台罩式炉(进口)和 3 台拉拔机,届时将在一定程度上解决南区工序不配套、北区产能不配套的矛盾。按工程节点,虽受到疫情的影响,导致施工人员及物资等项目建设必要条件有所欠缺,部分分项目在施工过程中进度略有滞后,但通过合理安排,埃斯科特钢二期项目整体进度未受影响,并保质保量完成。

【人力资源】 进入宝武大家庭以后,组织业务骨干参加了宝武微学院平台的"智慧制造与数字化工厂"网上专题班学习,公司领导参加了"企业重组整合""国有企业高质量发展"的学习。参加了包括公司其他部门组织的各类线上及线下培训 46 项,涉及管理类、技术业务类、操作维护类,约 100 人次参加。针对培训需求与生产需要,完成 80 场内外部培训课目,培训完成率达 95%以上。组织完成了年初制定的金属材热处理工、班组长基础能力培训等多项赴公司的专项培训。取证培训方面,年初参加股份公司国际汽车工作组 IATF 16949 五大核心工具培训,4 人次分别获得产品质量先期策划(PPAP)、生产件批准程序(PPAP)、潜在失效模式及后果分析(FEMA)、统计过程控制(SPC)及测量系统分析(MSA)证书。7 月参加教培中心的操维岗培训,1 人取得化学分析工证,4 人取得质检工证。同时,完成了马鞍山市"骏马"工程人选的申报,共有加工二分厂 2 名员工入选。

(姚蔓莉)

马鞍山马钢慈湖钢材加工配售有限公司

【概况】　马鞍山马钢慈湖钢材加工配售有限公司成立于2004年8月,下设综合管理部、生产安环部、经营财务部、市场营销部、设备保障部、物资管理部、品质管理部七个部门,2020年底在岗职工172人。2020年实现钢材销售总量116.94万吨,销售收入38.86亿元,利润总额1719.56万元。

【市场开拓】　统筹疫情防控和经营工作,深化与宝武业务整合融合,本着"应上尽上"原则,全面实现可利用、非计划钢材在宝武电商平台竞价销售,实现资源效益最大化。优化品种结构,拓展品种钢销售市场,增强对市场及竞争对手的研判能力,快速响应,把握住市场阶段性行情带来的利润机会,提高吨钢盈利能力。在稳定基本客户的同时,努力开发优质终端用户。

【经营管理】　根据马钢股份管理变革、流程再造要求,全面梳理管理制度,新增或修订部分管理制度,进一步规范各项业务流程管理,提升风险防控力度。围绕"全面对标找差、创建世界一流"管理主题,认真贯彻马钢股份决策部署,强化安全生产体系建设,培育全员安全文化,提高员工安全防范和自我保护意识,开展"45天现场安全隐患整治行动"以及夜间巡查制度,使现场安全、环保、环境得到了有效提升。以"超越自我、跑赢大盘、追求卓越"为绩效导向,找差距、补短板、挖潜力、控风险,优化部门、员工绩效考评管理。成立人事效率提升工作组开展工作,全年政策减员18人,完成人事效率提升目标。

【荣誉】　2020年荣获慈湖高新区"工会工作先进单位""工会经费收缴工作先进单位""工业经济二十强企业""纳税大户""安康杯竞赛活动优胜单位"。

(薛向龙)

马钢(合肥)钢材加工有限公司

【概况】　马钢(合肥)钢材加工有限公司成立于2006年9月,下设营销管理部、生产管理部、设备管理部、技术质量部、财务部、综合管理部、安环部七个部门,2020年底在岗职工146人。2020年钢材销售总量65.18万吨,销售收入28.95亿元,实现利润总额2153.84万元。

【市场开拓】　承接马钢股份发展战略,立足于区域汽车、家电用钢行业,在开拓新渠道、新用户的同时,充分挖潜现有客户。注重对长安S311保产备货工作的实施和新车型早期研发工作(EVI)的介入,加大周边汽车板渠道梳理;稳步做好与美的、格力电器深度合作,加强与惠而浦、海尔、TCL等家电巨头的联系;继续加大对周边市场的开拓与走访,中小终端客户月度订货规模达1万吨以上;在电池壳钢、彩涂、搪瓷钢等领域不断取得突破,2020年各项经营指标攀升。

【经营管理】　重点强化内部管理精细化和现场执行力,狠抓基层管理落实及现场整治。1. 改革薪酬分配,重新拟定绩效管理制度,引入激励机制,着重梳理"目标值",分解指标,设立激励考核标准,奖金向重点岗位倾斜,提高员工工作积极性。

2. 狠抓内部作业现场,优化内部作业流程,强化内部制度落实。

3. 不断完善内控手册及系统文件,强化风险管理,加强系统对工作过程的管控,提高业务风险管控水平。

4. 落实马钢股份安全管理精神,提高员工安全意识,开展安全标准化企业创建及实施。

【荣誉】　2020年荣获"合肥市和谐劳动关系企业"。

(张　霞)

马钢(合肥)材料科技有限公司

【概况】　马钢(合肥)材料科技有限公司成立于2012年8月,下设营销管理部、生产管理部、设备管理部、技术质量部、财务部、综合管理部、安环部7个部门,2020年底在岗职工97人。2020年钢材销售总量13.07万吨,销售收入6.2亿元,实现利润总额1585.71万元。

【市场开拓】　2020年各项经营指标攀升:激光拼焊板累计销售62.79万片;充分利用S311放量契机,

提升工作效率,落料线销售6.18万吨,比上年增长64.18%;加大对周边贸易渠道的拓展力度,市场贸易量增长显著,2020年共计销售7.65万吨,较上年增长19.7%。

【经营管理】 持续推进整合融合,深入开展对标找差,推进"工贸一体化"上线,大力实施基层管理变革。1. 重新拟定绩效管理制度,着重梳理"目标值",分解指标,设立激励考核标准;2. 突出制造和客户"两个现场"作用,强化营销人员现场服务意识,不断提升产品质量;3. 强化从物流、仓储到加工、配送整个过程系统性质量控制;4. 完善、健全安全管理体系,认真落实安全管理制度,加强疫情防控工作落实,提高员工的安全意识,开展安全标准化企业的创建及实施工作。

(张 霞)

马钢(芜湖)加工配售有限公司

【概况】 马钢(芜湖)加工配售有限公司成立于2003年2月,下设制造部、技术品质部、营销部、财务部、综合部、安环部6大部门,年底在岗职工112人。2020年共实现销售钢材34.67万吨,销售收入14.85亿元,利润总额410.17万元。

【市场开拓】 积极拓展渠道,与奇瑞、上汽大通汽车配套厂深化合作,在配套企业转型对外延深时,将马钢汽车板通过配套厂切入其他主机厂(广汽、长安等),保持芜湖地区较高的汽车板市场占有率。利用加工能力,承接主机厂板卷深加工业务,扩大马钢汽车板在主机厂的占有率。构建和形成一整套从市场、设计、生产、品管、物流到用户服务的"'一站式'服务模式",大大提高周边市场影响力,通过加大对战略直供用户促销及周到的服务,为马钢产品的市场开发拓展了空间。

【经营管理】 保质保量完成了马钢股份下达的利润目标;贯彻和落实马钢股份安全管理工作,提高员工安全意识,消除安全隐患,杜绝安全事故;强化风险管控,开展风险识别,11月,结合工贸系统变化情况,对《内控手册》进行初步修订,确保内控体系运行有效。

(秦郑凡)

马钢(芜湖)材料技术有限公司

【概况】 马钢(芜湖)材料技术有限公司成立于2008年1月,下设制造部、技术品质部、营销部、财务部、综合部、安环部6大部门,2020年底在岗职工272人。2020年共实现销售钢材49.03万吨,销售收入21.30亿元,利润总额211.43万元。

【市场开拓】 积极开发新用户18家,其中直供客户5家、贸易客户7家。冲压市场开拓方面,顺利进入商用车焊接总成一级供应商项目,承接三组焊接总成件,填补冲压业务无焊接总成资质的短板,为后期进一步承接主机厂业务奠定了基础。焊接业务顺利投产,并得到客户充分认可。

【经营管理】 1. 重新评估质量目标,进行科学分解,将目标管理与客户要求、管理提升紧密结合,并纳入员工绩效考核,通过测量和评价对体系进行改进。2. 根据工贸一体化流程要求,重新修订《风控手册》,确保内控体系运行有效。3. 按推进进度执行,完成IATF16949质量管理体系认证、贯标工作。4. 强化风险管控,开展风险识别,有效规避各类经营风险。5. 加强现场管理,以自身安全事故为警示,进一步完善安全生产管理文件,建立有效的监督管理机制,改善现场环境,提升综合竞争力。

(秦郑凡)

马钢(金华)钢材加工有限公司

【概况】 马钢(金华)钢材加工有限公司成立于2005年4月,下设营销部、生产部、综合部、财务部、品质部5个部门,2020年底在岗职工54人。2020年钢材销售总量16.86万吨,销售收入7.01亿元,实现利润总额521.87万元。

【市场开拓】 1. 围绕"采购围绕生产转,生产围绕营销转,营销围绕市场转,一切围绕效益转"工作思路,紧跟马钢股份政策导向,明确营销工作思路,理顺整条供应链,坚持有效输出。在保持原有业务渠道稳步推进的同时,主动开拓新业务渠道。

2. 立足源头理顺整条供应链,坚持有效输出。利用铁路物流的高效快捷,降低物流成本,加快资金周转,增强市场抗风险能力。

【经营管理】 1. 认真落实各级防疫要求,实现第一批次复工复产。上半年市场行情持续下跌,通过业务渠道拓展,提升整体销量的有效对策,实现客户保产保供,整体经营逆势上扬。下半年面对汛情,资源紧张等诸多不利因素,在安全第一、万无一失的前提下,坚持以客户需求为中心,在营销中寻找价值,在营销中创造价值,实现国有资产增值的经营目的。

2. 生产过程坚持简单事情重复做,重复的事情好好做,全流程坚持"不接受,不制造,不传递不合格品",马钢(金华)钢材加工有限公司作为加工型企业,在落实总公司各项经济指标时,抓牢核心重点提升加工效率,增加加工有效输出量。

【荣誉】 荣获老板电器2020年度"优秀供应商"及2020年度—2021年度"免检供应商"的称号。

(王卫霁)

马钢(扬州)钢材加工有限公司

【概况】 马钢(扬州)钢材加工有限公司成立于2006年11月,下设市场营销部、生产设备安环部、计划财务部、综合管理部、品质管理部五个部门,年底在岗职工115人。2020年钢材销售总量33.59万吨,销售收入13.74亿元,实现利润总额1809.04万元。

【市场开拓】 紧紧围绕"超越自我、追求卓越、跑赢大盘"要求,立足于华东区域汽车、家电两大用钢行业。一方面努力开拓新渠道、新用户;另一方面充分挖掘现有客户的新需求。在市场开拓中加大终端用户和品种钢用户的开发力度,提高与主机厂北汽福田的合作份额,9月,首次进入上汽大众一级配套厂南京东威金属有限公司仪征分公司,与长城汽车、上汽大通的核心配套厂常州市瑞悦车业有限公司进一步加深合作,共同开发认证了上汽大通EV31车型,汽车板全年的销售量和终端直供比有较大提升。同时全力开拓各品种及新兴市场,先后就电池壳钢、高牌号取向硅钢、家电用搪瓷、耐候钢等新品种进行突破,并形成批量稳定供货。

【经营管理】 1. 完善内部管理制度,推进"目标值管理",建立相关制度和标准进行激励考核,并根据市场变化不断完善考核制度,激励员工努力实现各项经营目标;2. 加快产品结构调整,整体订单结构向汽车板倾斜,向直供用户和品种钢倾斜;3. 不断完善内控手册及系统作业文件,强化风险管理;4. 贯彻和落实马钢股份安全管理工作要求,提高员工的安全意识,消除安全隐患,创造安全环境,杜绝安全事故。及时有效识别各类潜在风险,防患于未然,确保各项经营活动安全稳健。

(袁　诚)

马钢(广州)钢材加工有限公司

【概况】 马钢(广州)钢材加工有限公司成立于2003年8月,下设生产设备安环部、计划财务部、综合管理部、市场营销部、客服部五个部门,2020年底在岗职工129人。2020年销售总量28.45万吨,销售收入12.24亿元,利润总额505.43万元。

【市场开拓】 马钢(广州)钢材加工有限公司借助宝武融合的历史机遇,立足自身,积极转型,重点开发H型钢、工业线材、特钢、彩涂、高牌号硅钢、冷轧搪瓷钢等终端用户,对原有镀锌、冷轧、酸洗渠道进行持续优化,并打通湛宝基地材料的采购渠道强化保供。

【经营管理】 认真贯彻马钢股份有关安全生产工作的精神和文件,进一步健全制度,夯实基础、深化隐患排查与治理,加强安全宣传教育培训及应急救援演练等重要活动,全面保障公司安全生产工作顺利开展。持续改善质量管理体系,通过IATF16949质量管理体系换证审核。以"超越自我、跑赢大盘、追求卓越"为绩效导向,找差距、补短板、挖潜力、控风险,优化部门、员工绩效考评管理。

(段敬良)

马钢(重庆)材料技术有限公司

【概况】 马钢(重庆)材料技术有限公司成立于

2011 年 6 月,下设市场营销部、计划财务部、技术品质部、生产安环部、设备保障部和综合管理部 6 个部门,2020 年底在岗职工 99 人。2020 年钢材销售总量 35.01 万吨,销售收入 16.11 亿元,实现利润总额 1108.98 万元。

【市场开拓】 实行客户经理负责制,及时更新客户档案。以质量为基础、服务为后盾的模式将产品成功打入长安,成立五人小组提供研发—工艺—采购—制造等全方面服务。2020 年配送长安汽车公司 8 万多吨,比 2019 年增长 40%以上。同时,注重培养优质客户,建立经销商渠道,抢占重庆地区配套领域市场,扩大马钢产品用户群。2020 年,上汽依维柯红岩商用车有限公司已完成 10、50、100 台套及小批量四轮试模验证,试模验证合格率为 100%。成为上汽红岩国六车型冷轧驾驶室独家试模料供应商,份额为 100%。

【经营管理】 1. 把员工管理融入宝武集团人力资源管理系统,修订完善管理制度。工贸系统上线工作按节点推进,修订《内控手册》,对相关文件进行增补。

2. 严控资金支付审批程序,合理调度订货资金,统筹管理和运作资金并进行有效的风险控制。

3. 认真做好安全管理基础工作,加强作业安全管理,全年无轻伤以上安全事故发生。

4. 成功申报两江新区 AA 级劳动关系和谐企业并审核通过。

5. 疫情防控及职业健康等工作有序开展,全员立足本职、兢兢业业,顺利完成各项生产经营和管理工作。

(张茂潇)

马钢(武汉)材料技术有限公司

【概况】 马钢(武汉)材料技术有限公司(以下简称“武汉材料公司”)成立于 2018 年 10 月,2020 年处于加工中心工程建设期,下设 4 个部门:市场营销部、计划财务部、生产安环部、综合管理部,2020 年底在岗职工 29 人。2020 年地处新冠疫情中心的武汉材料公司经受住新冠疫情的考验,在一季度停工停产的不利局面下,依然取得钢材销售总量 34.96 万吨、销售收入 14.17 亿元、利润总额 35.35 万元的成绩。

【市场开拓】 承接马钢沿江发展战略,依托长江水运优势,立足华中区域汽车、家电两大用钢行业。年初,受湖北新冠疫情冲击,用钢企业 4 月逐步复工复产,在需求不足与产能过剩情况下,逆境拓展销售渠道,新增终端客户共计 16 家(汽车板终端 10 家,家电板终端 6 家)。注重维护重点战略用户,不断扩大马钢产品在东风系主机厂的份额,2020 年供货 6.1 万吨,比上年增长 20.48%。

【经营管理】 根据马钢股份战略定位及年度经营目标,继续以制度建设为根本,以 KPI 指标为考核导向,细化内部管理流程,持续提升员工综合业务素养和防控风险能力。1. 制订月度经营计划,分解任务指标,优化品种结构,健全考评机制;2. 定期组织员工参加学习培训,宣贯各项制度文件,增强风险管理,加强责任意识;3. 做好工程建设安全管理工作,加强安全作业意识,切实保障人员安全;4. 落实“四个到位”,即防控机制到位、员工排查到位、设施物资到位、内部管理到位。

(邹宏远)

南京马钢钢材销售有限公司

【概况】 南京马钢钢材销售有限公司成立于 2014 年 7 月,下设销售部、财务部 2 个部门,2020 年底在岗员工 13 人。2020 年钢材销售总量 30.65 万吨,销售收入 11.33 亿元,实现利润总额 1260.56 万元。

【市场开拓】 积极利用马钢芜湖的落料线、马钢(扬州)加工中心、马鞍山景顺、中储物流等加工设备,为南京分公司的终端企业提供保供、配送、运输等服务,并陆续开发一些中小型制造加工企业、机电厂家以及汽车家电配套厂。积极走访客户并加强沟通,新开发了中交二航局在镇江的工程项目,新接 7000 吨管线钢订单;通过现货渠道,新开发南京联众工程技术有限公司,获得 3000 吨的热轧管廊订单;通过对相关信息的敏锐反应,争取到格力电器(南京)有限公司的供应资质。同时,分别与上海佰金实业有限公司、上海千叶网络科技有限公司等宝钢彩涂经销商建立有效联系,获得参与彩涂工程订单的准入机会。与上海五金矿产发展有限公司、中国建筑第八工程局有限公司建立日常交互机制,针对重点工程订单开通合作的通道,争取到厦门建发集团有限公司近4000吨的镀锌订单。

【经营管理】 1. 重新修订现货价格制定办法,每日由价格委员会集体定价,并采用"当日价当日确定"的方式执行。

2. 重新修订公车、招待、报销管理办法。

3. 梳理完善重要单据存档及交接流程。

4. 对过程风险进行重新识别,并结合工贸、标财系统的管理流程,重新梳理过程风险。

(邹德金)

马鞍山钢铁无锡销售有限公司

【概况】 马鞍山钢铁无锡销售有限公司成立于2014年8月,组织架构下设销售部、财务部、综合部,2020年底在职员工8人。2020年钢材销售总量26.86万吨,销售收入9.94亿元,实现利润总额549.20万元。

【市场开拓】 承接公司发展战略,立足于苏锡常区域,一方面努力调整销售产品结构,从以热轧为主转向热轧、酸洗、冷成型、冷轧、镀锌、硅钢、彩涂、工业线材、型材均衡发展;另一方面积极开拓终端客户和品种钢市场,大力提升直供比及品种钢占比;在热轧花纹卷、汽车钢、耐候钢、冷轧电池壳钢、耐候钢、搪瓷钢等领域不断取得突破。

【经营管理】 1. 加快产品结构调整,强化考核机制,积极拓展市场空间,提升营销业绩。优化营销渠道,用终端客户逐步取代经销商;品种钢销量提升,普材销量逐步减少。2. 改革员工收入分配,奖金向重点岗位倾斜,提高员工工作积极性。3. 不断完善内控手册及系统文件,强化风险管理。及时有效识别各类潜在风险,确保各项经营活动安全稳步进行,不断提高经营管理水平和经营风险防范能力。4. 贯彻和落实马钢股份安全管理工作要求,提高员工安全意识,开展"安全月"等相关活动,营造人人关注安全、重视安全的氛围。

(王小芳)

马钢(杭州)钢材销售有限公司

【概况】 马钢(杭州)钢材销售有限公司成立于2014年8月,下设销售部、财务部和综合部3个部门,2020年底在岗职工16人。2020年钢材销售总量39.87万吨,销售收入15.34亿元,实现利润总额1019.23万元。

【市场开拓】 积极拓展渠道,调整适应市场形势,努力实现"追求卓越""跑赢大盘""超越自我"目标。围绕市场做管理,依托管理拓市场,坚决执行"横向到边,纵向到底"开拓理念,重点拓展汽车板、高牌号硅钢、高强镀铝锌彩涂等高端市场。依托江浙沪龙头企业,"以点串线、以线带面"提升销售份额,增强盈利水平,提升马钢品牌知名度。

【经营管理】 将内部管理精细化和提高工作效率作为工作重点,狠抓基层管理落实及风险管控。

1. 推进马钢股份"目标值管理",分解目标责任,设立相关制度和标准进行激励考核。

2. 严格按照相关管理办法对进、销、存各岗位节点设置AB角,实施责任到人。不定期对实物库存进行盘查,做到账物相符。

3. 优化资源配置,严控应收账款周期;缩短库存周期,提高资金利用率。

【荣誉】 2020年荣获杭州市拱墅区"优秀企业"奖。

(胡玉龙)

马鞍山马钢慈湖钢材加工配售有限公司常州分公司

【概况】 马鞍山马钢慈湖钢材加工配售有限公司常州分公司成立于2012年12月,下设销售部、财务部、综合管理部3个部门,2020年底在岗职工11人。2020年钢材销售总量24.09万吨,销售收入8.77亿元,实现利润总额224.19万元。

【市场开拓】 开拓新品种和大型终端客户,已开拓如江苏振江新能源装备有限公司、常州运河新瑞焊材有限公司等稳定终端客户。建立客户信息库,不断完善客户信息,增强客户黏性,对现有客户定期回访,及时解决客户问题。以钢材市场和大型终端客户为基点,进行地毯式客户走访,努力发展潜在客户。

【经营管理】 1. 梳理现有管理文件,确保完成"写所需,做所写,记所做"要求。2. 加强风险管理,定期组织开展月度总结大会,强化员工风险意识,消除安全隐患。3. 重新拟定绩效管理考核方案,提出全员营销政策,侧重员工个人对品种钢以及终端客户的开发奖励。

(涂 超)

马钢(上海)钢材销售有限公司

【概况】 马钢(上海)钢材销售有限公司成立于2014年7月,下设销售部、综合部、财务部3个部门,2020年底在岗职工20人。2020年钢材销售总量59.71万吨,销售收入25.38亿元,利润总额2254.82万元。

【市场开拓】 立足华东市场,主要面向家电、彩涂及汽车用户。坚持"调结构提高吨钢盈利水平,拓市场增加市场营销份额"原则,按照"横向到边,纵向到底"经营理念,逐步向高强汽车钢、高端家电镀锌板及其他高附加值品种钢转型。与行业龙头"强强联合、借船出海",形成"汽车板、家电板及彩涂板三驾马车、保供与市场的同步发展"的市场拓展模式。

【经营管理】 结合工作实际修编《内控手册》,完善内控制度,有效控制风险。编制、补充、修订制度文件,进一步规范工作流程。按照马钢股份要求,在时间节点内完成风险防控自查并形成报告;同时不断加强员工风险防控及人身安全意识。

(李 哲)

马钢(长春)钢材销售有限公司

【概况】 马钢(长春)钢材销售有限公司成立于2018年8月,下设财务部、销售部和综合部3个部门,2020年底在岗职工6人。2020年钢材销售总量2.41万吨,销售收入1.14亿元,实现利润总额184.16万元。

【市场开拓】 围绕马钢战略规划和定位要求,调整工作目标,在做好疫情防控的同时,确保一汽主机厂和相关配套厂的保供工作,积极开展汽车板产品推介、认证工作。通过一汽解放汽车有限公司ST12、P250 FC340 H180等牌号的材料认证并签署了相关的供货技术协议。

【经营管理】 将业绩提升、风险防范、内控管理、疫情防控作为年度工作重点加以强化落实:1. 努力提升销售额及利润率;2. 加强员工风险意识,梳理经营风险点,按季度对风控重点进行排查并做好应对预案;3. 强化内部业务管理流程,不断完善,规范运营;4. 制定操作性强的防疫方案并严格执行。

(王利民)

马钢宏飞电力能源有限公司

【概况】 马钢宏飞电力能源有限公司(以下简称马钢宏飞)成立于2019年6月27日,注册资本1亿元,其中,马鞍山钢铁股份有限公司持股51%,安徽宏飞新能源科技有限公司持股40%,飞马智科信息技术股份有限公司持股9%。马钢宏飞经营范围:售电业务、配电业务、综合能源供应业务、电力运维服务等。下设4个部门,即综合管理部、市场营销部、技术服务部、财务部。2020年底在岗人员16人。

【主要经营指标】 2020年,马钢宏飞实现营业收入1453万元;利润总额1012万元,完成年目标的349%;经济增加值109万元(年目标-290万元);经销电力总量22.75亿千瓦时;经销电力客户数43户;安全生产任务达标。

【业务拓展】 1. 直购电业务。2019年6月马钢宏飞成立后,立即组建工作团队,确定以直购电业务为先期拓展业务,制定"依托马钢、立足本市、覆盖全省"的市场营销策略,2019年8月,直购电业务在安徽省内迅速开展,先后拜访上百家大型工业企业及省内经济开发区,最终与43家电力用户签订2020年代理合同,其中:年用电量上亿千瓦时的客户6家,43家客户分布在马鞍山、合肥、滁州、芜湖、宣城、六安等地,在同类企业中实现良好开局。2. 综合能源业务。一是积极承接马钢外转供线路项目,编制外转供线路承接方案,并按照马钢股份要求,精心策划投标方案,完成32条外转供线路运营权承接;二是积极承接马钢外转供蒸汽项目,编制外转供蒸汽承接策划方案,并通过马钢股份能控中心审核;三是积极探索余热发电和通流改造项目的可行性,与工程技术集团研究院、东南大学热力研究院、安徽誉特双公司、苏夏管道等研究院进行技术研讨,参观余热发电项目,收集相关资料,完成余热发电和通流改造项目前期论证书编制。

(任振宇)

马钢(香港)有限公司

【主要经营指标】 马钢(香港)有限公司简称"香港公司",2020年营业收入51.05亿港元,其中铁矿石及煤炭收入41.95亿港元,钢材销售收入8.38亿港元,海运费收入0.72亿港元,由于进口矿和焦煤融资规模降低,年度收入比上年下降49%。全年原燃料贸易量521万吨,融资总额折人民币35亿元,实现税前利润7499万港元,包括投资收益2070.12万港元,比上年5929万港元上升26% 。2020年向母公司实施2019年度股息分配3368万港元。2020年底,马钢驻香港公司人员3人。

【生产经营】 1. 维护跨境融资平台。2020年新冠疫情对香港影响极其严重,在银行收紧大宗商品业务的不利政策环境下,积极与境外银行洽谈调整授信条件,稳定马钢股份重要融资渠道。降低融资成本,2020年伦敦同业拆借利率(libor)趋势向下,与马钢股份经营财务部协同,跨境融资利率平均2.2%,比2019年降低0.95%;跨境实现平台融资35亿人民币,境外融资平均利率低于马钢股份同期境内贷款利率。在外资银行纷纷收紧大宗商品业务形势下,增加中国银行(香港)有限公司作为新授信银行,港中银提供3000万美元敞口DA无担保授信。经过与法国巴黎银行和中国银行(香港)有限公司多次商谈授信条件的调整,宣讲中国钢铁业发展形势、马钢股份生产经营和香港公司的定位发展,两家银行授信条件从马钢股份担保方式调整为安慰函方式。

2. 钢材出口销售。在全球经济放缓和钢材国际贸易壁垒加剧的大环境下,与营销中心协同,聚焦H型钢出口,实现重型H型钢出口突破,香港公司出口跑赢大盘。2020年香港公司钢材出口占马钢总出口量约30%,权重比上年增加7%;2020年新增韩国大韩铁钢、泰国PERMISIN STEEL和中国台湾地区Hi Steel等3家板材终端用户及马来西亚Joo Bee一家H型钢终端用户,现存的孟加拉国客户新订硅钢品种。在疫情导致东南亚需求萎缩情况下,开拓马钢新产品加钛冷卷出口泰国大用户PERMINSIN渠道,并已批量供货。

按照马钢长材发展战略规划,H型钢销售20.2万吨,深耕香港H型钢市场,市场占有率约为55%;克服贸易壁垒,积极拓展其他区域H型钢市场。重型H型钢出口1.47万吨,在马钢重型线投产前,新日铁和韩国现代钢厂主导香港重型H型钢市场,香港公司积极主动向相关顾问设计公司、承包商和仓储商推介马钢新产品,在马钢股份"研产销"体系支持下,为重型线拿到首份1500吨出口订单,并全程跟踪生产、检验和物流各个环节。

3. 财务及内部控制管理。2020年12月31日香港公司账面总资产19.77亿港元,负债总额14.2亿港元,股东权益合计5.57亿港元,其中股本3.5亿港元,未分配利润2.07亿港元。2020年未发生呆账坏账,财务状况保持良好。遵照宝武集团总体安排,服从马钢股份纪委监察要求,全面梳理香港公司内部控制管理与规范,进行两轮管理到日常操作层面逐级逐项分析整理,对照马钢内部控制管理要求组织评价,修订完善相关管理制度。

4. 共享宝武国际化业务平台。与宝和通商合作,借助宝和通商销售渠道"借船出海",签订出口韩国酸洗板试订单;与宝新公司商谈海外营销合作方式;首次与宝钢股份海外航运平台宝运公司合作,以竞标方式成功获得马钢采购中心一份航运招标合同,降本增效19万美元。

【社会责任】 在香港窗口公司的指导下,积极参加中联办组织维护香港国安法等活动,并在香港当地报纸媒体刊登立场声明。

(许雪春)

马钢瓦顿有限公司

【主要经营指标】 2020年实现销售收入7567万欧元,与上年基本持平。全年销售本部轮轴产品比上年高65万欧元。受全球新冠疫情和两头市场负面影响的情况下,全年经营性亏损1759万欧元,未完成马钢股份下达的年度经营目标,较2020年实际经营多亏612万欧元。

【生产经营】 全年合同签约量为3590万欧元,同比下降66.8%,主要受疫情影响客户需求大幅减少,采购计划和现有订单被推迟或取消。全球主要轮轴供应商因缺少订单而进入低价恶性竞争阶段。

新冠疫情从2020年3月在欧洲全面暴发,瓦顿公司受此影响开始停产。在本部和当地政府以及工会的支持下,瓦顿公司在做好疫情的同时积极复工复产,至5月中旬全面恢复生产并登上当地新闻。

2020年瓦顿公司继续开展降库存工作,年底库存为3715万欧元,比2019年下降1026万欧元。

马钢特钢公司ER8+钢坯于2020年3月取得法铁一级资质认证;马钢交材半光轴(原轨交公司)获得法铁EA1N和EA4T的一级资质认证,并得到Alstom的使用许可。法国TGV高速车轴已形成批量供货。

2020年瓦顿公司持续开展组织机构调整和人力资源优化工作,通过岗位变更、部门精简、解除全部临时工合同等措施,将等效完全工作时间人数从上年底的385人减少到12月底的371人,基本完成预定目标。

(谢　峰)

德国MG贸易发展有限公司

【主要经营指标】　2020年德国MG贸易发展有限公司(简称MG公司)实现营业收入703.56万欧元(含钢材销售325.10万欧元)、营业利润22.10万欧元、净利润18.67万欧元,均超计划完成年度目标。

【钢材销售】　2020年以来,MG公司坚持以马钢高端产品如汽车板、硅钢、彩涂板市场开拓为目标,践行“直供”+“借船出海”两条腿走路,全年累计钢材销售签约6508吨,累计签约金额485.83万美元;累计发货量为5529.365吨,累计发货金额为399.881万美元。

【备品备件采购】　在“高效保供、大力降本”原则指引下,2020年累计签订销售合同23个,合同金额257.02万欧元;累计发货及实现销售35批,销售金额320.08万欧元,并成功开发原始供应商1个,首次为马钢股份长材事业部提供德国产优质冶金铸造吊用钢丝绳2000米,顺利实现与欧冶采购平台对接。

【疫情防控】　结合马钢股份、当地政府防疫要求,认真贯彻落实工作部署,积极筹措防疫物资、制定防疫相关制度措施,截至年底,无一人感染新冠病毒。

(王亨炎)

马钢(美洲)有限公司

【主要经营指标】　2020年马钢(美洲)有限公司(以下简称美洲公司)实现营业收入641.52万美元,毛利润25.34万美元,净利润2.14万美元。2020年协助马钢股份原轮轴事业部共计销售车轮21161片;车轴8520根;轮对24套。完成备件采购合同7笔,合同金额约23.93万美元。

【生产经营】　积极开拓轮轴产品市场渠道,并维护好现有市场渠道,建立定期互访机制,在稳定现有车轮业务基础上,车轴业务显著突破。积极协助马钢股份销售公司本部完成美国铁路协会(AAR)证书续办工作。受新冠疫情影响,AAR委员会评审会议未能正常召开,美洲公司积极联络技术顾问、AAR委员会,解决沟通相关问题,顺利取得证书,有效避免轮轴系列产品在美洲地区经销中断。积极响应,迅速处理马钢供通用电气公司(GE)车轮质量异议,安排回运多件破损车轮以便马钢股份本部进行质量分析,保障了渠道稳定。积极维护好车轴产品客户关系,在新冠疫情不利影响下,保持合同有序签订,物流发货平顺,资金回笼的安全,并提前锁定部分2021年计划。积极开拓拉丁美洲市场,继续开拓阿根廷市场,完成2笔合同,并借助其在南美的影响力开拓智利、巴西等市场。积极维护好墨西哥现有客户,稳定墨西哥市场渠道。

【备品备件业务】　探索打造综合商社平台,全年完成7笔备件采购任务,合同金额约23.93万美元。进一步理顺备品备件业务工作流程,完善物流环节,为后续业务拓展打下良好基础。

(张卫明)

马钢(韩国)事务所

【主要经营指标】　马钢(韩国)事务所为非法人机构,没有资本及运营的银行账户,创造的效益分别体现在马钢股份及马钢(香港)有限公司,不单独计算利润总额及两金指标。2020年,马钢(韩国)事务所除钢材销售利润外,实现销售佣金收入5.99万美元;全年总成本费用为26472万韩币(含替马钢股份支付的KS

认证相关费用)。

【生产经营】 2020年共开发新客户9个,签订合同23个,签约总量30855吨,金额1532万美元。其中H型钢4750吨、冷卷465吨、汽车板820吨、热卷及切板24700吨、硅钢150吨。实际装运量为26587吨,装运金额为1282万美元,全部顺利安全及时结汇。销售数量较上年下降的主要原因:一是受新冠疫情影响,国际市场需求总体萎缩;二是马钢股份自二季度开始调整出口战略,大幅度削减出口资源;三是韩国对中国H型钢的反倾销。

【其他工作】 协助马钢股份与韩国认证机构、认证咨询机构间的认证工作,完成KS证书状态更新、新钢种认证。

(华 震)

马钢(澳大利亚)有限公司

【主要经营指标】 2020年马钢(澳大利亚)有限公司(以下简称澳洲公司)实现总收入1780万澳元。

【经营管理】 威拉拉合营企业的合营矿山金步巴的资源量已于2018年3月全部开采完毕,按照合营协议约定,威拉拉合营企业的协议随之终止;2020年马钢股份继续完成每年纽曼矿的规定义务,并继续按照原有模式获得毛利。

【其他】 根据马钢股份指示,澳洲公司在完成全部已审计未分配利润向母公司分红手续后,2020年底前向马钢股份分红2800万澳元。2020年澳洲公司董事会人员进行两次变更,分别是胡夏雨替换陆克从任澳洲公司董事,聂庆文接替钱海帆担任澳洲公司董事长。

(朱德娟)

马钢(中东)公司

【主要经营指标】 在疫情持续冲击下,2020年国内外发展走势严重分化,国内疫情迅速稳定、经济快速复苏、市场持续旺盛,国际疫情持续恶化、经济长期乏力、市场整体疲软。在母公司党政的领导下,中东公司紧扣母公司工作主题,牢记初心、不辱使命、稳步发展,确保公司在复杂多变的环境下平稳运行,全年实现出口3184吨、出口额194万美元。

【生产经营】 由于海外疫情持续无法有效控制,中东公司坚持严格按照马钢股份和本地政府要求,配合迪拜领事馆和中国商会做好疫情防控工作。加强人员规范管理,实行居家办公和隔离等防控措施,认真做好防疫口罩、药品等物资储备;加强员工心理辅导,确保驻外员工"零感染",确保维持运营。

【市场开拓】 继首年度订单量突破万吨后,热轧切板市场拓展已取得积极成果,在当地市场形成良好口碑,初步建立稳定的销售渠道。受新冠疫情影响,2020年钢铁市场严重倒挂,导致钢材需求和价格均出现较大反差,面对诸多困难和风险,中东公司积极做好市场研判和风险规避,继续积极开拓市场,在热轧市场受到较大冲击前提下,积极开拓冷轧市场,并取得3184吨的较大进步,单品种出口量大幅增长。提前布局高端产品市场,着力开拓优势产品和重点推广产品市场,先后在热轧切板和冷轧油桶钢方面取得较大突破,实现相关品种有效覆盖,提升品种钢出口占比。针对中东地区钢材市场特点,积极发掘螺旋焊管市场需求,探索沙特SWCC公司管线钢认证,为后期布局管线钢市场打好基础。

(王红兵)

集团公司其他分(子)公司

马钢集团投资有限公司

【主要经营指标】 2020年,投资公司利润总额10533.67万元,净利润8289.01万元(快报数)。

【股权投资】 积极开展股权管理工作,优化参股公司结构,切实维护股东权益。根据中国宝武的要求,马钢(杭州)投资管理有限公司已于2020年5月完成了法人压减工作,基金公司注销。完成马鞍山市中心医院在联交所公开挂牌转让,受让方已全额支付转让款。根据宝武集团"一企一业、一业一企"的战略规划和决策批复,投资公司已将所持有的江苏共昌轧辊股权无偿划转至宝武重工。此外,马钢集团为履行公开承诺,指定投资公司通过自有证券账户,在监管允许的时间内,在二级市场以竞价方式买入马钢股份A股股票共158282159股,占总股本的2.0554%。

【资金运营】 根据投资公司《临时性资金管理》项目建议书,利用自有资金通过参与货币基金、债券回购产品及证券公司发行的收益凭证、资产管理计划等获得收益,进行无间断的现金管理,在保证资金流动性、安全性的同时增厚收益。通过准确研判利率下行趋势,主动拓宽券商资管计划的投资范围,并积极搜集债券市场信息,优选投资标的,在风险可控的前提下实现了一定的杠杆收益。

【财务管理】 投资公司根据马钢集团的安排,将财务管理纳入马钢集团财务共享中心管理体系实施管理。

【企业培训与交流】 与华泰、银河等证券公司定期研讨资金市场、债券市场和股票市场的发展趋势。

【党建工作】 认真学习贯彻习近平总书记考察调研中国宝武马钢集团重要讲话精神,巩固深化"不忘初心、牢记使命"主题教育成果,开展"四史"教育等。持续推进党建标准化建设,以提升组织力为重点,推动党建工作不断深化,为投资公司运营提供了有力保证。认真落实党风廉政建设责任制,推进"一岗双责"落地,将主体责任、监督责任明确到人,落实到事,强化责任担当,有力地促进了公司的业务发展。

(周立人)

马钢集团康泰置地发展有限公司

【主要经济安全指标】 2020年,全年共实现主营业务收入3.55亿元,利润总额2136.43万元,上缴各项税费1836.76万元(未经审计);重大安全、伤亡、火灾事故为零。

【安全管理】 通过签订安全目标责任书逐级压实安全生产责任,进一步深化安全生产"1000"理念;全面开展安全生产隐患集中排查治理专项行动,强化对老旧平房、小二楼及中转楼等区域的日常巡检力度;集中开展打通"生命通道"整治活动,完成10个物业小区消防划线施工,整改各类安全消防隐患122处;全年开展全员安全教育专项培训112人次,着力强化"违章就是犯罪"意识,着重培养员工安全管理技能。

【现场管理】 迅速落实疫情防控各项措施,第一时间成立疫情防控工作领导小组,配合政府实施了辖区内物业小区共计22个区域、99条开放通道的封闭式严管,胜利完成马钢异地返回209名大学生的隔离观察工作。提前启动防汛排涝预案,检修辖区老旧平房区域排水排污设施,对地势低洼及存在安全隐患的区域实施汛期24小时巡查。定期开展辖区内设施设备日常巡检和维保,完成应急抢险483项,维修改造电梯61部,分批落实资产维修项目506.5万元。按照宝武"四化"理念和文明城市创建要求,坚持集中整治和日常管控相结合,共投入250余万元资金对金海岸名邸和盛泰名邸进行小区环境整体改造提升。

【服务工作】 以提升服务质量和效率为宗旨,整合成立物业维修直属班,统筹负责各物业项目部设施设备维修及智能化改造升级工作,全面梳理规范劳务人员管理,实现了物业费欠款清缴率和当期收费率的同步提升。着力推广"管家式"服务理念,建立公寓标准化服务流程,组织开展多类型文体活动,不断提升住宿员工生活品质。为保证马钢"智慧园区"项目建设和厂区改造等项目顺利开工,接连平稳完成了马钢"智园"、机械化站、花山路中转楼和雨山八村35套公房的拆迁安置。

【业务拓展】 根据市政府棚改工作部署及马钢委托,承接了马钢棚改项目,包括4个地块约120亩的棚改房拆除、800余户棚改户搬迁及安置房建设任务(预计建设周期2年,运营周期3年),经积极协调已于2020年10月28日正式拍下土地开始投入建设,有力提振了产业发展信心。物业服务业务积极延拓在手项目的服务内容并新增外部优质服务项目,全年增加合同金额374万元。建安业务全年签订各类工程合同428份、合计金额逾1.8亿元,同比增长84%。物资贸易业务适时调整产品结构、规范业务流程,全年实现销售收入9337.48万元。房(资)产经营租赁业务积极开展空置房招租,同步完成了疫情租金减免与租赁价格调整,全年共签订合同547份,租金收益较2019年同期略有提升;充分把握商品房销售趋势,回笼资金4861万元,实现了金海岸名邸(一期)项目清盘。与此同时,积极研判市场抢抓商机,新拓展多层住宅增设电梯业务86万元。

【改革发展】 按照集团公司统一部署,有序推进"三重一大"系统全覆盖,规范开展"参股瘦身"工作,持续完善公司治理。根据公司发展需要,适时优化和调整机构设置,厘清各单位的层级关系和相应工作职责,不断加强母子公司管控。按照宝武和马钢公车改革工作要求,稳妥推进司勤人员转岗和公车处置,实现生产经营用车市场化社会化。全面对接宝武信息化管理要求,分步上线运行了宝武党建、财务、不动产、人力资源等信息系统,同时扩大公司收费信息化覆盖面,试点运行新岗智慧化农贸市场,启动物业管理微信公众号,持续加强信息化建设。以审计发现问题为导向,进一步加强发票和应收账款管理,尤其加强对矿石贸易资金回笼力度,此外还聘请了企业法律顾问,设立了"法律咨询日",不断强化经营风险防范意识,提高风险防控手段。

【党建工作】 以持续推进"中央企业党建巩固深化年"专项行动为主线,系统谋划学习贯彻习近平总书记考察调研中国宝武马钢集团重要讲话工作方案,坚持"四同步、四对接",推动一切工作到支部,持续规范和优化基层党组织设置,实现党支部书记集中培训全覆盖。持之以恒纠正"四风",重点防范和抵制违规公款吃喝、餐饮浪费等行为;严肃处理不作为、乱作为、慢作为等形式主义、官僚主义问题。

【文化建设】 全年开展员工线上和线下各类培训共计105人次,管理层人均培训达140课时;明晰三支队伍晋升通道,结合疫情防控期间工作表现提拔7名中层管理人员(其中副职转正职5名),新修订了业务技术职务评聘办法并分序列开展评聘工作,按季度开展操作维护岗"服务之星"("操作能手")评选工作。稳步提升员工福利待遇,恢复企业年金运作,组织开展员工及其家属体检,实施年度股权红利分配,员工人均工资同比增长约15%。完善以职代会为基本形式的民主管理制度,依法合规审议事关员工切身利益的重大事项。切实开展互助帮困、日常慰问、金秋助学等困难帮扶活动。与此同时,公司切实履行社会责任,积极参与上级部门组织的精准扶贫工作,有序推进辖区内文明创建工作,并在综合治理、计划生育、爱国卫生、女职工劳动保护等方面也取得了较好的工作成绩。

(郑　燕)

安徽马钢创享财务咨询有限公司

【概况】 安徽马钢创享财务咨询有限公司(以下简称创享公司)于2019年8月1日成立,注册资本500万元,设置三个管理部门:业务组、总务组、财务部。创享公司与财务共享中心实行一套班子、两块牌子,内部机构与财务共享中心合署。主要业务范围:财务信息咨询(不含投资咨询)、会计代账服务、税务服务。运作模式是共享中心所有经营性业务在创享公司平台开展,按照收入与支出配比原则,核算经营成果。

【法人压减】 2020年初根据中国宝武下发的《马钢系法人、管理层级、参股公司瘦身健体方案》,马钢集团公司需压减法人11家,其中包含创享公司,为贯彻落实宝武工作要求,2020年9月23日,集团下发关于注销创享公司的股东会决议,2020年11月2日创享公司结清所有税务事项,2020年12月22日完成工商注销。

【主营业务】 2020年创享公司与欧冶链金再生资源有限公司(以下简称欧冶链金公司)、安徽马钢工程技术集团有限公司(以下简称工程技术集团)、马钢(集团)控股有限公司桃冲矿业公司(以下简称桃冲矿业公司)存在业务往来。一是2020年3月与欧冶链金公司签订《技术附件》及《技术服务合同》,为欧冶链金新设分公司提供金蝶共享平台系统核算及共享流程配置等信息化建设,合同约定服务期限为2020年2—12月,合同金额20万元(含税)。二是2020年1月,工程技术集团联系创享公司因中国宝武管理要求需要对原有工程技术集团本部的账套进行分离,原账套交由设计院管理,新账套由工程技术集团本部管理,合同事项已执行完毕,合同金额2万元(含税)。三是2020年3月,桃冲矿业公司联系创享公司因管理需要将桃冲矿业公司及下属青阳白云石矿改为子公司的模式,相关公司的账务及数据进行转换调整。创享公司经过前期调研讨论,已经制定相应的调整方案,项目于2020年7月完成,合同金额8万元(含税)。创享公司全年主营业务收入283018.86元,截止到2020年12

月22日,创享公司资产为535.10万元(全部为银行存款),净利润326046.85元,12月23日创享公司上缴全部银行存款,并注销所有银行账户,完成法人注销手续。创享公司于2020年12月正式注销。

(顾 颖)

深圳市粤海马钢实业有限公司

【概况】 1992年11月25日,由马鞍山钢铁公司与深圳南山粤海实业公司共同出资设立深圳市蛇口粤海马钢联合企业有限公司,后变更为深圳市粤海马钢实业有限公司。公司投资总额300万元,其中:马鞍山钢铁公司出资225万元,占75%股权;南山粤海公司出资75万元,占25%股权。

粤海马公司经营范围为国内商业、物资供销业,经济信息咨询,房屋租赁等。2014年,马钢集团公司进一步明确粤海马公司的管理权属,即作为集团公司的子公司,由马钢集团资产经营管理公司委托管理;同时,明确了经营和贸易职能。经营职能主要是自有房产与代管房产的出租;贸易职能是与马钢内部单位的贸易往来。

2017年9月,按照安徽省国资委的清理整合非主业企业的工作要求,粤海马公司停止了全部贸易业务,原有员工4人(其中2人为马钢委派,2人为外聘用工)劳动关系也转至宝信软件飞马智科公司下属深圳市粤鑫马信息科技有限公司。目前,该公司处于停业存续状态,存续业务仅为28套房产的对外租赁,由粤鑫马公司代管。

【资产负债】 截至2020年,粤海马公司资产总额1278万元,负债总额790万元,净资产488万元。净资产明细如下:注册资本300万元,盈余公积5万元,未分配利润183万元,合计为488万元。资产主要是南山区临海路半岛花园28套商品房,建筑面积共2221.80平方米,账面价值为916.58万元(在"存货"中核算,未提折旧),按目前约7万元/平方米测算,市场价值约1.5亿元。该28套房产于1992年9月由马钢公司出资购置,因外地单位不能在深圳直接购房,因此以粤海马公司名义购置,房屋产权证上房产权利人为粤海马公司。1993年6月南山粤海公司出具了其不占有该28套房产的任何股权和责任的书面证明。

【注销清算】 2020年3月,中国宝武下发《马钢系法人、管理层级、参股公司瘦身健体方案》,要求马钢集团于2021年完成深圳粤海马钢实业有限公司的清算注销工作。2020年以来,资产公司和集团公司法务部反复论证粤海马公司的清算方案,并共同赴深圳与粤海马公司参股股权的实际控制人深圳市深汇通投资有限公司予以磋商,双方就粤海马公司注销清算及双方争议解决方式等问题达成共识,同意启动粤海马公司注销清算工作。

(高 亮)

安徽马钢耐火材料有限公司

【概况】 安徽马钢耐火材料有限公司(以下简称耐火公司)类型为有限责任公司(非自然人投资或控股的法人独资),成立于2013年10月23日。法定代表人:陈海山,住所:安徽省马鞍山市花山区佳山二村27栋201号,注册资本:8000万元,其中马钢(集团)控股有限公司出资8000万元,占注册资本的100%。

【清算及注销】 耐火公司于2019年7月12日成立清算组,向工商行政管理局申请清算组备案,清算组成员由郭斐、戴修明、王福宁、陈海山组成,由郭斐担任清算组负责人。耐火公司于2020年12月17日注销税务登记,于2020年12月28日注销工商登记。

【剩余财产分配】 根据耐火公司第二期审计报告(永税字(2020)07108号),截至2020年11月30日,耐火公司剩余财产137758337.29元。2020年12月1日至2020年12月31日,剩余财产变动金额-4027435.82元,最终马钢集团公司按出资比例100%分配133730901.47元。

(孙 俊)

安徽马钢冶金工业技术服务有限公司

【概况】 安徽马钢冶金工业技术服务有限公司(以下简称马钢冶金服务公司)前身为成立于1984年2月的马钢厂办大集体利民公司。根据马钢(集团)控股有限公司厂办大集体改革实施方案,2020年3月利民公司厂办大集体改革工作正式启动,于10月16日注册成立了安徽马钢冶金工业技术服务有限责任公司。马钢冶金服务公司是马钢集团全资设立的子公司,业务定位是为钢铁冶金和相关企业提供生产协力等配套服务,致力于成为区域内具有综合竞争优势的生产协力服务商。经营范围主要是技术服务、技术开发、技术咨询、技术交流、技术转让、技术推广,企业管理,劳务服务,人力资源服务等。公司不设董事会,设执行董事1人。根据马钢冶金服务公司发展的需要,设5个部门,分别是综合管理部、经营财务部、生产安环部、人力资源部(党委组织部)、党群工作部(工会、团委、纪检、监察、审计)。2020年,马钢冶金服务公司承接并整合优化原利民公司现有生产协力业务,根据业务需要设立6家分厂,已成立4家分厂,分别是:第一分厂(原马鞍山市马钢利民钢渣开发有限公司)、第二分厂(原安徽马钢利民建筑安装有限公司协力分公司)、第三分厂(原马鞍山马钢利民劳动服务公司)、第四分厂(原马鞍山市马钢利民回收有限公司)。同时,根据厂办大集体改革要求,马鞍山利民星火冶金渣环保技术开发有限公司、马鞍山利民冶金固体废物综合利用科技有限公司、安徽马钢利民建筑安装有限公司暂为马钢冶金服务公司托管单位。原利民公司组织架构随职能转换完成自行撤销。

【主要经济指标】　马钢冶金服务公司全年实现主营业务收入26.2398亿元,比2019年同期增加10.4937亿元,增幅为66.64%,创近年来新高。其中:劳务系统6.9730亿元,比上年同期增加4371万元;建安系统8.9605亿元,比上年同期增加3.4681亿元;生产商贸系统10.3063亿元,比上年同期增加6.5885亿元。圆满完成了年初制定的目标任务。

【劳务总包】　以厂办大集体改革为推动,按“一企一业、一业一企”要求,通过强化和规范劳务总包基础管理,优化人力资源配置,整合劳务项目等工作,有序推动劳务区域、劳务岗位的整合,初步形成分区域专业对接的管理模式,有效地确保各项工作的顺行,协力劳务的管理效率、规模效益持续提升。

【建安系统】　安徽马钢利民建筑安装有限公司先后中标马钢原料场环保升级及智能化改造工程一次料场输入系统部分胶带机通廊隐患整改、马钢股份炼焦总厂北区新增干熄焦环境除尘土建工程、四钢轧总厂2250热轧精轧超高压除鳞系统改造及泗县御河景苑(二期)棚户改造设计施工一体化等工程项目。同时,通过整合内部分公司、打造专业项目部、提高工程项目服务质量等,进一步巩固了内外两个市场,使安徽马钢利民建筑安装有限公司核心竞争力持续提升,经营业绩稳步增长。

【生产贸易】　马鞍山利民星火冶金渣环保技术开发有限公司生产运营持续向好,钢渣微粉生产线超额完成全年预定生产目标,利润突破1千万元,做到了“防控、生产”两不误、两促进,并荣获“2020年度全国工业固废综合利用最具投资价值创新技术奖可复制项目奖”,星火的品牌影响持续提升。马鞍山利民冶金固体废物综合利用科技有限公司自试投产以来,生产运营良好,窑况表现总体稳定,为日后正式运营累积宝贵的经验。马钢利民商贸有限公司不断拓宽经营渠道,营销再创新高。

【基础管理】　先后制定下发了《马钢利民企业公司机关人脸识别考勤管理办法(试行)》《安徽马钢利民建筑安装有限责任公司工程项目管理部改非科级人员薪酬标准的规定》等一系列管理办法,为推进企业管理的规范化、精细化管理提供了制度保障。以厂办大集体改革融入宝武体系为契机,积极推动公司信息化建设,持续夯实信息化基础。先后筹建了人力资源、标准财务、智慧工作等系统,初步完成了对新公司人员的信息数据采集;加入了财务共享中心,实现了财务共享对接,制定了区域内马钢内网改造实施计划。通过信息化建设,加快了与宝武信息化对接,基层管理变革全面实施。疫情期间,通过各类宣传阵地加强疫情防控和复工复产舆论宣传,普及防控知识,开设“共抗疫情,利民人在行动”“我是党员 战疫情 冲在前”“战‘疫’一线的堡垒”“战疫保产两不误”等专栏,营造众志成城抗疫正能量。

【党群工作】　持续深入学习贯彻习近平新时代中国特色社会主义思想、党的十九大、十九届历次全会和习近平总书记考察调研马钢重要讲话等精神,不断提高政治判断力。通过中心组理论学习、“三会一课”、主题党日活动等形式,不断推动“四史”学习教育走深走实走心。为适应整合融合需要,完善组织架构,全年新建基层党组织1个,合并撤销分公司党支部8个,督促2个党支部按期换届选举。坚持发展依靠职工、发展为了职工,突出岗位价值创造、多劳多得,职工收入水平持续提升。在厂办大集体改革进程中,及时调整在岗职工薪酬标准和内退职工最低生活标准,让全体职工深切感受到改革所带来的收入变化。

(汤　莉)

集团公司合资公司

马钢年鉴

MAGANG NIANJIAN

马鞍山马钢嘉华商品混凝土有限公司

【主要经营指标】 2020年商品混凝土公司全年营收高达3.40亿元,利润2323万元,完成EVA增加值1628万元,为预算值的656%,净资产收益率高达20.55%。年初下达的营收和利润目标分别为3.25亿元和1051万元,全面超额完成了年度预算指标,其中利润是合资公司成立以来取得的最好成绩。

【协同效应】 商品混凝土公司融入宝武,融合宝钢资源,尤其是进入矿业板块后,在混凝土原材料资源紧缺的巨大压力下,我们利用宝武内部特别是板块内部分(子)公司建材和副产品以及可资源化的固废,通过技术研发提高其作为混凝土掺合料的比例,缓解了马钢重点工程的混凝土原材料供应紧张状况。

【党建引领】 从濒临关门到强势反弹,从人心浮动到凝心聚力。短短1年时间,铜陵分公司坚持党建引领,紧紧围绕"做强主业,持续转型"的工作主题,突出"通过为客户创造价值来实现自我价值"的战略思路,以党建聚人心、促生产,着力发挥基层党组织在企业改革发展工作中的引领、鼓舞作用,团结带领广大员工实现了华丽转身。

【绿色转型】 针对马鞍山分公司环保方面存在的实际问题,经公司研究并与股东方沟通形成董事会决议进行了环保升级改造。为此,公司领导和机关工作人员克服困难,提前搬迁至临时办公地点,腾出办公场所,以时间换空间,一方面改善了一线管理人员的办公条件,另一方面为料仓环保大棚和零排放环保项目改造创造了有利条件。2020年11月25日,公司零排放系统项目顺利建成并开始试运行。作为马鞍山地区同行业中的头部企业率先实现了污染物零排放,得到了马鞍山市建管处和市环保部门的高度评价,并且作为样板工程号召其他企业来我单位观摩学习。

【工序分包】 为响应矿业公司领导的号召,2020年我们与中联等先进企业对标,彻底解决运输工序的短板问题,变短板为长板,同时解决了养驾驶员的问题。在总结以往工作经验的基础上,铜陵分公司对搅拌车和泵车、马鞍山分公司克服重重阻力对混凝土搅拌车实行了工序分包,经过几个月的试运行,效果明显。分包工序平台化,为双方长期合作奠定了基础,使老化严重的泵车和罐车在分包以后焕发了活力,营运成本和人工成本持续下降,设备运行效率稳步提升。

【装备提升】 为有效地提高设备运行效率,缩短单方混凝土生产的时间,合资公司作为安徽省20强企业、本地区头部企业,进行了设备工控系统和控制系统的改造。同时,为适应市场结构的新变化,强化企业品牌建设,提升市场竞争力,经公司董事会研究,于2020年9月29日在宝武平台购置了一台臂长为67米的汽车混凝土输送泵车,为改善公司生产设备的构成,进一步扩大我们在混凝土行业的影响力,以及为后续抢占工建项目市场份额起到了积极、重要的推动作用。

【固废运用】 2020年,公司在环境风险和质量风险受控的情况下,坚持"市场导向和效益最大化""质量、环保双受控"的原则,成功将选矿尾砂石和风淬渣等冶金固废运用在混凝土生产中,同时风淬渣深加工等固废运用研发工作也正持续地按计划进行,为下一步融入宝钢资源后板块的协同与发展奠定了良好的基础。

【安全环保】 公司全面贯彻落实安全生产法律、法规的新标准和新要求,深入排查和有效化解各类安全生产风险,安全生产持续稳定发展,实现了重伤及以上人身、交通事故为零的目标。为强化"绿色发展"理念,各分公司加强了环保的硬件和软件投入和管理,顺利完成了集团公司和地方政府下达的节能减排目标。

【风险管控】 为确保风险受控,近年来,马鞍山本部和铜陵分公司混凝土主业锁定市政和基础设施及工业建筑市场,混凝土产品的销售已不再是完全的赊销模式,合同条款中,节点款的付款比例由原来的60%逐步提高到80%甚至90%及以上,综合预付款率已经超过20%。

【ERP上线】 公司完成了企业资源计划(ERP)+智能制造系统(一期)在所属三个分公司的全面覆盖,构建了一个全新的适合混凝土生产与销售核心业务的中央内控信息化平台——智能管理系统平台,包含"采购、生产、物流、营销、财务等",实现了混凝土业务的全面信息化管理,达到了"规范基础数据,优化业务流程,全面提高企业内部人员的管理水平"之目的,使企业的生产经营与管理处于智能、优化、节能、高效的良好业态。

【宣传教育】 2020年,公司党总支多次开展了"党总支书记讲党课"和公司主要领导下基层跟班蹲点活动。两级党组织和群团组织紧紧围绕公司的工作主题,广泛开展了形势任务教育,从正面对广大员工进行宣传和引导,并利用微信群等各种媒介传播正能量,凝聚人心、形成合力,为公司“做强主业,转型发展”提供了强有力的政治保障。

【社会责任】 为积极响应马鞍山市委、市政府和矿业资源党委的号召,参与了“百企帮百村”的帮扶活动。2020年,公司党总支主要负责人带领相关管理人员多次深入到含山县昭关镇大宣村贫困户家里,不仅送去了慰问金,还和当地村党支部第一书记一起研究脱贫致富的有效途径。

(童红武)

马鞍山力生生态集团有限公司

【主要经营指标】 2020年,力生公司实现服务经营收入4.59亿元,完成了年度服务经营目标,实现工亡、重伤、食物中毒等重大事故为零。

【主体服务】 主体服务经受住了新冠疫情的重大考验。坚决贯彻落实疫情防控措施,建立了人员排查、体温监测、环境消杀等疫情防控常态化机制,强化工作餐原料验收检测,严格菜肴制作标准,防范和控制了人身和食品安全危害。围绕物价和职工需求,优化菜谱设计,消化物价上涨压力,强化工作餐标准化,严格落实“五统一”,保证了工作餐质量稳定。克服天气、厂区施工、部分食堂关停等不利影响,高效完成了主体厂检修抢修、防汛抗洪等重要活动的供餐任务。开展制止餐饮浪费行为、创建节约型食堂活动,将勤俭节约的理念融入食堂管理。绿化环卫围绕马钢“绿色发展·智慧制造”绿色工厂的新要求,提高细化作业标准,开展现场管理“三方”联查,强化作业质量管控,重点加强了应急抢险和绿植冲洗、道路清扫及雨中雨后保洁力度。发挥机械装备优势,合理优化车辆作业线路,加强车辆GPS跟踪,提高车辆使用效率,现场作业效率质量进一步提升,圆满完成了党和国家领导人来马钢考察调研、环卫“战疫”、防汛抢险以及长江沿线生态修复环保检查“回头看”、长江经济带突出环境问题整改检查、省生态环境保护专项督察等的厂区环境保障工作。防暑降温服务及时高效,对食品饮料厂内部环境、灌装机等生产和辅助设备进行升级改造,对盐汽水、瓶装纯净水和桶装纯净水包装进行了宝武130年联合标识改版,提升了企业形象和保障能力。按照马钢统一部署,精心组织,完成了宝武1650万元的对口扶贫产品发放工作。

【市场经营】 餐饮管理公司克服疫情影响,新增托管及续标9家食堂。园林建设公司紧盯马钢绿化品质提升项目,抢抓机遇,主动跟进,大力拓展马钢内部绿化工程市场,中标马钢“绿色发展·智慧制造”—景观品质提升—绿色发展参观线及特色产品参观线绿化建设工程、马钢智园建设项目绿化景观工程等7个绿化项目;在项目实施过程中,克服多种困难,较好地完成了建设任务,为马钢“绿色发展·智慧制造”大会的圆满召开做出了积极贡献。暖通工程技术公司中标了节能减排CCPP综合利用发电工程-中央空调及附属设施、欣创环保开发区环保科技园(二期)诊断检测楼空调等多个项目。马钢宾馆在疫情期间作为马钢大学生返程隔离点和外来人员隔离及核酸检测点,圆满地完成了任务。黄山太白山庄等旅游酒店单位积极争取政府阶段性减税降费和补贴等政策,努力克服各种不利因素,积极拓展市场,降本减亏,努力创收增效。

【企业管理】 组织编写《标准化评审工作标准》,开展年度自评活动,梳理各项标准,新增3项标准,修订13项标准,服务标准体系进一步完善,得到省市市场监管局认可,公司当选为安徽省和马鞍山市标准化分会副会长单位。改进优化采供流程,取消中间环节,深化蔬菜集中采购、分拣、配送试点,通过共建基地、源头采购和批发市场采购相结合的方式,强化了集中采购供应链建设。推进移动支付方式应用,结合马钢消费系统升级改造,马钢主体单位食堂实现微信收款全覆盖。稳步推进小绿化、小环卫集中管理,加强现场作业车辆和作业人员统一调配,近3万平方米道路由人工清扫改为机械清扫。实现公司作业车辆GPS安装全覆盖,并建立环卫车辆、工作餐配送车辆运行日志,强化车辆运行过程受控管理。紧密围绕公司服务经营实际开展各项安全管理工作,通过安全标准化复审,全年无重大人身伤亡、设备事故。

【品牌建设】 以“提质量 促品牌 增效益”专项活动为推动,强化服务标准执行落地,服务质量、服务意识、食品安全、“6S”现场管理有了提升,开展标准化评选,评定出一类等级食堂6家、二类等级食堂10家、三类等级食堂15家。加强大师工作室建设,实训基地投入运营,全年创新、研发宴会菜、工作餐和面点等50多种。积极参加国家、省市行业协会活动。获得市质量协会“2019年度优秀会员单位”荣誉称号。在第十五届中国国际团餐产业大会上,公司荣获“2019年度中国团餐百强企业”,市行政服务中心食堂获得“2019年度客户满意的中国好食堂”荣誉。在安徽省厨师节暨第四届安徽省名厨大会上,公司5名员工荣获安徽十大名厨、安徽最美厨师、安徽烹饪技术能手、优秀厨政管理师多个奖项,2名选手夺得第四届“金徽厨”中式烹调金奖。荣获安徽省养护企业20强、安徽省园林企业综合50强、安徽省优秀园林规划设计企业称号。

【文化建设】 深入学习贯彻习近平新时代中国特色社会主义思想和党的十九届三中、四中、五中全会精神,紧紧围绕服务经营中心工作,巩固深化“不忘初心,牢记使命”主题教育成果,思想、组织、作风、纪律建设取得新提升。围绕服务经营重点工作,及时在《中国冶金报》和马钢等媒体平台传播力生好声音,传递企业正能量;加强公司外宣平台建设,提升信息发布质量,公司微信公众号阅读量和关注度不断提升,成为公司对外宣传的重要阵地。坚持弘扬“用心、放心、安心”的价值观,引导员工增强服务意识。编制视觉识别系统手册试行版,为规范公司标识应用,塑造公司规范、统一的品牌视觉形象提供了规范。发挥群团作用。围绕服务经营开展劳动竞赛。组织开展了餐饮酒店标准化竞赛、市直机关餐厅宴会菜肴操作交流表演赛、中式面点制作观摩展示和技术比武赛等活动。推进“工人先锋号”创建活动。中心食堂被授予安徽省“工人先锋号”。践行社会责任。公司党委组织党员职工自愿捐款4.83万元,支持新冠疫情防控工作。马鞍山市汛情告急之时,公司10名青年突击队员参加雨山区防汛抢险预备队投入一线防汛值守;食品饮料厂党支部为雨山区防汛一线人员送去纯净水、盐汽水等物资。采购贫困地区农副产品;对符合条件的17户租赁户减免疫情期间租金。

（刘向阳）

马鞍山钢铁建设集团有限公司

【经济技术指标】 2020年,马建集团公司紧紧围绕“创新运营机制、提升效率效益”工作主题,狠抓困扰企业运行的关键性问题,全力应对严峻挑战,着力解决历史遗留问题,突破重点难点,实施管理改进,全年实现总产值26.6亿元,利润总额360万元。

【改革管理】 积极推进内部改革。一是推进公司股权改革工作。根据马钢集团改革指导组总体部署,筛选梳理了马建股权改革的框架性设想,征集了全体股东的意愿,因多种原因,股权改革暂时搁浅。二是推进授权承包经营试点。进一步扩大二级单位经营自主权,推行风险抵押模式,深化承包经营,对3个二级单位进行了授权承包经营试点,6个单位签订了目标管理承包责任书,自主经营、自主管理、自我约束能力有所提升。三是严格内部考核问责。抓好经济责任考核目标责任书的落实工作,3个单位被否决效益工资;树立红线意识,严格实施问责,处置上级纪委问题线索移交函30起,问责3人。四是艰难维护特级资质。公司梳理了资质维护存在问题清单,按照计划逐项推进完善,但是注册资本金、产值、净资产、税收、注册人员等方面仍难以满足复审要求,资质维护极为艰难。

【市场开拓】 努力推进市场开发。一是调整市场开发策略。面对外地项目普遍存在效益低、风险高、垫资多、结算难的突出问题,公司积极把握马钢及本市大建设大发展机遇,及时调整策略,把市场开发重心转移到本埠市场。二是艰难拓展马钢市场。由于各大建筑央企纷纷抢滩马钢市场,公司受到EPC总包招标和总包单位再招标的双重挤压,项目利润极度狭小,市场开发难度加剧。全体市场开发人员多方努力、广揽任务信息,开展项目洽谈100余次,组织参加投标、议标122项,中标67项,签订合同额6.73亿元。三是创新任务合作承揽模式。在成功承揽泗县、固镇项目区域市场等合作项目的基础上,与航天凯天等合作方签署了战略合作协议,力求通过合作承揽多渠道拓展市场。四是辅业单位积极作为。汽运公司、精诚检测公司不等不靠,锁定目标、主动出击,全力拓展市场,率先完成了市场开发指标,取得了较好成效。

【施工生产管理】 精心施工展现综合实力。一是全力以赴推进重点工程建设。马钢智园项目作为公司头号重点工程,公司领导驻点项目,克服汛期、高温等困难,按期顺利交付下道工序;长钢项目是公司直属管理的项目,为兑现承诺,公司从组织优化、进度控制、质量安全管理等方面实施全过程跟踪监控,战高温、抢工期,努力推进项目建设;带式焙烧项目是扭转中钢对公司否定态度的关键一役,项目部高度重视,强化施工组织管理,在图纸滞后的情况下,积极沟通、着力解决,使项目得以有序推进,获得马钢领导的赞誉。二是强化技术挖潜。公司技术创新能力稳步提升,全年评选年度企业级工法5篇,其中2篇被评为冶金建筑行业工法,4篇申报省级工法;1项专利获得国家发明专利授权,5项获得实用新型专利。三是加强项目管控能力。公司所有在建项目全面实施项目组织策划,各大项目推进有序,施工安全、质量、进度全面受控,对于存在问题不回避、认真调查并开展回访,组织专人召开分析会,查找原因、制定整改措施并整改,得到了各业主单位的认可。四是创建工作取得新成绩。公司顺利通过"三标一体化"复审,京唐二期项目成功获得"冶金优质工程",固镇曹徐佳苑项目申报"蚌埠市安全质量标准化示范工程",飞马智科大数据项目通过"马鞍山市标准化示范工地"验收。

【经营审计管理】 全面强化经营审计。一是不断完善审计工作。为切实落实依法维权、依规治企,公司强化项目和单位经营过程中审计,开展了单位年度效益审计、专项审计和管理人员离任审计,重点推进了外埠五个项目的审计工作。二是防范项目经营风险。公司建立了风险防控体系,人员风险意识明显提高,风险点防控有所加强;完善规范分包招标管理,及时更新合格方名录,严格执行公司工程(劳务)分包审批、招标程序;强化合同风险管理,依法对接协调停工项目业主,启动实施了玉文化产业园项目法律诉讼工作;制定了《关于严禁中高层管理人员违反规定插手工程业务招标等活动的规定》,规范公司中高层管理人员、"三管六外"人员在经营业务活动中的行为。三是依法维护企业利益。一年来,劳务诉讼公司案件增多,为努力降低经营风险、减少各类损失,公司通过充分应诉准备和预判等手段,加强判决书执行力,全年处理诉讼82起,追回债权资金1734.3万元,多方举措节约案件受理费、执行费、相应利息等计643.2万元,最大限度地维护了公司利益。

【财务资金管理】 全力筹措保障资金。一是全力推进结算清欠。为努力缓解资金困难,公司千方百计狠抓"三落实两结算一清收",明确资金结算清欠责任主体,扎实开展百日竞赛活动,制定计划、界定责任、严格考核,落实已完项目结算和在建项目回款等工作,全年累计完成工程结算52项、金额7.05亿元,比上年同期环比增加130%。二是规范内部"银行"管理。严格执行"以收定支,统筹平衡"的资金平衡制度,优先保障存款单位的资金使用,优先保障在建工程项目的资金需求,妥善安排完工项目工程尾款资金支付。三是努力拓展融资渠道。直面银行融资困难,加强与银行及非银机构对接,积极沟通融资授信审批工作,探索创新项目融资模式,着力稳存量求增量。四是盘活资产创效增收。公司根据省审计厅巡查问题整改的要求,结合钢构公司长期亏损的实际,完成了钢构基地转让工作;全面清理房屋资产,完成印山村马建材料仓库清理工作,为后续拆迁补偿奠定了基础;进一步完善物业经营体系,严格规范管理制度、操作流程,在疫情影响下租赁收入不降反升,相比上年创效增长了5%。

【精神文明建设】 以人为本汇聚力量。一是发挥党组织领导核心和政治核心作用。年初新冠疫情暴发,公司快速及时响应,立即成立疫情防控领导小组,落实预案措施,克服困难、动用各方资源采购防疫物资,全力确保职工生命安全和身体健康,实现了第一时间复工复产;通过强化党支部和"党员先锋号"建设、先模评比、合理化建议、劳动竞赛等,全力保障企业生产顺行。二是正面引导凝聚力量。通过公司门户网站等形式不断深化形势任务教育,开展"践行初心使命、立足岗位奋斗"等持续性、针对性的教育活动,努力营造风清气正、攻坚克难的良好氛围。三是聚焦困难职工群体。以保障职工生活为第一要务,继续落实春节和中秋发放职工福利措施,组织了职工年度健康体检,通过马钢工会帮扶、互助帮困基金、金秋助学、大病救助、平安大病保险等平台加大帮扶力度,全年慰问困难职工101人次计4万元;日常住院慰问职工47人次,发放慰问金1.9万元;职工保险赔付46人,理赔金额29.5万元;实施大病救助22人,救助金额7.9万元,多举措帮助困难职工渡过生活难关。四是不断提升职工队伍素质。公司注重岗位适应性培训,组织职工参加马钢各类管理培训92人次,自办班培训职工361人次,执业资格继续教育等外部培训87人次,不断提升职工综合技能和管理水平。五是培育和谐稳定的发展环境。因企业可持续发展的不确定性,职工思想复杂多变,两级党组织结合实际深入细致地开展职工思想政治工作,加强信访维稳,妥善化解各类矛盾纠纷数十起,确保企业改革管理、施工经营各项工作平稳实施和大局稳定。

(王秀勤)

钢晨实业公司

【主要经营指标】 2020年,钢晨实业公司坚持以市场为导向,及时调整经营策略,大力开发新市场、新渠道、新产品,化压力为动力,化动力为效益,不断提高产品市场占有率和盈利能力,实现销售收入34.5亿元

(不包括远大公司和欣创公司)。

【市场开拓与项目开发】 2020年,公司24个主要产品中有8个创年度历史新高,8个创月度历史记录,有12个实现了年度同比增长。各单位积极开辟新市场、新渠道,增加新品种、新产品销售,取得显著效果,为公司稳定经营、提升效益做出突出贡献。项目开发卓有成效,远大公司完成了水洗线收购项目,为丰富产品品种、提高经营效益提供了有力支撑;报业分公司推进实施了数码印刷项目,在业务转型上进行了有益尝试。在基建技改方面完成了205国道开口,以及物流园7号、9号货场。开展了热板加工、重型H型钢加工、车身平台、物流园整体规划和社会停车场等项目考察和研究;完成了报业分公司油墨耗用等调研报告。积极争取政府政策支持,全年共获得政府各项奖励性资金454.9万元,为企业发展提供了有力支持。

【企业管理】 加强人力资源管理,根据经营需要,调整了组织架构,重新规划了部门职能;开展了健峰人力资源辅导项目,对短板进行了系统的梳理和讨论,为构建合理的人力资源管理体系奠定了基础;修订下发了员工手册、考勤及请假制度、薪酬制度、阿米巴考核方案、驻外补贴实施细则等制度;编制了人才规划,引进了3名核心经营管理人才,培训了67场次共计4395.5课时。积极开展推进运营管理工作,成立了阿米巴工作推进小组,开展读书活动,加强阿米巴经营理念宣贯,指导各单位编制阿米巴经营报表;组织5S检查,明确了区域分类检查方式,责任到人,通过宣贯、培训、检查、整改,提高了5S综合管理水平;完成了本部及分(子)公司的质量体系、职业卫生以及环境体系的复审工作;修订下发了合同管理办法,修订,补充了供货清单、信用管理等管理规定,重新整理了合同标准文本;开展了合同及授权检查工作,及时整改了不合格项。继续推进企业资源计划系统升级上云建设,推广云之家移动办公应用,完成了云之家考勤、请假流程、行政事务的流程编制等,进一步提升了工作效率;应用企业资源计划(ERP)系统信息化手段对风控、内控进行管控,通过系统流程、客户信用额度、应收账款期限的设置对风险进行管控。狠抓安全不放松,修订下发了安全生产管理考核办法、安全生产事故隐患排查、治理管理实施细则、安全生产检查制度等9份安全制度文件,完成了事故汇编;加强监控抽查及现场巡查工作,形成安全巡查报告,记录发现的安全隐患与问题,及时与各单位沟通解决,并对整改后的隐患进行跟踪复核。

【精神文明建设】 坚持以习近平新时代中国特色社会主义思想为指导,深入学习贯彻党的十九大及十九届历次会议精神,扎实开展党建工作,坚持"严把三关"。严把"入口关",坚持优中选优,2020年4名预备党员转正,2名发展对象转为预备党员,发展4名入党积极分子;严把"政治观",不断加强党性修养,开展"不忘初心、牢记使命"主题党日活动;严把"纪律关",遵守党规党纪,制定下发廉洁从业相关补充规定。重视加强企业青年培养,开展了"青年大学习",对优秀的组织及个人给予嘉奖;公司团总支荣获市"五四红旗团组织"荣誉称号。深入推进企业民主管理,广泛征集合理化建议,共征集93条合理化建议;开展了阿米巴"头脑风暴"知识分享挑战赛、定向越野主题徒步、员工团建及三人制篮球赛等活动;切实关心关爱员工,安排公司员工年度健康体检、大病员工理赔及慰问工作;完善了薪资增长机制,员工收入持续提高。

【钢材分公司】 在确保盈利的基础上,进一步扩大了经营规模,年销量58万吨,同比增长率4%,巩固了本地区行业龙头地位;坚持稳健的经营发展策略,开拓了六安钢铁新业务,增设了合肥办事处,形成了四家钢厂、三地销售并行的良好发展格局;工程项目打响了钢晨品牌,创造了良好的效益;推进落实阿米巴经营模式,激发了内生动力。

【物流园公司】 仓储、保产、配送三项指标均突破历史新高;继续打造仓储、钢贸两个平台,全年吞吐量达到450万吨,存货货主超过370家,农商行金融质押总量达8.9万吨;与马建钢构等外部仓库开展合作,建立外库监管管理体系;正式启用钢晨享运3.0系统,成功引入了安徽建工建筑材料有限公司等大客户,发挥了仓配一体化优势;与马钢物流等单位及交通管理部门等保持常态化沟通,按质按量做好服务,确保了全年保产运输业务稳定顺行。

【神马公司】 积极扩大市场,2020年达成合作的供应商已增加到三十多个,业务品种拓展到了二十余个小品种;持续关注海南、广西废钢税收政策,研究了广西钦州废钢合作和基地建设事宜;开展了石灰石冬储方案研究,掌握了多个石灰石矿山资料,为今后辅料业务打下良好基础。

【报业分公司】 主动出击,坚持自主开发与同行合作开发并行,抓住中心城市报业、印厂资源洗牌和整合的机会,及时调整市场开发策略,取得新业务、新市场、新业态,积极探索发展新路;当年新增客户5家,新增印量190万对开张,推进实施凤凰数码印刷合作项目,业务量累计折合A4纸23.26万张。

【润滑油分公司】 坚持让利不让市场,积极面对市场环境变化,先后获得宝武轨交项目用油和津脂的供应权,全年完成项目用油超过190万升;固化了“环保管家”模式,与宝武马钢系单位进行无缝对接,为其解决危废处置难题,树立了危废外委处置服务的专业形象,全年共处置危废超过2万吨,创历史新高。

【绿能公司】 全年共开发直供客户32家,抓住了船厂发展机遇,氧气、二氧化碳销量均创历史新高;梳理发货流程,对企业资源计划(ERP)系统进行针对性调整,增设钢瓶管理及客户管理模块,实现数据化管理,下发了钢瓶管理办法,成立钢瓶管理小组,加强了钢瓶管理;在运输方面进行创新突破,同时对现有车辆进行改革,大大提高了运输效率。

【氢业公司】 继续与老客户保持稳定的供气合作关系;依托现有生产运输设备,保障了客户用气需求的同时,另投产了1台膜压机,新购6台集装管束。继续实行安全标准化管理模式,制订并落实年度安全工作计划,夯实了安全基础工作。

【铜陵远大公司】 将远大线改造完成,根据矿山开采实际及时调整生产产品,在原高钙线基础上,可兼顾成为建材生产线;密切关注市场变化,灵活运用销售策略,紧跟市场,确保生产销售畅通,同时对所有客户均采用预付款方式,不形成应收款,控制资金风险;严格按照环保整改要求,落实环保收尘设备施工安装工作;严肃切实整改安全隐患;加强税务筹划,将税率由13%调整到3%,并积极应对资源税政策变化,降低税负。

(王心宇)

集团公司被托管单位

宝武集团马钢轨交材料科技有限公司

【概况】 宝武集团马钢轨交材料科技有限公司(简称“马钢交材”),是中国宝武于2019年12月直接管理的一级子公司,系马钢股份于2019年11月将其分公司马钢车轮公司资产对其全资子公司马钢轨道交通装备有限公司进行增资而成,2020年4月完成工商登记及执照变更。马钢交材以中国宝武“成为全球钢铁业引领者”为引领,致力于成为全球轨道交通轮轴产业领军企业,积极践行“共建高质量钢铁生态圈”理念,着力“让世界信赖中国轮轴”。

马钢交材现有车轮、轨道装备和法国瓦顿三个制造基地,产品包括车轮、车轴、轮箍环件、轮对,具有年产车轮75万件、车轴5万根、箍环25万件、轮对压装5万套和轮对维修及转向架组装的能力。公司先后通过了国际铁路行业IRIS认证、美国铁路协会AAR认证、中铁CRCC认证、德国铁路DB认证、欧盟TSI认证等多项体系及产品认证。经过近60年的发展,公司已具备国际先进技术制造水平,具有全球车轮标准全覆盖的品牌优势,是国内唯一一家车轮产品谱系全覆盖的企业,其产品已出口到全球70多个国家和地区。

未来,以“高科技、高市占、高效率、生态化、国际化”为发展路径,马钢交材将持续推进“绿色发展·智慧制造”,共建行业友好、共同发展的全球轨道交通轮轴产业生态圈,为全球轨道交通发展创造价值。

【主要经营指标】 2020年,马钢交材克服疫情影响,在订单下滑的情况下,整体盈利水平显著提升。本部实现销售额22.21亿元,利润1.61亿元。销售轮环18.78万吨,车轴9646根,轮对6061套。瓦顿公司营业收入7567万欧元,利润总额-1781万欧元。

【整合融合推进】 按照专业化、产业链、高效化的原则,马钢交材2020年持续深化整合融合轮轴产业各基地的内部资源,大力推进制造、销售、研发、采购、信息化和产业链全方位协同,本部、南区、瓦顿融合不断深入。成立北方分公司,深度拓展北方轮轴新造及维修服务市场,协同效应优势得到了进一步发挥。

【公司治理机构建设】 2020年,按照公司治理体系和治理能力现代化建设要求,以《中国宝武制度树》为范本,统一标准、党政同步,全面梳理马钢交材制度文件,逐步构建“全面覆盖、责任清晰、快速传递、运作高效”的制度体系。编制发布《马钢交材制度树》(2020版),建立健全执行、监督检查机制,将党的领导融入公司治理的各个环节,基本实现公司管理体系、管理制度、管理流程全覆盖,为公司治理体系和治理能力现代化夯实了基础。按照国家法律法规、公司章程的规定以及宝武集团相关要求,马钢交材初步完成一级子公司治理架构。建立健全党组织、董事会、监事会、经理层设置及相关制度,各治理主体依法合规履行职责。完成公司组织机构设置调整,重组为企划部等部门,机构进一步精简,管理界面更加清晰。实施基层管理变革,对生产单元进行专业化整合,将原先的9个分厂重新优化整合为4个生产厂,作业区由56个整合为20个。

【对外经营】 2020年,在国内市场开拓方面,马钢交材积极抓住国内新基建、城轨发展机遇,拓展新兴轮轴维修业务,优化产品结构,市场占有率稳中有升。成功中标南京等多条地铁项目,城轨市场占有率稳步提升;坚持转变发展模式,积极扩大与中车央企合作,服务链不断延伸。与中车大连机车新造机车业务展开全面合作;获得中车青岛四方“一带一路”项目车轮供货权;协同瓦顿,共同开展攻关,成功取得中车山东机车欧洲专属车辆轮对项目。在国际化经营方面。马钢交材积极开拓国际市场,巩固扩大原有市场规模。世界最大轴重45吨重载车轮实现全球首发及量产;获得韩国准高速车轴订单,向多个国家出口车轮及轮对;与瓦顿公司在技术、市场融合更加紧密,协同开发了沙特等新兴市场。优化出口轮轴产品结构、大幅提升了出口轮轴产品的效益。

【技术创新】 2020年,马钢交材全年研发投入率达到5.38%,科研增效7000万元,新产品销售率达到13%。高铁轮轴、大功率机车轮、弹性车轮、城轨轮轴等战略性产品全球商业化进程持续推进,自主完成韩国准高速车轮、澳洲轻型货车轮等新品设计,新一代CL65K新材质客车轮实现批量供货,马钢瓦顿首款供国内高速车轮通过CRCC正式认证,两款D2材质高速车轮获得CRCC试用证书,实现400千米/小时变轨距和350千米/小时自适应车轮小批量供货;马钢交材的国际化产业基地协作模式逐步形成,正式取得法铁高速车轴准入资质并批量供货;精品化战略稳步推进,省重大专项《减振降噪车轮研究开发及产业化》顺利通过验收,联合西南交大完成广州地铁 MTC730 弹性车轮全流程设计制造,实现了弹性车轮在国内地铁首次装车;联合瓦顿完成 MGRA580 弹性车轮自主研发和向四方所小批量供货。省重大专项《和谐电力机车车轮剥离损伤行为及优化研究》进展顺利,机车轮材料-服役研究领域继续保持技术领先。通过高新技术企业评审,迈入国家级高新技术企业行列。4 项安徽省新产品通过认定,申报 2 项高新技术产品。《马钢高性能车轴产品开发及应用项目》获宝武技术创新成果二等奖。马钢轮轴欧洲研发分中心完成筹建。

【质量管理】 以 IRIS 标准为核心,对南北区质量管理进行整合融合,重新构建马钢交材质量管理体系。顺利通过 ISO/TS22163,得分 69 分,通过 ISO9001 管理体系审核。全年换取体系及产品认证证书 14 张,已获质量管理体系及产品认证证书保持率 100%,新开拓市场和新产品开发认证通过率 100%,体系运行持续有效。通过加严主工序关键质量考核指标,引导各生产单元继续做好质量管控和风险预防纠正,轮环内部万元损失 43.54 元,同比下降 16.06%;2020 年,马钢交材《质量功能展开技术应用》项目获中国质量协会优秀奖;参加中质协全国质量控制(QC)发布赛,获三个"专业级"奖项。参加第三届中央企业质量控制(QC)成果发表赛,获二等奖。

【智慧制造】 2020 年,马钢交材"绿色发展 · 智慧制造"一期项目正式投运,并成功入选中国宝武"钢铁荣耀 · 铸梦百年"十大献礼项目,车轮三线获评安徽省智能工厂,马钢交材数字化、智能化转型迈出坚实步伐。马钢交材智慧制造一期项目实现了运维操作远程、产销一体、管控一体、业财一体。对公司生产运营质量管控,实现一体化、数字化、精准化、集中化、全程化意义重大。未来马钢交材将按照规划继续推进智慧制造建设,将在车轮三线取得的成功经验向其他产线和基地推广,实现对马钢交材"一总部、多基地"的管控,推动商业模式转变,从智慧制造向智慧服务延伸,为实现绿色、精品、智慧化的一流企业打下坚实的基础。

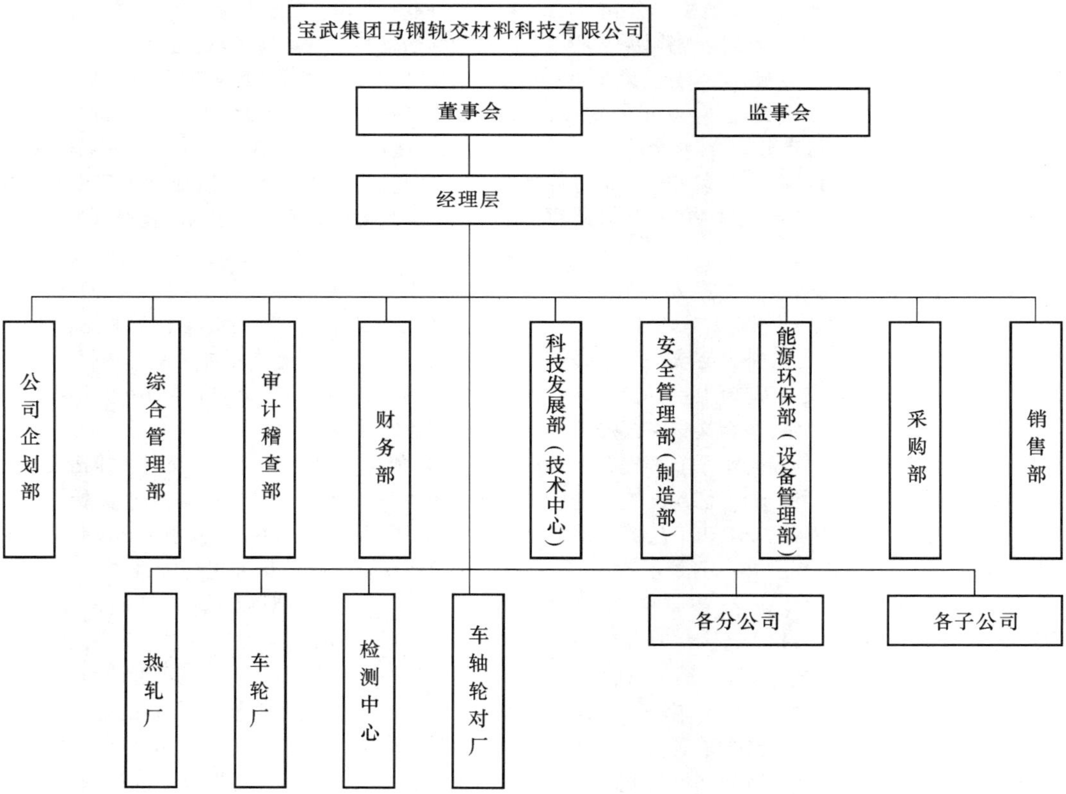

图 3　马钢交材组织机构图

【绿色发展】 2020年,马钢交材认真落实习近平总书记关于"长江要共抓大保护、不搞大开发"等重要指示精神,坚持生态优先、绿色发展。对照中国宝武集团引领钢铁业生态圈的战略目标,以"三治四化"为抓手,持续推进绿色发展,建设花园式钢厂。吨钢综合能耗、污染物排放达标率、固废综合回收率等8项环保项目指标全部完成,公司环境经营水平进一步提升,实现了可持续发展战略。

【党群工作】 2020年,马钢交材党委巩固深化"不忘初心、牢记使命"主题教育成果,完善和落实全面从严治党责任制度,加强党的领导和完善公司治理相统一,强化顶层设计,建立完善马钢交材作为中国宝武一级子公司的党建工作制度体系。启动党委巡视工作,推动全面从严治党向纵深发展,切实加强党的全面领导,确保了国有资产保值增值。围绕强化基层党组织"三基建设""四史"教育要求,扎实推进基层党组织建设。在决战决胜脱贫攻坚、疫情防控等中心任务中,充分发挥出政治保障及核心作用。各基层党组织凝聚全员合力,奋力抗击疫情,较快完成了复工复产,为生产经营提供了坚实的保障。公司党委将宣传贯彻习近平总书记考察调研马钢集团重要讲话精神与"钢铁荣耀·铸梦百年"宣传教育活动紧密结合,推进企业文化体系建设,确立"同一个宝武"理念,提升了全体员工的认同感、归属感、幸福感。成功组织承办"铸匠心、提技能"第二届宝武职工技能—数控机床决赛,并取得优异成绩。

(杨旭东)

欧冶链金再生资源有限公司

【概况】 欧冶链金再生资源有限公司于2020年1月1日成立,是中国宝武钢铁集团有限公司一级子公司,属于中国宝武"一基五元"中资源环境重要支柱产业。中国宝武以欧冶链金为产业营运平台,全面整合中国宝武旗下钢铁生产基地废旧金属资源、汽车拆解、轮船拆解、废旧钢铁回收、加工、仓储、配送基地以及废钢国际贸易业务。面向全球金属再生资源端和客户端,按照"沿海沿江、弯弓搭箭"型网络化战略布局,承接中国宝武"网络钢厂"战略,建立金属再生资源中心基地和卫星基地,按照"一总部、多基地、网络化、辐射状"的战略布局稳步推进。规划三年内,按照智慧工厂统一标准,高水平建设20—30家大型区域性废钢加工中心基地,以合资合作运营的方式设立200—300个卫星基地,国内市场占有率达到20%以上,经营规模突破5000万吨,营业收入超千亿元,市值超千亿元,利润总额超10亿元,成为既"赚钱"又"值钱"还"省钱"的公司,为中国宝武实现万亿营收和万亿市值战略目标做贡献。

2020年,欧冶链金经营规模达到1443.39万吨,市场占有率达到6.14%,营业收入354.62亿元,利润总额3.90亿元。对比2019年,销量、营业收入及利润总额同比分别增长132.8%、143.1%及101.5%,实现经营业绩全面翻番,超额完成商业计划书年度目标。

【生产经营管理】 公司全面承接中国宝武"网络钢厂"战略,建立金属再生资源中心基地和卫星基地,生产保供能力得到进一步增强。2020年,公司废钢经营规模在全国市场占有率6.14%,超商业计划书1.14个百分点。公司及时调整经营策略,加快市场响应速度,动态调整基地废钢库存,实现按需采购、低库存保供的良好局面。5月,公司月度经营规模首次突破100万吨;9月,马钢诚兴月度营业收入首超10亿元;12月,公司经营规模196万吨,同比实现3倍增长。

突出基地保供,提高对宝武体系内钢厂服务能力,全年完成集团内部钢厂保供370.5万吨,市场占比27%。推进战略布局。公司加大市场开拓力度,目前客户达175家,同比增加157%,其中新开发客户108家,主要客户遍布国内24个省市及自治区。深耕重点客户,提升大客户业务占比,前10大客户占公司业务总量的51.8%。

【并购重组】 公司充分链接资源端、客户群和票源地,携手合作伙伴,按照"基地+平台+金融"商业模式,加快内部资源整合、外部强强联合步伐,通过资源整合网络化布局,快速占领市场。建立北方、西部、华中、华东、南方五大区域分公司,完成增资上海国贸、马钢富圆,合资设立辽宁吉和源、上海槎南、靖江公司、萍乡公司、阜阳公司和韶关公司等8个长投项目,全面完成全年投资任务。9月,靖江公司完成销量17.8万吨,萍乡公司完成销量8.69万吨,并购重组效益逐渐显现,实现1+1>2叠加效应。推进整合融合。根据"一业一企,一企一业"业务布局,成宝锡炉料资产盘活,实施宝嘉炉料、欧绿保拆车股权转让,江苏宝梁参股退出、马钢机动车注销,盘活存量资产,提高国有资本配置和运行效率。宝锡炉料11月已实现盈利并于年内完成扭亏目标。

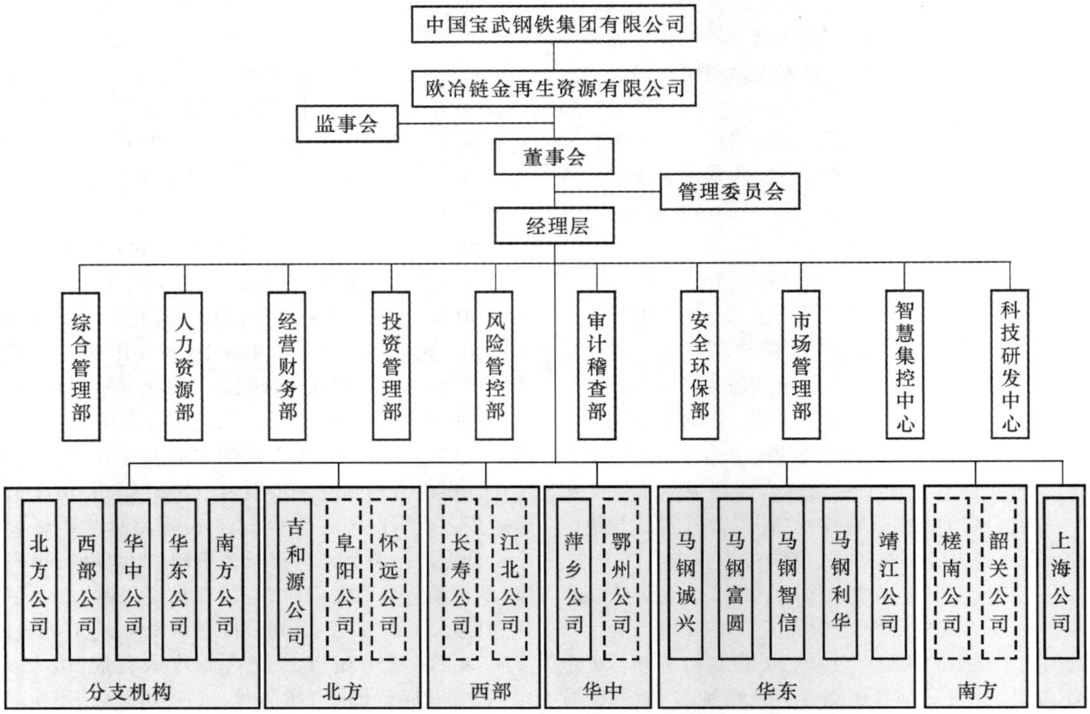

图 4　欧冶链金组织机构图

【智慧平台建设】　公司落实宝武“三高两化”战略部署,建设智慧制造集控中心、智慧工厂和智慧服务交易平台,打造面向金属再生资源行业生态圈的公共服务平台,实现商流、物流、资金流、票据流、信息流“五流合一”,解决废钢行业痛点,防范税务风险,重塑行业生态。9 月 23 日,欧冶链金智慧平台 1.0 版本正式发布。至 12 月底,欧冶链金本部及各分(子)公司共 14 家单位业务信息系统已成功上线运行。开发“链金送 App”,完成业务前端大量的数据采集工作,为实现“五流合一”业务场景 100%落地打下坚实基础。推进智慧制造。按照集团“四个一律”的基本原则,重构经营管理和业务支撑信息系统,推进中心基地和卫星基地绿色智慧工厂升级。实施马钢诚兴江边基地、马钢智信皖北产业园基地智慧化改造,推进智能生产平台、智能仓储、智能盘库、设备健康保障、智能汽运等模块上线运行。12 月 30 日,欧冶链金智慧集控中心建成投入使用。

【改革创新】　公司坚定践行双循环战略,提升产业链水平,注重利用技术创新和规模效应形成新的竞争优势,促进全要素生产率提高,不断增强企业发展的内生动力。多元推进混改。成立混改领导小组,制定混改框架方案,向潜在投资者进行 10 多场路演。12 月 16—18 日,邀请 14 家意向投资者前来公司进行集中尽查,稳步推动公司混改进入下一阶段。谋划国际业务。依托生态圈资源优势和实体需求,积极谋划国际业务。10 月完成 1.5 万吨进口生铁,全年实现国际业务经营量 15.5 万吨。积极筹划首单 200 吨进口再生铜业务,全年海外营收实现 4.05 亿元。与大商所合作开展废钢期货上市前期准备工作,构建较为完整的钢铁生产避险链条。推动标准制定。作为标准主要起草单位,公司完成《进口再生钢铁料》团体标准和国家标准的研制,并完成国内首单再生钢铁原料进口,而有力支撑集团公司资源战略。

【公司治理】　公司遵循新发展理念,践行企业核心价值观,按照“一个坚持、两个方面、三层架构、四类体系”要求,全力推进治理体系和治理能力现代化建设工作。构建职能清晰、流程优化、管放结合、权责到位的母子公司管控体系,完善“三会一层”法人治理结构,健全以公司章程为核心的企业制度体系。按照“党政同步、统一标准”的原则,将党的领导与现代公司治理相互融合，打造欧冶链金“制度树”。深化对标找差，建立公司本部和分(子)公司两个层面对标世界一流指标体系。推进“一总部多基地”管理模式，提升职能管理及业务管理能力。加强风险管控，建立自上而下的重大风险、重大项目和重大决策风险监控体系。构建综合管理体系，通过管理体系第三方认证。开展流程和制度的梳理，完成重点管理流程 22 项，主要管理过程 92 项，过程绩效指标 83 项。强化安全环保。制定发布公司《安全生产专项整治三年行动实施方案》，深入践行“长江大保护”战略，坚持“两于一入”理念，全力抓好“三治四化”，深入开展能源环保对标。加强质量体系建设，开展质检人员专业培训，提升全员质量管控能力。

(张明伟)

·欧冶链金分公司·

北方分公司

欧冶链金再生资源有限公司北方分公司(以下简称“北方公司”)于 2020 年 4 月 1 日在天津市注册成立。主要经营再生资源的回收、加工和销售；普通货物仓储服务；国内贸易代理服务；金属材料销售等业务。经营区域包括黑龙江、吉林、辽宁、北京、天津、河北、山西、内蒙古等五省一区两市。

北方公司坐落在天津市河西区中海大厦，东临海河。以天津为总部，辐射东北地区、津唐地区、晋冀地区及内蒙古四大片区。钢铁工业是北方区域最重要的主导产业，区域内金属再生资源丰富，金属再生资源加工企业和钢铁企业众多，市场前景广阔。北方公司主要负责开拓北方区域资源端、客户群和渠道，实施区域合资合作项目推进工作，统筹协调区域内分、子公司的经营活动，以及区域内子公司日常运营管理。

北方公司加速推进子公司建设，不断拓展业务范围，快速提升经营规模。在已成立 1 家子公司的基础上，三年内高水平建设 5—10 家规模在 100 万—200 万吨的大型区域性废钢加工示范基地；以“交易+实体”结合的方式扩大市场份额，用 3—5 年的时间实现区域内市场占有率达到 20%以上，经营规模超 1000 万吨，营业收入突破 300 亿元。

(赵志华)

西部分公司

欧冶链金再生资源有限公司西部分公司(以下简称“西部公司”)于 2020 年 4 月 8 日成立，注册地位于重庆市江北区海尔路。主要经营废旧金属、再生资源的回收、加工和销售，汽车拆解，国内贸易代理服务等业务。经营区域包括重庆、四川、云南、贵州、广西、青海、西藏、新疆、陕西、甘肃、宁夏等六省四区一市。

西部公司依托中国宝武品牌及资金优势，承接欧冶链金区域公司发展战略，主要承担开拓西部区域资源端、客户群和渠道，实施区域合资合作项目推进工作，统筹协调区域内分、子公司的经营活动，以及区域内子公司日常运营管理。

西部公司全面融入共建共享高质量钢铁生态圈，快速拓展西部市场，规划三年内成立 5—10 家合资公司。加强基地建设，取得工信部准入及国家级汽车拆解及再制造资质，延伸汽车拆解及再制造产业链，力争 2022 年经营规模达年 500 万吨。

(王开定)

华中分公司

欧冶链金再生资源有限公司华中分公司(以下简称“华中公司”)于 2020 年 7 月 1 日在湖北武汉成立，注册地在武汉市青山区武钢大厦。经营范围包括金属再生资源回收、加工，废旧金属的回收、加工和销售，生铁销售、仓储，国内贸易代理服务。经营区域包括湖北、湖南、江西、河南等四省。

华中区域有着得天独厚的空间区位优势和良好的自然资源优势，产废、用废企业众多，发展前景广阔。华中公司主要负责开拓华中区域资源端、客户群和渠道，实施区域合资合作项目推进工作，统筹协调区域内分、子公司的经营活动，以及区域内子公司日常运营管理。

华中公司加速推进子公司建设，不断拓展业务范围，快速提升经营规模。规划三年内经营规模超 500 万吨、营业收入超 100 亿元。

(张建国)

华东分公司

欧冶链金再生资源有限公司华东分公司(以下简称“华东公司”)于2020年4月24日在马鞍山市雨山经济开发区成立。主要经营废旧金属、再生资源的回收、加工和销售,生铁销售、仓储,国内贸易代理服务。经营区域包括安徽、江苏、山东、浙江和上海等四省一市。

华东地区是中国经济发展最活跃的地区之一,区域内钢铁企业、产废企业和废钢加工企业多,市场营商环境好。华东公司主要负责开拓华东区域资源端、客户群和渠道,实施区域合资合作项目推进工作,统筹协调区域内属地分、子公司的经营活动,以及区域内子公司日常运营管理。

华东公司以“欧冶链金+马钢股份”保供示范模式,打造成熟、可复制的商业运营模式,逐步建立起一体化的金属再生资源回收、加工和销售完整供应链。依托现有渠道及宝武集团体系内客户的支撑,快速构建核心竞争力,形成行业控制力。规划三年三跨越,着力培育千万吨级产业航母。在现已成立的5家子公司的基础上,再成立5—10家合资公司,形成10—20个核心基地,50—100个卫星基地,力争2022年形成年1700万吨废钢加工利用产业规模。逐步将华东分公司打造成有明显区位优势的集拆船、拆车、拆违章建筑、拆废旧厂房、拆废旧设备于一体的专业化公司。

(骆小刚)

南方分公司

欧冶链金再生资源有限公司南方分公司(以下简称“南方公司”)于2020年11月19日在广州市黄埔区成立。经营范围包括金属再生资源回收、加工,废旧金属的回收、加工和销售,生铁销售、仓储,国内贸易代理服务。经营区域包括广东、福建、海南等三省。

南方区域是中国经济发展最活跃的地区之一,区域内产废企业和废钢加工企业多,市场营商环境好,发展前景广阔。南方公司主要负责开拓南方区域资源端、客户群和渠道,实施区域合资合作项目推进工作,统筹协调区域内分、子公司的经营活动,以及区域内子公司日常运营管理。

南方公司加速推进子公司建设,抢抓前端资源,不断拓展业务范围,快速提升经营规模。规划三年内成立7、8家合资公司,形成80—100个卫星基地,经营规模超650万吨、营业收入超150亿元。

(孙　军)

·欧冶链金子公司·

辽宁吉和源再生资源有限公司

辽宁吉和源再生资源有限公司(简称吉和源公司)成立于2018年4月18日,同年5月10日入驻辽宁本溪溪湖区废钢铁深加工产业园(距离本钢集团仅3千米),2020年初成为工信部《废钢铁加工行业准入条件》企业。2020年6月,欧冶链金再生资源有限公司实施合资并购后,成为中国宝武旗下欧冶链金再生资源有限公司的控股子公司。

吉和源公司占地15.1万平方米,主要从事废旧金属收购、加工、销售,以及民用废品、废塑料、废纸收购、废旧物资仓储、车辆信息配载服务、生铁销售。公司在本溪废钢铁深加工产业园设立中心基地,拥有现代化高端生产设备15台套,技术及高级管理人才50名,集废钢采购、检验、仓储、加工、配送于一体,加工处理废钢能力达200万吨,服务好本钢、鞍钢,年产值50亿元,年利税6亿元。

吉和源公司依托中国宝武品牌和欧冶链金平台,依法合规经营,建立引领行业的商业发展模式,在东三省内快速复制,实现大规模推广。在哈尔滨、长春地区拥有哈尔滨江南基地、哈尔滨江北货场、哈尔滨兴隆货场、长春北站铁路货场、长春西新货场建立5个卫星基地。未来将分别在沈阳、吉林、大庆、鸡西、四平、松原等地建立5—10家卫星基地,服务于东北三省的本钢集团、鞍钢集团、凌源钢铁、通化钢铁、五矿营口中板厂、抚顺特殊钢、抚顺新钢铁等一系列愿意合作的大型钢铁企业。

吉和源公司坚持科技赋能,加大技术创新力度,依托联网、物联网、人工智能和区块链技术,实现生产经营智能管控、绿色智慧制造和智慧服务交易,发展成为东三省一流的再生金属资源循环利用企业和行业的引领者，实现由钢铁原料供应商向金属再生资源循环利用服务商转变，与供应商和客户共享产业发展成果。

（张明伟）

欧冶链金（阜阳）再生资源有限公司

欧冶链金（阜阳）再生资源有限公司（简称阜阳公司）成立于2020年9月，是中国宝武旗下欧冶链金再生资源有限公司的控股子公司。主要经营再生资源（不含危险化学品）、废旧金属的回收、加工和销售，报废机动车拆解与综合利用，金属材料销售，有色金属及制品等冶金炉料购销等业务。

阜阳公司位居豫皖城市群、大京九经济协作带，是豫皖废旧物资集散地。作为欧冶链金北方区域废钢加工示范基地，阜阳公司将以合作运营的方式设立1个核心加工基地和多个卫星基地，采购废钢资源，直供皖西北及河南、河北、山西、陕西、甘肃、内蒙古、宁夏等国内多家钢厂。

阜阳公司依托中国宝武品牌和产业聚合优势，按照“基地+平台+金融”商业模式，建设以废钢铁回收、加工及销售为主的废钢基地，年加工、配送、销售废钢铁规模30万吨、各类合格废钢的供应规模100万吨，搭建起阜阳地区及周边再生资源回收、加工、仓储、物流、销售全产业链综合服务平台。充分发挥国有企业政府端和民营企业市场端优势，通过多种形式赋能，实现互利共赢，与供应商和客户共享发展成果。同时，引入智慧交易平台，通过商流、物流、资金流、票据流、信息流“五流合一”，解决行业痛点，重塑行业生态，丰富绿色钢铁生态圈生命力，为欧冶链金成为全球金属再生资源循环综合利用行业的引领者和标准的制定者做出积极贡献。

（张明伟）

欧冶链金（萍乡）再生资源有限公司

欧冶链金（萍乡）再生资源有限公司（简称萍乡公司）是中国宝武旗下欧冶链金再生资源有限公司的控股子公司，于2020年6月成立。主要从事再生资源销售、加工、仓储，生产性废旧金属回收，金属材料销售，国内贸易等业务。

萍乡公司成立后，充分发挥“国有基因、民营血液”的耦合效应，以萍乡为基地，实现迅速扩张发展。基地位于江西省上栗县工业园，占地100亩，位于319国道旁，紧靠沪瑞高速，交通便利，辐射江、浙、闽、粤、湘废钢资源丰富的地区。基地具备年加工生产能力80万吨生产规模，其中精加工废钢为40万吨/年，外来成品废钢堆场仓储及周转量40万吨/年。

萍乡公司按照中国宝武智慧工厂高标准，重新规划新基地建设项目，设置指挥中心，实时监控生产过程，将采购、生产、销售、结算，供应商、经营分析全部在线管理，通过流程闭环，全程追溯生产、质量、物流等实时动态情况，实现科学管控。同时，建立业务信息化系统，实现公司所有生产经营业务数据的商流、物流、资金流、票据流、信息流“五流合一”，解决行业痛点，重塑行业生态。项目建成后可实现年加工供应各类合格废钢规模达200万吨，产值50亿元，税收超6亿元，成为萍乡产业转型升级的样板工程。

萍乡公司依托中国宝武品牌和产业优势，发挥民营企业机制体制优势，重点服务辽宁方大集团旗下萍安钢公司、九钢公司及方大特钢的生产保供，并做好武钢、鄂钢、涟钢、衡管、韶钢、襄阳重材、新余钢厂、新冶钢、华菱湘钢等周边钢厂保供，并立足长远，大力开发宝武体系内客户。建立“分公司+卫星料场”经营模式，持续拓展废钢原料供应半径，保持废钢贸易持续稳定增长。力争三年内合作钢铁企业客户达到30家，供应商总数超过100家，外部合作卫星基地达到20个。

秉承中国宝武“创新、协调、绿色、开放、共享”五大发展理念，萍乡公司以金属再生资源循环综合利用产业为承载主体，坚持绿色发展理念，提升自我，追求卓越，力争成为赣西乃至华中地区金属再生资源加工生产优质服务商，为欧冶链金成为全球金属再生资源循环综合利用行业的引领者和标准的制定者做出积极贡献。

（张明伟）

马钢诚兴金属资源有限公司

马钢诚兴金属资源有限公司（简称马钢诚兴）是

中国宝武旗下欧冶链金再生资源有限公司的控股子公司。公司于2018年8月合资重组成立,主要从事废钢铁采购、加工、仓储、销售、贸易等业务。

马钢诚兴基地位于马鞍山市慈湖高新区,占地319亩。基地依托长江码头,采购半径达1000千米以上,覆盖上下游江、浙、鲁、闽、渝、鄂、赣等废钢资源丰富、经济发达地区。基地紧靠马钢股份生产新区,地理位置得天独厚,具有水运、汽运来料便捷、加工快速、高效保供钢厂的优势。基地具备年加工生产能力280万吨生产规模,其中精加工废钢为140万吨/年,外来成品废钢堆场仓储及周转量140吨/年。

马钢诚兴基地项目设计严格按照国家及长江生态保护红线的高标准环保要求,按照智慧工厂高标准建设,所有厂房均全密封建造,基地内环保设施、监控系统完善。设有指挥中心,大数据屏幕实时监控生产过程,将采购、生产、销售、结算,供应商、经营分析全部在线管理,通过流程闭环,全程追溯生产、质量、物流等实时动态情况,实现科学管控。同时,建立业务信息化系统,采用SaaS+互联网模式,实现公司所有生产经营业务数据的商流、物流、资金流、票据流、信息流"五流合一"。

马钢诚兴依托中国宝武品牌和产业优势,内树品牌,外树形象,重点立足对马钢股份公司的EVI生产保供,同时兼顾南钢、梅钢、鄂钢等周边钢厂保供,并不断强化宝武体系内客户的开发,实现快速扩张。加快周边卫星料场建设,持续拓展废钢原料供应半径,优化完善贸易信息化平台,保持废钢贸易持续稳定增长。公司三年内将实现年废钢经营能力达到500万吨,年产值达到100亿元,合作钢铁企业客户达到20家,供应商总数超过2万家,外部合作新生产基地达到5个。

马钢诚兴秉承中国宝武"创新、协调、绿色、开放、共享"五大发展理念,以"科技工厂、绿色企业、行业标杆、美好生活"为企业愿景,致力打造"和谐、共赢、共享"良好的绿色钢铁生态圈,成为集互联网、数据驱动、金融、贸易、期货为一体的世界一流大型现代化废钢加工配送中心。

(张明伟)

马钢富圆金属资源有限公司

马钢富圆金属资源有限公司(简称马钢富圆)是中国宝武旗下欧冶链金再生资源有限公司的控股子公司,于2019年2月27日正式成立。公司主要从事废旧金属回收、加工、仓储、销售,生铁、钢材仓储、销售,物流,国内贸易代理服务等。

马钢富圆自成立以来,充分发挥混合所有制的优势,利用国有企业的品牌优势以及市场地位,民营企业的灵活机制以及市场洞察力等优势,主动瞄准大型钢企,广开渠道,寻找资源,拓展市场,目前已在青岛特钢、南钢、沙钢、宁钢、中天、铭福等用废企业就近建立资源点,采购废钢资源,直供钢厂。

马钢富圆在省内设有利辛、淮南两个分公司,拥有绍兴、雨山、郑蒲港三个生产加工基地。正在规划建设中的郑蒲港基地位于长江西岸的马鞍山市郑蒲港经济开发区内,距码头仅1.4千米,码头对岸即为马钢生产厂区,拥有原料、废钢等多种码头可与之对接,水陆交通十分便利。基地拟建加工、仓储厂房,主要产线有1条废钢剪切生产线、2条打包生产线、2条等离子切割生产线,建成后将形成废钢年加工、配送能力100万吨,年销售收入20亿元以上。

马钢富圆坚持"以产品和服务创造价值"及"客户需求就是我们努力目标"的对外经营理念,充分展示自身价格实、品质优和品牌好的良好形象,积极推进"基地+平台+金融"新型商业模式建设,力争三年内实现废钢经营能力300万吨/年,年产值达到72亿元,合作钢铁企业客户达到30家,供应商总数超过10000家。同时积极加快建立智慧基地,以高新技术生产加工为主体,创立优质化、智慧化、绿色化产业模式,成为国内重要废钢资源供应商,为中国宝武实现万亿营收和万亿市值战略目标做贡献。

(张明伟)

马钢智信资源科技有限公司

马钢智信资源科技有限公司(简称马钢智信)是中国宝武旗下欧冶链金再生资源有限公司的控股子公司,成立于2019年2月27日。主要从事废钢铁采购、加工、仓储、销售、贸易等业务。2019年实现年废钢销售105万吨,产值达到25.6亿元,获得"工业先进企业""工业十强纳税企业""全国优质废钢加工配送企业"等荣誉。

马钢智信地处江苏、山东、河南三省交界，位于安徽省宿州市宿马工业园区马钢皖北循环经济产业园，周边废钢资源丰富，拥有便捷的水陆交通条件。马钢智信加快推进“一总部、多基地、网络化、辐射状”战略布局，按照“基地+平台+金融”模式，高标准建设新中心加工基地，将马钢智信打造成为国家级循环经济示范产业园区。马钢智信项目位于宿马园区，占地面积160亩，集废钢集中回收、加工利用、汽车拆解等功能为一体，全部设备均按照工信部准入标准购置安装，建成后，将成为苏鲁豫皖四省及周边区域金属再生资源标杆基地，为皖北地区的循环经济发展、地方经济增长及地方就业做出积极贡献。预计2020年度废钢销售将实现220万吨，产值达到46亿元，未来三年内实现年废钢经营能力突破400万吨，产值破100亿元。

马钢智信秉承中国宝武“创新、协调、绿色、开放、共享”五大发展理念，聚焦发展智慧绿色的金属再生资源循环利用行业，坚持服务领先、服务增值，推进绿色智慧制造，努力打造成为在行业内有知名度、话语权和较强抗风险能力的金属再生资源循环利用企业，与客户、供应商、行业伙伴共同促进金属再生资源循环利用，为实现中国宝武和欧冶链金战略目标做出积极贡献。

（张明伟）

马钢利华金属资源有限公司

马钢利华金属资源有限公司（简称马钢利华）是中国宝武旗下欧冶链金再生资源有限公司的控股子公司，于2019年7月15日在宣城经济技术开发区成立。主要经营废旧金属采购、回收，加工、仓储、销售，生铁采购、仓储、销售，物流服务，国内贸易代理服务。

马钢利华充分发挥中国宝武品牌优势，加快进入各钢厂的供应商体系，为用户量身打造一体化废钢使用解决方案。在钢厂周边建设废钢基地，按各钢厂原有采购、检验模式运作，所建基地作为钢厂的备用废钢库，解决钢厂废钢库容量不足难题，减少资金占用，规范钢厂门前废钢采购市场。同时，公司利用多种金融形式赋能，降低运行成本，实现与钢厂的协同效应，互利共赢，共享发展成果。

马钢利华以“智慧工厂、超越自我、追求卓越”为愿景，以“强化两头市场创效益”为使命，发挥混合所有制企业经营优势，打造成为皖东南废钢铁循环经济产业标杆企业。按照“基地+平台+金融”的商业模式，积极推进绿色现代化金属再生资源加工配送中心建设。与马鞍山市亿雄物资有限公司携手，在慈湖高新区与江苏省交界处成立合作基地，占地300多亩，离长江码头仅3千米，紧邻马钢厂区，服务马钢股份生产；按照中国宝武智慧工厂高标准，在当涂县投资建设生产能力150万吨规模的废钢加工基地，为长江钢厂提供优质保供。

马钢利华规划三年内废钢经营能力达到200万吨，产值50亿元，合作钢铁企业客户达到10家，合作供应商总数超过1000家，外部合作新生产基地达到5个，加快向再生金属资源循环利用服务商转变，为欧冶链金成为全球金属再生资源循环综合利用行业的引领者和标准的制定者做出积极贡献。

（张明伟）

欧冶链金（靖江）再生资源有限公司

欧冶链金（靖江）再生资源有限公司（简称靖江公司）成立于2020年6月，是中国宝武旗下欧冶链金再生资源有限公司的控股子公司。主要经营船舶拆除、再生资源回收（除生产性废旧金属）、生产性废旧金属回收、再生资源加工、再生资源销售、金属材料销售等业务。

靖江公司地处经济发达的长三角地区，所在地位于江苏省靖江市，地理位置优越，交通极为便利，拥有长达52.3千米的长江岸线，是全国最大的民营造船基地，周边废钢资源丰富，区域内钢厂聚集，废钢资源供需两旺。公司现有挖入式拆船港池1座，可同时拆解两艘万吨级货轮；废钢装卸码头岸线180米，可停靠5000吨海轮；船舶拆解及废钢加工场地约3万平方米，配有大型剪切设备、吊装设备等，已形成物流、加工一体化的企业。

靖江公司依托中国宝武品牌和产业聚合优势，按照“基地+平台+金融”商业模式，借助智慧平台，通过商流、物流、资金流、票据流、信息流“五流合一”,实现回收、加工、物流、交易过程智慧化、可视化、透明化。未来,公司将通过对靖江市周边船舶拆除资源整合,以及与广东、浙江、福建等地拆船行业深度合作,逐步将船舶拆除发展成特色板块和支柱板块。同时,充分利用地域优势,与上游大型造船厂紧密合作,通过核心基地自加工及卫星基地配送,利用便捷的水路运输,服务于全国各大钢厂,形成辐射全国的金属再生资源产业集群,实现年加工配送废钢150万吨、供应各类合格废钢达300万吨、产值超80亿元的加工销售能力。

靖江公司秉承绿色环保、智慧科技的发展理念,按照欧冶链金“沿海沿江、弯弓搭箭”网络化战略布局,加快向再生金属资源循环利用服务商转变,为欧冶链金重塑行业生态、丰富绿色钢铁生态圈服务体系的生命力,成为全球金属再生资源循环综合利用行业的引领者和标准的制定者做出贡献。

(张明伟)

上海槎南再生资源有限公司

上海槎南再生资源有限公司(以下简称上海槎南)成立于2004年9月,主要从事废旧金属回收、加工、销售为一体的综合再生资源回收利用。2013年获工信部废钢铁准入企业资质认定,是中国废钢铁应用协会授牌的废钢铁加工配送中心,上海市高新技术企业。2020年12月,欧冶链金再生资源有限公司(以下简称欧冶链金)根据金属再生资源循环利用发展战略,增资控股上海槎南。合资后,欧冶链金持股51%。

上海槎南充分发挥中国宝武品牌、产业优势和民营企业机制体制优势,以嘉定区江桥基地为依托,以“基地+平台+金融”商业模式为基础,建设以废钢铁回收、加工及销售为主的循环经济产业园,搭建起长三角金属再生资源回收、加工、仓储、物流、销售并引入供应链金融的互联网交易平台,建立起一整套以大数据风控系统和各资源点实时视频监控系统为主的信息化系统平台,快速形成年产150万吨金属再生资源回收及加工配送能力,实现快速发展。

上海槎南秉承“创新、协调、绿色、开放、共享”五大发展理念,以共建高质量金属再生资源生态圈为使命,携手供应商和行业伙伴,在重点服务宝钢股份等中国宝武系用户的同时,努力为长三角其他战略客户提供定制化服务,保持企业持续成长性和盈利能力,助力欧冶链金战略目标的实现。

(张明伟)

欧冶链金(韶关)再生资源有限公司

欧冶链金(韶关)再生资源有限公司(简称韶关公司)成立于2020年12月,注册资本人民币1亿元,是中国宝武旗下欧冶链金再生资源有限公司与上海槎南投资有限公司合资设立的国有控股公司,主要从事再生资源销售、加工、仓储,生产性废旧金属回收,金属材料销售,国内外贸易等业务。

韶关公司以“基地+平台+金融”模式创新驱动,充分发挥中国宝武品牌、产业优势和民营企业机制体制优势,致力于打造欧冶链金南方区域混合所有制公司治理的典范,成为宝武体系废钢保供的样板基地,服务中南钢铁及周边粤北联合钢铁、韶关宏德公司、河源粤深钢、涟钢、湘钢、三钢集团、柳钢集团等重点钢厂。通过“分公司+卫星料场”经营模式,持续拓展废钢原料供应半径,保持废钢贸易持续稳定增长。

韶关公司基地位于广东省韶关市华南装备园内,距离战略客户广东韶钢松山股份有限公司仅1千米。基地占地100亩,位于106国道旁,紧靠京珠、京沪高速,交通便利,距离广东珠三角废钢资源中心约150千米,辐射粤、闽、湘、琼、桂废钢资源丰富的地区。基地规划年加工生产能力100万吨生产规模,其中精加工废钢为80万吨/年,外来成品废钢堆场仓储及周转量20万吨/年。

秉承“创新、协调、绿色、开放、共享”五大发展理念,韶关公司坚持绿色发展理念,提升自我,追求卓越,力争成为珠三角乃至华南地区金属再生资源加工生产优质服务商,为欧冶链金成为全球金属再生资源循环综合利用行业引领者和标准制定者做出积极贡献。

(张明伟)

上海欧冶链金国际贸易有限公司

上海欧冶链金国际贸易有限公司(以下简称链金国际)是中国宝武旗下欧冶链金再生资源有限公司的控股子公司,注册地位于上海市浦东新区中国(上海)自由贸易试验区。公司主要经营品种有再生钢铁料(废钢铁)、再生铜、再生黄铜、再生铝、再生不锈钢等金属再生资源,钢铁材料,有色金属材料,铁合金原料,以及钢坯、生铁、直接还原铁等钢铁原料。

链金国际是从事金属再生资源国内、国际贸易业务的专业化公司,是欧冶链金实施金属再生资源全球化配置战略的重要平台。按照共建高质量钢铁生态圈发展要求,上海公司依托生态圈资源优势和实体需求,专注于金属资源循环利用与贸易服务,助力构建金属再生资源生态圈和社会经济绿色发展。

链金国际具有良好的品牌信誉形象,拥有较强的资金实力和专业的供应链服务能力,已经与全球金属再生资源优秀同行、国内顶尖钢铁企业,以及有色金属熔炼及深加工企业等建立了良好的合作关系,携手优秀合作伙伴,共同谱写中国金属再生资源行业绿色发展新篇章。

(张明伟)

安徽马钢矿业资源集团公司

【概况】 2020年,马钢矿业以习近平新时代中国特色社会主义思想和党的十九大、十九届四中、五中全会精神为指导,深入学习贯彻习近平总书记考察调研中国宝武重要讲话精神,抢抓市场机遇,全力增产增效,全年实现营业收入69.55亿元、利润总额16.33亿元、经济增加值12.27亿元,出色完成了各项经营目标任务,取得了马钢矿业历史最佳经营绩效;聚焦整合融合,加强对接协同,以专业化整合融合“百日行动计划”为目标,积极主动做好规划承接、制度接轨、运营协同、文化融合,马钢矿业迎来了高质量发展的更高平台、更广空间;全面对标找差,推进转型升级,加快谋划并积极推进了一批标志性、引领性的重点项目,可持续发展动能持续增强。开创了马钢矿业高质量发展的新局面,彰显了马钢矿业人在钢铁生态圈大原料体系建设中的担当作为。

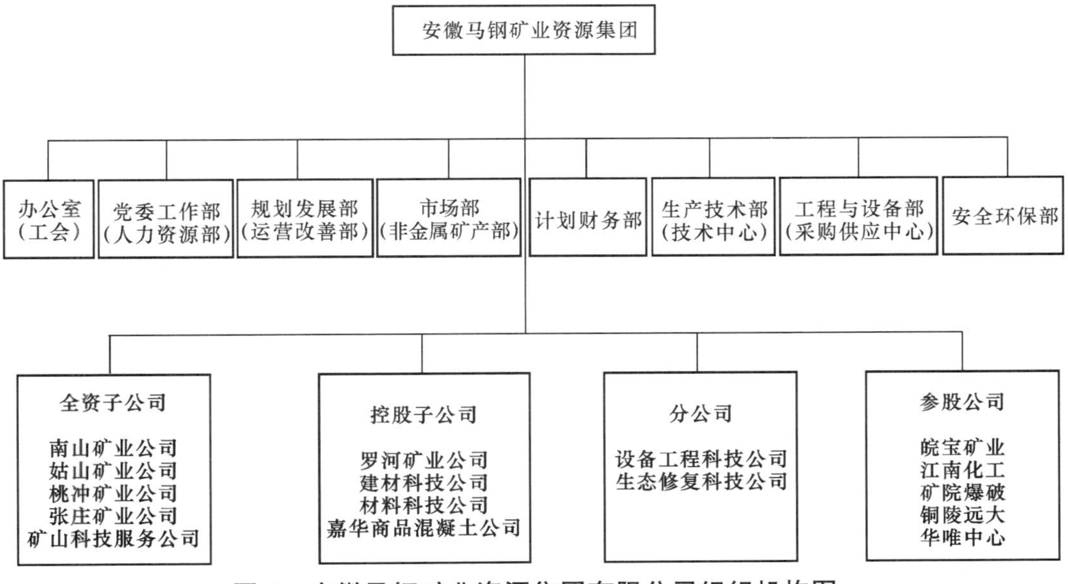

图5　安徽马钢矿业资源集团有限公司组织机构图

董事会

【董事会工作】 1. 2020年2月19日,召开马钢集团矿业有限公司董事会二届第四十四次会议。会议审议通过以下决议:会议审议并通过了《关于审议南山矿、姑山矿、桃冲矿等三家子公司章程的议案》。

2. 2020年6月12日,召开马钢集团矿业有限公司董事会二届第四十五次会议。会议审议通过以下决议:

(1)会议审议通过了《关于组建安徽马钢矿业资源集团设备工程科技公司的议案》。

(2)会议审议通过了《安徽马钢矿业资源集团有限公司"三重一大"决策实施办法》。

3. 2020年10月15日,召开马钢集团矿业有限公司董事会二届第四十六次会议。会议审议通过以下决议:

(1)会议审议通过了《关于安徽马钢矿业资源集团有限公司2019年利润分配的方案的议案》。

(2)会议审议通过了《关于设立安徽马钢矿业资源集团生态修复科技分公司的议案》。

(3)会议审议通过了《关于修改安徽马钢矿业资源集团有限公司章程的议案》。

4. 2020年11月3日,召开马钢集团矿业有限公司董事会二届第四十七次会议。会议审议通过以下决议:

(1)会议审议通过了《关于设立安徽马钢矿业资源集团矿山科技服务有限公司的议案》。

(2)会议审议通过了《关于同意马钢保理与欧冶保理资产整合方案的议案》。

5. 2020年12月7日,召开马钢集团矿业有限公司董事会二届第四十八次会议。会议审议通过以下决议:

(1)会议审议通过了《关于修改〈安徽马钢矿业资源集团桃冲矿业有限公司章程〉的议案》。

(2)会议审议通过了《关于修改〈安徽马钢矿业资源集团有限公司章程〉的议案》。

监事会

【监事会工作】 安徽马钢矿业资源集团有限公司监事会成员列席董事会历次会议,并充分发表意见和建议。

【生产经营】 统筹疫情防控与生产经营。面对突如其来的新冠疫情,马钢矿业严格贯彻执行党中央、上级党委及属地政府的部署,坚决扛起疫情防控主体责任,完善防控机制举措,强化常态化精准防控,确保了全公司范围内疫情防控"零病例""零感染"。坚持疫情防控与生产经营两不误,有序推进公司各条产线、各重点工程复工复产工作,马钢矿业成为马鞍山市第一批复工复产单位,夺取了疫情防控与生产经营的双胜利。

全力推进增产增效。抢抓难得市场机遇,优化组产模式,科学组织生产,强化系统协同发力,探索贸易矿加工的新生产模式,积极推进稳产高产顺产。特别是下半年以来,围绕宝武集团、宝钢资源提出的"产量、利润指标在年度预算的基础上增加10%和25%"的目标要求,各单位积极主动作为,加压奋进赶超,实现了高矿价下的高产量、高效益。全年矿产品总量首次突破3000万吨,达到3353.5万吨,其中含铁矿产品746.5万吨,冶金熔剂404万吨,综合利用产品2203万吨。

加强质量管理。制修订产品质量标准、制度27个、工艺技术标准21个、产品质量过程管理办法9个,主要铁精矿品位总体稳定,全年主要铁精矿品位超过65.70%。

不断加强市场营销。拓展产品外销渠道,南山矿、姑山矿开发了长江钢铁、芜湖新兴铸管、汪海集团等重点客户;罗河矿强化与钢厂点对点直供,开发了6家新用户;张庄矿外销比例达到65%。创新营销模式,发挥宝武集团内部协同效应,实施了精矿直销武钢资源并回购球团直供马钢股份的营销新模式。灵活调整定价机制,紧贴综合利用产品市场行情变化,加强产品定价周期与机制调整,实现了产品经济效益最大化。

强化设备运行保障。以设备全面规范化生产维护(TnPM)专业体系稳定经济运行为基础,推进关键设备(产线)零故障管理、设备综合生产效率监控与考核、"三高一长"(高价值、高损失、高频次、影响时间长)故障项目的"六源"消减攻关,关键设备综合效率(OEE)明显提升,全面规范化生产维护(TnPM)管理体系运行进一步优化。

【深化改革】 推进治理体系建设。修订了公司章程,完成南山矿、姑山矿、桃冲矿三家子公司的工商注册。实施流程再造。对南山矿、姑山矿检修力量实施了业务整合，提高了检修队伍的协同效应。建立全面风险管理体系。按照国务院国资委《中央企业全面风险管理指引》要求，规范公司的全面风险管理、内部控制工作，坚持加强风险跟踪巡查和定期评估，识别出的4项重大风险、1项重要风险、13项一般风险全面受控。强化财务管理。推行“五大计划”项目管理体系，建立了动态跟踪机制，引入“成本波动率”指标并纳入考核，推进建立产线成本标准化核算体系，全年平均成本总体受控。加强人力资源管理。加强干部优化配置，以“三跨两多”（跨地域、跨单位、跨领域、多层次、多岗位）为抓手，对50多名B层级及以上管理人员进行了交流任职。规范劳动用工管理，通过业务梳理整合、岗位调整交流，消除了插入式混岗现象。优化人力资源配置，通过内部挖潜、流程再造、新业务拓展，超额完成人事效率提升目标。建立和完善三支队伍岗位层级体系，制定了管理人员选拔任用、技术业务、技能人才聘用管理办法，打通了三大岗位序列之间转岗渠道。开展了B层级及以上管理人员专项培训、“1+2+4”专业人才培养工程和英语培训。加强审计管理。聚焦重点领域、重要风险，加强内部审计巡查，全年审计巡查发现问题62项，整改完成率100%。纵深推进重点改革。厂办大集体改革主体任务基本完成。制定了《厂办大集体改革实施方案》《厂办大集体改革资金管理办法》《厂办大集体改革资产处置实施办法》，成立了矿山科技服务公司，完成人员安置和职工劳动合同换签，启动了厂办大集体净资产处理工作。根据中国宝武、宝钢资源关于公车市场化、社会化改革要求，稳步推进公车改革，马钢矿业车辆总数压减42%，62名司勤人员全部安置到位。切实解决历史遗留问题，完成了“三供一业”分离移交工作和退休人员社会化管理工作。

【转型发展】　践行“三高两化”战略路径，围绕“一体两翼”产业布局，持续打好高质量发展组合拳。构建新业务平台。成立了设备工程、生态修复、矿山科技服务3家分（子）公司，嘉华商品混凝土公司股权无偿划转至马钢矿业，马钢股份石灰业务及人员全面承接。形成了包含铁精矿、冶金熔剂、建材、混凝土生产销售以及设备工程等多业态的11家分（子）公司业务体系。加快重点项目建设。罗河矿一期500万吨/年扩能项目开工列为中国宝武130年十大献礼项目；钟九铁矿200万吨/年采选工程项目顺利开工；姑山铁矿露转井项目成功复工；材料科技公司年产60万立方米加气混凝土板材（砌块）项目竣工投产；凹山排土场资源综合利用项目工业试验顺利开展；南山矿尾砂综合利用项目成功重负荷联动试车；南山矿“头顶库”项目完成阶段验收，高村450万吨/年围岩综合利用项目以及桃冲矿“青阳基地建设”“工人村污水处理”等重点项目竣工验收。积极谋划后续项目。加强前瞻性思考、全局性谋划、战略性布局，大宗固废资源高效利用产业发展研究院开始筹建，谋划了高村排土场、凹山排土场资源综合利用、白象山400万吨/年扩能、罗河2×300万吨/年氧化球团、磁性材料加工等项目；助力中国宝武大原料体系建设，编制完成《安徽省内资源整合方案》并上报宝武集团。

【技术创新】　创新体系不断完善。成立了国家级企业技术中心筹备处，与高等院校、科研院所签订产学研合作协议31项，开展了院士工作站、博士后科研工作站筹建工作。马钢矿业成功申报安徽省生态智慧矿山工程研究中心，罗河矿技术中心通过省级企业技术中心认定。科技成果成绩斐然。全年实施研发项目126项。1项成果入选工信部国家工业节能技术装备推荐目录；获冶金科技进步二等奖1项、三等奖2项，矿山科技进步一等奖2项，获得宝武技术创新重大成果三等奖1项。全年获授权专利62项，其中发明专利10项，获软件著作权6项；发布《铁尾矿高浓度运行技术规范》行业标准，参与4项团体标准制定。智慧矿山建设初现成效。贯彻落实“四个一律”和“ONEMILL”理念，全面推进《智能矿山规划设计方案》落实落地，马钢矿业智慧决策中心建成投用，罗河矿、张庄矿两个智慧矿山示范基地以及和尚桥铁矿、白象山选厂、青阳白云石矿三条智能示范产线建设全面完成。编制了智慧矿山示范基地企业标准。罗河矿、张庄矿智慧矿山建设得到中国宝武充分认可，和尚桥采场无人驾驶矿用卡车项目成为安徽省首个应用5G无人驾驶技术的露天矿山。设备点检管理系统、安全管理信息化系统进入试运行阶段，完成宝钢资源多组织经营管理系统覆盖工作。

【安全环保】　安全生产总体平稳。牢固树立“安全1000”“违章就是犯罪”的安全管理理念，认真落实安全主体责任，强化双重预防机制有效运行，加强职业危害防治，扎实开展安全生产三年专项整治、防范化解尾矿库风险、危险化学品使用等专项行动，积极推进安全生产科技创新和“3D”智慧制造，着力提升安全本质化水平。加强制度体系建设，对接中国宝武安全管理体系规范，制定了安全管控方案，建立了安全履职清单，修订完善12项安全管理制度。强化相关方管理，坚持“四同”理念,开展相关方安全管理标准化示范班组创建工作,推荐7个相关方班组参与全国评选活动。能源环保绩效持续向好。全面承接宝武集团能源管理要求,制定了9项能源管理制度,能源管理体系通过ISO50001认证。建立了包含17项指标的能源管控指标体系并强化过程管控,能耗指标稳定控制在低位。按照“高于标准、优于周边、融入景区”的“两于一入”环保工作原则,推进“三治四化”“长江大保护”行动,常态化开展环境问题排查整治并实行清单制、包保制、销号制管理,主要环保指标持续改善,实现环境污染“零”事件的总体目标。马钢矿业绿色发展指数评价位居宝武矿山企业前列。张庄矿创建无废无尾矿山被评为宝武集团年度优秀环境经营案例。

【党群工作】 以“党建为魂、聚力凝心”为主线,以“中央企业党建巩固深化年”专项行动为抓手,推动党的建设与生产经营进一步融合,为马钢矿业高质量发展提供了坚强的政治保证和组织保障。坚持思想引领、理念先行,深入学习贯彻习近平新时代中国特色社会主义思想、党的十九大、十九届历次全会精神和习近平总书记考察调研中国宝武重要讲话精神,认真开展“学讲话、展后劲、保强大”主题活动,切实增强国有企业责任担当。坚持“把方向、管大局、促落实”,强化“加强党的领导与完善公司治理相统一”,坚持强化“三基建设”。建立和完善了三支队伍岗位层级体系。坚持全面从严治党,落实全面从严治党主体责任,明确党风廉政建设“两个责任”清单。深入落实中央八项规定精神,驰而不息纠治“四风”,突出抓好疫情防控、制止餐饮浪费、业务招待费专项监督检查。强化内部审计常态化监督功能,开展了6家单位的审计和专业化巡察。

【企业荣誉】 马钢矿业被评为2020年度“全国诚信经营示范单位”,获中国产学研合作创新奖;南山矿、姑山矿、罗河矿荣获2020年度全国“十佳厂矿”称号。

(张　伟)

·安徽马钢矿业资源集团分公司·

南山矿业公司

【主要技术经济指标】 2020年,南山矿完成采剥总量3075万吨,其中采矿量1350万吨,生产铁精矿285.01万吨。采出矿石平均品位19.95%,其中高村铁矿19.23%、和尚桥铁矿21.21%。原矿成本52.69元/吨,其中高村铁矿34.54元/吨、和尚桥铁矿91.68元/吨;铁精矿成本423.58元/吨,其中凹选400.16元/吨、东选549.32元/吨、和选434.49元/吨;铁精矿平均品位64.63%,其中凹和精65.68%、东精65.63%,且外运成品矿硅、铝等含量均不超标,满足了股份铁厂的质量要求。2020年,南山矿实现营业收入27.18亿元,利润总额5.15亿元,经济增加值(EVA)4.76亿元,创造了近年来最好的经营业绩。

【生产经营】 统筹疫情防控和生产经营。面对年初新冠肺炎疫情蔓延的严峻局面,公司上下严格落实党中央、上级公司及各级政府的工作部署,完善防控防疫机制,力保生产经营稳定。通过全面落实产线精准防控、协力共管防控、社区联合防控,疫情防控和生产经营实现“两手抓、两不误”。全面推动增产增效。针对难得的铁精矿高价位的市场机遇,全面优化组织生产,强调产线协同效应,努力增产增收。上半年在疫情蔓延的情况下,铁精矿产量超计划10万吨;下半年在大汛和年终停检对三个月的生产组织产生较大影响的情况下,仍实现超产3万吨。资源综合利用在一季度春节和疫情双重影响、严重欠产的情况下,积极从生产组织、营销模式等多方面入手,付出艰辛的努力,逐日逐月抢回了产量销量,全年1350万吨的奋斗目标任务全面完成,实现销售收入4亿元,较2019年增长60%。2020年铁精矿产品、资源综合利用产品产销两旺,实现了双丰收。积极探索铁精矿外部市场。创新营销模式,在保供马钢股份的前提下,实现点对点铁精矿供应新思路。同时把握重点客户,开拓优质客户。一年来,公司开发了鄂州球团、长江钢铁、圣戈班等优质合作商,产品外运外销未受到大的影响,实现了产品效益最大化,保障了生产经营秩序稳定。不断优化生产组织水平。一年来,高村采场对东部运输道路进行合理设计,确保东部矿石能够及时回采,原矿中转圆筒仓顺利建成并投产,矿石运输瓶颈问题得以彻底解决,产线协同效应逐步发挥;和尚桥采场10月实现了大尾山矿段内排,采场的空间逐步改善,稳定了采场生产规模;选矿产线通过实施月度计划停产检修,减少了设备故障突发带来的影响;同时合理优化生产调度,加大工艺技术改造,在保证产量的同时,铁精矿质量稳定在较高水平,全年“三精合一”的外运品位超过65%。铁路运输精心组织,全年运输量超计划156万吨,尾矿输送、凹山坑排尾回水工作全年顺畅运行，为公司完成全年生产任务提供了高效支撑。公司全年完成采剥总量3075万吨，共生产铁精矿285万吨，超计划13万吨；资源综合利用1352万吨。持续强化设备物资保障。以全面规范化生产维护（TnPM）管理为基础，强化综合效率（OEE）指标考核，全年设备完好率96.5%，在线设备突发故障较2019年同期减少9.8%，精益管理的体系进一步优化。推进设备备件国产化替代、大宗物资清单式采购和功能性总包采购，全年物资库存占用较上年减少7.3%，三年长账龄物资库存占比9.1%，均低于矿业资源集团的考核指标。

【管理与改革】 安全生产守住底线。牢固树立"安全第一、违章为零、隐患为零、事故为零"的安全"1000"和"违章就是犯罪"的管理理念，持续构建安全风险分级管控和隐患排查治理双重预防体系，通过危险源辨识、安全互查互改及危化品专项治理等行动措施，安全主体责任进一步落实。完善制度体系建设，编制下发《南山矿业公司领导人员、部门负责人安全管理履职清单》，明确各类人员安全责任，增强各级主动履责意识。针对各类险肇事故案例，落实举一反三，加强安全警示。全年推荐3个班组参加全国安全标准化示范班组评选活动。进一步加大相关方的协力安全管理，推进协力供方安全标准化建设，确保相关方在属地的安全施工作业。环保治理持续加强。全面贯彻习近平生态文明思想和党的十九大以来的绿色发展战略部署，围绕中国宝武"三治四化"要求，不断落实环境保护主体责任。持续推进"废气超低排""废水零排放""固废不出厂"，加速绿色矿山建设。按照宝钢资源总体规划目标和要求，编制了《南山矿业公司长江流域环境保护行动计划》。全面完成了中国宝武绿色矿山指数评价工作。结合智慧项目建设，搭建完成覆盖全矿范围重要点位的实时监测系统。针对突出环境问题，投入1300万元，对高村采场北部等地进行环境治理恢复并通过市级、省级验收。公司全年实现"安全无事故、环保无事件"。深化治理体系建设。在上级公司的指导下，完成了子公司的注册工作，南山矿实现了"分转子"的身份转变，新公司法人主体已顺利投入运营。协同推进矿业资源集团厂办大集体改革和检修业务整合工作，区域平台效应已逐步展现。全面完成公车改革工作，根据中国宝武关于公车改革的相关要求，削减公务车辆77台，占马钢矿业削减车辆总数的56.6%。全面完成了"三供一业"和退休人员社会化移交工作。推行差异化绩效考核评价。全年制定发布及完善各项管理办法26项，制定了《南山矿2020年经营绩效考评办法》，坚持问题导向，持续优化考核，有效促进了各单位生产经营绩效的全面提升。加强人力资源管理。公司全年人力资源优化率达15.51%。在矿业资源集团的指导下，组织人员支援建材科技公司和设备工程科技公司建设。实施了技术业务岗主任主管、主管、主办和操作维护岗高级操作、主要操作评审聘用，完善了岗位激励体系。开展各类技能培训25次，通过夜校培训、送课下基层等多种形式，积极为职工搭建学习平台。完善风险防控体系。落实公司内部风险防控机制，开展季度内控体系评价，公司全年人员、机构稳定，内控体系完整、合规。

【可持续发展】 后备矿山方面。大力推进高村铁矿三期技改建设工程，项目已通过宝钢资源投资审查会评审，安全预评价、职业卫生预评价、节能评估和社会稳定性评价等专项评审已全部完成并获得批复，项目征迁工作已正式启动；深入开展和尚桥铁矿技改建设研究，明确了和尚桥铁矿未来资源利用的新方向。启动了采石河南部压覆资源技改项目研究工作，继续推动和尚桥东矿段整体开发；在矿业资源集团的组织下，主动与政府部门对接，积极推动矿权整合，局面正在打开。智慧项目方面。按照宝武"四个一律"理念，全力推动公司智慧制造项目的落地。5G无人驾驶矿用卡车项目已实现和尚桥采场内智能无人化编组试运行，在行业内具有一定的领先水平；电力远程集控项目已构建完成公司电力系统集控服务器总站，实现了高配室的无人值守与远程集中控制；和尚桥选厂磨矿专家系统已处于调试阶段，采选产线集控中心已经建成并投入使用；新建生产技术中心项目前期工作全面完成，已进入施工建设阶段。资源综合利用方面。市场管控模式日趋成熟，已经成为公司经营业绩中重要而且稳定的组成部分，凹选辊磨系统改造和尾矿回收利用项目顺利建成，凹山排土场、高村排土场综合利用等项目工作正稳步推进。

【党群工作】 强化党的政治引领。坚持用习近平新时代中国特色社会主义思想武装头脑，深入学习贯彻党的十九届四中、五中全会精神和习近平总书记考察调研中国宝武重要讲话精神。全年召开党委会50次，讨论议题119个，有效发挥了党委"把方向、管大局、促落实"作用。扎实推进"三基建设"，深化基层党组织标准化建设，指导基层16个党总支（支部）、64个分支部完成换届选举工作；全年发展预备党员19名，转正党员24名。积极推动"宝武党建云"平台的维护使用,征集各类大讨论文章 60 多篇,为实现公司高质量发展注入强大动力。支部品牌创建不断深化,评选表彰了“一部一品”十佳成果,7 个创建案例被矿业资源集团党委评为一、二、三等奖。深入开展宣传思想工作。全年刊发稿件 700 余篇,“美好南山”微信公众号推送新闻 255 条,公众号后台关注度突破 2200 人,较 2019 年提高 40%。组织开展了 2020 年度思想政治工作调研活动,征集高质量调研报告 39 篇,较好发挥了“参谋智囊”作用。扎实开展中国宝武“钢铁荣耀 · 铸梦百年”“建功新时代,最美矿业人”先进人物评选等系列活动。加强党风廉政建设。开展了党委政治巡查、重点管理人员廉洁教育、“两个一律”动态管理等工作,制定了整改措施 51 条,建立了 295 个廉洁风险防控点,固化防控项目流程 48 个,防控措施 456 项。优化干部人才队伍。全年选拔任用和交流调整科级管理人员 37 人,培养充实后备科级管理人员 48 人,按照宝钢资源要求在公司范围内开展了 C 级岗位、正科、副科后备三级人才选拔工作。按照《改非科级管理人员管理办法》,对 28 名改非科级管理人员进行了半年一次的绩效考核,规范了改非科干的管理。科技创新成绩显著。完成 20 项研发课题项目并结题验收,《大型近城露天矿清洁爆破关键技术研究与示范》《潮湿环境下无纤维微孔膜除尘技术设备研究与应用》获 2020 年中国钢铁工业协会、中国金属学会冶金科学技术奖三等奖。南山铁精粉被安徽省经济和信息化厅授予“安徽省新产品”称号。以创新工作室为平台,全年完成攻关项目 115 项,取得实用新型专利 18 项,正在申报专利 55 项,申报公司级先进操作法 20 项,创造直接和间接经济效益约 1116 余万元。在中国宝武第二届“铸匠心,提技能”职工技能大赛中取得优异成绩,公司职工王伟获得磨矿分级工项目第一名。扎实推进“青年工匠培养工程”,开展六工种青年职工技能培训,多名青年在中国宝武及马鞍山市技能竞赛中获得优异成绩。群团组织作用显著。全年开展了“铁精矿产量质量”“凝心聚力促增产　铁矿产量创佳绩”等专项劳动竞赛,激发了员工的工作积极性,促进了宝钢资源增产增收顺利完成。在中国宝武“我为企业‘对标找差创一流’献一计”活动中,共征集计策 2573 条,得到采纳 2017 条。加大了对困难职工帮扶力度。送温暖、慰问各类困难职工等人员 1559 人次,发放慰问款 130 余万元。积极踊跃参与中国宝武“钢铁荣耀 · 铸梦百年”系列文艺汇演,在宝武的大平台上展示南山人的文化风采。在 2020 年年初疫情防控期间,由公司 200 余名职工自发组织形成的志愿者队伍,配合社区在长达 46 天的岗点值守志愿服务中,累计参加志愿服务 1734 人次,累计服务时长 11724 小时。

（杨　飞）

姑山矿业公司

【主要经济技术指标】　2020 年,姑山矿生产成品矿 148. 03 万吨,完成年计划的 108. 06%,综合利用产品 64. 99 万吨,营业收入 13. 04 亿元,利润 1. 45 亿元,上缴税费 1. 15 亿元,经济增加值 1. 09 亿元。职工年收入较 2019 年提高 7. 3%。

【安全管理】　贯彻中国宝武“安全 1000”管理理念,落实中国宝武安全管理体系及矿业资源集团“01236”平安矿山体系建设,不断夯实安全环保管理基础,全年未发生轻伤以上生产安全事故,安全形势平稳。完善安全管理体系,全面落实安全生产责任制。修订了《安全生产责任制》《岗位安全责任清单》等各项安全管理制度,完善安全责任体系;成立了三个安监站,探索安全机构垂直管理模式,改革安全监管体制;建设安全管理信息化系统,加强风险过程管控,加大隐患排查治理,落实双重预防机制;加大安全投入,积极推动井下“机械化换人,自动化减人”工作,全面完善尾矿库在线预警监测系统;开展危化品、通风、协力单位等安全管理专项整治工作,开展“安全大整顿、效果大提升”及“反三违、保平安”等系列专题活动;开展青山尾矿库防汛抢险救援应急演练;加强协力单位管理,推进协力单位班组安全标准化建设。

【环保管理】　落实环保责任,推进绿色矿山建设。制定了《姑山矿业公司“长江大保护”行动方案》《姑山矿业公司环保三年行动计划》,重点从水资源管理、环保风险管理、固废利用与处置、废气超低排等多方面开展环保规划;实行环保管家项目,对矿区环保关键问题进行梳理,全面提升防范化解环境风险的能力;通过全尾砂浓度提高与膏体性能研究、姑山铁矿露天坑尾矿分流、强化现有设备设施日常管理和尾矿库整体综合排放平衡等手段,提升尾矿库安全环保管理水平;通过 3A 级工业旅游景区项目实施、环保工艺技术改造、绿色矿山发展指数评价和地质环境治理,全面提升公司绿色矿山建设水平。按照规划要求,推进“公转铁”绿色运输。完成龙山至毛耳山弯道护轨、龙山站区八副道岔等16项改造项目,以及新购内燃机车选型、招标工作。全年铁路外运59.2万吨,较2019年上升了19.8万吨。

【生产管理】 千方百计超额完成生产任务。年初新冠疫情暴发,大量井下采掘工人春节后滞留原地不能返岗,造成一季度成品矿大幅欠产,同时和睦山原矿量严重不足,白象山采区矿岩条件变差,姑山露天转地下项目处在恢复治理中。面对这些困难和挑战,姑山人全力以赴逐一破解困顿局面,超额完成生产任务。一是迅速贯彻落实上级公司和地方政府的防疫部署,坚持疫情防控和复工复产两手抓,做好疫情防控常态化和安全生产工作。二是开展"深入挖潜、增产创效""以丰补欠、扭亏为盈"和"凝心聚力促增产、铁矿产量创佳绩"生产劳动竞赛,全方位挖掘产能、提升效率。三是开展非主流矿加工工作,并取得阶段性成效,提高了龙选系统产量,降低了系统加工成本,维持了选矿系统的稳定。

【新矿山建设】 1. 姑山露天转地下项目。完成-300米注浆堵水、排水和井巷工程的恢复治理,并取得恢复建设许可。主井提升、尾矿输送、给排水和充填系统顺利投入运行。建成三个水文观测孔实时观测地下水位。完成了基建期防治水方案、井巷工程复工治理方案、安全现状评价方案、水害专项应急预案和现场处置方案的编制工作。

2. 钟九铁矿项目。9月9日成功举办了钟九铁矿开工仪式。完成了总降压变电所安装调试、供电线路敷设、场地"四化"、井筒掘砌大临设施布置。克服了复杂的水文工程地质条件影响,主井掘砌324米,副井掘砌269米,斜坡道掘支229米。

【重点项目建设】 1. 姑山露天采场生态环境治理项目。4月姑山充填系统调试成功以来,全年制备充填料浆43万立方米,加快了挂帮矿空区、露天采坑-146米以下治理工作,同时减轻了青山尾矿库的排尾压力。

2. 和睦山铁矿深部资源勘探项目。7月完成了《和睦山铁矿深部勘探补充设计》编制及坑探施工。目前地表钻探工作已结束,施工19个钻孔,累计进尺12286米,并完成了野外验收。

3. 白象山智慧示范产线建设。开展了白象山选矿自动化升级、产线集控中心、井下排水系统远程控制、斜坡道智能交通指挥、抓斗智能装运系统等工程建设。新增了凿岩掘进台车、锚杆支护台车、4立方米铲运机等近二十台先进生产装备。

【精益管理】 1. 改革创新。持续开展人力资源优化,解决插入式混岗,消除了劳务派遣,规范了劳务用工;整合白象山、和睦山采选产线,推行安全机构垂直管理模式,实施检修资源剥离,充分发挥产线协同效应;完成了利民队、实业公司厂办大集体企业改革、退休职工社会化管理工作、公车社会化改革,达到了宝武集团改革的要求。

2. 科技创新。完成了科协换届改选工作,技术研发助力生产经营建设,全年取得多项成果:《绞笼式分级筛》获全国发明展览会"发明创业项目奖"铜奖,《高泥质全尾矿新型胶凝充填材料开发应用》获冶金矿山科学技术一等奖,《和睦山磁铁矿提质增效选矿工艺技术集成研究》获冶金科学技术二等奖,《姑山区域难采选铁矿石资源绿色高效开发利用关键技术研究项目》荣获安徽省科学技术进步三等奖。全年获授权专利6项,其中发明专利1项。

3. 设备管理。以设备全面规范化生产维护(TnPM)专业体系稳定运行为基础,强化关键设备(产线)零故障管理、设备综合生产效率监控与考核,以"六源"消减攻关,关键设备综合效率(OEE)提升为目标,全面规范化生产维护(TnPM)管理体系运行进一步优化。规范了工程项目流程。以马钢矿业工程管理云平台为抓手,规范了工程项目合同、台账、招标等流程,强化了工程项目计划管理,按期完成了工程项目的安全、质量、工期、投资目标。

4. 创建精益工厂。按照"分批创建,阶段实施"的既定原则,顺利实现白象山产线精益班组达标率100%、跟进单位达标率54.5%的目标,生产技术部成为首个精益部室。同时,确定了五个提升班组,将精益班组重心从软环境的提升转向硬指标的改善,并取得了明显效果。

【精神文明建设】 1. 全面强化党的建设。顺利召开公司第十一次党代会,描绘"十四五"发展美好蓝图。不断增强"四个意识"、坚定"四个自信"、坚决做到"两个维护",班子成员深入基层单位开展"四史"教育、党的十九届五中全会精神等专题宣讲。继续开展党支部品牌创建和案例征集活动。组织开展"融入宝武,聚焦变革,提升绩效"思想大讨论活动,开展"走出去"对标找差学习活动,与张庄矿进行党建工作交流。基层党组织充分运用"党建云"平台进行"三会一课"、发展党员等党建工作。以宝钢资源党委巡察、审计和矿业资源专业化巡察为契机,大力开展廉洁从业教育和反馈问题整改工作,各级组织和管理人员带头转变观念,举一反三,积极整改。

2. 经济技术创新深入开展。持续深入开展劳动竞赛、技能竞赛、岗位创新创效等“六位一体”群众性经济技术创新活动。组织开展了安全、钳工等5工种技能竞赛。积极组织职工参加中国宝武和矿业公司第二届“铸匠心、提技能”职工技能竞赛,成功承办了中国宝武和矿业公司的磨矿分级工职业技能大赛。

3. 矿区综合保障成效显著。积极做好三个生活区2000多户居民的疫情防控管理工作,确保生活区疫情防控“零死角、零盲区、零疏漏”,同时保障疫情期间职工通勤大客车安全出行,有力地促进了公司复工复产。强化矿区禁毒、消防、门禁及重点部位的管理,妥善处置各类矛盾纠纷,确保矿区和谐稳定。

(王雨彬)

桃冲矿业公司

【主要经济技术指标】　2020年,桃冲矿生产产品总量405.55万吨,超计划16.20%,其中石灰石265.22万吨、白云石140.33万吨。实现营业收入3.13亿元,超计划26.20%,完成了矿业资源集团下达的经营目标任务,盈利4860.65万元。上缴各项税费4439万元。

【生产经营】　青阳白云石矿:克服疫情冲击、物流不畅、细碎技改后工艺设备消缺及政策性停产等显性、隐性因素影响,强化过程管理,在有限的生产时间内高效组织生产,破碎机台时处理量达到400吨/小时,月产量突破16万吨,全年累计生产白云石熔剂产品140.33万吨(含综合利用),完成计划的122.03%,营收迈上亿元台阶,全年累计实现营收1.17亿元,累计完成利润1501.86万元,创造了建矿以来最佳业绩;产品质量有效控制,质量异议同比降低53.6%。

熔剂分公司:积极应对疫情给市场带来的急剧变化和大汛影响产品发运等困难和挑战,极致释放老虎垅石灰石矿老产线技改红利,强化设备管理、精细设备点检和维护,破碎机台时处理量达到600吨/小时,创造了月产29.45万吨新纪录,全年累计生产石灰石产品262.22万吨(含综合利用),完成计划的113.34%,实现营收1.96亿元,完成利润2668.77万元;铁矿石产线退出后,及时启动运输车间自备码头发运石灰石产品,全年累计发运53万吨,降低发运成本210万元。

钙镁科技分公司:在熔剂产线管理界面转移过程中,领导班子及骨干讲政治、讲大局,带领全体职工不因业务承揽主体改变而改变保马钢股份生产的初心,稳队伍、抓技改、促生产,确保了马钢股份熔剂保供需求。

市场营销贡献新亮点:面对多变的市场,市场营销部会同产线及部门致力用产品和服务拓市场、稳价格、争利润,成效显著。2020年新开拓22家公司并建立稳定合作关系,涉及14个沿江城市和地区;探索性进入宝武内部市场,6月26日、7月16日,云粉等熔剂产品成功直销宝钢股份的梅钢基地和宝钢基地,在宝武大原料体系中的协同作用初步彰显。通过市场调研和客户恳谈,持续培育优质战略客户;创新构建靶向式营销与插单式组产相结合的生产营销模式,有效应对产品内需不足和市场竞争激烈的经营风险;通过技术攻关和研发,开发了工业制碱原料等非建材类新产品,进一步细分了产品种类,提升了产品附加值,高附加值产品比例增长16.5%,增加销售利润860万元,较好地实现了销售模式由过去的B2C向现在的C2B转变。科学分析疫情与企业复产态势,及时洞见市场需求,确保了产品销售“淡季不淡”、阶段售价逆市上扬,为公司全年生产经营目标的顺利实现发挥了十分重要的作用。

【重点工程】　强化重点项目管理,细化责任落实,坚持问题导向、目标导向和结果导向,严格遵循“急事快办、特事专办、难事督办”的工作方针,项目办工程技术人员充分发扬顽强拼搏、连续作战的工作精神,驻点攻坚推进,按照时间表、路线图,优化网络节点、细化措施落实,创造性地开展工作,重点项目建设正朝着既定目标迈进。其中:老虎垅矿老产线环保升级和制碱原料产线技改如期完成,10.7公顷矿山林权获省林业厅批准合法使用;青阳矿200万吨/年技改项目3月12日取得池州市政府备案批复,并相继完成了《安全设施设计》《环境影响评价》等7项文本的编制及政府审核备案,10月21日该项目被列入安徽省重点投资项目,7.4公顷建设林地于10月19日获省林业厅批准使用,白云石老产线技改项目基本完成,高硅围岩产线场坪工程也已开工等,为该项目年内完成的目标实现提供了前提。

【智慧制造】　按照中国宝武“四个一律”的顶层要求,公司坚持“绿色+智慧”的发展理念,加快推进智慧制造项目落地,青阳矿智慧示范产线如期完成建设并投入运行;老虎垅矿智能冲洗、边坡自动监测、科学配矿等系统先后上线;拐冲尾矿库在线监测系统投入使用；码头环境治理和复绿补绿工作完成；老虎垅矿成功入选国家级绿色矿山名录库等，桃冲“绿色+智慧”化成果，已成为公司高质量转型发展新名片。

【企业管理】 在安全环保工作方面，全面融入中国宝武安全管理体系，牢固树立“安全 1000”“隐患就是事故”“违章就是犯罪”的安全理念，认真贯彻落实“教育、检查、整改、考核”八字方针，转观念、抓基础、明责任、强落实，实现了全年轻伤及以上人身伤害事故为零的目标，获得了宝钢资源二级子公司安全生产管理评价优秀等级。制定了领导层成员、部门（长）、岗位员工安全履职清单，进一步压实全员安全责任，强化安全管理标准化体系和双重预防机制运行，组织开展各类安全环境保护知识培训、危险源辨识与风险评价、尾矿库等应急救援预案演练等工作，安全管理信息化系统上线运行；严格落实“到位检查、检查到位”工作要求，强化综合、专业、专项工作检查，隐患整改率 100%。持续巩固安全标准化示范班组创建成果，青阳白云石矿破碎乙班等 3 个班组参加了全国安全管理标准化示范班组评选，李永青等 3 名班组长与会进行了汇报交流。坚持“四同”理念，不断强化相关方属地管理，确保了“属地、属人、属事”安全管控目标实现。按照宝武能源管理体系要求，修订完善了《桃冲矿能源管理办法》等管理文件，落实新建项目节能报告的编制、评审工作，开展了能源体系贯标、建设并通过 ISO5001 认证。按照“两于一入”环保工作原则和“三治四化”工作方法，深入开展了江边长江岸线深度治理、矿山超低排放改造等工作，持续推动矿区环境升级改造，主要环保指标不断提升，环境承载力持续增强，确保了全年环保事件为零的目标实现。在组织机构变革方面，本着专业化管理、高效率运营宗旨，进一步优化组织机构，适时撤销了长龙山铁矿和选矿厂，老虎垅石灰石矿和运输车间纳入冶金熔剂分公司管理平台，按照中国宝武“一业一企，一企一业”总要求，12 月 1 日正式承揽马钢股份石灰业务，并成立了钙镁科技开发分公司，用专业化团队管理熔剂产品安全生产。在人事效率提升（不含钙镁科技）方面，全年累计减员率 38.33%，超额完成人力资源优化目标，全年实现人均产量 1.18 万吨/人、营收 90.41 万元/人、利润 14.13 万元/人，分别较 2019 年增加 4595 吨/人、18.27 万元/人、11.42 万元/人，人事效率迈上了新台阶。在体系建设方面，通过了“四体系”外部审核认证，启用了中国宝武智慧工作平台、欧冶采购平台、中国宝武公务车辆运行跟踪管理平台、标准财务等系统，进一步规范运营管理；强化全面风险防控，开展季度自评，确保了各类风险处于受控状态。在薪酬制度改革方面，以“极致产能、价值创造、专业管理”为主要评价要素，修订了技术业务和操作维护等岗位序列的绩效考核办法，试行产线、岗位差异化评价，有效激发了公司干部职工的积极性、主动性和创造性，为 2020 年进一步优化绩效评价体系积累了经验。在全面对标找差方面，遵循中国宝武“全面对标找差、创建世界一流”的管理主题，聚焦“三高两化”实施路径，完善绩效执行体系，先后修订了《标杆管理办法》及《全面对标找差实施方案》，持续对标标杆企业和公司内部优秀指标，抓重点、补短板、强弱项，确保了经营指标不退步。强化管控、提质增效。青阳矿强化采场原矿质量管理，剥离煌斑岩约 5500 吨，保证了产品质量，氧化镁平均品位 20.82%，老虎垅矿实现了石灰石产品质量异议为零的目标。盘活资源、政策降本。全年土地税减免 53.04 万元，电价优惠减免 151.34 万元，争取资源税优惠税率，降本 134.35 万元。控制外委、开源节流。开展自主检修 70 项，完成修旧利废 29 项，修复设备、备件价值 63.49 万元，进口备件国产化节约成本 51.23 万元。瘦身健体、控费减负。完成公务用车社会化改革，由原有的 11 辆削减为 4 辆，全年降低用车成本约 35 万元；进一步完善业务招待费的管控，严格审批流程和使用，费用管理更趋规范。

【精神文明建设】 1. 党建工作。深入学习党的十九届四中、五中全会和习近平总书记系列重要讲话精神，开展了《学习习近平总书记视察马钢重要讲话精神提升熵减能力、增强企业活力促进高质量转型发展》为主题的大讨论和实践活动，进一步激发了党员干部和广大职工干事创业的工作热情；严格落实《党委议事规则》《内部审计管理办法》《桃冲矿党委关于落实党组织研究讨论是经理层决策重大问题前置程序的要求的实施细则》等制度，明确并严格落实和执行党委研究讨论重大问题决策 10 个方面的内容和 7 大程序，全年召开党委会议 33 次，研究重大事项 93 项，充分发挥了党组织的领导核心和政治核心作用。坚持德才兼备、以德为先的用人导向和 20 字好干部标准，全年共交流提拔科级管理人员 7 人次。坚持“成熟一个发展一个”的原则，发展新党员 2 人，按期转正 5 人。建成了线上产品展示平台，公司内外共同关注的“桃冲矿业”微信公众号上线并健康运行等。按期完成 285 名退休党员社会化管理，1082 名退休职工人事档案完成了移交，积极开展消费扶贫活动，助力脱贫攻坚。

2. 群团工作。坚持技术和管理创新双核驱动,制定并发布实施了《科技活动考核管理办法》,完善了科技奖励机制;深化产学研合作,构建了熔剂研究平台,进一步提高了熔剂新产品研发能力;冶金辅料工程技术中心申报材料已通过专家评审;《大型白云石矿绿色高效加工技术与关键设备应用》等2项成果分获得中国冶金矿山科学技术奖一、二等奖,5项专利获得国家专利授权,“生产管理控制系统”取得了国家版权局计算机软件著作权登记证书,《生产数据实时化与信息化管理实践》等六项管理创新课题扎实推进等,为公司高质量转型发展提供了技术支撑。深入开展“大干二季度、实现双过半”等劳动竞赛,促生产提绩效;全年累计征集合理化建议269条,其中《缓冲板在新型单段破碎机上的应用》等获马钢矿业职工创新创效优秀成果奖,何卫清创新工作室荣获马钢矿业“职工优秀创新团队”称号;共青团组织结合自身特点,广泛开展“青安岗”、青年“双五小”等活动,组织参加“重走钢铁长征路”等系列活动,进一步激发了青年工作者对中国宝武的认同感、归属感和荣誉感。持续开展送温暖、金秋助学等活动,全年发放慰问金54.63万元;“三供一业”改造移交全面完成,7月开办了职工食堂,为职工就餐提供了便利等,干部职工以“三有”为核心的获得感、安全感和幸福感不断增强。

(赵士童　朱　冰)

·安徽马钢矿业资源集团全资子公司·

张庄矿业有限公司

【主要技术经济指标】 2020年,张庄矿生产矿岩总量555.7万吨、铁精粉153.18万吨、块矿18.83万吨、建材171.28万吨,铁精粉品位稳定在66%以上,实现销售收入14.42亿元,利润总额5.96亿元,各项税费2.48亿元,全面完成年度生产经营目标任务。

【生产经营】 生产组织平稳高效,系统设计能力成功验证。合理编制落实生产计划。围绕全年生产目标,合理编制完成月度、年度计划,对公司生产经营目标进行层层分解、统筹安排,达到生产任务指标以周促月、以月促年目的,最终成功验证全系统设计能力,实现达产达效。完善生产协调管理机制。建成投用智能集控中心,建立相应运行管控制度,保障生产指令的畅通高效。精益组产、避峰生产、机会点检,系统运行稳定、高效。系统故障时间同比降低20%,吨精矿能耗同比下降5.11%。多措并举直面采充难题。强化生产组织管理,通过细致编排计划提高空场形成效率、建成投用中细砂生产系统和合理组织块矿生产等措施,创造了采、选、充高效稳定的良性循环。常态化执行三重预防机制。落实设备管理主体责任,全面规范化生产维护(TnPM)管理不断深入运用,制定完善设备三重预防机制管理办法及差异化考核细则,深入落实设备三级点检及设备预防性维护,实现主体设备作业率及综合效率创新高。

【安全环保】 安全环保严防严控,保障能力持续构建。推进“3D”项目提升本质安全。推广配备了凿岩台车、锚杆台车等设备,实现开拓采准作业机械化;出矿、运输、提升、选矿、充填等五大工序实现智能集中管控。强化教育培训提升职工素质。抓实三项岗位人员教育培训及工艺技能专题培训,按照“四同”要求将相关方纳入公司安全管理体系。完善风险防控抓细隐患排查。建立运行风险分级管控体系及隐患排查治理体系。开展各类安全检查,排查整改安全隐患。持续开展“全员参与隐患排查治理”活动,安全生产工作呈现齐抓共管的良好局面。开展应急演练强化应急保障。健全应急管理体系,成立了义务消防救援队,联合矿区救援中心组织开展了顶板、中毒窒息等应急演练,提高职工安全防范意识和应急处置能力。打造本质环保企业。落实环保主体责任,按照“二于一入”的环保工作原则,坚持“三治四化”的环保工作方法,全力建设绿色生态矿山。一是完善合规程序。完成噪声、固废环境影响评价自主验收备案,竣工环保自主验收程序全面依法合规履行。二是强化环保管控。定期开展环境质量监测,及时处置异常,按规定进行信息公开。三是落实环保措施。根据中国宝武“三治四化”的环保要求,完成选矿厂及充填站除尘器超低排放改造,实现“节能、减排、降噪”工作目标,提高环保能力。

【技术创新】 大力推进科技创新,智慧制造水平再上台阶。全面推动智慧制造。8月27—28日,成功承办宝钢资源“绿色矿山、智慧制造”现场会,开发《生产工艺流程展示工业动画》,分享展示智慧制造新成果。9月12日,中国宝武集团党委书记、董事长陈德荣亲临张庄矿考察调研,对公司科技创新、智慧制造工作予以充分肯定、高度评价。建成运行智能集控中心,实现出矿、运输、提升、选矿、充填等多工序的全流程智能集成管控,其中智能选矿完成全流程建设,井下有轨运输无人驾驶实现全覆盖,三条提升井实现集中控制,系统践行了“四个一律”工作要求,有效改善作业环境,铁精粉日均产能提升16%,品位稳定在66%以上,切实提高生产效率效益。强化知识产权管理。推进科研项目成果转化,全年授权专利19项,其中发明专利5项,全年撰写科技论文30余篇,完成安徽省科技成果登记9项。积极开展科研活动。完成超级铁精矿选矿工艺研究、制备还原铁粉及软磁原料试验,推进优质资源价值最大化;完成安徽省重点研究与开发计划面上攻关项目;《RDP全过程一体化精准协同膏体充填技术研究与应用》获中国有色金属工业科学技术一等奖,《“一高两无”安全高效生态智慧矿山建设》获全国国企管理创新成果二等奖,成为国有企业绿色发展典范案例。

【企业管理】 运营管控举措有力,企业治理能力取得提升。持续强化、健全治理体系,提升治理能力,系统修订管理制度,完成四大体系外审工作。加强运营过程控制。确保商业计划书及“五大计划”有效执行,实现运营有序、成本稳定。有效推动管理改善项目。设定20项年度管理改善目标,有序组织落实,改善成效显著,其中,主井提升增效17%,中细碎能力提升10%以上,钢球吨矿成本降低6.8%,改善项目降低生产成本1252万元、增创效益4413万元,创造了良好的经济效益。深入推进战略性任务。取得张庄铁矿采矿权出让收益评估报告复函,解决制约张庄矿高质量可持续发展的矿产资源储量难题;建成细粒尾矿脱水生产线,开发了中砂、细砂两种建材产品,进一步丰富张庄矿建材产品种类,提高尾矿资源综合利用率,有效解决采充平衡问题。国家政策增加动能。紧密把握政策导向,推进所得税、资源税减免等政策落地。全年累计获得奖补资金1202万元;财税优惠4366万元;直供电返还及疫情补贴1230万元。循环化改造项目通过国家发改委验收,获评六安市技术创新中心,国家政策支持进一步提振企业发展动力。市场营销取得突破。积极开拓外部市场,全年张庄精市场化销售占比达65%,市场化销售增加盈利近亿元,实现效益最大化。建材产品实行招标销售,大幅提高产品售价,营收突破亿元,成为效益新增点。培育优质客户,同六安钢铁、阜阳恒昌等企业建立战略合作关系,助力可持续稳定发展。

【党群工作】 扎实开展思想理论学习。深入学习贯彻习近平新时代中国特色社会主义思想和党的十九大及十九届五中全会、习近平总书记考察调研中国宝武的重要讲话精神,认真开展“四史”学习,全年共组织中心组理论学习27次。推进党建工作深度融入中心工作、服务改革发展大局,助推党组织全面进步、全面过硬。扎实推进党建标准化工作。加快夯实“三基建设”,8月15日,经马钢矿业党委批准,张庄矿党委正式成立;优化基层党支部构成,任命3名支部书记,增补3名支部委员,推选出6名党小组长。全年发展党员10名,接收预备党员转正7名。注重党建品牌建设。开展了党员安全“两无”、党员安全责任区、党员示范岗、“一支部一品牌”创建活动,建立党员示范岗8个、党员责任区20个。有效开展舆论引导和文化建设。组织开展“钢铁荣耀·铸梦百年”暨建矿十周年等系列活动,发布张庄矿宣传片、宣传画册及十周年图片展,全面融入中国宝武企业文化。共享发展成果。开通公司至六安通勤车,规范设立医务室,持续改善职工生产生活条件,开展了互助保障、送温暖等活动,切实提升职工文化生活保障能力,职工的收入持续提升,幸福感和获得感逐步增强。积极开展消费扶贫。履行国有企业社会责任,助力打好脱贫攻坚战,全年帮销农产品32.85万元。

【荣誉】 2020年,张庄矿获评中国宝武“凝心聚力促增产 铁矿产量创佳绩”专项劳动竞赛最佳实践案例、宝钢资源“我为企业‘对标找差创一流’献一计”优秀组织单位。1人荣获宝武集团银牛奖,1人荣获宝钢资源紫荆花金奖,1人荣获宝武集团优秀共产党员,3人荣获宝钢资源优秀共产党员,1人荣获宝钢资源优秀党务工作者,3人荣获宝钢资源“我为企业‘对标找差创一流’献一计”活动银点子、好点子等荣誉。

（曾德运）

·安徽马钢矿业资源集团控股子公司·

罗河矿业有限责任公司

【主要经济技术指标】 2020年,罗河矿全年入磨原矿310.11万吨,超计划10.11万吨,超上年同期4.84万吨;生产成品矿136.69万吨,超计划3.69万吨,超上年同期4.46万吨(其中铁精矿110.67万吨,超计划6.67万吨,超上年同期7.42万吨;硫精矿

25.90万吨,低于计划3.90万吨,低于2019年同期3.08万吨)。实现营业收入9.79亿元、利润总额3.57亿元、经济增加值2.59亿元,创造了建矿以来最佳生产经营业绩。

【疫情防控】 年初,面对突如其来的新冠疫情,罗河矿业公司及时成立疫情防控工作领导小组,统一调度防疫管控,统筹调配防疫物资,做到封闭管理、严防输入,群防群控、精准防控,切实保障了职工身体健康和生命安全,最大限度地降低了疫情对生产经营建设的影响。作为庐江县第一家复工复产的矿山企业,防疫工作得到了政府的充分肯定,庐江县电视台、《工商导报》专题宣传了罗河矿业公司防疫工作经验。

【生产经营】 生产均衡稳定,量增质优。在生产管理上,制定、修订了《生产调度管理办法》《生产运行管理办法》,充分发挥了调度功能,提升了智慧指挥中心的运行效率。在生产组织上,科学有序、高效协同,重点完成了东区-540米水平以上300万吨/年生产区域的整体回采规划,基本保障了矿山三级矿量平衡,为扩能后中段转移创造了条件;完成了“-485米水平以上边角复杂矿体”“-516米水平南部硫矿体”回采规划,解决了边部区域复杂难采矿体的开采问题,有效提高了矿山开采回采率及资源回收率;全年完成生产勘探15000米,探明勘探区域内-540米水平以上工业品位铁矿石资源量7563.47万吨,较详勘查明资源量增加1031.99万吨,品位提高2.87个百分点,为生产计划安排和决策提供了依据;罗河铁矿面对二步采采场高占比的生产条件,克服矿房贫化率升高、漏斗卡堵、地压突出等诸多不利因素,按照公司柔性组产节奏,从穿爆设计、生产配矿、空区充填等工序入手,聚焦生产现场,精心谋划组织,采取有效措施,确保原矿供应稳定均衡,2020年,主井提升原矿333.30万吨,计划完成率105.90%;自营出矿完成168.90万吨,计划完成率104.20%,创历史新高。主井提升机综合效率85.40%,优于目标值15.20个百分点,柴油铲运机综合效率67.84%,优于目标值18.84个百分点;选矿方面,开展主体设备科研攻关,磨机台时能力较2019年提高8.42吨/时,12月球磨机综合台时能力达到175.28吨/时,创造了历史最好水平。在产品质量管理上,建立全员质量管理体系,制定《产品质量管理办法》,严格执行工艺纪律过程控制标准,强化工序指标检查与考核,确保了产品质量稳定向好,全年铁精矿品位达到67.36%,比上年提升0.16个百分点,其中铁精矿品位67%以上班次达93.83%,较上年提高16.96个百分点;杂质硫含量0.33%,较上年下降0.03个百分点,杂质硫含量0.40%以下班次达97.74%,较上年提高21.02个百分点;硫精矿品位41%以上班次占82.38%,较2019年增加5.07个百分点。公司产品质量稳中有升,始终处于马钢矿业板块第一位置。2020年,公司获评安徽省质量信用AAA级示范企业。

【安全生产】 牢固树立“安全1000”“隐患就是事故”“违章就是犯罪”的理念,建机制、强管控、排隐患、促整改、严问责,强化安全教育培训和双重预防机制的有效运行,积极推进安全生产科技创新与应用,着力打造本质安全型矿山。加强制度体系建设,全面对接融入宝武安全管理体系,按照“党政同责,一岗双责,全员履责”要求,制定安全管控方案,制定完善了10个职能部门、174个岗位、2个生产单位、8个工区的全员安全生产责任清单,压实各类人员的安全生产责任。开展综合检查、月度检查、专项检查等各类检查23次,全年共计查找隐患673起,全部按照“PDCA”管理要求整改到位。全年累计安全绩效考核142850元。

【绿色发展】 按照中国宝武“三治四化”方法及“两于一入”原则,在矿区环境、资源绿色开发、资源综合利用、节能减排、科技数字矿山、矿山企业文化方面持续巩固绿色矿山建设成果,不断完善绿色发展制度体系和生态环境风险管控体系,持续打造本质环保型企业,实现绿色发展。2020年,公司制定了《2020—2025长江大保护行动方案》,细化节能低碳、水资源管理、固废处置、废气超低排放等9项指标,规划实施10项长江大保护整治工程项目;分批淘汰离心鼓风机、圆振筛电机等5项共27台高能耗机电设备;完成厂区智慧照明系统改造;按照国家《蓝天保卫战三年行动计划》要求,完成了除尘系统的升级,满足了国家规定的特别排放限值≤10毫克/米^{3}的要求,实现废气超低排放;实现废水零排放管理,各类生产生活污废水循环利用,单位产品耗新水量0.65吨/米^3,工业用水重复利用率95.31%;完成了矿区土地整治10666平方米、绿化16036平方米,矿区整体生态环境显著改善,在宝钢资源矿山板块绿色发展指数评价中得分74.30分,排名第一。公司成功入库全国绿色矿山名录,获评安徽省绿色示范矿山、安徽省节水型企业、冶金矿山“十佳厂矿”等荣誉。

【智慧制造】 采矿系统完成井下人员定位与人

脸识别系统的优化整合；实现－560米运输水平、－540米出矿水平、井下一期扩能等重点区域的4G信号全覆盖；实现主副井提升系统远程操控和运维监测的集中管控；实现井下电机车无人驾驶与远程遥控放矿；完成智慧充填、一键充填系统优化调试。选矿系统完成智慧照明系统建设；破碎除尘系统和水源泵站集中控制投入运行，完成碎矿系统产能提升与效率优化改造，完成一系列浮选工序智能化改造；制定智慧选厂三年规划，实施智慧选厂一期项目。管理系统开发运行设备在线点检系统、能源管控系统、生产报表自动生成系统、智慧调度系统，实现数据互联互通、操作远程监控，多组织系统和标财系统建成并试运行。在扎实推进智慧制造项目的同时，编制了《2020年科技研发计划》，围绕采、选产线工艺技术，制定研发项目44项，完成42项，累计研发投入4802.64万元。其中，“高硫磁铁矿高效提铁降硫关键技术研究及示范”项目获得中国宝武技术创新重大成果三等奖。2020年，公司技术中心成功认定为安徽省企业技术中心。

【精益运营】 在市场营销方面，着重强化体系建设，制定并发布了《铜精矿销售定价管理办法》；实现成品矿运输社会化运营、市场化运作，物流保供能力得到了质的提升，彻底解决了制约公司高质量发展的运输瓶颈问题；2020年全年新开拓客户6家，其中铁精矿客户5家、硫精矿战略客户1家，极大地提升了公司产品的市场营销能力，全年货款回笼率108.00%。在管理体系建设方面，2020年共制定修订了43项管理制度，涉及生产技术、设备物资、工程管理、地测质量、规划发展、计划财务、档案保密、信访接待等方面。2020年度主体设备综合效率（OEE）指标同比2019年上升5%，关键设备（产线）OEE达标率为110%，全面规范化生产维护（TnPM）攻关项目完成率100%，基础管理工作的加强为公司精益运营提供了有效保障，通过对标找差，挖潜增效，公司运营指标优势明显，产品完全成本456.62元/吨，极具市场竞争力；净资产收益率21.49%，比目标值15.85%增加5.64个百分点；资产负债率34.54%，与计划基本持平；全员劳动生产率1884.17吨/（人·年），同比提升26.23%。规范合同管理，强化合同执行，全年合同履行率100%。加强争取政府政策支持工作，全年申报补贴资金4438.64万元，其中到账资金4288.64万元。精益运营卓有成效。

【可持续发展】 一期500万吨/年扩能项目2020年2月28日通过省发改委核准，6月13日通过省经信厅初步设计审查备案，10月22日通过应急管理部安全设施设计审查，11月13日获批复，12月11日全面开工建设，项目建设基本按照网络计划节点推进，全年辅助斜坡道累计掘进1556.60米，副井－620米西马头门安全贯通，充填站扩建完成，措施井井筒延伸工程竣工，2号主井土建工程进展顺利，全年完成投资1.02亿元。铜硫分离项目历经17次工业试验，成功开创国内硫精矿中含铜低于0.35%在工业生产上实现铜硫分离并获得铜品位大于16%的铜精矿的先例，全年生产铜精矿1001.00吨，品位19.350%。二期1000万吨/年扩能建设项目启动规模论证等前期工作。100万吨/年抹灰石膏项目完成可研和方案论证工作，被列入县重点工程预列项目库，2×300万吨/年氧化球团项目完成科研工作，正在开展筹备工作，项目被列入安徽省重大前期项目库。

【党建工作】 根据中国宝武130年系列活动统一安排，公司党委以“钢铁荣耀·铸梦百年”活动为主线，开展“红色读书会”“讲理想、比贡献”演讲比赛、“我的罗河故事”征文等系列活动10项；持续开展“一支部一品牌”创建工作，创建提炼独有的党建工作品牌，党员先锋模范作用和党支部战斗堡垒作用得到充分发挥；开展“党建带工建”“党建带团建”活动，工会积极维护职工合法权益，深入开展劳动竞赛，扎实开展对标找差“献一计”活动，全员献计率100%，荣获中国宝武“金点子”“银点子”“好点子”荣誉；团委带领团员青年立足岗位建功立业，重点开展“青安岗”活动，全年发现安全隐患1012项，全部闭环整改。与此同时，企地关系和谐共进。助力脱贫攻坚决战决胜，公司包保的5户贫困户全部脱贫；面对百年不遇的特大洪灾，公司党委积极响应政府号召，组织抢险突击队，赶赴重要圩口实施抢险，彰显企地共生共建担当；支援庐江县灾后重建工作，清运完成长度800米垃圾，疏通清洁15千米道路；捐赠20万元抗洪救灾助学款，营造了良好的企地关系。2020年，公司被合肥市授予“和谐劳动关系企业”荣誉称号。

（黄　艳）

安徽马钢矿业资源集团矿山服务有限公司

【概况】 安徽马钢矿业资源集团矿山科技服务

有限公司是贯彻落实国务院国资委及中国宝武有关深化央企主办大集体企业改革精神,实施厂办大集体改革的成果。公司于2020年11月16日注册成立,注册资本1亿元,以购入南山矿主办的原马鞍山南山开发公司、马鞍山市南山利民公司和姑山矿主办的原姑山实业公司和姑山利民公司四家厂办大集体的优质资产而成。公司接收安置了符合条件的921名原集体企业职工,设有综合管理部、党群工作部、生产技术部、安全能环部、工程设备部和计划财务部6个部室及3个分厂(生产单元)。

公司于2021年1月1日正式开始运营。以选矿、资源综合利用为主,同时承接主办矿山的工序承揽、委托加工等业务。现有选矿及资源深加工利用产线7条,预计年产铁精粉24万吨,资源综合利用量130万吨,实现营收3.71亿元,利润总额5000万元。公司未来重点围绕铁精矿生产、资源综合利用、建材加工、工序作业承揽等领域培育核心竞争力,致力于国内一流矿山综合服务型企业的打造;重点立足于南山地区低品位含铁围岩及排土场资源综合再利用,不断提升铁精矿深加工能力,积极发展干选废石碴和干选废石粉等产品产销业务,规范工序承揽管理,提升人事效率,促进效益效率提升,助力矿山高质量发展。

(李俊琴)

宝武重工(马鞍山基地)

【概况】 2020年2月21日,安徽马钢工程技术集团有限公司更名为宝武重工有限公司。经营总部设在上海,马鞍山基地有马钢钢构、马钢重机、马钢表面、马钢输送和马钢东力、马钢共昌等六家单位。2020年3月30日宝武重工正式托管了宝武智维下属的宝钢轧辊、宝钢铸造、宝菱重工、江南轧辊、上海科德公司。

马鞍山基地各单位,认真学习贯彻习近平总书记考察调研马钢重要讲话精神,抢抓长三角一体化发展战略机遇,围绕公司"1234"发展战略,以成为具有核心竞争能力、较强市场影响力、年营收百亿级利润十亿级的冶金装备(备件)制造行业引领者为目标,立足机械装备制造基地,积极融入长三角一体化发展,推进新一轮信息化和装备升级,聚焦设计研发制造和智慧生态服务两大领域,从补短板、强弱项,优化存量、做大增量入手,助力区域产业协同发展;践行习近平总书记生态文明思想和"长江大保护"战略,按照中国宝武"两于一入"标准和"三治四化"路径,明确马鞍山基地"绿色制造与服务"发展定位。

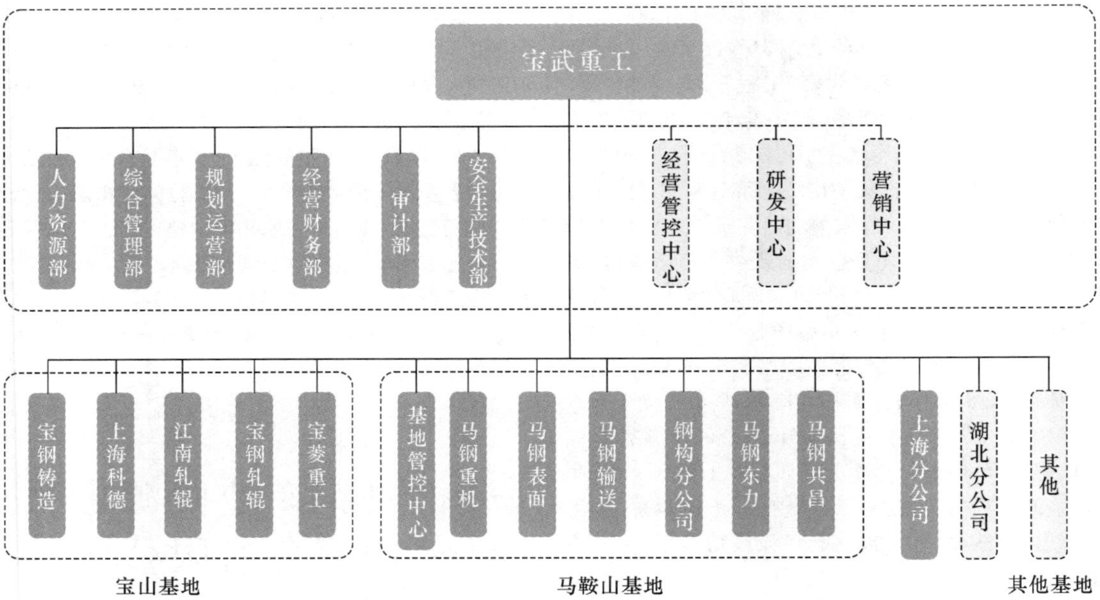

图6 宝武重工

【主要经营指标】 2020年，马鞍山基地各单位实际完成销售收入共计185458万元，同比增长1.33%；利润总额2312万元，同比增长6.35%。其中重工钢构分公司销售收入同比增长2.28%，利润同比增长73.98%；马钢重机销售收入同比增长5.71%，利润同比增长47.56%；马钢表面销售收入同比增长3.94%，利润同比增长5.61%；马钢输送销售收入同比增长11.01%，利润同比增长88.14%；马钢东力销售收入同比增长-49.07%，利润同比增长8.7%。

【市场开拓】 加大内部市场拓展力度：承接了马钢港务原料总厂环保智能化半门架刮板取料机总包项目，签订四钢轧辊类备件修复协议制2000万元，获取港务料场C棚工程3条管机、港务22条普通胶带机、南山矿凹选系统改造胶带机、头顶库避险安置胶带机等项目订单（约5000万元）。外部市场拓展捷报频传：连铸辊打入南钢市场，与日照钢铁、柳钢、中重院、二重等外部客户签订业务合同近1800万元，与华菱湘钢签订台车箅条年度备件总包合同约2000万元，承接紫金城市广场、陕煤集团石化、扬子江国际会议中心等外部工程项目。

【安全环保】 以推进"铸安"行动常态化、实效化，推进风险防控"六项机制"制度化、规范化为抓手，加强现场安全监管和考核奖惩。持续开展安全生产重点工作互查互纠活动；围绕复工复产安全管理三个重点、六个内容，开展新冠疫情复工复产安全专项活动；常态化开展在建重点工程、检修项目、生产现场督查；扎实开展"安全月"活动和隐患排查整改活动，组织"生命重于泰山"专题片的学习、车间分厂负责人安全生产公开课、安全风险整治"啄木鸟"，针对协力安全管控重点，积极开展协力安全管理"回头看"等活动；围绕集团公司督导工作四个专题、八个常项、一个个性项目布置开展工作。针对集团安监部第二督导组对马鞍山基地各单位开展的两次专题督导，进行了第一阶段隐患排查治理，共排查一般隐患209项，整改209项，整改率为100%，确保了每项隐患整改到位，闭环管理。能环管理全面体系化运作，先后制定发布了《环境保护责任制》《环保问责管理办法》等管理制度，深入推进长江大保护工作，细化完善工作方案；对接政府有序推进雨污分流工作；认真组织节能减排、环境保护的法律法规与规范的培训，保障了公司整个生产的稳定、高效运行，支撑了效率效益的提高。

【人力资源】 开展马鞍山基地各子（分）公司人力资源情况分析，统计各子（分）公司近三年各类人员总体情况，梳理员工详细信息；按照整合融合的要求及人力资源管理需要，将宝武e-HR系统实施覆盖宝武重工马鞍山基地相关单位；严格按照法律程序，推动并完成马鞍山基地劳动合同换签工作；做好人才开发和培训工作，全年宝武学院、党校、人才开发院共计培训124930人次，其中面授培训3099人次、网络培训121831人次。C层级及以上管理人员1694人次、技术业务岗47762人次、操作维护岗46662人次；结合基地人事档案管理现状，确保人事档案管理工作实现标准化、规范化、信息化；制订了马鞍山基地员工与企业协商一致解除劳动合同、离岗休息、自主创业等政策。截至12月末，马鞍山基地办理解合员工35人，办理离岗8人，畅通了员工转型发展通道，促进企业高质量发展。

【科技创新】 大力推进技术创新，强化技术创新管理，加大科技研发投入，增强科技实力，形成核心技术，增强企业竞争力；加强技术成果的管理，做好知识产权保护和申报工作，围绕科研项目挖掘专利，提高专利策划质量，提升发明专利授权率；其中"移动破碎后连续智能皮带桥""高速车轮检测线用伺服重载双梁机械手"被正式评定为"安徽省首台（套）重大技术装备"。"连铸结晶器铜板新型涂层的研究及应用"项目被列为安徽省重点研究项目，积极联合安工大、北钢院、中冶赛迪、武汉材保所等高校及科研院所开展产学研合作，确定了2020年8项重点科技研发战略项目，研发费用占比不小于营业收入4%，完成高企火炬计划和省技术中心年度审核。推进"绿色发展·智慧制造"专项工作；统一系统谋划，分层分级落实，编制年度计划，分（子）公司根据实施方案要求负责实施；编制完成了《宝武重工智能制造工作计划》和《智能制造战略规划》，确定2020年11项智能制造战略项目。

【党群工作】 认真学习贯彻习近平新时代中国特色社会主义思想和习近平总书记重要指示批示精神。贯彻落实全面从严治党要求，层层压紧压实"两个责任"，聚焦整合融合，积极推进"首日计划""百日计划"，加强党建与经营工作有机融合；继续落实"不忘初心、牢记使命"主题教育长效机制，围绕《宝武重工学习贯彻总书记考察调研中国宝武重要讲话精神行动方案》要求，利用"三会一课"、主题党日进行专题学习研讨，做到学习宣贯全覆盖；积极推进"三基建设"，一是全体党员向上级党委自愿捐款4700元，充分发挥党支部战斗堡垒作用和党员先锋模范作用，有效发挥了疫情阻击战中党员的先锋模范作用和表率作用；二是落实"四同步""四对接"要求,完成党组织更名,重新明确支委工作分工;三是规范开展"三会一课",全年支部召开党员大会6次、支委会12次、党小组会36次;四是着力加强党员队伍建设,支部新确定积极分子4人、新发展党员1人、预备党员转正1人。

(王 者)

·宝武重工(马鞍山基地)二级单位·

安徽马钢重型机械制造有限公司

【主要经济技术指标】 2020年,马钢重机公司完成机械产品总产量2.2272万吨,实现销售收入5.86亿元,利润总额654.65万元,机械加工件产品综合合格率99.29%,铆焊件综合合格率99.25%,锻件综合合格率98.18%,千人负伤率2.23‰。

【生产经营】 2020年,是马钢重机公司融入宝武重工元年,重机公司聚焦中国宝武"全面对标找差,创建世界一流"的管理主题,继续大力推进"双轮驱动"发展战略,深入开展管理和技术创新,加快推进品牌建设,积极应对疫情影响与市场变化,确保经营绩效持续稳步提升,开启了马钢重机快速发展的新征程。

1. 聚焦战略产品承接,加大走访和网络沟通力度,千方百计进行任务承接,采取联合投标模式,主动承揽公司内部大型技改项目,开发定型产品,推广马钢重机品牌;积极收集各大钢厂新上马项目,积极跟踪项目进度;拓展外部市场客户,与国内中冶集团所属的大型设计院进行接洽,注册招标平台,积极参与冶金设备的投标。锻钢辊轴类全年突破亿元大关,首次承接了马钢港务原料总厂环保智能化半门架刮板取料机总包项目,连铸辊打入南钢市场,在宝武铝业、宝钢股份等"宝武系"实现备件订单零的突破等,在进口备件国产化和国产备件本地化方面也取得了实质性进展。紧扣"车轮提产、长材拓展、磨辊延伸、连铸优化"的工作主题,持续提升技术服务能力,连铸、磨辊、车轮、型坯四大业务齐头并进,为铸机的精度恢复和稳定生产、轧线的品种开发和质量提高提供了可靠的保障,赢得业主单位的信任和好评。连铸板块全年运行相对稳定,配合业主完成多次大修,通过前后方共同努力,已基本消除二、三级预警。各磨辊间凭借充足的备辊量,多次应对轧机短期高频次换辊,满足轧机正常使用。同时面对新产线高标准、高起点、高质量等高要求,做好重型H型钢轧辊间与重型异型坯离线基地建设,保证产线稳定运行,满足了马钢重型H型钢生产线大幅提产需求,为马钢重型H型钢生产线达产做出了杰出贡献。持续开展技术攻关,轧辊刀花退辊率降低至1%,轧辊圆度合格率达到96.5%。通过举办技术服务品牌建设交流发布会、技术服务精益管理交流发布会等方式,强化品牌宣传,提升技术服务影响力和辐射面。

2. 提升制造产效,确保重点项目,放大机械制造优势。一是优化生产组织模式,加强部门间协同,打破管理壁垒,提高协同效率,继续为重H、重异项目提供高效售后服务,同时为后一步备件市场开拓打下坚实基础。通过周生产滚动计划动态调整生产排程,不断提升计划的可执行性;重点备件实行独立排程、专人不间断跟踪节点,问题早预警、早解决;推行计划分级管控,减少外协量,提升内部自制比例和生产成本消化能力。二是继续秉承马钢内部主要产线生产保障主力军的传统,完成四钢轧连铸、1580和2250等产线备件2093.89吨制作,出色完成大型轧机主传动关键备件——万向接轴研发试制,实现从简单修复到关键件新制组装成品交付的跨越,形成了稳定可靠的系列型钢万能轧机新制、精度恢复生产保障系统,有效支撑马钢公司内部主线单位生产。三是尝试探索成套设备项目总包模式,承接的马钢港务原料总厂刮板取料机项目不仅包括设备制作,还增加了现场设备安装,该模式的探索尝试也为后续成套项目类产品承接开拓了新的平台视野,使公司成套项目生产运营能力获得极大提升。四是初步形成了具有鲜明特点的机械制造四类子产品,分别为以长材系列锻钢辊轴为代表的循环消耗类产品,公司内外部冶金成套设备类产品,公司内部四钢轧、长材、一钢轧等主要产线常规备件类产品,以及以长材万能轧机、四钢轧传动轴、轧制线调整装置为代表的精度恢复与再制造类产品,为公司当期生产经营提供了有力支撑,同时也为公司下一步发展指明了方向。

3. 强化财务管理,盘活存量资产,提升整体运行效益。完成宝武标财系统共享平台上线工作,进一步提升会计核算和财务信息化管理水平;通过取得财务公司流动资金贷款授信,新增建行融资渠道,办理徽商银行票据池业务等方式,确保重点工程设备制作项目和生产经营所需运转资金;依据《重机公司交易对象授信管理办法》,完成2020年度客户授信工作,做好应收账款账龄分析、风险评估等相关工作,积极催收到期货款。盘活存量资产方面,开展了原15吨电炉区域清整跨、抛丸厂房、砌炉跨等闲置资产的盘活工作与报废设备及废旧物资、闲置合金等处置工作,降低了资金占用,释放了场地资源。采购管理按照宝武要求,全面实施阳光采购,有效降低采购成本,实现效益进一步提升。从优化供应商队伍开始,通过大力推进集中招标、年度锁定价、变通付款方式等,保证采购价格整体相对稳定合理。通过对标找差,采取多种措施实施节能降耗,通过监控各种介质消耗,适时预警、改进,累计平均吨产品能耗和主要定额消耗均在控制指标范围内,设备运行和维修费使用控制保持平稳。

【企业管理】 以全员改善为基础,聚焦"效率、质量、成本、交货期、安全、士气、环境、智能化"(PQCDS-MEI)8要素,建立标准体系,完善评价机制,拓展创建范围,推动全流程、全要素、全方位精益运营,实现制造能力、环境质量、职工素养、精神面貌全面提升,推动马钢重机公司创新力和竞争力的持续增强。通过抓好公司内部联络员、精益师、宣讲师"三支队伍"建设,扎实开展"四室"创建、焦点课题、"职工微创新"劳动竞赛、精益班组建设、红牌作战、单点课程(OPL)可视化操作教材编写等活动的开展,职工精益意识、工作质量和效率得以有效提升。以大力推进现场专项整治为突破口,在"深"字上用实招,在"实"字上谋举措,按"环境整洁、物流有序、设备完好、生产安全"的具体管理目标,进一步完善现场管理制度、标准、计划及整改措施,确保精益工厂创建工作达到预期效果。公司获得3A精益管理标杆大奖,表面工程分厂"连铸辊小件清洗效率提高的改善"微创新入选精益管理案例库。

【技术创新】 一是完成1720酸轧改造项目、亚新长钢项目、港务刮板取料机项目以及公司备件的工艺设计工作。编制张庄矿对辊修复、2250新制万向接轴、1580轴承座设计优化、2250侧压机离线精度恢复等较重大技术方案。编写和发布37个工种技术操作规程,完善了公司技术标准体系;组织实施17项科研攻关项目,其中7项列为高企研发项目,6项已完成。二是改变了专利提炼方式,聚焦专利来源,提升专利申报质量,提高专利与科研攻关项目的关联度。本年度申报专利28件,其中发明7件,获得授权专利22件。积极策划和组织重机公司专家库建设工作,首批入库专家42名,首批专家项目6个,均针对公司当前工作和战略发展急需解决的痛点、堵点,目前已完成5个。强化了公司专业技术实力,促进了内部技术协同,优化了专业技术队伍建设渠道,支撑公司生产、经营和发展。三是完成2020年高企再认定、安徽省企业技术中心申报、马鞍山市工程技术研究中心复审工作;加强与院校合作,发挥高校科技研发优势,在"重异中间包应力分布研究、整周期、长寿命连铸辊的研究""3Cr13不锈钢阶梯板的研发"等重难点项目上与安徽工业大学进行合作,掌握核心技术和提高创新能力。

【党群工作】 全面部署学习和贯彻习近平总书记考察调研中国宝武重要讲话精神。扎实开展党的思想政治宣传工作,制发了《重机公司年度党委工作要点》,对宣传思想政治工作、基层党组织建设工作、纪检监察工作、工会等群团工作作出部署安排,并每季度定期召开政工例会对党群工作进行阶段性小结和下阶段工作安排。制定《重机公司党委中心组(党支部)理论学习计划》,重点围绕八个学习专题每月组织安排学习。重点开展基层党组织"三基建设",持续开展自查改进。按时做好季度党支部"六比六看"考核统计,及时下发季度"六比六看"情况通报。做好党员组织发展和日常教育工作。认真开展纪念建党99周年系列活动。抓好干部管理,做好科级管理人员日常绩效考评和学习教育工作。工会聚焦职工岗位建功,激发全员劳动热情和创造活力。积极开展包括"全面对标找差、创建世界一流"劳动竞赛、"我为企业'对标找差创一流'献一计"活动等在内的群众性创新创效活动。加强职工劳动保护监督工作,一线职工"我要安全、我会安全、我能安全"的意识进一步强化。强化职工维权服务,多措并举实施精准帮扶。组织开展"做强品牌 青年担当"系列主题实践活动。开展"众志抗疫"网上练兵活动和"阻击疫情"志愿服务等活动。

(李升银)

表面技术公司

【主要经济技术指标】 2020年,表面技术公司作为钢铁行业装备制造服务供应商,在上级领导的指导下,深耕马钢内部市场,积极拓展外部市场。实现销售总额27192万元,实现利润总额2211万元。

【生产经营】 营销部门克服疫情及上半年钢铁市场萎靡的影响,通过主动寻找常耗件作为备件增量的重点,在马钢内部通过常耗备件协议制保供稳定市场、扩大业务量。2020年在炼铁总厂协议制、一钢轧异型坯协议、长材导卫协议制基础上,又新签订了四钢轧辊类备件修复协议制2000万元；技改项目方面，紧盯股份公司为数不多的技改项目，在冷轧、大方坯等项目上承接任务2000余万元。另外，与上海宝菱工程签订了460万元重卷线合同；与合肥公司续签了电镀轧辊、事故辊、工艺辊、锌锅内辊的年度协议，总额1000万元。外部拓展了河南机械手业务，签订合同1100万元。与日照钢铁、柳钢、中重院、二重等外部客户签订业务合同近1800万元。现场检修任务方面，完成了2250生产线轧机牌坊等现场检修6项。2020年全年任务量承接2.35亿元，销售额2.71亿元，其中技改项目销售5500万元。

【技术创新】 积极构筑创新工作平台，第三次通过了高新技术企业重新申报评审；完成省级知识产权优势企业验收工作；提交了考核信息统计表、年度建设工作进展及方案、典型案例，完成国家知识产权示范企业年度考核。申报的安徽省首台套重大技术装备项目"高速车轮检测线用伺服重载双梁机械手"获得批准；申报省高新技术产品两项，目前处于审核阶段；申报1项市两创产品"伺服重载双梁机械手"，已公示；申请专利16件，其中发明专利6件、实用新型专利10件，已获得专利授权28件，其中发明专利6件、实用新型专利22件。申报并落实国家省区市专利奖酬、国家知识产权示范企业、省专精特新评优、省重点研究与开发计划项目、省博士后科研工作站、省级新产品、机器人产业购置奖补、首台套重大技术装备奖补等奖励共计700余万元，已到账282.23万元，圆满完成计划指标。

【企业管理】 严抓质量管理，编制了《专业、保供、修旧如新产品标准化年度检查计划》；按照计划月度组织人员对专业产品进行过程执行情况检查，检查结果进行通报考核。按《专业产品售后服务管理办法》督促各专业产品小组完成售后服务活动，及时上报服务材料；对售后服务质量进行分析评价，并及时公布、奖励和考核。根据生产实际存在的难题，针对性地设立质量控制(QC)项目小组12个，实现对产品的不断持续改善，为客户提供优质满意的产品。严格按照公司《通用产品企业内部执行标准》和《高端产品内部质量控制计划》对产品制造过程进行质量控制，确保公司所有产品质量符合出厂要求。质量异议同比2019年下降51%，质量事故同比2019年下降36%，无重大质量异议和质量事故发生。作为重点排污单位，在日常环保管理工作中时刻树立红线意识，坚持保证环保目标的底线不突破。2020年公司废水、废气排放值均低于国家相关排放标准中的相关要求，危险废物安全处置率100%，环境污染事件为零。按上级环保部门要求，提前完成2019年长江警示片披露的马钢突出环境问题整改并通过市生态环境局现场验收，销号材料已提交市生态环境局。顺利通过安徽省人大常委会执法检查组土壤污染防治法执法检查。

【人力资源管理】 结合宝武重工的要求持续开展人力资源优化工作，全年人员优化13人，优化率6.67%。同时制定了协力工优化工作计划，在合法合规的前提下分步骤开展协力用工优化工作。强化在岗员工教育培训，全年三大岗位人员在线培训36346人次，9645学时；脱产培训936人次，4414学时。

(江燕鑫)

重工钢结构分公司

【主要经济指标】 2020年，重工钢结构分公司全年实现营业收入72802万元，比考核指标71000万元超1802万元；实现利润1099万元，比利润奋斗目标1055万元超44万元。

【生产经营】 承接长江钢厂电炉、四钢轧合金库、港原料场大棚、炼铁总厂焙烧机等内部工程以及紫金城市广场、陕煤集团石化、扬子江国际会议中心等外部项目，内外市场同步推进。全年累计签订合同额8.5亿元，同比增长9.3%，备件制造同比增长21.5%，H型钢销售同比增长14.8%；完成钢结构制作35195吨，H型钢深加工31295吨，制作加工量均有较大提升。首次承揽的四钢轧总厂2号转炉炉体内衬砌筑项目高质量提前完成任务。同时，长钢炼钢厂炉渣跨厂房吊车梁更换工程，高效的项目组织也得到了业主单位的高度认可。加大结算和清欠工作的考核力度，并将清欠工作纳入劳动竞赛效果显著。全年完成工程项目累计决算金额2.13亿元，共回笼资金73080万元，含清欠资金8806万元，比年初计划3500万元多收5306万元，资金回笼率大幅提高；应收账款比年初下降3980万元，下降率20%，应收账款周转率实际完成4.06次，比计划提高0.83次。

【企业管理】 推进贯标体系认证工作，结合宝武重工下发的各类管理制度文件，修订和增编公司的管理制度，共修订、增编并发布各类管理制度143项；制定各部门职责清单，强化对标管理，完善了对标二级指标评价体系；开展季度管理评审工作，管理评审改善提升项全部落实整改；开展内部控制和风险防范工作，认真梳理排查测试各类风险点，所有风险均处于可控范围；深入践行“安全1000”文化理念，发布安全管理文件61项，制定了《各级人员安全履职清单》，强化风险管控和教育培训，开展“违章就是犯罪”的宣传，推进双重预防机制建设，开展专项隐患排查治理工作，辨识危险源385项，开展应急处置演练5次，全员安全素养得到明显提升；践行习近平生态文明思想和“长江大保护”战略，配合完成炉窑混铁工程部和设备厂压力容器车间的雨污分流；全力打造本质安全、环保型企业，加大了安全生产及环保设施的投入，全年投入安全生产费用470.89万元，油漆废气处理设备投入运行，油漆废气监管和检测进一步强化，确保废气达标排放。全年安全生产、环境保护形势平稳，各项安全、环境因素控制在指标范围内；盘活两级库存，加大了库存钢材的利用，减少采购资金支出效果显现。全年钢材库存4775吨，较2019年12月底库存下降1670吨；推行集中下料和H型钢集中配送业务，净料供应累计6022吨，废旧材料得到充分利用，H型钢的利用率显著提高；规范固废处置，促使固废资源再增值，同比增值7.66%；通过年度招标方式累计降低采购资金125万元，其中耐材同比降幅3%，工业燃气同比降幅1.75%，焊接材料同比降幅7.36%。全年累计采购金额14776万元，其中网上采购金额13071万元（含直采），网上采购率为88.46%；加快平台共建，重点围绕欧冶云商平台，全面推行阳光采购工作，实现协同共享，采购率达100%；在岗员工从2019年底531人降到2020年底的421人，人力资源优化率达20.71%，超额完成8%人力资源优化指标；人均营收同比增长43%，人均利润同比增长1.45%；协力人数从2019年的189人减少到142人，其中劳务派遣44人，劳务派遣转业务分包98人，实现劳务派遣用工比例10%以内；开展人才盘点工作，确定公司核心人员库；中级以上职称人员占管理、技术业务岗总人数达55%，同比提升13%，执业资格取证人数比2019年增加8人，其中一级建造师4人，注册造价师2人，注册安全工程师2人，人员结构得到进一步优化。

【资质维护】 完成压力管道安装（GC2）换证复审工作；启动D级压力容器制造许可资格证换证和B级锅炉制造许可资质的取证评审工作，完成网上申报工作，体系文件修订、资源条件确认、档案资料整理完善工作正在实施；取得了日本钢结构H等级认证证书，完成了美标认证审核工作，通过了加拿大、欧盟资质年度审核工作。

【技术创新】 2020年共申报专利13项，其中发明专利5件；受理专利12项，其中发明专利3项、授权专利6项；已经归集研发费用2831万元，R&D占比3.88%；组织参加全国2020年第三届创新方法大赛，有三项成果参赛；开展智慧制造项目组织落实工作，组织《数控H型钢钻孔设备数控化与自动化应用》等4个项目参加宝武智慧制造劳动竞赛；运用物联网技术，打通仓储、加工、配售等环节的信息孤岛，实现加工中心仓储管理的信息化、智能化，形成一体化经营，一体化销售、一体化管控模式，10月智能仓储系统投入使用；贯彻落实中国宝武马鞍山区域产业协同的战略部署，按照宝武重工的总体要求，加快推进信息化建设，各阶段工作如期完成，年底上线运行。

【疫情防控】 疫情期间及时转发、传达各级文件，起草、下发通知、方案，排查人员行动轨迹，按时反馈各类信息报表，坚持每日测温入厂，开展日常消杀并跟踪检查，做到防控工作任务清单化、责任化、目标化；多渠道采购疫情防控物资，食堂分时段就餐，组建“阻击疫情”党员志愿服务队，监督检查体温检测工作，并维护入厂秩序，多措并举为复工复产有序进行提供了根本保证。

【党群工作】 以开展“十个一”特色活动为载体，职能部门与基层单位开展结对共建活动，帮助基层单位对标找差，梳理解决问题，提升党支部党建工作质量；完成6个党支部换届选举工作，开展宝武党建云系统操作培训，完善党建云各类信息，实现使用、运行全覆盖；严格执行“三会一课”和党委班子下基层上党课制度，坚持开展“党日活动”，重点学习《习近平谈治国理政》第三卷、习总书记考察调研宝武集团重要讲话精神、习总书记在全国抗击新冠肺炎疫情表彰大会上的重要讲话精神，进行“四史教育”；开展2次革命传统教育活动，90名党员接受革命传统再教育；积极参与“钢铁荣耀·铸梦百年”宣传教育活动、“我和宝武的故事”有奖征文活动及“我的宝武老物件”有奖征文活动，共征集上报6篇。网站发布稿件311篇，《马钢日报》上稿91篇（其中头版20篇，头版头条2篇），马钢宣网上稿82篇，重工及宝武公众号上稿9篇，较好展示了公司职工良好精神风貌；开展“中国梦·劳动美”主题宣传教育，举办“展劳模风采·讲工匠故事”系列活动，组织“同舟共济战新冠，争分夺秒创效益”百日专项劳动竞赛，举办安全知识竞赛、安全急救知识专题讲座，开展“我为企业‘对标找差创一流’献一计”活动，职工献计124条，彭清兵撰写的《外燃式热风炉球顶耐材局部施工工艺改进的建议》通过马钢二级合理化建议验收;为职工购买定点扶贫县农产品13.1万元,超额完成扶贫分配指标;开展送温暖活动,重点走访慰问特困职工家庭11户,为80名困难职工发放13.2万元送温暖物资,为41名患大病重症的职工家庭送达马钢、钢构互助帮困金12.2万元;开展“送清凉”和“金秋助学”活动,发放26.1万元送清凉物资、成才奖励3.18万元;发放18万元防疫物资,为复工复产提供有力保障。

(徐峻峰)

输送设备公司

【主要经济指标】　2020年,输送设备公司销售收入23420.31万元,是计划的111.5%,是2019年的111.3%,其中外部销售5327.11万元,是计划的126.8%,是2019年的117.5%;利润总额460.05万元,是计划的115.01%,是2019年的187.76%;经济增加值-388.8万元,应收账款周转率4.3次,存货周转率2.74次。

【市场开拓】　依托宝武重工新平台,积极开拓内外市场。在宝武内部市场方面,获取港务料场C棚工程3条管机、港务22条普通胶带机、南山矿凹选系统改造胶带机、头顶库避险安置胶带机等项目订单(约5000万元);在宝武外部市场方面,与华菱湘钢签订台车篦条年度备件总包合同约2000万元,中标上海振华港机福州牛头湾码头3条胶带机订单720万元、中冶赛迪总包的焦化筒仓二期胶带机1458万元、中钢设备总包的带焙项目胶带机775万元,与日本JRC签订了托辊年度合作协议。开拓南通中远、马鞍山圣戈班等新客户。

【技术研发】　加快技术创新步伐,提升核心产品竞争力。重点科研项目:省重点研究与开发项目“移动破碎站后连续智能皮带桥”完成设计制造;环保智能料场配套输送设备(环保型空间转弯圆管输送机)项目,完成研发设计、生产制造并开始现场安装;成功设计开发多种不锈钢特殊用途托辊,已发客户使用。“履带式储带移置输送机”通过2020年安徽省首台套重大技术装备认定;通过马鞍山市科技“小巨人”及“专精特新”企业认定;完成马鞍山市高新技术产品申报;完成“移动破碎后连续智能皮带桥控制系统V1.0”软件著作权登记、《移动破碎站后智能皮带桥》Q/MGSS003-2020企业标准备案。申请专利9项(含2项发明),授权9项实用新型。

【企业管理】　围绕年度“两金”管理目标,明确职责,层层压实,合理利用马钢废旧炉箅条,降本18.3万元,产成品及原材料库利库266万元;存货余额5662.08万元,较年初降低2863.36万元;应收账款净额4686万元,较年初降低1532.71万元,运用法律手段收回外部单位已全额计提坏账准备金额5.2万元;优化资本结构、减少带息资本,预计全年减少资金成本77万元;利用票据池提高资金周转率,累计经营现金流净额4760.73万元;优化人力资源,理顺劳动关系,在岗职工123人依法优化为与本公司订立的劳动合同;畅通员工转型发展通道,同口径2020年末在岗正式工对比2019年末优化9%;组织开展新一轮定编定员、协力用工优化工作;建立完善核心人才库;优化激励机制,完善生产单元组织绩效评价、营销及技术人员收入分配办法;强化固定资产管理,优化库房管理,提高管理效率。2020年完成固定资产投资合同签订436.79万元,固定资产报废依规处置回收资金16.42万元;办理排污许可证,合规处理固废危废,完善精铸分厂及焊接区域环保设备设施,烟尘达标排放;完善物资采购、外委外协等管理制度;加强安全管理制度梳理,对接宝武重工安全管理体系,强化安全培训,完善应急救援预案,开展应急预案演练,安全工作达标;配合宝武信息化系统上线各项工作;完成2020年体系内审及管理评审、国金衡信公司“QEO”三标体系认证年度审核工作;优化法人治理结构,根据公司股东宝武重工关于取消董事会设立执行董事的股东决定,重新修订公司章程。获得政府资金补助、退税等约45万元。

【党建工作】　坚持以习近平新时代中国特色社会主义思想为指导,全面贯彻落实党的十九大和十九届历次全会精神,深入贯彻习近平总书记考察调研中国宝武重要讲话精神,树立“四个意识”,坚定“四个自信”,做到“两个维护”,认真履行党建主体责任,充分发挥党组织政治引领作用,为打赢疫情防控阻击战,有力有序推进企业复工复产,实现公司高质量发展提供坚强保障。

坚持重大事项决策党总支前置程序,突出抓好“长江大保护”问题整改,完成精铸分厂电炉外冷却水箱直排雨水沟现象整改,总经理任中审计问题整改,在规定时间内按要求整改完毕。组织开展“禁入管理专项梳理”“经商办企业信息梳理填报”等重点工作任务。认真做好节假日期间正风肃纪工作。检查公务用车、业务招待费使用情况,公车已全部安装 GPS。加强基层党组织建设,组织开展“软弱涣散党组织”梳理排查工作,优化基层党组织建设,成立 2 个联合党支部,充分发挥集聚整合效应。坚持把骨干培养成党员、把党员培养成骨干的“双向培养”模式,2020 年,发展党员 4 名,预备党员转正 2 名。组建 5 支以党员为主体的疫情防控工作突击队,党总支下拨疫情防控专项资金 6000 元,组织党员捐款 7200 元,党员捐款率达 100%。认真做好职代会换届改选和提案征集工作,组织开展合理化建议、“献一计”等活动,其中“改进托辊密封结构及轴向承载”获中国宝武“金点子”,“原材料料头再利用的建议”获中国宝武“好点子”;积极开展消费扶贫行动,公司直接购买定点扶贫县农产品 5.6 万元。组织优秀员工参加中国宝武第二届职工技能大赛,坚持开展“冬送温暖、夏送清凉、金秋助学”系列活动。成立马钢输送团支部,加强青年员工的思想政治引领。

（胡文婷）

马钢共昌联合轧辊有限公司

【主要经营指标】 2020 年,马钢共昌联合轧辊有限公司全年完成轧辊销售共计 7408 吨,实现轧辊销售收入 10069 万元,实现利润 19 万元,产品质量稳定,安全生产情况良好。

【组织管理】 2020 年 3 月,根据安徽马钢工程技术集团有限公司股东决定,原股东——安徽马钢工程技术集团有限公司名称变更为宝武重工有限公司,标志着公司正式进入宝武重工体系,与体系内其他企业做好协同工作,共同助力宝武重工。

【生产经营】 全年生产制造、承揽来料加工共计 10887.967 吨,其中支撑辊 4259 吨;新开发马钢重型 H 型钢一系列产品,包括 BD 辊制造和水平辊服务加工。进口设备实现自主维修改造,特别如美国铣床液压系统改造等,全年节省成本约 35 万元。积极开展进口备件国产化工作,其中刀具总消耗量同比减少 18.69%,国产刀具占比 98.05%,每年节约成本 21 万元;热处理备件国产化每年节约成本 10 万元。采购系统加强核心原材料渠道拓展,通过反复试用验证成功引入多家国内锻钢毛坯供应商,借助市场竞争机制有效降低了采购价格,仅毛坯采购价格一项下降约 3%。细化质量分析,工艺纪律巡检,开展标准操作程序(SOP)培训等系列措施,产品质量稳步提高,全年工艺一次合格率提升约 10%。加强内部技术改造,通过热处理炉技改成功实现辊身长度 2800 毫米中大型支撑辊的工艺突破,拓展了公司轧辊业务范围。

【市场开拓】 公司继续巩固原有核心客户,同时加大力度积极寻找新客户,2020 年 2 月 12 日与重庆钢铁签订支承辊业务合同(180 万元),2020 年 7 月 20 日与奥克宁可(昆山)公司签订支承辊业务合同(57 万元)。借助设备技术优势,与马钢重型 H 型钢产线协同,为其提供磨辊间轧辊维保服务。2020 年公司共新增合同 20 余份,合同总额 4500 万元。

【财务管理】 加强效益测算,为实现盈利,积极预测,从成本角度加以分析,从经营角度加以管控,严控非生产性支出,加强资金安全管理,确保汇票安全兑付。有效控制财务费用,比 2019 年下降 11 万元。配合销售部门对超信用期应收账款走法律诉讼途径,收回三年期以上应收账款 62.5 万元。拓展银行融资渠道,新增建行资金贷款授信 4000 万元。公司变现能力在 2020 年度得以提升,销售现金比率达到 49%。

（帕　然）

集团公司其他被托管单位

马钢集团物流有限公司

【概况】 马钢集团物流有限公司(以下简称“公司”)成立于 2015 年 9 月,注册资金 3 亿元,系中国宝武马钢集团全资子公司。自 2020 年 4 月 1 日起,由宝武物流资产公司(以下简称宝武物产)委托管理。2020 年 11 月 16 日,随着欧冶云商股份有限公司(以下简称欧冶云商)对宝武物产实施委托管理,纳入欧冶云商管理体系中。公司拥有汽运、航运、仓储三大物流板块,开创钢铁行业完整意义上的物流资源要素的资本整合,实现集团化管控、板块化运营、产业化发展。公司主要从事公路、水路货物运输以及仓储配送、全程物流总包及物流供应链服务等,主要服务客户为钢铁、矿山、煤炭、建筑等企业。

【主要经济技术指标】 全年完成实物物流总量7296万吨；实现营业收入(管理口径,下同)12.78亿元,较2019年增长56%；利润总额8234万元,较上年度增长78%；人均营收238万元,比2019年增长57%；应收账款周转天数20天,较上年加速14天,较考核目标加速40天；经营实得现金流5583万元,实得应得比90%,较好完成75%的考核目标；应收账款(集团外)2005万元,较好完成年度4000万元目标任务,应收账款期末余额6598万元,较2019年下降1107万元,远低于考核目标11336万元；资产负债率22%,较上年末下降1个百分点。安全环保管控良好,重大人身伤害事故、重大火灾事故、爆炸事故、重大环境污染事故为零。

【企业管理】 面对突如其来的新冠疫情,公司坚决贯彻党中央、国务院、中国宝武以及马钢集团、宝武物产、欧冶云商的统一部署和相关要求,全体干部员工主动应战、积极行动,一手抓疫情防控,一手抓保产保供,取得了疫情防控阻击战和保产保供攻坚战的双胜利。疫情期间,马钢股份产成品物流运输困难重重,公司上下积极作为、协同作战,建立信息互通共享机制,制定各种应急保产预案,提前锁定外部运力,出色完成了多次“急难险重”的保产任务。物流运营部门开展了“畅通有序”百日劳动竞赛,各项竞赛指标全部高质量完成。一线员工在做好个人疫情防控的同时,坚守现场、精心组织,确保物流运输安全顺畅。全面融入中国宝武是公司2020年的重点工作。作为马钢第二批专业化整合融合单位,公司起步较晚。为此,整合融合领导小组带领8个专项工作组采取目标导向、任务分解、专人专责、节点倒排、效果验证等相关措施,以“5+2”“白加黑”的工作状态确保各项任务按计划高效完成。3月18日,托管仪式“云端”举行；4月1日,正式整合进入宝武物产。面对新环境、新挑战,全面推进管理、制度、体系、文化等方面的对接工作,专业化整合融合仅用50天就完成了既定的“百日计划”,赶上了第一批单位步伐,整合融合工作效果和质量受到了上级领导和相关部门的认可与肯定。11月16日以来,随着欧冶云商对宝武物产的全面托管,公司以变应变、主动而为,正在逐步实现与欧冶云商管控体系的全面对接。为加速适应中国宝武专业化整合后的管理要求,快速提升马钢物流综合竞争力,公司结合自身实际,迅速启动了机制、体制管理变革。2020年4月,公司及其旗下中联海运、马钢机动车循环利用科技公司分别由宝武物产、宝钢资源和欧冶链金进行专业化整合。6月23日,公司及时稳妥地完成了全体员工的劳动合同优化订立。6月底,根据马钢股份管理变革要求,生产物流与采购物流相关业务和人员实施回归。7月,切换服务模式,对马钢股份产成品销售物流业务实施全程总包。7月中旬,旨在统一思想、明确方向的马钢物流首次管理者研讨会成功举行。8月,酝酿已久的机构改革方案全面实施,职能部门从6个压缩到4个,人员配备向市场一线倾斜；强化基地物流服务职能,组建基地物流部(仓储运营部)；结合公司实际定位,将规划发展部更名为资产管理部。积极开展法人压减工作,旧机动车交易中心、马钢合肥物流相继完成注销。通过一系列行之有效的改革变革,公司转型发展定位进一步得到明确,综合竞争实力进一步得到提升,各项工作进展顺利、成效显著。融入中国宝武体系后,公司为马钢基地服务模式由物流总包代理转变为产成品销售物流总包服务。为了适应这一变化,公司充分发挥钢铁主业服务保障经验优势,以欧冶线上平台和宝武物产线下物流基础设施为双支撑,构建了钢铁基地物流“三明治”式服务新模式,通过打造“高效、安全、稳定”的全流程物流业务链管控,为钢铁主业优化物流成本、提升客户满意度、增强综合竞争力提供了强有力的支撑。通过整合自身运力及各类社会物流承运商、仓储商、港口资源,统一对口服务马钢股份,实现资源统一调度、业务(系统)单一界面、费用统一结算,初步实现了由代理总包到业务总包的角色转换；通过深度调研、摸排,逐一与马钢股份地区公司及二程承运商签订服务协议,基本实现了产成品销售物流的全程管控,为后续进一步优化流程、降低成本、改进服务奠定了坚实基础；按照“四上”要求,马钢股份销售物流业务逐步转移到欧冶智慧物流平台上,利用天网、地网发挥各自优势,相互支撑、相互引流,紧密协同,为全面、系统优化基地物流服务体系、增强与主业业务的黏性提供了先决条件。在边实践、边总结、边改进的基础上,逐步将总包服务模式在马鞍山区域其他单元予以推广、复制。截至2020年7月,顺利承接了长江钢铁原料采购及产成品销售、马钢交材生产及产成品销售、合肥板材基料运输和带出品以及马钢矿业下属姑山矿、张庄矿精矿回运等物流总包业务。积极践行共建共享、协同发展的理念,钢铁生态圈物流业务跨区域协同初见成效。通过板块内横向联系,以凹精、鄂球综合物流和长钢物流项目为抓手,充分发挥各自资源优势,相互引流、协作发展,全年完成宝武钢铁生态圈业务协同物流量98.39万吨,营收3748万元。

【产业发展】 参股组建中铁物总华东资源科技

公司及其配套项目。以长投+固投方式推进项目落地。2020年7月，华东科技公司成立；10月进入施工阶段；该项目已完成主体工程建设，全面进入设备安装调试阶段，中国铁路物资循环再制造首个示范基地即将于2021年一季度投入运营。增资马钢集装箱公司建设集装箱集疏运项目。经过前期认真策划、精心论证，该项目已全部通过各层级决策审批程序，即将进入项目施工阶段。该项目的顺利投运，不仅将助推集装箱公司增强行业竞争实力，更有利于公司全面提升绿色智慧运营水平。收购控股钢晨物流园股权项目。在专项工作组的通力合作下，该项目正在按照既定计划有序推进。法务和财务尽调、审计以及资产评估等相关工作已接近尾声，项目可研、公司章程以及合作协议等正在草拟之中，预计2021年二季度将实现财务并表。合肥派河物流园合作项目稳步推进。进军合肥市场，打造临港经济，拟联手安徽省港航集团建设高端物流产业园，支撑钢铁生态圈区域市场大发展。经过广泛接触、多次交流，双方已就合作内容及模式初步达成共识。该项目的落地将助力马钢物流经营规模、竞争实力大上台阶。同时，作为公司后续发展重要抓手的“仓港站园运”其他项目也正在陆续启动。

【市场开拓】　2020年，公司克服疫情、汛情及客户产品销售调整的多重影响，主动适应中国宝武体系内业务模式重组、外部市场变化错综复杂等实际情况，不断拓展内外部市场业务，从单一承接物流业务到提供全程供应链服务，从提供物流解决方案到为客户创造价值，在理念思路、行为方式的不断创新和突破中，逐步实现物流服务的价值增值。稳定既有业务，拓展新的业务。张庄矿产品回运物流全程总包、姑山矿产品回运物流全程总包、江苏和兴精水运总包，三项总包业务占公司市场营收的40%。在固化兴伟炉料、江苏和兴、鄂州球团等物流业务的同时，新增嘉华水渣内河运输业务及嘉华动力煤供应链业务，生态圈协同业务规模不断扩大，业务量与营收规模双双增加。出色完成共计1540支超长H型钢水陆联运项目，实现了马鞍山物流运输史上第一次18.8米超长件水陆联运。其钢材用于孟加拉国南部帕德玛大桥项目建设，是中国援建孟加拉国的“一带一路”重点项目。全年新增外部客户27家，累计拥有外部优质客户59家，外部收入达到1.82亿元，外部占比14%。

【安全环保】　积极融入中国宝武安全管理体系，对接安全管理制度和管控模式，以安全管理绩效评价促进管理能力全面提升。持续开展专项对标找差，引进先进经验、改进自身短板，快速提升公司的安全管理

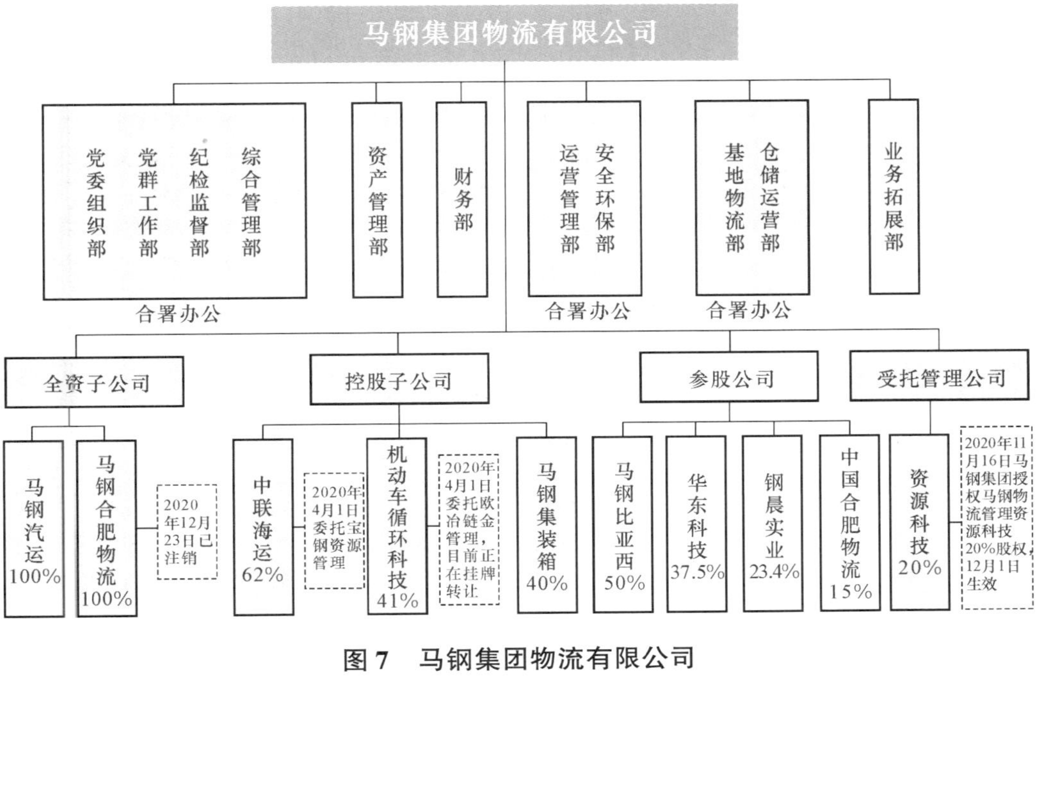

图7　马钢集团物流有限公司

整体水平。牢固树立“生命至上”“违章就是犯罪”的管理理念,开展全员隐患排查治理,强化重点领域安全管控。马钢汽运建立安全风险分级防控与隐患排查治理信息化系统,安全智慧化管理水平显著提高;深度开发现有调度系统功能,实现高风险路段的交通安全预警;推进VR安全技术使用。积极打造环境友好企业。落实“长江大保护”马鞍山市生态环境局巡查发现问题整改,与公司相关的6个点位12个问题已全部整改到位。推进“三治四化”工作,两个雨污分流项目改造已按计划完成。加强废气、污水和固危废治理。跟进马钢股份超低排放改造工程,投入清洁运输新型车辆。“马钢物流绿色物流的探索与实践”入选“中国宝武2019年度环境经营优秀案例”。

【品牌建设】 马钢物流、马钢汽运分别通过质量、环境、职业健康安全管理体系第二次监督审核。《以多式联运助推钢铁物流生态圈建设的创新与实践》获中钢协管理创新成果一等奖,这也是马钢物流第二次获此殊荣。《综合性大型钢铁物流公司“绿色、智慧、协同、共享” 管理体系构建》获第十五届安徽省企业管理现代化创新成果一等奖。12月1日开通了“马钢集团物流有限公司”微信公众号,公司的重要新闻、关键事件都能在第一时间对外发布,有效地助推了马钢物流行业知名度的进一步提高。

(洪　瑞)

·物流公司二级单位·

汽运公司

【主要经济技术指标】 2020年,汽运公司实现并表总收入50569万元,利润总额6033万元,圆满完成了各项经营绩效指标。

【运输主业】 2020年,圆满完成了各项经营绩效指标。随着整合融合的推进,公司密切关注中国宝武马鞍山区域各单位生产结构调整和组产变化,主动沟通协调、制定预案、平衡运力,发挥综合运输及规模优势,及时调整车辆人员配置,实施跨区域、多单元联合运输协同保产,提高了运输效率,经受住了快节奏、高产能组产的考验,为服务单位生产稳定顺行提供了强有力的运输保障。

【多元业务】 对公司内部部分修理资源进行整合,承接了马钢股份炼铁总厂南区、长材事业部南区所有炉台设备修理业务。油品经营分公司在做好“两站三点”协同运营的同时,发挥加油站区位优势,策划对外营销、谋划非油销售等活动,实现业务增收。危运公司发挥专业运输优势,承接了当涂绿能公司的瓶装丙烷散货运输业务和南京江北新区的氢气运输业务。租赁分公司在接待任务繁重的情况下,统筹现有人车资源,圆满完成了各类活动用车服务保障工作;同时,主动到各客户单位进行寻访,并与长钢股份、检修公司、宝武水务、宏飞电力等8家单位签署了租车协议。

【安全管控】 拓展开发了北斗调度系统高风险路段的交通安全预警提醒功能,建立了安全风险分级防控与隐患排查治理信息化系统,完成了基于VR技术的高风险作业安全事故应急演练场景文案编制,并组织推进系统开发。修订了安全管理制度24个,依照宝武相关要求开展了安全生产年度绩效评价。《公司领导人员安全管理履职清单》发布运行;公司《全员安全管理履职清单》完成转换,正在评审。全年组织公司级集中培训560人次,安全管理人员取证86人次。安全标准化班组达标创建三年行动提前一年完成,46个生产班组全部达标,基层安全管理基础进一步夯实。

【专业管理】 组织编制发布了《汽运公司2020年度商业计划书》和《汽运公司三年战略规划(2020—2022)》。规范协力用工管理,消除了现有混岗问题,制订了《生产协力总包管理办法》。加强技术品牌建设。公司有两项技术项目分别获全国优秀QC成果、中国创新方法大赛全国总决赛优胜奖,其中一项同时荣获了全国优秀质量管理小组称号,实现了公司获得国家级奖项零的突破。根据《马钢物流公司公车市场化社会化改革方案》,汽运公司纳入公车改革车辆344辆,按要求处置31辆,为282辆公车安装GPS系统。同时,根据《马钢集团贯彻落实公车市场化社会化改革实施方案》总体部署安排,稳妥完成了114人和132台车辆的接收工作。

【党建工作】 组织多种形式学习贯彻习近平总书记考察调研中国宝武马钢集团重要讲话精神。开展了“我与汽运共成长”“我的宝武故事”征文和员工寄语书画作品征集等活动。开展了中国近现代钢铁工业的发展史和中国宝武奋斗史教育活动。认真组织宝武物产第一届职工技能大赛马钢物流“汽车驾驶技能”竞赛,增强了职工的归属感和凝聚力。

(郭金雨)

合肥物流公司

【概况】 马钢(合肥)物流有限责任公司位于合肥市肥东循环经济示范园,于2016年12月成立,为马钢集团物流公司全资子公司。

【生产经营】 公司一手抓抗疫、一手抓生产,认真梳理业务流程,完善各项预案,做好保产保供,保障了合肥板材物流顺畅。1—6月完成营业收入3675万元,利润总额6.73万元,实物物流量59.5万吨。

【法人压减】 2020年7月,按宝武物产、马钢物流公司产业高质量发展规划和压减法人工作要求,启动马钢合肥物流公司法人压减工作。至8月31日完成所有业务终止和结算工作,开展公司债权债务及税务清理,实施固定资产处置、银行账户注销等。12月23日,完成合肥物流公司清算注销工作。

(刘正海)

比亚西钢筋焊网有限公司

【主要经营指标】 2020年全年实现销售收入4.46亿元,比2019年增长123%,销量合计11万吨,比2019年增长128%,实现净利润1106万元。

【生产经营】 克服市场需求量波动大、人员补充不及时、新员工流动性大的困难,合理组织生产,提高反应速度,4月和11月,公司本部焊网月产分别突破9000吨和10000吨大关,本部全年生产焊网7.7万吨,综合生产效率不断提高,全年生产效率(加权)较2019年提高9%,均创历史新高。坚持设备每周保养和检修工作,提高设备维护水平和故障处置能力。为确保公司相关合同及时兑现,在9月仅用时一周完成8号网机的安装调试,产品按时交付。全年无重大设备事故和故障,为生产提供了有力保障。在全面分析公司现状的基础上,认真做好公司战略规划,明确公司营销战略,全力塑造营销模式,取得了良好效果。调整公司营销组织架构,设置南北两个大区进行管理,修订营销考核,加强考核制度正面导向作用,公司营销队伍的精神面貌焕然一新,团队整体素质得到了较大提升。同时,加快电商业务发展,开发出公司产品App,实现了电商渠道业务的突破。2020年4月,广西分公司投产,实现了实质性运营。自2020年年中以来,经过多轮沟通交流,于2020年12月同江西高速集团下属江西交工装配公司就钢筋焊网智能加工基地项目达成了共识,双方合作在江西共青城市设加工基地,该项目合作是公司继成都分公司、广西分公司后的又一具有里程碑意义的事项,为公司稳定江西区域市场、实现公司战略布局奠定了坚实基础。通过技术质量支撑,引进六安等钢厂原料,拓宽采购渠道,降低成本。采用小批量水运和汽运相结合方式,减少库存、资金占用及价格波动带来的风险。

【企业管理】 对内理顺内部管理流程,清晰责任,设立质量控制标准,修订了原料工艺标准;对外从技术质量角度打好公司质量牌,在多个项目树立了公司的质量信誉。一次性通过省级高新技术企业的三年重新评定。申报及授权专利再创新高,全年申报专利14项,其中发明8项;授权专利7项,其中发明2项。5篇科技论文在国家科技期刊发表,一项新产品通过科技查新。公司焊网产品通过中冶认证。积极拓展融资业务,先后在建设银行、中国银行、南京永丰银行、光大银行、中信银行取得信用额度1.3亿元,为流动资金需求提供了保障。成功开通中铁E信和工银E信,为销售收款拓宽了渠道。成功升级原K3系统,为公司拓展互联网业务以及税务发票电子化搭建了适合的平台。围绕“价值创造”,梳理职能、明确职责、修订流程,加大员工培训,提升员工能力,改革薪酬绩效制度,搭建人力资源管理体系,初步形成与企业管理相适应的团队;规范会议和计划体系,提高工作效率和执行力;加强员工关系管理,构建和谐企业,通过合理的薪酬保障体系、合理的员工发展通道、配套的增值关爱福利和活动,提高员工的幸福感。全力做好新冠疫情防控工作,按照马鞍山市及马钢相关防疫政策要求,全年做好疫情各项工作报告、防疫物资发放和防疫知识宣传工作,确保防疫工作落到实处。重视政策研究,积极争取政府项目申报工作,2020年,公司成功申报中国驰名商标、省级专精特新择优奖补、技术改造项目投入奖励。

(吴　娴)

中联海运

【生产经营】 2020年,公司完成331航次,运输量1580.87万吨,营业收入33263万元。公司多年来与钢铁冶金行业、建材、电力行业、煤炭行业等众多大型企业形成长期合作关系,成为上述企业干散货物流运输的重要承运商。

【船舶管理】　公司现有7艘海运货轮和1艘江运货轮,具体为3艘2.1万吨级、1艘8.5万吨级、1艘5.6万吨级、2艘1.2万吨级海轮和1艘2万吨级江运货轮。2020年,公司从"生产安全、节能高效、疫情防控、环境保护"等方面落实常态化监督检查制度,推进实施有效的安全防污染活动,落实安全生产责任制,建立公司"层层负责、人人负责、各负其职"的安全管理体系,加大船舶安全与防污染资金投入,确保船舶设备运行,满足主管机关规范要求,积极推动船舶节能降耗工作。加大对船舶疫情的防控工作。加强管理人员及船员的安全教育培训。加强对船舶安环工作的现场检查力度,及时排查安全隐患,落实纠正措施,确保船舶生产安全。船舶安全和防污染管理工作形势稳定,未发生安全、污染等级事故和重大隐患事故,实现了公司全年既定的安全目标。

【重点项目推进】　根据安徽中联海运公司发展规划及做大做强水运物流的目标,公司在现有25万吨自有运力规模的基础上,新造4艘22500吨级环保型江海直达船舶,具备"宜江、适海、先进、经济"的特点,可由沿海各港口直航马鞍山,符合长江航运绿色发展理念。

【财务管理】　自2019年底定制船开工以来,公司已支付船厂进度款11880万元,完成投资总进度的45.7%,其中2020年支付进度款10792万元,完成了投资总进度的41.5%。

(张国珍)

宝武集团运营共享服务马鞍山区域分中心

【业务运营】　2020年,宝武集团运营共享服务马鞍山区域分中心全体职工紧紧围绕"深化整合融合、全面对标找差"工作主题,认真落实各项工作部署,较好地完成了宝武集团、马钢集团以及宝武运营共享服务中心下达的2020年各项工作目标和任务。标财系统上线52家单位,共享覆盖63家单位(含原金蝶EAS共享单元),属地共享吸纳3家单位,会计凭证56.4万张,资金结算3300亿元。

【疫情防控】　新冠疫情发生后,运营共享马鞍山分中心通过采取强化组织领导、建立联防联控机制、积极筹措防控物资、多措并举抓防控、加强宣传和舆情引导、认真做好困难帮扶的措施,有效开展了疫情防控、复工复产及为企业纾困解难工作。

【共享一体化整合】　2020年6月7日,中国宝武决定深化运营共享服务,推进财务共享一体化集中管理,按照"横向到边、纵向到底"原则,推进中国宝武财务共享业务全覆盖,最大程度进行资源优化配置,挖掘规模和协同效应,实现极致低成本高效率,成立宝武运营共享服务中心马鞍山区域分中心,马钢集团财务共享业务整合进入运营共享马鞍山分中心。马鞍山分中心迅速启动各项管理对接,完成共享一体化整合前期的维稳工作,配合马钢集团下发《关于马钢集团落实和推进财务共享业务一体化集中管理的通知》文件,推动区域分中心机构更名工作,与宝武运营共享服务中心就马鞍山区域分中心相关具体工作进行汇报沟通。2020年7月1日,运营共享马鞍山区域分中心按照新的体系正式运作。2020年10月16日,中国宝武与马钢集团《中国宝武运营共享服务中心马鞍山区域分中心相关事项委托管理协议》正式签订,党、政、工、团工作对接正在推进之中。运营共享马鞍山分中心按照宝武集团标财覆盖"横向到边、纵向到底"以及一体化整合文件要求"应共享尽共享"原则,全力推动马鞍山属地单位标财系统上线、财务共享全流程核算以及报表等业务整合进入马鞍山分中心,按照中心总部统一原则及分工安排持续推进各项工作。

【标财覆盖推进】　马鞍山分中心认真执行标准财务系统对马钢集团各级子公司100%覆盖要求,推进标财系统上线工作。从2020年2月开始牵头组织马钢集团本部及下属11家分(子)公司标财覆盖,完成客商主数据梳理、规则表编制、期初数数据整理、切换方案确认等工作,于2020年6月30日配合标财项目组顺利完成第一批22家分(子)公司标财上线工作;优化和完善现有系统功能,推进百望税控服务器以及马钢财务公司九恒星结算系统全面对接宝武各专业系统。配合马钢股份、欧冶链金、宝武重工、宝钢资源、宝钢工程等各级子公司的标财覆盖需求调研、规则表编制、方案编制评审、界面分工、业财联调等工作,第二批30家共享单元标财上线有序推进。

【运营体系对标】　自共享一体化整合以来,分中心认真对标中心总部运营管理体系,进一步提升内部运营能力。

1. 全面对标标财流程，首批标财上线后，按照宝武标财流程对单据收集、全员报支、资金结算、销售及收款、资产总账流程进行优化调整，实行各单据收集点定时收单及集中分单、配单、扫描，相关专业组复核、收款、付款及开票等岗位分工清晰，确保标财全覆盖上线后工作流程及财务核算工作更加顺畅高效。

2. 全面对标中心总部月工作计划提报制，每月末对分中心拟定的工作计划逐条跟踪落实完成情况，对计划外完成的工作全面总结，并对下月工作任务列出详细计划，明确时间、任务、责任人，上报中心总部。

3. 全面对标中心总部专业例会制，每月初根据不同专业模块，统筹编排各专业例会时间，组织分中心业务骨干有重点地参加各专业例会，全面参与工作总结及难点问题探讨，形成会议纪要上报总部，有效提升业务协同。

4. 全面对标运营中心总部质量及客服管理，根据分中心工作实际分别成立质量、客服工作组，制定管理办法。定期召开专项会议，实行专业组质量全面自查—工作组专题检查—分中心领导随机抽查三级检查通报制，规范操作流程。10 月，分中心组织 15 名质量及客服工作组成员赴上海总部参加专项培训，在总部大力支持和分中心的共同努力下，初步建立马鞍山分中心客服体系及质量管理体系，质量工作及客服工作质量、效率有效提升。

5. 全面对标运营中心总部网站文件功能，对分中心内部网站改造提升，开辟内部运营模块，分类发布分中心月度工作计划、工作例会纪要、外部会议反馈等业务推进文件，有效提升了网站的实用性、功能性。

【改革管理】 标财覆盖工作推进以来，马鞍山分中心要同时做好第一批标财上线单位运营、第二批标财上线计划推进以及新老系统的平稳运营，确保过渡时期标财系统、SAP 系统以及金蝶 EAS 平台等多系统间财务交换数据准确，分中心结合整合融合实际，兼收并蓄，积极探索管理变革。

1. 多措并举提高一专多能。一是通过选聘临时项目经理，将年轻骨干同志放到项目负责人上历练，通过项目建设全过程的计划、组织、指挥、协调等能力培养，促进他们快速成长；二是将运维岗位下沉到不同核算业务组，学习参与各流程核算业务，增强对财务系统的设置匹配能力；三是抽调工作站基础会计人员，加入应收应付核算及总账报表学习，提升财务角色转换能力。

2. 项目制承接新共享单元。分中心采取“项目制”形式组建精干团队推进属地新设公司标财覆盖建设，垂直管理、独立运行，实现全系统参与、全业务协同、全过程管控，有效提升属地新设公司标财系统建设以及承接共享全流程核算效率。

3. 建立外部会议记录通报制。分中心列席的所有外部会议，主要参会人员要在会议结束两天内填报《外部会议记录表》，注明会议主题、会议决议以及需要分中心解决的事项，通过工作联络联系函的方式在办公平台发布，有效提高了外部会议事项的落实效率。

4. 加快综合管理体系建设。通过任务清单管理、工作计划跟踪、工作例会 ppt 汇报等方式对重点工作进行 PDCA 循环管理，分中心管理工作的针对性和实效性全面增强。

【党群工作】 深入学习贯彻习近平总书记考察调研马钢重要讲话精神。巩固深化“不忘初心、牢记使命”主题教育成果，深入开展“四史”学习教育。全面对接宝武党建要求，认真落实宝武党建制度，加强全国党员信息系统和宝武党建云的信息化管理，每月编制《理论学习参考》，规范“三会一课”制度和党员发展流程，运用体系化思维，系统构建党建目标管理，推动党建工作标准化、流程化、规范化、体系化运行。深入推进党纪党规思想教育，持续夯实廉洁从业意识。一是将党纪党规思想教育贯穿政治理论学习始终，利用分中心每月支委会及月度工作例会及时传达上级党委近期重点宣贯的党纪党规教育内容；二是组织分中心全体员工签订“廉洁从业承诺书”，签订率 100%，要求全体职工强化廉政意识和规矩意识，严格遵守廉洁自律各项规定；三是根据公司《关于开展领导人员和管理者及其亲属、其他特定关系人违规经商办企业专项治理工作的通知》精神，组织全体员工，开展了领导人员和管理者及其亲属、特定关系人违规经商办企业专项治理工作；四是及时召开新进员工专题培训会，对 2020 年新进的 12 名员工及时开展廉洁从业教育，签订廉洁从业承诺书，号召大家践行廉洁承诺，认真执行分中心各项规章制度，自觉接受监督。群团组织结合标财建设任务，开展“标财建设之星评选”“决战决胜 1231 标财上线劳动竞赛”等活动；组织开展“青年大学习”、青年突击队、青年文明号、“双五小”等活动。关心关爱职工，落实慰问帮扶。广泛开展日常性困难职工慰问、互助帮困活动，全年共发放慰问金 1.59 万元、公司互助帮困金 3000 元，慰问 49 人次。认真履行社会责任。积极采购贫困地区农产品，共采购扶贫产品

6.15万元,助力扶贫攻坚。加强思想引领和素质工程建设。

(金　花)

马钢国际经济贸易有限公司

【重点工作】　在资源总部支持、协调下,马钢国际经济贸易有限公司本着依托依靠不依赖的原则,发挥双方各自优势、协同创效。与宝钢资源矿石部合作,全年完成铁矿石协同量155万吨,超年度重点工作目标210%;与宝钢资源合金部合作,共同开发了南京钢铁、常州中天和河北钢铁硅锰业务,全年硅锰合金协同量累计7200吨,贸易额5000余万元。合金套期保值业务累计完成3000吨,在对冲风险的同时获利44万元,圆满完成年初制定的重点工作目标。

【大事纪要】　2020年1月1日,马钢集团将马钢国贸公司托管给宝钢资源公司。2020年2月19日,召开国贸公司第八次职工大会。2020年5月6日,实施国贸公司公务用车改革。2020年5月15日,上报《关于申请保留马钢国贸澳门子公司的报告》,5月21日,宝武资源同意暂时保留美泰澳门离岸商业服务有限公司。2020年5月7日,召开国贸公司新一届董事会会议。完成召开新一届董事会会议的各项工作,并形成董事会决议及股东决议事项。完成上海公司关于增资扩股、章程等董事会决议事项。2020年6月15日,公司决定提拔朱晓楠为业务三部经理;陈文峰转任总经理助理,兼贸易管理部经理。2020年6月19日,召开了职工大会,完成全体员工的劳动合同换签工作。本次共有25人签订换签协议,其中5份股份公司劳动合同、20份集团公司劳动合同。2020年6月25日,召开马钢长燃一届二次董事会,对相关议案进行审议。2020年7月8日,张典波董事长到国贸公司调研。2020年9月11日,朱学滨高级副总裁到国贸公司调研。2020年9月15日,严春明担任马钢国际经济贸易有限公司总经理,符琰担任马钢国际经济贸易有限公司副总经理。2020年10月23日,完成中共马钢国际经济贸易有限公司支部委员会改选。2020年11月10日,完成马钢国贸董事会马钢保理公司股权整合方案。2020年11月12日,编制《马钢国贸2021年商业计划书》及《马钢国贸十四五规划》。2020年11月19日,编制2021年度公司因公出国(境)团组预算(计划)。2020年11月30日,出台国贸公司履职待遇、业务支出管理办法。2020年12月28日,开展多组织经营管理系统及标财系统投运及切换上线工作。

【荣誉】　2020年1月29日,公司获中信银行“国际业务战略客户”。

(李　飞)

飞马智科信息技术股份有限公司

【主要经济指标】　2020年,实现营业收入7.13亿元,比2019年增长17.95%;实现利润总额0.73亿元,比2019年增长81.78%,经营业绩创历史最高水平。全年实现工亡、重伤、重大设备和重大火灾爆炸等为零目标。

【法人治理】　根据“新三板”挂牌公司治理及监管要求,进一步规范公司法人治理结构:全年共召开监事会5次、董事会5次、股东大会1次,审议通过各类议案共31项;制定“三重一大”决策实施办法,规范“三重一大”决策程序,推进“三重一大”决策填报系统覆盖工作。

【科技创新】　深化与高校、运营商的合作,激发创新新动能。全年科研项目立项17项,投入研发资金2809万元;申报专利13项,其中6项已取得专利受理通知书;授权登记计算机软件著作权30项。先后成立5G+工业物联网创新联合实验室,中国联通5G创新中心——马钢联合实验室,加大5G技术的研发与应用。马钢工厂集成创新应用项目入选工信部5G+工业互联网试点示范项目;自主集成马钢特钢优棒生产线全流程控制系统,实现一键式轧钢;成功打造化工能源行业首条无人化硫铵产线,极具推广价值;正在实施的特钢高线智能库区项目为国内智能库区首次在高线线卷库区上应用;申报的《钢铁冶金质量大数据分析云服务平台》获2019年中国钢铁工业协会、中国金属学会冶金科学技术奖三等奖,《面向多品格高精度轧制的CSP过程控制系统关键技术》获2019年中国钢铁工业协会、中国金属协会冶金科学技术奖一等奖,公司自主研发能力显著提升。

【市场开拓】　充分发挥产业优势,以适应市场化、现代化企业的发展为导向,推动智慧制造与传统产业的融合发展。对内，抢抓中国宝武智慧制造机遇，以四个一律为目标，将智慧化元素植入产线各环节，先后承接实施马钢基础网络、特钢高线智能库区、炼铁集控等项目。对外，一方面积极争取外部钢铁企业项目，签订福建罗源闽光钢铁、宁夏钢铁、兴澄特钢等外部项目；另一方面全力拓展智慧城市市场，先后签订芜湖市公共安全、马鞍山智慧教育等项目。2020 年新签订合同额 8.9 亿元，比 2019 年增长 36.9%。

【新业务】 一是积极推进政务云和城市“大脑”建设工作。持续与马鞍山市数据资源管理局等部门对接，将防疫管理系统、仲裁委官网、公共资源教育中心大数据分析系统等部署至政务云平台。应邀参加马鞍山市城市“大脑”的初步规划设计工作，正在积极促成宝信软件与马鞍山市政府签署《马鞍山城市“大脑”建设战略合作框架协议》，谋求城市“大脑”建设的总集身份。二是进一步提高网络测评、咨询服务水平。对网络安全等保测评高风险判例和等保 2.0 标准进行深入探讨，对测评方案和测评报告进行完善修订，选派技术人员参加 CISP、CISP-PTE、CISAW 等外部认证培训，做好充足知识储备，以提升公司综合实力。三是全力推进机器人业务。以口罩机等产品为机器人业务突破口，全力推进以马钢冷轧贴标/捞渣、马钢特钢焊标为代表的重点机器人项目。

【整合融合】 按照专业化整合工作推进计划，持续推进与宝信软件的融合对接工作：全面开展管理体系对接，对标宝信组织机构设置，调整公司机构设置及相应职能；梳理管理制度对接清单 139 项，已发布 87 项，管理流程进一步规范；积极开展业务对接，梳理马钢智慧制造 53 个重点项目，形成《马钢集团范围项目业务协同模式意向表》，加强双方的业务协同、项目协同；全力推进信息化系统覆盖，e-HR、智慧办公平台、党建云、经营管理系统、标准财务系统均已按节点计划完成覆盖并稳定运行；积极推进股权整合工作，配合宝信软件与飞马智科股东进行沟通交流，开展尽职调查，预计 2021 年一季度末完成股权整合工作。

【园区建设】 马鞍山智能装备及大数据产业园项目以“安全、质量、投资、工期、廉洁、文明”为六大目标稳步推进，研发中心完成施工进度 65%，数据中心推进机电工程，计划 2021 年整个园区投入运营；长三角（合肥）数字科技中心项目建设 2020 年 9 月开工，力争 2021 年底完成项目建设，具备 2400 机柜交付能力，打造面向华东、长三角地区的国家 A 级云计算数据中心。

【党建工作】 一是强化思想政治建设。先后组织 15 次党委中心组理论学习，学习习近平总书记重要讲话精神，召开党委会 25 次，对公司重大决策事项进行讨论研究，统一思想，形成合力。开展飞马智科发展路径大讨论，开展“决战四季度”等形势任务教育。二是夯实组织建设。新建三个党支部，组织党支部班子成员参加国有企业基层组织工作条例培训班。运用宝武党建云平台、学习强国等学习平台，开展多种形式党员教育。三是加强干部和人才队伍建设。严格按照标准选拔任用 3 名中层管理人员，建立 20 人的青年人才“战略预备队”数据库。四是打造特色党建品牌。新创建了“真诚服务，客户第一”的祥云支部等三个支部品牌，对 10 个工程项目开展“两个嵌入”活动，开展党建交流主题党日活动，与社区开展结对共建活动。

（桂宇琛）

马钢集团财务有限公司

【经营概况】 2020 年，马钢集团财务有限公司紧紧围绕“稳健运营、融合发展”的经营理念，灵活应对市场变化，充分利用各种投融资手段，持续拓宽信贷服务渠道，积极配合专业化整合，取得了较好的经营业绩和管理成效。全年累计实现营业净收入 3.94 亿元，比预算增加 0.16 亿元；累计实现利润总额 3.68 亿元，比预算增加 0.08 亿元，完成考核目标的 102.26%；各项监管指标均符合监管要求。

【供应链金融】 货权质押买方信贷业务取得突破，经过长达半年缜密的业务体系建设，在业务制度、规程、合同文本等完备的条件下，成功为马鞍山通达理贸易有限公司办理首笔货权质押买方信贷业务，打通了货权质押买方信贷业务流程，为后期推进相关业务打下坚实基础；同时在摸索中实践，于实践中创新，成功落地首单下游贴现定向支付业务，助力马钢股份下游销售，降低中小企业融资成本，形成上下游供应链业务协同发展的新局面，更好地服务中国宝武钢铁生态圈。

【信贷业务】 积极应对新冠肺炎疫情影响，提升信贷服务意识，优化服务流程，畅通信息沟通渠道，确保疫情期间服务质量不减，尽全力满足疫情期间成员单位信贷需求。在外部银行一度停滞的不利局面下，向成员单位第一时间提供信贷支持，确保加工中心等资金链紧张单位顺利渡过难关，2 月疫情期间共投放信贷 12.55 亿元。同时，努力拓展信贷投放渠道，克服主要成员单位信贷融资大规模到期压力,加强与马钢集团、马钢股份、矿业公司等单位沟通协商,全年信贷投放合计143亿元,12月末信贷规模维持在83亿元,为完成年度经营目标起到“压舱石”的作用。

【资金与投资业务】 通过银行间市场债券质押回购、同业拆借、再贴现,全年合计融入资金1355.7亿元,日均融资11亿元,继续发挥金融牌照优势,做大主动负债规模。投资端受疫情影响,资金市场利率不断下行,仅货币基金平均收益率下降幅度超过100BP,通过积极调整投资结构,拉长产品持有期,获得相对较高收益,中长期投资占比由年初的36.36%增至12月的73.71%,基本将投资收益率维持在3.16%左右;9月在总部授权下迅速重启信托投资,投资规模回升至9亿元,10月实现信托收益330万元,进一步稳定投资收益。

【资金集中】 全年新增客户21家,14户成员单位销户,12月末成员单位总数152户。入池外部银行账户621户,马钢财务公司账户260户。截至12月末,财务公司全口径资金归集度68.19%。全年监控超23万笔结算指令,拦截2100笔异常支付指令,为客户资金安全及支付效率提供保障,在托管期间继续保持高强度资金集中管理。

【风险管理与内部控制】 针对疫情带来的经营风险加剧,强化业务经营管理,严控投资规模,严格机构准入,持续关注疫情对国内企业特别是钢铁行业及上下游供应链企业的影响,及时做出市场风险提示。加强制度和业务流程动态维护,开展风险评估与排查。实施信贷业务全面稽核与票据业务风险排查,对排查发现的问题立行立改。公司取得中国银保监会2019年度监管评级1B级;同时连续4年进入马鞍山市法人金融机构反洗钱工作先进行列,2019年度评级BBB级,为马鞍山市法人机构最高评级。

【信息化建设】 充分发挥金融科技作用,按计划推进项目落地。一方面为满足宝武集团标准财务系统覆盖马钢要求,继续发挥财务公司集团结算平台功能,在较短时间内同步实施3个标财系列项目建设,并做到年内全部上线,有力保障了成员单位业务向标财系统平稳切换,支撑服务宝武对马钢专业化整合;另一方面为提高业务自动化水平,上线1104监管报送系统,实施ECDS线上清算项目建设,开展二代征信项目方案研讨,在总部领导推动下开展信贷优化项目探讨,配合总部开展信息系统安全自评估,有力提高了人事效率与系统安全水平,保障经营业务高效开展。

【人力资源与企业文化建设】 人力资源工作在强化日常管理的同时,扎实推进e-HR系统建立与测算等专项工作,进一步丰富了公司人事管理手段,保证各岗位人员合理配置,激发员工积极进取的工作热情。加强全员教育培训,针对性开展党建理论、金融业务专项培训,组织管理人员和员工参加各类培训82期616人次,持续提升全员思想政治和技术业务水平,开拓经营管理思路,提高业务开展效率。秉持“深化产业金融服务,协同共建钢铁生态圈”的经营理念,积极推进“宝财之道”企业文化创建,精心打造“用户至上”的智慧金融服务模式、“清晰透明”的市场化激励约束机制,努力把公司金融产品、服务打造成知名品牌。关心关爱员工,尤其关注青年员工的成长成才,积极引导广大员工形成共同的价值观念和精神理念,组织开展“钢铁荣耀·铸梦百年”健步走等宣传教育活动,不断强化团队凝聚力和向心力。大力开展文明单位创建,疫情防控期间组织员工赴社区开展志愿服务活动,公司获评第12届安徽省文明单位。

【党建工作】 始终坚持以习近平新时代中国特色社会主义思想为指导,全面贯彻执行“中央企业党建巩固深化年”要求,严格按照上级党委工作部署,紧紧依托学习强国、宝武党建云等平台,扎实推进“两学一做”学习教育常态化制度化,深入学习贯彻党的十九届四中、五中全会精神和习近平总书记考察调研马钢重要讲话精神等重要内容。全年组织召开党员大会9次、支委会19次、党小组会22次、党课6次、主题党日活动7次,严格按照流程发展接收预备党员1人,进一步规范了组织生活。认真贯彻落实习近平总书记关于疫情防控重要指示精神和各级工作部署,组织党员骨干坚守岗位,保障各项业务高效顺畅开展,为客户开通抗疫绿色通道提供信贷支持渡难关,以优质服务展现金融企业担当。充分发挥党支部在整合融合过程中的引路作用,专题研究推进实施计划,督促各部门积极配合总部开展工作对接,安排党员青年骨干赴总部学习交流,稳步推进整合融合。强化意识形态教育引导,加强网站、微信、QQ工作群等阵地管理,组织全员赴和县西梁山烈士陵园接受革命传统教育。深化党风廉政建设,组织开展节日期间防范“四风”问题警示教育,学习传达中国宝武纪委案件通报。积极配合总部党委巡察,认真抓好整改落实。开展员工违规经商办企业专项整改,严格执行禁入管理各项规定。

【托管情况】 2020年9月,宝武集团财务有限责任公司受托管理马钢集团财务有限公司。

（姜　勇）

安徽马钢化工能源科技有限公司

【主要技术经济指标】 2020年,是马钢化工融入宝武炭材“一总部多基地”发展平台起步之年。全年净化焦炉煤气2982万吉焦,加工生产各类化工产品28.85万吨,实现经营收入22.1亿元、利润8779万元。马钢奥瑟亚化工全年加工焦油21.16万吨,经营收入5.27亿元,净利润392万元。

【生产经营】 公司以向马钢股份提供优质保产服务为宗旨,加强生产精细管理,煤气净化指标持续提升,较好完成了对炼焦总厂及钢轧系统的工序协同。南区粗苯、溶剂建成投产,南北区克服焦炉减产、安全环保压力,两条煤气净化系统基本稳定,三季度开始化产收率显著提高,苯加氢全年运行平稳。全年焦油产量17.8万吨,轻苯产量4.5万吨,出厂产品合格率100%。7月1日,营销实现炭材总部一体化管控,统一业务管理,跨区域平衡资源供给、应急保产保供,解决了本部焦油胀库;发挥平台优势,形成跨区域营销联动,提升营销话语权,提高营销绩效。全年外购轻(粗)苯2.08万吨,加工轻苯6.2万吨。

【安全工作】 2020年,发生“3·21”高处坠落轻伤事故、“6·17”中毒窒息两人工亡一人重伤事故,荒煤气管道内部着火、高压电缆放炮险肇事故等,充分暴露出公司在安全基础管理上还存在很多薄弱环节。深刻反思“6·17”事故,公司对事故相关责任人进行了严肃问责,开展了针对性的专项整改行动,安全生产局面初步改观。公司将持续深刻反思、警钟长鸣、时刻警醒、毫不松懈、严抓严管。修订完成《安全生产责任制》等44项安全管理制度,持续开展安全风险辨识和隐患治理,完成危化品登记和安全生产许可证的换证,开展应急处置卡编制,通过安全管理体系外审。加大隐患整改投入,全年安全费用1058万元,固定资产投资项目3345万元。

【环保管控】 全年处理蒸氨废水158万吨,COD排放达标,规范处置催化剂、废硫酸等七类危废,处理奥瑟亚化工高浓酚水1.2万吨、股份公司煤气水封水10.6万吨,完成公司年度目标。贯彻超低排、长江大保护、“三治四化”和“两于一入”等要求,加大环保投入,积极落实省市、宝武及炭材环保问题整改,环保费用3220万元,固定资产投资5447万元,完成北区VOC治理、生化加盖、管式炉烟气治理及南区焦油干化改造等一批整改项目。环境设施运转基本正常,环保责任制得到落实。完成重大活动、重污染天气、环保督察、环境管控目标。完成北区分厂、精制分厂环境影响后评价,完成11项环保制度的修订发布,通过环境管理体系外审,环境管理体系能力有所加强。但是环境风险依然突出,受到政府环保处罚,超标排放限期整改项目没有完成,受到宝武炭材约谈。排污许可证未能正式取得,南北区生化废水委托宝武水务后超标排放风险巨大,对此公司高度警觉、严抓严控。

【项目建设】 1. 南区净化合并项目。老AS系统顺利拆除,项目二、三阶段投产。针对投产后系统出现的波动,加强与设计院的沟通交流,商定和采取对应的技术措施确保了系统的稳定运行。

2. 南区焦炉配套鼓风冷凝项目建设。针对南区配套7米焦炉鼓风冷凝项目建设前期困难较多、进展不够快的实际,合理组织、科学调度、多方联动,推动项目建设稳步提速、全力推进。

3. 生化废水深度处理。开展南区生化深度处理改造,改造后生化出水水质优于循环水水质,将用于循环水补水,每年可节约新水消耗130万吨,减少COD排放量约80吨/年。项目施工建设已进入尾声。

4. 南区雨污分流。根据马钢股份公司统一规划,实施南区雨污分流改造工作,年内主体工程已完工。项目全部完成后将实现“晴天无排水、雨天排水达标”的目标。

5. 山西福马项目。焦油系统、公辅系统基本建成,项目环评已批复,土地、迁村移民等合规性手续全力办理。

6. 北区焦炉易地大修配套煤气净化项目。公司成立了“马钢北区焦炉易地大修配套煤气净化项目部”,配备专门技术力量投入北区焦炉异地大修升级改造项目建设。

【体系建设】 按计划完成职业健康安全及能源体系换版,综合管理手册换版修订,邀请北京国金衡信专业老师对公司内审员进行培训、考试,24名内审员取得资格证书,确保后续贯标工作的顺利开展。两次迎接认证机构对公司质量、环境、职业健康安全、能源四个体系非现场、现场的外审,按PDCA循环落实整改、实施、跟踪与验证,公司体系管理和风险防控建设能力得到一定加强。按照炭材一体化要求,生产、质量、安全、环保、设备、财务、综合管理等统一管控模式初步建立。

【科研攻关】　立足公司生产经营实际,开展技术攻关。调整优化南区净化工艺指标,提升煤气质量,稳定粗苯、溶剂生产,提高化产收率。苯加氢非芳产品含苯攻关取得成效,从25%降至10%以下。开展焦炉“零放散”攻关活动,煤气风机跳机次数下降50%,放散时间缩短46.34%。完成省重大专项配套产学研项目《煤基气制环氧丙烷工艺包研发》及《直接氧化法制备环氧丙烷的反应热力学和动力学研究》项目评审验收,《加压水解脱氰的研究与中试》科研项目完成最终结题,配套申报实用新型专利2项已获授权。与安徽工业大学就苯加氢预蒸发壳程防堵塞与二甲苯异味消除的技术开发研究按计划进行。完成BSE委托为广西钢铁煤精AS装置开工技术服务。至年底,马钢化工合计申报专利25项,已获授权实用新型19项,6项发明专利均处于实审状态。

【整合融合】　截至2020年年底,托管单位宝武炭材公司对马钢化工专业化整合方案中的55项任务已完成49项,方案中设立的财务管理系统全覆盖等33项重点任务完成30项,实现专业化整合年度、百日计划目标。1月起宝武清能完成对晨马公司托管,7月起宝武炭材对山西福马实行“四级法人、三级管理”,10月起宝武水务托管南北区生化,11月完成对马钢奥瑟亚化工公司40%股权收购。制定修订各类管理制度、标准196个,制度标准体系逐步与炭材总部统一,总体上实现了炭材总部对马钢化工经营管理全覆盖。率先完成智慧平台、e-HR系统、标准财务系统、报支系统、经营管理系统、OA专项系统、泛微平台等上线运行,保证马钢化工与宝武炭材各项业务顺利对接、开展,逐步减少线下流程、转变工作方式,工作效率逐步提高。炭材总部“点对点”专业化帮扶取得成效,公司人员多批次派驻总部学习锻炼,业务能力、专业水平得到提升。

【智慧制造】　贯彻宝武集团“四个一律”要求,12月,集控中心如期建成投运,初步实现公司全产线集中统一操作控制,开启全新生产指挥管控模式。北区硫铵智慧仓库实现了装包、缝包、码垛、入库、出库、解跺、装车一键化自动操作,设备设施安全标准化得到本质改善,作业环境得到彻底改观,劳动效率得到极大提高,人事效率大幅度提升。南区硫磺液硫项目即将竣工投运。全人工劳动、手推肩扛作业模式将成为历史。南区焦油库控制系统升级改造、北区硫铵系统3D岗位现场设备提升改造等一系列安全环保整改项目陆续建成投运。智能头盔、无线对讲、看火机器人将尝试运用。

【对标找差降本】　与炭材总部、梅山基地对标找差,总部煤精系统更是多次主动赴马钢化工“点对点”帮扶,煤精工序指标提高、作业长制推进、能源成本管理、设备检修管理、焦炉“零放散”、安全环保系统策划和精细管控、人事效率提升等取得一些进展,设备故障次数同比减少68.42%,工序现场面貌有一定程度改善,基础管理有一定程度提升。推进盘库利旧,盘活现有库存,减少存货成本。9月开展“超跑100天,决战6000万”劳动竞赛,层层分解指标,节约一切能够节约的支出,后四个月实现降本增效6104万元。积极争取政府各项税费政策,资源综合利用企业所得税减免3763万元,经营绩效得到一定改善。但煤气净化指标稳定性、苯加氢开工率和年休时间、化产品收率、加工成本、维修费用、人力资源以及基础管理、成本管理、检修工程施工战略供应商资源配置、制度标准建设等等方面与总部产线、相关基地还存在巨大差距。

【队伍建设】　按照总部要求,初步完成定岗定编。开展取证培训、岗位规程学习培训,实施委托培训、公司内部培训40余项。倡导员工参加“宝武微学院”线上培训与自主学习。加强与炭材总部的人才交流、学习,推荐6人至炭材轮岗实习。加强干部交流、调整,2名总经理助理、18名科级管理人员、9名技术人员根据工作需要进行调整安排。强化三支队伍建设,8月招聘5名应届大专毕业生,补充到生产一线岗位。加强人才提拔使用,1人晋升为总经理助理,1人选聘为安全总监,10名优秀技术人才被选拔为科级管理人员后备人选,5人选拔为见习科级管理人员。管理人员考评动真格,坚持能上能下,少数管理人员降职降级调整。

【改革发展】　根据宝武集团“一业一企、一企一业”及宝武炭材“一总部多基地”发展战略,重新认清公司发展定位。公司总部及时搬至集控中心,贴近生产,贴近现场,服务生产,服务现场。按计划完成组织机构改革,机关部门由8个整合为5个,作业区由13个整合为8个,机构得到精简,资源得到优化,专业管理能力得到加强。积极落实炭材人事资源政策,员工数量由2019年底426人减少到340人,优化减员86人,人事效率提升20.18%,超额完成了炭材总部人事效率提升目标。硫铵智慧仓储的建成投运,减少劳务用工30人,随着集控中心逐步实质性运行、液硫项目的投运,人员效率将进一步提升。

【党群工作】　1. 众志成城抗击新冠疫情,有效降低各方面影响。在炭材总部和公司党委坚强领导下,公司各级组织严守纪律、严密防范、主动作为，实施严密的组织领导和方案措施的严格落实。广大党员在抗疫中冲锋在前做表率，全体干部员工不惧风险、迎难而上，把疫情对公司生产经营和基建技改项目建设的影响降到最小，也为炭材相关基地生产协同作出努力，打赢了一场全员动员、全员协防的阻击战。

2. 强化思想政治建设。学习贯彻习近平新时代中国特色社会主义思想、习近平总书记考察调研马钢重要讲话精神，党建融入中心工作。全年党委中心组开展了 9 次专题学习，领导班子成员参加所在党支部组织生活 51 次，前往党支部工作联系点调研指导 40 次，讲专题党课 12 次。深刻学习反思“6・17”事故教训，切实把思想和行动统一到公司安全稳定发展上，为提升公司安全管理水平夯实基础。

3. 发挥党建引领作用。坚持全面从严治党，完成党风廉政建设和反腐败 13 项重点工作。严把选人用人关，规范薪酬管理，推进阳光采购，开展民主监督。全年共约谈 7 人次、提醒谈话 18 人次。集中学习违规违纪警示教育材料 5 次，观看警示教育片 2 次，廉政党课 5 次，廉洁谈话 20 人次等。夯实党组织基础，及时调整党支部设置。8 名预备党员按期转为正式党员、3 名员工发展成为预备党员。抓好群团工作，落实“依靠”方针，发挥工会职能，倡导家园文化，激发职工工作热情，服务企业发展。

（胡　柏）

・化工能源合资公司・

马钢奥瑟亚化工（OCI）

【主要技术经济指标】　2020 年受新冠疫情影响，国际、国内经济深度下行，产品价格大幅下降。截至年底，公司实现营业收入 5.27 亿元，净利润 392 万元，比 2019 年净利润下降约 70%。

【生产情况】　公司紧紧围绕“精益生产、诚信经营、合作共赢”的生产经营方针，全体员工共同努力克服疫情影响，全年共计处理焦油 21.16 万吨，月平均处理 1.76 万吨，日均处理量 641 吨。主要产品产量情况：沥青 9.5 万吨、炭黑油 2.1 万吨、蒽油 5.8 万吨、轻油 0.23 万吨、酚油 0.45 万吨、工业萘 2.5 万吨、洗油 1.05 万吨、粗酚 0.12 万吨。产品总收率 97.88%，比 2019 年增长 1%，100%完成了生产计划。

【设备状况】　全厂生产设备运行情况总体平稳，全年日常计划检修 600 余项，期间公司组织为期 2 周的设备停产检修 2 次，检修项目 400 余项，其中关键设备技术改造类项目 6 项，主要是：V-109 塔更换，公辅焦油管线改造，CEMS 移机上线改造，V-404 烟气洗涤罐管线改造，500 区换热器改造，400 区加酸改造等。此外，工务部还通过充分运用 DCS、PLC 等控制系统和现有的电气保护装置的功能，提升现场设备的自动化水平，解决和避免了可能的设备故障，有效降低了设备故障率。全年设备无重大事故，特种设备、监视测量设备年检率 100%。

【安全管理】　2020 年，公司 ISO18001 职业健康安全体系和化工生产企业三级安全标准化体系运行正常，生产事故应急预案修订评审、职业病危害现状评价、危险化学品登记证和安全生产许可证换证工作顺利完成。除日常安全巡检外，全年共组织综合安全检查 11 次，季节性安全检查 2 次，专项安全检查 4 次，节假日安全检查 2 次。全年安全应急演练共计 5 次（含公司级演练 1 次，专项演练 4 次），参加职工人数 60 余人。

【产品营销】　2020 年，面对严峻的市场环境，公司经营团队积极应对，巩固老市场，开拓新市场，不断优化销售渠道；以市场为导向，动态调整产品销售品种结构，在兼顾客户利益的同时，追求公司收益最大化；以周边焦油采购为基础，远距离比价、择优采购作补充，满足生产需求，降低采购成本；实现了供、产、销平衡，资金如期回笼。全年采购焦油总量 20.69 万吨，销售产品总量 20.96 万吨，其中出口量与 2019 年相比，总体提高了 1%，但由于产品价格比 2019 年下降幅度太大，导致销售收入比 2019 年下降了 24.2%。

【企业管理】　2020 年春节期间，为防止疫情的蔓延，公司响应政府延期复工的号召，做出了停产 14 天及员工分批复工复产的决定，并通过管理创新来积极应对困境。一是改变传统的集中办公形式，有效利用互联网信息技术进行线上办公及人力资源管理。二是建立疫情管理小组，优化企业资源配置。三是柔性调整企业的经营目标与方向，适应疫情下的发展要求。四是积极调整企业产品结构，提高市场反应能力，加强与客户的联系。2020 年，公司申请发明及实用新型各项专利共 13 项，通过了 11 项，公司获批马鞍山市企业技术中心和省企业技术中心的称号。

【企业荣誉】　2020 年，公司荣获了雨山区“经济发展突出贡献先进集体”和“马鞍山市劳动保障诚信A级企业”称号。

(钟小庆)

安徽马钢嘉华新型建材有限公司

【主要经济指标】　2020年,安徽马钢嘉华新型建材有限公司(以下简称嘉华建材)产销矿渣微粉376.26万吨(自产264.58万吨、委托加工111.68万吨),销售水渣71万吨,实现营业收入108576.44万元,利润总额6532.51万元,经济增加值(EVA)2200万元。

【整合融合】　2020年1月1日,嘉华建材正式托管于宝武集团环境资源科技有限公司(以下简称宝武环科)。经过一年的探索和实践,嘉华建材快速推进市场协同、制度对接、管理系统构建、管控模式融合以及经营数据对标等重点工作任务,初步实现生产、经营、管理等多维度整合衔接。

【水渣保产】　因疫情、汛情及市场等客观因素影响,保产压力剧增,嘉华建材积极应对突发事件,做好应急预案等准备工作,采取有效措施,协调水渣仓储堆场三个,增加水渣仓储能力15万吨以上,全年接收消化水渣514万吨,有效保障主业铁厂高炉稳定顺行,并为旺季生产顺行提供有力的原料支撑。

【降本增效】　1. 通过改进生产工艺、调节新老水渣搭配、主要用能设备更新换代等措施,实现本部电耗37.56千瓦时/吨,当涂子公司电耗38.5千瓦时/吨,低于40千瓦时/吨的电耗目标。同时,本部电价降至0.045元/千瓦时,共计节约电费247.5万元。

2. 通过提高燃煤入厂检测水平、优化工艺参数、提高操作水平等措施,实现本部煤耗17.3千克/吨、当涂子公司煤耗18千克/吨,远低于18.5千克/吨的煤耗目标。同时,2020年6月开始采取马钢物流公司总包的方式,综合降低煤炭采购成本约15元/吨,合计节约费用54万元。

3. 8月,开始将部分水渣转存至龙港码头,码头装载费降至5.65元/吨,汽运费降低了0.7元/吨,合计节约费用71万元。

【绿色发展】　围绕“坚持生态优先、绿色发展”定位,结合“长江大保护”具体工作要求,制定《长江流域环境保护总体规划》;对马鞍山市生态环境局检查指出的111个点位问题中,涉及公司的1个点位9个问题开展整改,完成销案;持续开展花园式工厂建设,围绕当涂子公司安全能源、环境整治、消防各项工作,努力实现超低排放、补绿护绿,提升岸线保护修复水平;不断提升环保设施,开展厂区绿化建设和美化升级工作,持续推进绿色工厂创建,取得省级绿色工厂称号,是马鞍山市推荐申报省级绿色工厂的6家企业之一。

【智慧制造】　与山东金钟公司合作,针对出入库管理、智能制造、人员管理、门禁管理等模块,利用一卡通称重数据载体的自动计量及出入库管理系统,贯穿企业物资出入库的全过程,实现无人值守计量管理和集中操控模式,有效提高公司信息化管理水平。

【企业管理】　1. 稳步推进体系建设。在原有风险管控及内控管理基础上,依据宝武环科体系建设要求,不断更新、完善、衔接各项管理制度;通过上海奥世管理体系认证有限公司的审核,质量体系、职业健康和环境评价体系完成了换证更新。

2. 持续开展人力资源优化。通过协商一致解除劳动合同政策、“操控一体”化推进等方式全年完成人事效率提升10%;结合人事效率提升、人员岗位优化的各项举措,统筹推进插入式混岗协力用工灭失工作,采取岗位归集、工序外包的形式,在年底前实现了清零目标。

3. 积极推动管理系统衔接。导入宝武智慧平台、e-HR人力资源管理系统以及标财系统,抽调骨干力量,主动对接系统上线和操作培训,实现三大系统稳定、高效运行;按照宝武环科推进计划和要求,有序开展经营管理系统数据采集等前期工作。

【科技创新】　在高硫尾矿、超高性能超大体积充填方面开展深入研究,其中“高硫细粒尾矿井下充填用胶凝材料的研制”项目荣获中国建筑材料创新奖三等奖,“超高性能超大体积井下充填用胶凝材料制备及应用”项目获中国混凝土与水泥制品协会技术革新奖三等奖;获安徽省水泥协会乙级(非熟料生产单位最高等级)、马鞍山市专精特新企业、安徽省专精特新企业称号。

【党群工作】　推树中国宝武优秀党员1名、宝武环科优秀党员1名、宝武环科优秀党务工作者1名,总经理获马鞍山市第二届优秀企业家荣誉,发挥先进引领作用;实施开展党员登高计划,以“三会一课”为抓手,开展学“四史”相关系列教育活动,开展“学‘四史’悟初心 担使命”“寻访红色印迹,传承‘四史’荣光”主题党日活动，沿着习总书记考察马鞍山路线，开展“学讲话 忆初心 践使命”活动。在疫情期间，组织无偿献血活动，党员捐款3800元；进一步加强廉洁风险和经营风险防控，净化经营环境，开展全面自查工作，将禁入管理核查始终贯穿于比价、合同签订过程中；团结职工建功立业，积极发挥工会作用，组织困难职工帮扶、脱贫攻坚劳动竞赛、“对标找差献一计”、“企业发展与创新经营”大讨论、宝武环科渣处理工技能大赛、女工抗疫菜肴展示等活动。

（隋　意）

安徽马钢粉末冶金有限公司

【主要经营指标】 2020年生产还原铁粉4.2万吨，安徽马钢粉末冶金有限公司（以下简称马钢粉冶）销售还原铁粉4.11吨，营业收入19240万元，产量、销量及营业收入同比分别增长23.5%、20.9%、31.78%，生产规模跃上新台阶。实现税前利润543万元。

【生产经营】 马钢粉冶组织精兵强将，精心设计亚洲最长的236米隧道窑开窑方案，加强分工协作、周密部署，于3月5日顺利点火烘窑，4月初海绵铁顺利下线，逐个攻克工序制约环节，实现生产工序的全线贯通和达产，形成“三窑六炉”生产新格局。

【市场开拓】 围绕“关注客户需求，遵循市场趋势”的主题，积极推进销售工作。以顾客为关注焦点，关注市场形势，调查分析市场，提高对市场的掌控能力。生产适销对路产品（低松比、锁芯粉、国标粉），满足客户需求，进一步扩展市场空间。随着生产成本增高，根据品种和客户接收程度，通过调整产品售价增加营业收入，部分传导成本压力。

【安全环保】 长江大保护警示片涉及的原料区域防尘和废还原剂装卸点的粉尘治理两个整改项目，于6月全面验收销案。投资建设铁鳞大棚和脱硫塔，解决原料入棚和隧道窑烟气排放问题，杜绝原料粉尘飞扬，实现烟气达标排放。

【体制机制】 自2020年1月1日起，安徽马钢粉末冶金有限公司由宝武环科托管，2020年9月环科马鞍山公司成立，安徽马钢粉末冶金有限公司划归环科马鞍山公司管辖。

【党的建设】 抓“三基”建设夯实基础工作。落实党支部“三会一课”和主题党日制度，开展主题党日7次，累计90余人次参加；2020年共召开支委会16次，讨论审议公司第十九次股东会、三届四次董事会议案，2021年度固定资产投资计划和大中修计划及员工岗位续聘等事宜共计15项，同时讨论与企业经营管理相关的重要内容。结合生产经营开展党建工作。面对铁矿石快速上涨带来的成本压力，马钢粉冶党支部动员13名党员发挥聪明才智，为降本增效献计献策15条，从小处入手，点滴节约，为降低生产成本做出一定贡献。

（刘建强）

欣创节能环保科技股份有限公司

【主要经营指标】 2020年，欣创节能环保科技股份有限公司（以下简称欣创公司）实现营业收入14.42亿元，较2019年增长30.9%；实现利润总额1.23亿元，较2019年增长36.2%；经济增加值（EVA）为7578万元，较2019年增长43.4%；外部市场收入4.24亿元，较2019年增长5.6%，外部收入占29.4%。

【疫情防控】 2020年年初，欣创公司按照上级指示要求，成立疫情防控指挥部，按网格化片区对口指导检查各部门、分（子）公司的疫情防控工作；欣创环保公司疫情防控办公室会同各单位克服重重困难，协调和调度物资筹措、信息收集上报、防控知识宣贯、防疫工作落实督查督办等工作；各运营点克服疫情影响，保持连续、稳定运行；各工程项目严格落实疫情防控措施，有序推进复工复产，马鞍山市中心城区水环境综合治理项目（PPP）雨山河2号泵站项目是马鞍山市首个复工复产的工程项目，2020年没有发生疫情事件。

【改革发展】 2020年1月1日，宝武水务科技有限公司对欣创公司正式托管。欣创公司启动治理体系和治理能力现代化建设工作，打造具有欣创特色的治理运营体系。一方面，从机构设置、职能划分、流程简化、系统高效等方面对原有机构设置进行梳理，将原来的9个部门调整为两部、两中心，即设综合管理部、计划财务部、工程技术中心、运营管理中心，优化组织结构、促进组织管理效能提升；另一方面，为加强对分（子）公司管控，下半年起，按中国宝武管理要求对分（子）公司进行专项检查，规范分（子）公司运行，促进公司整体经营效率和抗风险能力提升。

【企业管理】 安全管理方面,严格贯彻落实中国宝武“安全1000”理念,组织公司全体员工、相关方员工认真贯彻学习“违章就是犯罪”理念,有力保障安全生产秩序稳定。资金管理方面,将“两金”管理作为日常重点工作开展,加强应收款项清收管理,提高全员清收意识;高度关注历史遗留问题清收,取得实质性进展。人力资源管理方面,制定完善人力资源相关制度,有效促进人力资源管理规范化、科学化。围绕组织机构调整,重新梳理修订组织绩效管理办法。根据中国宝武关于加强协力管理,推进战略协作的工作要求,进一步完善公司劳务工序分包管理模式。现场管理方面,印制《欣创公司6S管理标准化手册》,逐月开展现场“6S”管理检查,每季度进行评价;对标学习马钢特钢公司、华阳公司的“6S”管理经验与办法;加大考核力度,树典型、改进管理办法,欣创公司整体现场管理水平得到提升。

【重点工程】 2020年,承接马钢炼铁总厂1号烧结机、3号烧结机、六汾河、化工能源项目等一大批重点环保工程项目,全年环保工程收入6.4亿元,创历史新高。其中,1号烧结机项目是欣创环保公司自主设计、建设的最大单项环保工程,对市场开拓具有重要示范性意义。PPP项目实施的住宅区雨污分流项目,受到多个小区好评。公司旗下欣川公司承建徐州天安两个干熄焦项目陆续投产,为欣创公司开拓干熄焦余热发电项目奠定基础。

【托管运营】 2020年,全力打造全生命周期综合服务模式,快速发展并逐步完善。一方面,托管运营的马钢各环境设施运行稳定、环境绩效优良,为迎接习近平总书记考察调研中国宝武马钢集团及省厅多次环保督查贡献力量;另一方面,根据中国宝武“一总部多基地”的战略部署,深度融入宝武水务水气业务整合,在中国宝武钢铁鄂钢、八钢基地托管的脱硫脱硝运营项目,实现总体稳定运行,赢得业主肯定。根据托管运营范围拓展需要,选派业务骨干,历练运营团队,为欣创公司专业化能力提升打下坚实基础。

【技术进步】 加大研发费用投入,全年投入研发费用约4000万元。研发团队聚焦烟气治理行业,围绕核心技术开展攻关,取得明显突破。立项研发项目4项,转结研发项目8项,在研2项安徽省重点科技计划项目,申请专利8项。截至2020年底,欣创公司共获授权90项专利,其中发明专利17项、2项软件著作权。PO-SDA研发方面完成炼铁总厂3号烧结机、1号2号竖炉、3号竖炉脱硫系统的改造,并将新建1号烧结机脱硫改为PO-SDA+SCR工艺,各系统已投入运行,均能稳定达到超低排放;低温脱硝催化剂研究方面主要在烧结、焦炉中测试蜂窝式催化剂脱硝稳定性,探究适合的催化剂成型工艺。

【智慧制造】 按照宝武水务“一个管理平台、一个数据中心、多基地集控”智慧制造的总要求,启动集“监测、监控、监管”一体化的智慧环控中心项目建设,为中国宝武“三治四化”和“两于一入”绿色钢铁城市建设提供经验,为钢铁生产基地“全方位、全过程、全周期、全覆盖”的大气污染治理提供新模式和管理新思路。

【市场开拓】 2020年,欣创公司克服新冠肺炎疫情等不利影响,大力开拓内外部市场。随着整合融合深度推进,欣创公司积极开展中国宝武各钢铁集团的调研,托管运营鄂城钢铁炼铁厂两套烧结烟气脱硫脱硝系统及新疆八钢南疆公司焦炉烟气脱硫脱硝装置工业运营项目。以工程总承包(EPC)方式承接六汾河、马钢化工能源工程项目,扎实推进快赢项目。旗下华阳公司在确保马钢股份环境检测业务的基础上,锁定中国宝武马钢交材、宝武重工马钢表面、石油化工、长江钢铁等一批业务。子公司洁源公司固废填埋业务已初具规模,与马鞍山经开区、马钢集团、中钢集团等45家政府与企业完成合同签订,并与达利园、华星化工等企业达成合作意向。

(朱以超)

瑞泰马钢新材料科技股份有限公司

【主要经营指标】 2020年,瑞泰马钢新材料科技股份有限公司(以下简称瑞泰马钢)实现营业收入130063万元,较预算数增长3.30%;实现利润总额5820万元,较预算数增长60.83%,较奋斗目标增长23.17%,瑞泰马钢被瑞泰科技股份有限公司年度经营业绩考核评定为A+,获优秀经营业绩奖,透明工厂项目获瑞泰科技创新奖特等奖。

【生产经营】 沉着应对新增固定资产折旧计提和二季度马钢耐火材料总包业务价格调整等成本增加难题,制定降本增效任务分解考核方案。采购部门加大采购比价、谈判、招议标力度,最大限度分解增本因素;内部运营系统开源节流,提质增效、减损降耗多措并举,最大限度化解对当期经营冲击;同时,努力开源,寻求增量。加强资金管理,提高资金使用效率,适度利用杠杆,办理票据质押业务;组织各类奖补及减免申报,提升瑞泰马钢营业外收益;持续开展税收优化,促进减税降费等举措,累计实现增效1594万元。设法节流,存量挖潜。通过降低内部质量损失、压缩模具备件费用、开展资源综合利用等措施,消化增本减利因素。通过系列消化总包降价分解措施,5—12月实现增效4720万元。强化精细化管理,建立总包业务管理标准化体系。实现业务模式化、模式体系化,初步形成具有自身特色的可复制推广的总包体系能力。在确保总包业务平稳运行的同时,努力开拓外部市场,确立以无铬化RH耐火材料等产品为主的外销产品定位,以国有(控股)企业和南方区域钢铁企业为主的外销市场定位。建立外销业务产销联动机制,努力将技术、装备优势转化为市场优势,定向出击,不断扩大优势产品外销业务。积极贴近终端用户,及时掌握产品使用信息,发现和识别客户需求,快速反应。加强与既有渠道商沟通交流,扩大优势产品外销业务。下半年,转炉滑板、钢包渣线砖出货量逐步攀升。努力寻求与兄弟公司的业务协同,优势互补,下半年武钢和涟钢RH耐火材料供货量不断增加。此外充分利用协会和其他专业网站、媒体和展会等平台,收集信息,分析商情,有选择性地参与招投标,适时掌握行业动态和市场行情,改进营销策略,传递市场压力。

【科技创新】 2020年,公司12项科技创新项目中,完成钢包浇注料等三项产品转产,其余项目均取得积极进展。多个科研创新成果分获各类奖项,其中“节能环保型无碳钢包衬砖的研制与应用关键技术”获中国建材集团技术进步奖二等奖;与武汉科技大学合作的“天然镁橄榄石高效利用技术及工业应用”获中国科技产业化促进会科技创新奖一等奖;“大型钢包用低气孔微孔化节能环保型无碳钢包衬砖的研制”和“高效长寿铝锆碳滑板砖的研发及在转炉和大型钢包上的应用”两项科技成果,通过中国建筑材料联合会组织的科技成果鉴定,被评价为达到国际先进水平。知识产权成果丰硕,6项产品列入市两创产品目录;申请专利12项,新增授权发明专利3项、实用新型2项;发布国家标准1项、行业标准2项、企业标准3项;参与国家标准1项、行业标准2项、中建材集团企业标准3项;专业技术人员发表论文22篇,瑞泰马钢被全国耐火材料标准化技术委员会评为“标准化工作先进单位”。

【企业管理】 初步完成透明工厂建设,通过项目阶段性验收。初步建立订单、计划执行信息化管理模型,不定形产线月均产量稳定在3000吨左右,实现一班作业和周末双休;定型产线按照产效最大化原则,合理进行成型装备和产品的匹配,通过优化砖型设计,实现砖型系列化、模套兼容和“一模多腔”。强化存货管理,通过设置并监测原料、产成品库存、库龄上下限阈值,持续推进超库龄原料、产品处置,库存结构不断优化。初步建立模具、备品备件信息化管控模型,实现模具、备品备件的全寿命周期信息化和成本管控。不断强化设备基础管理,初步建立“工业互联网+专业管控”协同推进格局,关键设备统计与分析水平逐步提高,持续完善安全生产和环保能源的信息化管理,本质安全、生态环保水平明显增强,顺利通过生态环境部对中建材全级次企业的环保督察。《打造耐火材料转型升级新引擎》创新成果获中国企业改革发展优秀成果二等奖和全国建材企业管理现代化创新成果奖。央视《焦点访谈》和《中国建材报》等媒体分别报道瑞泰马钢转型升级、高质量发展成功经验及数字化转型升级成功案例。瑞泰马钢获批安徽省“五个一百”生产企业及两个省“五个一百”装备产品、马鞍山市和安徽省企业技术中心、马鞍山市技术创新示范企业、马鞍山市数据化智能工厂、安徽省市数据化车间等称号。通过高新技术产品和省级新产品各2项。通过3A信用企业认证,及两化融合、质量、环境、职业健康安全和能源5个体系监督审核。按照时间节点要求,配合完成瑞泰科技和中国宝武联合重组相关尽调、审计、评估等工作,资产重组募集资金投资项目可行性研究报告通过专家论证。项目备案、环评、安评等各项前期工作有序推进。同时,加强与武汉钢铁集团耐火材料有限责任公司全面协同和对标找差,签订了市场、采购、管理、技术和制造五大板块18个项目协同框架协议,并全面推进。

【精神文明建设】 深入学习宣贯党的十九届四中和五中全会精神,制定下发党建工作要点和党建相关制度,组织参加中国建材总院党委党建品牌申报和党建政研课题研究、习近平总书记关于全面深化改革重要论述网上专题班和2020年国有企业党建工作网络培训班、廉洁文化作品征集、最美微党课等活动,获中国建筑材料科学研究总院“十佳党建工作品牌”称号、党建政研课题研究优秀奖等。将《瑞马宣传》改刊为《东方宣传》,举办党务人员培训班;开展民兵整组并参加雨山区民兵封闭集训;成立突击队,完成防汛值守任务;成立党总支并严格按照国资委党委第四巡视组对中国建材开展为期两个月的全级次巡视和整改工作要求,梳理问题48项,制定整改措施122条,已完成整改25项。按计划推进涉及146个制度的“废改立”工作。加强员工队伍建设,编印《员工手册》《培训教材》,制定《技术业务主管、岗位能手评聘管理办法》;全年招聘新员工38人,举办各类培训班28次,317人次参加,评聘3名技术主管、2名业务主管和3名操作能手。深入推进党风廉政建设,开展巡视整改督导调研工作自查自纠、“小金库”问题自查自纠和对重点部门及关键岗位的专项督查工作。开展春节走访慰问、春联征集和十件大事评选、迎新春系列文体活动等。按照省、市、区、马钢集团及瑞泰科技要求,推进疫情防控、复工复产等各项工作。同时,驰援武汉钢铁集团耐火材料有限责任公司,化解鄂钢钢包耐火材料供应燃眉之急;协助马钢股份采购中心、制造部完成萤石破碎和镁球替代白云石保供,配合马钢设备部完成四钢轧总厂炉役检修砌筑等保障工作。瑞泰马钢分别向雨山区捐赠20万元,向市第四人民医院捐款2万元,支援抗击疫情。疫情期间保产保供和业务协同工作受到马钢股份相关部门、各业主单位及合作方认可。瑞泰马钢获第十八届马鞍山市文明单位称号。

(孙　俊)

安徽马钢设备检修有限公司

【概况】 2020年1月1日,马钢设备检修公司(以下简称检修公司)正式由宝武装备智能科技有限公司托管运营。检修公司托管运营马鞍山马钢电气修造有限公司(对内为设备再制造事业部)。2020年12月根据专业化整合工作要求,整合吸收马钢股份233名检修人员,2020年末在册职工2298人。

【生产经营】 2020年,检修公司实现营业收入8.5亿元(含电气修造公司),较2019年增加1212万元,完成年度预算目标100%;剔除考核因素,实现利润总额2456万元(含电气修造公司),完成年度预算目标的111.6%,企业经济增加值(EVA)完成1200万元;资产负债率53%;新增手持订单88308万元(其中外部市场3271万元)。

【专业化整合】 按期完成宝武专业化整合百日计划任务要求,共完成包括行政和党群在内的26个模块的81项工作任务,文化理念、体系管理、生产运行实现全面对接融合;开展周末管理者课堂和职能业务“天天讲”活动,提升各专业条线业务能力。信息化系统深度覆盖,智慧工作平台、e-HR系统(人力资源系统)、BEOS系统(采购系统、营销系统)、BSTS系统(专务系统)、BGFS系统(标财系统)的上线运行,为马钢检修的规范化管理、体系化运行、专业化提升搭建了更高的平台。组织召开宝武智维“一总部　多基地”检修业务管理研讨会,明确“一总部　多基地”管控模式下检修业务发展定位、管控模式和实施路径,构建六大基地、七个主体业务单元业务互通、资源信息共享、协同发展新格局。有力推进马钢股份检修资源整合,整合吸收马钢股份运输部及四钢轧总厂共计233名检修力量,人员关系切换平稳过渡,管理覆盖有序推进。积极开展业务协同,订单金额超过3000万元。

【实力提升】 建成国内冶金行业第一个TRT全生命周期状态总包智能运维工作站,顺利完成四钢轧2250热轧智能运维示范产线建设。检修公司技术中心被认定为第29批“安徽省企业技术中心”,并荣获“安徽省设备维修管理优秀单位”荣誉称号。范兴海团队主持的“国内降噪地铁消音车轮的研制”荣获第二十四届全国发明展览金奖。

【机制改革】 对照宝武智维管理部门和产线事业部设置及职能划分,优化调整检修公司管理部门和业务单元。管理部门由8个缩减为6个,明确职责分工47大项,细化职责描述213项;9月,根据“推进产线固化优化”工作要求,再次对基层业务单元组织机构进行优化调整,基层业务单元由原来的15个缩减为10个,区域化、专业化分工更加明确,板块定位更加清晰;12月成立铁运维检事业部,专业化承担铁运维检相关业务。

【维检服务】 2020年,各维保区域共完成计划性检修1713次、大中修41次,非计划检修462次,抢修1232次,其中4小时以上抢修158次,出色完成冷轧硅钢及1720酸轧事故抢修。TRT专业总包服务持续深化,2020年设备可开动率提高到99.51%,比上年提高1.5%,吨铁发电量提高到40.81千瓦时/吨,超出考核指标2.43千瓦时/吨,总发电量59192万度;全面完成马钢重型H型钢及重型异形坯项目建设,共安装设备约1.95万吨、介质管道约900吨、电缆约68.6万米;有序推进脱硫脱硝项目、长钢140吨电炉项目实施;提高设备再制造水平，增加专业化装备投入，完成马钢检修设备再制造基地建设，优化基地功能划分，形成专业化服务能力。

【企业治理】　建立健全法人治理体系，完善形成公司党委会、总经理办公会重大事项决策体系和决策程序，推进企业运营改善，编制完成检修公司2020—2022三年发展规划，明确公司发展目标、发展定位，分析发展形势和机遇，确定战略发展方向和路径；完善制度体系建设，按照宝武管理要求，梳理修订马钢检修内部各项管理制度138项，体系能力进一步提高；高效完成管理体系年度内审、管理评审、外审及ISO45001（职业健康安全管理体系）换版审核工作；扎实开展年度内部控制自评和风险项目专项检查，完成公司及部门两个层面内部控制自评1700余项，进一步提高职工风险防范意识和公司抗风险能力；提升资质管理能力，有效开展资质策划，完成特种设备（起重机械、锅炉、压力管道）安装改造维修资质升级和换证审核。

【技术创新】　全面开展核心技术梳理，深化提炼配套钢铁主业生产全流程的设备维检核心技术，形成《马钢检修核心技术提炼手册》《专业化检修服务手册》，推进核心技术产品化。深化知识产权管理，全年共申报专利53项（其中发明专利26项、实用新型专利27项），获得授权专利44项（其中发明专利7项、实用新型专利37项），超额完成全年专利申报计划。

【市场能力】　2020年，新增手持订单88308万元（含电气修造3568万元），其中：马钢股份订单353项，订单金额60208万元；宝武集团内订单188项，订单金额24829万元；社会市场订单64项，订单金额3271万元。承揽维保项目71项，合同金额50594项；承揽检修项目258项，合同金额8370万元；承接工程项目276项，合同金额25713万元。成功开拓淮钢、一重、利淮钢铁、中新钢铁、宁波钢铁等新兴市场，扩大市场份额，拓展业务承接范围；以马钢股份检修资源整合为契机，拓展铁运维检相关业务，马鞍山基地市占率增幅超过7%。

【基础管理】　围绕年度“改善”主题，将原“精益工厂创建”工作升级为“基础管理”，试点开展“金银牛”作业区创建，重点培育银牛作业区10个、铜牛作业区32个。对标找差持续改进。聚焦中国宝武“全面对标找差，创建世界一流”管理主题，搭建两级对标找差指标体系，确定对标找差指标9项，细化各板块对标指标22项；落实标准，强化履职，安全基础不断夯实，持续开展管理者履职和危险源管控，扎实开展隐患排查治理，深入贯彻落实污染防治要求；加强职工队伍建设，扎实开展检修公司人才队伍盘点专项工作，职工培训不断强化，安排职工参加各类培训111期，累计参培职工1994人次；团队建设成果显著，选派52名职工参加宝武智维首届职工技能竞赛钳工、电工等7个项目比赛，共有32人次获得26个奖项，其中3名选手分别获得钳工、电工和软件测试第一名，2个团体分别获得焊工、起重工团体第一名，检修公司荣获优秀组织奖。

【党群工作】　强化理论学习，深入贯彻习近平中国特色社会主义思想，认真学习习近平总书记考察调研马钢集团重要讲话精神，细化形成10个方面11项重点工作任务并认真落实；强化“三基”建设，在基本组织、基本队伍、基本制度建设方面，开展对标找差，推动各基层党组织建设再上新台阶；强化党风廉政建设，结合宝武体系内的廉洁警示案例和检修公司内部违纪案例开展教育，全年开展廉洁从业党课18次。深化干部队伍管理，根据宝武智维干部管理提级、专业化整合的相关要求，与中国宝武及宝武智维干部管理制度体系对接，形成选人用人全套规范流程，强化后备人才培养，根据宝武智维首轮年轻化后备选拔工作要求，向总部推荐优秀后备干部，并启动马钢检修自管后备的推荐工作；发挥群团组织作用，激发员工队伍内在活力，2020年累计征集合理化建议789条，已分解实施581条有效建议，开展“我为企业‘全面对标找差创一流’献一计”活动，共征集职工献计2019条，人均献计1.01条，采纳953条，实施494条，获中国宝武献一计活动金点子一项，李志超获中国宝武“献一计活动智多星”荣誉称号。全年开展疫情防控专项督查26次，排查在岗员工4400人次，安排自行隔离人员50人次；组建公司民兵突击队，投身长江大堤防汛一线，为打赢防汛抗洪攻坚战做出突出贡献，并获雨山区委书面表扬。

（张　峰）

马钢集团设计研究院

【主要经营指标】　马钢集团设计院设有6个职能部门和10个业务部门，26个专业，具备配套完整的组织结构和专业结构体系。共有从业人员300余人。2020年全年累计实现营业收入15.59亿元，利润总额1440万元（不含测绘、岩土公司）；营业收入、利润指标、EVA 指标和现金流指标均超额完成年度考核指标。全年共签订合同额 11 亿元，其中设计合同额 10898.8 万元，总承包合同额 100067.1 万元，外部项目合同额 22188.2 万元。

【发展规划】 深度介入马钢新一轮发展规划，配合宝钢工程做好马钢股份产线规划；承担马钢总图协调院职能，发挥好设计院在“谋、投、建、改、退”方面的参谋作用，支撑马钢重点项目的规划与实施，先后完成马钢产线发展规划中的长材系列项目规划及配套公辅系统项目可研；配合宝钢工程完成特钢系统项目可研；完成马钢北区填平补齐系列中 A 号、B 号烧结机大修、新建 C 号烧结、配套公辅系统等系列子项的可研；配合完成马钢“绿色发展 · 智慧制造”系列可研等，为马钢的产线产品升级和绿色智慧发展做出应有贡献。

【市场开拓】 积极跟踪马钢股份重点工程项目，持续关注和做好马钢铁前、矿山和环保系列项目，承接干熄焦、南区雨污分流工程、1 号高炉热风炉大修、马钢“绿色发展 · 智慧制造”环境整治系列工程等工程总承包项目以及炼铁总厂 015 料场落地堆场、罗河铁矿一期 500 万吨/年扩能工程等设计项目。主动开拓宝武集团内部新市场，承接了鄂钢坯料热送辊道总承包工程、宝武水务六汾河水处理和欧冶链金富园废钢加工基地等工程。与宝钢工程总部的一体化营销模式已基本形成，各类项目跟踪分工逐步明确。外部市场开拓也取得新成绩，成功签订福建大东海特钢公司 14 平方米竖炉工程设计、青岛印尼综合产业园灰渣场项目一期工程设计、山东富伦新建 320 平方米烧结机以及智能机械化料场升级设计、彭泽县金力石建材有限公司大阪矿建筑骨料生产线工程等项目。

【项目管理】 2020 年年初，将疫情防控与生产、安全工作同部署、同检查，在上级政府、有关部门和业主的指导和支持下，有序组织重点总包项目逐步复工。通过加强项目安全、质量、费用控制、进度、环保、廉政的过程管理，提高项目运作效率。重点工程项目中，马钢原料场一次料场 C 型料棚工程、长钢 140 吨电炉工程、马钢南区新建 CCPP 公辅配套工程、填平补齐系列项目和环保系列项目正在有序推进。马钢南山矿向山独立工矿区凹山总尾矿库环境影响区域避险安置工程、马钢股份重型 H 型钢轧钢生产线、马钢物流智能装备研发制造基地一期工程、马钢股份特钢公司新建大方坯连铸机及配套改造、马钢股份能控中心 72 号变电所 110 千伏系统改造、1720 酸轧及 1 号镀锌线改造、南区雨污分流以及武钢鄂城钢铁有限责任公司鄂钢坯料热送辊道项目等一批总承包项目已顺利竣工投产或投运；由我院承担工厂设计的马钢冷、热轧等智慧制造项目也陆续投用。2020 年全院累计发图 26234.38 张。安全工作常抓不懈，完善安全风险分级管控和隐患排查治理双重预防工作机制，对重大项目定期开展安全监督检查。

【技术能力】 加强技术创新顶层设计和重点项目策划，有序推进马钢总图数字化项目平台建设、重型 H 型钢成套技术研究、钢渣基充填新材料研究及应用、电炉炼钢短流程钢厂综合技术运用研究等重点研发项目，全年结题 10 项。积极开展智慧制造研究，全年共参与马钢市场区域各类智慧制造项目 10 项；受理专利 32 件(发明专利 16 件，实用新型专利 14 件)，获得专利授权 20 件(发明专利 9 件，实用新型专利 11 件)；获省、行业级以上优秀科技成果 6 项，中国勘察设计协会 BIM 大赛奖 9 项。密切关注和积极争取省、市两级政府各类政策奖励和资金扶持项目，获得高新技术企业奖励、专利资助、产业发展扶持、进出口补贴等 78 万元。逐步打造智慧设计平台，推动设计院数字化进程，雾计算+vault 协同设计平台一期项目已在 2020 年 12 月中旬完成协同平台的建设工作。新 MIS 系统进入全面试运行阶段；完成数字化领航员的选拔、任用工作，发布《马钢集团设计院数字化设计领航员管理办法》；成功举办设计院 2020 年度数字化设计(百人技能大赛)劳动竞赛。

【基础管理】 结合“技术创新、工作提效、管理落地、彼此尊重”的年度工作主题，不断推进与宝钢工程各项管理制度和管理体系的对接工作，“三标”管理体系运行稳定有效，发布实施了 2020 版管理手册和程序文件。发布 10 余项职能管理工作计划，修订《业务招待费管理办法》《礼品管理办法》等管理办法。经宝钢工程批准，设计院在 6 月组织实施了内部机构和人员调整，并做好与宝武人力资源系统的正式对接，完成人员信息导入等工作。完成冶金行业甲级、环境工程设计专项(固体废物处理处置工程)甲级资质延续并分立至马钢院，成功获得钢铁甲级资信资质。有效开展对标找差工作，形成“跑赢大盘+三高两化”对标指标体系。10 月底打通欧冶平台采购渠道，11 月起所有办公用品在平台完成采购，上网采购率符合指标要求。推进马钢设计院宝钢工程项目管理系统(BEOS)、宝钢工程经营管理共享系统(TEDs)系统对接，加快实现产销协同；按照既定方案加快推进业财系统覆盖、新会计准则上线的各项工作。

【党群工作】 强化政治思想引领,深入学习十九大及十九届历次全会精神,学习习近平系列讲话精神,特别是习近平考察调研中国宝武马钢集团的重要讲话精神,广泛开展党史教育。加强党的全面领导,发挥党把方向、管大局、保落实作用,编制党委《2020年工作要点》,明确工作任务,保障各项工作有序有效开展。发挥党委前置作用,修订《设计院"三重一大"决策实施办法》。落实党管人才原则,从严选拔任用中层管理人员,建立以"见习制"为主线的后备管理人员选拔培养体系。全面加强党的建设,提升党建标准化、规范化水平,巩固深化"三基建设"。持续推进"两学一做"学习教育常态化制度化,加强广大党员的教育管理。严格党内政治生活,有效落实双重组织生活制度,规范开展民主生活会、组织生活会等活动。有效落实"党员登高计划"和党员责任区工作要求。规范开展七一表彰、党员示范岗评优等活动,提升党员荣誉感。深化信访维稳及保密工作,做好日常舆情监管,维护意识形态阵地安全。充分发挥联系职工群众桥梁和纽带作用,开展以打赢疫情防控阻击战、大干100天为主题的劳动竞赛,有效推进"三最"实施项目。关注统战工作,充分发挥统战人士在企业发展中的作用。大力开展"钢铁荣耀·铸梦百年"主题宣传活动,提升职工的企业信心、行业信心、职业信心。

（甘富媛）

马鞍山博力建设监理有限责任公司

【主要指标】 2020年,马鞍山博力建设监理有限责任公司(以下简称监理公司)新增手持订单2500万元,完成计划指标的114%。完成(上报)监理产值2013万元,完成考核指标的121%(其中,外部产值339万元,外部市场占17%)。实现利润总额278万元,完成考核指标的113%,产值、利润再创历史最好纪录。全年监理工程项目225项,未发生监理责任的质量安全事故,工程监理质量合格率100%,监理合同履约率100%,工程监理顾客满意度达95分以上。财务预算执行情况良好,全年经济增加值150万元,资产负债率3%,博力监理无不良资产和不良债务,资金状况良好。

【经营管理】 谋划新形势下马钢内部市场营销模式,加强与宝钢咨询公司业务、营销协同,稳固马钢市场,实现马钢工程监理任务全面承接目标。充分利用宝钢咨询品牌优势和市场影响力,寻求与宝钢工程、十七冶、中钢矿院等总承包单位协作,提升外部市场占比。成立项目结算领导小组,明确责任部门,落实责任人,建立奖罚机制,对重点项目采取人盯人战术进行跟踪。梳理增加监理工作量、延误合同工期等项目,掌握工程项目第一手资料,及时与业主单位沟通,开展索赔结算,为完成年度经营目标给予有力支撑。

【重点项目】 根据项目特点和需求,合理配置各类资源,组建项目监理部,满足项目管理需要。2020年,监理公司常态化开展项目自查和检查,查找项目监理在工程质量、安全、环境、职业健康监理过程中存在的不足,持续改进。落实总监例会制,宣贯上级主管部门文件精神及监理公司管理规定,并对项目检查发现问题进行整改落实,实现闭环管理。

【技术标准】 持续完善资质范围内危大工程监理实施细则内控策划文件电子版模块文档。常态化修订《相关法律法规标准规范目录汇编》和最新相关规范标准(包括电子文档)。对监理内业文件实行审批制,全面掌控在建重点项目技术质量管理工作状况。

【安全生产】 全面对接宝钢工程管理要求,建立健全安全生产工作管理制度3份,下发安全生产工作计划2份,实施"清单式"管理。同时,按照"一岗双责、党政同责"的要求落实单位领导"三亲自"要求。

【企业管理】 自2020年1月1日起接受宝钢工程托管,管理与业务体系全面对接宝武重工,将马钢集团所持公司100%股权无偿划转给宝武重工。与宝钢咨询开展营销、业务协同,建立监理项目互检、双月安全例会、半年总监例会等制度。按要求建立对标找差指标体系,选择宝钢咨询公司作为标杆企业进行对标。认真执行企业会计制度,实现会计信息收集、处理和传递的及时性、准确性。完成年度审计、上海工商银行成功开户、标财系统测试等工作。2020年,监理公司共计减员4人,人事效率不断提升。全年组织员工参加脱产培训203人次,共计1737学时;网络培训488人次,共计2561学时。

【党群工作】 全面系统学习党的十九届四中、五中全会精神、学习总书记关于加强国企党建、深化国企改革、全面依法治国等重要讲话精神;落实完善"不忘初心、牢记使命"制度,组织党员参加各类专题培训学习。坚决贯彻落实宝钢工程党委有关新冠肺炎防控的决策部署和工作要求,实现抗击疫情和保障生产经营双胜利。全面落实习近平总书记考察调研中国宝武重要讲话精神,结合实际,及时制定《监理公司党支部关于学习贯彻习近平总书记考察调研中国宝武重要讲话精神行动计划》《监理公司党支部学习贯彻习近平总书记考察调研中国宝武重要讲话精神重点任务表》。加强党支部和党员队伍建设,完成支部换届选举工作,成立了团支部。对接宝钢工程党委党建工作制度,严格执行宝钢工程党建工作责任制评价体系。结合"四史"教育,组织党员学习党史、新中国史、改革开放史等,严把发展党员政治关、程序关,重点做好3名入党积极分子培养工作。"党员登高计划"参与率100%;贯彻落实《关于实行禁入管理的实施办法》,开展《关于进一步规范领导人员和管理者及其亲属、其他特定关系人经商办企业行为的规定》排查工作;落实中央八项规定精神和中国宝武《廉洁从业八条》(2019),学习2020年宝钢工程党风廉政建设和反腐败工作会议讲话精神。学习宝钢工程有关接待、会务用餐、业务招待、公务用车管理、履职待遇、礼品管理等制度,规范行为。认真组织开好职工大会,坚持厂务公开,完善信访渠道,维护职工权益。关爱职工健康,申报并实施本单位职工最关心、最直接、最现实(简称"三最")项目;开展节日、生日慰问、大病探望、"金秋助学"等系列活动;组织职工积极参与"钢铁荣耀·铸梦百年"宣传教育、"同一个宝武、同一个工程"宝钢工程企业文化知识竞赛(网络)等活动。

【荣誉】 2020年,公司未发生一起质量安全事故,无业主投诉和不良记录。公司获安徽省优秀监理企业称号(2018—2019年度)。获马鞍山市"翠螺杯"优质工程奖1项、监理示范工程1项。桂光晖等3名总监和胡晓刚等2名监理工程师分别获得安徽省优秀总监、优秀监理工程师荣誉称号。朱永平被评为宝钢工程"最美工程人"。

(檀言来)

上海宝华国际招标有限公司安徽分公司

【概况】 2019年9月19日中国宝武重组马钢集团后,由上海宝华国际招标有限公司整合中国宝武招标业务,搭建中国宝武统一招标业务平台。原马钢集团招标咨询有限公司以整合融合为重任,坚决落实百日行动计划各项工作,于2020年4月23日注册成立上海宝华国际招标有限公司安徽分公司,2020年9月1日起,原"马钢集团招标咨询有限公司"业务切换至"上海宝华国际招标有限公司安徽分公司",由上海宝华国际招标有限公司安徽分公司(以下简称"马钢招标")统一经营。

【经营指标】 马钢招标以"超越自我、跑赢大盘、追求卓越"为奋斗要求,攻坚克难、积极进取,实现经营指标"超计划"、保持业务开展"高效率"。2020年累计完成各类招标项目5432个,中标总金额142.57亿元,实现营收4639万元,利润3431万元,大幅超额完成商业计划书目标。

【专业化整合融合】 作为中国宝武和马钢集团重组后的首批整合单位,马钢招标积极稳妥、有序高效地推进专业化整合融合工作。成立整合融合领导小组,细化整合路径和时间表,制定专业化整合融合"百日计划",明确"三统一、一穿透"管理原则,为整合融合顺利推进奠定坚实基础;加强宣传引导,开展学习宣贯,营造良好氛围,使员工思想上从"被整合"转变为"要整合";梳理管理体系差异,建章立制,制定整合过渡期33个实施细则,为整合融合顺利推进提供了制度保障;2月党组织隶属关系率先调整,为整合融合顺利推进提供政治保证。

【业务开展】 为应对突发新冠疫情,有力支撑区域内各子公司生产保供,保障系列重点工程项目如期建设开工,马钢招标创新"云评标"方式,开展远程评标,加强操作指导和跟踪,确保过程规范有序,有效化解疫情带来的不利局面,保证正常招标采购秩序,累计开展"云评标"385个,招标金额6.13亿元,得到采购人的高度肯定。面对马钢环保整治项目、智慧制造改造项目、战略投资建设项目集中的压力,马钢招标克服工作量大、时间要求紧的困难,完成炼铁总厂A高炉大修、烧结机和焦炉烟气脱硫脱硝、焦煤筒仓、带式焙烧机工程及马钢"绿色发展·智慧制造"等重大项目开评标工作,全年完成法定招标项目365项,招标总金额76.77亿元,分别较2019年增加41.35%和44.42%。坚持树立"优质、高效、可信赖"的品牌形象,以范唯实牵头青年团队被评为宝钢工程"工程之星集体奖",王志刚被评为宝武集团"优秀员工"。行业内,获得安徽省招标投标协会年度"优秀招标代理机构"和"招标信息公开阳光运行榜样单位"荣誉称号,范唯实和季萍获得年度"优秀招采经理"荣誉称号。

【基础管理】 马钢招标全面落实"三统一,一穿透”的管理要求，树立“规范就是生命线”的意识，组织员工深入学习中国宝武《招标业务操作实施规范（试行）》《评标专家和评标专家库管理办法（试行）》等招标业务相关制度，向马鞍山区域各级子公司进行宣贯交流。在法定招标项目上，对标宝华招标管理要求，逐个环节进行对照，先后发布4期《关于依法必须招标项目风险防控的操作指引》，对规范操作提出更加具体的要求，有效防控不规范的风险。与宝华招标联合开展三期业务稽查，做好事后监督，对检查发现的问题认真落实整改，杜绝再次发生，同时重视过程审核和把关，做好事前事中的规范把控，进一步提高业务人员的规范意识。

【市场开拓】 马钢招标与主要采购主体建立互为市场机制，通过主动提供服务、优惠中标服务费等举措，吸引分包项目代理资格，在维护现有优质客户的同时，积极与马鞍山市及周边区域企事业单位建立联系，入围淮北煤矿招标服务供应商库，承接马鞍山市税务局办公大楼装修等系列项目。为进一步拓展业务范围，马钢招标把造价咨询作为重点突破方向，组建造价团队，推进造价业务开展。2020年，自主完成多项集团内及社会造价业务，首次承接富园基地的造价全过程咨询业务。

【党群工作】 马钢招标党支部充分发挥战斗堡垒作用，围绕“三个基本建设”扎实开展党建基础工作，依托党建云平台规范开展党内组织生活。党员领导干部认真履行“一岗双责”责任，结合“钢铁荣耀·铸梦百年”宣传教育系列活动，积极组织开展《习近平谈治国理政》第三卷、党史学习，结合个人体会为党员上党课5次。以党员责任区建设为抓手，把党建融入到整合融合中，融入到疫情防控中，融入到生产经营中，有效发挥了党员先锋模范作用。持之以恒抓好党风廉政建设，全年运用监督执纪“第一种形态”，开展谈心谈话10人次。排查经商办企业行为3次，摸清员工具体情况。组织全体职工签订《廉洁风险承诺书》，中秋、元旦等重要节假日前开展2次警示教育。马钢招标党支部先后获得宝武党委、宝钢工程党委授予“先进基层党组织”荣誉称号。工会为缓解员工长期使用电脑造成的用眼疲劳，开展“视界”活动，为每位员工送上实用的热敷眼罩。青工组发挥年轻人朝气蓬勃、富有活力的优势，积极参加马钢、马鞍山市各项活动，获马鞍山市“青年文明号”荣誉称号。

（查　培）

统计资料

2020年马钢集团统计资料

主要专业生产设备统计表

表1

设备名称、规格	计量单位	设备安装数量	设备年末安装生产能力/万吨
一、机械化焦炉	座	8	510
65孔及以上	座	6	410
27—64孔	座	2	100
26孔及以下	座		
二、烧结机	台	8	2621
130米^{2}及以上	台	8	2621
90—129米^2	台		
36—89米^2	台		
35米^{2}及以下	台		
三、炼铁高炉	座	9	1783
5000米^{3}及以上	座		
4000—4999米^3	座	2	640
3000—3999米^3	座	1	273
2000—2999米^3	座	2	440
1000—1999米^3	座	4	430
400—999米^3	座		
399米^{3}及以下	座		
四、炼钢设备			
(一)转炉	座	14	2060.5
300吨及以上	座	3	880.5
200—299吨	座		
100—199吨	座	5	642
30—99吨	座	6	538
29吨及以下	座		
(二)电弧炉	座	1	110
100吨及以上	座	1	110
30—99吨	座		

续表 1

设备名称、规格	计量单位	设备安装数量	设备年末安装生产能力/万吨
29 吨及以下	座		
五、连铸机	台	17	2241.5
六、钢压延加工设备			
(一)初轧及开坯机	套	1	78
1. 初轧机	套		
2. 开坯机	套	1	78
(二)钢材加工设备	套	26	2803.8
1. 轨梁轧机	套		
2. 大型型钢轧机	套		
3. 普通中型型钢轧机	套	1	60
4. 普通小型型钢轧机	套	6	586
5. H 型钢轧机	套	3	267
6. 车轮轮箍轧机	套	4	34.8
7. 冷弯型钢轧机	套		
8. 冷拉钢材轧机	套		
9. 普通线材轧机	套		
10. 高速线材轧机	套	3	186
11. 宽厚钢板轧机	套		
12. 中厚钢板轧机	套		
13. 热(叠)轧薄板轧机	套		
14. 热轧宽带钢轧机	套	2	870
15. 热轧中宽带钢轧机	套		
16. 薄板坯连铸连轧机组	套	1	240
17. 热轧窄带钢轧机	套		
18. 冷轧宽带钢轧机	套	6	560
19. 冷轧中宽带钢轧机	套		
20. 冷轧窄带钢轧机	套		
21. 冷轧薄板轧机	套		
22. 热轧无缝钢管轧机	套		
23. 冷拔钢管机	套		

续表 1

设备名称、规格	计量单位	设备安装数量	设备年末安装生产能力/万吨
24. 冷轧钢管机	套		
25. 焊管轧机	套		
26. 旋压钢管机	套		

（胡　颖）

主要指标完成情况

表 2

指标名称	单位	本年实际		
		本年实际	本年实际子项	本年实际母项
一、工业总产值				
新产品产值	万元	588341		
二、主要产品产量				
铁矿石原矿	吨	20714858		
铁矿石成品矿	吨	7123042		
烧结铁矿	吨	24648384		
球团铁矿	吨	5924010		
生铁	吨	18550128		
粗钢	吨	20967154		
钢材	吨	19832391		
焦炭	吨	4304673		
企业自发电量	万千瓦/小时	637200		
三、销售及库存				
钢材销售量	吨	19830891		
钢材库存量	吨	220093		
钢坯销售量	吨	421166		
钢坯库存量	吨	158647		
产品销售率(实物)	%	99.99	19830891	19832391
产品销售率(价值)	%	99.85	7594772	7606087
四、产品质量及物耗				
生铁一级品率	%	68.69	12741419	18550128
炼铁原料矿石消耗	千克/吨	1622.76	30102356340	18550128
综合焦比	千克/吨	485.93	9014010350	18550128
喷煤比	千克/吨	137.67	2553786030	18550128
粗钢钢铁料消耗	千克/吨	1058.27	22188932480	20967154
转炉炉衬寿命	炉	12597		
电炉冶炼综合电耗	千瓦时/吨	404.51	391460000	967734
钢材质量等级品率	%	116.55	22905332	19652240
钢材质量优等品率	%	53.09	10434150	19652240

续表 2

指标名称	单位	本年实际		
		本年实际	本年实际子项	本年实际母项
锭坯至材综合成材率	%	96.55	19789374	20497446
五、能耗				
综合能源消费量	万吨标煤	1260.70		
万元产值能耗	吨标煤/万元	1.64	12607010	7669030
吨钢综合能耗	千克标煤/吨	561.28	11768469237	20967154
吨钢可比能耗	千克标煤/吨	515.13	10800904370	20967154
吨钢耗新水	立方米/吨	2.62	54956782	20967154
六、劳动工资				
全部从业人员劳动生产率	元/(人·年)	2925100.98	76690297400	26218
年末全部从业人员	人	25564		
全部从业人员平均人数	人	26218		
全部从业人员工资总额	万元	312052		
七、固定资产投资				
本年固定资产投资完成额	万元	700654		
八、安全环保				
千人负伤率	‰	0.11	3	26218
千人工亡率	‰	0	0	26218
死亡人数	人	0		
工业废水排放处理率	%	100	1115073500	1115073500
工业废气排放处理率	%	100	486281140000	486281140000
污染物综合排放合格率	%	98.64	946889	959941
九、外经外贸				
出口创汇率	%	3.79	288158	7594772
钢铁产品出口额	万美元	41619		
其中:钢材	万美元	41619		
钢铁产品出口量	吨	639902		
其中:钢材	吨	639902		

(朱　宁)

主要产品生产能力

表 3

指标名称	单位	年初生产能力	本年新增能力		本年减少能力	年末生产能力
			本年新增能力合计	新建增加		
黑色金属矿采选						
铁矿石开采能力	万吨/年	1987.00			27.00	1960.00
铁矿石选矿处理原矿能力	万吨/年	2637.00			27.00	2610.00

续表3

指标名称	单位	年初生产能力	本年新增能力		本年减少能力	年末生产能力
			本年新增能力合计	新建增加		
人造块矿						
烧结铁矿	万吨/年	2621.00				2621.00
球团铁矿	万吨/年	640.00				640.00
炼铁产品						
生铁	万吨/年	1833.00			50.00	1783.00
粗钢	万吨/年	2170.50				2170.50
转炉钢	万吨/年	2060.50				2060.50
电炉钢	万吨/年	110.00				110.00
连铸坯	万吨/年	2186.50	55.00	55.00		2241.50
方坯	万吨/年	706.00	55.00	55.00		761.00
板坯	万吨/年	1114.50				1114.50
圆坯	万吨/年	80.00				80.00
异型坯	万吨/年	286.00				286.00
钢材生产能力	万吨/年	1970.00	80.00	80.00		2050.00
热轧钢材	万吨/年	1410.00	80.00	80.00		1490.00
铁道用钢材	万吨/年	32.00				32.00
热轧大型型钢	万吨/年	247.00	80.00	80.00		327.00
其中:H型钢	万吨/年	187.00	80.00	80.00		267.00
热轧棒材	万吨/年	78.00				78.00
热轧钢筋	万吨/年	611.00				611.00
线材(盘条)	万吨/年	121.00				121.00
其中:高速线材	万吨/年	121.00				121.00
热轧中厚宽钢带	万吨/年	321.00				321.00
冷轧(拔)钢材	万吨/年	370.00				370.00
冷轧薄宽钢带	万吨/年	308.00				308.00
冷轧电工钢板(带)	万吨/年	62.00				62.00
镀涂层板(带)	万吨/年	190.00				190.00
镀层板(带)	万吨/年	160.00				160.00
其中:镀锌板(带)	万吨/年	160.00				160.00
热镀锌板(带)	万吨/年	160.00				160.00
涂层板(带)	万吨/年	30.00				30.00
焦炭	万吨/年	510.00				510.00
机焦	万吨/年	510.00				510.00

(朱　宁)

固定资产投资完成情况

表 4　　　　单位:万元

项目名称	开工年月	建成投产年月	计划总投资	完成投资	本年完成投资					
					本年完成投资合计	按构成分				自筹资金
						建筑工程	安装工程	设备购置	其他费用	
去年同期			3028711	1558682	336278	149775	8581	151604	26318	337370
合计			3377272	1887186	700654	383469	10871	266286	40028	682350
50 万—5000 万元项目小计	2017 年 1 月	2020 年 12 月	223234	208648	152671	68230	1626	79432	3383	155500
姑山矿钟九铁矿 200 万吨/年采选建设工程	2019 年 6 月	2023 年 12 月	100943	26551	12718	11556	60	1057	45	
马钢绿色发展智慧制造智园建设项目	2020 年 3 月	2020 年 12 月	30615	21486	21486	13728		1112	6646	
马钢(合肥)钢铁公司环保搬迁项目	2011 年 2 月		1378700	740057	28302	25529	145	2603	25	30000
电炉厂合金棒材精整生产线工程	2012 年 5 月	2016 年 6 月	22480	17096	4854		1004	3850		5000
马钢轮轴系统创新能力建设工程	2016 年 9 月	2018 年 12 月	5590	4540	2773	202		2150	421	3000
煤焦化公司新区(2014)全熄干熄焦工程	2014 年 10 月	2015 年 10 月	15000	13861	297				297	300
煤焦化公司(南区)净化系统合并项目	2017 年 6 月	2018 年 5 月	38000	28918	4629	1555		3049	25	5000
炼焦总厂 7 号、8 号焦炉烟气脱硫脱硝项目	2018 年 10 月	2019 年 10 月	15000	9927	9927	7416		2202	309	10000

续表 4

项目名称	开工年月	建成投产年月	计划总投资	完成投资	本年完成投资					
					本年完成投资合计	按构成分				自筹资金
						建筑工程	安装工程	设备购置	其他费用	
炼焦总厂集装箱运输智能化环保改造工程	2019 年 3 月	2019 年 9 月	6900	6194	6194	375		5759	60	6500
煤焦化公司新建筒仓项目	2018 年 9 月	2020 年 11 月	42000	24629	18051	17957	26	68		18500
2 号 E 型焦煤筒仓工程	2020 年 10 月	2021 年 8 月	75000	7397	7397	7397				7500
炼焦总厂 5 号焦炉烟气脱硫脱硝工程	2020 年 4 月	2020 年 11 月	5800	2806	2806	1028		1741	37	3000
炼焦总厂 1 号、2 号焦炉烟气脱硫脱硝工程	2020 年 5 月	2020 年 12 月	9385	3684	3684	826		2530	328	3800
炼铁总厂南区 3 号烧结机烟气脱硝及超低排放工程	2019 年 10 月	2020 年 6 月	10000	8463	8463	3360		4933	170	8500
炼铁总厂 A 号、B 号烧结机烟气脱硫脱硝超低排放改造工程	2020 年 4 月	2020 年 12 月	33000	20260	20260	10372		9296	592	21000
炼铁总厂 1 号烧结机烟气脱硫脱硝及超低排放改造工程	2020 年 8 月	2020 年 10 月	14000	7282	7282	3214		4056	12	7500
炼铁总厂 1 号、2 号烧结机机尾及成品电除尘器改造工程	2020 年 9 月	2021 年 3 月	7000	389	389	384			5	400
炼铁总厂南区带式焙烧机工程	2020 年 12 月	2021 年 11 月	99240	939	939	929			10	1000
二铁总厂 1 号高炉大修工程	2018 年 8 月	2018 年 12 月	52000	44471	3004	1303		1701		3000

续表 4

项目名称	开工年月	建成投产年月	计划总投资	完成投资	本年完成投资					
					本年完成投资合计	按构成分				自筹资金
						建筑工程	安装工程	设备购置	其他费用	
一钢轧总厂转炉三次除尘系统工程	2018 年 8 月	2019 年 12 月	5249	4909	528	223		282	23	550
重型 H 型钢生产线异型坯连铸机工程	2017 年 9 月	2019 年 4 月	33000	25477	8012	181		6870	961	8000
重型 H 型钢轧钢生产线项目	2017 年 9 月	2019 年 8 月	165000	132251	33555	13697		17518	2340	35000
长材事业部型材升级改造工程公辅配套项目	2017 年 4 月	2019 年 4 月	36000	33654	2373	1375		575	423	2400
三钢轧总厂高线改造工程	2015 年 2 月	2015 年 12 月	11800	13045	3444	3044	400			3500
四钢轧总厂 1580 热轧新建铁路外发线	2019 年 10 月	2020 年 8 月	6300	2102	2102	2102				2200
四钢轧总厂热轧 2250 机组 L1L3 升级改造	2020 年 10 月		11100	2366	2366			1785	581	2400
冷轧总厂二硅钢新增常化机组工程	2017 年 4 月	2018 年 5 月	12800	11740	862	331		63	468	1000
冷轧总厂 1720 酸轧机组提质增效改造	2020 年 6 月		42900	8790	8790	5187		3588	15	8800
冷轧总厂新增电解脱脂机组工程	2015 年 8 月	2016 年 5 月	8000	6015	264				264	300
冷轧总厂 1 号镀锌线设备能力提升改造工程	2019 年 3 月	2020 年 11 月	28000	3404	3404	1938	470	989	7	3500

续表 4

项目名称	开工年月	建成投产年月	计划总投资	完成投资	本年完成投资					
					本年完成投资合计	按构成分				自筹资金
						建筑工程	安装工程	设备购置	其他费用	
马钢原料场环保升级及智能化改造工程	2019 年 5 月	2021 年 12 月	150000	52391	43866	32215	3415	7942	294	45000
港务原料总厂供二铁原料通廊安全和环保综合治理技术改造工程	2019 年 9 月		11000	8509	8484	7741	294	145	304	8500
节能减排 CCPP 综合利用发电工程	2019 年 12 月		102520	41565	38293	29520		8155	618	40000
马钢南区新建 CCPP 公辅燃气、热力配套工程	2019 年 9 月	2020 年 10 月	29138	15548	15548	4043		10687	818	16000
马钢 220kV 输变电-CCPP 公铺电力配套工程项目	2019 年 12 月	2020 年 10 月	37360	21723	21723	9196	3363	7321	1843	22000
马钢南区雨污分流及排口优化工程	2020 年 4 月	2021 年 11 月	15900	8185	8185	6330		1696	159	8500
马钢高瑞汽车零部件用特殊钢棒线材深加工项目	2016 年 3 月	2016 年 7 月	6000	5721	60			54	6	100
马钢高端汽车零部件用特殊钢棒线材深加工项目-优棒生产线工程	2016 年 11 月	2018 年 2 月	59000	54752	1461	1161		300		1500
马钢高端汽车和轨道交通零部件线棒材深加工项目	2018 年 11 月	2019 年 12 月	26800	1799	1799	1323		460	16	1800
特钢公司新建大方坯连铸机及配套改造工程	2018 年 9 月	2020 年 2 月	42000	32647	10674	9074	68	1298	234	11000

续表 4

项目名称	开工年月	建成投产年月	计划总投资	完成投资	本年完成投资					
					本年完成投资合计	按构成分				自筹资金
						建筑工程	安装工程	设备购置	其他费用	
马钢智慧制造-冷轧集控项目	2020 年 3 月	2020 年 12 月	16784	9646	9646	1420		4935	3291	10000
马钢智慧制造项目-炼铁集控项目	2020 年 5 月	2022 年 12 月	34960	13083	13083	1531		8799	2753	13000
马钢智慧制造-四钢轧炼钢连铸集控项目	2020 年 5 月	2020 年 12 月	20400	10725	10725	682		6223	3820	11000
马钢智慧制造-四钢轧热轧集控项目	2020 年 5 月	2020 年 12 月	25500	10651	10651	1398		6292	2961	11000
马钢智慧制造-基础网络升级改造项目	2020 年 4 月	2020 年 12 月	10020	1483	1483	968		515		1500
马钢绿色发展智慧制造-景观品质提升项目	2020 年 4 月	2020 年 12 月	23314	14616	14616	14192			424	15000
马钢一体化计划系统和质量管理信息化系统项目	2017 年 5 月	2019 年 3 月	8500	8400	2730	1120		900	710	2800
安徽长江钢铁综合料场环保提升改造项目	2019 年 9 月		88670	59861	44951	36320		7453	1178	45000
安徽长江钢铁产能减量置换技改项目 140 吨电炉炼钢工程	2019 年 10 月		56000	38259	24579	11987		12477	115	25000
安徽长江钢铁 60 万吨钢渣处理项目	2020 年 1 月		15800	10125	10125	3516		6323	286	10000

续表 4

项目名称	开工年月	建成投产年月	计划总投资	完成投资	本年完成投资					
					本年完成投资合计	按构成分				自筹资金
						建筑工程	安装工程	设备购置	其他费用	
安徽长江钢铁140吨电炉炼钢220kV输变电工程	2020年4月		13000	2659	2659	2482			177	2700
安徽长江钢铁烧结机烟气脱硫脱硝项目	2020年1月		21000	9938	9938	3747		5490	701	10000
马钢轨交智慧制造一期	2020年6月	2020年12月	7551	6081	6081	64		5771	246	6100
马钢轨交经营管控系统-信息化建设	2020年6月	2020年12月	6038	4835	4835			3208	1627	5000
马钢轨交箍环系统技术改造项目	2020年10月	2021年5月	5981	2633	2633			2633		2700

（朱　宁）

2020年年底保有的地质储量及三级矿量

表 5

矿山或矿区名称	露天或坑下	矿石种类	基础储量			基础储量其中：储量			资源量			查明保有资源储量			质量情况
			矿量/万吨	金属量/万吨	品位/%	矿量/万吨	金属量/万吨	品位/%	矿量/万吨	金属量/万吨	品位/%	矿量/万吨	金属量/万吨	品位/%	
铁矿合计			48306.39	18094.84	37.46	16044.64	5750.45	35.84	67001.84	21002.97	31.35	115308.23	39097.82	33.91	
高村铁矿	露天	铁矿	2759.78	564.65	20.46	2190.19	450.96	20.59	20672.14	4165.86	20.15	23431.92	4730.51	20.19	V_2O_5:0.08%、P:1.04%、S:0.351%
和尚桥铁矿	露天	铁矿	967.13	248.41	25.69	437.71	120.5	27.53	5260.81	1322.2	25.13	6227.94	1570.61	25.22	V_2O_5:0.069%、P:0.09%、S:2.35%
姑山铁矿	坑下	铁矿	1603.01	660.92	41.23				6833.23	2810.83	41.13	8436.24	3471.76	41.15	V_2O_5:0.08%、P:0.517%、S:0.05%

续表 5

矿山或矿区名称	露天或坑下	矿石种类	基础储量			基础储量其中:储量			资源量			查明保有资源储量			质量情况
			矿量/万吨	金属量/万吨	品位/%	矿量/万吨	金属量/万吨	品位/%	矿量/万吨	金属量/万吨	品位/%	矿量/万吨	金属量/万吨	品位/%	
和睦山铁矿	坑下	铁矿	205.41	81.2	39.53	27.28	10.93	40.07	1743.91	673.13	38.6	1949.32	754.34	38.7	V_2O_5:0.14%、P:0.339%、S:1.269%、Co:0.008
白象山铁矿	坑下	铁矿	7542.59	2963.62	39.29	1199.79	473.44	39.46	7344.85	2910.96	39.63	14887.44	5874.58	39.46	V_2O_5:0.224%、P:0.646%、S:0.535%、Co:0.008
钟九铁矿	坑下	铁矿	4620.37	1623.85	35.15	1289.33	443.66	34.41	1833.31	639.89	34.9	6453.68	2263.73	35.08	P:0.537%、S:1.074%
罗河铁矿	坑下	铁矿	23259.04	9526.02	40.96	6806.73	2912.19	42.78	12914.75	5008.24	38.78	36173.79	14534.26	40.18	V_2O_5:0.2%、P:0.51%、S:4.48%
张庄铁矿	坑下	铁矿	7289.72	2401.83	32.95	4084.74	1334.89	32.68	10347.55	3449.87	33.34	17637.27	5851.7	33.18	P:0.112%、S:0.04%
长龙山铁矿	坑下	铁矿	59.34	24.34	41.02	8.87	3.88	43.74	51.29	21.99	42.87	110.63	46.33	41.88	S:0.32%

矿山或矿区名称	开拓矿量				采准矿量				备采矿量			
	矿量/万吨	金属量/万吨	品位/%	月数/月	矿量/万吨	金属量/万吨	品位/%	月数/月	矿量/万吨	金属量/万吨	品位/%	月数/月
铁矿合计	10771.7	3159.443	29.33	341.91	1222.7	416.81	34.09	46	867.5	253.3068	29.2	28.9
高村铁矿	1648	337.1808	20.46	30.42					189	38.9151	20.59	3.5
和尚桥铁矿	2301	512.2026	22.26	36.89					117	26.9217	23.01	2.1
姑山铁矿												
和睦山铁矿	210	73.5	35	25	30	10.5	35	4	6	2.1	35	1.9
白象山铁矿	1400	511	36.5	84	260	94.9	36.5	14	120	43.8	36.5	8
钟九铁矿												
罗河铁矿	2563.7	899.86	35.1	102	419.7	151.51	36.1	16	186.5	63.97	34.3	7.4
张庄铁矿	2649	825.7	31.17	63.6	513	159.9	31.17	12	249	77.6	31.16	6
长龙山铁矿												

（朱　宁）

科技活动情况

表 6

指标名称	单位	2020 年实际	2019 年同期
一、研发人员情况			
研发人员合计	人	1471	1738
其中:女性	人	151	55
其中:全职人员	人	308	300
其中:本科毕业及以上人员	人	1217	1024
二、研发经费情况			
研发经费支出合计	万元	250699	198551
其中:使用来自政府部门的研发资金	万元	1027	3271
(一)企业内部的日常研发经费支出	万元	241944	193656
人员人工费(包含各种补贴)	万元	29079	29286
原材料费	万元	178789	140760
折旧费用与长期费用摊销	万元	13279	4354
无形资产摊销	万元		
其他费用	万元	20797	19256
(二)当年形成用于研发的固定资产支出	万元	4478	2494
其中:仪器和设备	万元	4478	2494
(三)委托外单位开展研发的经费支出	万元	4277	2401
其中:对境内研究机构支出	万元	580	688
对境内高等学校支出	万元	1716	1367
对境内企业支出	万元	1981	164
对境外支出	万元		182
三、企业办(境内)研发机构情况			
期末机构数	个	1	1
机构人员合计	人	308	373
其中:博士毕业	人	15	15
硕士毕业	人	137	143
本科毕业	人	150	202
机构经费支出	万元	10114	20470
机构承担研发项目数	项	291	251

续表 6

指标名称	单位	2020 年实际	2019 年同期
期末仪器和设备原价	万元	16710	16710
其中:进口	万元	7254	7254
四、研发产出及相关情况			
(一)自主知识产权情况			
当年专利申请数	件	420	350
其中:发明专利	件	265	200
期末有效发明专利数	件	723	634
其中:境外授权	件	4	3
其中:已被实施	件	433	386
专利所有权转让及许可数	件		
专利所有权转让及许可收入	万元		
(二)新产品生产及销售情况			
新产品产值	万元	1130000	
新产品销售收入	万元	1126265	1065964
其中:出口	万元	48326	64115
(三)其他情况			
发表科技论文	篇	102	190
期末拥有注册商标	件	33	33
其中:境外注册	件	3	3
形成国家或行业标准	项	9	11
五、其他相关情况			
(一)政府相关政策落实情况			
研究开发费用加计扣除减免税	万元	60001	10856
高新技术企业减免税	万元		
(二)技术获取和技术改造情况			
引进境外技术经费支出	万元		5159
引进境外技术的消化吸收经费支出	万元		
购买境内技术经费支出	万元		
技术改造经费支出	万元	540902	273136

(朱　宁)

劳动工资统计

表 7

指　　标	单位	集团公司	
			其中:股份公司
在册年末职工人数	人	26308	23591
其中:在岗职工	人	25384	22842
在册职工年平均人数	人	27178	25055
其中:在岗职工	人	26103	24111
在册职工工资总额	万元	316301	281895
其中:在册年平均工资	元	11638	11251
在岗职工工资总额	万元	311242	277445
其中:在岗年平均工资	元	11924	11507
不在岗职工工资总额	万元	5059	4450
其中:不在岗年平均工资	元	47060	47133

（张晓莉）

专业技术职称构成情况

表 8

专业＼级别	专业比例/%	总计/人	高级职称/人	中级职称/人	初级职称/人
工程	72. 32	2727	705	1015	1007
教育	2. 57	97	40	49	8
财会	3. 92	148	32	92	24
经济	6. 13	231	18	157	56
政工	12. 94	488	107	228	153
其他	2. 12	80	3	46	31
合计	100. 00	3771	905	1587	1279

（洪　瑾）

人　物

2020 年马钢先进人物

全国劳动模范

吴保桥，男，汉族，1973 年 4 月生，中共党员，硕士，技术中心型钢所所长，高级工程师。以吴保桥为技术带头人的型钢团队攻克了一系列的技术难关，“高低温韧性热轧 H 型钢关键制造技术研究”等项目先后获 2018 年安徽省科技进步奖一等奖、2017 年冶金科学技术奖一等奖。该团队获“安徽省‘115’产业创新团队”，他本人被聘为团队带头人。申报发明专利 16 项，授权发明专利 5 项，实用新型 2 项；主持和参与 10 多项国家和行业标准制修订工作，形成企业技术秘密 9 项，发表科技论文 15 篇，曾获安徽省杰出青年科技创新奖、第八届中国金属学会冶金青年科技奖、第七批安徽省战略性新兴产业技术领军人才、安徽省省属企业“538 英才工程”领军人才、马钢集团劳动模范、全国钢铁行业劳动模范。

安徽省“五一”劳动奖章

徐　冰　马鞍山钢铁股份有限公司炼铁总厂首席技师

安徽省“五一”巾帼标兵

吕　鸣　马鞍山钢铁股份有限公司第一钢轧总厂质量检验站热轧作业区作业长

全国机械冶金建材行业工匠

李　强　马鞍山钢铁股份有限公司炼焦总厂焦炉调温工首席技师

中国宝武防疫先锋党员获得者名录

张　艳　马钢集团行政事务中心党总支书记、主任

崔海涛　马钢集团办公室(董事会办公室、应急办)职能主任

钟学斌　马钢集团马钢(合肥)板材公司党委委员、总经理助理

张文斌　马钢集团马钢股份港务原料总厂港口分厂党支部书记、分厂厂长

2020 年中国宝武"金牛奖"获得者名录

汪昌平　马钢集团马钢股份长材事业部轧钢点检一分厂电气点检

汪开忠　马钢集团马钢股份技术中心特钢研发高级技术主管、长材研究所所长

2020 年中国宝武"银牛奖"获得者名录

姚绍志　马钢集团马钢股份炼铁总厂高炉二分厂作业长

孙　静　马钢集团马钢股份检测中心产成品单元检验工

邬　琼　马钢集团马钢股份四钢轧总厂首席技师

许　翔　马钢集团马钢股份冷轧总厂首席技师

李　平　马钢集团马钢股份炼焦总厂首席技师

毛雄杰　马钢集团马钢股份运输部设备管理室主任

罗武龙　马钢集团马钢股份能源环保部部长

2020 年度"最美宝武人"获得者名录

李　总　马钢集团马钢股份第四钢轧总厂物流分厂天车工

2018—2019 年度中国宝武年度"玫瑰培育"奖

毕　嵘　马钢(集团)控股有限公司姑山矿业公司工会女职委主任

2020 年度"优秀员工"获得者名录

徐　飞　马钢集团马钢股份第一钢轧总厂炼钢点检分厂技术员

谷海容　马钢集团马钢股份技术中心汽车板研究所技术主管

汪少云　马钢集团马钢股份工会组织宣教民管职能副部长

李玉英　马钢集团马钢股份技术改造部工艺项目管理室经理

汪国俊　马钢集团行政事务中心机关事务管理室项目管理

陶元琼　马钢集团人力资源服务中心社会保险业务主管

蒋　虎　马钢集团离退休中心山南服务站副站长

胥光蕙　马钢集团教育培训中心机械系教师

臧　军　马钢集团保卫部交管大队四中队中队长

魏爱玲　马钢集团马钢股份营销中心(销售公司)分(子)公司管理部科员

杨俊峰　马钢集团马钢股份采购中心耐辅资源部经理

王明杰　马钢集团马钢股份检测中心产成品单元成品三作业区制样工

邹　强　马钢集团马钢股份技术中心车轮所技术主管

李　欣　马钢集团马钢股份运输部综合管理室文书

盛德平　马钢集团马钢股份港务原料总厂原料分厂安全员

潘晓菁　马钢集团马钢股份炼铁总厂综合管理室科员

张　磊　马钢集团马钢股份长材事业部党群工作室宣传干事

王　剑　马钢集团马钢股份长材事业部综合管理室、党群工作室主任

邬秀红　马钢集团马钢股份冷轧总厂设备管理室设备主办

吴　俊　马钢集团马钢股份冷轧总厂设备管理室一冷一点检电气作业区组长

宛佳旺　马钢集团马钢股份特钢公司棒材分厂轧钢工

杨　帆　马钢集团马钢股份特钢公司炼钢区域电气技术主管

陈道海　马钢集团马钢股份能源环保部热力分厂热力专工

刘　波　马钢集团马钢股份能源环保部综合管理室党群管理

杨 成 马钢集团马钢股份炼焦总厂一发电作业长
陈 军 马钢集团马钢股份资源分公司第二回收分厂副厂长
马 兵 马钢集团马钢股份仓配公司配送中心主任、党支部书记
余 琼 马钢集团马钢股份合肥公司首席工程师
蔡先武 马钢集团马钢股份长江钢铁销售部阜阳办主任
丁 进 马钢集团马钢股份和菱实业包装一部作业管理
蒋玉华 马钢集团康泰公司房产分公司保卫
李艳芬 马钢集团利民公司人力资源科科长
杨金宇 欧冶链金党委组织部、人力资源部副部长(原马钢集团党委工作部规划配置与员工管理职能主任)

宝武工匠(工人发明家)获得者名录

李 强 马钢集团马钢股份炼焦总厂首席技师

宝武工匠(工人发明家)提名奖获得者名录

袁军芳 马钢集团马钢股份能控中心首席技师

2020年马钢“金牛奖”获得者名录

金 翔 办公室调研信息职能主任
戴莅隽 经营财务部财务成本高级技术主管
罗武龙 能源环保部部长
程 振 能源环保部能源中心电气综合点检员
王 琴 能源环保部新建CCPP工程项目部高级主任师
洪绍勇 营销中心(销售公司)客户服务中心客户代表
于怀彬 采购中心经营管理部经理
孙 静 检测中心产成品单元检验工
汪开忠 技术中心特钢研发高级技术主管、长材研究所所长
毛雄杰 运输部(铁运公司)设备管理室主任
昂正新 港务原料总厂项目组副组长
姚绍志 炼铁总厂高炉二分厂作业长
鲁 斌 一钢轧总厂连铸分厂重异坯作业区作业长
汪昌平 长材事业部轧钢点检一分厂电气点检
邬 琼 四钢轧总厂公司炼钢首席技师
许 翔 冷轧总厂公司电气点检首席技师
曹天明 特钢公司党委书记、经理
罗继胜 特钢公司党群工作部秘书、宣传
李 平 炼焦总厂公司干法熄焦工首席技师
刘一勇 长钢股份炼钢厂新区1号转炉炉长

2020年马钢“银牛奖”获得者名录

章茂晗 马钢股份副总经理,营销中心(销售公司)党委书记、总经理
张 俊 纪委(监察)执纪审查职能副主任
张吾胜 管理创新部部长
钱建锋 投资管理部股权投资与变动管理职能副主任员
何刘珍 人力资源部规划配置室经理
胡 勇 设备管理部工建室(抗震办)经理
任 猛 制造管理部生产管理室副经理
石成军 能源环保部制氧分厂四万作业区主操
黄 浩 能源环保部设备保障部主任
石 磊 能源环保部运保分厂机械维检钳工
张 艳 行政事务中心主任,党总支书记
庞 湃 行政事务中心综合管理室经理
芮明斌 保卫部(武装部)门禁三大队四号门班长
张从周 营销中心(销售公司)型材部总经理
郭 峰 检测中心设备管理室主任
沈 昶 技术中心炼钢工艺研究所所长、炼钢高级技术主管
卜晓云 运输部(铁运公司)机务段二厂作业区作业长
卢传奇 运输部(铁运公司)车辆钳工
马 钢 港务原料总厂港口分厂准备二作业区作业长
黄 静 炼铁总厂高炉一分厂炉体作业长
高鹏程 炼铁总厂烧结一分厂1号2号机烧结作业长
尤 石 炼铁总厂厂内高管
刘 畅 炼铁总厂综合管理室(党群工作部)主任
马晓标 一钢轧总厂物流分厂电气点检员
周卫胜 一钢轧总厂综合管理室(党群工作部)主任
李悦新 长材事业部炼钢分厂炼钢丁作业区作业长

朱昌生　长材事业部连铸分厂连铸丁作业区主操
马仕先　长材事业部中型材分厂中型轧钢乙作业区作业长
崔　超　长材事业部线棒材分厂大棒轧钢甲作业区作业长
张文满　长材事业部重型 H 型钢分厂厂长、党支部书记
钱　伟　四钢轧总厂热轧分厂轧机作业长
徐　钢　四钢轧总厂连铸分厂机械点检员
尹纯锋　四钢轧总厂生产技术室副主任
陈　钟　冷轧总厂冷轧一分厂镀锌作业区作业长
唐　军　冷轧总厂冷轧二分厂党支部书记、厂长
叶东华　特钢公司电炉分厂作业长
钱正强　特钢公司高线分厂电气综合点检员
王卢辉　炼焦总厂炼焦一分厂炼焦二作业区作业长
徐晓刚　仓配公司备件中心通用调配作业区天车工
吴列文　马钢(合肥)板材酸轧分厂 3 号台主操

2020 年“最美马钢人”获得者名录

刘　波　能源环保部综合管理室干事
胥光蕙　教培中心机械系教师
臧　军　保卫部(武装部)交管大队四中队中队长
谷海容　技术中心汽车板所技术主管
徐　飞　一钢轧总厂炼钢点检分厂技术员
张　磊　长材事业部综合管理室(党群工作部)宣传干事
李　总　四钢轧总厂物流分厂天车工
邬秀红　冷轧总厂设备管理室设备主办
宛佳旺　特钢公司棒材分厂轧钢工
余　琼　马钢集团马钢股份合肥公司首席工程师

2020年马钢名录

马钢(集团)控股有限公司直管以上领导人员名录

公司领导

董事长、党委书记　丁　毅(12月任职)
　魏　尧(12月离任)
总经理　丁　毅(12月离任)
　刘国旺(12月任职)
党委副书记　丁　毅(12月离任)
　刘国旺(1月任职)
　何柏林(12月任职)
　陈冬生(1月离任)
董事　丁　毅
　魏　尧(12月离任)
　刘国旺
　钱海帆
副总经理　钱海帆(常务,4月任职)
　王强民(4月离任)
　唐琪明
　陈昭启(4月离任)
　严　华(4月离任)
　任天宝(4月离任)
纪委书记　刘国旺(1月任职,4月离任)
　何柏林(4月任职)
　陈冬生(1月离任)
工会主席　张晓峰
党委常委　丁　毅
　魏　尧(12月离任)
　刘国旺(1月任职)
　陈冬生(1月离任)
　张文洋(12月任职)
　钱海帆
　王强民(12月离任)
　张晓峰(12月离任)
　唐琪明(1月任职)
　何柏林(12月任职)
　伏　明(12月任职)
　章茂晗(12月任职)
　陆克从(4月离任)
　严　华(4月离任)
监事会主席　马道局(1月任职)
总法律顾问　蒋育翔(7月离任)
总会计师　陈昭启(4月离任)
副总会计师　张乾春
总经理助理　王文潇
　邓宋高(8月提任)
马钢工作办公室副主任　刘国旺(11月离任)
　蒋育翔(11月离任)

办公室(党委办公室、外事办公室、董事会办公室、信访办公室、保密办公室)

主　任　邓宋高
副主任　黄全福
　严晓燕
　王荣军(11月离任,宝武总部交流挂职人员,为期一年)
董事会秘书　邓宋高
外事办主任　邓宋高

党委工作部(党委组织部、党委宣传部、人力资源部、企业文化部、统战部、团委)

部　长　王东海
副部长　许延平
　何　潮(11月离任,宝武总部交流挂职人员,为期一年)
人力资源部副部长　刘　斌(11月离任,宝武总部交流挂职人员,为期一年)

纪委(审计稽查部)

副书记　毛文明
部　长　毛文明
副部长　徐小苗

王　彤(11月离任,宝武总部交流挂职人员,为期一年)

公司党委巡察工作办公室

主　任　毛文明

巡察员　顾明星

郑晓明

工会

主　席　张晓峰

副主席　马桢亚

副主席　吕艳斌(11月离任,宝武总部交流挂职人员,为期一年)

经济工作部部长　王卫东

管理创新部

部　长　张吾胜

副部长　詀盛中

孙纪鹏(11月离任,宝武总部交流挂职人员,为期一年)

科技管理部

经　理　张吾胜

副经理　詀盛中

安全管理部(能源环保部)

部　长　张吾胜

副部长　李　盛(11月离任,宝武总部交流挂职人员,为期一年)

投资管理部

部　长　王文忠

副部长　周浩锋

戴修明

法律事务部

部　长　王文忠

财务部

部　长　张乾春(兼)

副部长　李　钊(11月离任,宝武总部交流挂职人员,为期一年)

行政事务中心(马钢公积金中心、档案馆)

主　任　张　艳(女)

副主任　陈伟革

查满林

住房公积金中心主任　陈伟革

档案馆馆长　查满林

公司中层副职管理人员　余方超(在安徽阜南县扶贫挂职)

人力资源服务中心

副主任(主持工作)　何　军

财务共享中心

主　任　钱海帆(兼,1月任职)

陈昭启(兼,1月离任)

副主任　胡海燕(女)

安徽马钢创享财务咨询有限公司

执行董事(法定代表人)总经理　胡海燕(女)

离退休职工服务中心

主任、党委副书记　刘希贤

党委书记　徐旭东(6月由股份督察室调任)

黎　兵(5月改任调研员)

纪委书记　黎　兵(5月改任调研员)

工会主席　杨　骏

副主任　徐旭东(6月由股份督察室调任)

黎　兵(5月改任调研员)

杨国平

杨　骏

马钢教育培训中心

主　任　牛树刚

党委书记　张永涛

党委副书记　牛树刚

王　艳(女)

纪委书记、工会主席　王　艳(女)

副主任　陈厚新

马钢党校

校　长　刘国旺(兼,2月任职)

陈冬生(兼,2月离任)

常务副校长　张永涛

安徽冶金科技职业学院

院　长　牛树刚

党委书记　张永涛

党委副书记、纪委书记、工会主席　王　艳(女)

副院长　陈厚新

马钢高级技师学院(马钢高级技校)

院长(校长)　牛树刚

党委书记　张永涛

党委副书记、纪委书记、工会主席　王　艳(女)
副院长(副校长)　陈厚新

新闻中心
副主任　赵建勋
　王七水
《马钢日报》社总编　赵建勋

保卫部(武装部)
部长、党委副书记　周　青
党委书记、工会主席　李　寅
纪委书记　艾红兵
副部长　李　寅
　艾红兵
　宋　晔

投资公司
董事长　魏　尧(兼)
监事长　陈冬生(兼,2月离任)
总经理　钱海帆(兼,1月任职)
　陈昭启(兼,1月离任)
党支部书记、副总经理　严太霞(女,公司中层正职,2月离任)
　吴芳敏(2月由工程技术集团重机公司调任)
副总经理　王开定(公司中层正职,2月离任)

马钢资产经营管理公司
总经理、党支部书记　王福宁

财务公司(委托管理单位)
董事长　丁　毅(兼)
风险总监　汪冬妹(女,马钢委派人员)

马钢集团康泰置地发展有限公司
董事长　张晓峰(兼)
党委副书记、纪委书记、工会主席　张福成

安徽马钢耐火材料有限公司(清算注销)
董事长、总经理、党委书记　陈海山(12月离任)
党委副书记、纪委书记、工会主席
　张宏亮(12月离任)
副总经理　卢咏明(12月离任)
　郁书中(12月离任)
总工程师　郁书中(12月离任)

利民企业公司
经理、党委书记　温业云
党委副书记、纪委书记、工会主席　尹绍慷

安徽马钢冶金工业技术服务有限责任公司(9月成立)
党委书记、执行董事、总经理　温业云(9月任职)
党委副书记、工会主席　尹绍慷(9月任职)

说明:委托管理单位领导人员不在名录内。

(许体武)

马鞍山钢铁股份有限公司中层以上管理人员名录

公司领导
党委书记　丁　毅(12月任职)
　魏　尧(12月离任)
党委副书记　丁　毅(12月离任)
　刘国旺
　王强民(11月离任)
　何柏林(12月任职)
　张文洋(12月任职)
党委委员　丁　毅
　魏　尧(12月离任)
　刘国旺
　王强民(11月离任)
　钱海帆(2月任职)
　张晓峰
　唐琪明(2月任职)
　何柏林(2月任职)
　田　俊
　张文洋
　伏　明
　章茂晗(12月任职)
纪委书记　何柏林(2月任职)
工会主席　张晓峰
董事长　丁　毅
总经理　王强民(11月离任)
　张文洋(12月任职)
董　事　丁　毅
　王强民(11月离任)
　钱海帆
　任天宝
　张文洋

副总经理 田　俊
张文洋(12月离任)
伏　明
章茂晗(12月任职)
陈　健(宝信软件挂职,1月任职)

监事会主席 张晓峰

安全总监 伏　明

副总工程师 黄发元(1月退休)

总经理助理 杜松林(4月离任)
章茂晗(12月离任)
王光亚

办公室

主　任 邓宋高(2月由集团办公室调任)

副主任 郝　军

党委工作部(团委)

部　长 王东海(2月由集团党委工作部调任)

副部长 徐乃文
陶青平

团委书记 蓝仁雷

纪委(审计稽查部)

部　长 毛文明(2月由集团纪委调任)

副部长 方金荣
秦学志

中层正职管理人员 张　纲

中层副职管理人员 汪根祥
刘家彪

股份公司督察室

主　任 钱海帆(兼,1月离任)

副主任 赵广化(公司中层正职,6月离任)
徐旭东(公司中层正职,6月离任)

工会

主　席 张晓峰

副主席 胡晓梅(女)

董秘室(监秘室)

主　任 郭　斐(6月任职)

副主任(主持工作) 何红云(女,6月离任)

副主任 何红云(女,6月任职)
陈　全(6月任职)

法律事务部

部　长 郭　斐

副部长 何红云(女,6月任职)
陈　全

运营改善部

部　长 朱伦才

副部长 崔银会(6月离任)
王　谦(9月离任)

人力资源部

部　长 许　洲

副部长 李传艳
刘　斌(6月任职,宝武总部交流挂职人员)

科技管理部(机关改革6月成立科技管理部)

部　长 张　峰(6月任职)

副部长 崔银会(6月任职)

安全生产管理部

部　长 汪为民

副部长 洪　伟
丁伯埙
高长松

市场部(机关改革6月撤销市场部)

部　长 张　峰(6月离任)

副部长 朱付林(6月离任)

经营财务部

部　长 邢群力(6月任职)

副部长 许继康(6月任职)
江　鹏(6月任职)
陈　剑(6月任职,宝钢股份支撑项目挂职人员)

股份主任会计师 许继康

计划财务部(机关改革6月计划财务部更名为经营财务部)

部　长 邢群力

副部长 许继康
潘松林(6月离任)
江　鹏
陈　剑(2月任职,宝钢股份支撑项目挂职人员)

股份主任会计师 许继康

制造管理部

部　长　刘国平(6月任职)
党总支书记　何大顺(6月任职)
副部长　何大顺(公司中层正职)
周　全(6月任职)
陈　斌(6月任职)
黄　龙(6月任职)
徐宏伟(6月任职,宝钢股份支撑项目挂职人员)

制造部(机关改革6月更名为制造管理部)

部　长　刘国平(6月离任)
党总支书记　何大顺(6月离任)
副部长　何大顺(6月离任,公司中层正职)
周　全(6月离任)
陈　斌(6月离任)
黄　龙(6月离任)
徐宏伟(2月任职,6月离任,宝钢股份支撑项目挂职人员)

技术改造部

部　长　程　鼎
副部长　连　炜
杭　挺
潘松林(6月任职)
冶金质量监督站站长　程　鼎

设备管理部

部　长　熊佑发
副部长　徐兆春
夏会明
朱力生(2月任职,宝钢股份支撑项目挂职人员)

营销中心

总经理　章茂晗(兼,6月任职)
副总经理　赵　勇(10月任职)
聂庆文(10月任职)
余周松(10月任职)

销售公司

总经理　章茂晗(兼)
党委书记　章茂晗(兼,2月任职)
黄　鹏(2月改任调研员)
党委副书记　张永翔(2月任职)
纪委书记、工会主席　张永翔(2月任职)
黄　鹏(2月改任调研员)
副总经理　赵　勇
聂庆文
余周松
张永翔(2月离任)
黄　鹏(2月改任调研员)
朱静展(2月任职,宝钢股份支撑项目挂职人员)

美洲公司

总经理　张卫明

采购中心

经　理　胡夏雨
党总支书记　李　博
副经理　李　博
徐　权
杜轶峰
朱付林(6月任职)
徐葆春
朱　伟(2月任职,8月离任,宝钢股份支撑项目挂职人员)
杨　卫(9月任职,宝钢股份支撑项目挂职人员)
工会主席　李　博

检测中心

主任、党委书记　张林平
副主任　茅建新
方啸震
陈玉宝
安全总监　茅建新

技术中心、新产品开发中心

主　任　钱海帆(兼,1月离任)
张　建(4月任职)
常务副主任　张　建(4月离任)
党委书记、新产品开发中心主任　张　建
党委副书记、纪委书记、工会主席　杨智勇
副主任　邱全山(11月由化工能源公司调任)
张明如
朱　涛
刘永刚

李帮平
总工程师　朱　涛
安全总监　李帮平
技术研究院(筹)院长　张　建

运输部(机构改革6月成立运输部)

部　长　钱　曦(6月任职)
副部长　刘世刚(10月任职)
陆智刚(10月任职)

铁路运输公司

经理、党委书记　钱　曦
党委副书记、纪委书记、工会主席　程　宏
副经理　刘世刚
陆智刚
总工程师　刘世刚
安全总监　陆智刚

仓储配送公司

经理、党委书记　孔　剑
党委副书记、纪委书记、工会主席
于　颖(女)

港务原料总厂

厂长、党委书记　殷光华
党委副书记、纪委书记、工会主席　朱　晨
副厂长、总工程师、安全总监　朱梦伟

炼铁总厂

党委书记、厂长　丁　晖
党委副书记、纪委书记、工会主席　徐　军
副厂长　刘晓超
吴宏亮
陈生根
聂长果
李　明
总工程师　吴宏亮
安全总监　陈生根

第一钢轧总厂

厂长、党委书记、总工程师　吴耀光
党委副书记、纪委书记、工会主席　陈　钰
副厂长　陈　钰
周庆升
范满仓
安全总监　周庆升

长材事业部

总经理、党委书记　王光亚(兼)
党委副书记　赵广化(6月由督察室调任)
叶景好(7月改任助理调研员)
纪委书记、工会主席　赵广化(7月任职)
叶景好(7月改任助理调研员)
副总经理　吴　坚
钱晓斌(10月离任)
张卫斌
总工程师、安全总监　吴　坚

第四钢轧总厂

厂　长、党委书记　毛学庆
党委副书记　史德明
纪委书记、工会主席　姜　宁
副厂长　胡玉畅
司小明
邓　勇
总工程师　司小明
安全总监　邓　勇

冷轧总厂

厂长、党委书记　杨兴亮
党委副书记、纪委书记、工会主席　朱瑞琨
副厂长　沈新玉
严开龙
杨必祥
卫　东
张四方
总工程师　沈新玉
安全总监　杨必祥

特钢公司

党委书记、经理　曹天明
党委副书记、纪委书记、工会主席　孙铭章
副经理　苏　炜
龚志翔
石　玮
钱晓斌(10月由长材事业部调任)
总工程师　龚志翔
安全总监　石　玮

能源环保部

部　长　罗武龙
党委书记　李　通(10月任职)
党委副书记　罗武龙(10月任职)
杨效东(10月任职)

副部长　曹曲泉
唐胜卫
吴正球(10月任职)
张　健(10月任职)
翁海胜(10月任职)
王仲明(10月任职)
李　辉(10月任职)
总工程师　吴正球(10月任职)
安全总监　张　健(10月任职)

能控中心(机构改革10月并入能源环保部)

主　任　罗武龙(10月离任)
党委副书记　罗武龙(10月离任)
戴辉棣(公司中层正职,9月离任)
副主任　戴辉棣(9月离任)
吴正球(10月离任)
张　健(10月离任)
曹曲泉(10月离任)
唐胜卫(10月离任)
李　辉(10月离任)
蒋卫兵(9月离任)
纪委书记　吴正球(10月离任)
总工程师　吴正球(10月离任)
安全总监　张　健(10月离任)

热电总厂(机构改革10月并入能源环保部)

厂长、党委书记　李　通(10月离任)
党委副书记、纪委书记、工会主席
杨效东(10月离任)
副厂长　翁海胜(10月离任)
王仲明(10月离任)
安全总监　翁海胜(10月离任)

安徽马钢气体科技有限公司(9月成立)

党委书记、执行董事(法定代表人)、总经理
戴辉棣(9月任职)
副总经理　蒋卫兵(9月任职)

炼焦总厂

厂长、党委书记、总工程师　汪开保
党委副书记、纪委书记、工会主席
张益民(2月改任助理调研员)
副厂长　夏鹏飞
汪　强
安全总监　夏鹏飞

合肥公司(合肥板材公司)

董事长　钱海帆(兼,1月离任)
汪　洋(10月任职)
总经理、党委书记　汪　洋
党委副书记、纪委书记、工会主席
王文宝(公司中层正职)
副总经理　闫　敏
利小民
总工程师　闫　敏

安徽长江钢铁股份有限公司

董事长、党委书记　许　健
副总经理　马春风
财务总监　乐志海
纪委书记　乐志海

马钢和菱包装材料公司

董事长、总经理、党总支书记　王华新
副总经理　杨德佳
刘　辉(5月由欧邦彩板调任)
安全总监　杨德佳

埃斯科特钢公司

董事长　钱海帆(兼,1月离任)
曹天明(10月任职)
总经理　曹天明(10月离任)
副总经理(主持工作)　王　强(10月任职)
副总经理　高　峰
王　强(10月离任)

滕州盛隆煤焦化公司

总经理　赵业明(公司中层副职)

欧邦彩板(5月清算注销)

董事长、总经理　刘　辉(5月离任)

马钢宏飞电力能源有限公司

董事长　李怀迁

说明:委托管理单位领导人员不在名录内。

(许体武)

退休中层以上管理人员名录

姓　名	原单位	退休前职务(除改非阶段)	退休前职级	退休时间
王　健	检测中心	副主任	副处级	2020 年 3 月
杨本华	集团党委工作部	部长	正处级	2020 年 3 月
陈　东	国际经济贸易公司	副经理	正处级	2020 年 6 月
王双抢	集团纪委(审计稽查部)	副巡查员	副处级	2020 年 6 月
杨岐山	博力监理	副经理	副处级	2020 年 10 月
方国强	和菱实业公司	副经理	副处级	2020 年 10 月

(王宝驹)

取得高级职称任职资格人员名录

冶金和机械工程专业高级工程师

胡　城	张　清	杨　剑	李守爱	方　承	吴　红	王小玉
刘彦军	曹涧泉	游　勋	余　敏	凌明生	戚义龙	张　群
段再基	张兴锋	侯玉伟	齐　侃	李小虎	解养国	张正群
潘　军	崔家冀	姚思源	宫彦华	计遥遥	晋家春	肖洋洋
邢　军	夏雪兰	成印明	王茹玉	宫　峰	潘晓东	赵　勇
王卫远	杨少华	孟庆军	蔡　璐	崔　斌	董晨瑜	陈业平
邢业飞	孙飞虹	蒋雅琦	肖　绯	雷　杰	张　敏	高争一
张　君	许成满	翟永辉	戴　冕	刘文艺	张国新	夏金霖
柴先红	姜于民	李　涛	李　亚	伍　炜	马如事	周　永
潘　辉	王　辉	郭保国	钱　芳	魏　静	檀长松	王建军
金　伟	毕安东	李　明	杨　帆	许　根	董国库	张　勇
陈玉婵	章璐玮	张年龙	张瑞先	胡海青	王徐鹏	杨世才
邓　雷	王　旦	王　荣	周志敏	侯森林	李　洋	许耀武
方　超	陈　琴	孙长丽	徐　震	赵家星	陈　钰	曹俊水
杨　慧	姚　岚	吴　振	高东奎			

（洪　瑾）

高级政工师

甘富媛	孙　凯	陈云霞	赵　威	王　鸿	孙国斌	黄　峰

（周元媛）

2020年马钢逝世人物名录

逝世的县处级以上(含享受)离休干部名录

姓　名	出生年月	参加工作时间	离休时间	原工作单位及职务	享受待遇
夏钟麒	1934年4月	1949年5月	1994年6月	马钢卫生处副处长	县处
何於新	1930年10月	1948年12月	1990年12月	马钢二轧厂副科长	县处
张　群	1929年11月	1945年7月	1982年9月	马钢医院副科长	县处
徐汤才	1927年10月	1949年4月	1984年3月	马钢一机修科长	县处
刘元吉	1930年1月	1948年12月	1983年5月	马钢初轧车间主任	县处
邵之有	1930年11月	1947年9月	1990年12月	马钢铁合金厂科长	县处
韩居堂	1925年10月	1944年10月	1980年12月	马钢港务原料厂科长	县处
马　江	1928年7月	1944年1月	1984年6月	马钢江轧厂厂长	县处
李树恩	1928年11月	1945年10月	1988年2月	马钢医院科长	县处

(舒　园)

附　录

2020年马钢荣获集体荣誉名录

马钢获得冶金科学技术奖特等奖1项(大型转炉洁净钢高效绿色冶炼关键技术)、**三等奖1项**(液压多缸同步控制新方法及其应用技术研究)

马钢获得冶金企业管理现代化创新成果奖一等奖1项(以多式联运助推钢铁物流生态圈建设的创新实践)、**二等奖1项**(基于打造国内一流矿业公司的"六型矿山"建设)、**三等奖4项**(以效率效益为引擎,构筑以两头市场为导向的铁钢比动态预测模型;系统构建资源综合利用管理体系,推动矿业板块多元化产业高质量发展;建设矿业板块高效协同开放的科技创新体系;以核心企业为主导的供应链金融创新与实践)

马钢获得第六届中国工业大奖提名奖

2019年度全国基层职工互助保障工作优秀单位

马钢集团公司工会

全国机械冶金建材行业示范性创新工作室

马钢股份能控中心袁军芳创新工作室

全国模范职工之家

马鞍山钢铁股份有限公司港务原料总厂工会委员会

马钢获得安徽省科学技术奖二等奖3项("超超临界高压锅炉管用P91钢关键冶金技术研究及产品开发"等)、**三等奖1项**

安徽省模范职工之家(安徽省总工会)

马钢(集团)控股有限公司保卫部工会委员会

马钢获得安徽省管理创新现代化创新成果奖二等奖1项(基于"互联网+"的智慧工会服务平台建设)、**三等奖1项**(马钢轮轴国际销售一体化)

2019年度安徽省巾帼建功先进集体

检测中心检化验二站综合作业区

中国宝武先进基层党组织

马钢集团马钢股份炼铁总厂党委

马钢集团马钢股份港务原料总厂党委

马钢集团马钢股份热电总厂党委

马钢集团保卫部第一门禁大队党支部

马钢集团马钢股份一钢轧总厂生产技术室党支部

马钢集团马钢股份特钢公司轧钢分厂党总支

马钢集团马钢股份能控中心热力分厂党支部

马钢集团马钢合肥公司制造运营部(安全管理部)党支部

中国宝武防疫先锋党组织

马钢集团保卫部交管大队党支部

2020年马钢部分文件目录

字　号	文　件　标　题
马钢集〔2020〕1号	关于发布2020年安全生产工作计划的通知
马钢集〔2020〕3号	关于调整集团公司安全生产、防火委员会成员的通知
马钢集〔2020〕4号	关于调整集团公司能源环保委员会成员的通知
马钢集〔2020〕6号	关于成立马钢集团公司新型冠状病毒感染的肺炎疫情防控工作领导小组的通知
马钢集〔2020〕7号	关于下发《马钢集团公司2020年能源环保重点工作安排》的通知
马钢集〔2020〕20号	关于切实做好复工复产期间安全生产和疫情防控、应急外置工作的通知
马钢集〔2020〕23号	关于成立马钢大集体改革领导小组的通知

马钢集〔2020〕34 号	关于印发《大学生职工帮扶贷款管理办法》的通知
马钢集〔2020〕39 号	关于马钢股份转让马钢奥瑟亚化工有限公司股权的批复
马钢集〔2020〕40 号	关于印发《马钢集团公司领导人员安全管理履职清单实施方案》的通知
马钢集〔2020〕41 号	关于印发《公文管理办法》的通知
马钢集〔2020〕42 号	马钢集团人事效率提升指导意见
马钢集〔2020〕54 号	关于埃斯科特钢公司评估备案事项的批复
马钢集〔2020〕55 号	关于报送《马钢集团贯彻落实公车市场化社会化改革实施方案》的报告
马钢集〔2020〕58 号	关于马钢集团落实和推进财务共享业务一体化集中管理的通知
马钢集〔2020〕59 号	关于报送马钢集团衍生品 2019 年度总结及 2020 年度计划的报告
马钢集〔2020〕60 号	关于印发《马钢集团 2020 年培训工作计划》的通知
马钢集〔2020〕63 号	关于建立马钢集团荣誉激励项目计划体系的实施意见
马钢集〔2020〕64 号	关于印发《贯彻“违章就是犯罪”理念强化现场安全管控实施细则》的通知
马钢集〔2020〕66 号	关于调整公司在职因病非因工死亡职工遗属抚恤金标准的通知
马钢集〔2020〕71 号	关于印发《马钢集团公司督办工作管理办法》的通知
马钢集〔2020〕82 号	关于同意转让国泰君安投资管理股份有限公司股权的批复
马钢集〔2020〕83 号	关于同意马鞍山迈特冶金动力科技有限公司解散清算的批复
马钢集〔2020〕86 号	关于批准马钢集团厂办大集体改革实施方案的请示
马钢集〔2020〕87 号	关于同意马钢投资收购马钢租赁两家小股东所持股权的批复
马钢集〔2020〕95 号	关于评选 2020 年马钢“金牛奖”“银牛奖”和“优秀员工”“最美马钢人”的通知
马钢集〔2020〕96 号	关于华宝租赁吸收合并马钢租赁相关事项的批复
马钢集〔2020〕97 号	关于清算注销安徽马钢创享财务咨询有限公司的决定
马钢集〔2020〕102 号	关于印发《违规经营投资责任追究实施办法》的通知
马钢集〔2020〕106 号	关于评选首届“马钢工匠(工人发明家)”的通知
马钢集〔2020〕107 号	关于华宝租赁吸收合并马钢租赁相关事项的批复
马钢集〔2020〕111 号	关于成立安徽马钢冶金工业技术服务有限责任公司的决定
马钢集〔2020〕112 号	关于下发《2020 年省生态环境保护专项督察期间马钢公司迎检工作方案》的通知
马钢集〔2020〕113 号	关于报请批复马钢炼焦总厂焦炉大修改造项目可行性研究报告的请示
马钢集〔2020〕115 号	关于印发《马钢(集团)控股有限公司建设产教融合型企业三年规划(2020—2022)》的通知
马钢集〔2020〕120 号	关于宝武物产拟对马钢物流增资项目资产评估报告备案的请示
马钢集〔2020〕121 号	关于安徽长江钢铁股份有限公司拟处置公务用车资产评估报告备案的请示
马钢集〔2020〕123 号	马钢集团公司关于申请接入住房公积金长三角一网通办、市政务平台及共享数据应用的请示
马钢集〔2020〕125 号	关于落实产教融合型企业建设培育税费抵免政策的申请函
马钢集发〔2020〕2 号	关于增补马钢股份公司党委委员的通知
马钢集发〔2020〕3 号	关于进一步深入学习中国宝武有关制度规定的通知
马钢集发〔2020〕5 号	马钢集团公司党委关于深入贯彻落实习近平总书记重要指示精神 切实加强党的领导 为打赢疫情防控阻击战提供坚强政治保证的通知
马钢集发〔2020〕7 号	马钢集团公司党委关于报送《马钢集团公司 2019 年度定点扶贫工作自评报告》的报告
马钢集发〔2020〕8 号	马钢集团公司党委关于公司管理层成员工作分工情况的报告
马钢集发〔2020〕10 号	关于印发《马钢集团公司党委巡察全覆盖工作方案(修订版)》的通知
马钢集发〔2020〕11 号	印发《关于实行禁入管理的实施办法》的通知

马钢集发〔2020〕13 号　关于印发《马钢集团公司意识形态阵地管理办法》的通知
马钢集发〔2020〕14 号　关于增补马钢股份公司党委委员的通知
马钢集发〔2020〕15 号　关于马钢集团公司管理层成员工作分工的通知
马钢集发〔2020〕17 号　关于调整马钢集团统一战线工作领导小组的通知
马钢集发〔2020〕18 号　关于公司党委保密委员会成员调整及职责分工的通知
马钢集发〔2020〕19 号　关于转发中国宝武党委《关于认真学习贯彻〈中国共产党国有企业基层组织工作条例（试行）〉的工作方案》的通知
马钢集发〔2020〕20 号　关于调整物流公司党委隶属关系的通知
马钢集发〔2020〕21 号　关于成立退休人员社会化管理工作领导小组的通知
马钢集发〔2020〕23 号　关于印发《马钢集团公司党委巡察工作实施办法》的通知
马钢集发〔2020〕27 号　关于印发《马钢集团公司党委意识形态工作责任制实施细则》的通知
马钢集发〔2020〕28 号　关于印发《"钢铁荣耀·铸梦百年"宣传教育系列活动宁马片区实施方案》的通知
马钢集发〔2020〕29 号　批转集团公司工会《关于筹备召开马钢（集团）控股有限公司十九届一次（马鞍山钢铁股份有限公司九届一次）职工代表大会的请示》的通知
马钢集发〔2020〕30 号　马钢集团关于全面推进科技人才技能人才队伍建设的实施意见
马钢集发〔2020〕33 号　关于印发《马钢集团公司党委关于推进纪检监察体制改革的实施方案》的通知
马钢集发〔2020〕35 号　马钢集团党委关于学习贯彻《中国共产党国有企业基层组织工作条例（试行）》的报告
马钢集发〔2020〕36 号　关于表彰 2020 年党内各类先进的决定
马钢集发〔2020〕45 号　关于转发《中国宝武党委关于印发进一步严肃党内政治生活的实施办法（试行）的通知》的通知
马钢集发〔2020〕49 号　关于批准马钢集团党委《关于深入学习贯彻习近平总书记考察调研中国宝武马钢集团重要讲话精神的行动方案》的请示
马钢集发〔2020〕50 号　马钢集团党委《关于深入学习贯彻习近平总书记考察调研中国宝武马钢集团重要讲话精神的行动方案》的通知
马钢集发〔2020〕52 号　关于转发《中国宝武钢铁集团有限公司党委关于印发基层党组织选举工作制度的通知》的通知
马钢集发〔2020〕53 号　关于印发《关于贯彻落实"中央企业党建巩固深化年"要求的工作举措》的通知
马钢集发〔2020〕55 号　关于印发《马钢集团党委深入学习贯彻习近平总书记考察调研中国宝武马钢集团重要讲话精神行动方案任务分解表》的通知
马钢集发〔2020〕56 号　关于调整集团公司劳动争议调解委员会成员的通知
马钢集发〔2020〕57 号　关于开展职工"三最"实事项目的实施意见
马钢集发〔2020〕59 号　关于成立马钢冶金服务公司党委的通知
马钢集发〔2020〕60 号　关于转发《中国宝武党委常态化贯彻落实习近平总书记重要讲话和指示批示工作实施办法》的通知
马钢集发〔2020〕65 号　关于马钢集团公司国家安全人民防线建设小组成员调整的通知
马钢集发〔2020〕66 号　关于印发《马钢集团公司党委关于落实党风廉政建设责任制的实施细则》的通知
马钢集发〔2020〕67 号　马钢集团党委关于印发《巩固深化"不忘初心、牢记使命"主题教育成果的工作计划》的通知
马钢集发〔2020〕69 号　关于 2020 年马钢集团公司党委意识形态工作专项督查的报告
马钢集发〔2020〕70 号　关于中共马钢（集团）控股有限公司保卫部第三次代表大会和第三届党委、纪委第一次全体会议选举结果的批复
马钢集发〔2020〕71 号　关于认真组织开展深入学习宣传贯彻党的十九届五中全会精神工作的通知

马钢集发〔2020〕72 号	关于认真贯彻落实中国宝武党委《党委意识形态工作责任制管理办法》的通知
马钢集发〔2020〕74 号	关于成立马钢集团公司党委审计委员会的通知
马钢集发〔2020〕75 号	马钢集团公司党委关于报送《马钢集团公司 2020 年度定点扶贫工作自评报告》的报告
马钢集发〔2020〕77 号	关于上报《马钢集团党委 2020 年意识形态工作报告》的报告
马钢集发〔2020〕78 号	关于开展 2020 年度马钢基层党组织党建工作责任制考核评价工作的通知
马钢集发〔2020〕79 号	关于开展 2020 年度基层党组织书记抓党建述职评议考核工作的通知
马钢集发〔2020〕80 号	关于开展“学讲话　展后劲　促强大”主题活动的通知
集办发〔2020〕1 号	马钢集团公司党委 2019 年下半年巡察情况通报
集办发〔2020〕2 号	关于延迟各单位复工和做好值班工作的通知
集办发〔2020〕3 号	关于进一步加强疫情防控的通知
集办发〔2020〕4 号	关于印发《马钢集团公司关于复工后新型冠状病毒感染肺炎疫情严防严控的工作方案》的通知
集办〔2020〕2 号	关于印发《集团公司 2019 年档案工作总结和 2020 年档案工作要点》的通知
集办〔2020〕3 号	关于做好完善应急机制和疫情防控宣传表彰慰问等工作方案的通知
集办〔2020〕4 号	关于做好 2020 年防汛工作的通知
集办〔2020〕5 号	关于调整马钢扶贫　厂容绿化　企业补充医疗保险　职工人身商业保险　爱国卫生运动　人口和计划生育　档案工作　住房制度改革等工作议事协调机构组成成员的通知
集办〔2020〕7 号	关于印发《2020 年马钢集团公司信访工作意见》的通知
集办〔2020〕8 号	关于成立马钢人口普查工作领导小组的通知
集办〔2020〕10 号	关于调整马钢集团公司保密办“三员”人员名单的通知
集办〔2020〕11 号	关于确定马钢集团公司保密要害部门及保密要害部位的通知
集办〔2020〕12 号	关于下发近期高温时段有关工作应急预案的通知
集办〔2020〕13 号	关于印发《关于开展 2020 年深化整合融合全面对标找差大调研工作的实施方案》的通知
集办〔2020〕14 号	关于深入开展厂区环境整治工作的通知

2020年省级以上报纸有关马钢报道

报　摘

在长三角一体化发展中贡献"马钢力量"
——习近平总书记考察马钢在公司干部职工中引起强烈反响

认真学习宣传贯彻习近平总书记视察安徽重要讲话精神

初秋江南，中国宝武马钢集团五彩缤纷，处处活力迸发、欣欣向荣。

8月19日上午，习近平总书记冒着高温来到马钢考察调研，了解生产经营情况，察看重点产品展示，深入生产一线，与劳动模范、工人代表亲切交流，发表重要讲话。

习近平总书记说："新冠肺炎疫情肆虐的这一段时间，社会经济都受到了影响，但是马钢比较早地复工复产，实现了产量和营销收入的同比双升，这也能看出我们的国有企业强大的韧性。你们创造了很多辉煌，现在把握自己的优势，顺应当前企业现代化发展的潮流，在现代企业改革发展中，特别是在长三角一体化发展中，把握机遇、顺势而上，为长三角一体化发展作出自己的贡献。"

亲切的话语仍在耳畔回响，殷殷的嘱托正汇聚磅礴的力量。

19日下午，中国宝武集团迅速在马钢召开中国宝武、马钢集团两级党委（扩大）会暨党委理论学习中心组（扩大）学习会，第一时间传达学习总书记重要讲话精神，就学习宣传贯彻落实进行动员部署。会上，中国宝武党委书记、董事长陈德荣强调，要深入学习领会习近平总书记重要讲话精神，深刻认识新时代国有企业和钢铁行业的使命担当，胸怀"两个大局"育新机开新篇，充分发挥中国宝武作为骨干央企的中流砥柱作用，自觉践行"两个循环"战略思想，深化供给侧结构性改革，坚定不移拓宽从"老大"到"强大"的发展路径，坚持联合重组，提高市占率和市场竞争力。

20日下午，马钢集团党委召开全体（扩大）会议，再次传达学习习近平总书记重要讲话精神。

从生产现场到营销市场，从科技研发到后勤保障，从直属机构到服务部门，马钢广大干部职工备受鼓舞、群情振奋。大家纷纷表示，一定牢记教导、不负嘱托，把学习宣传贯彻习近平总书记重要讲话精神作为当前和今后一个时期的重大政治任务，增强"四个意识"、坚定"四个自信"、做到"两个维护"，贯彻落实以习近平同志为核心的党中央决策部署，贯彻新发展理念，抢抓战略机遇，真抓实干、埋头苦干，围绕建设中国宝武优特钢精品基地，全面对标找差、创建世界一流，全力打造大而强的新马钢，为长三角一体化发展贡献新的更大的"马钢智慧和力量"。

沿着总书记指明的发展方向努力奋斗

"总书记肯定了企业的发展，也为我们今后的发展指明了方向。"集团公司党委书记、董事长魏尧表示，聆听习近平总书记的重要讲话，既倍感自豪，又深感责任重大、使命光荣，"我们要在公司上下迅速掀起学习贯彻总书记考察马钢重要讲话精神热潮。要全面加强党的领导，大力弘扬劳模精神，全心全意依靠职工办企业；要贯彻落实习近平生态文明思想，坚持绿色发展，强化技术创新；要持续深化国有企业改革，做强做优做大国有企业，主动融入长三角一体化发展，为长三角一体化发展作出马钢贡献。"

集团公司总经理、股份公司董事长丁毅说："总书记这次到马钢来，给了我们巨大的鼓舞和鞭策，也增强了我们'钢铁报国'的信心。我们将在绿色发展、智慧制造上更进一步，把制造能力提高得更快一些，以适应我国快速发展的需要。"

在新发展格局中育新机、开新局

马钢交材高级副总裁李翔说，在构建以国内大循环为主体、国内国际双循环相互促进的新发展格局中，总书记要求我们把握自己的优势，顺应当前企业现代化发展的潮流,就是希望我们“在危机中育新机、于变局中开新局”。

钢铁业的春天是绿色和智慧,是创新与变革。今年,公司拟投资10多亿元用于绿色发展、智慧制造工程,目前运营管控中心,炼钢连铸、热轧及冷轧集控中心等一批项目已全面铺开。“工程建成投产后,必将极大地提升马钢运营管控能力与操控驾驭能力,为马钢的可持续、高质量、绿色发展注入新动能。”股份公司技改部经理程鼎说。

“劳动模范是共和国的功臣,要大力弘扬劳模精神。”总书记的讲话,让马钢矿业工匠基地负责人、党支部书记卜维平心潮澎湃。2015年,被评为全国劳动模范的他在北京人民大会堂接受表彰时,第一次见到习总书记并聆听了总书记的重要讲话。如今,在马钢再次见到总书记,近距离聆听总书记讲话,他更加激动:“作为全国劳模,我有义务立足岗位,为企业创新创效而努力,发挥示范引领作用。”省劳动模范、马钢交材检测中心首席技师钟凛也动情地表示:“今后我将加倍努力,做好传帮带,助力马钢高速车轮跑出新时代的‘中国速度’。”

作为一名青年团员,检测中心检化验二站技术人员刘瑾表示,要立足自身岗位,强化技能水平,勇于创新发展,做好质量检测任务,为马钢在发展中守好质量关。

把握机遇,顺势而上。马钢上下将牢记总书记嘱托,在助力中国宝武共建钢铁生态圈、成为全球钢铁业引领者的征程上砥砺前行,在构建以国内大循环为主体、国内国际双循环相互促进的新发展格局中、在加快建设五大发展美好安徽上、在长三角一体化发展中贡献更大力量。

(章利军　高跃飞　荣　健)

2020年8月25日《安徽工人日报》

马钢确定全年发展新目标
力争粗钢产量首破2000万吨、营收首破千亿元,实现协同效益20亿元

6月18—24日,马钢集团十九届一次(股份公司九届一次)职工代表大会全体会议召开。会上,马钢描绘了全年发展新蓝图:粗钢产量首破2000万吨,营收首破千亿元;全面推进与中国宝武的协同发展,通过专业化整合融合实现协同效益20亿元,凝心聚力打造大而强的新马钢。

深化整合融合。进一步推进钢铁主业“瘦身健体”,对非钢铁的服务性单元业务进行整合剥离。加快与中国宝武各项管理制度的接轨、并轨,持续完善管理体系。健全马鞍山总部工作机制,有效发挥安徽区域总部功能。加快实施5个技术支撑项目和10个管理对标项目。加大产业间生态化协同力度,共建共享高质量钢铁生态圈。

推进深化改革。落实中国宝武治理体系和治理能力现代化建设“全景图”,健全公司法人治理机构规范运作机制。深化薪酬分配制度改革,建立薪酬管理体系数据联动机制。健全完善市场化经营机制,提高劳动生产率,确保马鞍山基地2020年人均产钢1000吨。

做强钢铁产业。开展精细化对标,抓好股份公司对标找差实施方案落地。坚持以高炉为中心,促进高炉长周期稳定高效生产,推动铁水完全成本指标进入行业第一梯队。编制好“十四五”发展规划,努力在整合外部资源、国际化经营等方面实现更大作为。推动板材产品进入国内第一梯队,H型钢产品达到国内综合竞争力第一,成为精品优特钢棒线材生产基地,长江钢铁成为重要精品建材生产基地。深度融入中国宝武科技创新体系,力争在“卡脖子”关键核心技术和产品上取得突破。

夯实基础管理。牢固树立安全“1000”理念(安全第一、违章为零、隐患为零、事故为零),打造本质安全型企业。高质量实施超低排放项目,高标准推进长江经济带生态环境大保护警示片披露问题整改,提升本质化环保水平。通过覆盖、移植、改造、共享,加快中国宝武信息化系统在马钢的落地,确保实现网络安全双零目标。

推进智慧制造。全面导入中国宝武绿色发展和智慧制造管理体系,构建绿色城市钢厂指数和“四个一律”(现场操控室一律集中,操作岗位一律采用机器人,运维监测一律远程,服务环节一律上线)指数评价体系,力争绿色发展指数进入中国宝武第一方阵,智慧化升级达到中国宝武平均水平。

构建和谐企业。全面融入中国宝武劳动竞赛体

系，推进马钢系列劳动竞赛转型升级，培育一支技艺精湛、梯次合理、数量充足的高技能人才队伍，创建一批中国宝武示范创新工作室、省部级职工(劳模)创新工作室和大师工作室。

(章利军)

2020年6月25日《中国冶金报》

国内首个重型H型钢工程在马钢投运

可满足多领域高端需求

继4月28日，国内首条重型热轧H型钢生产线在马钢建成并试生产之后，5月27日，马钢供应香港特别行政区的首批1500吨高强度重型H型钢产品订单开始交付。产品投放市场后，不仅可改变国外钢企在重型H型钢领域垄断的现状，也将满足国内及全球建筑、铁路、桥梁、海洋、电力等领域的高端需求。

马钢重型H型钢工程设计年产能为80万吨，产品高度为1108毫米、宽度为476毫米、翼缘厚度为115毫米，采用当今世界先进的近终形异型坯连铸、全保护浇铸、液压AGC(自动厚度控制)、动态轴向调整DAA、小张力控制、轧后超快冷却等工艺技术，提高了钢水洁净度、尺寸控制精度和产品平整度；主打目前国内不能生产的重型系列、厚壁系列、宽翼缘系列等高附加值H型钢产品，部分补充了超大规格角钢、U型钢板桩、铁路车辆用帽型钢等异型钢产品，所有产品均能够按照日标、美标、英标、欧标和国标组织生产。

经过工程建设者13个月的奋战，马钢重型H型钢生产线于今年1月18日一次性完成热负荷试车；3月29日以来，马钢研发的美标3个规格重型H型钢全部达到设计标准，具备投产条件。

1998年7月4日，马钢从国外“拼盘”引进关键设备和部分技术，建成了我国第一条热轧大H型钢生产线，并与建筑设计专家共同出台了热轧H型钢国家标准、应用设计手册，钢结构设计规范及相关技术文件。2017年9月20日，马钢开工建设与美国等发达国家相媲美的重型H型钢生产线，真正打造成为国内首家全系列规格H型钢生产企业。

(章利军　张　磊)

2020年6月17日《中国冶金报》

争做轨道交通行业产品的引领者

——马钢打造车轮民族品牌、建设一流轮轴企业纪实

如今的马钢轮轴在国内国际舞台上表现抢眼！去年以来，200mm/h准高速车轴、城轨地铁车轴通过韩方认证；耐低温车轮通过俄罗斯GOST认证；国内首次成功开发英标轨道车辆A3调质车轴；高铁齿轮钢产品开始在复兴号、和谐号动车组装车……今年马钢轮轴产品研发将学习、借鉴中国宝武先进理念，以建设世界一流轮轴企业为己任，做好产品研发、质量改进、用户服务和市场开拓，力争成为轨道交通产业轮轴产品的引领者。

自力更生　造出国产“争气轮”

从唐山至胥各庄的中国第一条轻便铁路诞生后的60多年里，中国铁路机车车辆全部使用“洋轮轮箍”。此后，为促进国民经济建设及满足铁路交通运输的发展需要，也为了不再“受制于人”，党中央将自行建造一座大型车轮轮箍厂摆上议事日程。

1961年3月7日，马钢车轮轮箍厂筹备处成立。在建设工程的号角吹响后，鞍钢、武钢、大冶钢厂等兄弟单位，组成17个技术工作组支援马钢；冶金部、一机部、铁道部等8个部委，江苏、上海、安徽等21个省市的19个厅局和192家主要设备制造厂，全力投入工程会战。

英勇的马钢人与广大建设者搭棚为营、夜以继日、顽强拼搏，历经2年多的合力攻坚，国产第一件车轮轮箍于1963年11月15日试轧成功；1964年7月29日又成功轧出国产第一件整体碾钢车轮。从此，铁路大动脉穿行神州大地，百姓出行终于可坐上马钢生产的火车车轮。

自主创新　制造高速重载“竞争轮”

随着国家实施改革开放和铁路大提速等战略，不仅国内相关行业积极参与车轮市场竞争，国外一些先

进车轮制造企业也纷纷锁定中国市场,马钢车轮受到市场的无情冲击。为此,马钢依托自主创新,明确装备一流、技术一流、服务一流、产品结构完整的发展方向,探索出系统技术改造、系统共性提升、面向全球新产品开发和融进心房的服务意识的二次创业路径。

在车轮轮箍用钢的生产环节,转炉-炉外精炼-圆坯连铸生产线取代运行30余年的平炉、模铸生产线。新建的110吨超高功率的电炉—炉外精炼—圆坯连铸生产线,工艺装备水平跃居世界先进水平,为冶金工艺技术提升、质量控制和新产品开发提供了良好的条件保障。

在车轮轮箍制造环节,新上马的圆盘冷锯、压轧系统、数控加工线能力强、精度高,能适应所有用途的产品需求;经过自动化改造的热处理工序可控性好、稳定性高,可满足高性能要求的高端产品开发需求;在线无损检测线以其高灵敏度为产品质量把关构筑起坚固的最后一道防线。技术改造后的车轮轮箍系统,全面满足了我国客运铁路大提速和货运铁路高速、重载的需求。

近年来,马钢以优化产品结构、促进产业升级为主攻方向,积极配合中国铁路建设总公司战略布局,联手中国铁道科学院、安徽工业大学等科研院所开展铁路高端产品研发。马钢车轮系列产品广泛用于铁路运输、港口机械、轻轨列车、工程机械、石油化工、船舶制造、能源开发、航空运输、国防建设等领域。

铸强品牌　建设一流轮轴企业

车轮上马钢的金色名片,是马钢具有标志性意义的产品。目前,马钢已拥有自主知识产权的标准化高速车轮制造体系,掌握了从先进电炉精炼到车轴制造装配工序轮制造的系统技术,成功开发出动车组、重载车轮、大功率机车用等高附加值车轮产品。

在国内,马钢全力满足中车青岛四方车辆厂、中车株洲电力机车有限公司等对客、货车轮的需求,并成功开发出适合我国重载货车用CL65、CL70材质重载车轮,在大秦运煤专线上批量使用,大大提升了我国货运效率;高速车轮在时速350公里的“复兴号”成功完成了世界最高时速420公里交会试验,拿到CRCC(中铁检验认证中心)首张认证证书,成为首批具备动车组车轮批量供货资质企业,改写了国外厂家垄断中国高速车轮市场的历史。

在国外,马钢发挥重组的马钢瓦顿协同效应,开辟了马来西亚和中国台湾车轮市场,并进一步拓展了印度、南非车轮市场;发挥与轨道交通公司的协调效应,与德国铁路公司、澳大利亚必和必拓等用户签订了轮对大单,并成为德国铁路公司在亚洲首家供应商;与中国中车合作,托起了东非版高铁——蒙内铁路。

未来,马钢将主动响应“交通强国”战略,抢抓国内轨道交通“大基建”带来的市场机遇,加速产业链延伸步伐,以国际化视野谋发展、闯市场;进一步明确和细化轨道交通产业未来发展目标和行动路径,全面深化车轮、轨道交通和瓦顿的三方融合,相互借鉴分享管理、技术、生产中的先进经验,加速关键设备升级、丰富产品结构、提升马钢轮轴品牌效应。

眼下,马钢正积极参与国家重点研发计划“基于理性设计的高端装备制造业用特殊钢研发”项目的研究,全力向2020年成功研制新一代时速400公里高铁车轴钢和车轴的目标发起冲击,真正把马钢打造成全球最具影响力、最具竞争力的轮轴企业。

(章利军　汪　清)

2020年3月16日《安徽工人日报》

报道目录

报刊名称	标　题	版　面	时　间	作　者
中国冶金报	向全球化矿产资源开发引领者迈进	六版头条	1月1日	章利军
中国冶金报	变革突破开出美丽钢铁之花	三版	1月10日	章利军
中国冶金报	构建矿乡和谐的生态圈	六版头条	1月22日	章利军
中国冶金报	马钢绘就抗击疫情动人画卷	头版	2月11日	章利军
中国冶金报	党旗飘扬各产线　引领员工克时艰	四版头条	2月18日	章利军
中国冶金报	抗疫保供保产　马钢一个都不落	二版头条	3月3日	章利军
中国冶金报	一场特殊的疫情科普考试	二版	3月10日	章利军
中国冶金报	欧冶链金基地服务模式解了客户燃眉之急	五版头条	3月11日	章利军
安徽工人报	争做轨道交通交通产品的引领者	二版头条	3月16日	章利军
中国冶金报	守护健康环境　抢抓市场商机	七版头条	3月20日	章利军
中国冶金报	贡献马钢粮仓力量　当好复工复产主攻	七版头条	3月26日	章利军
中国冶金保	宝武欧冶链金布局东北市场	七版	4月9日	章利军
安徽工人报	一把玩具枪引发的“战争”	二版	4月9日	章利军
中国冶金报	每一次较真,守护的都是生命	七版	4月10日	章利军
中国冶金报	马钢矿业商业计划书正式发布	头版	4月23日	章利军
中国冶金报	跳出马钢发展马钢	头版二条	4月30日	章利军
中国冶金报	马钢矿业经济运行稳中有进	六版头条	4月30日	章利军
现代物流报	这两件事做得太妙了	七版	6月1日	章利军
中国冶金报	这两件事做得太妙了	六版头条	6月3日	章利军
中国冶金报	一如既往　落地生根	三版头条	6月4日	章利军
现代物流报	马钢建成国内首条重型H型钢生产线	B2版	6月3日	章利军
中国工业报	马钢建成国内首条重型H型钢生产线	头版	6月5日	章利军
中国冶金报	“注水废钢”终现形	三版	6月9日	章利军
中国冶金报	欧冶链金服务客户“贴身”也“贴心”	八版头条	6月10日	章利军
中国冶金报	国内首个重型H型钢工程在马钢投运	头版	6月17日	章利军
中国冶金报	深化改革不停步　科技创新再出发	头版	6月24日	章利军
中国冶金报	马钢确定全年发展新目标	头版头条	6月25日	章利军
中国工业报	中钢马矿院创新驱动战略效果初显	二版	7月7日	章利军
中国冶金报	力保长江6309米大堤安然无恙	头版	7月16日	章利军
中国冶金报	马钢矿业上半年利润同比增两成	七版头条	7月16日	章利军
安徽工人报	时刻保卫职工生命和家园	头版头条	7月17日	章利军
现代物流报	奋力打造大而强的新马钢	A7版	7月20日	章利军
中国冶金报	打了远征市场第一个漂亮仗	头版	7月21日	章利军
现代物流报	打了远征市场第一个漂亮仗	b12版	7月22日	章利军
中国冶金报	马钢集团选举产生新的领导班子	头版	7月24日	章利军
中国冶金报	马钢向两个首破发起总攻	十四版	7月28日	章利军
现代物流报	中钢马矿院中标绿色关键工艺系统项目	A7版	8月10日	章利军
中国冶金报	中钢矿院中标绿色关键工艺系统项目	六版	8月12日	章利军
中国冶金报	不褪色的排头兵	三版头条	8月18日	章利军
安徽工人报	自觉行动,杜绝舌尖上的浪费	头版二条	8月18日	章利军
中国冶金报	职工群众的亲和书记	四版头条	9月4日	章利军

中国冶金报	绿水青山展笑颜	六版头条	8月19日	章利军
中国冶金报	铁路先行,钢铁更要先行	头版头条	9月15日	章利军
中国冶金报	马钢矿业钟九铁矿采选工程开建	头版二条	9月15日	章利军
中国冶金报	狐狸再狡猾也逃不过猎人的眼睛	三版头条	9月15日	章利军
中国冶金报	应加快推动重型H型钢国产化应用	五版头条	10月13日	章利军
现代物流报	马钢股份前三季度经营绩效金光闪闪	B2版	10月28日	章利军
中国冶金报	钢铁荣耀·铸梦百年	四版	10月30日	章利军
中国冶金报	马钢股份前三季度经营亮点频现	二版	11月5日	章利军
中国冶金报	微创新破解侦办疑难问题	三版头条	11月10日	章利军
中国冶金报	马钢矿业提前实现全年生产经营目标	六版头条	11月17日	章利军
中国冶金报	安徽欣创环保全力打造赛马机制	八版	12月2日	章利军
中国冶金报	马钢保卫部展开冬季治安攻势	三版	12月8日	章利军
中国冶金报	和尚桥和谐发展的驱动力哪里来	六版头条	12月9日	章利军
中国冶金报	马钢保卫部展开冬季治安攻势	三版	12月12日	章利军
中国冶金报	马钢南山矿凹山选矿厂优化工艺焕发活力	五版头条	12月16日	章利军
中国冶金报	中钢矿院改革经验入选国企改革案例	五版	12月16日	章利军
中国冶金报	宝钢资源与安徽省地矿局签订合作意向书	头版	12月29日	章利军
中国冶金报	马钢高村铁矿环境效益与经济效益同步增长	六版头条	12月30日	章利军

2020年马钢编辑出版的部分书刊目录

《安徽冶金》总目录

·学习园地·

·企业管理·

《冶金动力》总目录

·综　述·

·国庆征文·

·供用电·

·制　氧·

·热　电·

·供排水·

·自动化·

·节能环保·

·综　合·

·简　讯·

《安徽冶金科技职业学院学报》总目录

冶金科学技术

·冶金与工艺·

·冶金与机械·

企业经济与管理

人文学术研究

《马钢党校》总目录

学习党的十九大精神

马钢管理研究

党建和思想工作

学习党的十九届五中全会精神

教学与科研

马钢管理研究

纵　横　谈

·本刊讯·

# 马鞍山钢铁股份有限公司
2020年年度报告(摘编)

一、公司简介

1. 公司信息

公司的中文名称	马鞍山钢铁股份有限公司
公司的中文简称	马钢股份
公司的外文名称	MAANSHAN IRON & STEEL COMPANY LIMITED
公司的外文名称缩写	MAS C. L.
公司的法定代表人	丁毅

2. 联系人和联系方式

职务	董事会秘书、联席公司秘书	联席公司秘书
姓名	何红云	赵凯珊
联系地址	中国安徽省马鞍山市九华西路8号	中国香港中环德辅道中61号华人银行大厦12楼1204-06室
电话	86-555-2888158/2875251	(852)2155 2649
传真	86-555-2887284	(852)2155 9568
电子信箱	mggfdms@ magang. com. cn	rebeccachiu@ chiuandco. com

3. 基本情况简介

公司注册地址	中国安徽省马鞍山市九华西路8号
公司注册地址的邮政编码	243003
公司办公地址	中国安徽省马鞍山市九华西路8号
公司办公地址的邮政编码	243003
公司网址	http://www. magang. com. cn(A股);http://www. magang. com. hk(H股)
电子信箱	mggf@ baowugroup. com;mggfdms@ magang. com. cn

4. 信息披露及备置地点

公司选定的信息披露报纸名称	上海证券报
登载年度报告的中国证监会指定网站的网址	www. sse. com. cn
公司年度报告备置地点	马鞍山钢铁股份有限公司董事会秘书室

5. 公司股票简况

公司股票简况			
股票种类	股票上市交易所	股票简称	股票代码
A 股	上海证券交易所	马钢股份	600808
H 股	香港联合交易所有限公司	马鞍山钢铁	00323

公司 A 股过户登记处及其地址：中国证券登记结算有限责任公司上海分公司，中国上海市浦东新区杨高南路 188 号。

公司 H 股过户登记处及其地址：香港证券登记有限公司，香港湾仔皇后大道东 183 号合和中心 17 楼1712-1716 室。

6. 其他有关资料

公司聘请的会计师事务所	名称	安永华明会计师事务所（特殊普通合伙）
	办公地址	中国北京市东城区东长安街 1 号东方广场安永大楼 16 层
	签字会计师姓名	钟丽、巩伟

二、发行及上市

1993 年 9 月 1 日，本公司正式成立，并被国家列为首批在境外上市的九家股份制规范化试点企业之一。公司 1993 年 10 月 20 日—10 月 26 日在境外发行了 H 股，同年 11 月 3 日在香港联交所挂牌上市；1993 年 11 月 6 日—12 月 25 日在境内发行了人民币普通股，次年 1 月 6 日、4 月 4 日及 9 月 6 日分三批在上海证券交易所挂牌上市。

三、会计数据和财务指标摘要

1. 主要会计数据

单位：千元　币种：人民币

	2020 年	2019 年	本年比上年增减/%	2018 年
总资产	80711142	86322044	-6.50	76871999
营业收入	816141512	78262846	4.28	81951813
归属于上市公司股东的净利润	1982639	1128149	75.74	5943287
归属于上市公司股东的扣除非经常性损益的净利润	1485651	1635501	-9.16	5092357
归属于上市公司股东的净资产	28386125	26933162	5.39	28173623
经营活动产生的现金流量净额	2770515	7865957	-64.78	13870430
期末总股本	7700681	7700681	—	7700681

2. 主要财务指标

主要财务指标	2020 年	2019 年	本期比上年同期增减/%	2018 年
基本每股收益/元·股$^{-1}$	0.258	0.147	75.51	0.772
稀释每股收益/元·股$^{-1}$	0.258	0.147	75.51	0.772
扣除非经常性损益后的基本每股收益/元·股$^{-1}$	0.193	0.212	-8.96	0.661
加权平均净资产收益率/%	7.17	4.09	增加 3.08 个百分点	22.68
扣除非经常性损益后的加权平均净资产收益率/%	5.37	5.94	减少 0.57 个百分点	19.44

3. 非经常性损益项目和金额

单位:千元　币种:人民币

非经常性损益项目	2020 年金额	2019 年金额	2018 年金额
非流动资产处置损益	417244	-77058	371280
计入当期损益的政府补助,但与公司正常经营业务密切相关,符合国家政策规定、按照一定标准定额或定量持续享受的政府补助除外	468082	579015	337543
员工辞退补偿	-177756	-1163531	-150464
除同公司正常经营业务相关的有效套期保值业务外,持有交易性金融资产、交易性金融负债产生的公允价值变动损益,以及处置交易性金融资产、交易性金融负债和以公允价值计量且其变动计入其他综合收益的金融资产取得的投资收益	27841	249161	225957
处置子公司股权的投资收益		—	188829
处置联营公司取得的投资收益	19109	-16	7690
除上述各项之外的其他营业外收入和支出	4141	3444	-1034
少数股东权益影响额	-172097	-23911	-40870
所得税影响额	-89576	-74457	-88002
合计	496988	-507353	850929

4. 采用公允价值计量的项目

单位:千元　币种:人民币

项目名称	期初余额	期末余额	当期变动	对当期利润的影响金额
交易性金融资产	2126112	2028957	-97155	130336
交易性金融负债	2259	95969	93710	-110875
应收款项融资	11098699	7072160	-4026539	—
其他权益工具投资	278577	390798	112222	-64691
合计	13505647	9587884	-3917762	-45230

四、2020 年经营情况及 2021 年工作措施

2020 年是“十三五”规划的收官之年,也是公司加快推进高质量转型发展的关键之年。公司克服新冠肺炎疫情的严重冲击、长江汛情、铁矿石价格大幅上涨等带来的压力,通过经营绩效、基层变革、人事效率和关键指标的四个突破,以及理念、定位、体系、模式四个转变,实现了历史性跨越和“十三五”规划的圆满收官;以绿色发展和智慧制造水平的双提升,探索了传统企业转型升级的新模式,推动了马钢高质量发展。

报告期,本集团生产生铁 1855 万吨、粗钢 2097 万吨、钢材 1986 万吨,同比分别增加 2. 49%、5. 70%、5. 81%,生铁、粗钢、钢材产量均创本集团历史新高。按中国企业会计准则计算,本集团 2020 年营业收入为人民币 81614 百万元,同比增加 4. 28%;归属于上市公司股东的净利润为人民币 1983 百万元,同比增加 75. 74%;基本每股收益为人民币 0. 258 元,同比增加 75. 51%。报告期末,本集团总资产为人民币 80711 百万元,同比减

少 6.50%;归属于上市公司股东的净资产为人民币 28386 百万元,同比增加 5.39%。

主要工作及成效:

(1)疫情防控有力有序。面对突如其来的新冠肺炎疫情,公司认真贯彻落实国家、安徽省、马鞍山市和中国宝武一系列决策部署,坚持把职工生命安全和身体健康放在第一位,迅速启动应急预案,千方百计筹措防控物资,严密落实疫情防控措施,较早地推动复工复产,经受住了疫情的严峻考验,确保疫情防控总体可控,职工队伍稳定,生产经营稳定顺行。报告期,本集团实现了产量和收入的"同比双升"。

(2)对标找差全面开展。坚持以极致的"简单、高效、低成本、高质量"为目标,构建公司层、专业管理层、制造单元层分层分类对标体系,通过对外对标、对内优化,系统推进对标工作。对标体系逐步完善,覆盖规模能力、盈利能力、周转效率等财务经营指标和生产、设备、能源环保等技术经济指标 333 项。过程评价及时高效,形成"月简报—季专报—年总结"的过程跟踪评价机制。对标进步成效明显,主要技术经济指标持续进步,铁水成本指标跻身行业第一梯队,铁钢比破 9 见 8,合同完成率、新产品毛利等指标进步明显,全年降本较上年进步 7.2 亿元。

(3)整合融合快速推进。根据"统一语言、统一规则、统一平台、统一文化"要求,快速推进整合融合各项工作。规划有效承接,公司规划纳入中国宝武规划体系,明确了公司定位,编制新一轮产品产线规划。管理全面对接,完成了 14 个专业领域 59 项对接任务,制修订 285 项管理制度,"制度树"体系基本形成。文化深度融接,通过扎实推进"钢铁荣耀·铸梦百年"系列活动,马钢文化与中国宝武文化深度融接、深入人心。

(4)运行效率大幅提升。精益采购安全高效。通过积极有效应对两头市场急剧变化,加强系统联动,推行经营性库存,强化聚量采购、协同采购、智慧采购,确保用料保供及时安全、优质高效。精益营销持续深化:优化营销体系,组建营销中心,实现了营销业务专业化聚焦整合;完善客户服务模式,推行主导产品"售前、售中、售后"全环节、全流程、全周期客户服务,开展产能预售和远期订单业务。精益制造深入推进:优化配煤、配矿结构,完善高炉体检和风险预警机制,优化产线分工,降低铁钢比,装备产能进一步释放;强化设备状态把控,推行设备定(年)修模型,检修负荷明显降低,设备系统保障能力显著提升;深化系统能源经济运行,强化技术节能、结构节能、管理节能,主要能耗指标持续进步。与上年相比,全年煤炭消耗总量下降 19 万吨、吨钢综合能耗下降 18.4 千克标准煤/吨、吨钢二氧化碳下降 15 千克。

(5)创新驱动深入实施。坚持技术引领,强化新技术、新材料、新产品攻关,企业核心竞争力不断提升。深度融入中国宝武科技创新体系,宝武中央研究院马钢技术中心挂牌运行,建立研发协同策划机制,开展精品化挂图推进和重大专项策划,有效提升协同创新能力。研发投入率比上年增加 1.14 个百分点,开发新产品 77 万吨,自主研发的 635 兆帕级高强抗震钢筋填补国内空白,大型转炉洁净钢高效绿色冶炼关键技术成果获冶金科学技术特等奖,铁道车辆用耐大气腐蚀热轧 H 型钢产品和铁路快速客车辗钢整体车轮产品获中钢协 2020 年度冶金产品实物质量"金杯特优产品",国内首条重型 H 型钢生产线建成并实现月达产,新一轮产品产线规划重点项目加快实施。

(6)绿色智慧赋能加速。坚持大格局、大环境、大提升,从污染防治到生态文明,从厂区整治到"两于一入",从改善厂容厂貌到提升精神面貌,全面完成长江大保护 97 项环境问题整改任务,投入 30.7 亿元实施 64 项"三治"项目,有效建立环保动态管控智慧平台,显著提升了厂区生态"颜值"和绿色发展水平。坚持问题导向、系统提升、引领变革、标准示范、造物育人,围绕全流程、全工序、全要素、全集成,运营管控中心和炼铁、炼钢、热轧、冷轧智控中心等 7 个智慧制造一期项目全面建成投用,促进"四个一律"指数全面提升。和 2019 年末相比,2020 年末集中化指数提升 28.3 个百分点,达到 67.7%;无人化指数提升 10.3 个百分点,达到 47.6%;远程化指数提升 12 个百分点,达到 12%;服务上线指数提升 65 个百分点,达到 98.3%。

(7)改革管理纵深推进。公司管理变革大刀阔斧,以信息化倒逼组织变革和流程再造,机关职能和人员调整到位,基层管理变革顺利推进,组织扁平化和人员精干化。人事效率大幅提升,通过专业化整合、政策解合、智慧制造、共享用工等多种渠道,人均年钢产量同比提升 29%。安全管理持续加强,高度重视安全生产工作,以安全生产专项整治三年行动方案为抓手,牢固树立"生命至上,安全第一"的发展理念,通过加强"两违"管理、综合整治、隐患排查和风险管控,推动本质型安全企业建设,安全生产形势总体平稳。

(8)以人为本深入落实。坚持以职工为本,突出岗位价值创造,不断满足职工对"三有"美好生活的向往,实现职工与企业共同成长。大力弘扬劳模精神、劳动精神、工匠精神,聚焦疫情防控、复工复产一线典型人物,“最美马钢人·创新融合”年度人物示范引领。职工岗位创新创效深入开展,全面推进“我为企业‘对标找差创一流’献一计”活动,职工献计数达2.1万条;组织开展“对标找差争一流、指标提升创效益”等各类劳动竞赛225项,营造了比学赶帮超良好氛围。

2021年,本集团计划生产生铁1783万吨、粗钢2100万吨、钢材1961万吨,超低排改造100%完成。为此,公司将牢牢把握扩大内需的战略基点,立足新发展阶段、新发展理念、新发展格局转变观念,紧盯生态化协同、智慧化升级、网络化发展转型升级,聚焦市场和现场经营创效。主要工作有:

(1)坚持效益优先,着力提升核心要素效率。

一是持续提升产线效率。强化供产销各环节系统联动、高效协同,通过优化内部资源动态平衡、调坯轧材和现场难题攻关等方式,推动高炉利用系数、铁钢比、热装热送率、轧机作业率等关键指标显著提升,充分释放产线装备能力,最大限度提升优势机组、关键产线的运行效率,支撑公司吨材利润、净资产收益率跑赢大盘。努力以高效率克服A号高炉大修(预计2021年9—12月,历时约100天,影响生铁约81.5万吨)带来的不利影响,争取铁不减少。

二是持续提升资金效率。坚持“现金为王”,强化“两金”占用管理,提高资产周转效率。强化投资管控,优先保障安全环保、产品产线规划项目和智慧制造、信息化项目资金需求,严格执行项目投资后评价,有效防控投资风险。拓展融资渠道,统筹融资方式,实现融资多元化、结构合理化、资金低成本。

三是持续提升人事效率。从管理变革、流程再造、智慧制造、岗位优化、辅助业务外包、专业化整合等多维度挖掘人力资源潜力,打通“操检维调”岗位界面,完善离岗政策,扩大共享用工,全面提升管理、技术、技能三支队伍配置效率。公司全员劳动生产率年均增速要达到8%,钢铁主业2021年人均产钢量提高19.80%。

(2)突出规模效应,着力谋求市占率话语权。

一是挖存量,抢占市场竞争先机。以提高吨材利润为中心,把握市场趋势,优化产品结构,创新营销模式,进一步提升优特钢、H型钢、冷系列汽车板、建筑线棒材等重点产品市场占有率。

二是壮体量,落实产品产线规划。通过统筹高起点高水平实施和投资总额控制,加快转型升级和结构调整,打造南区优特钢精品基地,优化北区资源平衡;同时,要贯彻碳达峰、碳中和要求,做好提前谋划和项目实施。

三是重质量,加大生态化协同力度。积极参与中国宝武高质量钢铁生态圈共享平台建设,依托钢铁生态圈核心平台,推进业务专业化整合,创新商业模式,强化生态化协同,提高服务一律上线指数,提升系统运行效率和客户需求响应能力,进一步构建安全、稳定、高效、可持续和有竞争力的产业链供应链。

(3)强化技术创新,着力厚植绿色精品智慧优势。

一是大力推进绿色低碳发展。追求低碳可持续的更高水平迈进,积极主动落实碳达峰、碳中和要求,探索应用高炉前沿低碳冶金技术、全氧高炉工艺,采用废塑料循环利用、有机固废协同处理,创新城市固废处理与冶金炉窑综合利用技术运用,加快提升绿色发展水平,持续打造花园式滨江生态都市钢厂,2021年力争提前全面完成“三治”目标。

二是大力推进精品制造创新。加快新技术、新材料、新产品的研发与应用,攻克H型钢、优特钢等关键领域“卡脖子”难题,占据技术制高点。强化与宝武各基地的技术交流和协同,借鉴成熟经验,加快解决汽车板等高端板材产品技术难题。

三是大力推进智慧制造升级。推动全流程智慧钢厂建设向优特长材领域延伸,加快长江钢铁、合肥板材智慧制造同步升级,通过构建大数据中心、探索钢铁工业大脑应用、推动“操检维调”整合等基层组织变革,持续打造智慧制造示范基地。

(4)深化改革攻坚,着力激发价值创造活力。

一是加强治理体系和治理能力建设。持续完善重大事项决策体系,充分发挥各治理主体的作用,高度强化各治理主体的责任担当,以提升各治理主体的履职能力和公司治理水平。

二是探索完善“一总部多基地”管控模式。强化专业化、平台化、生态化、产业化功能,进一步提升公司运营管理能力。

三是推进市场化经营机制创新。按照“超越自我、跑赢大盘、追求卓越”的绩效导向，推行经营管理团队任期制和契约化管理，全面构建层级管理体系，完善市场化薪酬分配机制，健全完善按劳分配体系和重大科技攻关成果奖励政策，以及“权责利”对等的激励体系，探索中长期激励机制，激发各类人才价值创造活力。

四是提升安全管理体系能力。深入贯彻安全发展理念，以“安全集中攻坚年”为主题，以“压责任、强基础、防风险”为主线，以“整治专项三年行动”为抓手，全面落实“违章就是犯罪”理念，推动安全管理水平上新的台阶。

五、研发投入

研发投入情况表

单位：百万元

本期费用化研发投入	1813
本期资本化研发投入	—
研发投入合计	1813
研发投入总额占营业收入比例/%	2.22
公司研发人员的数量	2432
研发人员数量占公司总人数的比例/%	10.98
研发投入资本化的比重/%	—

六、投资项目进展

重大的非股权投资

单位：百万元

项目名称	预算总投资额	报告期新增投资额	工程进度/%
品种质量类项目	11484	3234	42
节能环保项目	7278	2628	48
设备更新及其他技改项目	4110	634	30
其他工程	不适用	711	不适用
合计	—	7207	—

报告期末，主要在建工程项目的具体情况如下：

单位：百万元　币种：人民币

项目名称	预算总投资	工程进度
炼铁总厂A高炉大修工程	1390	施工准备阶段
马钢合肥公司环保搬迁项目——焦炉系统工程	1260	焦炉本体施工阶段
节能减排CCPP综合利用发电工程	1025	辅助系统调试、主体设备安装
炼铁总厂南区带式焙烧机工程	992	土建、钢结构施工阶段
煤焦化公司新建筒仓项目	420	一期完工，二期筒仓本体封顶
马钢220kV输变电-CCPP公辅电力配套工程	374	2条110kV线路完工，1条220kV线路在建
马钢南区新建CCPP公辅燃气、热力配套工程	291	1号气柜、西线管道完工；2号气柜建造；东线管架和管道吊装
马钢南区雨污分流及排口优化改造工程	159	主管网贯通，支管网消缺
合计	5911	—

七、重要事项

公司、股东、实际控制人、收购人、董事、监事、高级管理人员或其他关联方在报告期内或持续到报告期内的承诺事项。

► 马钢集团于2015年承诺将通过马钢投资公司以合法合规的方式,以适当价格增持不低于人民币4.09亿元马钢股份A股,增持计划全部实施完成后6个月内不出售所增持的股份。

2020年4月7日—2020年7月13日,马钢投资公司通过上海证券交易所集中竞价交易系统累计增持本公司A股158282159股,占公司总股本的2.055%,累计增持金额为人民币409617740.89元。报告期内,马钢集团的增持承诺履行完毕。

► 中国宝武于2019年向中国证监会申请豁免要约收购本公司股份(A股)期间,为避免同业竞争事项,出具《关于避免同业竞争的承诺函》,承诺:

"(1)针对本次收购完成后宝钢股份与马钢股份存在的部分业务重合情况,根据现行法律法规和相关政策的要求,本公司将自本承诺函出具日起5年内,并力争用更短的时间,按照相关证券监管部门的要求,在符合届时适用的法律法规及相关监管规则的前提下,本着有利于上市公司发展和维护股东利益尤其是中小股东利益的原则,综合运用资产重组、业务调整、委托管理等多种方式,稳妥推进相关业务整合以解决同业竞争问题。

前述解决方式包括但不限于:

1)资产重组:采取现金对价或者发行股份对价等相关法律法规允许的不同方式购买资产、资产置换、资产转让或其他可行的重组方式,逐步对宝钢股份与马钢股份存在业务重合部分的资产进行梳理和重组,消除部分业务重合的情形。

2)业务调整:对宝钢股份与马钢股份的业务边界进行梳理,尽最大努力使两家上市公司之间实现差异化的经营,例如通过资产交易、业务划分等不同方式实现业务区分,包括但不限于在业务构成、产品档次、应用领域与客户群体等方面进行区分。

3)委托管理:通过签署委托协议的方式,由一方将业务存在重合的部分相关资产经营涉及的决策权和管理权全权委托另一方进行统一管理。

4)在法律法规和相关政策允许的范围内其他可行的解决措施。上述解决措施的实施以根据相关法律法规履行必要的上市公司审议程序、证券监管部门及相关主管部门的审批程序为前提。

(2)本公司目前尚未就解决宝钢股份与马钢股份存在的部分业务重合问题制定具体的实施方案和时间安排,本公司将在制定出可操作的具体方案后及时按相关法律法规要求履行信息披露义务。

(3)除上述情况外,本公司或其他子公司获得与马钢股份的业务可能产生竞争的业务机会时,本公司将尽最大努力给予马钢股份该类机会的优先发展权和项目的优先收购权,促使有关交易的价格是公平合理的,并将以与独立第三者进行正常商业交易时所遵循的商业惯例作为定价依据。

(4)本公司保证严格遵守法律、法规以及上市公司章程及其相关管理制度的规定,不利用上市公司间接控股股东的地位谋求不正当利益,进而损害上市公司其他股东的权益。

(5)在中国宝武拥有马钢股份控制权期间,本公司作出的上述承诺均有效。如出现违背上述承诺情形而导致马钢股份权益受损的情形,中国宝武愿意承担相应的损害赔偿责任。"

报告期,中国宝武未违反该项承诺。

► 中国宝武于2019年向中国证监会申请豁免要约收购本公司股份(A股)期间,为规范和减少中国宝武与本公司发生关联交易,出具《关于规范和减少关联交易的承诺函》,承诺:

"(1)中国宝武将确保马钢股份的业务独立、资产完整,具备独立完整的产、供、销以及其他辅助配套的系统。

(2)中国宝武及中国宝武控制的其他企业不会利用对马钢股份的控制权谋求与马钢股份及其下属企业优先达成交易。

(3)中国宝武及中国宝武控制的其他企业将避免、减少与马钢股份及其下属企业之间不必要的交易。若存在确有必要且不可避免的交易，中国宝武及中国宝武控制的其他企业将与马钢股份及其下属企业按照公平、公允、等价有偿等原则依法签订协议，履行合法程序，并将按照有关法律、法规及规范性文件的要求和《马鞍山钢铁股份有限公司章程》的规定，依法履行信息披露义务并履行相关的内部决策、报批程序，保证不以与市场价格相比显失公允的条件与马钢股份及其下属企业进行交易，亦不利用该类交易从事任何损害马钢股份及其股东的合法权益的行为。

（4）如中国宝武违反上述承诺，中国宝武将依法承担及赔偿因此给马钢股份造成的损失。”

报告期，中国宝武未违反该项承诺。

▶　中国宝武于 2019 年向中国证监会申请豁免要约收购本公司股份（A 股）期间，为持续保持本公司的独立性，出具《关于保证上市公司独立性的承诺函》，承诺：

“（1）中国宝武保证在资产、人员、财务、机构和业务方面与马钢股份保持分开，并严格遵守中国证监会关于上市公司独立性的相关规定，不利用控股地位违反马钢股份规范运作程序、干预马钢股份经营决策、损害马钢股份和其他股东的合法权益。中国宝武及其控制的其他下属企业保证不以任何方式占用马钢股份及其控制的下属企业的资金。

（2）上述承诺于中国宝武对马钢股份拥有控制权期间持续有效。如因中国宝武未履行上述所作承诺而给马钢股份造成损失，中国宝武将承担相应的赔偿责任。”

报告期，中国宝武未违反该项承诺。

八、股份变动及股东情况

1. 股份变动情况

报告期内，公司股份总数及股本结构未发生变化。

2. 股东总数

截至报告期末普通股股东总数/户	193278
年度报告披露日前上一月末的普通股股东总数/户	188521

3. 截至报告期末前十名股东、前十名流通股东持股情况表

单位：股

前十名股东持股情况							
股东名称	报告期内增减	期末持股数量	比例/%	持有有限售条件股份数量	质押或冻结情况		股东性质
					股份状态	数量	
马钢（集团）控股有限公司	—	3506467456	45.535	—	无	—	国有法人
香港中央结算（代理人）有限公司（注）	894738458	1717091050	22.298	—	未知	未知	未知
马钢集团投资有限公司	158282159	158282159	2.055	—	无	—	国有法人
中央汇金资产管理有限责任公司	—	142155000	1.846	—	未知	未知	国有法人
香港中央结算有限公司	-9376808	105849129	1.375	—	未知	未知	未知

续表

前十名股东持股情况							
股东名称	报告期内增减	期末持股数量	比例/%	持有有限售条件股份数量	质押或冻结情况		股东性质
					股份状态	数量	
招商银行股份有限公司—上证红利交易型开放式指数证券投资基金	49641791	79163604	1.028	—	未知	未知	未知
张武	未知	24800000	0.322	—	未知	未知	未知
李晓忠	未知	16679455	0.217	—	未知	未知	未知
陈小敏	未知	13974135	0.181	—	未知	未知	未知
邵建军	未知	11366576	0.148	—	未知	未知	未知
上述股东关联关系或一致行动的说明	报告期末,马钢(集团)控股有限公司是马钢集团投资有限公司的控股股东,属一致行动人。除此之外,马钢(集团)控股有限公司与前述其他股东之间不存在关联关系,亦不属一致行动人,但本公司并不知晓前述其他股东之间是否存在关联关系及是否属一致行动人。						

注:报告期末,香港中央结算(代理人)有限公司持有本公司H股1717091050股乃代表其多个客户所持有,其中包括代表宝钢香港投资有限公司持有本公司H股896387958股。

报告期内,马钢(集团)控股有限公司和马钢集团投资有限公司所持股份没有被质押、冻结或托管的情况,但本公司并不知晓其他持有本公司股份5%以上(含5%)的股东报告期内所持股份有无被质押、冻结或托管的情况。于2020年12月31日,尽本公司所知,根据《证券及期货条例》之规定,以下人士持有本公司股份及相关股份之权益或淡仓而记入本公司备存的登记册中:

股东名称	持有或被视作持有权益的身份	持有或被视作持有权益的股份数量/股	占公司已发行H股之大致百分比/%
宝钢香港投资有限公司	实益持有人	896387958(好仓)	51.73
The Goldman Sachs Group, Inc.	大股东控制的法团的权益	84379331(好仓)	4.87
		79353863(淡仓)	4.58
Citigroup Inc.	大股东控制的法团的权益	85240224(好仓)	4.91
		9663130(淡仓)	0.55
	核准借出代理人	74757584(可供借出的股份)	4.31
UBS Group AG	大股东控制的法团的权益	67736393(好仓)	3.91
		30271597(淡仓)	1.75
Credit Suisse Group AG	大股东控制的法团的权益	61251196(好仓)	3.53
		36367078(淡仓)	2.10

于 2020 年 12 月 31 日，公司董事、监事及高级管理人员均未在本公司或本公司相联法团（定义见《证券及期货条例》）的股份、相关股份及债券中拥有权益或淡仓。

除上述披露外，于 2020 年 12 月 31 日，本公司并未知悉任何根据《证券及期货条例》而备存的登记册所记录之权益或淡仓。

4. 公司与实际控制人之间的产权及控制关系的方框图

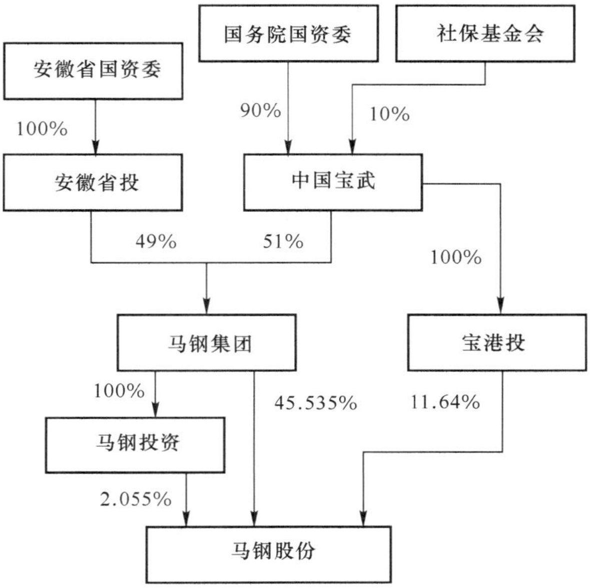

九、董事、监事、高级管理人员情况

现任及报告期内离任董事、监事和高级管理人员持股变动及报酬情况

姓名	职务	性别	年龄	任期起始日期	任期终止日期	报告期内从公司获得的税前报酬总额/万元
丁　毅	董事长	男	57	2013-8-9	注	—
王强民	董事	男	51	2020-3-5	2020-11-20	115.05
	总经理			2019-12-30	2020-11-20	
钱海帆	董事	男	60	2011-8-31	2021-3-19	—
张文洋	董事	男	53	2017-11-30	2021-3-16	94.78
	副总经理			2017-2-14	2020-12-18	
	总经理			2020-12-18	2021-3-16	10.70
任天宝	董事	男	57	2011-8-31	注	103.30
张春霞	独立董事	女	58	2017-11-30	注	10
朱少芳	独立董事	女	57	2017-11-30	注	10

续表

姓名	职务	性别	年龄	任期起始日期	任期终止日期	报告期内从公司获得的税前报酬总额/万元
王先柱	独立董事	男	41	2017-11-30	注	10
张晓峰	监事会主席	男	59	2008-8-31	注	115.85
张乾春	监事	男	59	2017-11-30	注	—
严开龙	监事	男	56	2015-12-1	2020-6-29	31.99
耿景艳	监事	女	46	2020-6-29	注	12.00
杨亚达	独立监事	女	65	2017-11-30	注	7.37
秦同洲	独立监事	男	51	2017-11-30	注	7.37
毛展宏	副总经理	男	51	2021-3-16	注	—
田　俊	副总经理	男	60	2017-2-14	2021-3-16	102.67
伏　明	副总经理	男	54	2017-10-11	注	103.61
章茂晗	副总经理	男	51	2020-12-18	注	8.61
何红云	董事会秘书	女	49	2018-4-19	注	54.46
合计	—	—	—	—	—	797.96

注:公司第九届董事会于2020年11月30日届满,鉴于公司新一届董事会董事候选人及监事会监事候选人的提名工作尚未结束,为保持董事会、监事会工作的连续性及稳定性,公司董事会、监事会的换届选举工作适当延期。同时,公司第九届董事会各专门委员会及高级管理人员的任期亦将相应顺延。

十、内部控制

公司第九届董事会第四十二次会议于2021年3月25日审议通过《公司2020年度内部控制评价报告》,确认本公司2020年度内部控制有效。

安永华明会计师事务所(特殊普通合伙)对公司2020年度与财务报告相关的内部控制进行了审计,并出具标准意见的《内部控制审计报告》。

十一、A股及H股市场表现

2020年12月31日,本公司A股收盘价为人民币2.66元,市值人民币158.74亿元;H股收盘价为港币2.14元,市值港币37.08亿元。总市值折合人民币约189.71亿元。

（李　伟）

图书在版编目（CIP）数据

马钢年鉴．2021／《马钢年鉴》编辑委员会编．—北京：冶金工业出版社，2021.12

ISBN 978-7-5024-8963-2

Ⅰ．①马…　Ⅱ．①马…　Ⅲ．①马鞍山钢铁公司—2021—年鉴
Ⅳ．①F426.31-54

中国版本图书馆 CIP 数据核字（2021）第 230845 号

马钢年鉴 2021

出版发行	冶金工业出版社	**电　　话**	（010）64027926
地　　址	北京市东城区嵩祝院北巷 39 号	**邮　　编**	100009
网　　址	www.mip1953.com	**电子信箱**	service@mip1953.com

责任编辑　杜婷婷　美术编辑　彭子赫　版式设计　郑小利
责任校对　王永欣　责任印制　李玉山
北京捷迅佳彩印刷有限公司印刷
2021 年 12 月第 1 版，2021 年 12 月第 1 次印刷
787mm×1092mm　1/16；20.25 印张；6 彩页；635 千字；300 页
定价 198.00 元

投稿电话　（010）64027932　投稿信箱　tougao@cnmip.com.cn
营销中心电话　（010）64044283
冶金工业出版社天猫旗舰店　yjgycbs.tmall.com
（本书如有印装质量问题，本社营销中心负责退换）